PENGUIN
History *of* Britain **Vol.3**

企鹅英国史卷三

U0102566

霸权之争

1066－1284年
的不列颠

THE STRUGGLE
FOR MASTERY
BRITAIN *1066 — 1284*

DAVID CARPENTER

[英] 戴维·卡彭特 ♦ 著　　　　张帆 ♦ 译　　　　熊文霞　张濛　丁敏 ♦ 校译

上海社会科学院出版社
SHANGHAI ACADEMY OF SOCIAL SCIENCES PRESS

图书在版编目（CIP）数据

企鹅英国史. 卷三，霸权之争：1066—1284年的不
列颠 /（英）戴维·卡彭特（David Carpenter）著；张
帆译 . — 上海：上海社会科学院出版社，2024
书名原文：The Struggle for Mastery：Britain
1066–1284
ISBN 978–7–5520–4192–7

Ⅰ.①企⋯ Ⅱ.①戴⋯②张⋯ Ⅲ.①英国—历史—
1066–1284 Ⅳ.①K561.0

中国国家版本馆CIP数据核字（2023）第134612号

上海市版权局著作权合同登记号：09-2021-0624

霸权之争：1066 — 1284年的不列颠

The Struggle for Mastery：Britain 1066-1284

著　　者：	［英］戴维·卡彭特（David Carpenter）
译　　者：	张　帆
校　　译：	熊文霞　张　濛　丁　敏
策 划 人：	唐云松　熊文霞
责任编辑：	张钦瑜
特约编辑：	薛　瑶
封面设计：	别境Lab
出版发行：	上海社会科学院出版社
	上海顺昌路622号　　　　邮编200025
	电话总机021-63315947　销售热线021-53063735
	https://cbs.sass.org.cn　　E—mail: sassp@sassp.cn
印　　刷：	上海盛通时代印刷有限公司
开　　本：	890毫米×1240毫米　1/32
印　　张：	24.875
字　　数：	586千
版　　次：	2024年5月第1版　2024年5月第1次印刷

ISBN　978–7–5520–4192–7/K·698　　　　　　　　定价：120.00元

前言

本书叙述的内容始于诺曼人征服英格兰，终于英格兰征服威尔士。以 1066 年诺曼底的威廉公爵（Duke William of Normandy）登陆英格兰开篇，以 1284 年爱德华一世（Edward I）颁布日后威尔士法治之路的奠基之作——《里兹兰法令》（Statute of Rhuddlan）[①] 收尾。乍一看来，这段历史似乎是盎格鲁人的独角戏。诺曼人征服英格兰后，反倒逐渐被同化。此后，英格兰人又征服了威尔士，至 13 世纪末，几乎令苏格兰也成为掌中之物。然而，这一切都只能算是一肢半节。1066 年后，英格兰的君主十分看重自己在欧洲的旧领地，而疏于巩固在不列颠新领地的领主权。这无疑为虎视眈眈的苏格兰国王和威尔士统治者留下了不少可乘之机。书名中的"霸权之争"并非单指不列颠的霸权，而是指不列颠群雄割据、分割霸权的乱局。苏格兰国王一直想要吞并英格兰北部的大片土地，也一度如愿以偿。他们在其余各方的扩张则更为稳固长久，

[①] 《里兹兰法令》又名《威尔士法令》，在 1284—1536 年间提供了治理威尔士公国的宪法基础。法令由爱德华一世制定，于 1284 年 3 月 3 日生效，之后于同月 19 日在威尔士北部的里兹兰城堡首次公布，因此称为《里兹兰法令》。另，本书脚注均为译者注。

从而划定了现代苏格兰的疆界。威尔士的统治者们一方面想要从诺曼征服者手中收复失地，一方面又忙于内斗，争相称霸威尔士。13世纪，圭内斯的数代亲王建立了威尔士公国，令境内的统治者都俯首称臣。直到13世纪的最后25年，英格兰才荡平各地割据政权，实现了不列颠全境的短暂统一。

　　本书前两章为专题章节，分别介绍不列颠的住民及经济，其中前者主要讲述民族身份问题。后续内容还有两个专题章节，一章介绍社会结构，另一章介绍教会及宗教。在这四个专题章节之间，自第三章起，本书的主线以政治及统治为切入点，按时间顺序讲述这段历史。想要"看故事"的读者，可直接从第三章开始读起。本书放眼不列颠全局，威尔士和苏格兰会作为独立的角色登场，而不只是为了陪衬英格兰。它们的历史有时会分章独述，比如第三章、第十六章，有时会与英格兰的历史交错，在同一章节中讲述。全书的行文脉络并非将英格兰、苏格兰、威尔士分割开来，而是将它们的历史联系起来，体现出它们休戚与共、命运相连。本书还讲述了12世纪70年代英格兰对爱尔兰事务的干预，以及此后英格兰与爱尔兰的政治博弈。以英格兰为主的章节中，关于威尔士、苏格兰、爱尔兰的小节会以星号标示。此外，专门讲述英格兰的小节也使用星号来分割不同的主题。

　　在本书所涉历史时期内，不列颠绝非与欧陆隔绝的孤岛。本书也反思了欧洲大陆与不列颠的联系、欧洲大陆的局势发展，会以何种全新的方式对不列颠的历史进程产生影响，从而延续了 R. W. 萨瑟恩（R. W. Southern）[①] 的经典论文《英格兰的入欧处女航》

_____

① 　R. W. 萨瑟恩（1912—2001），著名的英格兰中世纪历史学家，曾任牛津大学圣约翰学院院长、英国皇家历史学会主席。

(England's first entry into Europe）对该主题的探讨。英格兰、苏格兰、威尔士均在不同程度上受到了教皇治下的教廷、新兴跨国宗教组织、欧洲学校的学问、十字军东征，以及法兰克贵族的城堡、骑士战法、骑士精神的影响。1066—1204 年，英格兰的统治者也统治着诺曼底，而 1154 年之后，更是将安茹、阿基坦也收入囊中，使不列颠与欧洲大陆的联系空前紧密。但由此引发的一大后果是，一个强大的独权政府在英格兰应运而生，负责在国王身处异地时维护和平，并筹措资金，让国王在欧洲大陆施展政治拳脚。这样的制度也使政府遭到了猛烈批判，最终令《大宪章》(Magna Carta）瓜熟蒂落。若说不列颠的历史在本书讲述的时期出现了分水岭的话，那就是 1204 年，英格兰国王失去了诺曼底和安茹，这是自 1066 年以来首位被迫于英格兰坐困愁城的英格兰国王。然而，他反倒得以腾出更多时间料理不列颠的事务，这也为其最终于 13 世纪晚期征服威尔士埋下了伏笔。

　　本书内容基于我查阅的第一手资料以及二次文献。自 19 世纪斯塔布斯（Stubbs)[1] 及梅特兰（Maitland)[2] 时起，学者们就撰写了大量关于这段历史的著作，包括政治与宪法、法律与政府、教会与国家等领域。近年来，史学家仍然佳作不断，令人叹为观止，不但让这段"老生常谈"的历史重获新生，还开辟了一系列史学"新大陆"：女王统治的理论与实践、女性的社会地位、经济的商品化、

---

[1]　威廉·斯塔布斯（1825—1901），历史学家、英国国教主教，于 1866—1884 年任牛津大学的钦定当代史教授，在英国的史学界享有极高的声誉。

[2]　弗雷德里克·威廉·梅特兰（1850—1906），英国历史学家、律师，公认的英国法律史之父。

犹太人的困境（于1290年遭驱逐）、农民的生活水平、绅士阶级的出现、统治阶层权力结构的改变、记事方式从口述到笔述的转变、不列颠民族身份的本质、英格兰与不列颠其他邦国间的关系。本书所有内容皆有史家典籍可查。我繁征博引，才著成本书，如要一一列出所引文献，只会徒增篇幅，所以我在书后另辟参考书目，粗略列出主要文献来源，并给出延伸阅读的建议。

理查德·赫克罗夫特、珍妮特·纳尔逊审读了本书部分内容，给出了宝贵的意见，我对此深感谢意。戴维·贝茨、玛格丽特·豪厄尔、约翰·麦蒂考特通读了本书草稿，给出的批评与建议帮助极大，对此我没齿难忘。玛格丽特·豪厄尔不仅通读全书，还自始至终不吝相助，更是针对各种各样的细节给出了明智的建议。我获得了众多学术同仁的帮助，他们为我答疑解惑，帮我把关细节，与我讨论争议问题，让我拜读他们尚未出版的著作。在此，我尤其要感谢吉姆·博尔顿、保罗·布兰德、多维特·布龙、迈克尔·克兰切、戴维·克鲁克、安妮·达根、理查德·伊尔斯、查尔斯·英斯利、里斯·戴维斯、约翰·吉林厄姆、德雷克·基恩、保罗·拉蒂默、萨曼莎·莱特斯、克里斯·刘易斯、菲利普·斯科菲尔德、贝弗利·史密斯、基思·斯特林格、尼古拉斯·文森特、安妮·威廉姆斯、比约恩·魏勒、帕特里克·沃莫尔德。我从自己在伦敦国王学院的博士生那里受益匪浅，还经常使用他们的学术著作。多年来，我有幸与一大批能干且勤奋的本科生一起研究这段历史，他们也为本书提供了极大的帮助。

戴维·康纳汀是本系列图书的总编辑，他对工作的热情让我深受鼓舞，他还对本书的初稿提出了宝贵的意见。企鹅出版社的责任编辑西蒙·温德尔极富耐心、乐观向上、善解人意，始终鼎力相助。

我还要感谢多家机构的工作人员，除了我任教的伦敦国王学院的图书馆，还有历史研究所、伦敦大学图书馆、伦敦图书馆和国家档案局。我的专题研究项目于 1995—1996 年、1999—2000 年先后两次暂停，而在我休假期间，国王学院历史系的同事们承担了额外的教研任务，我对此感激不尽。

我最想感谢的是我的三位家人——简、凯蒂和詹姆斯，多亏了他们对我这位因为"那本书"而越来越"走火入魔"的丈夫与父亲的理解与包容，多亏了他们坚定的支持，否则我即便有勇气提笔，也绝无可能完书。

借本书平装版出版之机，我订正了精装版中的多处错误。

2003 年 1 月于伦敦国王学院

货币、专业术语、人名、地名

货币

后文中解释了货币及货币单位问题。

专业术语

大部分专业术语（例如"包税""封建继承税"）都会在第一次出现时予以解释。

人名、地名

如果姓氏是根据地名得来的，我通常都会给出该地现代的名称——如果地点在英国，我就会说人物是"何地的某某某"；如果地点在法国，我就会在地名前面加上一个"德"字。只不过，我也不会为了这一规则，而去改变约定俗成的用法，所以书中会出现于贝尔·德·伯格（Hubert de Burgh）、默朗的沃尔伦（Waleran of Meulan）、威廉·德·莫布雷（William de Mowbray），而不会出现伯格的休伯特（Hubert of Burgh）、沃尔伦·德·默朗（Waleran de Meulan）、威廉·德·蒙特布赖（William de Montbray，蒙特布赖现在是法国的一个市镇，位于诺曼底）。

根据本系列图书的惯例，凡是遇到爱尔兰人，我都会使用英语化的人名。

处理地名问题时，如果遇到了威尔士的河流、地点，只要不会给读者造成困难，我都会使用威尔士语的原名（所以书中出现了凯雷迪金、陶伊、迪内弗），但如果英语名称已经成为通用名（例如布雷肯、阿斯克、卡马森），我就会使用英语名。

书中的"西部群岛"囊括了苏格兰西海岸的所有岛屿，从南方的阿伦岛起，一直到北方的刘易斯岛为止，包括内、外赫布里底群岛。

目　录

第一章

不列颠的居民

在中世纪文人眼中，不列颠是一个熟悉的地理概念。圣比德（Venerable Bede）编写的《英吉利教会史》（*Ecclesiastical History of the English People*）在开篇处详细描绘了不列颠岛。到了 12 世纪，亨廷登的亨利（Henry of Huntingdon）[①] 和蒙茅斯的杰弗里（Geoffrey of Monmouth）[②] 这两位著名的历史学家，都将经过适当修订的圣比德的概述用作自己作品的引言。生活在 13 世纪的圣奥尔本斯修道院的修士马修·帕里斯（Matthew Paris），是一位史学家和艺术家，他一生创作了多幅不列颠地图。比德笔下的不列颠生活着许多 gentes 或 nationes——此二词在文中可以替换使用，最贴切的译法应为"氏族"或"民族"。民族这个群体是政治与社会组织的基础，时人对此深信不疑，因为它在《圣经》这本比任何其他

[①] 亨廷登的亨利（1088—1157）著有《英格兰史》，也留下了许多其他的作品，包括诗集、书信集等，不仅对英格兰历史的研究做出了贡献，还为现代人了解中世纪时期的思维模式提供了不可多得的窗口。

[②] 蒙茅斯的杰弗里（1095—1155）是亚瑟王故事的主要编撰人。他最重要的作品为编年史《不列颠诸王史》，直至 16 世纪都被认为是可信的历史记录，但现代史家认为其中的记录并不可信。

书籍都更有影响力的书中也是如此。1066 年时，不列颠岛上主要生活着三大民族：英格兰人、威尔士人和苏格兰人。

至今，三大民族中人口最多的是英格兰人，他们是盎格鲁人及撒克逊人的后裔，其祖先于 5—6 世纪来到不列颠，后逐步建立政权，占领了不列颠的大片土地。他们的胜利以不列颠的原住民布立吞人（不列颠由此得名）的牺牲为代价，但布立吞人仍然在自己的统治者的带领下，偏安于奥法国王（King Offa）[①] 于 8 世纪修筑的"奥法墙"以西的地区。英格兰人将布立吞人称作"威尔士人"（源于拉丁语 *Wallenses*），意为"边境居民"，所以威尔士人控制的区域就被称为威尔士（源于拉丁语 *Wallia*）。不列颠北部生活着许多民族，其中最为重要的一支盖尔语名称为 *Albanaig*，意为"阿尔巴人"，拉丁文名称为 *Scotti*，是"苏格兰人"一词的由来；他们居住的地区被称为 *Scocia*，是"苏格兰"一词的由来；古时苏格兰的疆域远没有现代辽阔。其实，在 12 世纪，苏格兰可能仅指苏格兰国王疆土的核心部分，只包括由福斯河、斯佩河、中部高地围成的区域。而生活在核心领土之外的居民，即便在某种程度上承认苏格兰国王的权威，也不是苏格兰人，所居之处亦不能算作苏格兰领土。

1066 年，不列颠的居民生活在不同的政治制度下。威尔士民族被不同的国王统治，而苏格兰国王却统治着多个民族。只有英格兰人——除去生活在特威德河以北，臣服于苏格兰国王的英格兰人——有一位专门属于自己的国王。而这一切即将发生改变。从

[①] 奥法国王（？—796），英格兰七国时期麦西亚王国的统治者，在许多历史学家看来，是阿尔弗雷德大帝之前权势最为强盛的盎格鲁 - 撒克逊国王。

1066 年到 13 世纪末，不列颠居民的身份发生了深刻变化。诺曼征服让英格兰成了由两个民族组成的王国，即占统治地位的诺曼人和被打败的英格兰人。但到了 13 世纪初，这两个民族已融为一体，每个人都以英格兰人自居。同样，尽管引入了盎格鲁-诺曼这支新贵族，臣服于苏格兰国王的不同民族都被称为苏格兰人。唯有威尔士人独善其身，保持血统纯正，虽未与异族融合，但其身份、地位也发生了重大的变化。

常言道，不论民族还是国家，都不过是民众相信它们确实存在的结果。照此标准评判，本书讲述的历史中，英格兰人、苏格兰人、威尔士人肯定是三个独立的民族。当然，阶级、职业和教育的差异总是可以切断将一个民族联系在一起的横向纽带。中世纪的高级教士对民族的定义肯定与农民大相径庭。还有些人根本就无法或不愿定义它。同样，地域情结有时也远强于民族情感："我是诺福克住民，理应守护故土。"一位 12 世纪的修士如此写道。不过，民族的横向联系完全可以与其他类型的归属感共存。在书中的历史时期，这种横向联系可以让更多人获得民族认同感，而非限于极少数的精英阶层。横向的联系包括共同的历史、政府和语言，以及法律和习俗；1140 年前后，圣戴维斯的主教伯纳德（Bernard, bishop of St Davids）在断言威尔士"人民"形成了独立的威尔士"民族"时，就提到了后面三点要素。在此时期，面对真实或臆想的外部威胁，民族认同感成为他们强有力的政治武器。

*　*　*

早在 1066 年之前，英格兰人就普遍拥有强烈的民族认同感。

"几乎所有人都对同室操戈深恶痛绝，毕竟对立双方都是英格兰人，而还有什么能比同胞的生命更珍贵呢？"1052年，英格兰几乎要陷入内战的深渊之时 ①，盎格鲁－撒克逊的编年史家这样写道。至少，他说出了教士、权贵、大乡绅 ② 这三个阶层的心声，其中乡绅多达5 000余人，是英格兰地方社会的中流砥柱。英格兰人的古英语说法是 Angelcynn ③，所有英格兰人都属于一个单一民族的想法也由来已久。比德的《英吉利教会史》在英格兰居民的心中普及了民族意识，民族意识又得到了共同语言及通俗文学的强化。而后，阿尔弗雷德大帝（King Alfred）及其继任者为了抵御丹麦人入侵、统一王土，更是反复向臣民灌输这一理念。历代国王为了治理国家，不仅统一了货币，要求所有臣民都宣誓效忠"英格兰人的国王"，还将郡作为地方行政的区划单位，令王权的触手延伸到了全国的各个角落，用政治结构固化了英格兰人的民族身份。

英格兰人的民族身份被诺曼人摧毁了。英格兰的主教、修道院院长、贵族，以及各郡的大乡绅被一扫而空，只留下处于社会中下层的修士、农民、小乡绅和镇民。诺曼人和其他来自海峡对岸的异邦人带来了他们自己的语言和习俗，并进入关键岗位。国王颁布

---

① 威塞克斯的戈德温于1051年遭英格兰国王"忏悔者"爱德华放逐，于次年率军强行回国，逼迫爱德华做出让步。

② 原文为 thegn，源自古英语 þegn，意为"侍者"，通常情况下，不是指国王的贵族随从，就是指盎格鲁－撒克逊时期的贵族；此外，如果从社会等级角度考虑，那么大乡绅就是指贵族阶层中地位处于郡长及高级地方官之下的成员。

③ 意为盎格鲁撒克逊人，Angel 的意思是盎格鲁人，cynn 的意思是同族人，所以合起来的意思就是盎格鲁人的同族人。

的令状、特许状 ① 表明了英格兰居民民族身份分化的现状，其将臣民分为"法国人和英格兰人"。

历史学界一直在争论英格兰人抚平诺曼征服造成的创伤，以及再次成为统一的英格兰民族的过程。一种观点认为，到 1150 年，这一过程已基本完成；另一种观点也许更加贴近事实，认为该过程一直持续了整个 12 世纪。这一过程既需要诺曼人以英格兰人自居，也需要盎格鲁－撒克逊人的后裔给予认可——诺曼征服给盎格鲁－撒克逊人带来的创伤一直延续到 12 世纪。马姆斯伯里修道院的修士马姆斯伯里的威廉（William of Malmesbury）是伟大的历史学家，在 12 世纪 20 年代，有一半诺曼血统的他依旧这样写道："英格兰被异乡人鸠占鹊巢，沦为陌生人的财产。"这时，大批镇民、小乡绅、隐士仍然以自己纯正的英格兰血统为傲，他们聚集在同族的圣女马克耶特的克里斯蒂娜（Christina of Markyate）身边，这些土生土长的英格兰人仍然坚守着自己的民族身份。语言也是民族融合的障碍。在 1125 年后的某一天，萨默塞特郡黑泽尔伯里村的神父布里克特里克抱怨说因为自己不懂法语，所以在主教及会吏长 ② 面前根本说不上话。面对征服造成的创伤，英格兰人的反应百态俱现。1066 年后，连续两代英格兰修士都认为，英格兰人是因罪孽深重才遭此天谴，但他们对此又不愿详述，生怕触及那些伤痛的回忆。另一种反应是反抗。12 世纪时，伊利的一位修士写了一本讲述反抗英雄"觉醒者"赫里沃德（Hereward the Wake）的

---

① 特许状是记录各种转让行为的文件，通常为土地转让，但有时也涉及其他种类的财产，亦会涉及各种权利。换言之，特许状大致相当于现代的转让契约。在英格兰国王发布的特许状中，最著名的是《大宪章》。

② 会吏长是主教的副手，在教区内地位仅次于主教。

《传记》(*Life*)，作者在书中一边抹黑诺曼人，一边对赫里沃德的军事天赋、骑士精神大加赞赏，以此为遭到劣等民族指责的英格兰人辩护。然而，《传记》最终却以赫里沃德接受"征服者"威廉一世 (King William the Conqueror) 的招安而收场，言外之意是英格兰人不应该反抗，而是要为自己在新体制中争取权力与地位。的确有迹象表明，英格兰人的态度逐渐软化。1125—1132 年，另一位伟大的混血历史学家会吏长亨廷登的亨利在写到诺曼人时，笔调与马姆斯伯里的威廉基本一样。但在 1138 年，英格兰军队在"圣旗之战"中大败苏格兰军队后，亨利却将带领军队取得胜利的诺曼人称为"英格兰的男爵、声名最为显赫的诺曼人"，似乎在某种程度上把他们当作了英格兰人。到了 12 世纪 60 年代，伟大的西多会里沃修道院院长埃尔勒德 (Ailred)，一个具有古老英格兰血统的人，宣称两个民族已经完全融合，重新成为不可分割的英格兰民族。在埃尔勒德看来，主要因素是由于亨利一世 (Henry I) 在 1100 年迎娶了苏格兰国王马尔科姆三世与王后玛格丽特之女，与撒克逊国王的后裔喜结连理。

然而在一定程度上，这可能只是埃尔勒德的一厢情愿。12 世纪 60 年代，诺曼大领主阶层是否将自己视为完完全全的英格兰人，结论还未可知。但埃尔勒德的言论还是反映出了重大的转变——一股股强大的力量令诺曼人的后代自下而上逐渐接受了英格兰人的身份，从底层的小地主开始，直到大领主，乃至王室。

诺曼征服让大约 8000 诺曼人被分封到英格兰各郡。一些人只分得了小块土地，另一些则获得了一处、甚至多处面积可观的庄园，成为新诺曼乡绅阶层中的大人物。然而，一项以 12 世纪沃里克郡、莱斯特郡为对象的研究指出，在这些新乡绅中，很少有人在诺曼底拥有领地。这批诺曼人的生活基本局限于英格兰，日常接触的也都是"盎格鲁－撒克逊"人，他们不仅是当地农民的领主，亦要与盎格鲁－撒克逊血统的自由民、小乡绅共事，一同管理各百户区及各郡的事务，确保这些地方治理的基本区划单位正常运行。1178 年，《国库对话》(*The Dialogue of the Exchequer*，一本描述国库运作的书) 的作者面对的就是这样的政治环境，所以他在书中宣称："如今，英格兰人、诺曼人生活在一起，相互通婚，两族臣民水乳交融，以致完全无法分辨（我指的是自由民阶层）谁是英格兰人，谁是诺曼人。"

从这一层面判定诺曼人已被同化为英格兰人，反映了当局者对民族身份塑造的看法。从《国库对话》中不难看出，作者认为民族融合的要素之一是血统，即出身。因此，马姆斯伯里的威廉强调自己融合了英格兰、诺曼两个民族 (*gens*) 的血统，也就不足为奇了。所以说，通婚的确能够融合不同的族群，产生的后代至少在血统上既是英格兰人，又是诺曼人。当然了，单靠通婚并不能让诺曼人完全变成英格兰人，但其他与民族身份有关的想法也会推动融合的进程。血统与出身固然重要，但居住地、教养、出生地的影响更甚。诺曼征服后不久，凡在英格兰谋生的人都可能自称英格兰人。就连"征服者"威廉钦点的坎特伯雷大主教——兰弗朗克 (Lanfranc) 也在一封信中自称"新英格兰人"，后来更是直言"我们英格兰人"，要知道他可是正宗的伦巴第人。影响相当的还有人们对教养的看法。12 世纪 50 年代时，《伊利之书》(*Book of Ely*，成书于伊利修道院的一部编年史著作) 将纯种的诺曼人定义为：不仅双亲都要是诺曼人（即血统要纯正），还必须要在诺曼底接受"教育"。言外之意是，拥有诺曼血统、接受的却是英格兰"教育"的人，会失去一部分诺曼身份，实际上变成了半个英格兰人。另一个要素是出生地，这也会影响一个人的民族身份，以至于 1258 年时，英格兰人被定义为"出生在英格兰王国境内"的人。因此，在整个 13 世纪，要求国王的顾问官必须是 naturales（拉丁语，意为"本土生"的人）的声音才会不绝于耳。这种因为出生地、教养、营生而获得的英格兰人身份，如果代代相传，就会变成流淌在血液中的英格兰人身份，永远留在家系之中。威尔士的杰拉尔德（Gerald of Wales，1146—1223）是一位传教士、学者、王室书记员、多产的作家，他认为如果要"追溯祖源"，自己就得算是 3/4 个英格兰、诺曼人，1/4 个威尔士人。然而，杰拉尔德的祖上并没有盎格鲁–撒克逊人血统，所以他的英格兰人身份只能是祖先因为上述三种原因而被英化的结果。

因此毫无疑问，出生地、教育、生活地这三大因素与通婚形成合力，让在英格兰落地生根的诺曼家庭举家变成英格兰人。当然了，单单被贴上"英格兰人"的标签是一回事，但全身心地认可英格兰人身份又是另一回事。不过，后一种转变也发生在 12 世纪前半叶，人们对英格兰历史日益浓厚的兴趣在其中起到了尤为重要的作用。诺曼征服后，各大修道院仍然保留着盎格鲁–撒克逊历史，希望此举能在一定程度上维护他们古老的特权。12 世纪时，马姆斯伯里的威廉所著《英格兰诸王史》（History of the English Kings）、亨廷登的亨利所著《英格兰史》（History of the English）在各修道院广为流传。所以，修道院的管理者、资助人虽然都是诺曼人的后裔，但都对英格兰的过往了若指掌。1140 年前后，盖马尔（Gaimar）的巨著《英格兰人的历史》（History of the English）在此背景下应运而生，由于将读者受众特定于世俗的诺曼人，所以全书采用法文诗文写成。该书讲述了从盎格鲁–

撒克逊人入侵英格兰到威廉·鲁弗斯（William Rufus）[①]的统治的英格兰历史，颂扬了历代英格兰国王的功绩。显然，盖马尔的意图是鼓动诺曼人将英格兰的历史作为本民族的传统传承下去。他在书中对东盎格利亚国王埃德蒙殉难的场景极尽渲染，令故事情节险象环生，扣人心弦，以致十字军攻陷达米埃塔（Damietta）后，一位名叫理查德·德·阿让唐（Richard de Argentan）的骑士竟命人将该场景绘于城中一间小教堂的墙壁上。盖马尔还颂扬了觉醒者赫里沃德的英雄事迹。假如说伊利的修士在《传记》中用赫里沃德让英格兰人重拾自信的话，那么盖马尔提及赫里沃德，就是想要让英格兰人得到诺曼人的尊重。在热衷英格兰历史的同时，一种对英格兰"乡土"的眷恋之情油然而生，用马修·帕里斯的话来说，就是"纵使寻遍世间乐土，也没有什么比英格兰的教堂、城市、城堡、河川、草甸、森林、田野更令人神往了"。因此，数本存世的盖马尔所著《英格兰人的历史》都附上了地方志（写于 12 世纪 50 年代）作为结尾，详尽描述英格兰的道路、郡县和主教辖区。自 11 世纪末起，诺曼领主们纷纷融入英格兰这片"乐土"，他们越来越倾向于在英格兰建立或捐赠修道院，反倒冷落了欧洲大陆上的修道院，这也是归属感转变的一个标志。

诺曼人融入英格兰民族虽是大势所趋，但社会的上层比下层要融入得缓慢得多。诺曼男爵阶层[②]极少与英格兰人通婚，所以血

---

① 鲁弗斯（Rufus）为拉丁语，意为"红色的"，指威廉国王面色红润，外号"红脸"威廉。

② 原文中为 baronage，该阶层用以界定在封建制度中直接向国王效忠，且领地面积达到了一定标准的人，而男爵领则成了英格兰封建领地制度中最高一级的领地。

统并没有像《国库对话》中提及的那样遭到稀释，其与诺曼底的联系也紧密——尽管在 12 世纪时有所减少，但在海峡两岸都拥有领地的男爵数量依然可观，他们大多像国王那样，两地奔波。一些男爵出生在诺曼底公国，归属感因此受到了影响。彭布罗克伯爵小威廉·马歇尔（William Marshal II, earl of Pembroke）①就出生于诺曼底的家族庄园中，正因为如此，直到 13 世纪 20 年代，他和其他人都认为他的英格兰血统被淡化了。12 世纪时，诺曼贵族女性并不会为了让她们的孩子为英格兰效力而急于渡海前往英格兰。英格兰的诺曼男爵虽人数不多，但形成的小团体却极具影响力，其言行自然会引得他人竞相追捧效仿。即便是那些已经失去诺曼领地的男爵，也坚定地保持着诺曼人的身份，不愿意全身心地投入英格兰的怀抱。归根结底，就连他们效忠的国王，也根本不以英格兰人自居，直至 1204 年，其大半生时间都是在海峡对岸的领地上度过的。"你们英格兰人胆小如鼠"，理查一世（Richard I）如是说。男爵们也很清楚诺曼人和英格兰人迥然不同的境遇。诺曼人曾取得了辉煌的战绩。亨廷登的亨利通过想象描绘出 1138 年圣旗之战一触即发之时，英格兰军队回想起诺曼民族征服法国、英格兰、意大利、圣地的卓越战功，因此士气大振的场景。同样，12 世纪 50 年代时，亨利二世（Henry II）的首席大臣理查德·德·吕西（Richard de Lucy）虽然权势主要都集中在英格兰，但只要于己有利，就仍会大谈"我们诺曼人"征服英格兰的盖世之功。相比之下，就算赫里沃德做出再多的壮举，英格兰人也是一个被打败的民族，因罪孽深重而被人征服，加之不怀好意之人故意添油加醋，戏称英格兰人

---

① 小威廉·马歇尔是第一代彭布罗克伯爵威廉·马歇尔的长子。

已沦为农奴。因此，亨利一世迎娶英格兰血统的公主不仅没能成为一个新的开始，反倒沦为一些诺曼人的笑柄。严谨如《国库对话》，也在界定民族身份时明确指出，凡失去自由的农奴都属于英格兰人。事实上，当局向各英格兰人聚居区强征连坐（*murdrum*）罚款[①]的做法一直延续到 13 世纪末，此举无疑将"英格兰人"与"失去自由的农奴"划上了等号。13 世纪，威尔士的杰拉尔德为疏解心中对英格兰人的怨气提笔相讥，一语中的："英格兰人是天底下所有民族中最没用的，因为他们被诺曼人征服了，被法律贬为永久的奴隶。"

因此，毫不奇怪，在乔丹·范托斯姆（Jordan Fantosme）对 1174 年英格兰战胜苏格兰的记述中，将诺曼人接受英格兰人身份时踌躇不决的态度有力地表现了出来，而这部作品主要是为男爵精英阶层所写的。虽然这场胜利没有像 1138 年的圣旗之战那样被描述为诺曼人的胜利，但也没有被当作英格兰人的胜利来庆祝。实际上，书中提到的唯一一位英格兰人是霍尔姆之子克斯帕特里克（Cospatric son of Horm），盎格鲁－撒克逊人的后裔，这位两鬓斑白的老将军，将阿普尔比交给了苏格兰人。男爵阶层的精英们完全可以对英格兰感兴趣，而不一定要承认自己是英格兰人。因此，12 世纪 50 年代，盖马尔在为《英格兰人的历史》添注地方志时，还特意用"我们法国人"以示区分。诺曼人民族身份的不确定性，导致该时期历史学家在判定功过归属时难以统一。虽然大多数历史学

[①]　*murdrum* 指受害人身份未知的杀人罪，最早由丹麦人占领英格兰时引入。根据克努特大帝的法律，只要凶杀案受害者的身份未知，就默认死者是丹麦人，案发地的十户区就要缴纳 40 马克的罚金。

家都把 12 世纪 70 年代对爱尔兰的征服视为英格兰人的胜利，但圣保罗大教堂的总铎迪斯的拉尔夫（Ralph of Diss）仍把 1198 年英格兰军队在佩恩斯卡尔斯取得的大胜写成法国人的胜利。可能在 12 世纪时，诺曼男爵精英们逐渐倾向于认为自己同时拥有英法双重身份。他们以自己至高无上的诺曼血统为傲，但也承认自己在某种程度上亦是英格兰人，而程度的高低则取决于是否仍拥有诺曼底的领地，以及出生地和生活地。一些文人勇开记述民族融合的先河。早在 1130 年，一位叫刘易斯的诺曼修士就在文中提到过“诺曼－英格兰人”（Normanangli）。就连亨廷登的亨利也不例外——他虽然认为 1138 年的那支勇猛之师在一定程度上可以看作英格兰军队，但也提到军队“由诺曼、英格兰两个民族的士兵组成”，亦把先锋军称作“英格兰的男爵、声名最为显赫的诺曼人”——这也许是最贴近诺曼男爵自我身份认知的描述了。当代历史学家常用的“盎格鲁－诺曼人”称号，用来描述 12 世纪英格兰的男爵精英阶层，或许是再合适不过的了。

因此，1204 年英格兰国王痛失诺曼底意义重大。“英格兰的男爵阶层”失去了海峡对岸的领地。自此之后，他们将完全在英格兰出生、成长和定居，就连国王也不例外。彼时，即便诺曼家族中可能仍保留着对先祖的记忆，但族人也只得全盘接受英格兰的民族身份。约翰王（King John，1199—1216）顺势而为，成为首位在文书中不再使用“英法两族臣民”这一称谓的国王。如今，所有的臣民都是英格兰人了。

12—13 世纪，在上述转变的背后，还有一个重要的现象，推进了英格兰民族身份的演化，那就是英语的复兴。我们已经在前文中讲到，1125 年以后，语言仍然是一道分隔英格兰人与诺曼人的鸿沟。实际上，到了 13 世纪，语言的鸿沟也没有填平。人口占大多数的是盎格鲁－撒克逊血统的农民阶层，他们只讲英语。另一方面，正如 1250 年前后比伯斯沃思的沃尔特（Walter of Bibbesworth）^① 所说，法语是"绅士必须掌握的语言"，既被用于客套寒暄，也被用于政商会谈。然而，英语的使用率逐渐上升，最终推动形成了通晓双语的绅士及贵族阶层。对于那些在英格兰人身边生活和工作的诺曼人的后裔来说，说英语既是必备技能，也是水到渠成的事。威廉·德·格朗古（William de Grauntcourt）是北安普敦郡克洛普顿的领主，拥有骑士爵位。据其写于 13 世纪的家族史记载，"低层民众常将德格朗古唤作克洛普顿的威廉，因为用英语记诺曼人的名字比直接记他们的法语名要简单得多"。后来，该家族干脆用"克洛普顿"替换掉了"格朗古"，由此可见，其日常用语或许也有所转变。12 世纪 90 年代，萨福克郡的一位骑士领主家一定是说英语的——因为有一则故事提到，某个鬼魂在进入他家后，用萨福克方言与其家人攀谈了起来。几乎可以肯定地说，到了 13 世纪中叶，就算是再高贵的贵族，也能说英语了。亨利三世的弟弟康沃尔伯爵理查德（Richard, Earl of Cornwall）肯定会说英语，爱德华一世也通晓英语。

也有证据表明，法语的地位正江河日下，由一种自然习得的母语，变成了像拉丁语一样需要正规的授课。前文引用的比伯斯沃思的沃尔特对法语的评价摘自他的一篇论文，该文旨在帮助丹尼丝·德·蒙特申西（Denise de Montchensy）辅导子女学习法语。丹

---

① 比伯斯沃思的沃尔特（1235—1270）拥有骑士爵位，是一位盎格鲁－诺曼诗人。

尼丝的丈夫是一位拥有诺曼血统的大贵族。1300 年前后，格洛斯特的罗伯特[①] 在编写《英格兰史》时，使用的就是英语，而该书的目标受众就包括巴辛伯恩（Bassingbourn）这样血统高贵的骑士家族。由此可见，英语已经成为贵族阶层的常用语。正所谓观往而知来，成书于 1300 年之后的英格兰史书《布鲁特》（The Brut，书名取自不列颠王国的缔造者布鲁图斯）流传有众多抄本，其中 30 本为法文、拉丁文版本，而英文版本则多达 168 本。由于《布鲁特》中大量内容皆以盖马尔的著作为据，因此也可以这么说，盖马尔所写的英格兰史是借英语的普及而广为人知的，英格兰的文字与历史的组合迸发出极为强大的力量。到了 14 世纪，越来越多的人都承认，英语成为了英格兰民族团结的粘合剂，令千尊万贵的法语望尘莫及。"绅士都说法语，但每个英格兰人都说英语"，史诗《亚瑟与梅林》（Arthour and Merlin）[②] 中的诗句一语中的。1295 年英法交战，爱德华一世为了激发国民的斗志，声称法国人想要消灭英语，此处直接用"英语"指代"英格兰民族"，这在 100 年前是根本不可能的。

1295 年，爱德华国王统帅臣民共同抵御外侮，仿佛回到了阿尔弗雷德大帝的年代。1066 年之后，王权对民族身份的塑造依然起着至关重要的作用，不过塑造方式却与以往不同。此时的国家集体观念和身份意识不仅像苏格兰和卡佩王朝下的法国那样，由国王创造，

---

① 此处的格洛斯特的罗伯特为历史学家，其生平已经无据可考。"格洛斯特的"称呼是近代早期的古文物研究者根据其编年史的内容得出的，不应与格洛斯特伯爵罗伯特混淆。

② 《亚瑟与梅林》全名为《梅林、亚瑟和梅林的传奇》（Merlin, the romance Of Arthour and of Merlin），由 15 世纪英语诗人亨利·洛夫利希自法语译至古英语，法语原著为罗贝尔·德博龙的《梅林》（Merlin）。

也为国王创造，它也是在与国王的对抗中形成的。12 世纪的国王们延用了盎格鲁－撒克逊国王的做法，尤其是借由普通法的制定，让全体臣民真正树立起坚定的团结意识与忠君思想。他们采用的头衔也明白无误："英格兰人的国王"。然而，为了保全欧洲大陆的领地，英王室不惜对国民横征暴敛，也给国家带来了巨大的财政负担。一时间，老辣的集权政府与民怨沸腾的被统治阶层针锋相对，相持不下。早在 1066 年之前，反对王室苛捐杂税的声音就已经出现了，只不过到了 12 世纪，这些声音已成雷霆之势，共同的不满令全体臣民团结一心，而且他们把矛头指向了王权。1215 年，所有英格兰人都需宣誓支持《大宪章》的施行，相当于形成了"全境统一的民族共同体"，其唯一目的便是反抗国王的暴政。1258 年，英格兰爆发革命，"英格兰共同体"宣誓保卫革命成果，褫夺国王一切权利，几乎与 1215 年如出一辙。英格兰之所以会如此动荡，根源在于英格兰人越来越强烈地意识到自己正受到来自外界的威胁，而这种威胁正是国王"引狼入室"的恶果。这种同仇敌忾的心理将社会各阶层串联到一起，令全民族团结一致，起到的作用远超其他因素。13 世纪早期，英王的臣民再一次都成了英格兰人，但国王依旧让外国亲信担任要职、对异邦人恩赏有加——如此一来，王室不仅残酷盘剥本地臣民，还招来了外国人做帮凶。至少在时人看来，英格兰民族已经到了生死存亡之际。这种危机感在 13 世纪 60 年代达到了顶峰，将全体英格兰人团结到一起，从普通的农民到教士、骑士，再到男爵领主，均受其感召。1265 年，格洛斯特伯爵吉尔伯特·德·克莱尔（Gilbert de Clare）要求所有官职必须由英格兰人担任，这在 150 年前的克莱尔的诺曼先祖——诺曼底奥尔贝克和比安费泰两地的领主们——看来是荒诞无稽的。直到爱德华一世（1272—1307）统治时期，英格兰国王与臣民才重修旧好。

*　　*　　*

　　与英格兰人一样，苏格兰人的民族身份在这一时期也被重新塑造了。12世纪前半叶，苏格兰国王治下本就十分复杂的民族结构变得更加纷繁难解。而这都是拜国王大卫一世（1124—1153在位）所赐，因其将一个所谓的"法国"贵族阶层（这些人实际上都是诺曼人或盎格鲁－诺曼人的后裔）引入苏格兰社会。此外，如前文所述，当时的看法认为，苏格兰人仅指苏格兰王国核心疆土的居民，即生活在福斯河、斯佩河和中央高地围成的三角区域内的居民。所以，大卫国王在一份特许状中使用"马里与苏格兰高尚的居民"的说法，将两者明确区分开来，也就不足为奇了。甚至在一份绘制于1200年的地形测绘报告上，也依然能看到"苏格兰与阿盖尔以此山为界"这样的说法。阿盖尔境内有一些像"苏格兰人之山"这样的地名，可见当地的居民并没有把自己看作苏格兰人。许多其他地区也存在这种情况，包括：北方的凯斯内斯，那里的居民多是挪威人的后裔；"加洛韦人"聚居的"加洛韦"；"英格兰人"聚居的洛锡安（特威德河与福斯河之间的区域）；还有古不列颠王国坎伯兰，领土自克莱德河起一直向南延伸到湖区南端，是"坎伯兰人"的聚居地。除了苏格兰人，加洛韦人、坎伯兰人、英格兰人、法国人也是大卫国王特许状中的常客。不过到13世纪末，这一切都发生了转变。苏格兰王土上的所有臣民一律归为苏格兰人，而所有承认苏格兰王权的地区也一律归为苏格兰的领土，其疆域与现代的苏格兰相差无几。

　　由于证据短缺，弄清楚苏格兰民族身份变迁的来龙去脉难比登天。直到 1216 年，梅尔罗斯修道院（位于洛锡安腹地）的编年史上还将苏格兰人视为蛮夷，"是魔鬼而不是士兵"。到了 1235 年，史官的态度依旧没有发生转变，一些苏格兰人被指洗劫了加洛韦的多座教堂，"是恶棍而不是骑士"。然而，在记录 1265—1266 年间的事件时（于 1285—1291 年间誊写，但编写时间也许早于 1285 年），史官的态度却发生了变化。在伊夫舍姆战役中，西蒙·德·孟福尔（Simon de Montfort）麾下一名叫居伊·德·巴利奥尔（Guy de Balliol）的战士不幸阵亡，其是诺曼人的后裔，却被史官称作"英勇的苏格兰骑士"。同样，对于出身洛锡安的梅尔罗斯修道院院长罗克斯堡的雷金纳德所取得的成就，史官也评价为"苏格兰的子民中"无人能出其右。显然，这一时期的洛锡安人已经以苏格兰人自居。这与 1286 年国王亚历山大三世（Alexander Ⅲ）驾崩之后，苏格兰众监国提出的普遍的苏格兰人身份相一致。为此，他们还特制了治国大印——此印一面刻有"苏格兰治国之印"，另一面则刻有"圣安德鲁，全体苏格兰同胞的领袖"。众监国之策表明，高层政要中那些盎格鲁－诺曼人的后裔，如今也自视为苏格兰人。至于那些主张政策在凯斯内斯、萨瑟兰、阿盖尔和加洛韦究竟成效如何，就不得而知了。不过在上述地区，接受苏格兰民族身份多半也已蔚然成风。1284 年发布的一份王位继承宣言获得了萨瑟兰伯爵、奥克尼伯爵，以及三位来自阿盖尔和赫布里底群岛的统治者的认可 ①。这五人与许多其他的贵族一起，都被记录为

---

① 萨瑟兰、奥克尼、阿盖尔、赫布里底群岛均位于之前提到的苏格兰核心区域之外。

"苏格兰王国的男爵"。在之后的 1320 年，苏格兰最著名的独立宣言——《阿布罗斯宣言》（*Declaration of Arbroath*）——以萨瑟兰伯爵、凯斯内斯和奥克尼伯爵，以及"世袭地产保有者及全体苏格兰居民"的名义发表。

那么，"苏格兰人"和"苏格兰"的概念是如何以这种方式融合在一起的呢？这肯定与共同的语言无关。苏格兰王廷使用的语言多半是法语，而英语则在低地城镇逐渐得势，以珀斯为起点，沿着苏格兰东岸狭长的沿海地带一路北上，后向西迁回，先后拿下班夫、埃尔金，蚕食掉了大片盖尔语地区。当然，这只能进一步加深说盖尔语的高地居民与说英语的低地居民间的隔阂，活跃于 14 世纪的编年史家福尔登（Fordun）对此多有记载。盎格鲁－诺曼贵族的进入同样也起到了分化作用。一本 13 世纪早期最好的英格兰编年史（该编年史唯一存世的抄本出自剑桥郡巴恩韦尔修道院修士之手）①评价，"当代"苏格兰国王"在种族、举止、语言、文化方面，都是彻头彻尾的法国人"。他们只留法国人（其实是指盎格鲁－诺曼人）在身边，而将苏格兰人贬为奴隶。然而，这只是故事的一部分。苏格兰本土贵族正在自发地"法国化"，使本族更易融入上层社会。（详见后续）与此同时，盎格鲁－诺曼贵族也接受了苏格兰"文化"的某些方面，这绝非单向的文化输出，而是互通有无。比如对圣安德鲁的崇拜，就是个典例。圣安德鲁是圣彼得的弟弟，一般认为，正是他令苏格兰人皈依基督教。而掀起圣安德鲁崇拜热潮的，则是自封为"苏格兰人的主教"的圣安德鲁主教，他不仅成功

---

① 这部编年史又称作《巴恩韦尔编年史》，作者身份已无从考据，但仍受到当代历史学家的极高赞誉。

地让这位圣徒在监国国玺上占据一席之地，还令其在《阿布罗斯宣言》中登场，并借耶稣基督之口，声称安德鲁"将作为保护神永远庇佑苏格兰"。此外，一些与政要阶层交好的"法国化"的苏格兰人对苏格兰人起源的记述表明，外族政要们不仅以苏格兰人自居，还认为自己与苏格兰原住民同根同源。记述中承认苏格兰人是凯尔特人的一个分支，指出所有苏格兰人都是希腊王子盖伊斯洛斯与妻子斯科塔的后裔，强调爱尔兰是苏格兰人天授的故乡，苏格兰人在前往阿尔比恩（旧时对不列颠的雅称）之前，一直定居于此。苏格兰历代国王在斯昆加冕时，都要端坐于斯昆石之上，而这块"加冕石"正是来自古代爱尔兰的王宫所在地——塔拉。

《阿布罗斯宣言》指出，如果国王罗贝尔·布鲁斯（Robert Bruce）不再愿意为捍卫苏格兰的独立而战斗（他肯定会战斗到最后一息），"我们苏格兰人就会另选可以守护国家之人拥戴为王"。其言外之意是，苏格兰人民独立于国王存在。不过事实正相反——1100 年之后，对苏格兰民族重塑影响最大的，恰恰是他们的国王。国王不仅引进了盎格鲁－诺曼贵族，还不同程度地在马里、萨瑟兰、凯斯内斯、阿盖尔、加洛韦、马恩和西部群岛树立王室权威，从而扩大了王国的实际统治范围，即扩展了苏格兰的疆域。自 12 世纪初，苏格兰国王开始在名号方面模仿英格兰国王，强调自己是"苏格兰人的国王"。当"狮子"威廉一世（William the Lion，1165—1214 在位）的特许状直言"致立于王土之上的所有臣民"，完全摒弃了之前间或出现的"致所有臣民……法国人、英格兰人、苏格兰人、加洛韦人"时，无疑表明，苏格兰国王的臣民皆为苏格兰人。同样，1161 年前后，马尔科姆四世首次使用了"苏格兰王国"这样的说法，言语间透露出"洛锡安及福斯河以北的土地都属于苏格兰"的意思。国王言论的效果立竿见影，自 12 世纪 70 年代起，在洛锡安、加洛韦，及其他核心疆域外的地区，用于记录当地交易事件的个人转让契约^①上，越来越多地出现了"苏格兰王国"或"苏格兰人的王国"这样的字眼。苏格兰的疆域随着国王领地的增多而扩张，凡承认苏格兰国王权威的臣民皆为苏格兰人。所以说，在重塑民族身份的过程中，苏格兰国王起到的作用与英格兰国王截然不同。英格兰人至少在一定程度上是因为要反抗王权而团结起来的，而苏格兰国王远没有像英格兰国王那样独裁专制、横征暴敛，所以苏格兰人愿意顺从王命，团结一心拥护君王。

* * *

在威尔士，类似英格兰、苏格兰那样的民族融合并未发生。威尔士民族没有吸纳任何外来民族。诺曼人的确以征服者的身份进入了威尔士，却从未融入到威尔士的各王国中去，所以也就没能成为威尔士人。相反，他们只在自己征服的区域建立独立的政权组织，统帅当地的威尔士原住民，而在非占领区，原住民则仍然在威尔士统治者的治理下生活。作为发生民族融合的东道国，威尔士与英格兰和苏格兰在国家结构上截然不同。在英格兰和苏格兰，外来民族进入的都是单一政体的国家，容易产生归属感。而在威尔士，这是无法实现的，因为威尔士不仅政治实体数量众多，而且战乱不

---

① 此处原文为 private charter，直译为个人特许状。中世纪时，不光国王、大贵族可以签署 charter，臣民也能够以 charter 的形式转让土地、财物。为了避免与国王及大贵族发布的特许状混淆，此处 charter 译为转让契约。

断，家族迁移频繁，导致政治格局瞬息万变。由于诺曼人在此找不到能够先征服再融入的大规模政体，只能步步蚕食，以分封边境男爵的形式建立独立的政体。（爱尔兰的局面与此大致相同。）虽然诺曼人很快就开始与威尔士贵族通婚，但如此结合产生的后代（譬如威尔士的杰拉尔德）最多是觉得自己身份微妙罢了。虽然这些混血儿拥有部分威尔士血统，但他们成长于边境男爵封地，又与疆域更广的盎格鲁－诺曼王国频繁接触，所以徒有威尔士血统的他们，永远也无法填补威尔士"本土教养"的空白。正如威尔士的杰拉尔德在自我审视时说的那样，诺曼人与威尔士人通婚的后代，从教养背景和工作生活这两个标准来看，基本上还是属于英格兰人。

* * *

综上所述，诺曼征服后的两个世纪中，不列颠居民的民族成分发生了重大变化——至少对英格兰人和苏格兰人来说的确如此。同时，由此造成的结果之一是英格兰人，或者说英格兰文人，对待威尔士人、苏格兰人以及爱尔兰人的态度也发生了显著变化。12世纪，英格兰文人开始表达对不列颠诸岛其他民族的鄙视，视其为蛮夷，并借"奉命教化"之名为侵略征服（尤其是对爱尔兰）辩护。正如约翰·吉林厄姆所说，这一时期似乎见证了"英格兰帝国主义的萌芽"。12世纪20年代，马姆斯伯里的威廉率先发难，称威尔士人是"未开化的野人"；之后，成书于12世纪50年代的《斯蒂芬国王行为录》（Gesta Stephani）的态度如出一辙，将威尔士人描述为"野蛮的种族，残暴的原始人"。到了12世纪末，纽堡的威廉（William of Newburgh）抨击苏格兰"全国都是野蛮人"，而威尔士的杰拉尔德则扬言爱尔兰人"太过野蛮，根本就和文明教化沾不上边"。因此在迪斯的拉尔夫看来，亨利二世1171年入侵爱尔兰可以说是一件传播文明的事，让从未得到"公共权力"教化的民族尝到了法律与秩序的甜头。

偏见的根源在于，英格兰的经济社会发展远远领先于不列颠的其他地区（下一章将做详细论述）。在威尔士的杰拉尔德的笔下，威尔士人衣食困乏，过着不知面包为何物的茹毛饮血的生活，而且就连统治阶层也都衣不蔽体。里沃的埃尔勒德借沃尔特·埃斯佩克之口嘲讽苏格兰人是"光着半边屁股的废物"。1210年，英王约翰一世嘲笑爱尔兰当地的国王个个衣衫褴褛、跨着无鞍羸马。悬殊的贫富差距在1066年之前就已经存在了，但诺曼征服进一步加深了这种贫富分化，使矛盾更加突出。英格兰的神职人员也因为融入了欧洲大陆宗教改革①的主流，愈发瞧不上在威尔士和爱尔兰常见的神职人员离婚、纳妾的行为，尤其对爱尔兰人更是嗤之以鼻，因为据称那里的男人会把妻子当牲口一样交换买卖。在政治行为上，英格兰人与不列颠其他民族的差异也越来越明显。诺曼征服之后，英格兰也像欧洲大陆一样，几乎停止了政治谋杀、政治处决和凌迟肉刑。但在威尔士，争权夺位的口舌之争依然会演化成"最可怕的暴乱……尸横遍野，兄弟间刀剑相向，甚至互挖双目"——威尔士的杰拉尔德的这段描述力透纸背。在爱尔兰也是如此，据迪斯的拉尔夫记载，爱尔兰人之所以愿意接受亨利二世强加的"和平"，是因为他们不愿再重蹈父辈同族相残的覆辙。在战斗行为上，英格兰也

---

① 　此处指教皇格里高利七世的改革。格里高利通过改革加强了教会的中央集权，并且改变了教会与欧洲大陆世俗统治者的关系。

与欧洲大陆相似，交战各方的贵族不再以命相搏，而是想要俘虏对方，换取赎金。而凯尔特人的战争习俗却截然不同。威尔士的杰拉尔德指出："法国人拿到赎金就会释放俘虏；而爱尔兰人、威尔士人则举起屠刀，取其首级。"更本质的区别是，威尔士人、苏格兰人还掳掠奴隶。苏格兰 1138 年的入侵之所以令人震惊，是因为它揭开了战争丑恶的一面——猎奴。诺森伯兰郡赫克瑟姆的编年史记录了这段历史：

> 年老之人，无论男女，要么遭刀剑斩首，要么死于矛刃，矛柄留在体内，就像将要被端上餐桌的肉猪……年轻男女，只要看起来身强力壮，就会被铐上镣铐，成为奴隶。一些小女孩体力不支，跟不上赶奴人的脚步，就被扔在原地等死。

如此看来，1138 年的入侵事件，似乎彻底坐实了苏格兰人、加洛韦人在英格兰人心中的野蛮形象。

* * *

种族偏见往往难以破除，所以我们会理所当然地认为，英格兰人在 12 世纪产生的上述偏见也不会例外。从那之后，苏格兰人、威尔士人的蛮夷形象肯定会在英格兰人心中根深蒂固，不列颠的历史进程也将遭到种族偏见掣肘。可事实上，这一幕并未上演。13世纪，不列颠历史的一大特点恰恰是民族间敌对情绪的消解和睦邻关系的萌芽。

其实，英格兰人对凯尔特民族的成见并没有什么深刻的历史依据，只是因直观的经济社会差距而产生，完全有能力根据新信息进行调整。实际上，一些对其他民族野蛮行径的指责本就根本站不住脚。所以埃尔勒德后来又称，多亏了苏格兰国王大卫的善政，"全国野蛮之风气大为缓解"。据《斯蒂芬国王行为录》记载，理查德·菲茨·吉尔伯特·德·克莱尔（Richard fitz Gilbert de Clare）治下的威尔士封地安定繁荣，"几乎可以媲美英格兰"。态度转变最为惊人的，当属亨利二世的御用史官——豪登的罗杰（Roger of Howden）。在描述苏格兰人1173—1174年的入侵时，罗杰似乎与纽堡的威廉态度一致，视苏格兰人为"嗜血的野蛮人"。但之后，罗杰在奉命处理外交工作时，对苏格兰事务有了更加深入的了解，他开始同情苏格兰教会及国家对独立的诉求。罗杰的笔下从未出现过以帝国主义的视角俯视苏格兰人（以及威尔士人）的描述。

到了13世纪中叶，英格兰文人对威尔士人和苏格兰人更为同情。马修·帕里斯在他的《世界大事记》（Chronica Majora）中记录了1235—1259年的历史（在现代印刷版中，仅仅这20余年的历史就占据了约1 700页的篇幅）。进入圣奥尔本斯修道院后，帕里斯继承了温多弗的罗杰（Roger of Wendover）的衣钵，以及对随英王而来的欧洲人的蚀骨之恨。如果12世纪对苏格兰人、威尔士人的偏见之风也吹到了帕里斯这里，那么肯定会在他的著作中有所显现，而实际上，在他的著作中找不到这种偏见的痕迹。1244年，苏格兰国王亚历山大二世召集大军入侵英格兰，但这并没有唤起帕里斯对12世纪苏格兰军队野蛮入侵英格兰的记忆。他形容率兵征战的亚历山大国王"善良、公正、虔诚、慷慨，受臣民爱戴，就连英格兰人也对他敬爱有加"。人数可观的（估计6—10万）苏格兰步兵绝非赤膊上阵、嗜血如命的散兵游勇，每位士兵都"向牧师忏悔，接受牧师的宽慰，以为国出征为荣，无不视死如归"。三年后，帕里斯的记录指出，当教皇准备向苏格兰派遣使节时，众人皆困惑不已，"因为天主教在苏格兰正蓬勃发展，且没有沾染任何异端思想，教士与人民间关系和睦稳固，完全无可挑剔"。帕里斯最后得出结论，这可能只是因为觊觎"苏格兰人的"财富。13 世纪 50 年代，亨利三世对苏格兰内政横加干涉，帕里斯没有站在国王一边，反倒指出外乡人（英格兰人）纷纷加官进爵，令"土生土长的本地人"愤愤不平。因此，只有驱逐外乡人，"苏格兰的贵族才能独立自主地治理国家，国家才能长治久安"。

记录威尔士历史时，帕里斯提到了威尔士出身的著名学者托马斯·沃伦西斯（Thomas Wallensis），后者返乡担任贫困的圣戴维斯教区的主教，帕里斯赞其怀有一颗赤诚的爱国之心。13 世纪 50 年代，威尔士反抗英格兰统治时，帕里斯的态度与记述同时期苏格兰历史时如出一辙。

> 即便是敌方也不得不承认，威尔士人的抗争是正义的。他们继承了祖先特洛伊人骁勇善战的传统，为守护自古有之的法律与自由而战，人人皆以此为傲。唉，可鄙的英格兰人！你们在异乡人面前一败涂地，失去了既有的自由，你们真应该以威尔士人为榜样，好好学学！

可以看出，帕里斯认为反倒是英格兰人应该向威尔士人移樽就教。在 1259 年去世前，帕里斯留下的最后一条有关威尔士的记录是哀叹国王拒绝接受让威尔士人生活在"和平、安宁、自由之中"的条款。

综上所述，帕里斯认为英格兰不应欺凌不列颠的其他国家；相反，威尔士人、苏格兰人有权享有不受英格兰干涉的和平与独立。帕里斯的观点绝非特立独行。13 世纪 50 年代时，在蒂克斯伯里 ① 的编年史家看来，日后的威尔士亲王卢埃林·阿颇格鲁菲德（Llywelyn ap Gruffudd）奋力抵抗英格兰的行为，只不过是在捍卫"承自父辈的自由"而已。邓斯特布尔 ② 的编年史家认为，威尔士叛乱的导火索，是英格兰人想要在威尔士强制推行英格兰法律。13 世纪七八十年代，尽管爱德华一世进行了宣传，但一些英格兰编年史家对爱德华征服威尔士的功绩持保留意见。邓斯特布尔的编年史家甚至还一一列举了威尔士遭受的一系列不公平待遇，来解释威尔士人为何"万众一心，捍卫本国的法律"。

在一定程度上，帕里斯的态度取决于他的政治立场。在他看来，亨利三世既压迫又无能，威尔士人、苏格兰人理应奋起反抗，而英格兰人也不该任其摆布。所以，当他想要唤醒英格兰人的反叛意识时，会将威尔士人贬为"最为低劣之人"，而国王甚至无法击败如此不堪的敌人。而帕里斯之所以对威尔士人、苏格兰人持积极态度，也是因为根据他所接收到的真实信息，这些本就是事实。圣奥尔本斯修道院在北方的泰恩茅斯（Tynemouth）设有子院，其院长乐于涉足盎格鲁－苏格兰事务，为帕里斯提供了大量重要的文献资料。班戈（Bangor）主教理查德因为威尔士国内的政治争斗，于 1248—1256 年间在圣奥尔本斯修道院避难，为帕里斯提供了了解威尔士的机会。从本质上来说，英格兰人对苏格兰人和威尔士人的态度之所

---

① 位于英格兰境内的格洛斯特郡。

② 位于英格兰境内的贝德福德郡。

以会发生改变，是因为 12 世纪的"蛮夷论"在现实面前不攻自破。

　　这些变化部分源于经济的发展及教会组织的调整——我们将在第二章和第十四章分别讨论这两个问题。另一个重要因素是苏格兰民族身份的转变。1150 年，大卫一世统治的王国民族众多，苏格兰人只是其中一支。英格兰史学家很了解这些民族，在谈到 1138 年的暴行时，他们明确指出，手握屠刀的是苏格兰人，即生活在福斯河以北说盖尔语的那群人，以及杀人如麻的加洛韦人。英格兰人没有责怪大卫一世，因为他是一位无可挑剔的盎格鲁－诺曼绅士；也没有怪罪追随国王的盎格鲁－诺曼贵族，因为他们也都是受过教化的文明人。一百多年后，这帮盎格鲁－诺曼贵族的后裔也被视为了苏格兰人。1138 年的苏格兰人还仅指衣不蔽体的高地蛮夷，但到了 1265 年，在伊夫舍姆英勇就义的居伊·德巴利奥尔也被算作了苏格兰人。这位骑士跟野蛮人可沾不上边儿。苏格兰本土贵族的民族身份同样也发生了变化，用巴恩韦尔的编年史家的话来说，就是被盎格鲁－诺曼贵族"法国化"了。在爱德华时代的战争压力下，沉寂的偏见再次抬头。1298 年，一首描述邓巴之战的民谣称苏格兰人"野蛮、残忍又愚蠢"。不过后面又说他们是"穿苏格兰短裙的乌合之众"，所以这首歌讥讽的并非是整个苏格兰民族，而只是其中某个群体。因为苏格兰的贵族阶层可不会穿着短裙上战场。实际上，1244 年，马修·帕里斯还称赞苏格兰军队是一支由数千精兵组成的精锐之师。

　　实际上，1244 年苏格兰军队并未采取行动，这也为英格兰人眼中苏格兰民族形象的提升创造了条件，即 1217—1296 年的长期和平，同时也给了英格兰人足够的时间，来淡忘苏格兰人先后两次入寇（1138 年、1173—1174 年）所犯下的暴行（后一次规模较小）。相比之下，苏格兰于 1216 年的最后一次入侵表现得十分克制，证明了苏格兰人早已不再以战争掳人为奴了。如前文所述，在帕里斯笔下，1244 年苏格兰军中的普通士卒不再是嗜血暴徒；他们在战前不仅认真忏悔，还个个 "严阵以待，刀斧长枪闪闪发光、强弓劲弩只待号令"。

＊　　＊　　＊

威尔士人与苏格兰人不同，没有借助外来的盎格鲁－诺曼贵族的力量崛起。实际上，威尔士的杰拉尔德断言，12 世纪，布立吞人（威尔士人以前以布立吞人自称）接受 "威尔士人" 及 "威尔士" 的称呼无异于自降身份，因为这代表着他们接受了英格兰人对他们的定义。不过这么说倒真是冤枉了威尔士人。"威尔士"、"威尔士人" 是英语，而 *Wallia*、*Wallenses* 则是拉丁语。这四个词从未进入威尔士语的词汇中。在威尔士语中，威尔士人以母语词汇 Cymry（意思是 "同胞"）取代了布立吞人（*Brytanyeit*），既能唤起民族归属感又带有历史厚重感，因为早在 7 世纪，威尔士人就开始以 Cymry 自居了。

威尔士人之所以能在这一时期提升民族形象，是因为他们发现了自己民族的历史，或者更恰当地说，创造了威尔士民族的历史，从而免遭外族的歧视霸凌。在此过程中，有一部伟大的旷世之作功不可没，那就是蒙茅斯的杰弗里的《不列颠诸王史》（*History of the Kings of Britain*），成书时间稍早于 1139 年。身为一个威尔士人，在自己的民族面临愈演愈烈的蛮族指控时，杰弗里立志要为威尔士民族赢得尊重。亨廷登的亨利坚信，正是历史知识将理性之人与野蛮人区分开来。杰弗里凭借着丰富的想象力，硬是将比德的片纸只字和有关亚瑟王的语焉不详的传说，演绎成了一幅磅礴的威尔士历史画卷。在他的笔下，特洛伊英雄埃涅阿斯的孙子布鲁图征服了阿尔比恩岛，用自己的名字将其更名为不列颠。之后，布鲁图及其子孙后代建立城镇、颁布法令，彰显文明气息。布鲁图血脉在亚瑟王身上达到了巅峰，他是历代尚武的国王中最伟大的一位，他将撒克逊人逐出不列颠，征服了苏格兰人、皮克特人、爱尔兰人，横扫高卢，甚至击败了罗马人。当然，最后"布立吞人日落西山……盎格鲁人开始统治"，而亚瑟王去了仙境阿瓦隆休养战伤，梅林则预言，布立吞人终有一日会再次一统不列颠。

当然，由于故事太过引人入胜，人们完全忽视了其中的威尔士民族信息，倒也情有可原。到最后，亚瑟王反倒成了英格兰人的民族英雄。尽管如此，杰弗里传递的信息不仅激励了威尔士人，也让英格兰人对他们刮目相看。"他们（威尔士人）公然声称，自己将成为最后的赢家。待亚瑟王归来，他们将重掌不列颠。"在盖马尔所著《英格兰人的历史》书后的附文中，作者这样写到。12 世纪后半叶威尔士复兴的直接原因，似乎是因为威尔士人从新发现的民族起源中获得了力量。正如威尔士的杰拉尔德所说，"我们不列颠人虽被外人称作威尔士人，但实际上却与罗马人一样，是特洛伊人的后代，会像先祖那样捍卫民族自由，不管是撒克逊人还是诺曼人，都休想给我们戴上奴隶的镣铐"。13 世纪中叶，马修·帕里斯也在自己绘制的威尔士地图上提到了布鲁图和梅林，而且如前文所述，在著作中描述威尔士人为自由奋战，称他们"英勇无比，不辱特洛伊祖先之名"。

威尔士民族形象提升的另一个原因在于，民族关系不断升温，这与苏格兰的情形极为相似，只不过民族融合最终还是没有发生。诺曼男爵欣赏威尔士领主们"与生俱来的高贵品质"，乐于娶威尔士贵族之女为妻，有时还以威尔士人的习俗为子女取名。威尔士的杰拉尔德的外祖母内丝特（Nest）为里斯·阿颇都铎（Rhys ap Tewdwr）之女，外祖父则是温莎的杰拉尔德（Gerald of Windsor），曾被亨利一世任命为彭布罗克的城堡总管。与谨慎的教会史官们不同，威尔士的诺曼男爵并不介意被人指责行径野蛮，甚至还浅尝了蓄奴的甜头。诺曼男爵也吸取了威尔士文化的一些精华，特别是对包括圣大卫在内的许多威尔士本土圣徒的崇拜。实际上，威尔士的诺曼贵族正是高喊着"为圣大卫而战"征服爱尔兰的。而威尔士本土的领主们则从诺曼贵族那里获知了城堡、甲胄、骑兵的好处，遂纷纷效仿。1257年，威尔士的骑兵就给马修·帕里斯留下了深刻的印象：两队骑兵中的骑手"武器精良"，战马身披铁甲。就这样，英格兰人与威尔士人的共同点越来越多。1188年的一天，德赫巴斯（Deheubarth）的统治者里斯大人（Lord Rhys）[①] 前往赫里福德，在主教的花园中与大贵族克莱尔家族的成员互相夸赞对方"显赫的身世"，交谈时玩笑不断。虽然玩笑也暗示着双方随时都有可能兵戎相见，但这并未影响他们互尊互重，甚至反倒令双方惺惺相惜；因此，如果有一方突然向另一方施暴，被施暴者就会格外震惊，因为这看来简直就像是背信弃义。

在战争行为方面，威尔士人也不断向"现代骑士靠拢"。1245年，亨利三世驻扎于迪加努伊的大营中传出了一封信，信中没有任何指责威尔士人行径野蛮的话语，反倒痛批英格兰军队洗劫艾伯康

---

① 里斯大人是后世对里斯·阿颇格鲁菲德（Rhys ap Gruffydd）的称呼。

威（Aberconwy）的西多会修道院的行为，认为威尔士人有理由诛杀这些暴徒。即便如此，威尔士人虽处决了普通士卒，却留下了被俘英格兰骑士的性命（当然只是为了获取赎金），直到己方贵族死于英格兰人的刀下，威尔士人才改变主意。受英格兰政治风气的较大影响，威尔士统治阶层的内部斗争也没那么暴力了。威尔士亲王卢埃林·阿颇格鲁菲德只是囚禁了他的两位兄弟，而并未对这两位危险的对手施加肉刑甚至处以极刑。结果讽刺的是，犯上作乱二十余年的弟弟戴维兹，最后反倒是被英王爱德华一世处决的。

爱德华一世征服威尔士后，编年史家托马斯·威克斯（Thomas Wykes）称威尔士人为"野蛮的民族"，只饮奶食肉，不知面包之味。不过，这一评价或许符合社会下层的情况，但与天天都吃得上现烤面包的威尔士统治阶级不沾边（威尔士的杰拉尔德的原话如此）。英格兰文人描述威尔士贵族时，不仅不会出现"野蛮"的字眼，反倒是像对待英格兰的贵族一样，不吝赞赏之辞。如此，一位在1245年战死沙场的威尔士贵族被赞为"最为优雅、*strenuus*的年轻人"，*strenuus* 为拉丁语，不好翻译，含"勇武有力、遵道守礼"之意。在马修·帕里斯笔下，布罗姆菲尔德的格鲁菲德（Gruffudd of Bromfield，波伊斯北部的一位领主）虽然从国家、民族、语言上讲都是威尔士人，但却也"高贵、*strenuus*、强大"。同样，在邓斯特布尔的编年史家笔下，威尔士亲王卢埃林·阿颇格鲁菲德也是"仪表非凡，骁勇善战"。卢埃林拥有英格兰统治阶层认可的纹章，而且由于他的祖父娶了约翰王的私生女，他的纹章更是由英格兰的王室纹章衍生而来。

英格兰贵族阶层对威尔士贵族阶层的赞许之意在成书于13世纪末的《富尔克·菲茨·沃林传奇》（*Legend of Fulk fitz Waryn*）

中也有所体现。这本书虚实结合，以浪漫主义手法，记述了什罗普郡骑士富尔克·菲茨·沃林及其祖先的功绩。在书中，威尔士领主的形象往往是：亮着显赫的盾形纹章，率领着扈从与其他贵族阶层的盟友共同作战；他们大多年轻时为英格兰王廷效力，后又迎娶王公贵族之女，有些甚至与法国国王还有往来。这些威尔士领主都被视为同一骑士阶层的成员。

＊　＊　＊

　　还有一个因素，也促使了英格兰人对威尔士人、苏格兰人的态度有所缓和。当威尔士人、苏格兰人的民族地位不断提升，亨廷登的亨利口中"英格兰的男爵、声名最为显赫的诺曼人"却江河日下，沦落成了英格兰人。一则逸闻提到，1280 年前后，瓦伦伯爵①回忆自己先祖跟随威廉公爵征服英格兰的峥嵘岁月，还拿出了一把锈迹斑斑的古剑为证。然而，不争的事实就摆在眼前，无论瓦伦的祖先如何居功至伟，现在他也成为了被祖先奴役的民族的一员。自马修·帕里斯起，英格兰史家对诺曼征服始终含糊其辞，可见他们都对此左右为难。是应当庆祝"征服者"威廉的胜利，还是应当同情被征服的英格兰人？13 世纪的英格兰男爵们，已无法像一百年前"最为显赫的诺曼人"一样，声称拥有纯正血统了。如此一来，蔑视不列颠的其他民族也就不那么名正言顺了。

　　英格兰人心中各民族野蛮程度排名的变化，也影响了他们对其他民族的态度。在马姆斯伯里的威廉看来，12 世纪初的法国是

---

① 第六代萨里伯爵约翰·德·瓦伦（John de Warenne，1231—1304）。

文明之乡。但一百年后，这里也没那么吸引人了。因为在 1216 年，法国国王的长子路易举兵入犯英格兰，军中士兵逞凶肆暴，被韦弗利的编年史家骂作"野蛮的异乡人"。"来自法兰西的雇佣兵①及其他无恶不作的劫掠者放火烧村，连教堂、墓地都不放过；他们四处掳人抢劫；他们严刑拷打，所用手段闻所未闻，只为逼遭掳之人支付最重的赎金"，温多弗的罗杰如此记载。路易入侵时的"滔天暴行"留下了难以磨灭的印记。马修·帕里斯眼中的野蛮人标准不是按苏格兰人或威尔士人制定的，而是按照随路易入侵的法国人制定的。"王子（亨利三世的长子，未来的爱德华一世）豢养在身边的异乡人肮脏暴力，哪怕随路易入侵的法国人也自叹弗如"，帕里斯如此评判。

从政治的角度考虑，英格兰人对不列颠其他民族看法的变化，可以让我们得出一项重大结论。13 世纪末，英格兰征服威尔士、进犯苏格兰，并非出于长久以来对这两个民族日益加深的敌意。事实恰恰相反。12 世纪英格兰人对威尔士人、苏格兰人所表现出的鄙夷和蔑视，到了一百年后，基本已被现实湮没，销声匿迹。相反，英格兰人对爱尔兰人的看法却没有任何改观，因为爱尔兰的统治阶层看起来还是与 12 世纪时一样，不仅残杀异己，还依旧淫乱无度。14 世纪 90 年代，法国史家弗鲁瓦萨尔（Froissart）从亨利二世的一位侍从（此人曾被囚禁于爱尔兰）那里，得知了爱尔兰当时的大体状况：爱尔兰人没有城镇，也不收赎金，在战场上没有像样的甲胄，骑马时也不用马蹬、马鞍。爱尔兰诸王完全不懂宫廷礼仪，在理查二世亲自为他们举行骑士受封仪式前，不得不接受英格

---

① 此处原文为 routier，指中世纪的雇佣兵。

兰宫廷礼仪的速成课。

还有一种说法认为，不列颠岛上新民族身份的出现，扯下了极端民族主义的遮羞布，致使各民族在文化习俗越来越相近的同时，关系反而越来越疏远，这根本就是无稽之谈。实际上，各国各民族间一直保持着频繁的交流互动。*Sais* 在威尔士语中是英格兰人的意思；13 世纪，威尔士境内 *Sais* 的人数成倍增长，即便在威尔士本土统治者控制的区域也不例外，反映出两个民族间的交流范围之广，威尔士男子甚至娶英格兰女子为妻。社会最上游阶层间跨民族的通婚越来越普遍，这些联姻即便没能阻止民族冲突的发生，也起到了一定的缓和作用。1262 年，威尔士边境男爵奥德利的詹姆斯（James of Audley）就应英国国王的要求，以内兄 ① 的身份担保布罗姆菲尔德的格鲁菲德（Gruffudd of Bromfield）没有二心。卢埃林大王（Llywelyn the Great）本人也将与爱女格拉杜斯（Gwladus）结婚的英格兰男爵拉尔夫·莫蒂默（Ralph Mortimer）称为"我最亲爱的儿子"。后来，大王的外孙罗杰·莫蒂默（Roger Mortimer）又与表兄威尔士亲王卢埃林·阿颇格鲁菲德结盟，还在自己出资编写的纹章书中收录了表兄的纹章。与此同时，不列颠北部出现了一大批跨境贵族，他们借联姻不断壮大势力，在英格兰、苏格兰都拥有领地。这批贵族可能以盎格鲁-苏格兰人自居，就像 12 世纪在海峡两岸都拥有领地的贵族以盎格鲁-诺曼人自居那样。

在诺曼征服之后的两个世纪中，不列颠各民族身份的重塑并没有切断不列颠与欧洲大陆的联系，即便 13 世纪的几次侵略暴行令英格兰人对欧洲异族恨之入骨。贵族文化在不列颠各国的发展虽

---

① 格鲁菲德娶了詹姆斯的妹妹奥德利的埃玛。

参差不齐，但从根本上来说皆可溯源至法国——这里的法国是广义的法国，包括法兰西王室领地及周边的诸多公国。所以，巴恩韦尔的编年史家才会一语中的地指出：从文化上讲，苏格兰国王及其亲贵都是法国人。尽管贵族文化是从英格兰直接传入的，但这位史家却没有将英格兰人视为苏格兰统治阶层的文化鼻祖。贵族生活的两大基本要素——城堡和骑士——都是诺曼人从法国引入的，随之而来的还有高尚的战争方式和政治手段。12世纪的法国是行吟诗人和骑士比武大会的故乡；12世纪七八十年代，在成为彭布罗克伯爵、英格兰摄政之前，威廉·马歇尔（William Marshal）在法国各地参加比武大会，赢得"天下最伟大骑士"的威名。1204年英格兰痛失诺曼底，终将英格兰男爵阶层归入了英格兰民族之中，但英格兰贵族却并未局限于此。13世纪五六十年代，格洛斯特伯爵理查德·德·克莱尔（Richard de Clare, earl of Gloucester）和王储爱德华（日后的爱德华一世）都经常驰骋于欧洲大陆的骑士比武赛场。而苏格兰贵族邓巴伯爵邓肯（Duncan, earl of Dunbar）曾追随法国国王路易九世（Louis IX，死后被封为圣徒）参加十字军东征，后于1248年死在军中。13世纪中叶，亨利三世将自己的外族亲信分封至英格兰各地，在一定程度上让盎格鲁-诺曼男爵阶层往昔的跨国色彩得以存续。正因如此，爱尔兰的米斯（Meath）、威尔士的拉德洛（Ludlow）才最终通过婚姻传到杰弗里·德·茹安维尔（Geoffrey de Joinville）手中。此人领有法国香槟地区的沃库勒尔领地，而他的哥哥让·德·茹安维尔（Jean de Joinville）则随路易九世参加过第七次十字军东征，后又为这位圣徒著书立传。杰弗里被召入法国王军，与爱德华王子（未来的英王爱德华一世）共同率领十字军东征，最终在爱尔兰特里姆的一座多明我会修道院中去世。

马修·帕里斯的不列颠地图视角非常开阔，因为作者在绘制时，必定是将不列颠看作世界的一部分，所以成品看起来像极了保存于赫里福德大教堂的世界地图（*Mappa Mundi*）。这幅地图以耶路撒冷为中心，而不列颠虽被置于世界边缘，看起来却依旧幅员辽阔、引人瞩目。大家将在下一章中看到，从许多方面讲，不列颠岛都算得上是富庶之地。

第二章

不列颠的经济

　　1066—1284 年，不列颠各国的经济发生了翻天覆地的变化。人口数量至少翻倍；大片的处女地被开垦成耕地；商业欣欣向荣，货币供应量大幅提高，城镇、市场、市集等商业基础设施大批涌现。除了英格兰，威尔士和苏格兰也经历了类似转变，使得不列颠各国的经济差距大幅缩小。威斯敏斯特教堂的三拱式拱廊中，一位手艺人的头部雕像面带微笑、神色坚定、自然真实，散发着人性的光辉，似乎囊括了这个经济发展、自信满满的时代的全部风貌。然而，在南翼拱廊下方的圣费思（St Faith）小圣堂中，另一尊头像双颊消瘦、眼窝深陷、嘴巴大张，仿佛正在痛苦地嚎叫着。这个时代，亦是大量农民饔飧不饱的时代，一遇到荒年，便饿殍遍地。一种观点认为，不断增长的人口数量逐渐超过了土地承载力，情况越来越糟糕。对许多贫苦的农民来说，没有"快活的英格兰"。

　　英格兰的经济主宰了不列颠全岛。英格兰的国土面积占不列颠总面积的 57%，而苏格兰、威尔士则分别占 34%、8%。不仅如此，与处处都是高地草场、沼泽、山地的苏格兰、威尔士相比，英格兰沃野千里，物产丰足。在英格兰，海拔超过 180 米的土地只占国土总面积的 13%，而在威尔士、苏格兰，这一比例则分别达到了 42%、48%。1291—1292 年，为了缴纳一项教皇征收的税款 ①，不列颠各国都对教会资产进行了估算，得出了这一时期唯一覆盖不列颠全境的统计数值：英格兰教会每平方公里的资产均值为 1.56 镑，远高于苏格兰及威尔士的 0.52 镑、0.35 镑。苏格兰教会资产的总值还不到英格兰的 1/5，而威尔士则更是只相当于英格兰的 1/28。英格兰的经济不仅体量最大，可供考据的资料也最多。大到《末日审判书》（*Domesday Book*）、1279 年的《百户区案卷》（*Hundred Roll*）土地勘测，小到众多的个人土地转让契约，再加上从 13 世纪起数量不断增多的庄园账目，虽东零西碎地散落各处，却也能提供大量信息。

　　根据《末日审判书》描绘的画卷，1086 年的英格兰社会基本上还是农业社会，全国一共有 27 万名农村家庭户主，几乎全都是农民，他们主要靠在土地上耕作为生。与之相对的是 5 000—1 万名封建主和约 2.5 万名城镇家庭户主——由于《末日审判书》对城镇人口的统计并不完全，这一数字是历史学家估算的结果。《末日审判书》将英格兰大部分农村人口按照其所隶属的庄园进行划分，这些庄园虽大小不等，结构各异，但都是封建主用来剥削农村人口的工具。在英格兰中部及南部（不包括肯特郡）的广阔区域，林立着大量历史学家口中的"典型"庄园，即等同于一座独立"集村" ② 的庄园。12 世纪的编年史家奥德里克·维塔利斯（Orderic Vitalis）写道：在日常用语中，"庄园""村庄"这两个词是可以互换使用

---

① 征税的教皇是尼古拉四世，目的是为了支付远征圣地所产生的费用。

② "集村"为地理学及景观历史学术语，用来描述人类聚落的分布类型模式。比如说，围绕着教区教堂形成的村子就是集村。

的。因此，在剑桥郡的威灵厄姆村，伊利主教的庄园包括整个村庄及其周围的耕地、草甸，总面积约 364 公顷。主教将庄园的大半土地留作自营农场，即直领地。剩余的耕地，加上共用草场的部分使用权，则分配到了庄园的农户手中——伊利主教的庄园当时共有 12 户佃农、8 户隶农[①]。后期文件（《末日审判书》中未提及农户持有的土地面积及持有条件）指出，每户佃农有大约半"雅兰"[②]的份地（大约 6 公顷），隶农可能只拥有不到 2 公顷的份地。无论是佃农还是隶农，每周都要在主教的直领地上干两天农活，而到了收获的季节，还要额外提供工役。以 1086 年"末日审判"时的英格兰为例，在所有佃户中，有 41% 是佃农、32% 是隶农，前者可能有 1 雅兰或半雅兰的份地。劳役地租可能是最普遍的地租形式，但农民也可以选择使用货币及实物抵偿。虽然威灵厄姆庄园只有一个奴隶，但其他一些庄园奴隶的人数更多，所以奴隶的人数约占农村人口的 10%。庄园制度的另一大关键特征是，集村外围会开辟出两三个大面积的开放式地块[③]，而封建主的直领地及每户农民的份地都在这几个地块内按相同比例分布。威灵厄姆庄园共有 3 个地块。1251 年，封建主在每个地块中都分别拥有大约 40 公顷的直领地，每户农民的份地很可能也按此法等比例分配于这 3 个地块中。这是当时庄园土地分配的惯例。因此，庄园上所有的人都必须遵从统一的农耕节律，譬如，每年都要空出一块田休耕（这是当时惯用的耕

---

① 在庄园的等级制度中，佃农地位高于隶农，而后者地位则仅高于奴隶。

② "雅兰"为英格兰丈量土地的单位，英语单词为 yardland，1 雅兰约为 12 公顷。

③ 此即为敞地制耕作制度。

作方式）。而休耕的地块则供公共使用，所以典型庄园都有所谓的"公用地"，继而为了维系庄园的有序运营，又设立了庄园法庭。

英格兰遍布着威灵厄姆式的典型庄园，但由于继承人分割祖产和人口增长，"一村多庄"的情况变得越来越普遍。然而，在肯特、东安格利亚、林肯郡、约克郡，最常见的却是另一种相当不同的庄园结构。这种庄园以封建主封地为核心（通常为一个集村），周边分布着数个小村庄。村中农民不向封建主提供劳役，而是以实物及货币的形式缴纳地租，而对封建主来说，其收入中地租所占的比例通常都要高于核心直领地的农业产出。这类庄园的农民一般称作"司法管辖区领民"（sokemen），原因是从属于庄园的小村庄是"司法管辖区"（soke）的一部分，即"受封建中心司法管辖的区域"的一部分。第一代萨里伯爵威廉·德·瓦伦（William de Warenne）位于约克郡的庄园中心科尼斯伯勒（Conisbrough）本身只有 5 卡勒凯特①的土地（大约 240 公顷），但其周边 28 个从属村庄由"司法管辖区领民"耕种的土地总面积达到了 86 卡勒凯特。根据《末日审判书》的记载，"司法管辖区领民"以及其他各类自由民约占英格兰农民人口的 14%。

因此，那时的英格兰社会贫富差距严重。即便是只有一座庄园的封建主，在财富、权力方面也会令佃农望尘莫及，更不用说隶农了。大封建领主更是庄园众多：威灵厄姆是伊利主教分布在 6 个郡的 50 处庄园之一。根据《末日审判书》的估算，这位主教所有领地的年收入为 484 镑，相当于每天 318 便士——12 世纪劳工一

---

① 卡勒凯特（carucate）为英格兰旧时使用的土地面积单位，相当于 8 头耕牛一个农耕季节所能耕犁的土地。

整日薪酬也只有 1 便士（前提是他能找到工作）。

总体来看，苏格兰及威尔士的经济与英格兰大相径庭，而主要原因则是前者国土中高地的比例远高于后者，导致畜牧业的重要性远高于种植业。正如一位 16 世纪文人所说：苏格兰"与单单种植谷物相比，更适合畜养牲畜"。12 世纪 90 年代，威尔士的杰拉尔德也对威尔士做出了类似的评价："国内大片土地都用作牧场，耕地寥寥无几。"畜牧业成为经济支柱导致的另一种效应是定居点往往小而且分散。杰拉尔德指出，威尔士人往往独居于林边小屋，而非聚居于村落间。他可能会对苏格兰人作出同样的评价。

不过，英格兰与不列颠其他地区的差异也不应被夸大。即便是在本书这段历史的初期，苏格兰和威尔士的谷物生产很可能也极具规模，只不过两国的主要作物是燕麦（燕麦比小麦更能适应贫瘠的土壤）。威尔士的主产区位于沿海低地，而苏格兰则位于东部低地，福斯河南北两岸皆有分布。威尔士的杰拉尔德就曾描述过威尔士人奇特的耕作方法：赶牛人跑到牛的身前退步而行，结果时不时摔倒，遭牛踩踏。虽然在苏格兰及威尔士没有发现庄园制度（本书会继续讨论这一议题）的踪迹，但两地肯定都出现了类似于英格兰的司法管辖区的领地。历史学家在威尔士发现了越来越多形成于诺曼征服之前的集村。在达费德（Dyfed），集村周围有佃农耕作的条田，呈放射状分布。在圭内斯，历史学家取得了不小的进展，发现了许多 *llys* 与 *maerdref*① 综合体的遗址。*llys* 意为"王庭"，是当地统治者的住处和司法中心；*maerdref* 指从属于 *llys* 的村庄，是佃农居住的地方。这些威尔士村庄并没有从属于完全成型的庄园体系；

_____

① 这两个词都是威尔士语。

佃农耕作的条田，不管是零散分布，还是呈放射状分布，似乎都各自独立经营，而不是统一归属于某种"公地"体系。尽管如此，由于威尔士的佃农不仅要缴纳实物地租，还要在领主的土地上服工役，所以威尔士的领地体系与英格兰并没有很大的区别。

要说英格兰与苏格兰、威尔士在农村经济方面尚有一些相同之处的话，那么到了城镇、商贸、货币层面上，共同点就少之又少了——至少与约克城以南的英格兰比较的确如此。1066年，以约克城为起点，向北眺望，除去达勒姆的一处市场及隐约的城镇雏形外，无论是在英格兰还是在苏格兰，都看不到城镇的影子。仍缺少证据表明英格兰货币在边境以北流通；但约克城是英格兰位置最靠北的铸币点。1136年之前，苏格兰的国王从未下旨造币。苏格兰王后玛格丽特（Queen Margaret of Scotland）于1093年去世，记述其生平的《传记》（*Life*）记录了王后如何用各种办法吸引商人携奇珍异货，经陆路、海路前往苏格兰，这很难说明当时的苏格兰商贸繁荣。直到12世纪40年代，玛格丽特的儿子大卫国王还疑虑商船是否会"为了做生意"停靠珀斯港（Perth）。在诺曼人进入前，威尔士没有城镇，也鲜有他们使用货币的证据。在威尔士，经济往来主要依靠以物易物和掠夺，用作对外贸易的（以爱尔兰为目的地）最值钱的战利品是奴隶。在苏格兰，劫掠奴隶也很重要，所以便有了1138年入侵英格兰北部的骇人事件（见第一章）。

英格兰的状况与威尔士、苏格兰大不相同。"一种货币将在王土内流通，所有臣民皆不可拒"，埃德加国王（King Edgar，959—975年在位）的宣言掷地有声。宣告王室对货币的垄断，再以足量、高质地铸造银币践行之，是盎格鲁－撒克逊国王数一数二的伟大成就。在诺曼征服的几年前，英格兰有1/4的银币在伦敦铸造。所有银币皆有一面刻有国王的头像，刻制这一图案的模具统一在伦敦生产，再调拨至各地方造币厂。英格兰各地共有60—70个地方造币厂，所以只要国王一声令下，就可以在全国范围内使用新硬币替换旧币——从当代挖掘出的硬币藏匿处可以看出此法有效。

多数造币厂位于《末日审判书》提到的"市镇"（borough）之内。据记载，英格兰当时共有大小城市和市镇约112座，另有39处居民点拥有市场。编写《末日审判书》的文员在使用"市镇"一词时，并没有赋予它什么行政上的含义——他们只是以此指代那些有大量非农业人口聚集的，以商业和制造业为主的居民点。但很显然，这些市镇在司法及管理上，与农村是截然不同的。当时的英格兰已经出现了"市镇农役保有权"，即市镇居民有权通过缴纳货币租的方式自由处置自己的财产。市镇拥有自己的法庭（盎格鲁－撒克逊法典曾提到），与郡内其他居民不同，市镇居民还必须向国王按年缴纳单独的包税。《末日审判书》没有调查伦敦和温切斯特的城镇人口情况，其他来源也无法提供完整信息。人们只能对1086年英格兰的城镇人口总数进行推测——前文提到城镇家庭户主的数量为2.5万，那么再算上户主的家人，当时英格兰的城镇人口数量约为12万。居民数量在1 000—5 000人之间的市镇约有30个，而超过5 000人的则只有约克、林肯、诺里奇、温切斯特、伦敦。伦敦的人口可能为2.5万左右，所以被划分为不同的区，每个区都由一位高级市政官管理。

多数小城镇都以本地贸易为主（将在后文中详细讨论），而跨国商贸活动也从未中断。公元1000年前后，来自诺曼底、蓬蒂厄（Ponthieu）、佛兰德斯、莱茵兰的商贾云集伦敦，当时佛兰德斯人已经是英格兰的最大贸易伙伴，他们为了助力本国纺织业的迅猛发展，将英格兰的主要出口商品羊毛大批运回国内。英格兰的主要出口商品还有锡，而主要的进口商品则包括葡萄酒、布料、香辛料。英格兰人在贸易中多少还是有几分主动权的。据一份法律文献记载，如果商人跨海贸易的次数超过3次（有些商人甚至远航到了帕维亚①），就可以获得更多的权利。1066年，英格兰货币统一、沃野千里、羊群遍野、市镇繁荣，可谓富甲一方，引得"征服者"威廉的随行教士普瓦捷的威廉（William of Poitiers）赞不绝口。因此，"征服者"威廉才出兵征服英格兰。事实证明，这真是一笔一本万利的好投资！诺曼征服后的250年间，英格兰的物资财力又翻了好几番。虽然其增长的起始时间已无从知晓，但肯定早于诺曼征服。据估计，900年时，诺里奇城占地20公顷，而到了1066年，这一数字就已经翻了两番。同一时期，西欧大部分地区的物力也都在迅速增长，但其背后的成因却难以探究，不过，来自欧洲大陆的新白银供给和瘟疫的消失应该都是诱因，而公元900年之后，气温小幅升高或许也起到了一定作用。

　　人口的增长是英格兰物力增加最为根本的基石，但学界对英格兰当时的人口规模还依旧众说纷纭。前文已经提及，根据《末日审判书》的记录，英格兰有27万个农村家庭的户主，将这一数字乘以每户的平均人口数，就能得出农村人口总数。那么这个乘数应该定为3.5，还是依照现代多数历史学家的观点，定在4.5—5之间？我们对城镇人口数量的估算又有多准确？《末日审判书》除了没有统计诺森伯兰的人口，也没有计入土地的转租承租人、执达

---

① 帕维亚是意大利伦巴第西南部的市镇。

吏（bailiff）、修士、神父、家臣、城堡驻军的人数，那么我们估算时应当把这部分人口的数量算作多少呢？根据这些问题的答案估算，当时英格兰的人口最低可能只有 110 万，最高则可能达到 250 万。学界最近得出的结论为大约 200 万人，目前获得了较为广泛的认可。

大量证据表明，在 1086 年后的 200 年间，英格兰的人口出现了大幅增长。1086 年，威灵厄姆庄园的佃户（包括奴隶）数量为 23 户，到 1251 年调查时已增至 79 户，相当于之前的 3.4 倍。东诺福克的马瑟姆在 1086 年的佃户数量为 74 户，在 12 世纪中叶增至 107 户，至 1292 年已升至 376 户，相当于原来的 5 倍。汤顿镇成年男性人口的数量（为避免仅用佃户数量以偏概全之嫌）在 1209—1311 年由 612 人上升到了 1 448 人。然而，并非所有地区都出现了人口数量的增长，这在很大程度上是由各地的具体条件决定的，笔者将在后文中对此讨论。1086—1279 年，在沃里克郡的斯通利百户区，6 个村庄的人口数量增长了 2.6 倍，8 个新的定居点顺势而生。然而，在邻近的凯恩顿百户区，人口基本毫无增长。令人遗憾的是，为我们提供 1279 年数据的《百户区案卷》存留下来的只有沃里克郡、牛津郡、贝德福德郡、白金汉郡、剑桥郡、亨廷登郡 6 郡的数字，而且有些数据也并不完整。因此，得出人口增长的整体数据是一项高难度的推测工作，而倒推法就不失为一种选择。1377 年征收人头税时，英格兰 14 岁以上的男性及女性纳税人共计 1 386 196 名，再加上逃税者、贫民和儿童的人数，可估算出该年的人口为 250 万—300 万。1348 年，黑死病暴发，之后肆虐数年，人口死亡率高达 40%—50%，由此得出暴发前夕人口数量为 500 万—600 万。有种观点认为，由于 1315—1317 年的饥荒，此时的人口与 1300 年的峰值相比已经有所回落。

由此，我们推算出 1300 年的人口为 500 万—600 万，但这一结果有很大的猜测成分，近年来一些历史学家得出的结果则要保守得多，特别是 B. M. S. 坎贝尔（B. M. S. Campbell），他虽然认可 1086 年的人口在 200 万左右，但认为以 1300 年的英格兰的情况，人口应在 400 万—425 万。只不过，此观点虽从土地使用情况和农业产出的角度，详细考量了 1086 年和 1300 年的相关数据，但也只是一时之论，后续也可能得到修正。如果将各类个人资产数据整合起来，用来估算 1086—1300 年的人口增长率，得到的结果远高于坎贝尔的估测。认为 1300 年英格兰人口数量达到 500 万，甚至 550 万，也是有理有据的。以目前的研究情况来看，我们只能说，英格兰的人口在 1086—1300 年至少翻了一倍，从大约 200 万增长到了 400 多万。当然，也不排除实际增长率和 1300 年的总人数超出上述估算的可能性。

无论幅度大小，人口增长都是推动经济发展的助推器。在此期间，英格兰的粮食进口还不具规模，所以从根本上讲，自给自足是唯一的出路。因此，人口增长透过粮食问题刺激了生产力的发展。农民数量的增多必然需要更大的农民产出，以应对粮食需求和租金增加的问题。农民粮食需求的上升同样也刺激了封建主的粮食生产，因为一个关键的事实是，有相当大的一部分农民（数量仍在不断增加）肯定是无法自给自足的，所以他们与越来越多的城镇居民一样，也需要购买粮食，令粮食需求一路攀升；而想要生活更殷实的封建主就可以借机提升粮食产量，通过在市场上贩卖余粮获利。

那么粮食需求所针对的，究竟是什么种类的粮食呢？根据莱

斯特伯爵夫人 ① 1265 年的账本记录，伯爵府消费的食品有面包（一直作为主食）、鱼（某周五从食窖中取出了 300 条鲱鱼）、肉类（公牛肉、猪肉、绵羊肉、小山羊肉、小牛肉、母鸡）、奶制品（奶酪、牛奶、每天数百个鸡蛋），而且每餐都少不了麦酒和葡萄酒。社会地位较低的家庭喝不起葡萄酒，肉类的消费也要少得多。克里斯托弗·戴尔（Christopher Dyer）还重现了伍斯特郡毕晓普斯克里夫村（Bishop's Cleeve）农民的财务状况——以拥有 1 雅兰土地的上层农民为例，大概每户都会养一头猪来制作熏肉，养两头奶牛来生产奶酪，养大约 30 只绵羊来出售羊毛，以及养几头牛耕地。然而，数量众多的隶农或许只能与一头奶牛相依为命。事实上，13 世纪，温切斯特主教辖区的一些庄园将近 50% 的佃户甚至连一头牲口都没有。除去以牧业为主的地区，英格兰农民基本上都以面包为主食，辅以浓汤——一种用燕麦及豆类熬成的粥。1256 年，在诺福克的塞奇福德（Sedgeford），面包是田间收割庄稼的劳力的主要食物。在这一时期，各方为发展畜牧业没少下功夫。在萨默塞特的瑞姆顿，封建主除了兴建新的农业建筑、采用更科学的饲养方法，还任命了专职执达吏，从而提升了牛群、猪群的生育率和存活率，而羊群在这两方面的表现保持着极高的水准。但所有证据还是表明，农业生产的重中之重仍然是谷物。据一项研究计算显示，按照能量产出来算，谷物占到了英格兰当时全部农业产量的 93%。

在这一时期，封建主和佃农（两者对垦荒的贡献通常很难分辨）都投入了巨量的精力、资源来开垦新的耕地。1086 年，特伦特以北有大片土地未充分利用，部分原因是"征服者"威廉带来的

---

① 莱斯特伯爵西蒙·德·孟福尔的妻子，英格兰的埃莉诺。

兵祸战乱令约克郡人口大减。即便是在庄园林立的中部及南部，村庄间也有大片的荒田林地，引发各村掀起"拓边大潮"，以至于最终耕地连绵，各村地界犬牙交错。英格兰的王室森林占到全国总面积的 1/3，也为开垦提供了大量的处女地。彼得伯勒修道院的院长带领手下的骑士领主、自由民佃户①，于 13 世纪前 25 年在彼得伯勒司法管辖区内开垦了 160—240 公顷的田地。而早在 12 世纪，在该区垦荒的行动就已经催生了新村庄帕斯顿，以及多格斯索普、卡斯维特这两个从属小村。此例（以及许多类似事例）表明，殖民化不仅包括已有定居点的扩张，还包括新定居点的建立。不过，规模最为宏大的当数排水垦荒工程——萨默塞特平原、埃塞克斯的沼泽、肯特的罗姆尼沼泽，以及积水最多的东安格利亚大沼泽。在林肯郡，霍兰地区的居民填海造地，获得了超过 260 平方公里的耕地——克罗兰修道院的编年史家留下了"良田万顷、沃野千里"的记录。

开垦活动虽令英格兰的地貌景观沧海桑田，却远没有让耕地总面积翻上一番，更别说翻两番了。在这种情况下，人口增长所带来的供养压力和绝佳商机，就进一步迫使土地所有者想方设法提升田地的耕作效率，而这就牵涉到了封建主庄园运营的大问题。

在"末日审判"期间，多数新受封的诺曼骑士领主很可能都亲自操舵庄园的运营，想要改组、扩大庄园中的直领地（自有农场）。相反，大封建领主虽然也保留了部分地产亲自运营，但似乎更倾向于租赁模式。租赁标的可以是整个庄园，也可以是领主亲自

---

① 中世纪时，自由农民是英格兰社会中地位较为特殊的阶层。与佃农及隶农相比，他们缴纳的地租更低，受到庄园法庭的约束也更少。

运营的庄园中的部分直领地。到了 12 世纪后半叶，大封建主改变了运营策略，纷纷从租赁模式中抽身。1176 年，彼得伯勒修道院所有的庄园都被租了出去，但到了 1210 年，运营权又回到了修道院手中。许多大型教会庄园都开始效仿彼得伯勒的做法，可能是担心自己永远失去对庄园的所有权。封建主也认为，与按照年代久远的租约收取租金相比，将庄园收回亲自运营的收益会高得多。提尔尼庄园（Tilney）位于诺福克的沼泽地区，隶属于贝里圣埃德蒙兹修道院，以前每年的租金是 4 镑。修道院院长萨姆森（Abbot Samson）于 12 世纪 80 年代终止租约，开始亲自运营庄园，将收益提升到了每年 20—25 镑。人口的增长很有可能是包括提尔尼在内的许多地产之所以收益大增的原因。另一个因素也引得封建主纷纷重掌庄园，扩展直领地。这就是 13 世纪初英格兰发生的严重通货膨胀，它不仅对经济领域影响深远，还造成了政治冲击，令王室的财政状况风雨飘摇。

虽然证据十分有限，但 12 世纪英格兰的物价似乎一直都相当稳定。作为当时市面上最重要的商品——小麦，其价格虽然在 1180 年前后的 10 年间都处于上升态势，但到了 12 世纪 90 年代，就又回落到了原有的水平。进入 13 世纪后，小麦的价格在最初的四五年间飞速增长，虽之后稍有回落，却再未回归至原有水平，且一直保持在 12 世纪的 2 倍多。最终，到 13 世纪的最后 25 年，小麦的平均价格已经涨到了 12 世纪的 3—4 倍。包括耕牛在内，许多其他物品的价格也表现出了类似的变化趋势。此次通胀只发生在英格兰，没有波及欧洲大陆，而史家对其的解释也是众说纷纭。一种假说认为，羊毛出口导致大量白银进入英格兰，引发了通胀，但这无法解释为何会突然在 1200 年前后造成剧烈通胀。另一种假说认为，13 世纪早期，大量持币者突然决定不再储蓄，转而消费手中的货币，同样认为通胀是货币供给突然增多的结果，差异仅为货币来源的不同。这种假说指出，持币者之所以减持存币，是因为上次大规模重铸货币还要追溯到 1180 年，此后银币因人为修剪 ① 或正常磨损而严重贬值，令人对其保值作用失去信心（所以约翰王才会在 1205 年重新铸币）。只不过，囤积货币的不是需要更多面包果腹之人，比起买粮食，他们更可能把钱花在别的货品上，而他们释放出的货币如何还能引起物价的全面上涨？到目前为止，最站得住脚的应该是科吉舍尔（Coggeshall，位于埃塞克斯）西多会修道院院长拉尔夫的观点，它至少可以解释当时的第一大商品小麦价格疯涨的原因。拉尔夫认为，与亨利二世统治时期相比，1205 年小麦的价格高企是因为当时恶劣的天气减少了收成。编年史家对 1205 年的糟糕天气也有所记载。几乎可以肯定的是，连年歉收致使谷物价格飙升，同时持币者抛出的钱币又可能拉高了其他商品的价格。而物价没能恢复到通胀之前的水平，则很可能与长期潜在的因素有关——即大量白银的持续流入。这无疑奠定了 12 世纪 80 年代后英格货币供大于求的通胀先决条件，而人口的增长则抬升了粮食需求，又导致谷物供不应求。

无论究竟缘何而起，通胀都不是导致封建主重掌庄园的直接原因，因为其出现在通胀发生之前，但通胀的确坚定了他们亲自经营的决心，所以也就成了令封建主转而经营直领地（自有农场）的幕后推手。这并不意味着地租已经变得无足轻重。13 世纪，一些

---

① 削下银币外边的银子，货币仍然保持本身的币面价值，而行为人则可以靠掉落的贵金属获利。

封建主（比如坎特伯雷大主教）仍然会将庄园出租。一旦获得新的庄园，封建主就会迫不及待地抬升自由农民和佃农支付的租金。封建主为了增加收入，还会要求佃户用现金地租替代劳役地租，这往往变相加重了农民的负担。对一些庄园领主而言，地租收入还是要高于去市场卖粮的收入的。庄园的农产品并不会被全部拿到市场出售，那些靠近领主主要居所的庄园出产的农产品都会被领主留作自用。尽管如此，13 世纪也依然是封建主亲自经营庄园，并在市场上出售农产品获利的时代，从而直接收割因通胀而产生的高价所带来的红利。为了有尽可能多的剩余农产品可供出售，封建主竭力扩展和巩固其庄园中自有农场的部分，为此不断地购买、交换土地，数量众多的转让契约就是最好的证明。在提升农耕效率方面，封建主得到了职业庄园管家的帮助，一些人甚至编写了庄园管理的专著，其中最著名的当数亨利的沃尔特（Walter of Henley）的《农学》（*Husbandry*）——一本不折不扣的"粪田指南"。

很难知道在经过了土地扩展和生产专业化之后，封建主直领地的亩产增收效果如何。"末日审判时期"的史料不足，无处可查。13 世纪，封建主直领地的产量记录通常都不尽人意。温切斯特主教的领地每公顷的小麦产量为 20—30 蒲式耳（1 蒲式耳相当于 36 升），远低于现代农场的每公顷 175 蒲式耳。大麦、燕麦单位面积产量反倒出现了下降。也许温切斯特主教手下的领地管理者大幅增加了直领地的面积，已经让主教赚得盆满钵满，所以没有费心劳力地去搞什么精耕细作。英格兰其他地区对农耕的态度则大为不同。在诺福克东部部分区域，凭借密集的劳动力和灵活的耕作方法，当地基本上消除了休耕期，每公顷的粮食产量是温切斯特主教领地的 3 倍。而在英格兰的低地地区，虽然三田轮作法还没有完全

替代二田轮作法 ①，休耕地的总面积还没有减少，但两种轮作制度相互融合，使本应休耕的土地仍然被继续用于农业生产。由于缺少数据支持，我们很难判断农民的生产率是与封建主的持平，还是更胜一筹。农民只能得到贫瘠的土地用以耕作，又因为缺乏粪肥而面临土壤枯竭（在林肯郡的霍兰地区，新开垦的农田蚕食了大片草地牧场，导致粪肥供给不足），这些都会严重制约农民的生产力。不过，正因为产量高低事关生死，所以农民即便挖空心思也要获得一个好收成。在田间地头，除草施肥的身影比比皆是。其实，在诺福克东部，农民份地上单位面积的劳动力投入是领主直领地的将近 6 倍。

英格兰农业发展的重要方面是区域专业化的加强。一些地区开始进行集约化的农耕作业，比如东安格利亚；在中部及南部，各地根据具体情况对公地进行划分，在生产商品谷物及自用谷物间寻找平衡；在西南地区，比如瑞普顿（Rimpton），谷物生产与牧羊业有机结合；而牛羊养殖业是高地地区的特色产业，西多会的修道院自 12 世纪于此逐渐发展成牧羊业的大亨。"牧羊之风"一时大行其道，无论是富裕的农户，还是大封建主，纷纷趋之若鹜。如果说不断增多的人口是英格兰牧羊业发展的主引擎的话，那么佛兰德斯织布业对羊毛的需求就可以看作强劲的辅助引擎。"末日审判时期"的英格兰就已经羊群遍地，之后更是连翻数番。牧羊的收益虽有多有少，但都是无法忽略的收入来源：以英格兰最大的三个教会庄园为例，13 世纪末，牧羊收入占总收入的比例在 11%—35%，而其

---

① 二田轮作法将田地分为两部分，一部分种植作物，另一部分则休耕。三田轮作法将田地分为三部分，第一部分种植谷类、第二部分种植豆科植物、第三部分休耕。

他的收入来源则包括出售谷物、收取租金，以及司法管辖权带来的各种收入。此时，英格兰可能总共蓄养了 1 000 万只绵羊。牧羊业的发展也让英格兰的农村旧貌换新颜。

*　*　*

至今为止，还没有史料数据可供我们计算威尔士、苏格兰当时的人口数量。1300 年前后，威尔士的人口应当为 30 万，苏格兰的人口则为 100 万，这两个数字基本上是参照英格兰的 500 万—600 万推测而来的。不过正如前文所述，英格兰的这一数值本身还颇具争议。但不可否认的是，在同一时期内，威尔士、苏格兰的人口也出现了大幅增长。威尔士的杰拉尔德在书中还专门提到了威尔士 12 世纪的人口增长，是当时唯一一位提到人口增长这一话题的史家。

威尔士人口的增长是由其他经济因素的转变引起的。诺曼人入侵就是其中之一：1066 年诺曼人登陆不列颠后不久，就征服了威尔士从格温特（Gwent）到达费德的大片南方低地区域。为了保护刚刚获得的领地，诺曼封建主修建城堡；为了开发土地，他们又建造了与英格兰十分相似的庄园，正如前文介绍的那样，在威尔士开创了庄园制度的先河。此后，威尔士的谷物产量和集村数量都大幅增加。有些集村可能是发展起来的全新的居住点，还有些（比如彭布罗克以东不远处的卡鲁）则是以历史悠久的定居点为基础发展起来的。新庄园的劳力一部分是威尔士本地人，另一部分则是从英格兰迁入的盎格鲁－撒克逊人。不同地区本地人和盎格鲁－撒克逊人的人数比是不一样的，但从当地的人名、地名可以分辨出谁更占优——以格温特沿海地区为例，自东向西，人名、地名逐渐由英语较多转为威尔士语较多。而在达费德的部分地区，却生活着另一群人。12世纪初，由于海水倒灌、人口过剩，大批佛兰德斯人被迫背井离乡，亨利一世向他们开放了达费德的部分地区定居。后来，这些佛兰德斯人可能被诺曼领主的职业代理人招到领主的领地上劳作生活，所以一些新村庄（例如坦普尔顿）看似是经过了正式规划的，道路旁刻意留出了一排排小地块。在诺曼人征服的南部地区，定居殖民的证据比比皆是。卡鲁城堡周围出现了两个新的定居点，分别为卡鲁牛顿、卡鲁切里顿。在格温特的沿海湿地地区，诺曼领主在以前罗马人填海造地的旧址上，重新殖民垦荒，并为此重筑了防波堤。

　　威尔士本土居民也在新建和扩建定居点。13世纪末，安格尔西北部的利斯杜拉斯（Llysdulas，名为杜拉斯的"大殿"）周围建起了一系列从属的农场、村落。杜拉斯以南的阿伯弗劳（Aberffraw）一直以来都是圭内斯统治者的首府，其王庭内建筑林立，而其村庄周边则出现了4个从属村落。13世纪，一些威尔士的"王庭/村庄"综合体已经像南方的边境男爵庄园那样，拥有了面积可观的直领地农场，且由居住于村庄的佃农负责耕作。在阿伯弗劳及临近的儒索尔（Rhosyr），封建主均拥有超过240公顷的土地，而在不远的兰法斯（Llan-faes）则有13卡勒凯特的土地，每年的收益为20镑10先令。13世纪末的税收记录指出，小麦种植在阿伯弗劳十分普遍——该地小麦种植与燕麦种植的配比甚至优于牛津郡某些地区。

　　苏格兰人砍伐森林、开垦荒地、排干沼泽，也获得了面积可观的新耕地，只不过，零星的证据大都只涉及苏格兰东南部位于特威德河及茅恩斯山脉之间的区域。珀斯郡埃斯缪尔（Aithmuir，"燕麦沼泽"）这样的地名就能反映出这一过程。在珀斯郡以北，梅恩斯的阿博斯诺特，在 1206 年之前的某一年，一位领主驱赶了当地的牧民，将牧场开垦为耕地。根据 13 世纪 90 年代法夫伯爵领、洛锡安数座修道院的记载，当时苏格兰封建主的地租收益远远超过经营直领地的收入，但一些大修道院也的确拥有大片直领地：在斯温顿（Swinton），科尔丁厄姆（Coldingham）修道院的直领地面积就多达约 200 公顷。

虽然威尔士、苏格兰有这些发展，但两国的财富来源仍然是成群的牛羊。地产中若含有大片耕地，则必有与之相连的牧场，延伸至群山之间。羊毛出口极大地推动了两国的发展。产自威尔士的羊毛虽然品质不是最高的，但早在 13 世纪初，斯特拉塔佛罗里达（Strata Florida）的西多会修道院就已经在对外出口羊毛了。苏格兰的修道院更是大规模地发展牧羊业。13 世纪末，同属西多会的梅尔罗斯修道院每年可以向意大利商人交付 50 包[①]羊毛，这意味着修道院的羊群规模超过了 1.2 万只。

* * *

农村经济的转变必然与商业领域的改变息息相关，而当时的商业领域的变革可谓是翻天覆地的。市场、集市、城镇形成不断扩张的商业网，并带动了贸易、制造业的发展，封建主既可以购买商

---

① 包（sack）为英格兰古时的重量单位。1300 年，在用于计算羊毛的重量时，1 包相当于大约 153 千克。

品，又可以去商贸中心出售农产品获利。如此，购买力就成了刺激生产的动力。农民也是市场的常客。在那里，他们可以卖粮筹租，青黄不接时也可以买粮救急，而手头宽裕时又可以添置些其他商品。如果农民拥有1雅兰的土地，那么每年就可能有大约2镑的余钱可用。当然，如果没有货币，这一切就都是天方夜谭。

在这一时期，不列颠唯一可用的货币是银质的便士，12便士等于1先令、240便士等于1镑、160便士等于1马克（2/3镑）。不过，先令、镑、马克都只是记账单位，并没有等值的实体货币。金额较高的交易，就只能将木桶装满数千便士交付结算。英格兰于1158年、1180年、1247年、1279年先后4次重新铸币，因设计改动而令之前发行的币种退出流通。虽然许多地方造币厂都参与了这4次大规模重新铸币，但在13世纪，其他的铸币工作基本上都集中在伦敦和坎特伯雷，且多以改铸外国商人支付的银币为主。关于这一时期的货币供给量，只能全凭后人推测。1205年之前的数据，只能从后世发现的货币藏匿处略知一二；1205年以后，造币厂的记录则可以给我们提供更为可靠的数据。在这一时期，货币供给量必然是巨幅增加的，原因是英格兰、苏格兰的羊毛出口换得了大量国外的白银，为铸币提供了物质基础。根据尼古拉斯·梅休（Nicholas Mayhew）的估算，1086年，英格兰的流通货币总量为3.75万镑，即900万便士——如果假设当时的人口是200万的话，就相当于平均每人4.5便士。到了1300年，英格兰的流通货币总量增至90万镑，即2.16亿便士——若人口按400万计算，则平均每人54便士；若人口按600万计算，人均持币量则为36便士。由此可见，1086—1300年，货币供给量增长了23倍，大幅增长应该是1180年之后开始的，因为当年的流通总量还只有10万镑，即2

400 万便士。如果考虑到通货膨胀的因素，那么 1300 年的 1 便士就只相当于 1086 年的 1/3 乃至 1/4 便士，货币供给量的有效增量并没有那样惊人，但却对民众的生活产生了更大的影响。在物价飞涨的情况下，哪怕 1 个便士也是格外贵重的，因为这是一个劳动者一天的收入。虽然一个便士可以分成两半甚至四份（爱德华一世于 1279 年开始铸造币值为半便士及 1/4 便士的钱币）使用，但在这一时期，没有人随随便便地就去酒馆买酒。日常生活中还是要靠以物易物，否则就只能赊账了。尽管如此，币值的下降、货币供给量的上升却必然令货币交易大规模地取代了易物交易，既刺激了生产，又降低了交易阻力。此外，货币供给的增长还能为货币流通降速，每枚硬币都不再需要"疲于奔波"了。流通速度降低后，买方无需等待其他交易回款，可直接用存款立即支付，从而让商贸往来变得更加顺畅。

信贷的发展也起到了增加货币供给的作用，这其中犹太人功不可没。"征服者"威廉将犹太人从鲁昂带到了英格兰，为他们在伦敦设立定居点，这也是英格兰有史以来首个犹太人社区。到了 1159 年，犹太人已经在至少 9 个其他的英格兰城镇建立了社区。英格兰的犹太人多半仍旧像在鲁昂时一样，既对外放贷，又从事钱币、贵金属器皿、金银锭的交易，借英格兰因羊毛出口而囤积了大量外币的东风，将货币兑换业务做得风生水起。在亨利二世统治时期（1154—1189），犹太人开始将放贷作为主业，成为英格兰最主要的信贷资金来源。这一方面是因为亨利二世削减了造币厂及铸币工的数量，切断了这一传统的资金源，另一方面则是因为许多信奉基督教的大资本家［如威廉·凯德（William Cade）］不再提供资助，在亨利继位之初，亨利本人和许多权贵正是凭借他们的资助发展起来的。大资本家之所以消极放贷，可能是因为教会对放贷的反对之声越来越多，而国王也不断声称，放贷者死后财产将被罚没充作王产——凯德的经历就是他们的前车之鉴。于是，犹太人看准时机，完美补位。英格兰和欧洲大陆的各犹太人社区间联系紧密，为建立业务往来提供了绝佳的条件。此外，犹太人还受到国王的保护，遇到欠债不还者，便可仰仗王权的帮助。按照法律的规定，犹太人属于国王的财产，所以亨利二世很快就意识到他根本不需要向犹太人借款，那就相当于找自己借钱么，倒不如干脆对他们征税。于是亨利二世及其继任者们就向犹太人担保，只要犹太人缴纳税款，王室就可以确保他们能收回借出的款项。

生活在英格兰的犹太人并不多，可能一直保持在 5 000 人以下，但到了 1190 年，犹太人已经在 17 个城镇建立起了犹太人社区，小一些的犹太人定居点更是遍布各地。大部分借款业务都是小额借贷，对象不是城镇居民，就是城镇周边身微力薄的自由民佃户。但大部分的钱款却都流向了世俗及教会的封建主，因为他们借款的数额十分巨大。凯德 1166 年去世之时，借出款项的总额至少有 5000 镑，在他的放贷名单中，一些王国显贵赫然在列。凯德之后，林肯的阿龙（Aaron of Lincoln）成为犹太人中实力最强的放贷人（犹太人的财富都集中在少数富豪的手中），在 1186 年去世时，他借出款项的总额约有 18 466 镑，几乎与王室的年收入相差无几。异教徒和高利贷主的双重身份，令犹太人在英格兰十分不受待见，但犹太人一直扮演着经济润滑剂、货币供给调节器的重要角色，直到 13 世纪后半叶他们遭到驱逐，积累的财富一夜散尽。

与货币供给量的增加相伴相生的，是一套由市场、集市、市镇组成的全新商业基础体系。在这套体系下，以马车替代牛车运

输，大幅提升了商业往来的速度并扩大了商业范围，也可以算作是
交通方式的一次革命。市场和集市通常都由封建主开办运营，目的
是通过向来往客商收取入场费获利。市场在每周固定的一天开市，
多以本地交易为主，交易品多为来自周遭村庄、田野的谷物及其他
产品。不过有些市场还支持跨地区交易，例如泰晤士河边的亨利中
转站，将各地物资汇集后统一供往伦敦。集市的开市时间更长，不
过通常每年只开一次，也支持跨地区贸易，尤以各地牲畜交易为
甚。13 世纪，英格兰规模最大的 6 个集市均支持国际贸易，开市
地点分别在温切斯特、北安普顿、斯坦福德、圣艾夫斯（St Ives）、
波士顿和金斯林。

　　总览 900—1516 年这段时期，英格兰各地总共出现了大约
1 550 个市场、2 060 个集市。其中，1199 年之前出现的市场、集
市，分别只占到了总数的 13% 和 3%。但之后的一个世纪似乎发生
了一场革命——1199—1272 年，英格兰国王总共批准了大约 770
个市场和 920 个集市，加起来占到了两者总数的 47%。实际上，
这些数字有一定的误导性。一些新获批的市场、集市其实在获批前
就已经存在了，国王此举只是表明他将坚决行使手中审批设立新市
集的权利。温切斯特集市获批的开市时间从 1096 年的 3 天延长到
了 1155 年的 16 天，12 世纪初市况活跃、商贸繁荣的景象可见一
斑。不过毋庸置疑的是，13 世纪获批开市的绝大多数市场和集市，
都是真正的"新市场""新集市"。在当时调查暴力和意外死亡事件
的讯问录中，经常出现的一句话是"他伤刚一好，就像往常一样，
又去市场和酒馆了"，这表明逛市场已经成了日常生活的一部分。

　　一些新市场从未真正起步，而另一些则迅速发展成了市镇，
还有的最初就是作为新市镇的重要部分而规划设立的（比如 1196

年在埃文河畔设立的斯特拉特福）。城镇数量的增多是经济发展的
另一项重要表现。M. W. 贝里斯福德（M. W. Beresford）的研究
指出，中世纪英格兰共出现了 172 座新的城镇，其中有 88 座是在
1154—1250 年间涌现出来的。市镇建造管理的主动权同样也掌握
在封建主（也包括国王）的手中，所以许多新的市镇都紧邻城堡或
教会机构。现成的客源和巧妙的选址，使市镇成为了手艺人和商人
定居的不二之选。1066 年，英格兰的北方连一座城镇都没有，但
到了 1150 年，7 座市镇拔地而起，其中包括泰恩河畔纽卡斯尔、
达勒姆、贝里克、卡莱尔（Carlisle）。1150—1199 年，又出现了
15 座新市镇。英格兰的东海岸（赫尔河畔金斯顿、波士顿、金斯
林、雅茅斯）借羊毛贸易及捕鱼业的东风，城镇发展更是壮观。城
镇的扩张同样也发生在城乡空间结构相对固化的内陆地区。"末
日审判"时期，牛津、格洛斯特两郡一共只有 6 座城镇，而到了
1348 年，两郡新增城镇共计 27 座。

在新城镇不断涌现的同时，旧城镇的规模也在不断扩张。旧
城镇的发展，既体现在外部空间的扩张——如布里斯托尔重建城
墙，将新建城区纳入管辖；又体现在内部土地的集约利用——如
在温切斯特的主干道上，临街建筑与街道之间的平均宽度仅有 2.5
米。估算当时的城镇人口与估算总人口一样具有不确定性，且后
者的数值会随前者上下浮动。1300 年，英格兰共有集镇（规模最
小的城镇）约 550 座，平均人口数量为每座 750 人；共有大型城
镇（除伦敦外）约 24 座，其中人口数量在 5 000—10 000 人的约
20 座，超过 1 万人的有 4 座（诺里奇、布里斯托尔、约克、温切
斯特）。但与意大利北部相比，算是小巫见大巫，后者当时共有 35
座人口超过 10 万的城镇。不过，相较于 1086 年的规模，英格兰还

是取得了长足的发展，据《末日审判书》记载，那时全国只有 111
座集镇，不算伦敦，人口有可能超过 5 000 人的城镇则只有区区 4
座。计算显示，1086 年，英格兰的城镇人口仅占全国人口的 6%—
7.5%，而到了 1300 年，该比例已经增长到了 10%—15%。由此可
见，英格兰的城镇化发展领先于其经济发展。

伦敦的地位在这一时期也得到了巩固，用成书于 12 世纪 50
年代的《斯蒂芬国王行为录》的话说，伦敦"稳坐英国女王之位"。
伦敦位于地势低洼的河口盆地，周围有布莱克希思山、布罗克利
山、里士满山、汉斯特德山群山环抱，借地势之利自古就是英格兰
的重镇，加之位于英格兰东部，更是成了云集欧洲商贾的繁华商
埠。泰晤士河方便欧洲商人在英格兰腹地装卸货物，而无需在海峡
港港口卸货，再经陆运辗转至英格兰内陆（中途还得在著名的野营
厨房进行补给）。伦敦桥是泰晤士河上所有桥梁中最靠近海岸的一
座，因此从伦敦出发，不仅可以沿河而上，一路西进至格洛斯特郡
的莱奇莱德（Lechlade），还可借伦敦桥北上和南下。在这一时期，
伦敦还新晋为英格兰的政治首都及政府所在地。伦敦塔（凡不守法
纪的伦敦市民一律关押至此）下的赫赫君威，威斯敏斯特的桂殿兰
宫（尤以"忏悔者"爱德华重修的威斯敏斯特修道院、"红脸"威
廉修建的威斯敏斯特大厅为代表），令威廉·菲茨·斯蒂芬早在 12
世纪 80 年代，就称伦敦为"英格兰王权所在地"。在这一时期，英
格兰的国库、金库也从旧都温切斯特转移到了威斯敏斯特，坐实了
伦敦"新国都"的地位。而自 12 世纪 90 年代开始，普通法法院从
国库分离出来，成为英格兰的中央法庭，也进一步映证了伦敦的首
都地位。上述因素与 1204 年失去海峡对岸的领土，以及对"忏悔
者"爱德华的崇敬共同作用，让亨利三世常驻威斯敏斯特，时间超

过历代先王。

据估算，伦敦在 1086 年和 1200 年的人口分别约为 2.5 万和4 万。此后，伦敦的发展速度放缓，一度落后于某些领主直辖的城镇，而东海岸的城镇受到羊毛商人的青睐，发展速度更是令伦敦望尘莫及。但随着 13 世纪末贸易环境的改变，伦敦迅速东山再起。1334 年，伦敦的财富量是其最大竞争对手——布里斯托尔——的5 倍。根据估算，1300 年前后，伦敦的人口应在 6 万—10 万之间，可能只有巴黎的一半，但却已然跻身欧洲大城市之列。14 世纪初，伦敦共有 354 家酒馆、140 座包括堂区教堂在内的各类教堂。在这里，人们的确可以伤一好，"就像往常一样，又去市场赶集、去酒馆喝酒了"。

随着规模的增长，城镇的治理结构也发生了重大转变，开始将许可作为主要治理方式，即国王通过签发特许状来治国理政——此话题留待下文讨论。城镇的发展自然会对农村造成冲击，首当其冲的就是导致农村人口的流失，1135 年泰恩河畔纽卡斯尔镇就有这样一条惯例——凡在市镇生活满一年零一天的农民，此后便可无条件地留在镇内生活。大多数城镇吸纳的都是方圆 32 公里以内的农村人口，但伦敦的辐射半径却达到了 32 公里—64 公里。城镇需要人，同样也需要粮食，自然也就刺激了农业生产。为了满足城中的需求，伦敦周边地区开始密集种植果蔬，远至牛津郡的各郡的谷物也涌入伦敦，亨利镇及其他一些集镇就成了伦敦的临时粮仓。在绝大多数城镇，居民主要从事的是食品、酒水、衣物、鞋履、五金等产品的生产贸易工作，所以城镇也会向农村（当然也得确保自身需求）输送上述产品，互通有无。

虽然城镇的大部分产品都自产自销，但有些产品却依然驰名全国。"雅茅斯的鲱鱼、温奇尔西的比目鱼、拉伊（Rye）的牙鳕、格里姆斯比（Grimsby）的鳕鱼"，这首 13 世纪的打油诗将当时的各地特产数了个遍。（诗中还提到了查令的烟花女，查令不久后就被更名为查令十字。）鲱鱼盐渍后可以无限期保存（所以莱斯特伯爵夫人的食窖中才会有大量鲱鱼），因而广受欢迎。还有"林肯的红布、斯坦福德的粗纺毛呢、布莱斯的毯子、贝弗利（Beverley）的深棕毛呢、科尔切斯特的赤褐粗布"，打油诗同样历数了一些驰名布料及其产地。织布成本高昂、工序繁多，且成败往往掌握在负责最后一道工序的染色工手中。不过，各城镇生产的布匹依然要面对内外部竞争——既包括进口布料，尤其是产自佛兰德斯的布料，又包括英格兰农村地区生产的布料。

英格兰的采掘业也扎根农村，其增长势头十分迅猛。"科夫的大理石""格洛斯特的铁""康沃尔的锡"均得到了打油诗的赞赏。科夫位于珀贝克岛（Isle of Purbeck），当地出产的大理石作为建筑石料，与英格兰其他地区的石料（还有一些进口石料）一起，共同筑就了那个时代英格兰宏伟的城堡、教堂。格洛斯特的铁（用于生产马掌、轮辋等）开采于迪恩森林，并就地冶炼锻造，产量相当于全国总产量的 1/5 到 1/6。全国锻铁炉的数量在 1086—1300 年增长了 5 倍，产量达到每年 1 000 吨。从亨廷登的亨利的记述中可以看出，12 世纪初，康沃尔的锡在埃克塞特的市面上流通，实际上，这种情况可能在几个世纪前就开始了。12 世纪 50 年代，康沃尔锡的年产量为 50—65 吨，到 1214 年超过了 600 吨，但之后产量似乎就稳定了下来。

英格兰出口的商品除了布料、谷物还有锡，但出口量稳居第一位的依然是羊毛。佛兰德斯是英格兰羊毛最主要的出口目的地，但欧洲其他地区也会进口英格兰的羊毛，尤以莱茵兰为最。虽然直到 1275 年引入关税制度以后，英格兰才有了比较确凿的出口量数据，但在此前的 200 年间，羊毛的出口量必定是翻了好几番的。到了 14 世纪早期，英格兰的羊毛出口量已经达到了年均 3.5 万包——每包约含 200—250 只羊的羊毛总量。再加上国内市场的消费量，就可推算出，当时英格兰全国共蓄养有 1 000 万只绵羊。由于羊毛出口基本都以白银结算，所以英格兰国内货币供给的快速膨胀，大体上印证了羊毛出口量的节节攀升。当然了，英格兰也进口商品（不过多半是供富人消费）：建筑用石材（产自诺曼底卡昂的石料尤其受欢迎）、细布、丝绸、香辛料（莱斯特伯爵夫人喝汤时会加肉桂调味）。挪威的商人向杰弗里·德·布克顿（Geoffrey de Buketon）出售了山羊皮、成箱的白鼬毛皮、57 张牛皮。不过，有第一大出口商品，自然也就有第一大进口商品——葡萄酒，贵族阶层的主要饮品。12 世纪，英格兰人饮用的葡萄酒大部分都产自安茹、普瓦图。这两处领地于 1203 年、1224 年先后沦陷，反倒成就了加斯科涅的酿酒产业，也是英格兰人喜欢波尔多红葡萄酒的开始。存世的记录指出，14 世纪初，波尔多的葡萄酒年出口量高达 10 万吨（相当于 1956 年的 2 倍），其中有 1/4 流向了英格兰，在布里斯托尔、朴次茅斯、南安普敦三大港装卸后再分销。

　　英格兰的外贸基本都掌握在挪威、莱茵兰，尤其是佛兰德斯的商人手中。13 世纪下半叶，意大利商人也从羊毛出口贸易中分得一杯羹。在同一时期，英格兰也涌现出不少本土的富商巨贾，而许多地位显赫的伦敦市民也都从事羊毛出口和葡萄酒进口买卖。1273 年，英格兰商人得国王许可，出口总计 8 100 包羊毛。1331—1335 年，英格兰商人年均出口羊毛 2.4 万包。1303 年，爱德华一世召集了 42 个城镇的商人讨论商业税收事宜。自此，商人阶层在英格兰逐渐崭露头角。

*　*　*

与英格兰相比，威尔士、苏格兰的商业起点更低，基本上没有流通的货币，更没有什么像样的城镇，所以它们的改革更引人注目。威尔士的商业巨变发生在 13 世纪，变革前后，其向英格兰的纳贡方式截然不同：1211 年，圭内斯的统治者卢埃林大王承诺要向约翰王进贡 1 万头牛、40 匹战马、60 匹猎马（显而易见，卢埃林手头没几个现钱）；而 1267—1271 年，卢埃林的孙子则向亨利三世支付了 9 166 镑（也有说是 1.25 万镑）的贡金。威尔士的统治阶层从来就没有铸造过钱币，显然是忌惮英格兰国王的威势。威尔士的货币供给主要是跨境而来的英格兰货币，这无疑间接印证了英格兰国内货币供给的骤增。14 世纪初，威尔士已有近 80 个地点显露出城镇特征。最突出的当属诺曼人在南方建立的那些城镇，从切普斯托（Cheptow）起，一路向西到彭布罗克，均有分布。加的夫、卡马森（Carmarthen）、哈弗福德（Haverford）的人口均远远超过 1 000，是威尔士规模最大的城镇。威尔士本土统治者治下的公国也出现了城镇，位于南波伊斯的威尔士浦（Welshpool）与英格兰跨境贸易往来繁多，是本土诸公国中规模最大的城镇。在圭内斯，尼芬（Nefyn）出现了镇民阶层，而安格尔西的兰法斯则不仅有每年两次的集市，还有通商的港口。威尔士主要进口布料、食盐，如遇荒年，还需从英格兰进口谷物。出口则是经由兰法斯，将羊毛、兽皮销往苏格兰、爱尔兰。威尔士的商贸活动肯定有本土商人参与，因为威尔士与苏格兰的统治者于 1258 年达成协议，规定两国贸易须由两国商人共同参与完成。威尔士也出现了欧洲大陆商人的身影，意大利、佛兰德斯的商人为了威尔士羊毛而来。

虽然出现了上述向好迹象，但威尔士的商贸规模仍然极小。而苏格兰不仅更为富有，还与欧洲大陆来往频繁，自当别论。以在苏格兰挖掘出的钱币藏匿处为据粗略计算表明，苏格兰货币供给量连番增长：

时间段	流通中便士的总值
12 世纪中叶	12 500—20 800 镑
1247—1251 年	50 000—60 000 镑
1278—1284 年	130 000—高于 180 000 镑

即便 1247—1284 年增长 2 倍的计算结果有夸大之嫌，但在当时，苏格兰货币供给的增幅很可能仍是大于英格兰的。实际上，按照一种比较合理的算法可知：在 13 世纪 80 年代，与边界线以南的英格兰相比，苏格兰人均持有的流通货币量其实要更高。在苏格兰流通的货币大都来自英格兰，但本土铸造的钱币也占有一席之地，因为大卫一世从 1136 年起就以苏格兰国王的名义开始铸币，而后继国王纷纷效仿。苏格兰货币供给激增的助推器也是羊毛出口贸易，其出口量约为英格兰的 20%。意大利及佛兰德斯商人还专门在贝里克设立了采购站，而苏格兰的 15 座修道院也在镇内设立了销售点。大多数苏格兰本土货币也都出自贝里克的造币厂；1250 年苏格兰重新铸币时，造币量仅次于贝里克的分别是珀斯造币厂、

爱丁堡造币厂。

　　珀斯、爱丁堡、贝里克——苏格兰的城镇化也雏形渐显。1300 年，苏格兰拥有差不多 50 座城镇，其中贝里克、罗克斯堡在 1124 年之前就出现在了记录中，爱丁堡、邓弗姆林、斯特灵、珀斯于 1124—1130 年首次在史料中亮相，而关于格拉斯哥的可考据的最早记录则是 1136 年镇中大教堂的落成。格拉斯哥基本算是一座受教会控制的城镇，其领主也是当地的主教。圣安德鲁斯（St Andrews）同样也受教会控制。不过，苏格兰绝大多数重要的城镇都是依傍王权而设立的：爱丁堡、斯特灵，无不掩映在古老的石筑堡垒之中。大卫一世（1124—1153 年在位）少年时曾在英格兰避难，他将王室城镇看作摇钱树（城镇其实是大卫一世为数不多的现金收入来源之一），为促进治下城镇的发展，下放了诸多令英格兰城镇眼热的特权。后世的苏格兰国王自然承袭了大卫一世的做法，更是将泰恩河畔纽卡斯尔用来吸收农村人口的惯例活学活用。就这样，苏格兰的镇民阶层得以免交各种通行费，能够自设法庭管理内部事务，而代价则是必须向国王缴纳货币税捐。此外，苏格兰还出现了商业行会，至 1300 年，已知的行会就有 19 个。苏格兰的大部分城镇与英格兰城镇一样，承担着同样的地方职能。而有些城镇亦因其地理位置，承担着更重要的职责。艾儿（Ayr）是苏格兰从爱尔兰进口谷物的口岸。阿伯丁（海产品远销至科隆、佛兰德斯）是茅恩斯山脉以北广阔区域的商贸中心。泰河河畔的珀斯所处河段可行船，可涉水，亦可跨桥（于 13 世纪初建成）而过，12 世纪 20 年代至 14 世纪，珀斯的面积足足翻了两番。特威德河畔的贝里克是与英格兰贸易的重要入境口岸，从这里，金斯林的鲱鱼、谷物涌入苏格兰，而苏格兰的羊毛走出国门。苏格兰的出口贸易并未完全掌控在外国商人手中。13 世纪 90 年代，布鲁日城中已经有苏格兰人建立的交易站，甚至还有一段运河（Schottendyc①）因苏格兰人而得名。

* * *

　　综上所述，在这一时期，英格兰的经济总量大幅增长。学者们对其国内生产总值的估计都不免有猜测成分。坎贝尔假设，1086—1300 年，英格兰的人口总量从 200 万增长到 425 万，国内生产总值的真实增长率（去除了通胀的影响）可能在 130%—150%；梅休则认为，这一时期英格兰的人口从 225 万增长到了 600 万，据此得出国内生产总值的增幅超过了 4 倍。如前文所言，威尔士、苏格兰的经济也突飞猛进。13 世纪 90 年代，圣安德鲁斯教区几乎与温切斯特同样富有。财富的存在形式也发生了重大转变：大量的财富都沉淀到了货币中。在不列颠的许多地区，之前以工役、实物形式缴纳的地租都变成了货币地租；同理，威尔士亲王卢埃林、苏格兰国王亚历山大三世、英格兰国王爱德华一世也拥有了明显的现金资源。假如没有充沛的货币供给，爱德华一世在 1290—1307 年间就根本无法借俗人税和教会税聚敛到约 661 400 镑的巨额收入。

　　在这一时期，大封建主手中的货币量也不断增长。估税结果指出，苏格兰教会的财富在 13 世纪几乎翻倍。在英格兰，以伊利主教为例，其净收入增长情况如下：

---

① 　schotten 是荷兰语中苏格兰人（schot）的复数形式。

1086 年	484 镑
1171—1172 年	920 镑
1256—1257 年	1 930 镑
1298—1299 年	2 550 镑

13 世纪 90 年代，主教的收入差不多是 12 世纪 70 年代时的 2.7 倍，这大致也代表了多数领地主教收入的平均增长水平。想要得知世俗封建主的收入状况可就要困难得多了，但西尼·佩因特（Sidney Painter）研究了大量世俗封建领地，得出在 1160—1220 年，男爵阶层的收入中位数为每年 115 镑，平均收入为每年 202 镑，而到了 1260—1320 年，收入中位数和平均收入则分别增长到了 339 镑和 668 镑。13 世纪中叶，大多数英格兰伯爵的年收入都在 2 000—3 000 镑。13 世纪 90 年代，与英格兰的伯爵相比，苏格兰的法夫伯爵的年收入要少上 500 镑，但仍然相当可观。

封建主收入大增既是因为人口的增长、通胀率的上升，也是自国王以下各级封建主追逐利欲的结果。除了要为战争筹备巨额经费之外，他们还需要更多钱购买锦衣华服来显尊露贵；要用现金代替土地，去打赏追随者；要修建宏伟的住所、教堂；要更丰富和精致的饮食。时人敏锐地察觉到了这些转变。编年史家奥德里克·维塔利斯的记录就指出，亨利一世统治时期，英格兰新建了许多大教堂、修道院、乡村教堂。格鲁菲德·阿颇卡南（Gruffudd ap Cynan，于 1137 年去世）的传记也记录了在其治下圭内斯的太平盛世：土地果实累累，臣民安居乐业；教堂粉刷一新，闪闪发光，"仿若苍穹中的点点星辰"。在玛格丽特王后倾尽心力的教化下（按照王后《传记》的记载），苏格兰人开始在衣着方面标新立异，而宫廷则变得更加富丽堂皇、精致典雅。彭布罗克伯爵威廉·马歇尔的传记指出，12世纪60年代，即便是王子外出，也是将铺盖卷绑在马鞍后面携带。而现在（13世纪20年代），就连乡绅都有专用的驮马："当世之人足以傲视父辈祖先。"13世纪六七十年代，威尔士亲王卢埃林·阿颇格鲁菲德出猎时，随从多达500人，据传比其祖父卢埃林大王还要多出200人。

　　1066年之前，英格兰的生活水平就一直在提高，但可以说，是诺曼征服激发了贵族阶层对金钱的欲望，使他们更加向往穷奢极欲的生活。与征服前相比，英格兰贵族阶层的态度更易受到欧洲大陆宗教思想、军事理论、骑士精神的影响。这也难怪，毕竟英格兰的新贵阶层皆来自欧洲大陆。与实物相比，贵族们更愿意收取货币，因为货币更便于运回海峡对岸的故乡，但他们也想用故乡的方式把钱花在英格兰。马姆斯伯里的威廉认为，诺曼征服在英格兰掀起了修建堂区教堂、修道院和大教堂的浪潮，虽然已有"忏悔者"爱德华修建威斯敏斯特修道院的先例，但威廉这么想倒也无可指摘。诺曼征服还带来了一种全新的建筑，兼具领主驻防的居所、行政中心和地位的象征——没错，就是城堡。1100年，英格兰的城堡数量已经超过了500座。虽然诺曼领主可以强征农民劳力来修建初期作为地基的土山，但无论是修筑石制塔楼还是精美的木构架厅堂，都需要大量金钱。马姆斯伯里的威廉称盎格鲁－撒克逊人"居所简陋可鄙"，完全不能与诺曼人、法国人"高贵而辉煌的宅邸"相提并论，而事实也印证了威廉的观点：1066年后，诺曼人重建盎格鲁－撒克逊贵族位于林肯郡格尔索的宅邸，建成后富丽堂皇，绝非昔日可比。格尔索（Goltho）庄园经历了多次重建，因为无论是世俗领主还是教士领主，永不满足于现状。教堂、城堡、庄园主宅邸的建筑形式日新月异。封建主为了享受追猎的乐趣、野味的盛宴、封建领主权带来的威望，大肆修建狩猎围场，令宅邸周围的景观发生了很大变化。仅在 1227—1258 年，英格兰国王开出的"自由狩猎场"特许状就不少于 630 份，允许大批封建领主修建狩猎围场。

贵族阶层手头的闲钱越来越多、生活变得越来越奢华，这似乎已是不争的事实，但关于他们财力的实际增长，也不可言过其实。与 1086 年相比，1298—1299 年伊利主教的收入增长了 5 倍，但如果考虑到同一时期物价也上涨了 3—4 倍的话，这个增幅就没那么惊人了。同理，1290—1307 年，爱德华一世在王室收入之外还额外征收了一笔税款，数额高达 661 400 镑，但若以实际价值来看，这笔钱的数额并没有超过 1002—1018 年英格兰国王所课征的 214 500 镑的"丹麦金"①的数额。不过，这么比较也许不甚合理：就算盎格鲁－撒克逊编年史记录的数据切实可信，1002—1018 年间的这笔"丹麦金"，实际上是入侵之敌敲诈英格兰的勒索金。亨利一世 1130 年 2.4 万镑的王室年收入也许是个更合理的参照，但若仍以实际价值来看，爱德华一世的年收入极少超过亨利一世，即使其在位后期横征暴敛。倘若再考虑到 1100—1300 年国内生产总值的增长，那么爱德华一世的收入占国内生产总值的比例就更是远不及亨利一世了。

---

① 丹麦金，指的是中世纪英格兰为筹措向丹麦人员纳赎金而征收的一种土贡金。

＊　＊　＊

　　要理解为什么会出现上述变化，这还得说回农民阶层的境遇。1066 年之后，农民的地位发生了重大转变，最显著的就是英格兰奴隶制度的终结，以及奴隶制度、奴隶贸易在威尔士、苏格兰的销声匿迹。12 世纪，教会对奴隶贸易大加指责，致其日渐式微。奴隶制度的消亡却是经济环境的变化所导致的，不过这一点只在英格兰有迹可循。根据《末日审判书》的记载，英格兰当时共有奴隶2.8 万名左右。如果再算上奴隶的家人（他们很可能是有家人的），那么奴隶的人数差不多能占到农村人口数量的 10%。封建主可以指派奴隶从事各种劳动（通常是男性耕种，女性挤奶），而且可以处死奴隶，甚至还能施以肉刑。一部分奴隶生活在庄园内，另一些（很有可能是绝大多数）则生活在村庄中。100 年后，国王的律师在界定各社会阶层时，却没有提及奴隶。

　　彼时，人口分为自由民、非自由民两类，后者虽受到种种限制，但肯定不会像奴隶一样被封建主处死或残害。1244 年，国王的法官宣称：“农奴的身体、四肢只归国王所有。”13 世纪的一些封建主，如牛津郡库克瑟姆（Cuxham）的一位，却仍然在庄园宅邸内蓄养劳力，把他们当奴隶一样使唤。但奴隶制度已成强弩之末。实际上，蓄奴制的衰落远早于“末日审判”，所以当时的奴隶数量也已大不如前。正因为如此，12 世纪的律师才会忽视奴隶阶层的存在，直接将其从社会阶层中抹去。而导致奴隶制度衰落的并非教会的宣教布道。教会的确禁止奴隶贸易，而且将封建主释放奴隶的行为视为信仰虔诚的表现，但对奴隶制度的存续却不置可否：就连教会本身都在领地上蓄奴。其实，经济才是导致奴隶制衰落的原因。蓄养奴隶得不偿失，这主要是因为奴隶自己没有土地，完全得靠封建主来供养。在 10 世纪及克努特（Cnut）^① 征服之后相对稳定的经济环境下，封建主可能认为，把土地分给奴隶换取工役及地租既省事，又实惠，就这样让奴隶融入到了农民阶层中去。威尔士、苏格兰的奴隶阶层也经历了类似的融合过程。诺曼领主也更热衷于货币地租，他们并不长居于英格兰，又有大片土地可供奴隶租用，所以蓄养奴隶远没有收取货币地租来得划算。

奴隶阶层的消失意味着更多的农村人口拥有了土地，而且再也没有人会被封建主任意处死或残害了。不过，农村人口的其他转变可就没有这么乐观了。《末日审判书》指出，1066—1087 年，在英格兰许多郡，司法管辖区领民、自由农民的数量都大幅下降。这部分农村人口很有可能都沦为了佃农，转而开始为领主服役，丧失了原有的社会地位。而这一转变很可能是新晋的诺曼领主调整庄园的运营方式，开辟出需要农民劳力服役的自有农场导致的。

诺曼征服后又过了一个世纪，农民阶层的社会地位进一步下降。国王的律师开始精确界定非自由农民的定义。结果，1200 年，英格兰农民阶层中的自由民与非自由民之间泾渭分明。用那时的法律术语来说，非自由农民就是"农奴"，即所有以工役换取土地的人。法典中还首次明确了非自由农民将受到的种种限制。例如，封建主在售卖土地时，可以将农奴"像耕牛、奶牛一样"一并出售，还能够向农奴收取"婚嫁纳金"（merchet）^②，作为农奴的女儿结婚

---

① 　克努特（995—1035）是丹麦王子，于 1016 年征服英格兰，成为英格兰国王，而后又获得了丹麦、挪威的王位，建立了北海帝国。

② 　实为罚金，是农奴因婚嫁而导致封建主损失劳动力所必须支付的补偿。

的补偿。此外，封建主还可向农奴课征赋税，可任意涨租，压榨劳役。13 世纪 20 年代的著名法典《布拉克顿》（*Bracton*）指出，农奴无法预料未来有什么（灾祸）在等着他们。无论封建主的行为多么蛮横无理，农奴也无法从国王的法庭上得到任何法律援助，因为在涉及土地及租约的纠纷中，法庭是不会理会农奴的任何诉求的。

促使律师们挖空心思界定非自由农民的契机，是源于 12 世纪 60—70 年代一系列法律新规的出台——按照规定，封建主可作为被告，被发起民事诉讼。但是，制定新规的法官先是规定原告必须是自由民，然后又将"服劳役"定为非自由民的标准，令新规在大部分农民面前形同虚设。不过在当时的社会经济大背景下，这样的裁定意义极其深远，因为当时正值封建主开始亲自经营庄园，加大直领地农业生产的时候，此时对农民劳动力的约束和控制就显得尤为重要。

史家一直质疑上述转变在多大程度上令农民阶层的境遇恶化。相当一部分农民保住了自由民的地位——英格兰东部就有大量司法管辖区领民逃过一劫，而在许多庄园，众多农民依然以缴纳地租的方式来换取耕作的土地。13 世纪末，农民阶层中非自由民的比例至多不超过 60%。封建主纷纷用货币地租取代工役，使得自由农民与非自由农民的界限虽未完全消失，却也变得模糊不清。总的来说，13 世纪末，可能只有 1/3 的非自由农民，仍然每周都要忍受繁重的工役。库克瑟姆的封建主仍然要求佃户服工役，但在威灵厄姆，差不多有一半的工役有时可以用其他形式的地租替代。苏格兰也发生了同样的转变，而在威尔士，许多生活在"王庭／村庄"综合体内的农民，都不再去封建主的直领地上服役劳作了。此外，英格兰那些被法定为非自由民的农民，并没有失去自己或祖先曾经享有的权益；也很少有人能对他们的领主提起法律诉讼。其实在封建制度下，服劳役之人长久以来一直被视为庄园的一部分，基本相当于封建主的财产。英格兰的诺曼国王经常发布令状，帮助封建主追回"逃脱的"佃户。苏格兰国王大卫一世也如法炮制，甚至让"逃脱者"与农民直接画上了等号。虽然不列颠的其他国家从未像英格兰那样对非自由农民进行严苛的界定，但苏格兰和威尔士的非自由农民（在威尔士被称作"契约奴隶"）的境遇也不会好到哪里去。

不过也有人提出，在 13 世纪的社会环境下，非自由民反而有一定的优势。自由民完全受市场行情的摆布，鉴于当时地少人多，地租必然水涨船高，刚刚签订土地租约的自由民自然更是如此。相反，无论律法如何变相设限，非自由民都还有庄园制度为其兜底，境遇不至于一落千丈。亨利的沃尔特的《农学》就建议，庄园法庭在处罚金时，应当将确定金额的权力下放到农民的"同胞"手中，而不是让封建主任意妄为。据史料证实，这条建议的确常常被庄园法庭所采纳。

然而，农奴所能享有的权利仅此而已。13 世纪，上至埃莉诺王后的叔叔萨伏依的彼得（Peter of Savoy），下到牛津郡瑞科特（Rycote）的骑士领主，形形色色的封建主都竭力压榨领地内的农奴。而他们的借口是：自己领上的佃户都不是自由民，法律不得庇护他们免受更繁重的劳役。显然，封建领主要拿起法律的武器捍卫自己的权益，才不会去管什么庄园制度的惯例。许多农民都想享受自由民的福利——想用实物或货币地租替代工役、能在国王法庭上主张自己的权益；13 世纪，大量农民赎回了自由之身，并（宣称自己是自由民或有特殊授权从而得以）与封建主对簿公堂，想要防止地租上涨、避免其侵害自己的权利。农民群体为捍卫自己的权利，在数十年的斗争中，表现出非比寻常的勇气与智谋，是13世纪不列颠历史的一大亮点，留下的精神财富鼓舞人心。

既然许多农民的法律地位都大不如前，那么他们的生活水平又如何了呢？这个问题不仅让我们认清了12—13世纪经济大发展的基本事实，甚至可以让我们看清当时不列颠的社会实情：经济的腾飞并未带动农民生活水平的提升。这一时期，国内生产总值增长不假，可人口数量的增长使人均产值并不乐观。除去贵族精英，1086—1300年的经济成就，最多也不过是在原有生活水平上供养了更多社会底层人口。对大部分农民而言，不过勉强活命罢了。一旦遇上了灾年，就是遍地饿殍的惨景。对此，多数史家是一致认同的，唯一的分歧在于，有人认为农民的生活水平非但没有提升，反倒因人口快速增长令土地不堪重负而每况愈下（此观点留待下文详述）。

由于证据的缺失，我们很难深入研究威尔士、苏格兰的农民生活水平的变化情况，但两国均是农民人均耕地面积很小。13世纪末，梅里奥尼斯（Meiriony）、贝里克郡就有不少农民面临这样的窘境。缺乏耕地的农民也许可以在山上放牧牛羊，但若是参照同时期圭内斯的状况，就可知他们的畜养规模肯定大不了。13世纪90年代的记录指出，在圭内斯，普通的纳税农户也就是勉强有口饭吃，还有大批穷到连税都交不起的赤贫之人。英格兰的农民的情况也与之类似。要了解英格兰农民的生活水平，就要先搞清楚一户农民（按每户4.5人来计算）解决最基本的温饱需要多少土地。当然了，这个问题的答案差别也很大。不过，就采用敞地制耕作的庄园来说，农户一般需要有4—5公顷的耕地，在此区间内，具体面积的大小取决于农户是采用三田轮作法还是二田轮作法。E. A. 科斯明斯基（E. A. Kosminsky）对《百户区案卷》的研究指出，如果将自由农民与非自由农民放在一起计算，就有 26% 的农户有半雅兰的耕地，超过了保证温饱的底线；还有 24% 的农户有整整 1 雅兰的耕地，相当于现代的 10—12 公顷。显然对他们来说，至少供养一户人口是绰绰有余的。一些农民转而开发乡村土地市场，积累了面积相当可观的地产，他们中的有些人最后还跃入了骑士阶层，比如德比郡的奈夫顿家族（the Knivetons）。然而，假如说农民阶层中有一半人口尚可度日，那么根据科斯明斯基的数据，另一半约 46% 的农民只能算得上是小农，耕种的土地面积远不到 4 公顷。除了《百户区案卷》涵盖的地区，其他地区的庄园调查也反映出了类似的情况。除非有幸生活在东安格利亚的集约耕作地区，否则这些缺少耕地的农户根本无法养活自己。他们的前路似乎一片黯淡。

当然了，却也还不至于无路可走，否则这近半数的农民不可能活下来。可见，除了耕地，他们还能根据不同地区的实际情况找到其他的收入来源。例如，1251 年的土地测量发现，威灵厄姆庄园的许多小农都在由沼泽地开垦出的三大块公用草场上放牧，畜养猪、牛和绵羊。同样，斯通利（Stoneleigh）百户区的人口不断增长，但依靠阿登森林解决了温饱问题；萨里的珀顿（Pyrton）小农众多，而温莎森林则提供了"靠林吃林"的机会。此外，农村还能提供各种各样的就业机会。1286 年，比奇安普敦（Beachampton，白金汉郡境内）的一小帮农奴惹上了官司。值得注意的是，这其中不少人都用职业名作为自己的姓氏：史密斯（铁匠）、艾恩芒格（Ironmonger，五金商）、卡特（马车夫）、马歇尔（司仪）。而比奇安普敦的亨利·马斯特（老师），后来真的成为了一名大学教授。大多数村庄都有酿酒工（通常为女性），各种工坊也能提供不错的就业机会。织布业在农村的普及，对当地就业也起到了十分重要的作用。织布的准备工序包括清洗、梳理、纺纱，均需雇用大量劳动力，其人工成本约占生产总成本的45%—70%。农村地区廉价劳动力供给充足，可以用来驱动缩绒机^①的小河也随处可见，优势明显。众多小农为了解决温饱，还必须打短工，（按照毕晓普斯克里夫村的计算结果）以日薪1.5便士为标准，每年差不多要打130天的短工。当然，农村从来都不缺工作。库克瑟姆的领主（于13世纪下半叶，创立了牛津大学的墨顿学院）从来都不会让佃户逃过一天的工役，还在直领地常年蓄养劳工，但每年还是要外聘劳动力来干满相当于1 000个工作日的劳动量——这足以向该村13户小农中的7户提供每年130天的带薪工作。假如领地中有农民用货币或实物地租替代了劳役，那么封建主对劳动力的需求就会更大。此外，田产超过12公顷的农户可能也需要补充劳动力。

　　开垦森林及草原，靠出卖手艺及劳动力换取收入，都是小农的谋生手段，但也往往是他们维持生存的救命稻草。最悲惨的当属生活在英格兰中部、南部的那些农民，因为在这些地区的庄园多采用敞地制耕作法，令村庄成为万顷良田中的一座座孤岛，几乎没有可供开垦的森林、草原。在这里和其他地区，能够靠手艺在村里混口饭吃的农民只是极少数。一遇到荒年，靠打工糊口的弊端就会显露无遗。一些劳力可以获得实物工资，从而躲过一劫。可大多数劳

---

① 中世纪时，缩绒机（水车）就已经广泛用于缩绒，借用流水的力量抬起木槌，击打需要处理的毛织物。

力都选择了货币工资，这些人的处境可就危险了，因为在因歉收而骤增的粮价面前，他们的工资无异于杯水车薪。实际上，由于劳动力市场供大于求，工资的涨幅从未跟上过通胀的脚步。小农想要脱困，只能打更多份工，但往往又很难如愿。

因此，如遇荒年，必闹饥荒。1257 年发生歉收，导致 1258 年初夏小麦价格暴涨到 1254—1255 年同期的 2.5 倍。在北沃尔瑟姆庄园，温切斯特主教赈济了 60 户"贫穷的佃户"——那 27% 持有耕地不足 4 公顷的小农。这种赈济的普遍性和效用很难判断，就像权贵家族或团体的救助能在多大程度上减轻村中贫苦百姓的痛苦一样。不过很显然，这些救急之举大多无力回天。1258 年，大量饥民四处求食乞讨，留下遍野饿殍，死者之多竟令政府放松了鉴别死者身份的规定。马修·帕里斯记录下了当时的惨景：

> 全国各处饥荒蔓延，饿死者不计其数；15 先令都买不到一份小麦……死尸或掷于粪堆之上，或倒在路旁的烂泥之中，直至发胀腐臭，也无人埋葬；还活着的不敢也不愿把将死之人带回家中救助，生怕染上什么恶疾。

1258 年绝不是个例。13 世纪 70 年代，小麦的价格达到甚至超过了 1258 年的水平。遇到荒年粮价居高不下之时，小农常被迫卖地换钱，令未来的生活更加没有着落。13 世纪，作奸犯科（学界普遍认为，该时期罪案的数量在不断上升）的多半是"身份不明"的流浪恶徒，这些人很可能都是迫于生计而"落草为寇"的小农。落网的恶徒所拥有的财物都少得可怜，还有不少人甚至是囊空如洗。当时农民的平均寿命都不长。13 世纪，温切斯特主教领地

上的农民粗死亡率 [1] 为 70‰—75‰，而英格兰、威尔士"二战"之后的粗死亡率为 12‰。13 世纪后半叶，温切斯特的佃户中，即便是家境相对殷实之人，在过了 20 岁生日之后，生命预期也只有 24 年。可想而知，田产微薄的小农的寿命要短得多。

13 世纪的农民阶层已然身处水深火热之中，情况会越来越糟吗？史家对此肯定有所论证，因为 1086—1300 年，英格兰的人口数从 200 万增长到了 500—600 万，肯定已经超过了土地的承载能力，再加上土壤肥力耗竭可能造成的减产，农民的生活势必每况愈下。相反，坎贝尔则认为英格兰的人口只是从 200—225 万增长到了 400—425 万，所以新开垦的耕地和小幅提升的生产率，就足以维持农民的生活水平。然而，即便英格兰土地可承载的人口天花板是 425 万，坎贝尔的模型也未能排除这 425 万人口被严重挤压在有限空间内，导致越来越多的农民只能在温饱线上挣扎，一遇灾年便陷入危机。

确有证据表明，农民的生活水平受到了人口增长的影响，最显著的表现就是：在只能靠耕地为生的地区，小农的数量激增。在牛津郡的库克瑟姆，该庄园早在 1086 年就把所有的林地都开垦成了耕地，留存的牧场草甸也十分有限；尽管如此，该地的佃户数量还是从 1086 年的 11 户增长到了 1279 年的 21 户。其中，小农户数从 4 户飙升到了 13 户，增加了两倍，但耕地面积达到半雅兰的小农户仅仅增加了 1 户。尽管一些小农之后又获得了半雅兰土地，但大多是贫瘠的土地，相当于现代的劣质草场。当然，小农也能靠打工糊口，但不争的事实是：与 1086 年相比，1279 年该地农民的

---

① 指某地某年平均每千人口中的死亡数。

整体生活水平更差。其他许多领地也同样出现了小农户大增的情况。《末日审判书》中指出，英格兰农民人口中小农所占的比例为33%，而 E. A. 科斯明斯基对《百户区案卷》的研究则得出，小农所占比例已经上升到了46%。其实，《百户区案卷》中1279年的调查结果颇有粉饰太平之嫌，因为不少半雅兰和1雅兰的土地可能供养着多户近亲家庭，而封建主为了保持地产的完整性，不愿再将这些小地块按实际户数进一步正式分割。据史料记载，在有些允许按实际户数分割地产的庄园，小农户增加的速度令人咋舌：诺福克的马瑟姆庄园耕地面积为431公顷，12世纪中叶时佃户数量为107户，而到了1292年则暴增至376户。

11—13世纪增长的总人口中大部分都是小农，所以如前文所讲，与1086年相比，1300年英格兰人口中小农的比例要高得多。尽管农民的谋生手段有所增多，但仍不足以抵消人口增长所导致的生活水平下降。封建主尚可从新出现的小农缴纳的地租中有所收益；而身为最大封建主的国王，却基本上没赚到什么好处。因为13世纪末，农民人口中约有60%因为太过贫困而无力纳税——这一触目惊心的事实，远胜一切雄辩强据，足以令后世正确看待12、13世纪的经济大发展。这正是为何国内生产总值增长而国王收入却不见长的机窍所在。

* * *

11—13世纪不列颠的经济发展是有目共睹的，其对欧洲大陆的依赖也是显而易见的，尤其是佛兰德斯织布产业的兴起，完全带动了不列颠的羊毛贸易，大量白银才得以注入不列颠，令货币供给量激增。人口增长、土地开荒、城镇发展、货币供给增长均为普遍现象，几乎席卷了整个欧洲。而这些实际上都与法国在欧洲的殖民扩张有关，罗贝尔·巴特利特（Robert Bartlett）还专门以此为题，撰写了《欧洲的诞生》（*The Making of Europe*）一书，他认为法国的殖民扩张是以"法兰西－拉丁基督教"为核心，辅以相应的军事、社会、教会体系进行殖民同化。正如本书第一章所述（第三章还将深入探讨），城堡、骑兵都随诺曼人从法国来到了不列颠。同样，在12—13世纪，新的宗教组织、教皇对教会的集权式管理架构，也从法国、意大利传播至不列颠，亦同化了英格兰、威尔士、苏格兰三国间的差异，将不列颠全岛裹挟至欧洲历史发展的洪流之中。

　　一个场景概况了不列颠与欧洲大陆的这种融合。1188年，在威尔士中部高地一个偏远的山谷中，德赫巴斯的统治者里斯大人与众多子嗣会面。众人的穿着皆是威尔士风格，有一个儿子甚至还光腿赤脚。但这些依然无法掩盖画面中洋溢的欧洲风情。距父子相聚之处没多远就是斯特拉塔佛罗里达修道院，院中修士在1212年之前一直利用英格兰港口向海外出口羊毛。该修道院是西多会庞大跨国体系的一部分，体系中的所有下属分院都遵循相同的戒律，接受统一的中央管理。虽然斯特拉塔佛罗里达修道院的创建者罗贝尔·菲茨·斯蒂芬（Robert fitz Stephen）是拥有诺曼血统的贵族，但这丝毫没有影响里斯大人对这座修道院的接纳认可，他将这座修道院设为自己数位家人的安息之地。修道院的教堂长度达61米，不久之后西门会被改造成造型优美、有流畅石雕线条装饰的罗曼式圆拱门，而拱门两侧还会辅以两扇美观优雅的尖顶窗。画面中，里斯大人一行正与一群地位尊贵的高级教士交谈，其中一人正是威尔士的杰拉尔德。杰拉尔德虽有一部分威尔士血统，却在巴黎接受教育，又在盎格鲁－诺曼世界施展拳脚。攀谈者中最尊贵的当属坎特伯雷大主教——1187 年，耶路撒冷被萨拉丁攻占，所以大主教奉教皇之命出使威尔士，号召威尔士人参加十字军东征。

这一幕过后没几年，里斯就起兵攻打盎格鲁－诺曼贵族位于威尔士南部的领地。1212 年，约翰国王在签发羊毛出口许可后没几个月，就以"资助外敌威尔士"的罪名，下令拆毁斯特拉塔佛罗里达修道院。威尔士人与诺曼人冲突的根源在于，自 1066 年起，诺曼人不断以战争侵略的方式强占了大片威尔士土地。同样，在欧洲多地，法兰西—拉丁文化在向外扩张的过程中也总是冲突不断，这一方面是由于其文化与被殖民文化存在巨大差异，另一方面则是因为殖民手段太过残暴。在殖民扩张的过程中，被殖民地的反应按照程度的轻重，可以分为奋起反抗、恭顺降伏、积极归顺三类。不列颠诸国对殖民扩张的反应也十分不同，在威尔士人眼中，诺曼人是不请自来的征服者，而在苏格兰人看来，他们却是国王请来的贵宾。而诺曼人发现英格兰的文化丝毫不逊于诺曼文化，只唯独在关键的军事技术领域略逊一筹。诺曼人也正是抓住了他们军事的这一短板，没用多久就令不列颠风云突变。

第三章

诺曼人征服英格兰（1066—1087）

　　1066 年 1 月 5 日，最后一位拥有古老的威塞克斯王室血统的国王"忏悔者"爱德华驾崩。次日，老国王被安葬在自己建于威斯敏斯特的修道院内，新王哈罗德（Harold）加冕继位——这些场景都被形象地绣入了巴约挂毯（*Bayeux Tapestry*）中。哈罗德是爱德华的内兄，在父亲戈德温郡长于 1053 年去世后，他又继承了威塞克斯郡长的职位。"忏悔者"爱德华膝下无子，直至弥留之际，才将哈罗德指定为继承人。国王去世后，英格兰的权贵齐聚威斯敏斯特，认可了已故国王的选择，坎特伯雷、约克的两位大主教很可能共同为哈罗德加冕。英勇威猛的哈罗德为这一刻早已筹划多时。哈罗德是杰出的军事领袖：1063 年，他分海陆两路进军威尔士，大败"全威尔士的国王"卢埃林，献其首级于爱德华国王之前。哈罗德也是手腕高明的政治家：1055 年，哈罗德的弟弟托斯蒂格（Tostig）获得诺森布里亚郡长的高位，成为哥哥的政治对手，所以 1065 年托斯蒂格的领地发生叛乱之时，哈罗德非但睁一眼、闭一眼，甚至还有可能在暗中推波助澜，帮助麦西亚郡长埃德温（Edwin）的弟弟莫卡（Morcar）夺取托斯蒂格的郡长职位，既消除了政敌，又与英格兰唯一一个与自己财力相近的家族强强联手，取得了北方势力的支持。

获得王位后，哈罗德可谓是喜忧参半。他刚刚继承到的王国即便算不上国力强盛，也至少具有成为强国的潜力，但觊觎王位者仍虎视眈眈，其中诺曼底公爵威廉的实力最强，而哈罗德也亲眼见识过诺曼人的骑兵、城堡，深知诺曼人的军事装备优于盎格鲁－撒克逊人。

10 世纪，"忏悔者"爱德华的先人以威塞克斯王国为据点，东进东安格利亚，北上中部、北部各地，收复 865 年之后被丹麦人夺走的土地，开辟了历史上第一个一统英格兰的王朝。之后，克努特一世（1016—1035 年在位）率领丹麦人再次征服了英格兰，令许多新贵家族（比如哈罗德所在的戈德温家族）开始崭露头角，英格兰的贵族阶层虽未完全被斯堪的纳维亚的贵族所取代，但也被大洗牌了。1042 年，克努特的儿子哈德克努特（Harthacanut）死后无嗣，所以流亡诺曼底的"忏悔者"爱德华取回了英格兰王位，完成了古老威塞克斯王朝的复辟。当时的盎格鲁－撒克逊国家机器拥有三大支柱：其一，本书前文已经介绍过，在民族认同感的强力感召下，国王和人民团结在一起；其二，王权地位崇高，且驭有强大的行政机构；其三，国王拥有一个融汇了教士、乡绅、贵族三大阶层的治理体系。

纵观整个中世纪，盎格鲁－撒克逊的君王无一不是好战尚武。就连圣比德也颇带敬意地记录了诺森布里亚国王伊索尔弗里斯（King Aethelrith of Northumbria）如何"甘为荣誉而战"，其从布立吞人手中夺取的领地之多，前所未有。但同时，盎格鲁－撒克逊的王权中也闪耀着基督教信义及民本主义的光芒。973 年，埃德加（Edgar）国王的加冕颂歌（ordo）深受加洛林王朝的影响，被奉为后世所有加冕仪式的范本。国王加冕及涂抹圣油的仪式，遵循先知撒慕尔（Samuel）为扫罗王（King Saul）、大卫王（King David）涂抹圣油的先例，昭示国王为神命之君，上承圣灵之福，下驭万民之众。所以，"忏悔者"爱德华才会以头戴王冠、端坐王座的形象出现在国玺之上，国王的加冕誓言更是强调了其维护和平、执行正义的职责。到了盎格鲁－撒克逊王朝后期，历代国王愈发积极地践行这两方面的职责。此前的国王甚至并不惩罚作恶之人，而只是会迫使加害者向受害人或其亲属支付赔偿金，所以法庭的作用也不过是监督赔偿金的支付而已。而现在的国王除了保留赔偿制度，还将杀人、抢劫、大额盗窃、强奸、放火、叛国6项列为重罪，规定只有国王才有权力及义务去裁决、处罚上述罪行，犯重罪者通常都被处以绞刑。1066年，英格兰在国王的治下很可能已是一派祥和，而上述罪行无疑是对"和平安泰"的公然挑衅。况且，所有男性臣民都向国王宣誓效忠，保证不偷盗、不为盗贼帮凶。农民多半都是在加入十户区（此术语出现时间要晚于誓言出现的时间）的时候向国王宣誓效忠的。十户区是由10个成年男性组成的行政管理单位，成员间相互担保言行无亏。后来国王又新增规定（极有可能在1066年前就已出现），如果十户区内有成员违法，且其他成员未能将其抓捕归案，则该十户区负有连带责任，须向国王缴纳现金罚金。

　　早期的盎格鲁－撒克逊国王还建立了行之有效的行政机构，既可维稳，又可创收，这两项也正是地方政府的两大职责。此时的国王认为英格兰由一系列郡县组成，所以他们在下诏时都以郡为单位昭告臣民，比如北安普敦郡、牛津郡，等等。各郡是英格兰王国最基本的组成单位，边界一直到1974年都没有发生过什么变化。

1000 年，英格兰共分为 32 个郡，有些是古老的侯国，如肯特郡和埃塞克斯郡，而中部各郡则可能由威塞克斯国王在 10 世纪北上扩张而创立。郡以下又划分为若干百户区，13 世纪，英格兰共有百户区 600 余个。各郡、各百户区都设有法庭，郡法庭每年开庭两次（至少法律是这样规定的）、百户区法庭每 4 周开庭一次，两级法庭共同维持社会秩序，解决民事纠纷。若地方势力借由各种方式操控庭审过程，导致一些法庭"门庭若市"，国王就会指派专员前去主持审理（详见下文）。

国王的收入一部分来源于地租，其地产几乎遍布英格兰全境；据《末日审判书》记载，1066 年，国王全年收取的货币地租和实物地租约可折合为 6 000 镑。这部分收入或充入温切斯特国库，或供国王在各郡游宿时直接使用（若是实物，则就地消费）。更主要的来源还是土贡金，英格兰的土贡金是效法加洛林王朝的税制，而当时的英格兰也是全欧洲唯一征收土贡金的国家。土贡金以海德（hide，又名卡勒凯特）作为计税单位，大小因时因地而异，一般认为 1 海德约合 49 公顷。每海德土地都须缴纳一定数额的先令作为税款（具体数额视税率而定），而国王则会以百户区为单位，按照区内的海德数计算应收税款总额。这一土贡金也被称作"贡金"（geld），假如盎格鲁－撒克逊编年史的数据属实（此处争议颇多），那么早在 11 世纪初，英格兰国王就已经为绥靖丹麦人，开始大肆敛征"丹麦金"（Danegeld）了，其中，克努特一世于 1018 年亲自征缴的 7.2 万镑数额最大。同样令人叹为观止的是，1012—1051 年，英格兰国王为筹措军备，每年收取的贡金可能多达 1.4 万镑。而承载着英格兰税收和经济体量的是一套完备的货币体系，在国王的集中控制下，实现了货币的全境统一和广泛流通，也保证了货币的品质（见第二章）。

英格兰的郡制要想正常运行，国王就必须向各郡派驻地方官员，而其中最为重要的当数郡督、郡长。郡督、郡长作为各郡的地方长官，通常都是国王下达命令、发布声明的直接对象。郡督负责为国王征收各类收入，执行国王下达的命令。如果没有任命郡长（实际情况通常如此），那么郡督就会直接向国王负责。全国郡长的人数并无定规，各郡长的具体权力、所辖郡数量也各有不同。通常一位郡长会同时管理数个郡，而郡督则主要是尽辅佐之责，既可以指挥郡长的军队，又可以主持郡法庭。克努特国王统治时期，赫里福德郡发生了一起重大案件，郡长、郡督双双到场主持郡法庭的审判。

英格兰国王有多种手段可确保"上令下行"，从而解决远距离治理的问题。王庭既是国家的中心，又是凝聚国力的核心，会在全国各处巡游，而当地贵族会纷纷前来与阁僚、国王、王后商讨各类事宜，而王后通常还会成为宫廷仪式的核心（王后的作用请见后文）。虽然详细的王室巡游路线已无从知晓，但大致应是集中在英格兰的中部和南部。但如果国王无法亲临全境，他就会宣召各郡诸臣觐见，或召开"贤人会议"①，来颁布法律、共商国是。国王还可以向各地派出全权代表。例如，在上文提到的赫里福德郡的庭审现场，就有一位"奉王命"现身的王使——"高傲者"托菲（Tofi the Proud）。国王还有统御全境的终极武器——王廷拥有一支军队，军中士兵的收入主要来自土地收益和国王给付的俸禄。他们中有些来

---

① "贤人会议"的参与者为全国各地的权贵，包括郡长、大乡绅、高级教士。

自大乡绅阶层，还有些拥有斯堪的纳维亚血统的，被称为"侍卫"（housecarl），所以这支军队有时也被称为侍卫军。这支军队不仅是英格兰军队的核心，还负责维护国王在各郡的利益，必要时还会摆平祸乱，比如使用严酷的手段惩罚拖欠税款之人。

　　国王也会以公函文书的形式布施恩赏，宣召王命。实际上，国王的书信越来越注重效率，渐渐使用言简意赅、格式统一的"令状"（brevis），即加盖国玺后生效的书信。如果内容为向教会组织授让某些权益，则文书多由受益方自行书写，但同时大量证据也表明，国王如果向地方官员传达命令，则一定是由其手下的文官来负责拟写。在统治末期，"忏悔者"爱德华的确任命了一位大臣，令其掌管国玺、管理文书室。至 13 世纪，文书室每年颁布数以千计的文书，统揽全国事务，而这些文书的形制，则都源自盎格鲁－撒克逊国王所使用的封印令状。

　　当然了，再精密顺畅的行政结构，若没有军事力量的支持，也维持不下去。英格兰国王军队的核心是前文中提及的王室军队。英格兰另有一套征兵体系来补充兵源（《末日审判书》在有关伯克郡的内容中对此有详尽的记录），其规定以 5 海德作为提供兵力的基本单位，每个单位必须提供一人，或成为士兵，或加入舰队成为海员。因此，大领主依照其领地面积，往往需要提供一支规模不小的后备军。在 1066 年的三场战役中，盎格鲁－撒克逊国王就召集了规模十分可观的军队。然而，该时期英格兰的军队有一大特点，即几乎完全由步兵组成，而不是由步兵、骑兵混编而成。991年，莫尔登之战（Battle of Maldon）中，英格兰军队以步兵迎敌，而到了几十年后的黑斯廷斯战役，英格兰军队依然只有步兵。1051年，英军在威尔士吃了败仗，而在 12 世纪的编年史家伍斯特的约翰看来，这是因为英兵奉命骑马作战，"违反了传统的作战习惯"。英格兰的军事体系还有一项关键特征，即没有城堡。英格兰的城镇虽有围墙驻防，但正如编年史家奥德里克·维塔利斯所说，英格兰没有类似"法国人口中的城堡"之类的防御工事。这个观点至今也难以被推翻。目前，考古发掘只发现了一座建于诺曼征服之前带有明显防御性质的堡垒。这座"城堡"位于林肯郡的格尔索，当地在1066年前只有土质防御工事，之后才又修建了更为坚固的城寨城堡。据11世纪早期的一份文献记载，成为大乡绅的必备条件之一，是宅邸四周要筑有带门房的围墙，但事实（比如1051—1052年的政治危机）却表明这样的宅邸并没有太大的军事价值。1066年的若干事件也将证明，正是英格兰特立独行的军事体系，令其在欧洲独树一帜，左右了历史的进程。

假如说英格兰的军事能力尚有待考证，那么英格兰王廷对教会、大贵族阶层、乡绅阶层的控制则绝对无懈可击。实际上，英格兰之所以能够统一，教会的作用功不可没。1066年，英格兰一共有12个主教辖区，其中除达勒姆教区受约克大主教教区管辖之外，剩余的11个教区均受坎特伯雷大主教教区管辖。此外，英格兰还有差不多45座修道院（包括8座女修道院），其中最为富有的（比如各主教牧座所在地的修道院）个个富埒王侯。英格兰的教会拥有约占全国总面积26%的土地，所以掌控教会对王权的稳定至关重要，而历代国王也的确一方面紧握主教、修道院院长的任命权，一方面确保教会领地也纳入征兵体系。尤其是埃德加国王（959—975年在位），他在推行教会改革方面厥功至伟，修建、重建了大批修道院。修道院主要分布在英格兰中部、南部王权控制最为牢固的地区，其修士每天都要为国王、王后祈祷。主教常常与郡督、郡长一起成为国王政令的接收对象，也常现身郡法庭、百户区法庭，负责审理牵扯教会的诉讼。

在盎格鲁－撒克逊时期，大乡绅主要负责管理各郡事务，因此也被称为郡绅。他们负责郡法庭的判决工作；他们会与国王任命的官员一起领受王命——"萨默塞特众郡绅听旨"、"伯克郡众郡绅听旨"之类的语句，都经常出现在令状中；他们在"5 海德"征兵系统中地位重要。当时英格兰各郡大乡绅的总数有可能为 4 000—5 000人。理论上讲，成为大乡绅的最低要求是，宅邸外要有上文所述的带门房的围墙，还要拥有 5 海德的土地——大小近似于一座中等规模的庄园。有些大乡绅是直接听令于国王，即所谓的"钦差大乡绅"；另一些则听命于大领主。

贵族阶层也是政府与社会的中流砥柱。大领主为国王增补兵源，在贤人会议上建言献策，还会出任郡长镇守一方。《末日审判书》指出，诺曼征服前夕，英格兰共有约 90 位领主，每一位的财产数额都远在普通的郡绅之上，而位于金字塔顶端的是三大家族，领袖分别为苏厄德（Seward）、埃德温与莫卡（Morcar）两兄弟，以及最大的领主哈罗德国王本人。这三大家族不仅拥有大片家族领地，手中还都握有郡长辖区的控制权。大领主一旦权势过大就会带来风险，但总的来说，相较于欧洲大陆的某些地区，英格兰的封建割据势力并没有对王国造成太大的破坏。这一方面是因为英格兰没有城堡，另一方面则是领主在司法、法律、治安这三个领域权力有限。虽然在 1066 年之前和之后，英格兰的领主都会设立庄园法庭，但在 1066 年之后，其主要作用只是管束农民劳力，以及保证庄园的顺畅运行。在更高一级的百户区法庭层面上，1066 年表面上受教俗大领主掌控的至少有 100 个，但国王似乎从未正式放弃对百户区法庭的控制权。即便国王下放了一部分司法权限，只要他仍然垄断前文中提到的重罪的裁定权，那也只意味着他放弃了对轻微犯罪和治安案件的司法管辖权。国王只是授予领主"设立法庭、征收税款、调解财产纠纷、审判及惩处领地内的现行盗窃犯"的权力，领主所能获得的最高裁判权也不过是"判处领地内的现行盗窃犯"的权力（这项权力后来常常下放给了庄园法庭），即可以依法绞死领地内被抓了现行的小偷。

盎格鲁－撒克逊的君主政体也许结构稳固，但这一时期的国王却都治国无力，要么是个人能力有限，要么就是遭政治环境掣肘。而国王的庸懦又会动摇政体。"忏悔者"爱德华先是缩减了某些百户区的纳税面积，后（1051年）又完全废除了不得人心的年度军备贡金。这很难说不是因为受制于哈罗德家族的权势威胁，因为1065年，后者的领地年收入甚至比国王爱德华还高出了2 000镑。哈罗德作为威塞克斯的郡长，却不断蚕食王室领地，还广招幕僚，连群结党。只不过，哈罗德登基后，臣强主弱的问题迎刃而解。原有的大片家族领地与王室领地合二为一之后，哈罗德的权势远超前任国王爱德华。虽然继承到的国家国力强盛，但新国王却绝非高枕无忧，这个国家不仅军事体系堪忧，政治局势也波诡云谲。哈罗德虽然娶埃德温和莫卡之妹为妻，但这个联盟很脆弱。而流亡国外的胞弟托斯蒂格，也在谋划着复仇反击。哈罗德并非古老的威塞克斯王室后裔，无法借此收服人心。其家族只在苏塞克斯当地稍有名望，靠父亲戈德温效忠克努特一世才飞黄腾达。而哈罗德的登基，正是挤占了威塞克斯王朝的正统继承人"显贵者"埃德加（Edgar Atheling）的位置。"显贵者"寓意"可承王位之人"，这一尊号或是由"忏悔者"爱德华亲自授予埃德加的。埃德加是埃塞尔雷德二世（King Aethelred，971—1016 在位）的玄孙、"刚勇者"埃德蒙（Edmund Ironside）的嫡孙，出生于父亲流亡欧洲期间。由于哈罗德暗中作祟，埃德加在英格兰境内没能得到任何领地。但另一个觊觎王位的人——诺曼底公爵威廉——可就没这么好相与了。

* * *

威廉公爵声称，早在 1051 年，"忏悔者"爱德华就已将自己指定为王位继承人。威廉公爵很可能所言非虚，当时的爱德华国王或想借此举来摆脱戈德温家族，只不过未能如愿。爱德华的母亲埃玛（Emma）是诺曼底公爵理查一世（Duke Richard Ⅰ）的女儿，而理查正是"征服者"威廉的曾祖父。不仅如此，在丹麦人统治英格兰期间，爱德华本人也流亡诺曼底，成为公爵宫廷的座上宾，之后更是借威廉的帮助才于 1042 年重登英格兰国王的宝座。此外，诺曼人还宣称，哈罗德曾经宣誓认可威廉的王位继承权。哈罗德的确可能作出过此番承诺，只不过多半是出于情势所迫——1064 年或 1065 年，哈罗德不幸成为威廉公爵的俘虏，不得不违心立誓以求释放。

只不过威廉公爵是否师出有名并不是问题的焦点。巴约挂毯的卷首处，"忏悔者"爱德华端坐于王座之上，头戴王冠、仪表威严。而威廉虽贵为诺曼底公爵，执掌一方，却与其他人一样无冠无冕，不免相形见绌，平庸无常。对于英格兰的财富与王权，威廉觊觎已久。他也确实有争王的资本。911 年，加洛林王朝的法兰克国王"糊涂"查理（Charles the Simple）把鲁昂及其周边地区割让给了维京头领罗洛（Rollo）及其追随者，诺曼底公国自此雏形初现。

在之后的一个世纪中，罗洛的后代逐步在诺曼底封疆定国，并常以公爵自称。尽管其间很可能有大量维京人涌入诺曼底定居，但这些移民最终都摆脱了斯堪的纳维亚的遗风旧俗，在语言、政治、社会结构等方面被法兰克人彻底同化。

1025—1050年，诺曼底贵族阶层权势熏天，而统治者罗贝尔公爵（Duke Robert，1027—1035年在位）却庸懦无方，其子威廉，即未来的"征服者威廉"，继位之初尚是七八岁的幼童，导致诺曼底的政局一度风雨飘摇。威廉是罗贝尔公爵与法莱斯的一个制革匠之女的私生子，其出身常饱受诟病。而诺曼底的大贵族多为世家，牢牢把控着公国的领地及各地要职，尤其是作为公爵在各地的首席代理人的子爵一职。贵族阶层极力扩充附庸臣仆的数量及分布范围，给他们的属下封赐土地作为采邑，而将"自由地产"据为己有，令本无封建义务的家族成为封建臣仆。贵族们还强占修道院领地，公然侵犯公爵的垄断权，逾矩修建了多座修道院，不仅使其家族能得到修道院庇护，更借此彰显家族地位。这一时期风雨飘摇，反倒造就了一批野心勃勃、心意难平、欲壑难填的贵族家族，他们纷纷走出诺曼底，一展宏图。自此，诺曼人开始远征意大利南部，并最终在那里建邦立国。也正是在相同动力的驱使下，诺曼人踏上了英格兰的疆土。

依此看来，当时的诺曼人就像好战的扩张主义者，有天选民族之姿，正如在奥德里克·维塔利斯（1075—约1141年）恢宏的记述中所表现的形象。维塔利斯是中世纪最伟大的编年史家之一，其父是法国人，其母是英格兰人，他虽生于英格兰，却最终皈依于诺曼底一所贵族修建的修道院——圣埃夫鲁修道院。不过实际上，诺曼人的好战和侵略扩张与11世纪起出现的贵族大移居息息相关；

与其说移居扩张是诺曼人独有的特点，不如说是当时法兰克的整体民风。安茹贵族与诺曼贵族一样好斗，而法兰西多地的骑士们则不仅参军征战了意大利南部，后来更是去征服英格兰。有学者提出，这一时期欧洲多地普遍出现的家族结构转变的现象，或可解释贵族大移居的真正诱因。此前，家族成员的遗产由大批亲属均分继承，但在转变之后，继承权急剧收窄为直系继承，在地产方面，更是采用绝对的长子继承制。这一假说是否有效仍有待商榷，因为现存的证据并不充分，或只能证实在个别情况下，的确出现了男性直系后代继承制，但无法证明其已成为一种普遍的趋势。但直系继承制的发展似乎的确可以从一些地源姓氏中看出端倪，自 11 世纪 40 年代，诺曼底出现了诸如博蒙（Beaumont）、蒙哥马利这样以地名命名的姓氏，据此反推可知，这些姓氏家族一定是其大家族中留下来的唯一直系后代，因此得以独占家族的核心地产。假设土地被掌控在了少数人手中，那就可以解释诺曼贵族为何突然有财力物力去兴建城堡、建立修道院和收买臣仆，也能解释诺曼贵族为何突然急迫地向外扩张征服，因为或许自征服英格兰起，贵族继承就有了一条不成文的约定，既征服的土地归幼子所有，而祖产则由嫡长子全部继承。

　　在欧洲的历史上，这几十年是否是一个暴力横行的时期，一直饱受争议。支持者认为，从大量详尽的史料来看足以证实这一点。贵族阶层穷兵黩武早就不算是什么新鲜事了；早在 9 世纪，定义骑士身份的诸多要素就已经成型；而最为重要的一个事实是，诺曼人确实用战绩武功来界定社会地位。诺曼人与其他法兰克人一样，最喜用重骑兵。在巴约挂毯中，涌入布列塔尼，大举进攻迪南（Dinan）的那支部队正是重骑兵。"骑士"可能仅指战场上由封建主提供装备的骑兵。但由于甲胄、战马都是只有精英阶层才买得起的昂贵装备，所以"骑士"逐渐演变成了对某个社会阶层的尊称，就像巴约挂毯上威廉向哈罗德"授剑"的册封仪式一样。在这一时期，贵族阶层拥有了一个全新的工具——城堡，借此行使权力，甚至行使暴力。10—13世纪，欧洲各地掀起的"筑堡热潮"，的确"具有极大的军事和政治意义"（罗贝尔·巴特利特）。凭借着零散的证据，我们还是可以推断出，诺曼底的贵族精英大约是从11世纪30年代开始修建城堡的，且筑堡已经成为了诺曼民族天性的一部分，这再次得到了巴约挂毯的映证：诺曼人一登陆英格兰，立刻在黑斯廷斯修建城堡。

　　征服英格兰，诺曼贵族厥功至伟，但这全靠威廉公爵控制了他们，重振了幼年时萎陷的公爵权威。1047年，威廉与法国国王亨利一世（Henry I，1031—1060年在位）联手，在瓦尔斯沙丘战役（Battle of Val-ès-Dunes）中大败政敌；在接下来的10年中，威廉又成功击退了法王亨利及其盟友安茹伯爵若弗鲁瓦（Count Geoffrey of Anjou）的联军。威廉紧握主教职位的任命权，还亲自主持一系列改革会议，增强了主教在各自教区内的权威性。此外，威廉还赢得了教皇的支持，后者赐予威廉一面圣旗，以示支持其征服英格兰。为了反制大贵族权势的扩张，威廉还建立了分级的土地保有制度，规定无论世俗贵族还是教宗贵族，都需效忠于他，且凡领有诺曼底领地，皆须为他提供军力支持，只不过没有明确军力数量。威廉阻止了诺曼底各地城堡的城主对各地沿袭自加洛林王朝的公共治理架构的破坏，维护了各地的法律秩序。他还通过将私建城堡收归己有和亲自修建城堡的方法，成功收复了各地的行政执法权。法国的卡昂城堡就坐落于威廉及其妻建立的两座宏伟的修道院之间，似乎至今仍把握着整座城市的脉搏。

到了 11 世纪 60 年代，威廉公爵已一统诺曼底，其麾下是一个由十几位贵族组成的精锐统治团体，其中多数成员均出身世家，凝聚力绝非英格兰同僚们所能比拟。在英格兰，是哈罗德与托斯蒂格兄弟阋墙的惨淡光景，而在诺曼底，威廉同母异父的弟弟莫尔坦伯爵罗贝尔（Robert，count of Mortain）、巴约主教厄德（Odo，bishop of Bayeux）则是他的左膀右臂。诺曼底三巨头个性迥异，罗贝尔伯爵少言寡语、诚实可靠，厄德主教口若悬河、伐功矜能。现藏于法国巴约的巴约挂毯正是由厄德出资织造，为的就是记录诺曼征服的丰功伟绩。用马姆斯伯里的威廉的话来说，此三人都"能征善战"。其中，威廉公爵更是拥有绝对的领袖之风。他谈笑风生，不会因戏谑之言而心生不悦；他从善如流，不会偏听偏信。最为重要的是，他也是一位战士。"持缰驭马的公爵大人，腰缠佩剑，手中盾牌锃亮、长枪寒光毕现，头顶铁盔鹰扬虎视，见者既赞叹又畏惧"，公爵的随行教士普瓦捷的威廉如此记载。威廉公爵体形壮硕（与哈罗德形成鲜明对比），一向身先士卒，带领骑兵风驰电掣、攻城拔寨无往不利、烧杀抢掠毫不手软，在战场上可谓所向披靡。威廉也最倚靠战争，尤其是对外战争，来疏解臣下的扩张欲望。就在这样的当口，邻邦风云骤变，外患尽除。1060 年，法国国王亨利、安茹伯爵若弗鲁瓦先后去世。随即，安茹陷入政权孱弱、内战不断的乱局之中；而法国则是幼主继位，摄政大权落入佛兰德斯伯爵鲍德温（Baldwin，count of Flanders）之手。威廉身为鲍德温的女婿，自然得到了北方盟友的全力支持。1062 年，威廉入侵曼恩，一举夺取了安茹伯爵对该地的控制权。1064 或 1065 年，威廉带兵讨伐布列塔尼。接下来，英格兰将感受到这种干劲、专业性和组织力。

*　　*　　*

威廉许下重赏，自诺曼底及法国其他地区集结了一支大军，其中还有部分雇佣兵。威廉很幸运，当时英吉利海峡突现罕见的极端天气，海上狂风肆虐（普瓦捷的威廉的原话），致使在海峡对岸严阵以待的哈罗德大军迟迟未等来威廉的舰队，而正当英格兰北方告急，哈罗德转而挥师北上之际，海上风向突变，威廉大军遂得以长驱直入。托斯蒂格联手同样觊觎英格兰王位的挪威国王哈拉尔·哈德拉达（Harold Hardrada），于同年 9 月沿乌斯河逆流而上，兵临约克城，而后在富尔福德盖特战役（Battle of Fulford Gate）中大败埃德温和莫卡两兄弟的部队。而与此同时，哈罗德正率领英军主力星夜北上，并于 9 月 25 日在斯坦福桥发动奇袭，杀死了哈拉尔与托斯蒂格。然而两天后，也就是 9 月 27 日那个星期三的晚上，诺曼军队从蓬蒂厄（蓬蒂厄伯爵是威廉的封臣）的索姆河畔圣瓦莱里（St-Valéry-sur-Somme）起航，于次日清晨在英格兰东南部的佩文西（Pevensey）登陆。

威廉也给自己创造了好运。在漫长的候战期间，威廉军中完备的军政系统确保了他们的军力没有丝毫折损。反观哈罗德这边，由于补给不足，早在哈德拉达入侵之前，就已经流失了部分兵力。登陆后，威廉也依旧头脑清醒，没有向内陆冒进，无谓地拉长补给线，而是以黑斯廷斯为据点修建城堡，并向周边地区进行扫荡，那里的大片土地正是哈罗德的祖产。巴约挂毯上有这样一幕：一位母亲牵着孩子惊慌逃跑，身后的房子已经化作熊熊火焰，惨景上方标注着"点火烧房"。威廉的策略很明确，就是要引哈罗德来决一死战，而哈罗德也如期而至。也许是认为自己的王位岌岌可危，痛击外敌刻不容缓，也许是被胜利冲昏了头脑，妄图再现斯坦福桥大捷。总之无论如何，哈罗德没有先用舰队封锁英吉利海峡，再不断对威廉的军队发起攻击，也未等埃德温、莫卡前来增援，便匆匆南下作战——据编年史家伍斯特的约翰（活跃于 1124—1140 年）估算，哈罗德当时仅有一半兵力。

黑斯廷斯战役于 10 月 14 日早 9 时打响，交兵地点为距离黑斯廷斯西北 1 万米处。哈罗德布阵于山岗之上，以步兵结成宽度近 500 米、纵深近 1 000 米的坚固盾墙，俯视着下方山谷。而想要与英军短兵相接，威廉就必须先率领全军爬坡而上。没过多久，威廉军中的一队布列塔尼人就率先败下阵来，军中更是谣言四起，说威廉已经阵亡，自此，两军对垒进入高潮。巴约挂毯上，威廉一手掀开头盔，露出了整张脸——通过被挂毯定格的这幅画面，仿佛能看到战场上的威廉策马奔驰于己方阵营，激励全军斗志。纵观整场战斗，威廉呼啸驰骋、发号施令，而哈罗德则困于盾墙之内，数米之外只见其战旗却难见其人。这就涉及另一个重大问题。如前所述，英军没有骑兵，这是他们的致命缺陷。在布列塔尼人节节溃退，诺曼大军阵脚大乱之际，若能派出骑兵向山下突击，必将所向披靡；可实际上，英军只能以步兵突击，结果反遭诺曼骑兵截杀。步兵突击对诺曼人而言毫无威慑，他们甚至先后两次佯装败退，只为再次围杀追击他们的敌军。所以，黑斯廷斯战役变成了一场杀戮竞赛，而诺曼人拥有更高效的杀戮武器：骑兵、弓箭手。而英军阵中弓箭手的缺失，也是此役的一个未解之谜。巴约挂毯上只出现了一个英格兰弓箭手，这也许是哈罗德仓促集结大军所致；相较之下，英格兰人的盾牌、身体扎满了诺曼人射来的箭矢。日暮西沉，英军大势已去，诺曼铁骑一鼓作气踏上山岗，破开盾墙。他们先是诛杀了哈罗德的两个弟弟——戈斯（Gyrth）和利奥夫温（Leofwine），又杀死了他的贴身侍卫，最后终于在秋日的残阳斜影中，围住了头部中箭的哈罗德，将其击杀。

参加黑斯廷斯战役的只是英军的部分军力，坎特伯雷大主教斯蒂甘德（Stigand）、约克大主教埃尔德雷德（Ealdred）、埃德温郡长、莫卡郡长则在伦敦召开贤人会议，带领伦敦市民拒绝了威廉开城投降的要求，反而推举站在他们一边的显贵者埃德加为王。12月初，威廉开始在伦敦四郊实施围剿战术，一路烧杀抢掠。埃德加之前无力抵抗哈罗德，现在面对威廉亦束手无措。威廉进军至沃灵福德后，斯蒂甘德大主教前来向威廉宣誓效忠；威廉抵达伯克姆斯特德（Berkhampstead）后，不仅埃德温郡长、莫卡郡长、埃尔德雷德大主教、伍斯特主教伍尔夫斯坦（Bishop Wulfstan of Worcester），就连埃德加本人都前来恭迎，跟随而来的还有伦敦及许多其他城市的臣民。1066年圣诞节，威廉在威斯敏斯特教堂加冕，成为英格兰国王。

威廉的胜利不仅缘于运气和高超的战术，如我们所见，也突显出诺曼公国与英格兰王国在政权上的差异。诺曼人所征服的英格兰是一个丝毫不逊于他们，甚至优于他们的国家。就维护法律与秩序而言，诺曼底公爵虽然在整个公国威望十足，但却无法像英格兰国王那样，在王土之内拥有绝对的权威。诺曼底公爵没有大臣，没有签署过令状，没有御用国玺，也没有收取过贡金，倒是铸造过低劣的钱币。尽管如此，威廉还是征服了英格兰，就像11世纪早期的克努特一样。英格兰人善建国，不善守国——此话确有几分道理。就甲胄军械、尚武精神、军队战斗力而言，英格兰人可以说是与诺曼人不分伯仲，否则两军也不会在黑斯廷斯鏖战了那么久。至少从理论上看，相较于诺曼人的征兵制度，英格兰人的 5 海德征兵体系更加清楚明了、有章可循。而诺曼人的优势不在征兵，而在练兵。在类似黑斯廷斯那样的战役中，一支既善马战又善步战的军队，明显胜于只能徒步作战的军队。骑兵的训练并非朝夕之功，英格兰社会在这一方面的军事化程度是比不上诺曼人的。"忏悔者"爱德华的国玺，正反两面均为他本人端坐于王座之上；而威廉继任英王后命人篆刻的国玺，一面是登基为王的自己，另一面则是一身骑士装扮的自己。没有什么比这更能概括诺曼政权与英格兰政权的巨大反差了。

此外，如前文所述，英格兰人与诺曼人还有另一项重大差别。编年史家奥德里克·维塔利斯不仅提及英格兰人不修建城堡的事实，甚至还断言这正是英格兰人"虽勇武好战，却无法有力御敌"的症结所在。从根本上来讲，英格兰人的防御工事属于两头都够不着。王室宫殿和贵族宅邸防御规模都十分有限，无法有效抗击诺曼人的入侵；而城镇防御规模又过大，难以达到防御要求。据 10 世纪早期的文献《堡寨军费表》(*The Burghal Hidage*) 记载，单单驻守威塞克斯的市镇，就需要 2.7 万名士兵，而在像 1066 年这样的战乱年份，大批军力已被抽调去迎敌，有效防御根本不可能实现。实际上，缺少城堡给英格兰造成了双重打击。这既可以令诺曼人一举占领英格兰全境，又使得诺曼人有机会大量修筑诺曼城堡，巩固征服成果——据可靠估算，截至 1100 年，诺曼人已在英格兰修建了 500 多座城堡。诺曼征服时期的城堡，有些是国王修建的，有些是诺曼封建主修建的，建筑结构多种多样。"征服者"威廉在伦敦修建了一座巨石要塞，高 27.4 米、护墙厚度超过 4 米；这座要塞后来得名白塔，如今即便身处伦敦的摩天大楼间，也依旧可以独绝天际。而诺曼人修建的其他城堡则相对简陋，有些仅为由壕沟、土丘围成的封闭区域，外围以栅栏进行防护（历史学家称此类城堡为"环状防御工事"）。而其他大部分都属于伯克姆斯特德的土丘－外庭式城堡。城堡的塔楼位于一个大土丘上，土丘由壕沟环绕保护，土丘自下而上设有栅栏，顶部塔楼外还设有一圈木制围墙；土丘下方的城堡外庭是由土墙环绕的一个封闭区域，土墙外同样设有围栏，而围栏外侧亦有壕沟围护。此类城堡修建迅速，所需守卫人数不多，足以满足诺曼人的"固国"目标，至于"安民"，则显然不在他们的目标之列。一座城堡在英格兰拔地而起，俯视城镇、村庄，扼守道路、河川，它们既是诺曼征服的象征，又是诺曼政权的核心武器。

安茹、曼恩、布列塔尼、诺曼底之类的小公国，甚至法兰西王国本身，都一直战乱不断，在平原旷野之上不断进行着快速移动的战争，这反而成就了骑兵、城堡的发展。英格兰的情况完全不同，自1016年被克努特征服后，就再也没有遭到外敌入侵，也没有发生过内战。哈罗德的军队虽在威尔士无往不利，但在那里骑兵毫无用武之地。英格兰的胜利反倒对自己不利。

* * *

1066年，威廉之所以能荣登王位，并非只靠武力征服。在黑斯廷斯旗开得胜后，英格兰臣民就已经认可了他国王的地位，毕竟，威廉一直都自称是"忏悔者"爱德华指定的继承人，而即位时，他也完全按照历代盎格鲁－撒克逊国王的誓言宣誓。1067年3月，威廉返回诺曼底，虽然任命弟弟厄德主教、发小威廉·菲茨·奥斯本（William fitz Osbern）为摄政，但他还留任了多位英格兰籍郡督，并任命了一批英格兰籍的伯爵。然而，在接下来的几年中，英格兰叛乱不断，致使威廉不得不彻底终结盎格鲁－诺曼统治阶层同朝为官的局面。

诺曼人专政后不久，统治阶层横征暴敛，斥巨资养护城堡，引起了英格兰人的强烈不满。盎格鲁－撒克逊编年史也指责威廉违反了继位誓言，没能体恤民情。奥德里克·维塔利斯就指出，最令英格兰怒火中烧的是"诺曼人不仅残杀了他们的亲人同胞，还剥夺了他们的祖产"。一登上王位，在向贝里·圣·埃德蒙兹修道院院长发布的令状中，威廉就下令罚没所有"胆敢举兵反抗，最终陈尸沙场"之人的土地，其中也包括哈罗德及其两个弟弟的土地。在威廉看来，哈罗德只是一个不守誓言的篡位者（《末日审判书》甚至都没有将哈罗德记录为英格兰国王），罚没叛党的土地合情合理。况且，威廉也的确需要攫取土地和财富（税款），来封赏战功赫赫的诺曼将士们，以及远在诺曼底为威廉祈福祝祷的修道院。只不过，诺曼人强占地产的举动在英格兰社会掀起了轩然大波。统治英格兰长达一个世代的哈罗德家族被连根拔起，许多阵亡者的家族也被剥夺了土地继承权。大批英格兰地主们犹如惊弓之鸟，纷纷向威廉或其副将乞怜，希望保住或收回他们的土地。一些人走了大运，比如"忏悔者"爱德华的内廷大臣阿佐就前往温莎，说动了威廉；另一些就只得出钱赎地。"自己的土地，还要花钱买"，盎格鲁－撒克逊编年史家对此忿忿不平。

在 1067 年 12 月威廉返回英格兰之前，局势就已经开始失控。转年，威廉不得不进军西南各郡，先是围攻埃克塞特，占领后便在城中修建了城堡。之后，威廉攻入康沃尔，最终将该地分封给同母异父的弟弟莫尔坦伯爵罗贝尔。1068 年 5 月，威廉的妻子玛蒂尔达（Matilda）的王后加冕礼，见证了伟大的盎格鲁－诺曼共治的最后光景。与此同时，蒙哥马利的罗杰（Roger of Montgomery）在什罗普郡获得了伯爵领地，致使埃德温伯爵认为自己的领地受到了威胁，而他在宫廷中也遭到（奥德里克笔下）"贪婪的诺曼人"的挑衅，后者公然反对他与威廉妹妹的订婚。于是，埃德温伙同莫卡、瓦尔塞奥夫（Waltheof）、戈斯帕特里克（Gospatric）几位伯爵，于 1068—1070 年再次举起了反叛的大旗；有意思的是，戈斯帕特里克才刚刚从威廉手中获取了诺森布里亚伯爵的爵位。最大的威胁还是来自于"显贵者"埃德加，他在苏格兰国王马尔科姆的援助下，再次向英格兰王位发起了冲击。威廉于 1068 年挥师北上，沿途在沃里克（埃德温、莫卡在此处投降）、诺丁汉的"城堡岩"、约克修建城堡。然树欲静而风不止，1069 年年初，"显贵者"埃德加攻下约克，被追随者拥立为王。于是，威廉不得不再次北上，在约克修建了第二座城堡。但此举显然威慑不足。1069 年秋，克努特大帝的外甥——丹麦国王斯文·埃斯里森（1047—1076 年在位）派出一支庞大的舰队沿亨伯河入侵英格兰，并与"显贵者"埃德加联手。9 月 21 日，联军击败守军，俘虏了威廉任命的约克郡督，占领了约克城。与此同时，埃克塞特、什鲁斯伯里（蒙哥马利的罗杰新伯爵领的首府）也遭到了叛军的攻击。

威廉深知，此乃王权危急存亡之秋。于是，他不得不搁置海峡对岸领地——曼恩发生的叛乱，而将精力集中在英格兰，战争手段和怀柔政策双管齐下，使英格兰复归安定。威廉先是委派库唐斯主教若弗鲁瓦（Bishop Geoffrey of Coutances）在英格兰西部平乱，自己则再次挥师北上，于 1069 年冬夺回约克。威廉还特地命人将保存在温切斯特的王冠运来，并于圣诞当天在约克大教堂的废墟中举行了加冠仪式，象征性地回击了"显贵者"埃德加自立为王的行为。之后，威廉沿蒂斯河（the Tees）而上，蹂躏沿途领地。最终，丹麦人被威廉成功策反，"显贵者"埃德加退回苏格兰，戈斯帕特里克和瓦尔塞奥夫投降，保住了各自的头衔领地。然而，威廉没有就此罢休，而是隆冬行军，翻越奔宁山脉，清剿什鲁斯伯里的叛军余孽，后又在切斯特、斯坦福德两地修建城堡，洗劫周边领地，最后赶在复活节的庆典（1070 年 4 月）之前，回到了温切斯特。至此，约克郡大部已被威廉的军队夷为平地。

有些历史学家对威廉"北伐"造成的破坏持怀疑态度，但一系列史料在前，铁证如山。盎格鲁－撒克逊史官称威廉"集全部兵力北伐，最终将该郡（约克郡）夷为平地"。16 年后，在《末日审判书》的记录中，约克郡仍然有 33% 的土地是"荒地"，还有 16% 的土地基本丧失了生产力。该记录显示，约克郡的荒地面积惊人，占到了英格兰荒地总面积的 80%——这也绝不会像某些史家所说的那样，是《末日审判书》的编写人员将无法得到统计信息的土地算作荒地的结果。大批难民因饥荒而背井离乡，老少妇孺皆不可免，甚至有人流落到了西南部的伊夫舍姆；尽管灾民们从当地修道院院长那里得到了餐食，但许多人终因身体虚弱而亡。达勒姆的西米恩（Simeon of Durham）虽活跃在 12 世纪早期，但对当时的惨景记忆尤深：大批难民颠沛流离，遍地腐尸无人问津，"田地长达 9 年无人耕种，皆为死寂的荒地……约克与达勒姆间的村庄渺无人烟"。征服者手下的骑士本就是烧杀抢掠的能手，得此良机，自然你争我夺。这些人分成若干小队，从圣诞节至次年复活节短短几个月的时间，就足够令北方之地千里无烟。当时又恰逢冬季，口粮、种粮均存于谷仓之中，这反倒给诺曼人省事了，他们直接一把火就彻底断送了之后两年的口粮。最终盖棺论定的是奥德里克·维塔利斯，他生于1075年，10岁前一直生活在什罗普郡：

> 我时常对威廉赞誉有加，但他竟将所有人活活饿死，令大量无辜之人成为有罪之人的陪葬，实在令人难以苟同。一想到无助的少年、风华正茂的青年、须发花白的老者皆沦为路边饿殍，我便于心难安，再也不愿意去揣合逢迎犯下如此滔天罪行的恶人，而是要记录灾民悲苦的惨境、哀叹死者凄凉的命运。

威廉的北伐几乎粉碎了英格兰人的抵抗，但仍有残留。埃德温、莫卡虽没有参与1069—1070年的叛乱，但却于1071年逃脱了英格兰王庭的控制。埃德温没过多久就落网被杀，莫卡却逃窜到了伊利岛，与胆识过人的林肯郡大乡绅——赫里沃德（后世传说中的觉醒者赫里沃德）结盟起义。后来，威廉国王派兵围困伊利岛。1071年10月，莫卡投降，只得在狱中了却残生。而赫里沃德则逃出生天，虽然其之后的起义壮举令诗坛涌现出大量英雄史诗，但却再难撼动诺曼人的统治。至此，诺曼人完成了对英格兰的征服。1074年，"显贵者"埃德加认清时局，离开避难多年的苏格兰，成为了威廉王庭里的一位客卿。后来，已无意复辟王朝的埃德加转而当上了指挥官，为诺曼军队、苏格兰军队效命。马姆斯伯里的威廉为我们留下了这位王位争夺者最后的记录：12世纪20年代，年逾古稀的埃德加过着恬静淡泊的乡村生活。

*　*　*

　　诺曼人来英格兰，不是要当农民，而是要剥削农民。所以诺曼征服之后，英格兰绝大多数人的社会地位并没有发生变化，只不过管束他们的封建主变得更严酷罢了。诺曼封建主因长居于海峡对岸，故想方设法以现金地租取代实物地租，此举却也无意间加速了奴隶制度的瓦解。不过，诺曼封建主对庄园运营方式的调整，令司法管辖区领民、自由农民的人数大幅下降。农民阶层被强征为诺曼人修筑城堡，而诺曼军队放火烧村之后，他们要么选择逃荒，要么活活饿死。城镇也没能幸免。在 1069—1070 年的大叛乱中，约克几乎沦为一片废墟，其他城镇的大量房屋也遭诺曼人强拆，以供其新建城堡教堂。诺曼人也开始迁入英格兰城镇。在约克，有 145 处盎格鲁 - 斯堪的纳维亚人的房产落入诺曼人的手中。诺里奇、北安普敦也出现了诺曼人聚居区。不过，绝大部分的城镇人口应当仍是英格兰人。

　　农民、镇民两个阶层基本变化不大，但大批英格兰土地主失去了土地，尤其是大贵族。这一点保证了征服的绝对胜利。黑斯廷斯战役一结束，诺曼人就开始侵占英格兰人的土地了，并随着之后每次叛乱而加剧。《末日审判书》记录了英格兰 1066 年、1086 年时的土地所有情况：1086 年，英格兰的大封建主中，只剩下了索尔兹伯里的爱德华（Edward of Salisbury）、阿恩克尔之子戈斯帕特里克、沃里克的索基尔（Thorkell of Warwick）、林肯的科尔斯维恩（Colswein of Lincoln）4 个英格兰人。包括哈罗德的家族在内，所有其他英格兰郡长的家族都退出了历史的舞台；此前土地年收入超过 40 镑的全部 90 余名封建主，也统统销声匿迹；如果仅以这份记录为据，还有 1.5 万—2 万名小地主失去了土地，其中大多数都只是些小门小户，足见诺曼人将英格兰土地蚕食一空了；剩余的四五千人则为大乡绅，如前文所述，他们是英格兰盎格鲁－撒克逊时期乡绅阶层的中流砥柱。翻遍《末日审判书》，历数一座又一座庄园，许多郡县根本找不出一位盎格鲁－撒克逊封建主。"亨利·德·费勒斯（Henry de Ferrers）领有金斯顿（伯克郡境内），后又将该地封与拉尔夫。爱德华国王时期，金斯顿的领主是斯坦切尔（Stanchil）"——这就是一条典型的反映土地侵占的记录，表明 1066 年，盎格鲁－撒克逊封建主斯坦切尔的领地被诺曼男爵亨利·德·费勒斯夺走，后者又将该领地封赏给了手下一位名叫拉尔夫·德·巴科皮伊（Ralph de Bacquepuis）的骑士。我们只能从仅存的遗嘱和转让契约中了解到，丧失土地究竟对某个英格兰家族产生了什么样的影响。1066 年，林肯郡的一片土地已经在托普之子乌尔夫（Ulf, son of Tope）的家族中传承了至少一代人的时间，是整个家族收入的来源。"乌尔夫的家族团结和睦，全家一起资助他们最笃信的修道院（彼得伯勒修道院），共同料理家业，相互为各自出具的转让契约作证，在时局动荡时相互帮衬"（罗宾·弗莱明，Robin Fleming）。可在诺曼征服之后的短短 5 年间，乌尔夫的家族就分崩离析了。乌尔夫本人出发前往圣地，再未归乡，其家族地产被 5 位诺曼封建主瓜分。有些家族侥幸活了下来，但境况也大不如前了。在剑桥郡，伯恩领主阿尔梅尔（Almaer, lord of Bourn）的领地面积，就从 22 海德被盘剥至不到 4 海德。

综上所述，威廉对英格兰的征服与克努特截然不同。马姆斯伯里的威廉指出，克努特大帝在征服英格兰后又将土地完璧归赵。因此他对臣下的封赏全是真金白银，没有土地。而"征服者"威廉则选择了土地，这很可能是诺曼人的扩张天性使然，从而引发了叛乱和剥夺土地的恶性循环，最终导致一众英格兰地主地产尽失。马姆斯伯里的威廉是一位修士，有一半诺曼血统、一半英格兰血统，于 12 世纪 20 年代开始撰写编年史。他认为，英格兰之所以被诺曼人征服，是因为英格兰人罪孽深重。尽管如此，他的笔触仍然藏怒宿怨：黑斯廷斯战役是"毁灭性的一天"，"我们亲爱的祖国惨遭践踏"，"被异乡人鸠占鹊巢，沦为陌生人的掌中之物"。

诚然，诺曼征服对英格兰造成了毁灭性的打击，但英格兰人也并非全都变成了农民，保有土地的英格兰人并不在少数。伯恩的阿尔梅尔绝非个例，一旦有诸如亨利·德·费勒斯、伊尔伯特·德·莱西（Ilbert de Lacy）这样显赫的诺曼男爵新贵入主，接手"征服者"威廉封赏的土地，马上就会有数十个英格兰人宣誓效忠，或是为了保住祖产，或是为了获得新的土地。有些人撞上了大运，比如伊尔夫温（Aelfwine）就成了费勒斯的封臣，获得了德比郡的布雷斯福德（Brailsford）庄园，而这些英格兰人的后裔则成为了 12、13 世纪英格兰主要的乡绅家族。实际上，亨利·德·费勒斯在德比郡的 25 名封臣中，约 10 人的名字像是英式姓名，而在约克郡莱西家族领地上，英式姓名出现的比率更高。《末日审判书》对此也有佐证，从每篇郡志后附注的"大乡绅列表"中便可以看出。虽然这些英格兰人保有的土地不多，但他们很可能还兼任各种地方官职，比如猎犬管理人、护林员、郡督的执达吏等，所以地位比较重要。而且《末日审判书》可能还刻意掩盖了一整个由英格兰籍分佃户、官员所组成的群体，因为书中鲜少记录诺曼封建主庄园的佃户或执达吏的姓名。理查德·德·克莱尔位于埃塞克斯的萨克斯特德（Thaxted）庄园的年入最高，而这处庄园的佃户正是英格兰人——这可能并非个例。因为在基层（英格兰的基本地方行政区划仍为百户区）行政管理中，英格兰人依旧发挥着重大作用。实际上，编写《末日审判书》的过程中，剑桥郡各百户区均派出陪审员，向国王的特派员汇报情况，其中有近半数是英格兰人。鉴于此，后世的种种"怪相"，从诺曼国王不遗余力争取英格兰人的支持，到英语没有因诺曼征服而消亡，也就说得通了。在各郡、各百户区的层面上，诺曼人只有与英格兰人通力合作，才能安定一方。新的民族身份与地方社会结构逐渐取代了旧的。

在此转变过程中，女性发挥了重要作用。征服之后，战死的英格兰人和部分地主阶层被剥夺了土地，这些家族的男性成员几乎没了立足之地。而英格兰的女性，至少对那些具有一定社会地位且风华正茂的女性来说，却是另一种境况。只要能与大乡绅的遗孀或女儿结婚，就可能顺势获得其全部地产。也正因如此，英格兰女性为了避免被逼婚，或陷入更糟的境遇，纷纷逃进修道院。但许多英格兰女性还是被迫嫁给了诺曼人，比如沃灵福德的威戈德（Wigod of Wallingford）之女埃尔德吉斯就嫁给了罗贝尔·达伊利（Robert d'Oilly）。虽然此类婚姻的唯一目的就是为了转移地产，但无论是埃尔德吉斯，还是其他嫁给诺曼人的英格兰女性，都不会在一夜之间舍弃英格兰人的身份，而是会将其传给子孙后代，为填平诺曼征服造成的民族鸿沟做出了贡献。

* * *

英格兰教会虽然费了一些周折，但并没有因诺曼征服而损失多少领地。在《末日审判书》时期，拥有的领地仍然占到了英格兰领地总面积的 26% 左右。不过，当时除教会领地外，英格兰几乎所有的土地都落入国王的手中，《末日审判书》中就记载了威廉的土地分配政策，展现了新王的权势财力与全新的上层社会结构。威廉独自鲸吞了英格兰 17% 的土地，总价值约为 12 600 镑。威廉的这些王室领地几乎遍布英格兰全部郡县，其总价值是"忏悔者"爱德华领地的两倍。1066 年之前，英格兰大贵族阶层的领地总面积比王室领地多出了 16%，而该年之后情况正好相反。所以，威廉的权势远大于"忏悔者"爱德华，当然如果哈罗德没有丢掉王位，也会是如此。

留出王室领地、教会领地后，威廉将英格兰大片的土地分封给了自己的追随者，这些人都来自于诺曼底及法国其他地区。在《末日审判书》中，每篇郡志的开篇处，都会列出郡内最为重要的领主，并将他们称作国王的直属封臣，而此时的"男爵"则仅指地位重要的直属封臣。12 世纪，英格兰直属封臣的数量为 150—200人。根据《审末日判书》的记载，直属封臣又会将一部分领地封赏给自己的封臣，平均来说，分封出去的土地价值占土地总价值的45%。前文中也曾提到，亨利·德·费勒斯就是这样把伯克郡的金斯顿封赏给拉尔夫·德·巴科皮伊的。按土地价值来算，克莱尔家族就将 40% 的领地分封给了约 50 位封臣。新上任的诺曼主教和修道院院长也在各自的领地上进行类似的"次级分封"。进行次级分封的原因多种多样：一是为了结交朋党、左右他人，所以一些接受次级分封之人，本身就非富即贵，不是男爵就是其他男爵的重要封臣；二是为了奖赏追随者，所以克莱尔家族、费勒斯家族的许多封臣都像拉尔夫·德·巴科皮伊一样，在入侵之前就是这两个家族在诺曼底的封臣或友邻。

　　上述土地分封方式所产生的权力结构，可以有多种分析方法。直属封臣将庄园分封给封臣之后，庄园收入一般归后者所有，但后者需要向前者提供服务与支持，且土地所有权依然归前者所有——后文将就此展开论述。因此，在评估直属封臣的权势时，除了要考量他们手中"私有地"的价值，那些被他们分封出去的封地的价值也应计算在内。20世纪20年代，W. J. 科比特曾就这一课题，发表过一篇奠基之作，笔者加以借鉴制成下表：

1086年各等级直属封臣的数量（等级划分标准：私有地及分封领地的总价值）

一等	650—3 240镑	10人
二等	400—650镑	10人
三等	200—400镑	24人
四等	100—200镑	36人
五等	15—100镑	200+人

　　照此计算，在末日审判时期，社会财富高度集中于极少数精英手中，一类男爵的领地总面积占到了英格兰全境的1/5—1/4。由于一类男爵全都是"征服者"威廉的亲信重臣，他的两个弟弟也位列其中，这也就解释了为何威廉得以迅速在英格兰建立起铁腕统治。

　　然而，如果仅以私有地为衡量标准，对直属封臣及其下属封臣所拥有的土地价值进行考察，就将完全是另一幅景象了。不仅考察对象的数量会大幅增加，精英男爵阶层与其他封建主间的差距也会大幅缩小。J. J. N. 帕尔默按照上述方法分析得出，当时，英格兰的全部世俗土地（除去国王领地的剩余全部领地）资产中，有 34% 掌握在了 940 位领地年入 5—45 镑的地主手中；还有 11% 掌握在了 1 720 位领地年入 1—5 镑的地主手中；在这之下，领地年入小于 1 镑的地主数量更是多达 3 470 人。按照帕尔默的分析，当时英格兰的地主数量超过了 6 200 人。这其中，即使有一些是英格兰人，其人数也远远不及诺曼人。在补充估算了埃塞克斯、诺福克、萨福克三地的地主数量之后，帕尔默最后得出：当时英格兰的诺曼地主（此处的诺曼人泛指所有来自法国的人）总数超过了 8 000 人。

上述发现意义重大，既解释了为何诺曼人能够牢牢地钳制住英格兰，又点明了为何在之后的几个世纪中，各地方势力与大封建主，甚至国王对抗。在这些诺曼地主中，尽管有些人还有其他的收入来源（比如作为职业武士），并不常居于英格兰，但几乎可以肯定的是，绝大多数人还是成了常驻居民，也成了首批讲英语、与英格兰本地人通婚的诺曼人。剑桥郡各百户区的陪审员中有一半是诺曼人，其中一些拥有可观的地产，另一些则只有几亩薄田，但这与那半数英格兰人的存在同样意义重大。因为这最直观地表明，诺曼人从一开始就涉足英格兰的地方事务。而那些领地年入超过 5 镑的家族，成了诺曼统治下新乡绅阶层中的翘楚，骑士阶层作为农村的统治阶层，取代了盎格鲁－撒克逊时期的大乡绅阶层。地名的英化往往也是诺曼人融入英格兰的一种体现。比如说，巴科皮伊的金斯顿就更名为巴格皮尤兹金斯顿，非常清晰地表明，这个来自埃夫雷辛的家族已经在伯克郡扎下了根基。

就领地的分布而言，每位男爵的领地，不论是私有地，还是分封出去的封地，通常都零散分布于多郡境内，但每位男爵都有一块核心领地，分布在某个或某几个特定地区。这类男爵领通常都是剥夺了多位英格兰地主的土地之后再汇聚而成的，所以还是属于诺曼征服的全新产物。通常情况下，男爵受封的一大片土地，既来自于数位英格兰大贵族，也来自于一众英格兰小地主。以克莱尔家族位于萨里的领地为例，按土地价值计算，其中40%来自三大"祖先"（大地产前任所有者），而剩余的60%则分别是另外17个人的地产，其中只有3人有两处或两处以上地产被并入克莱尔领地。征服刚一结束，大量"祖先"地产就被封赏给了诺曼男爵，而其他小地产则是在每次平乱之后被逐步瓜分的。分配领地时，威廉展示了敏锐的战略眼光。除去威尔士边境地区，他从不让一位男爵占有郡内全部领地，但也允许男爵建立规模较小的权力基地，从而在特定地区加强诺曼统治。比如说，在北方，亨利·德·费勒斯获得了德比郡阿普尔特里小邑（wapentake）几乎全部的土地，而伊尔伯特·德·莱西则几乎独占了约克郡的斯机拉克小邑。（小邑与百户区相当。）在苏塞克斯，威廉保留了古老的区划单位雷普（rape），却完全弃用了之前的封地模式，每个雷普都由一位封建主全权负责。同样，克莱尔家族在肯特的汤布里奇修建了宏伟的城堡，其周围的地产也采用了类似的封地模式。

政局更替和家族兴衰是塑造大贵族领地的两大因素，只不过诺曼征服时期领地易主的频率更高罢了。从长远来看，更重要的是土地占有制度本身的变革。我们可以认为，诺曼征服之后，国王与贵族阶层形成了一套全新的封建土地等级制度。在许多英格兰史学家看来，这一土地占有制度与城堡、骑兵一起，共同构成了"封建制度"的核心；与他们不同，欧洲大陆的史学家是从整个中世纪社会的层面来赋予封建制度更广泛的定义。封建制度在英格兰的萌芽是一个极具争议的复杂课题，而先从 1066 年之后诺曼人在英格兰建立的封建制度入手，再反过来将其与盎格鲁－撒克逊时期的制度进行比较，接着找出两者的异同，应该更有帮助。

《末日审判书》中明确记载：列于各郡志开头的大封建领主，无论是教宗领主，还是世俗领主，都是直接从国王手中"获得"领地的，比如什罗普郡的条目就是这样记录的。这些封建主也因此得名"直属封臣"。1086 年，他们很有可能都参加了效忠仪式，单膝跪于威廉身前，将合十的双手置于威廉手中，发誓效忠。国王封赏出去的领地通常称作封邑（*feodum*），即"领地"或"封地"，"封建"（feudalism）亦是因此得名。效忠仪式场面庄严、意义重大，一旦违反誓言，就会被以叛国罪论处，封地也会被没收。作为回报，每位封臣都要向威廉提供一队骑士供其调遣，或随国王的军队出征，或奉命镇守王室城堡，而骑士数量从五六十人至五人不等（以 1166 年的一次调查为据）。12 世纪，奥德里克·维塔利斯、阿宾登的编年史家、伊利的编年史家均记录了威廉要求封臣提供骑士的情况。假如 1166 年的那次调查记载的征兵配额属实的话（这倒也不无可能），那么当时英格兰的全体直属封臣总共需要为国王提供约 5 000 名骑士。尽管此类土地使用权是以"骑士义务"为代价，但军事义务只是其中的一部分。很可能从分封封邑的那一刻起，国王就开始享有某些权利，有些史学家称之为"附属权利"。比如，直属封臣去世后，继承人必须向国王支付一定数额的货币，才能继承封邑。认为这笔钱数额合理的，便称其为"继承金"，而认为这完全是国王横征暴敛的，则称其为"罚金"。如果继承人尚未成年，国王就会代为监管其封邑并获得封邑产生的全部收入。考虑到当时早逝的现象十分普遍，这种现象应当并不罕见。此外，国王在封臣亲属的婚姻方面也有很大的话语权，他控制着封臣的遗孀，以及受其监护的封臣子女的婚姻。尽管没过多久，封邑的流转就采取了世袭制，但国王还是能影响封邑的传承，尤其是当封臣没有子嗣时，国王更可以借此扶植亲信、打压异己。如果的确出现了"后继无人"的情况，那么封邑最终就将"被充公"，即被国王收回，但这样的情况相对较少。因此，封建制度能使国王获得军队、金钱，又能令其（从封臣遗孀，以及封臣女性继承人的婚姻中）得到额外的实惠，还能帮助其治理社会、操控政局。此外，教会领地也难逃"被监管"的命运，因为主教、修道院院长死后，他们作为直属封臣的领地会归国王监管，直到选出继任者。

从1100年亨利一世的《加冕宪章》可以看出，前文描述的封建制度结构已经成型，而在直属封臣与其下属封臣间，也出现了类似的封建从属关系。直属封臣会要求下属封臣提供一定数量的骑士，一来可以满足国王对自己的军事要求，二来又可以在诸如发生叛乱的特殊时期，获得军力支持。一般来说，只有一处地产的下属封臣仅需提供一名骑士，以此类推。而男爵与国王一样，通过收取继承金、获取监护权和安排联姻，也能获取金钱、操控权势、进行有效的封地管理。此外，通过设立法庭（史学家称其为"大领主法庭"），男爵得以进一步强化对臣下的训导，令他们成为共进退的团体。大领主法庭由男爵主持，参与者为所有须尽骑士义务的封臣，法庭拥有司法管辖权，主要解决封地归属及相应义务履行等方面的纠纷。所以，男爵作为直属封臣从国王手中获得的可世袭的"封地"或"领地"（在男爵这个层面，这两个术语可以互换通用），既包括男爵自留的"私有地"，也包括下属封臣及其领地。

诺曼征服后，英格兰建立的封建土地结构并非完全照搬诺曼底。在诺曼底，虽然公爵、封建主一直在尽力将自由地产纳入封建体系，但封建化程度还远远不够，且封建隶属关系的权责也缺乏清晰的界定。在 1066 年之前的英格兰，也没有出现任何类似的封建土地架构。英格兰是一个多种土地关系并存的"古老"王国，自然也会存在与之后的封建土地关系相类似的佃租关系（比如，伍斯特主教与他的某些佃户之间的关系）。而且英格兰的领主也像诺曼底的封建主一样，试图将封建领主权强加于自由地产。然而，盎格鲁－撒克逊时期的遗嘱、转让契约，以及记录了大量征服前英格兰土地状况的《末日审判书》均表明：征服前的英格兰仍有大量自由地产，其保有者无需向任何人尽义务。虽然自由地产的保有者可能也会向大领主效忠，或是以某种特殊方式为国王尽忠，但双方并非封臣隶属关系。诺曼征服为英格兰开创了一个新局面，将所有世俗土地都划归国王所有，然后国王又将土地分封下去，借以形成封建隶属关系，让主教、修道院院长也成为封臣，英格兰的全部国土都被纳入国王的封建版图之中。"征服者"威廉独创的这一系列举措，令国王登上了封建土地架构的顶端，享有至高无上的土地权益，纵观全欧洲，无人能出其右。

当然，这种全新的封建制度在一些方面与英格兰的旧有制度是完美契合的，因为在这两种制度中，国王及领主享受到的某些权利基本相同。就召集军队来说，两种体系间的差别微乎其微。王室军队的核心一直都是国王的禁卫军。1066 年以前，国王的禁卫军由大乡绅、侍卫组成，而 1066 年之后，则是由亲卫队骑士组成。除此之外，虽然现存的史料无法告诉我们这两种制度在实际执行时分别能聚集多少兵力，但"领主按领地海德数为国王提供战士"的英格兰旧制，与"封臣按'征服者'威廉指定的数量（不以海德数为据）提供骑士”的诺曼新制度，几乎如出一辙。

　　在其他一些方面，诺曼征服前的国王、领主所拥有的权力也不逊于征服后他们的继任者们。一旦违背誓言，领地都会被没收。实际上，国王召集军队时，只要领主未能率军如约而至，领地便会遭罚没。无论是国王还是领主都拥有为数众多的追随者，在这些人死后，还会向其家族索取“租地继承税”（heriot）。这笔钱之前被算作一种遗产税，而1066年之后，则被算作封建继承金，但数额指定还是一如既往地惊人。

　　虽有这些相似之处，但诺曼征服所带来的革新也是翻天覆地的。1066年以前，国王及领主对追随者的控制力，完全无法与诺曼征服后的国王相提并论。征服之前，领主与佃户之间往往不存在封建隶属关系，所以领主无法干预土地的传承，也无法借继承人尚未成年之机取得土地的控制权——1066年以前从未出现过“监护权”这样的字眼。同理，这些领主也无法对佃户家中女眷的婚姻横加干涉，自然也就失去了大量可操控权势的机会（在后文中将对此进行详解）。而诺曼征服后的一个半世纪中，国王利用新的封建权力进行政治、社会改革，此举也诱发了王权与男爵阶层间的矛盾，从1100年的《加冕宪章》（Coronation Charter）、1215年的《大宪章》这二者的前面部分条款中就可以看出。诺曼征服后，在男爵及其封臣这一级，采邑及大领主法庭同样也是新生事物。在1066年之前，领主有时能够在大片区域内设立法庭或行使审判权，但也很难与之后出现的大领主法庭制度相提并论，二者间更不存在传承关系（有些学者提出了这样的观点），因为大领主法庭制度的核心是之前还未出现的封建土地关系。至于1066年以后出现的采邑制度，学界一直对其重要性众说纷纭。首先，并非每块采邑都是一个独立运营的实体，因为一开始就有一位封臣同时保有多块采邑的情况，甚至有的封臣本身就是保有国王封地的男爵。其次，不同的采邑历史渊源千差万别，形状、大小也迥然相异。不过，在诺曼征服后的一个多世纪内，采邑始终是构成大贵族阶层权势的基本要素。

随着封建制度的引入，英格兰的家族结构也发生了巨大转变。前文已经介绍过，在欧洲的其他地区，家族财富的传承模式早已从"人人有份"转变为"一脉相传"，而如今，英格兰也开始了类似的转变。当然，也不应过分夸大诺曼征服对这一转变的加速和深化作用。因为在征服前的英格兰，能够分得家族财产的亲属人数似乎已经表现出减少的趋势，嫡长子权势渐起，而包括兄弟、姐妹、外甥、侄子、遗孀在内的许多其他亲眷，其继承权则受到挤压。1066年之后，英格兰的嫡长子们仍不能独霸一切财产。父亲依然可以为幼子预留下地产，有时是从别处获得的土地，有时是直接从祖产中分割出的土地；此外，遗孀与女儿同样也可以继承到一部分财产。尽管如此，比盎格鲁-撒克逊人更注重祖产与长子继承权的诺曼人，可能更决绝地处置了其他亲眷的继承权，并且进一步深化了"嫡长子应当完整继承家族关键财产（包括主要城堡）"这样的思想。1066年前英格兰完全没有以地名命名的姓氏，而之后这样的姓氏慢慢多了起来，这也佐证了这些变化的出现。同样，遗嘱的内容也发生了重大转变：1066年前的遗嘱巨细无遗将地产一一分配给一众亲属；1100年后的遗嘱则都对土地只字不提，只交代动产的分配。实际上，的确无需多言，除非有约在先，否则地产都会依长子继承制，默认归嫡长子一人所有。

很难概况土地制度、家族结构方面的变化对贵族女性的地位究竟造成了何种影响，一则记载女性财产继承的史料数量稀少，二则与贵族男性相比，女性在政治、地位、生活等方面的经历更具多样性。盎格鲁－撒克逊时期的遗嘱表明，遗孀、女儿均可继承财产，而遗孀更是能自由处置这些财产。在赫里福德郡的郡法庭上，就曾有一位女性当事人（大概是个寡妇）声称绝对不会给儿子留下任何东西。即便是在诺曼征服后，女性也仍然可以独立拥有财产。亨利一世在1100年的《加冕宪章》中规定，遗孀有权获取"亡夫遗赠"，并且还能取回"嫁妆"。亡夫遗赠指丈夫在结婚时分配给妻子的地产，在其死后该地产归其遗孀所有，用以维持基本生活。[1189年问世的法典《格兰维尔》（*Glanvill*）中规定，除非双方事先约定了较小的比例，否则亡夫遗赠应占丈夫领地总面积的1/3。]嫁妆指结婚时女方家族准备的陪嫁到夫家的地产。《加冕宪章》还规定女性有权继承地产。实际上，12、13世纪的法律中并未明文规定：遗孀继承遗产后不得擅自转让。所以从理论上讲，就算是到了1066年后，赫里福德郡郡法庭上的场景也可以重现。诺曼征服后大行其道的长子继承制降低了女儿继承到地产的可能性，但假如家族中没有直系男性继承人，女儿反倒会成为祖产的唯一继承者。

假如上述这些令你认为，无论是在1066年之前还是之后，女性都充分享有土地所有权，那可就大错特错了。先来说赫里福德郡的那件轶事：案件的卷宗并没有记录女性当事人的姓名，整件事很可能只是判决结果的最大受益者大乡绅"白脸"图尔基尔（Thurkill the White）利用权势一手策划的闹剧。诺曼征服之后，遗孀在转让手中地产之前，往往已经征得了自己继承人的同意。总之，12世纪时，能长期保有地产的孀妇凤毛麟角，因为她们很快就会在外界强大势力的逼迫下再婚。而按照12、13世纪的法律规定，一旦成婚，妻子的财产将由丈夫全权控制。

不过，诺曼征服后，国王、封建主对贵族婚姻的控制权得到了强化。诚然，正如克努特国王颁布的宪章（也许是在他继位时颁布的）所示，在 1066 年之前，女性的婚姻就已为权势所控。而在 1066 年之后，包括国王在内的封建领主利用封建领主权加强了对封臣女眷婚配的控制，亨利的《加冕宪章》比克努特之前颁布的宪章中与婚姻相关的条款更加细致入微。而这些条款终是沦为了一纸空文。亨利没有遵守承诺，仍旧逼迫直属封臣的遗孀再婚。直属封臣去世后，亨利没有放弃为其女性继承人寻找配偶的权力，只是承诺会事先征求男爵阶层的意见。按照封建制度的规定，这类女性继承人一直由国王监护，直到结婚才能正式继承遗产，所以国王自然更是肆无忌惮。其实，国王此举也不难理解，因为无论是想要让自己的近亲一夜暴富，还是想要抬升阁僚的地位，都没有什么比送上一位名下拥有大量地产的妻子更为便捷的了。国王从来都不缺这类女性继承人。1166 年，英格兰总共有 189 处封邑，其中有 54 处在 1086 年之后至少出现过一次由女性继承人继承的情况。通过调控女性（以及男性）继承人继承权的消长，国王"打造"女性继承人的能力也大大增强。比如说，如果男性继承人不得赏识，国王就会增大嫁妆占家族地产的比例，从而让女儿成为比儿子更为重要的继承人。之后，封建继承制度进一步发展（也许是受到亨利一世在 1130 年左右颁布的一项法令的影响），规定如果没有子嗣，则地产由所有女儿均分，而不是像长子继承制一样由长女一人继承，这无疑为国王提供了更大的操控空间。国王拥有了更多的游戏筹码，可以招揽更多权贵；而且虽说所有女儿能平分地产，但国王可以按照婚配的男性臣属的权位高低，来调整每位女性继承人实际继承到的地产。此后颁布的法律又规定，若孀妇再婚，其自第一段婚姻中得到的"亡夫遗赠"，继承的家族遗产以及本次婚姻的嫁妆，由第二任丈夫全权掌控，直至其去世；此后，亡夫遗赠会由第一任丈夫的继承人继承，孀妇的祖产、嫁妆则由其本人的继承人继承；如果这名女性在第一段婚姻中产下了后代，那么上述两位继承人则为同一个人，反之则不然。如果第二段婚姻产生了后代，那么在她死后，她的祖产、嫁妆将仍由第二任丈夫保有，直到他去世后，这部分财产才能回到第一次婚姻产生的后代手中。实在太复杂了！这样的继承规则解读和实际执行会给国王留下足够的操作空间，而由此产生的争议进入了政治斗争的范畴。

*   *   *

威廉国王虽然在英格兰建立了全新的"封建"贵族制度，但是将其建立在原有的盎格鲁－撒克逊国家政治框架内，所以，1066年后的英格兰，既有前后传承，又有革故鼎新。

威廉的加冕仪式严格遵照盎格鲁－撒克逊旧制，因为这对他意义重大。加冕之后，他就从公爵变成国王，而且他还要让天下人都知晓。此后每年的圣诞节、复活节、圣灵降临节，威廉都要在众多主教、男爵、骑士的簇拥下举行加冠仪式。这种仪式源自神圣罗马帝国，很可能在 11 世纪 50 年代传入英格兰，但从盎格鲁－撒克逊编年史令人惊叹的描述中不难看出，威廉的加冠仪式更为宏大。同样，威廉也延续了在重大节庆场合使用《基督君王颂》(*Laudes Regiae*) 的诺曼底传统，在加冕仪式上让唱诗班咏唱这首赞歌，祈求上帝降福于国王、庇佑所有基督徒："威廉陛下，温恭懋著，举世无双，受冠于我主，必将无往不胜、万寿无疆！""快看！上帝就在我眼前！"威廉的一位弄臣大声叫嚷着，许多其他弄臣也仿佛发现了真相似的。上述所有仪式都在提醒世人，国王是耶和华的受膏者，君权受到主的福泽庇佑。而这一认知在国王驭下、平乱之时，能发挥难以估量的重要作用。

与诺曼人在诺曼底建立的行政体系相比，盎格鲁－撒克逊政府的行政体系在许多方面都更胜一筹，所以威廉自然乐得坐享其成：郡、百户区行政区划清晰，两者还设有法庭；郡督的职位；国王对重罪司法权的垄断，所营造成出的"天下大治"之势；贡金制度；货币体系；大臣及加盖国玺的令状。王室内廷是威廉政府的中枢，其人事结构与"忏悔者"爱德华的内廷十分相似：宫务大臣负责各类款项的收取、入账、支出，以满足国王日常花销的需求；一部分亲卫骑士负责守卫工作（另一部分则有可能被派往各地处理各种棘手的问题）；王室小圣堂的教士在大臣的带领下负责每日唱诗祝祷和其他文书工作；御厨负责提供餐食、饮品；马夫负责照看猎犬、马匹、马厩。内廷之外是外廷，由国王的顾问官组成，其中一些是地位尊贵的男爵，世俗的和教宗的皆有，另一些的身份则要低微得多；在外廷之外，威廉还会定期召集全国的贵族举行议事大会（类似于 1066 年之前的贤人会议），见证自己的加冠仪式，并共商国是，比如商讨编写《末日审判书》等事宜。

尽管如此，与"忏悔者"爱德华及其威塞克斯先祖相比，诺曼国王的统治还有许多明显的不同。首先，1072 年之后，威廉基本上没有在英格兰亲自理政。威廉在位的最后 170 个月中，有大约 130 个月是在法国度过的，期间只回过 4 次英格兰。而且威廉的情况并非个例，从 1066 年开始，到 1204 年痛失诺曼底，历任英格兰国王在英格兰逗留的时间都不到其在位时间的一半。这不单是因为欧洲大陆才是他们的家乡，还如马姆斯伯里的威廉所说，诺曼底边境线绵长，较之于英格兰，边患更甚，需要时时提防。因此，就国王本人的理政风格而言，与前朝的盎格鲁－撒克逊国王相比，诺曼国王不会必躬必亲，去插手各类事务，但相较于同时身兼丹麦国王之职的克努特大帝，诺曼国王倒还算是尽职履责。不过，这种缺席不是削弱而是巩固了国王的统治，因为国王的缺位倒逼政府形成维持和平和聚敛财富的架构，为在海峡对岸焦头烂额的国王排忧解难。马姆斯伯里的威廉将英格兰、诺曼底比作一对双生连体的姐妹，健康的英格兰不断为病入膏肓的诺曼底输送养分。

在威廉任命的英格兰摄政官中，属厄德主教最为位高权重，有权以国王的名义独断专行。其他一些时候，大主教兰弗朗克或由其带领的一小撮权贵会按国王的指示处理一些政务，而威廉即便身在国外，也依然会直接向包括郡督在内的各级地方官员发送函令。这类函令大多是对臣民诉求、请愿的回应。英格兰真正的权力中心已经跟随诺曼国王开始了向海峡对岸的缓慢迁移。"尽快操办上述事宜，速来信将结果如实汇报"，兰弗朗克接到的一份令状在结尾处如此命令。就算身在天涯海角，威廉也时刻严密监管着英格兰的政务。

从威廉与兰弗朗克的书信往来中可以看出，跨海而治大幅提升了函令在治国理政中的重要性。威廉令"忏悔者"爱德华的大臣雷根巴尔德留任原职，并且沿用了前朝书写令状加盖国玺的理政方式，只是没过多久，就以拉丁文取代英文来书写令状。威廉颁布了许多用来确保教会的权益与资产的令状，所以受益者不是修道院就是主教教区。这类令状的产生，往往是受益者先主动呈上诉求（与1066年之前一模一样），再由威廉来做定夺。大臣仅仅需要检查受益者提交的底稿，将其转化成令状的标准格式，最后为终稿加盖国玺。当然，威廉也会在必要之时主动颁布令状，或用其召集军队，或用其向地方官员传达命令。要是能有更多的令状原稿存世，我们多半就能鉴别出一小批王室御用文书的字迹了，只可惜迄今为止只有一份被鉴别了出来。

令状的一大功用是命令地方法庭审理诉讼案件。虽然在 1066 年前就有先例，但在诺曼征服之后，此类令状数量飙升，原因正是征服引发了诸多土地关系纠纷。除了发布令状，威廉还会派坎特伯雷大主教兰弗朗克、巴约主教厄德、库唐斯主教若弗鲁瓦亲临郡法庭，裁判土地争端。如果说这些都令国王收紧了对地方事务的控制权，那么治理体系的变化也起到了相同的作用。变化之一就是，威廉很有可能是效仿诺曼底旧制，将英格兰的部分地区（首当其冲的就是新森林地区）纳入了王室森林法的管辖范围，此法日后成为了国王收入的主要来源，却也使国王渐失人心。另一大变化便是，与 1065 年相比，郡长的权势大大削弱。威廉虽在肯特、威尔士边境地区任命郡长，但他们的职责与诺曼底的伯爵十分相似，都是守护边境。不过，由于威廉严格控制英格兰的伯爵数量，所以前述边境危地是唯一破例拥有伯爵的地区。威廉不会允许自己治下的英格兰出现比哈罗德时期更强势的官员。

威廉对伯爵权势的提防，使郡督成了直接接受国王号令的官员，不再只是郡长的副手，因此更有权势。国王在郡首府修建的城堡意义更为重大，那里成了王廷在各郡的军事、行政中心，郡督的办公机关、造币厂，甚至由郡督负责的郡法庭，皆驻于城堡之内。郡督坐镇城堡，同时派出城堡驻军执行命令，即便惹得郡内天怒人怨，也能稳坐泰山，所以与盎格鲁－撒克逊时期的"前辈"相比，在维护国王（及本人）利益时，手段更为毒辣。"你叫乌尔塞？愿主降罪于你！"约克大主教埃尔德雷德冲着伍斯特郡的郡督乌尔塞·杜拜托特大声咆哮道。郡督权势虽盛，但威廉严管他们的决心更甚：他命摄政官召集全国郡督，要求杜绝侵占教会财产的恶行；他会频繁调任各郡郡督，还常常任命"政界新人"担任郡督，完全把控新任郡督的政治生命。在最后一点上，威廉无疑吸取了在诺曼底"子爵"一职落到了权贵阶层手中的教训，在1046—1047年的危机中，一部分子爵正是罪魁祸首。威廉不会让英格兰重蹈覆辙。

与诺曼货币相比，盎格鲁－撒克逊货币优势明显，所以威廉沿用了英格兰原有的货币体系，但他统一了货币的重量，并要求铸币厂增加每年的铸币量。同时，钱币的象征意义被保留了下来：货币在民间流通，深入臣民的日常生活，就是国王治下天下一统最为直观的体现。虽然证据有限，但威廉很可能是按年征收贡金，税率通常为每海德2先令（全国的贡金总额应当在2500镑左右），但也会时不时地提高税率，比如1084年，威廉就将税率提升到了每海德6先令，遭到了盎格鲁－撒克逊史官的猛烈抨击。倘若史料数据可信，那么威廉征收的贡金就从未超过11世纪初英格兰国王的征收额，因为威廉的税率较低（1018年的税率可能高达每海德20先令），并且还免除了男爵直属庄园的纳贡义务（庄园的佃户还是要照常纳贡）。然而从本质上讲，11世纪初的贡金是外敌在英格兰的巧取豪夺；相比之下，1012—1051年，真正用于支援英格兰军队的军费贡金却难以为继。所以从某种程度上来说，威廉反倒令一个逐渐衰亡的税种枯木逢春。威廉为征服英格兰雇用了大量雇佣兵，所以需要大量金钱来支付费用，而追随他的诺曼及法国贵族则得到了不同的奖励——英格兰的土地。在这种情况下，减免男爵领的贡金也说得通，而且国王随时都可以撤销免税优待，比如 1087 年后，就有一部分男爵被剥夺了这一优待。相较于"赏银"，"封地"实乃明智之举。诺曼贵族就不会像克努特国王手下的丹麦贵族一样打道回府，而是在英格兰扎下根基。

这些转变看似令诺曼征服之后的王权变得更加强盛显赫、无处不在，尤其是又有新的"封建"权力加持。然而，这并非是历史的全貌。封建制度让男爵阶层拥有封地、封邑，从而建立起了全新的贵族权力结构，割裂了盎格鲁－撒克逊英格兰以郡县、百户区为基础的行政网络，终结了郡法庭、百户区法庭的司法垄断地位，还引发了下属封臣究竟是效忠男爵还是效忠国王的疑问。1066 年之前，英格兰只有庄园法庭这一种私设法庭。1066 年之后，虽然诺曼征服带来的时局动荡必然令郡法庭、百户区法庭忙得不可开交，但很难说这两级法庭的司法权没有遭到削弱，因为与土地相关的诉讼落入了大领主法庭的管辖范围，而与教会相关的诉讼则由教会法庭全权负责。此外，在英格兰前所未见的私建城堡成为大领主权力的核心。如果说王室城堡能够加强国王在各地的权势，那么私人城堡对于男爵阶层的作用亦是如此。1100 年前后，英格兰共有 500 多座城堡，其中可能有 2/3 归领主私人所有。英格兰的城堡与诺曼底的城堡不同，并非由极少数精英享有，而是所有男爵，甚至许多主要下属封臣共有的权力工具。城堡由最初的征服工具，变成了如今的统治工具。在城堡里，领主主持法庭审理，宴请亲友心腹，并彰显自己的财富、地位——林肯及阿伦德尔伯爵威廉·杜奥比尼二世于 1138 年后在诺福克的赖辛堡修建的巨石要塞的入口处还被精心装饰了。男爵的城堡也并非一定会威胁到国王的地位。有些城堡，甚至可能是威廉一世亲自下令，让追随自己的诺曼贵族去修建的，旨在巩固征服成果。而威廉及后继的诺曼国王，想要统治英格兰，都离不开实力强大、忠心耿耿的男爵阶层。然而，一旦有男爵萌生叛意，那么国王用来征服英格兰的工具就会不可避免地成为男爵拿来与国王分庭抗礼的新武器。

＊　　＊　　＊

　　1066 年，威廉本来有意推迟加冕的时间，想要等镇守诺曼底的妻子玛蒂尔达北渡，与其一同加冕。只不过最终威廉还是于年底先行加冕，1068 年 5 月，玛蒂尔达加冕为王后，这场加冕仪式同样恢宏盛大。王后与国王一样也要举行加冕、受膏仪式。由此可见，王后在王庭中占据着显要地位。玛蒂尔达拥有全套王室宝器，其中可能还包括象征王权的宝球、权杖等器物。亨利一世的王后伊迪丝·玛蒂尔达（Edith Matilda）在王后大印上的形象就是一手持宝球、一手握权杖。而在 1066 年之前，英格兰的王后很可能就已经享有同等的殊荣了。即便诺曼征服改变了王后权势的外部架构，但其基础结构却并未改变。1068 年，玛蒂尔达的加冕仪式与前任王后埃玛（Emma，曾先后嫁给埃塞尔雷德二世、克努特一世）、伊迪丝（Edith，"忏悔者"爱德华之妻）的加冕仪式十分相似。而这些王后之所以能受到如此礼遇，得益于中世纪日渐盛行的圣母崇拜，玛利亚的形象逐渐由圣母转为了头戴王冠的天后——天国的王后。在埃玛王后时期的一本温切斯特祈祷书中，玛利亚就同时以圣母和王后的形象出现。

　　玛蒂尔达地位显赫并不仅仅是因为她与国王结婚，同样也是因为她本就出身显贵。其他的王后也大都如此。玛蒂尔达家门之显赫在其墓碑上显露无疑：她是佛兰德斯伯爵之女、法王"虔诚者"罗贝尔（Robert the Pious）的外孙女。即便是威廉本人，在家族地位方面也只有仰望玛蒂尔达的份儿，所以 1066 年他才迫切希望与玛蒂尔达一同加冕，而之后玛蒂尔达单独加冕时，也使用了基督君王颂，而且对王后同样也是不吝溢美之词。克努特大帝在面对建立新王朝的难题时，同样利用了妻子的家族地位：他的王后是前任国王的遗孀、诺曼底公爵的女儿埃玛——1017 年克努特为王后举行加冕仪式时，所用的加冕颂歌将埃玛称为 *consors imperii*，即"共治者"。

　　依照盎格鲁－撒克逊时期的先例和惯例，玛蒂尔达身为王后，可享有权益若干。其中一部分后来被称作"王后贡金"，即英格兰臣民为求国王庇护而缴纳的一种贡金，王后可享有其中的部分数额，伊迪丝王后的收入正是部分来源于此。不过，王后更重要的收入来源还是土地。1066 年之前，某些私有地产会被用来为王后提供收入，不过此类地产并非供王后专用，还可用作他途。因为国王去世后，王后作为遗孀可能可以继续保有前述地产，所以新国王必须为自己的王后寻找新的地产。无论如何，王后在国王去世后可以继续保有地产这一事实，确保了她们的余生可以衣食无忧。"征服者"威廉取得王位后并没有夺取先王后伊迪丝的众多地产，但在 1075 年她去世后，威廉并没有将其名下的地产交给玛蒂尔达，而是为玛蒂尔达另寻了年收入共约 500 镑的地产，其中绝大部分来自于没落的大乡绅贝奥赫特里克（Beorhtric）。有了金钱与土地，玛蒂尔达王后既有能力出资捐助修道院，又可以像之前的埃玛、伊迪丝一样建立王后内廷，奖赏自己的内廷大臣，比如给他们分地。如果玛蒂尔达与威廉身居两地，那么王后的内廷就会独立于国王的内廷，但如果两人共处一地，那么王后的内廷或多或少都会并入国王的内廷。

与国王不同，王后加冕时，不会立加冕誓言。难道王后没有具体的职责吗？无论是在 1066 年之前还是之后，王后有时会掌管国库，但这往往可能只是临危受命，或是帮国王临时"打打下手"，而并非王后的本职。可以肯定的是，王后在宫廷仪式中的地位至关重要。王后有可能是宫廷仪式的策划者——至少在由伊迪丝授意编写的《"忏悔者"爱德华的一生》（*Life of Edward the Confessor*）中，正是多亏了妻子的诱导，这位不谙世事的国王才穿上国王的盛装，体面地出席各类宫廷仪式。至于玛蒂尔达是否能像伊迪丝一样，我们还无从知晓，但从她签署的大量王室文书中可以看出，她也经常参与宫廷政务，这就是她地位的体现。在加冕仪式上吟诵的祝祷词中，英格兰王后是比肩于《圣经》中的撒拉、利百加、拉结这些孕育了大卫血脉的女性的，寓意王后子嗣兴旺。王后还可以借自己对王子的影响力操控政局（有些王后还会插手王子的教育），所以政治力量不可小觑。在加冕仪式的祝祷词中，王后还当效仿《圣经》中的以斯帖，劝谏国王以慈悲之心治国。当然，在国王面前求情并不是王后的特权。但与其他人不同的是，除了在宫廷中与国王朝夕共处，王后还能在床第间大吹枕边风，这自然令王后拥有了无以伦比的优势。况且，谁也无法真正分清，王后的劝谏到底是出于恻隐之心，还是心里打着政治算盘。

只不过王后的影响再大，真正的实权也并未掌握在她们手中。而国王也未必会言听计从。比如说，玛蒂尔达在威廉面前为长子罗贝尔求情时，就碰了一鼻子灰。然而，玛蒂尔达无视威廉的禁令，暗中接济罗贝尔，这也从侧面映证了玛蒂尔达倔强的品性和雄厚的财力。威廉也毫不退让，竟因此命人刺瞎了王后一位仆人的双眼。所以说，王后绝非王国的共治者。实际上，无论是 1017 年加冕仪式上"共治者"的称号，还是 1068 年加冕仪式上为王后咏唱的基督君王颂，王后并不如这些仪式"宣称"的那样位高权重。在历史最为久远的英格兰王后画像中，埃玛王后位于圣母玛利亚的下方，与克努特国王相视而立，但克努特头戴王冠，埃玛则只有面纱掩面。王国不能没有国王，王后却可有可无。1083 年玛蒂尔达去世之后，威廉就没有再娶，他的继任者威廉·鲁弗斯更是终身未娶。苏格兰更是在 1130（或 1131）年至 1186 年，王后之位长期虚悬。王后的地位也并非像国王的那样终生不变。国王去世后，王后的权势即使没有烟消云散，但肯定也会大打折扣，而当新王登基、新后加冕时，先王后的地位则更是一落千丈。

尽管有上述种种限制，但王后潜在的影响力不可小视，也的确拥有不小的潜在实力。至于究竟能发挥几成，则取决于一系列不同因素，包括政治环境、个人野心、与国王的关系是否融洽等。从某种意义上来讲，1066 年之后的王后的确可能获得了更大的施展空间。克努特大帝虽统领数国，但没有任何证据表明，他曾让埃玛担任过摄政一职（这真的有些出人意料）。而威廉则不同，他曾先后数次令玛蒂尔达担任英格兰或诺曼底的摄政。在英格兰，有冤之人会找玛蒂尔达申诉，她还会出席郡法庭，裁判重大案件。诺曼征服后，海峡对岸的诺曼底祸患不断，所以，自玛蒂尔达起，英格兰接连出现了一系列叱咤政坛、令人敬畏的王后。

* * *

不管是在诺曼征服之前还是之后，教会始终都是王权的核心，所以威廉也像前朝国王一样，尽力控制和利用教会。新王在加冕时，需立誓保护教会，最起码是要保全教会的财产，这也暗含国王应当支持教会改革的言外之意。在本书主题涵盖的这二百余年间，教会一直都处在改革的阵痛中，并不断侵扰英格兰的政治进程。最开始时，教皇并没有参与改革，但利奥九世（Leo IX）在担任教皇期间（1048—1054 年）开始主导改革。改革的终极目标是保证教会以绝对的热忱为教众的精神福祉服务，为信众能得到救赎而祈祷；神父、主教应当如教皇格列高利七世（Gregory VII，1073—1085 年在位）所说，成为"灵魂的牧者"。想要达成上述目的，就必须彻底杜绝教会内的一些恶习。首当其冲的就是神职人员娶妻生子的问题，不仅令神父沉迷世俗，更有可能令神职成为父子相传的家族职位。另一个则是"一人多俸"的问题，一位神职人员独占数份圣俸的背后，通常充斥着买卖圣职的勾当。如果教会真的想要根绝这些恶习，就必须先建立脉络清晰的权力结构。主教要能真正统领自己的教区，各省的大主教（都主教）也不能形同虚设，重中之重则是必须确保教皇在宗教教义、宗教教法、宗教戒律这三方面的最高权威，并在实践中执行无误。为此，教会编纂了大量教会法，其中既包括《圣经》的片段，又有教皇的声明，还有教廷会议的法令，只为让教众认清教皇的权力基础。

在英格兰和欧洲大陆各国，教会改革暗流汹涌，有可能在未来给王权带来毁灭性的后果。教皇会不会直接向国内的神职人员发号施令？教会会不会脱离国王的掌控？在改革者看来，从国王手中夺回圣职的任命权尤其重要，因为这相当于默认国王拥有某种宗教权力，还会导致完全不称职的王室教士霸占高位的情况。而国王任命的神职人员怎么可能会去推动改革！可在国王看来，教会与自己之间的这一分歧完全不可理喻，因为主教和修道院院长掌握着大片土地，而他们也要向国王履行军事义务。不过，直到威廉统治的最后几年，教会与王权间水火不容的冲突都没有露出什么端倪，而这主要得益于威廉与坎特伯雷大主教之间和谐的关系——1070 年，前朝的坎特伯雷大主教斯蒂甘德遭教皇罢黜，取而代之的是兰弗朗克。

兰弗朗克是帕维亚人，生于 1010 年前后，于意大利学习人文科学期间，快速掌握了文科的根本方法：用证据证明论点。之后，兰弗朗克前往诺曼底讲学。1042 年前后，他进入了一贫如洗的贝克修道院。成为修士后，兰弗朗克用人文科学的方法学研究《圣经》，并使他开办的修道院学校享誉国际。早先，他曾仅用一个笑话（"您要是能给我匹像样点儿的马，我流放时赶路就更快了"）就化解了自己与威廉公爵间的矛盾。1063 年，威廉命兰弗朗克出任自己在卡昂新建的圣艾蒂安修道院的院长，对他的器重可见一斑。兰弗朗克之后晋升为坎特伯雷大主教就再自然不过了。兰弗朗克可不是只知钻研、不问世事的学究，他极具商业头脑，在贝克当地还组建了自己的商业版图。他严而不厉，恭谨谦逊，通情达理。"只要为人正直，无论因何而亡，灵魂皆能得到安息"，他曾引经据典，如此断言。这就是完美兼任了大主教和摄政官双重职位的传奇人物。兰弗朗克是教会改革毫无保留的支持者，但同时也坚信，得到贤明国王的支持是"贯彻基督教教义"的唯一途径。而威廉就是这样一位明君，所以兰弗朗克祈祷上帝能让威廉长命百岁。实际上，自 1049 年起，兰弗朗克就与鲁昂大主教一起，主持召开诺曼底的教会改革会议。

　　威廉大批撤换英格兰的主教、修道院院长，正如编年史家伍斯特的约翰所说，"这一切都是为了在自己征服的国家巩固权势"。到威廉去世之时，只有三位土生土长的英格兰高级教士。然而威廉也知道，想要巩固政权，教会改革同样势在必行，但他的出发点与教会推行改革的出发点完全不同。威廉认为英格兰 1066 年前的宗教法律与"正统教会法典的精神"背道而驰，而英格兰人（如果马姆斯伯里的威廉的观点具有代表性的话）竟也认同了威廉的看法。如此一来，诺曼人就可以将征服英格兰视为获得上帝佑护的正义之举（毕竟教皇也准允了这次入侵行动），而英格兰人则可以将其看作对自己罪孽的惩罚，这样的说辞也并非毫无依据。诚然，1087年英格兰主教中仅存的英格兰人伍斯特主教伍尔夫斯坦堪称神职人员之典范，不仅博学多识、出口成章，而且虔诚笃信、厉行苦修；1049 年，英格兰的主教也纷纷出席教皇的改革会议，与唱反调的斯蒂甘德划清界限。但这一切都不足以掩饰英格兰教会的弊端：1066 年之前，英格兰的教会从未组织过改革会议，也没有类似兰弗朗克在贝克开办的修道院学校那样的机构。诺曼征服前，"忏悔者"爱德华、大主教斯蒂甘德统领英格兰教会，前者不问世事、后者老于世故；而 1066 年后，威廉、兰弗朗克统领下的英格兰的教会大为改观。

　　兰弗朗克也不免判断失误，做出失策之举。他坚定维护坎特伯雷大主教教区的权威，主张坎特伯雷大主教应当统领不列颠全岛的教会，尤其是应凌驾于约克大主教教区之上。但此举不仅无先例可循，也令其叙任者陷入争端，非但没有强化教会的戒律、巩固王国的统一，反倒贻害无穷。实际上，在之后的数个世纪中，两个大主教教区间的地位之争一直难以平息，导致两位大主教老死不相往来。尽管如此，兰弗朗克还是充分考虑了英格兰的实际情况，一方面尊奉某些盎格鲁－撒克逊圣徒，一方面接受英格兰独特的教会治理模式（该模式正是起源于坎特伯雷大主教教区），沿袭了由修士担任大教堂^①神职人员的旧制，没有强行建立咏祷司铎团^②。然而，教会改革，任重道远。1070—1076 年，英格兰教会先后召开了五次会议，颁布了与教会改革相关的法令，其中的前两次会议由教皇派出的教廷使节主持。在禁止教士婚娶的问题上，英格兰教会表现得格外谨慎——由于诺曼底教会采用了激进的手段，鲁昂大主教才差点被乱石砸死。改革着重提高主教在各自教区的权威，改进各教区的教务管理。数个教区的大教堂都迁移到了人口更多的城镇：泰晤士河畔多切斯特（Dorchester）的大教堂迁移到了林肯（1072 年）；塞尔西（Selsey）的大教堂迁移到了奇切斯特（1075 年）；舍伯恩（Sherborne）的大教堂迁移到了索尔兹伯里（1078 年）；最后迁移的是埃尔门（Elmham）的大教堂，迁到了诺里奇（1094 年）。此外，主教教区可能在地域上被正式划分为若干会吏长区，会吏长区又进一步细分为总铎区（有时会依照盎格鲁－撒克逊时期的教会区划来划分总铎区）。会吏长一职，可能在 1066 年之前就已经出现了，但现在会吏长才与乡村总铎一样，拥有了实权。用兰弗朗克描述自己工作职责的话来说，就是可以"详查各地教牧人员之品格能

---

① 大教堂是主教教座所在地，所以是教区处理教务的中心。

② 咏祷司铎团的职责是为主教建言献策，有时还会在主教职位出现空缺时代行主教职责。

力，令德不配位者无处遁形"。

堂区神父在教会中的地位最为低微，但也是最为重要的。堂区是诺曼征服之后的教会改革中新出现的区划，既产生了正面效果，也造成了不良效应。在盎格鲁－撒克逊时期，英格兰教会的每个教区的面积都很大。这些教区中，只有一小部分存留了下来，一些直接转变成了堂区。例如，萨里的法纳姆（Farnham）堂区、彻特西（Chertsey）堂区就是由过去的盎格鲁－撒克逊教区直接转化而来的。然而，无论是在 1066 年之前还是之后，此类教区的管辖权一直都在遭到破坏，因为随着大地产的瓦解，庄园与集村的数量越来越多，庄园主们纷纷修建起新的教堂。只不过，诺曼征服之后，这一过程似乎突然进入了快车道，因为马姆斯伯里的威廉在记录中提到，每个村庄都新建了教堂。诺曼领主不仅设立庄园，还兴建教堂，昭示上帝的恩允。在萨里的所有堂区教堂中，有 60%—70%是在 1086 年之前就已经建成的；1200 年，几乎所有新堂区的边界都已经划定——这个过程虽然对英格兰的历史进程产生了难以估量的影响，但研究起来困难重重。

为了感谢上帝的庇佑，威廉及其追随者还将英格兰的土地许给海峡对岸的家族修道院，间接促成了英格兰与诺曼底的相互融合。被封赏英格兰土地的欧洲大陆修道院共有 30 家左右，其中绝大多数都位于诺曼底。例如，诺曼底费康修道院获得的土地年收益就高达 200 镑。诺曼人为感谢上帝、展示征服者的威仪，还在英格兰建立了大量修道院，到 1087 年，已新建了大约 34 座，其中有半数是欧洲大陆修道院的分院。战役修道院（Battle）由威廉亲自建立，坐落于黑斯廷斯战役遗址，象征意义不言而喻。其他一些修道院则由男爵阶层建立，紧邻男爵城堡。比如，苏塞克斯的刘易斯修道院（克吕尼修道院的分院），距其不远处就是刘易斯城堡。诺曼贵族也开始资助1066年之前成立的英格兰本土修道院，到11世纪末，本土修道院接收到的捐献额甚至已经超过欧洲大陆的修道院。当然了，主要的本土修道院都已换了来自欧洲大陆的院长。这些"外来户"院长与英格兰本土的修士还会发生激烈的言语冲突，比如格拉斯顿伯里修道院的院长瑟斯坦（Thurstan）。但与他们的前任们相比，所有外来的诺曼院长（以及诺曼主教）却都拥有一个决定性的优势，只需将阿宾顿（Abingdon）修道院在本土院长与诺曼院长管理下的境遇进行对比，就能发现：在捍卫教会地产这一方面，诺曼院长们更成功。整个诺曼征服时期，英格兰的教会地产几乎寸土未失。马姆斯伯里的威廉认为修道院在诺曼人统治时期得到了蓬勃发展。兰弗朗克还亲自为坎特伯雷基督教会修道院拟定章程，用来管理院内修士的修行生活，之后这套章程还至少为其他12座修道院所采用。许多新任诺曼院长虔诚笃信，吸引大量信徒纷纷入院修行。塞洛（Serlo）于1072—1104年担任院长期间，格洛斯特修道院修士的人数从10人增至100人。诺曼人还精通建筑，新建的修道院、大教堂宏伟壮观，一根根巨石廊柱将诺曼统治牢牢地楔进英格兰大地。

　　兰弗朗克推行的所有改革都离不开国王的支持，而其中最重要的一项则是完全仰仗国王的首肯。1066年之前，英格兰的教士阶层就已经认识到，世俗之人的一些罪行触犯的是"灵魂层面"的问题（譬如渎神、通奸），所以应当纳入教会的司法管辖范围。此外，凡涉及遗嘱、丧葬的纠纷，也应一并纳入。尽管如此，主教或主教的副手还是会参与世俗法庭（通常是百户区法庭）。在兰弗朗克看来，如此行径公然触犯了教会法律，而威廉亦是如此认为，随即一纸禁令下达，威廉"以国王之名郑重下令"，从此禁绝世俗法庭的越权行为，要求此类案件一律在主教规定的地点审理。实际上，在必要的情况下，主教"可借助国王、郡督的力量和权势"来安排审理地点。威廉不惜限制王权的司法管辖范围，其支持教会的坚定决心可见一斑。虽然实际的司法操作并没有因此与过去一刀两断，但该法令还是促进了教会法庭的独立发展，让会吏长、乡村总铎坐上法官的位置，成为绝大多数普通教会案件的审理者。

所以，如大主教安瑟伦（Anselm）所言，兰弗朗克、威廉就像齐头并进的耕牛，在英格兰教会这片耕田上奋力耕作着，而教皇亚历山大二世（Alexander II）看似是赶牛人，实际上却只能"唯牛首是瞻"。教皇也罢免了一些不称职的英格兰高级教士，又派出教廷特使，批准了一些早期的改革措施；而威廉、兰弗朗克也对教皇礼遇有加，只不过本质上是一种"有消息会通知你，不要老是问东问西"的态度。然而，格列高利七世却决心将教皇对教会的领导权贯彻到底，打破了教廷与英格兰教会之间的和谐关系。格列高利与神圣罗马帝国皇帝亨利四世（Henry IV）反目成仇，引得后者拥立伪教皇克雷芒三世（Clement III）与格列高利分庭抗礼，而威廉与教廷间也开始变得若即若离。格列高利认为威廉禁止兰弗朗克及其他英格兰主教前往罗马教廷觐见教皇，但兰弗朗克对威廉却始终忠贞不谕，声称即便英格兰（"本岛"）还没有否定格列高利，转而支持克雷芒，也并不意味着将来不会改弦更张。1085 年，格列高利去世后，威廉、兰弗朗克对其继任者始终态度暧昧。不过这只是故事的开端，从长远来讲，威廉、兰弗朗克两人的骑墙态度是行不通的。

* * *

　　1071 年，埃德温、莫卡两兄弟的叛乱遭镇压后，英格兰人袭击诺曼人的事件仍时有发生，而威廉则采用"连坐"罚款制度，规定如果案发地的百户区或村庄无法将犯人逮捕归案，或无法证明受害者是英格兰人，就必须缴纳罚款。不过，聚众起义却再没能掀起任何波澜——1075 年的叛乱就是个很好的例子。当时唯一的一位英格兰本土伯爵瓦尔塞奥夫也加入其中，他从戈斯帕特里克的手中获得了诺森伯兰伯爵的爵位，还有可能统领北安普敦、亨廷登两郡。而发起叛乱的是两位来自欧洲大陆的年轻贵族：诺福克伯爵拉尔夫（Earl Ralph of Norfolk）和赫里福德伯爵罗杰（Earl Roger of Hereford），两人中至少有一人是因不满国王派出的郡督侵犯了自己在领地的统治权而起兵作乱的。此类冲突在 1066 年之前也时有发生，故可以认为，英格兰的政治生活已经恢复常态。这次叛乱很快就被镇压，瓦尔塞奥夫被处死；拉尔夫逃到了自己位于布列塔尼的领地；罗杰（他是对"征服者"威廉忠心耿耿的威廉·菲茨·奥斯本的儿子）被判终身监禁。身陷囹圄的罗杰将威廉送他的华服付之一炬，使这场叛乱最终定格在这愤怒而又无奈的一掷中。此次平乱，征服者让世人见识了自己对英格兰的统治；而到了之后的 1082 年，威廉再次一展雄风。获得肯特伯爵爵位、摄政官高位，并且出资完成巴约挂毯后，威廉同母异父的弟弟厄德主教仍不满足；威廉当机立断，从诺曼底返回英格兰，把弟弟监禁了起来。

　　为了兼顾英格兰、诺曼底两地的事务，威廉不得不在海峡两岸来回奔波，但正如前文所述，多数时间里，他都是驻守在诺曼底。在那里，曾经的短暂安定局面已经荡然无存，威廉将要面对的是，佛兰德斯伯爵弗里西亚人罗贝尔（Robert the Frisian），想要收复失地曼恩的安茹伯爵富尔克·雷奇（Fulk Rechin），以及法国国王腓力一世（Philip I，1060—1108），他于1077年获得了韦克桑伯爵领的部分地区，领地与诺曼底直接接壤。此三人不约而同地都打算利用威廉与长子罗贝尔之间的嫌隙来做文章。1077年，罗贝尔已近25岁，渴望权力的儿子与生性多疑的父亲之间矛盾渐深。而在英格兰，威廉的王权还面临着最后一大挑战：丹麦国王克努特四世与挪威国王、佛兰德斯伯爵结盟，计划入侵英格兰。为此，威廉征收了大量贡金，而后于1085年率雇佣兵大军重返英格兰，但却发现这只是虚惊一场。丹麦人起了内讧，克努特于1086年7月遭人谋杀。对英格兰来说，克努特四世之死是一个决定性的时刻，此后再无丹麦国王觊觎英格兰的王位了。

　　盎格鲁－撒克逊的史官写道："在明白所有外敌均无力入寇之后"，威廉决定要好好计算一下自己的征服成果。1085年圣诞节，威廉"深思熟虑，与宫廷议事会讨论英格兰现状，想要了解土地的占用情况如何，又是由谁占用"。之后，威廉决定对英格兰进行大规模调查，其结果汇编成了一大一小的两卷《末日审判书》。（到了近100年后的1179年，《末日审判书》这一名称已经流传开来，昭示着书中证言的决定性和权威性。）《末日审判书》一共记录了13 418个地区的情况，共计200万字。"连一头耕牛、一头奶牛，一只猪都没有放过"，盎格鲁－撒克逊史官抱怨道。为了开展调查，威廉将英格兰分为至少7个巡回审判区，每个审判区都配有特派专员。有些资料是现成的，比如贡金的应缴税额、王室庄园的应付税额等，不过这些数据很可能大多来自直属封臣上交的领地汇报表。此外，专员还会收集各地陪审团上呈的证据，从而将直属封臣、百户区法庭提供的证据整合起来。调查很快就于 1086 年 8 月圆满完成，既印证了前朝行政体系高效强大，又凸显了威廉对前朝遗惠调配有方。

对《末日审判书》的研究在学界引发了不少争议。有一种新颖的观点（由大卫·罗夫提出）认为，威廉虽下令开展调查，但并未命人编写《末日审判书》——编写《末日审判书》其实是威廉·鲁弗斯的首席大臣雷纳夫·弗朗巴尔的主意。不过 12 世纪早期伍斯特的一位编年史家曾提到，"征服者"命人将英格兰的一草一木都登记造册，如果不编辑成书，那么那些汇报表就不过只是一叠废纸而已。至于《末日审判书》的编写目的，有一种观点认为，威廉想要收集信息来重新评估贡金的征税额。然而，没有任何史料能够证明威廉对贡金做了大规模的重新估算，《末日审判书》也并没有着重收集与贡金相关的信息。如果"征服者"只是想要提高贡金收入，只需调高贡金的税率、缩减免税对象的数量即可。从审判书记录信息的格式可以看出，威廉的主要目的是要详细地了解自己及属下封臣的财产情况。《末日审判书》以郡为单位统计信息。在每篇郡志的开头处，都会列出郡首府的相关数据，以及该郡的租税劳役情况。接下来，就是一一列出各个领主名下的地产，首先是各百户区的地产所有情况，而后则是各庄园的所有权归属情况。排在第一位的领主都是国王本人。《末日审判书》可以让威廉详细掌握自己的领地信息，其中还包括对这些领地潜在价值的估算。盎格鲁-撒克逊史官明确指出威廉作为地主收起租来从不手软，有了《末日审判书》之后，更是名正言顺地盘剥自己手下的地方长官和佃户。任何精明的地主在获得新地产之后，都会先调查一番；所以对威廉来说，《末日审判书》就是这样一次规模巨大的调查。此外，威廉还想了解属下封臣的领地状况。《末日审判书》在各郡志的开头处也列出了威廉的每一位封臣，只需按图索骥，便可找到与每位封臣对应的页码。1085 年，威廉将应对丹麦入侵的大军分散驻扎在手下男爵的领地内，这很有可能是他迫切想要掌握各男爵领状况的直接原因。不过从更宏观的角度来看，调查的原因应在于，诺曼征服之后，英格兰发生了大规模的土地所有权流转。尽管威廉又是发诏令，又是派专员，企图控制局势，但一些男爵仍然私自攫取大量土地，而且没有相关记录。《末日审判书》恰好就解决了这一问题。有了《末日审判书》，当威廉想要得到封臣被罚没的或是无人继承的领地时，就会知道他具体可以得到哪些地产。不管是因为圣职出缺，还是因为获得继承人的监护权，抑或是罚没封臣的财产，只要能够染指，威廉就能凭《末日审判书》最大限度地从该领地获取收益，效率完全不亚于对自有领地的管理。因此，《末日审判书》的编写，在很大程度上是威廉想利用自己的封建王权，最大程度地获取收益。

那么，为什么权贵阶层愿意配合调查呢？原因很简单，因为《末日审判书》即便不算官方认证，也差不多相当于为新晋的诺曼领主出具了领地的书面产权证明。这就是为何《末日审判书》还记录了 1066 年时盎格鲁－撒克逊地主的原因，这类信息本来与地产收益的归属毫不相关，但如果有诺曼领主从英格兰"祖先"手中接手了相关地产（诺曼征服后这样的情况非常普遍），厘清传承关系就显得十分重要了。当然了，每位"祖先"名下到底有哪些地产，通常都会引发不小的争议，而《末日审判书》的特派员根本就没有精力去一一裁断。尽管如此，在末日审判时期，当国王发布令状命令地方法庭裁决争议时，争议各方还是有机会各抒己见的。

在接下来的一个世代甚至更长的时间内，《末日审判书》都是英格兰国王获取自有领地收入、行使封建权力、从封臣处获取收入的重要依据。不仅如此，通过末日审判调查，威廉还得到了另一个他想知道的真相：直属封臣分封的下属封臣都有哪些。下属封臣会效忠国王，还是只会对自己的领主唯命是从？有了这些人的准确信息，威廉自然也就有了答案。由于不是下属封臣的直接封建领主，所以威廉不能要求他们通过效忠仪式向他宣誓效忠，但他可以要求他们给出尽忠誓言。1086 年 8 月，威廉命"英格兰所有地主，无论大小、无论臣从何人"，皆需前往索尔兹伯里向国王许下尽忠誓言。《末日审判书》揭示出诺曼征服令单一政体制的盎格鲁－撒逊国家出现了两套体制：一方面，在 1066 年前就存在的郡县百户区制度下，一切臣民都直属于国王，所有人都有义务维护王权的稳定；另一方面，全新的封建体制以旧体制为基础，在英格兰破茧而出。

在举行了索尔兹伯里效忠宣誓会之后，威廉返回了诺曼底，不到一年便去世了，葬于其在卡昂修建的修道院。根据奥德里克·维塔利斯的记载，弥留之际的威廉在病榻上呢喃道："我戎马一生，自儿时起就驰骋疆场。"威廉崇军尚武、坚毅严苛，但又开朗乐观、敬天畏神，同时还才华横溢、高瞻远瞩，他彻底改变了欧洲的面貌。

第四章

威尔士、苏格兰与诺曼人（1058—1094）

　　按照盎格鲁－撒克逊编年史中记录的讣告，威廉国王不仅征服了威尔士、苏格兰，如果他还能再活几年的话，还会征服爱尔兰。如此评论虽将威廉的权势描绘得淋漓尽致，但却与其实际方略相去甚远，因为威廉更倾向于守住战果，而不是继续开疆拓土，主要原因在于不列颠岛上由凯尔特人统治的区域价值有限，他还是以已征服的领地为重。此外，他的国王身份也是一个制约因素。兰弗朗克一当上坎特伯雷大主教，就开始研究坎特伯雷大主教教座自古有之的权力，还据此声称自己是"全不列颠教会的领袖"。而即便盎格鲁－撒克逊国王们偶尔会以统治全不列颠的帝王自居，威廉却极少引以为先例，他仅仅宣称自己是"英格兰人的国王"，而这个身份最多也就是可以要求威尔士的统治者向自己纳贡，在苏格兰人的国王前面可以行使部分封建君主权力罢了。威廉在威尔士、苏格兰连一寸土地都没有，因为他既没有从"忏悔者"爱德华手中继承过这两国的领地，也没有借诺曼征服之机从英格兰人手中没收过境外领地。他只是把哈罗德位于赫里福德郡的领地封给了威廉·菲茨·奥斯本，使其在与威尔士接壤的要冲建立边境领地。改变威尔士政局的不是威廉，而是威廉手下的诺曼男爵，他们仅用了一个世代的时间，就扎根于威尔士，这是盎格鲁－撒克逊人花了几个世纪也没能做到的。诺曼征服初期，苏格兰并没有因诺曼人的介入而政局突变。实际上，在不列颠的北方，反倒是苏格兰人的国王占尽先机，不时南侵。

* * *

《布鲁特》是涵盖本书全部历史时期的本土编年史，其中 1069 年的条目下暗示威尔士可以分为三大政治实体：圭内斯、波伊斯、德赫巴斯。圭内斯独占威尔士西北，领土自迪河三角洲（the Dee）一直延伸到德菲河三角洲（the Dyfi）。波伊斯占据威尔士东北部，领土自迪河一直延伸到塞文河的上游河谷。德赫巴斯大体上指威尔士的南部地区，即德菲河三角洲与瓦伊河以南的三角地带，但之后仅指威尔士西南部不受诺曼人统治的地区。虽然与德赫巴斯相比，圭内斯、波伊斯的政权统一性更高，但这三个威尔士侯国都极易遭到不同统治者的分裂割据。这是因为这些侯国的行政区划将全境细分为了一系列百镇区（cantref）[①]、集户区（commote）[②]，其中后者有时是前者的下级区划。比如说，圭内斯西部的三个百镇区利恩（Llyn）、阿迪杜维（Ardudwy）、梅里奥尼斯（Meirionydd）就总共包含有 5 个集户区。百镇区、集户区又可能是更大行政区划的组成部分。例如，德赫巴斯就有 4 个这样的大型行政区划，分别为锡尔迪金（Ceredigion）、达费德（Dyfed）、伊斯特德特维（Yystrad

---

① 百镇区的行政级别与英格兰的百户区相当。

② 一个集户区大约相当于 1/3 到 1/2 个百镇区。

Tywi）、格拉摩根（Glamorgan），其中格拉摩根甚至还拥有自己的国王。在《布鲁特》中，上述地区均反复以独立政治实体的身份出现。在圭内斯，西起康威、东至迪河的整片区域由 4 个百镇区组成，统称为"四百镇区"。

学界对百镇区、集户区的起源众说纷纭。它们是由一个个几近独立的王国演化而来，所以领主的权势、地位几乎与国王相当？还是由国王自上而下设立而成，领主的权力完全由国王授予（至少理论上来说是这样）？无论起源为何，百镇区、集户区都是权力的中心，皆拥有收取税捐的中央法庭且人口聚集；圭内斯、波伊斯、德赫巴斯无一例外经常分崩离析，分裂后在居民心中滋生出难以平息的"地区仇恨"。

造成威尔士分裂割据的另一个因素是地形。上述所有区划皆有自然边界，其中尤以河流为最。如果将全部区划汇聚在一起，所形成的这个单一的政治实体反而缺少清晰的自然边界。威尔士峰峦叠嶂，想要横穿而过，难度堪比登天。在北方，康威河（river Conwy）穿流而过，将圭内斯一分为二。如果在康威河河口三角洲的东岸，立于迪加努伊（Deganwy）巨岩之上向西眺望，依旧可见斯诺登尼亚的崇山峻岭守卫着西面的土地。在西南方，德菲河、泰菲河（the Teifi）之间的狭长平原形成了锡尔迪金的核心地区。在南方，所有主要的区划都有鲜明的地理特征：地形低洼的达费德以宏伟的教会城镇圣戴维斯为中心；在德赫巴斯侯国的腹地伊斯特德特维，莫尔百镇区（Mawr）、比坎百镇区（Bychan）于特依瓦河谷（Tywi）两侧隔河相望；格拉摩根河流密布，南方地势低洼，北方高地连绵，东方则是格温特（Gwent）丰美的草场。瓦伊（Wye）河、塞文河间的山峦仿若铰链一般，将威尔士的南北连接起来，而这两条大河的上游河谷则提供了交通要道，东连英格兰、西通威尔士西南地区，作为战略要冲，见证了数不清的刀光剑影。

考虑到这种地理位置，威尔士受制于多位统治者也就不足为奇了。格鲁菲德·阿颠卢埃林曾完成了统一威尔士的大业，但只是昙花一现，遂于 1063 年兵败哈罗德。威尔士人拥有统一的语言、律法，还都是古代布立吞人的后裔，甚至在神话传说中，他们都是特洛伊英雄布鲁特斯（Brutus）的后代。因此，威尔士人认为自己是一个独特的民族。然而，对于如何利用政治途径表达民族身份，或者说是否真的有必要这么做，却存在着相互矛盾的想法。"他们固执己见，不愿臣服于一人之下，还颇以此为傲"，12 世纪末，威尔士的杰拉尔德如此评价。无论是在 10 世纪还是之后的威尔士法典中，开篇处都可能会宣扬 10 世纪威尔士在国王"好人"海韦尔（Hywel the Good）的统治下天下一统的盛世光景，但现实中的威尔士却始终王国林立。至于威尔士的法律规定国王的遗产由所有王子共同继承，从而也加剧了国内的政治分裂，这种观点就更站不住脚了。用这样的分配方式来继承普通的祖产当然是合情合理的，但是在处理王国的继承权时，威尔士法律设定由现任统治者指定一位太子（edling）① 来作为法定继承人。只不过，至于选定太子的标准，法律就没有那么清晰的规定了。在威尔士，不要提什么长子继承权，就连王子的身份都不是继承王位的必要条件，所以极易引发争端，不可避免地令王国遭豆剖瓜分，导致法律形同虚设，但凡涉及王位继承，必有一番你争我夺。此外，（正如威尔士的杰拉尔德所记载）威尔士诸国的国王有让不同的贵族家庭收养王子的习惯，

---

① 　edling 源于古英语 Æþeling，意为"高贵的孩子"。

加之以家系为傲的观念深入人心，令王位的争夺愈加惨烈，家族间的世仇更加刻骨。这个名字：里斯·阿颇图德·阿颇卡德尔·阿颇埃诺·阿颇欧文·阿颇海韦尔达，说明了一切。

威尔士诸王手中王权的本质也是激发冲突的诱因。《布鲁特》经常将威尔士的国王称为 brenin——相当于拉丁语中的 rex。然而，（据说后来）在亨利二世手下的骑士中，没有一个人认为自己在财富上是逊于威尔士的国王的。除了在财力上捉襟见肘之外，这些威尔士国王在许多其他方面也都无法与英格兰国王同日而语：其一，没有任何一位威尔士的国王举行过加冕仪式或即位仪式；其二，国王在维护法律与秩序方面作用有限。相较于英格兰国王，这些威尔士的国王充其量也就算是率领战士的酋长，他们的目标就是赢得"大量的战利品，然后载誉而归"——1055 年，格鲁菲德·阿颇卢埃林东征西战，完美地诠释了这一点。

威尔士的内战残暴血腥，政治斗争凶险异常，残酷程度时常令人不寒而栗。"激战正酣之时，特哈厄恩（Trahaearn）被人开膛破肚，倒在地上奄奄一息，垂死之际还在挣扎着吃草果腹。后来，爱尔兰人圭恰尔奇（Gwcharki）就像宰猪一样，把他的肉做成了培根。"在《传记》中，格鲁菲德·阿颇卡南以这种方式，庆祝在 1081 年米纳斯卡恩之战时死敌特哈厄恩·阿颇卡拉多格（Trahaearn ap Caradog）的死亡。赢得此役之后，格鲁菲德乘胜入侵波伊斯，根据《传记》的记载，"他作为胜利者对败军之敌毫无恻隐之心"。"在波伊斯，他纵兵杀人，放火烧房，掳掠女性……所到之处只剩下一片焦土"。威尔士的这种政治战争与盎格鲁－诺曼世界的政治战争有两大本质的不同（后文会就此详细论述）。其一，屠杀贵族政敌。1069—1081 年，死于战乱的威尔士君主不下

11 人。亨利一世（1100—1135 年在位）统治期间，威尔士境内再起战端，亨利的一位大臣"出于对这片土地的热爱，不忍见各君主相互杀戮"，所以居中斡旋。其二，掳掠妇孺为奴，或留作自用，或出售贩卖。这是因为威尔士没有城堡，无处关押俘虏，而威尔士也没有货币用于交赎金。因此，当亨利一世向波伊斯的统治者约沃思·阿颇布莱登（Iorwerth ap Bleddyn）收取 300 镑白银时，才允许其以"任何自己可以使用的方式支付，不管是用马匹、耕牛，还是用其他的物品"。

1063 年，"全威尔士的国王"格鲁菲德·阿颇卢埃林被哈罗德击败，而后遭下属杀害，之后其亲族间内斗不断，是 1069—1081 年威尔士饱受战乱蹂躏的根源所在。"他攻无不克、战无不胜……最后却落得个暴尸荒野的下场"，《布鲁特》的作者如此哀叹。1081 年，在米纳斯卡恩之战中，里斯·阿颇图德及其盟友格鲁菲德·阿颇卡南终于取得决定性胜利，前者占领德赫巴斯，成为"南方王国"的国王，后者则在北方建立了霸权。然而，威尔士并非与世隔绝，整个威尔士西海岸都处于爱尔兰和斯堪的纳维亚政权的辐射范围之内。格鲁菲德·阿颇卡南之父流亡至爱尔兰后，迎娶盘踞在都柏林的丹麦人国王奥拉夫之女，而格鲁菲德正是两人结合所生。威尔士君主们的军队中，爱尔兰人的人数十分可观，把特哈厄恩做成培根的圭恰尔奇只是其中的一员罢了。同样，东边的英格兰也对威尔士虎视眈眈。诺曼征服前，在威尔士的北方，英格兰人的定居点就已经向西扩散到了里兹兰（Rhuddlan）。在南方，哈罗德在格温特境内的朴茨克韦特（Portskewet）修建了一座狩猎用行宫，但没过多久就被威尔士人付之一炬。而诺曼人就没这么好打发了。米纳斯卡恩之战时，诺曼人的触手就已经深入威尔士，因为与特哈厄恩一同战死沙场的格拉摩根国王卡拉多格以前正是威廉的一个扈从。1081年，威廉亲自进军威尔士，就是为了逼卡拉多格的继任者——里斯·阿颇图德臣服于自己。获得米纳斯卡恩大捷还不到一年，格鲁菲德·阿颇卡南便沦为切斯特伯爵休（Earl Hugh of Chester）的阶下囚，而后者正是决心要在威尔士北部建立霸权。"自此之后，穷凶极恶的诺曼瘟疫涌入了圭内斯"，格鲁菲德在《传记》中哀叹不已。

　　诺曼人入侵英格兰后没过多久，便到达了威尔士边境。黑斯廷斯战役结束三年内，威廉就在赫里福德郡、什罗普郡、柴郡这三个边境郡县建立伯爵领，分别任命威廉·菲茨·奥斯本、蒙哥马利的罗杰、阿夫朗什的休（Hugh of Avranches）为伯爵。威廉此举主要是为了防止威尔士人入寇，但边境伯爵领也能成为诺曼人进军威尔士的大本营。在最南方，威廉·菲茨·奥斯本分别在瓦伊河河口的切普斯托和该河上游的蒙茅斯修建了城堡。1086年，阿斯克河（Usk）沿岸的卡利恩（Caerleon）已经建起了一座诺曼城堡，其领主在阿斯克河西岸拥有面积可观的土地。威廉还在瓦伊河的上游河谷修建了克利福德城堡，为诺曼人西进（11世纪90年代，诺曼人加快了西进的步伐）至布雷肯（Brecon）、比尔斯（Builth）提供了前哨基地。1071年，威廉·菲茨·奥斯本去世。1075年，其子发动叛乱，不可避免地拖慢了诺曼人前进的步伐。而"征服者"威廉只要赫里福德郡的郡督能稳住英格兰的西方边境，而且威尔士的君主们愿意按时纳贡，他就心满意足了。根据《末日审判书》的记载，里斯·阿颇图德需要向威廉缴纳的贡金为每年40镑。降伏里斯后，威廉1081年的那次西征转变为一场前往圣戴维斯的朝圣之旅。直到1093年身死之时，里斯的主要对手从来都不是诺曼人，而是他的威尔士政敌们，而里斯（在被迫流亡爱尔兰一小段时间后）先后于 1088 年、1091 年击杀了来犯之敌。

然而，1093 年 4 月，里斯在与入侵布雷肯的诺曼人作战时兵败身亡，导致局势发生了变化。波伊斯的卡杜根·阿颇布莱登（Cadwgan ap Bleddyn）马上乘虚而入，在劫掠锡尔迪金、达费德后扬长而去。两个月后，诺曼人占领了上述区域，开始建立殖民统治。蒙哥马利的罗杰之子阿努尔夫（Arnulf）已在彭布罗克修建了第一座诺曼城堡——该城堡此后从未被威尔士人攻破。《布鲁特》的记载中"此前从未被诺曼人征服的"威尔士西南部也宣告失守。里斯的战死促成了新马尔谢的伯纳德（Bernard of Neufmarché）攻占布雷肯，以及罗贝尔·菲茨·哈蒙（Robert fitz Hamon）以加的夫城堡为基地攻占格拉摩根南部诸地。诺曼人还以阿伯加文尼（Abergavenny）城堡为基地，入侵了格温特北部。

1066 年之后，与受封于南方赫里福德郡的威廉·菲茨·奥斯本相比，蒙哥马利的罗杰在什罗普郡的权势更盛，原因是威廉将郡内所有不属于教会的领地全都赐给了罗杰。罗杰将郡内位于战略要冲的大片土地均分给了下属封臣，而下属封臣修建了属于自己的土丘式城堡，比如科比特家族修建于考斯（Caus）的城堡、塞伊家族（Says）修建于克兰（Clun）的城堡。罗杰以诺曼底的故乡领地为名称，修建了首座蒙哥马利城堡——考斯城堡的名称同样也源自于法国的地名考克斯（de Caux）。蒙哥马利城堡位于奥法堤西方不远之处，扼守塞文河流入威尔士中部山区的重要水道，向西经崎岖小道连通德菲河河谷，所以战略位置极其重要。从蒙哥马利城堡出发，到达德菲河河谷后，便可西进至海滨城镇阿伯里斯特威斯（Aberystwyth），令威尔士西南部门户大开。毫无疑问，诺曼人就是沿着这条路线（为了保护进军路线，诺曼人沿着塞文河谷一共修建了8座土丘式城堡），一路挺进锡尔迪金、达费德。

北方的威尔士人见证了壮观而虚幻的早期诺曼人的进攻。与蒙哥马利的罗杰在什罗普郡的待遇一样，休伯爵也在柴郡获得了大片领地。11世纪70年代，休的侄子罗贝尔很有可能就是从柴郡出发，向西进军，在里兹兰修建城堡，控制了克卢伊德河河谷（the valley of the Clwyd）。休伯爵之所以会在格鲁菲德·阿颇卡南取得米纳斯卡恩之战胜利之后设计将其俘获，是因为诺曼人想要一举消除来自西北方的威胁。到了末日审判时期，诺曼人已推进至康威河，而罗贝尔则很有可能已在河岸边建起了迪加努伊城堡。以迪加努伊城堡为基地，诺曼人既可以出海占领良田万顷的安格尔西岛，又可以从陆上吞并圭内斯其余全部的领土。诺曼人修建的城堡选址极其讲究（其中一座位于卡那封），他们通过城堡建立起稳固的统治，为13世纪爱德华一世最终征服威尔士打下了坚实的基础。

里兹兰的罗贝尔（Robert of Rhuddlan）、切斯特伯爵修建的城堡，将包括安格尔西岛、圭内斯在内的威尔士北方的全部领土都纳入诺曼的控制范围，而在西方和南方，锡尔迪金、彭布罗克、格拉摩根、格温特也均落入诺曼人之手，威尔士似乎马上就会遭诺曼人鲸吞。然而，局势发生了出人意料的反转。1093年7月3日，里兹兰的罗贝尔在与威尔士人作战时阵亡。而按照奥德里克的说法，取其首级之人正是格鲁菲德·阿颇卡南。次年，按照《布鲁特》的记载，威尔士人"再也无法忍受法国人的欺压和暴政，纷纷反抗异乡人的统治"。在北方，格鲁菲德·阿颇卡南与波伊斯的卡杜根·阿颇布莱登不仅摧毁了圭内斯境内的诺曼城堡，还歼灭了前来解围的诺曼援军。在南方，蒙哥马利的罗杰于1094年7月去世，威尔士人摧毁了诺曼人在锡尔迪金、达费德境内兴建的全部城堡，只剩下彭布罗克城堡。虽然诺曼人最终保住了威尔士南部绝大部分的沿海低地，却失去了对圭内斯的完全控制，遭到了 1066 年登陆不列颠以来最大的失利。

诺曼征服给威尔士带来了巨大的变化。在遭到诺曼人征服的区域，尤其是在南部的低地地区，威尔士本土的统治阶层或灭亡或臣服。威尔士的底层社会也受到了影响，一些威尔士人变成了诺曼庄园的农民，开始与英格兰的移民混杂而居。12 世纪早期，人数可观的佛兰芒人成了达费德的新居民。在诺曼庄园附近，一些原有的威尔士人定居点得以留存下来，只是其间居住的居民都成为了自由民或佃户，都需要向新来的诺曼领主提供工役、缴纳地租。这些定居点被称作“威尔士人聚居区”（Welshry）。渐渐的，这些“聚居区”都被诺曼人赶到了土地贫瘠的区域，导致格拉摩根南方的低地与北方的山地间出现了巨大的差异，前者是盎格鲁－诺曼人的殖民地，后者则是威尔士人的聚集地。尽管威尔士发生了很大的变化，但与英格兰相比仍然是小巫见大巫。1066 年之后，英格兰的贵族阶层被连根拔起，而威尔士的贵族阶层则不然。威尔士的许多本土政治实体虽然疆域大不如前，但却依然由本地贵族统治。13 世纪，格鲁菲德·阿颇卡南、卡杜根·阿颇布莱登、里斯·阿颇图德三人的后代仍旧分别在圭内斯、波伊斯南部的部分地区独霸一方。

综上所述，诺曼人远未完成对威尔士的整体吞并。其原因正如威尔士的杰拉尔德所言：威尔士的山林湖泊虽造成了境内四分五裂的政治格局，但也提供了天然屏障。诺曼人永远也不能像在黑斯廷斯战役中击败英格兰人那样一举拿下整个威尔士。想要征服威尔士，就只能步步蚕食，水军陆军齐头并进，修建城堡稳扎稳打。正如杰拉尔德所说，这至少需要英格兰国王花上一年的时间，才能实现。而此时的威廉政务繁忙，根本无法承担如此高昂的时间成本。而在 1066 年之后的 200 年间，他的继任者们也同样无法做到。所以，征服威尔士就只能靠诺曼的男爵了。但就算是诺曼的男爵，也是分身乏术：威廉·菲茨·奥斯本前往佛兰德斯为威廉作战时战死；其子在英格兰兴兵作乱，被削爵剥地；蒙哥马利家族在法国有大片领地，事务繁杂。此外，南部低地最为富庶的土地到手之后，诺曼人"前进"的动力就会减弱。这样一来，巩固和延续征服威尔士的重任，就落在了男爵手下的骑士领主身上，而这帮下属领主在人力、物力上并不比威尔士对手多。

况且，威尔士人也是令人敬畏的敌手。威尔士人"自小习武，为疆场而生"——威尔士的杰拉尔德的评价与"征服者"威廉的临终呢喃几乎如出一辙。伟大的威尔士领袖，如海韦尔·阿颇戈伦韦（Hywel ap Goronwy），就连睡觉时也会头悬宝剑、脚踏长矛，唯恐死在睡梦之中，无法马革裹尸。后期的史料指出，威尔士的统治阶层要求所有自由民都需服兵役，每年在境内和境外服役长达 6 周的时间，所以统治阶层可以随时召集起数千人的步兵大军。（至少这是 12 世纪末、13 世纪的威尔士法律典籍规定的义务。）除了可以征召民兵，威尔士的君王还拥有名叫泰利（teulu）卫队的常备军，这只军队也是王权统治的核心力量。泰利卫队由年轻贵族组成，有时会被指派去残害或谋杀君王的政敌，是君王用来维护统治的武装力量。泰利卫队是威尔士王室军队的核心，所以在分配战利品时也是最大的受益者。泰利卫队的战士甲胄轻盈、脚步稳健、身背长弓、手持长矛，善于设伏突袭，撤退时快如闪电，所以诺曼军队也难以取得决定性的胜利。此外，威尔士人还善于向对手学习，不仅结合本民族悠久的牧马历史，学会了骑马作战，还像诺曼人一样身披链甲，更是开始修建城堡。所以说，威尔士在军事领域取长补短，战斗力之强大可想而知。

在威尔士，诺曼占领区虽然时进时退，但诺曼人也算是站稳了脚跟，这是因为诺曼人绝非只知行军作战的莽夫，而是善于变通的多面手，能够随机应变。诺曼贵族在战场上自信满满、军事素养无可匹敌、纵横驰骋无人能阻，他们曾横扫曼恩、布列塔尼，后又一举征服英格兰。在威尔士，诺曼人找到了一片广阔天地，来享受战争的乐趣，满足无限的贪欲，那就是威尔士边境领地（the March），即英格兰王国边境以西的前沿地带。诺曼贵族在威尔士获得的领地不是"征服者"威廉封赏的封建领地，而是自己打下来的领地，所以不会遭中央王权缚手缚脚，而是拥有几乎与国王相当的君主权力。在之后的几个世纪中，边境男爵的权力得到了更为清晰的界定，他们拥有几乎不受限制的司法权限（国王的令状在边境领地是没有效力的），可自行发动战争、修建城堡。历史学家曾经认为，上述权力不是英格兰国王授予的，就是传承自威尔士百镇区、集户区原有的行政制度，但实际情况绝非如此平淡——威尔士的诺曼人是征服者，而不是什么"宪政主义者"。有时他们利用威尔士原有的领土单位，但形势一旦有变，他们就会视威尔士旧制为无物（格拉摩根的情况便是如此）。在英格兰国王的默许下，威尔士的诺曼边境领主的权力掌握在自己手中，眼中只有征服和占领。

随着诺曼人征服进程的潮涨潮落，边境男爵的领地也时大时小。一些诸如克兰（蒙哥马利家族被没收领地后，成为国王的直属领地）这样的边境男爵领一直都没能成什么气候，而另一些诸如彭布罗克、格拉摩根这样的边境男爵领，其规模却可与英格兰的郡县相较。边境男爵领的中心始终是城堡——我们在威尔士发现了不下300个修建于1215年前的城堡的遗址。城堡可以作为扩张领地的基地，又可在危急时成为避难所。此外，城堡还能起到心理震慑作用：卡鲁（Carew）城堡以古时留下的土方防御工事为地基，俯视德赫巴斯前任统治者的纪念十字架。许多城堡开始时都采用土丘－外庭式城堡结构，顶部用木头搭建防御工事，但往往之后都会以石质堡垒取而代之，有些城堡甚至一开始就用巨石搭建防御工事。在《布鲁特》的记载中，威尔士人掀起了一波又一波的起义浪潮，但最后都在巨石要塞上撞得粉碎。1065年，威尔士人轻而易举地就将哈罗德建于朴茨克韦特的行宫付之一炬；而威廉·菲茨·奥斯本建于切普斯托的那座巨石要塞，却从未失守——英格兰人和诺曼人的策略孰优孰劣，一目了然。当然，如果没有士兵驻扎，再坚固的巨石防御工事也与一堆乱石无异，这个问题同样难不倒诺曼人。许多主要的城堡都位于历史学家口中所谓"城堡领地"的中心，领地上所有的佃户都需履行看守城堡的义务，才能以此获得土地使用权。举例来说，克兰城堡于11世纪90年代完工后，城堡主马上就把城堡周围的土地分封了出去，从佃户处获得了7个骑士作为"城堡守卫"，而其余的守军则很有可能都是雇佣兵。

与征服英格兰一样，诺曼人对威尔士的征服也涉及到了"精神层面"。威尔士的 clas（"社区"）教堂不仅教士采用世袭制，而且没有任何行为准则，在诺曼人眼中，简直是罪大恶极。诺曼人没收了"社区"教堂的土地，不是用来建立新的修道院（1070—1150年，威尔士境内总共出现了19座修道院），就是将其捐赠给英格兰、诺曼底境内已有的修道院。奥德里克·维塔利斯是圣埃夫鲁修道院的修士，在他的编年史中，有一段记录了里兹兰的罗贝尔将英格兰、威尔士境内的土地捐赠给圣埃夫鲁修道院时，修道院议事堂中谧静安详的氛围。而在另一段文字中，奥德里克记录了在距康威北方不远处的大奥姆海岬（the Great Orme），罗贝尔于悬崖峭壁的包围下只身冲向来犯的威尔士人，最终英勇就义的场景。这两个场景既描绘了诺曼征服者英勇无畏、虔诚笃信的形象，又囊括了他们多彩多姿的生活经历。

诺曼人相信自己能征善战，虔诚笃定，但绝不盲目自大，而是乐于向威尔士人学习，甚至进入威尔士没多久就一眼看出了奴隶贸易的潜力。威尔士人怎么也忘不了，当年切斯特伯爵休是如何隐藏精壮劳力，只用了一群牙都没了的老妪就收买了斯堪的纳维亚雇佣兵——威尔士人着实钦佩他的足智多谋。领教过威尔士复杂的地形后，诺曼人很快就认识到轻装骑兵的军事价值，所以马上调整了一些佃户（比如奥斯沃斯特里领地的佃户）的封建义务，要求他们提供轻骑兵。此外，他们还从占领区的威尔士人中征召步兵，有时召集到的人数还十分可观。而在上层社会，诺曼权贵也乐于与威尔士统治阶层结盟：米纳斯卡恩之战时，格拉摩根国王卡拉多格麾下就有诺曼人为其作战。诺曼权贵丝毫不认为这是在自降身份——他们既然开始崇敬诸如圣多格马尔（Dogmael）、圣大卫这样的威尔士圣徒，那么对威尔士统治阶层表示尊重也就顺理成章了。所以，在蒙茅斯的圣玛丽教堂举行祝圣仪式时，卡拉多格能够顺利结交不少诺曼男爵；到了之后的 12 世纪 20 年代，里斯·阿颇图德之子格鲁菲德虽然已经沦为无地的"流民"，却仍然能够与两位权势极盛的边境男爵策马同行，还被夸"具有与生俱来的贵族气质"。12 世纪初，威尔士、诺曼贵族家族间的通婚已经十分常见。一旦发现威尔士统治阶层不像英格兰贵族阶层那样可以被轻易灭绝之后，诺曼人马上就意识到，如果想要让征服的成果产生实实在在的收益，就要在战争与和平间寻找平衡。如果说诺曼人是靠武力获得了威尔士的土地，那么他们能够从征服中获得实际利益，则通常都是因为他们懂得变通。

当然了，和解需要双方的参与，而威尔士的统治者显然乐于合作。这也正是威尔士统治阶层在诺曼征服的风暴中屹立不倒的另一个重要原因。卡拉多格国王和里斯·阿颇图德虽互为敌手，却采用相同的策略，一方面以表示臣服、缔结同盟为手段，减少诺曼人的侵攻，另一方面又依靠诺曼人的支持打压本土的政治对手，而此二人之后的威尔士统治者纷纷效仿。尽管如此，诺曼入侵也绝不只是向威尔士本土争斗的老汤中加入了一点儿新料，而是给威尔士留下了难以抚平的伤痛。"无情的命运啊，你为什么不让我们一死了之？……唉，（威尔士）你已经满目疮痍，命不久矣！"11世纪90年代，一位威尔士诗人发出绝望的哀号。威尔士人过去的生活模式一去不复返，生活在边境男爵领中的威尔士人更是要忍受异邦领主严苛的统治。威尔士的统治阶级依旧周旋在内斗的漩涡之中，只是由于边境男爵和英格兰国王的加入，局势变得更加凶险异常，他们也只得拼命保住现有的疆域，同时又要设法收复失地。直到爱德华一世最终征服威尔士，这场血腥的游戏才尘埃落定。

*　　*　　*

1040年，麦克白（就是莎士比亚笔下的那位）杀死苏格兰人的国王邓肯（Duncan），夺取了王位。邓肯之子马尔科姆

(Malcolm) 流亡英格兰，直到 1058 年才成功复辟，开启了苏格兰历史上最辉煌的一段统治时期。关于马尔科姆的王权，有两条基本概念需要厘清。其一，马尔科姆统治的疆域远没有如今的苏格兰这样广阔；其二，当时的不列颠北部民族林立，苏格兰人只是其中之一。在不列颠的北方，本书讲述的这 200 余年的历史，基本上可以算作马尔科姆的后代扩张疆域的历史，他们以战争手段和怀柔政策最终确立了现代苏格兰的疆界，并将不列颠北部诸民族融合成了单一的苏格兰民族。

马尔科姆三世这一脉，承继于 9 世纪中叶一位名叫肯尼思·麦克亚尔宾（Kenneth MacAlpin，肯尼斯一世）的苏格兰人的国王，当时，肯尼思的王国位于苏格兰高地以东，南起福斯湾，北至马里。之所以说肯尼斯的王国是苏格兰王国最初的核心疆域，是因为苏格兰的基本行政区划"大乡绅管辖区"（见后文详细论述）基本上都集中在这一区域。不仅如此，古人对苏格兰、苏格兰人这两个称谓的使用也可以作为这一理论的辅证。英语中的苏格兰（Scotland）、苏格兰人（the Scots）源自于拉丁语中的 Scocia、Scotti，相当于盖尔语中的阿尔巴（Alba）、阿尔巴的住民（Albanaig）。可以用来界定"苏格兰"疆域的史料最早可以追溯至 12 世纪，而在该时期的史料中，"苏格兰"仍然大抵相当于福斯湾与马里之间的这片土地。与 9 世纪相比，12 世纪"苏格兰"唯一的区别在于它不包括位于斯佩河以西的马里，尽管当时的马里拥有数量可观的大乡绅管辖区而且几乎肯定位于最初的苏格兰王国境内，具体原因我们将在下文中予以阐述。

苏格兰最初的疆域狭小的原因其实也不难解释。在北方，大批挪威人定居于凯斯内斯；在南方自福斯河起向南直到特威德河的洛锡安，居民绝大多数都是英格兰人；在西方，加洛韦人（加洛韦的居民）、坎布里亚人（居住于坎布里亚，即自克莱德河起一直延伸到湖区南端之间的区域）分别拥有各自的民族身份，但基本上都可以算作来自爱尔兰的挪威盖尔文化的后裔。凯斯内斯、阿盖尔、加洛韦的统治者都在极力扩张自己的权势。加洛韦是 12 世纪二三十年代由弗格斯（Fergus）创建的，"加洛韦人的国王"就是他对自己地位的理解。阿盖尔、加洛韦的统治者并不在意东方的苏格兰，而是紧盯西方的爱尔兰海，一心想要称霸马恩岛和西部群岛。而统治马恩岛的这个王朝，是由伟大的爱尔兰战士领主戈德里德·克罗文（Godred Crovan）在 1079 年前后建立的，其内部已经四分五裂。爱尔兰海沿岸诸国与奥克尼、设得兰一样，根本就不承认苏格兰人的国王拥有任何管辖权，而是自 1098 年起，正式承认挪威国王为他们名义上的君主。

麦克亚尔宾家族当然不会满足于偏安一方的现状，所以他们赋予了"苏格兰"这一称谓全新的、更为宽泛的定义，将克莱德湾、福斯湾以北的全部土地纳入其中，反映了自己对宽阔疆域的渴求。虽然"扩大之后"的苏格兰依旧没有囊括洛锡安、坎布里亚，但这两个地区却是最先感受到苏格兰扩张触手的区域。960 年前后（此时爱丁堡已经成为苏格兰国王的基地）至 1018 年，麦克亚尔宾王朝的国王占领了洛锡安，将领地东南边境扩展至特威德河；他们还逐步占领了坎布里亚，自 1018 年起，还将其作为王位继承人的封禄。不过，他们的扩张也并非一帆风顺。1054 年，索尔韦湾以南的坎布里亚似乎落入了诺森布里亚郡长西沃德（Siward，Earl of Northumbria）之手。更加糟糕的是，苏格兰内乱迭起，马里与中央王权的隔阂越来越深。马里曾是麦克白（麦克白本人也是麦克亚尔宾家族的成员）的权力基地，而正如下文将要介绍的那样，在他去世后，马里就被交到了他的一位亲属手中。所以，马里与苏格兰渐行渐远，这也就解释了 12 世纪"苏格兰"的疆域界定中为何将马里排除在外了。

在各方主张王权的过程中，一个重要的因素确保了王国的传承与稳定。虽然各方对国王的人选莫衷一是，但王国本身却极少发生分裂——与马里分道扬镳是个例外，不过这似乎反证了苏格兰王国的统一性。因此，与国王遍地的威尔士相比，苏格兰已经显现出了完全不同的基本特质。麦克亚尔宾王朝的国王虽然没有受过膏油礼，但地位却远高于威尔士的国王，因为他们几乎都会在斯昆举行即位仪式。此外，正如亚历山大·格兰特（Alexander Grant）指出的那样，苏格兰人的国王还设立了地方行政区划，作为获取国内各类资源的手段。前述行政区划由王室领地划分而来，分为不同的郡县，之后由于主管官员的名称是大乡绅（thane），所以改称为"大乡绅管辖区"。苏格兰已知的大乡绅管辖区一共有 71 个，通常每个管辖区会包括一或两个堂区（或者说堂区的前身），而大乡绅则负责从周边的从属定居点收取实物地租。虽然大乡绅管辖区的出现还有待更多的考证，但绝大多数很可能都是出现于马尔科姆三世夺回王位的那一时期，且主要分布在福斯湾以南、马里以北的区域内。大乡绅管辖区内的所有土地并非归国王一人所有，因为管辖区内还有许多属于领主的私人领地。大乡绅以上，还设有更高一级的官员，称为"省督"（mormaer）或"伯爵"，有权从自己管辖的领地处获取收益。（这两个头衔可以相互替换，后统一称作为"伯爵"。）只不过，在苏格兰的腹地，法夫（Fife）、高里（Gowrie）、安格斯（Angus）、梅恩斯（Mearns）这几个伯爵领都被细分成了若干大乡绅管辖区，伯爵的权力因此大打折扣，高里甚至直接受国王的管辖。在苏格兰，大乡绅管辖区形成了王室领地的核心。王室领地被包括门蒂斯（Menteith）、斯特拉森（Strathearn）、阿瑟尔（Athol）、马尔（Mar）、巴肯（Buchan）在内的这一系列省份环绕，而这些外围省份则与处于核心地带的伯爵领不同，内部连一个大乡绅管辖区都没有。外围省份也受省督或伯爵的管辖，这些伯爵当然也承认苏格兰人国王的统治，不能像加洛韦、阿盖尔、凯斯内斯的统治者那样无视国王的存在。但是，由于伯爵逐渐变成了一种世袭的称号，加上领地内部也没有大乡绅管辖区对其加以制衡，这些外围省份的伯爵还是拥有相当的独立性。这种由大乡绅管辖区组成的内核与由伯爵领组成的外围之间的差异，将会对苏格兰的历史产生决定性的影响。

与英格兰一样，苏格兰也使用赔偿制度来处理严重的犯罪案件，但无论案件如何严重，都不会被看作对国王的冒犯——因为苏格兰根本就不存在什么可以维护全境的"国王的秩序"。在苏格兰的法律体系中，一种名为brithem的世袭法官作用十分重要，既负责赔偿制度的执行，又负责解决土地纠纷。根据现有史料来看，苏格兰人的国王既不会使用书面命令，又没有铸造过钱币。不过考虑到当时的实际情况，麦克亚尔宾家族的国王们仍称得上是伟大成功的统治者。即便是将所有省督的财产都加起来，也很可能无法与国王相提并论，部分原因在于省督的领地基本上都分布在贫瘠的高地区域。苏格兰拥有全国通用的征兵体系，各省督的领地也不例外，该体系与英格兰的5海德体系十分相似，规定每普劳格特（ploughgate，在盖尔语中为davoch）的土地必须提供一定数量的士兵（至少理论上是这样），而省督的重任之一，就是率领这样一支来自所辖省份的"民兵"军队——这支徒步作战的军队通常人数众多，在战场上异常英勇。苏格兰全国都需要向国王缴纳一种名为cain 的税款，与贡金类似，但是以实物方式缴纳，且具体数额未知。王室领地本身会按照规定提供一种名为 conveth 的地租，以食物的方式支付，供国王内廷使用。此类地租可以让国王在国内四处巡游的过程中衣食无忧，还能在面积虽小却易于管理的核心疆域内展现王权的权威。苏格兰与威尔士还存在另一个本质上的不同：苏格兰的低地地区幅员辽阔、地势连绵，易于建立中央集权，有助于形成一个强有力的统一王权，继而不断地向四周扩展疆域。

　　1058 年，马尔科姆三世夺回王位后，确实迫切想要扩张王国的疆域。不过，他到底是应当北上，还是应当南下呢？马尔科姆在第一次婚姻中迎娶了奥克尼伯爵托尔芬（Thorfinn，earl of Orkney）的遗孀，这可能会帮助他重新在马里建立权威，甚至还可能将王权进一步向北推进。1078 年，马尔科姆大败马里的统治者——麦克白继子卢拉赫（Lulach）的儿子马尔斯耐施泰（Malsnechtai），将其财宝、牛群一网打尽。但马尔科姆的胜利成果似乎并没有维持多久，因为阿尔斯特编年史记载了 1085 年"马里的国王"马尔斯耐施泰"含笑九泉"，而且之后的 40 多年历史一直模糊不清。马尔科姆更倾向于南下。因为他想要收复索尔韦湾以南的坎布里亚，而且在东侧，特威德河以南大量的战利品令人垂涎。1066 年之前，英格兰的盎格鲁－撒克逊国王始终盘踞南方，而之后诺曼国王取而代之，但其常常身在海外，加之诺曼征服导致英格兰内乱不断，马尔科姆自然也想趁机南下，一试运气。马尔科姆组织了不下五次南侵，而北部城镇达勒姆留下了如此记录："马尔科姆残忍无比、禽兽不如，频频入寇诺森布里亚，所到之处只剩一片焦土。"马尔科姆的南侵在之后的150余年间，引得后继苏格兰国王纷纷效仿。

马尔科姆的第一次南侵发生在1061年，趁郡长西沃德的继任者托斯蒂格远在罗马之际进兵诺森布里亚，甚至还有可能在该郡境内挥师西进，前去收复索尔韦湾以南的坎布里亚。马尔科姆的第二次婚姻令其向南扩张的野心昭然若揭：1068年，他欢迎包括"显贵者"埃德加在内的诸多英格兰流亡者，让苏格兰王庭成为盎格鲁-撒克逊贵族的庇护所；差不多两年后，马尔科姆又与埃德加的妹妹、"刚勇者"埃德蒙的孙女玛格丽特喜结连理，将威塞克斯王朝历史悠久的血脉融合到麦克亚尔宾家族中去。玛格丽特不仅对丈夫的政策产生了重大影响，还成为了后世数代苏格兰国王的母系祖先。

1070年，入侵英格兰的"显贵者"埃德加折戟而归，而马尔科姆待到英格兰国王威廉解散军队后再次南侵，先是进一步巩固了对坎布里亚南部的统治，而后又纵兵洗劫蒂斯河谷（Teesdale）。这次入侵（也许也是因为马尔科姆与玛格丽特的联姻）令威廉动了北上征讨苏格兰的杀心，于1072年在阿伯内西（Abernethy）逼马尔科姆签订城下之约。盎格鲁-撒克逊史官写道：马尔科姆"交出了人质，向威廉俯首称臣"，但马尔科姆并没有安分多久。1079年，在平定马里后，他又趁威廉远在诺曼底，再次袭扰诺森布里亚，将战火烧至泰恩河北岸。威廉则派长子罗贝尔北上予以还击，罗贝尔率军直捣福尔柯克（Falkirk）逼马尔科姆再次称臣，而后又在回程途中命人在泰恩河边修建城堡，为英格兰的北方大城纽卡斯尔奠定了最初的基础。

罗贝尔修建的城堡虽然固若金汤，但也间接反映了诺曼人对马尔科姆军事实力的忌惮，因为城堡没有修建在特威德河边，而是在 110 多公里以南的泰恩河边。正如英格兰北方的编年史家达勒姆的西米恩在记录中批判的那样，罗贝尔的城堡并没有真正解决问题，马尔科姆的入侵大军仍旧来去自如，所以 12 世纪 20 年代，诺曼人又在特威德河边的诺勒姆（Norham）修建新的城堡。在 1086年以前，诺曼男爵获封的领地从未越过纽卡斯尔以北仅 22 公里的米特福德。这凸显出诺曼人在对待威尔士和苏格兰时最大的不同之处。在威尔士北部的边境男爵领就从未发生过上述情况；而诺曼男爵们从未进犯过苏格兰的边境地区，也没能在特威德河、索尔韦湾以北修建城堡，反倒常常受到北方之敌的压制。

"征服者"威廉去世后，马尔科姆于 1091 年第四次入侵，企图再次利用"显贵者"埃德加，同时又抓住继任英格兰国王威廉·鲁弗斯远在诺曼底的战机，几乎兵临达勒姆。该年年末，威廉二世与罗贝尔双双挥师北上，马尔科姆再次俯首称臣。不过，威廉二世到了第二年才真正集结大军进入索尔韦湾以南的坎布里亚，驱逐了马尔科姆拥立的傀儡统治者，并在卡莱尔修建城堡、建立城镇。对马尔科姆来说，这无疑是毁灭性的一击，他失去了努力一生才获得的大片疆土，而失去卡莱尔则更是令他再也无法沿厄辛河谷（valleys of the Irthing）自西向东长驱直入，侵袭泰恩河下游地区。1092 年，马尔科姆南下前往格洛斯特会见鲁弗斯，却被告知自己的地位不过相当于英格兰的男爵而已。不出意料，马尔科姆于次年第五次兴兵入侵，但他在诺森布里亚遭罗贝尔·德·莫布雷（Robert de Mowbray）伯爵伏击，与长子爱德华一起战死沙场。此时的玛格丽特王后健康状况本已不佳，一听到噩耗，便撒手归西。

除去最后一次的失利，马尔科姆对时机的拿捏十分完美。他入侵的动机既不完全是为了扩张领土，也不完全是为了掠夺战利品，而是两者皆有之。毫无疑问，正如他想要占据索尔韦湾以南的土地那样，马尔科姆对特威德河以南的土地也垂涎三尺，但他缺乏必要的军事技术，连一座城堡都没有修建过。然而，就算是只考虑入侵掠得的包括奴隶在内的各类战利品，入寇英格兰也是极其上算的买卖。前文中引述的达勒姆编年史指出，"多到数不清的男男女女，都被掳走，沦为奴隶"。善良的玛格丽特王后经常帮助在苏格兰为奴的英格兰人赎身。可讽刺的是，这位王后却正是马尔科姆南侵的原因之一。

　　玛格丽特拥有威塞克斯王室血统，成为王后后地位更是十分高贵，而马尔科姆对此也心知肚明，便以过往盎格鲁－撒克逊国王的名字为他们的前四个儿子命名。生下子嗣后，玛格丽特一方面手握王子的教育大权，一方面则如后文将要介绍的那样，被裹挟到确定王位继承人的斗争中去。《玛格丽特生平传记》（*A Life of Margaret*）在王后去世数年内成书，其作者十有八九是王后生前的告解神父、达勒姆修道院院长杜尔哥（Turgot，1087—1107年在任）。这本书让我们能够以独特的视角一瞥国王与王后间微妙的私人关系，了解王后是如何通过巧妙地操作与国王的关系来施展权谋的。玛格丽特虔诚笃信，深谙宗教神学理论，马尔科姆自叹弗如。在马尔科姆看来，玛格丽特每天读的书就像是天书一般难懂，他还经常与王后开玩笑，说如果她再拿他的钱去扶贫济困，就要给她点惩罚。玛格丽特极其虔诚，而这可能与她出生在刚刚皈依基督教的匈牙利，受到了当地宗教狂热的影响有关，而在1057年返回英格兰后，又受"忏悔者"爱德华的耳濡目染。玛格丽特每天都要听数次弥撒，反复研读《圣咏经》，而且热衷于接济贫民，令王宫人满为患。此外，她还热衷于推进教会改革。

虽然玛格丽特对一些苏格兰的隐士崇敬有加，但她对教会的整体状况不甚满意，认为改革势在必行。与英格兰、诺曼底不同，苏格兰无论是在 10 世纪还是之后，都没有掀起修道院复兴的浪潮，除去几座过去遗留下来的修道院，苏格兰最接近修道院的也就是修道士（"上帝的奴仆"）组建的社区，而这些 9 世纪时从爱尔兰传过来的修道士社区此时已经基本上沦为贵族家庭的私有物。就各地的教堂来说，苏格兰与盎格鲁－撒克逊时期的英格兰类似，采用面积较大的教会区划，区划内的教堂由所属地的区划大教堂统一管理，而负责区划教会事务的，则是修道士团体或其他教派的修士。如果以玛格丽特制定的法律作为评判标准的话，苏格兰地方教堂提供的宗教服务一定是不够格的。当时，各教堂肯定也都设立了主教一职，但这个职位却长期空缺，似乎都已经成了惯例，而且主教教区的数量和副主教教区的边界，似乎都没有明确的规定。

玛格丽特推行的教会改革成果十分有限。虽然她与丈夫一起建立了教会改革议事会，共同处置各类违规行为（比如无视安息日、举行弥撒时不按照规定的程序），但杜尔哥升任圣安德鲁斯主教时，同样的违规行为再次被纳入议事范畴。虽然玛格丽特的确"在邓弗姆林修建了一座高贵的教堂"，为本笃会修士提供修行之地，这也是苏格兰境内首座本笃会修道院，但此后修道院复兴的大潮终究未曾到来。正因为如此，玛格丽特的两个女儿才不得不前往英格兰境内的拉姆西修道院接受教育。此外，无论玛格丽特和马尔科姆多么想要推进改革，他们都无法像英格兰国王威廉那样，有幸遇到一位像兰弗朗克这样伟大的主教。尽管圣安德鲁斯教区很有可能是苏格兰所有主教教区中地位最高的，但它的主教仍然不具有都主教的权威，而且 1059—1093 年，该教区的主教福瑟德（Fothad）

根本就无意改革。

　　这类宗教改革常常包含政治因素在内，比如苏格兰的教会改革就与马尔科姆的南征计划完美契合。1072 年，兰弗朗克开始以"全不列颠教会的领袖"自居，但也承认约克大主教自达勒姆起一直向北，"延伸至苏格兰全境"的权威。马尔科姆之后的苏格兰国王都极力维护苏格兰教会的独立性，坚决反对约克大主教、坎特伯雷大主教对苏格兰教会的内部事务横加干涉，而马尔科姆、玛格丽特则从未想过要限制来自南方的影响。实际上，玛格丽特在建立邓弗姆林修道院时，更是寻求过兰弗朗克的帮助。马尔科姆之所以南征，并非是因为忌惮南方势力的威胁，凭他的军事实力再加上玛格丽特推行的宗教改革，很可能会促使南方的英格兰人接受他的统治。也正因为如此，夫妻二人才会对达勒姆的圣徒圣卡斯伯特崇敬有加，1093 年，马尔科姆还亲自为这位圣徒的朝圣地、新建的达勒姆大教堂奠基，并且令大教堂所属修道院为自己及玛格丽特的灵魂祈祷，直至永远。

　　无论是推行教会改革，还是南侵英格兰，都与王位继承问题有关，这个问题也主导了马尔科姆统治的后期。虽然麦克亚尔宾家族在苏格兰独占王位，国王有时还能提前确定继位者（tanaise①），但王室采用的并非长子继承制。实际上，直到 1005 年，苏格兰的王位都是由王室成员中最适合，也是最有权势的人继承。1034 年，马尔科姆二世的孙子邓肯继承王位，这是自 9 世纪中叶以来，王位首次由直系男性继承人继承。然而，没过多久，邓肯就遭麦克白篡位。在马尔科姆三世统治的后期，数位王室成员都对王位虎视眈

---

① 　意为"第二人"。

眈：比如国王的弟弟唐纳德·巴恩（Donald Bàn），以及国王第一任妻子的儿子邓肯——他虽然早在 1072 年就被当作人质送往英格兰，却依然侥幸在诺曼宫廷中活了下来。而马尔科姆本人早已决定要将王位传给第二任妻子玛格丽特的长子爱德华，为麦克亚尔宾家族注入高贵的威塞克斯王族血统。但作为异乡人的玛格丽特不得人心，不得不在议事会上舌战群儒，力排众议，但又因不懂盖尔语而窘相毕露，只能靠马尔科姆代为翻译。所以，要想让爱德华继位，增强新王朝的威望与权势就变得至关重要。于是，夫妻二人开始推行教会改革，期盼着即便无法借此赢得人心，也能获得上帝的眷顾。马尔科姆的南侵很有可能也是出于同样的目的——即便玛格丽特不愿令英格兰人在异乡沦落为奴，但她也的确需要南征为新王朝赢得威势和财富。杜尔哥所著《玛格丽特生平传记》中指出，玛格丽特手中握有掌管宫廷仪式的大权，她不遗余力地"令国王浩荡的君威更上一层楼，变得更加威势逼人"。她是不是以"忏悔者"爱德华的王后伊迪丝（玛格丽特为自己的大女儿取名为伊迪丝）为榜样的呢？只见她"锦罗玉衣，焕发着只有真正的王后才能拥有的光彩"。她用奢华的丝绸装点宫殿；让苏格兰的廷臣穿上鲜艳的长袍；将金银器皿端上苏格兰的餐桌；"令国王侍从如云，君威浩荡"，一众随从鞍前马后地侍奉在国王左右。马尔科姆本人也十分重视国王的权威，要求每位臣民都必须向自己宣誓效忠。杜尔哥拒绝宣誓，所以马尔科姆令其在梅尔罗斯建立修道院的计划无疾而终。

最终，马尔科姆与玛格丽特的一切努力都是值得的，他们建立的王室血脉成功在苏格兰扎下了根基。二人的女儿玛蒂尔达成为亨利一世的王后之后，苏格兰的王室血脉更是在英格兰开枝散叶。

第五章

不列颠与盎格鲁－诺曼王国（1087—1135）

　　无论威廉国王最初意向如何，在临终之时，他还是遵循了在诺曼底逐渐形成的继承制度，将祖产全部留给了长子，将征服得来的土地自行分配。所以，长子罗贝尔继承了诺曼底公爵的爵位、次子威廉·鲁弗斯继位为英格兰国王，而三子亨利却只获得了大量的货币补偿。自此之后，征服者的子子孙孙、他们各自手下的贵族为瓜分他留下的遗产而闹得不可开交，直到1154年亨利二世继位之后才平息下来，这些争斗还波及威尔士、苏格兰，进而反复描绘着不列颠的政治地图。本章将讲述的是威廉·鲁弗斯（1087—1100年在位）、亨利一世（1100—1135在位）这两位国王统治的近50年的历史。

＊　　＊　　＊

　　1087年之后，英格兰的政治斗争是在盎格鲁－诺曼框架下进行的，但其绝不仅是原有战局向诺曼底的扩张。当时，"征服者"的后代否定威廉一世的遗产分配方案，诺曼底公爵想要夺取英格兰的王位，英格兰国王则觊觎诺曼底公爵的领地，双方都想要建立统一的盎格鲁－诺曼王国，他们之间的争斗成为了英格兰政治斗争的新主题。贵族阶层的处境也变得错综复杂，尤其对那些在海峡两岸均拥有领地的贵族。当然，并非所有人的处境都是如此，因为即便是在诺曼征服之后，也仍然有诸如埃夫勒伯爵这样的在英格兰几乎没有任何领地的诺曼大领主。此外，在地区层面，政治局势受各地实际情况的影响，与王国层面的政治大环境泾渭分明，特别是在边界地区（比如受诺曼底管辖的韦克桑地区）。尽管如此，当时在海峡两岸均拥有大量地产的权贵还是占大多数的——"征服者"威廉去世时，在其视为心腹的 10 位男爵中就有 8 位在海峡以南、以北都是地位重要的大领主。自 1087 年之后，诺曼王国经常隔海而治，令这帮"脚踏两只船"的领主进退两难，无人不在抱怨因"一臣事二主"而跋前疐后的窘境：在海峡两岸都拥有领地的男爵必须选边站队，无论选择哪一方，通常都会被另一方没收领地。在奥德里克的记载中，1088 年，诺曼男爵口出怨言："如果我们尽自己的本分，效忠诺曼底公爵罗贝尔，就会冒犯公爵的弟弟威廉，也就会失去英格兰的封邑和爵位，损失的收入难以估量。反之，如果我们向威廉国王尽忠，诺曼底的祖产就会被罗贝尔公爵罚没。"隔海对峙的两位统治者日子同样不好过，既要阻止对自己不忠的继承人染指父辈的遗产，又要防止女性继承人嫁入"敌方阵营"（没错，亨利一世的《加冕宪章》就是如此称呼诺曼底公爵的）。虽然因诺曼征服而在英格兰获得领地的男爵通常会按照逐渐形成的惯例（不过并非所有人都如此）将遗产分为祖产、征服所得这两部分，但由于领地的分割存在大量遗留问题，所以"一臣二主"的难题并没有因为遗产的传承而烟消云散。譬如，如果一位男爵因对英格兰国王不忠而丧失了领地，那么他就有可能投奔海峡对岸的亲族，除了能够获得庇护，还能借力夺回自己的领地。领地遭到罚没是切肤之痛，任何家族都不会听之任之，无论经过多少个世代，也都会力求收复失地。

面对两难的窘境，贵族阶层的反应也各有不同。一种是两边都不得罪。"少数几位在两国均拥有领地的领主，为保全自己的利益做起了和事佬"，马姆斯伯里的威廉在记录1088年的内战时留下了如此评价。另一种则是坚决支持其中一方，助其击败对手，从而消除利益冲突的根源。根据奥德里克的记载，1088年，绝大多数诺曼贵族的决定是"让我们拥立罗贝尔为英格兰、诺曼底共同的统治者，以此维护两国的统一"，不过最终取胜的并非他们。

诺曼征服之后，英格兰的政治斗争进一步白热化，但贵族阶层的伤亡却减少了。1106—1264年，盎格鲁–诺曼世界及英格兰重大战役时有发生，战争的残酷程度也丝毫没有下降，但死亡却很少。虽然正如奥德里克强调的那样，盔甲起到了很好的防护作用，但无论身披多么坚不可摧的甲胄，骑士一旦被敌人围住，最终难逃一死。而贵族伤亡减少的真正原因在于，他们可以用投降和交赎金的方式来脱险。所以，对该时期的贵族来说，赎金制度是无比重要的安全保障，令战争变成了一种几乎没有生命危险的昂贵游戏。实际上，贵族之间的战斗并非为了将对手置之死地，而是要将其俘获。此外，当时的整个政治大环境与现代人对中世纪普遍存在的认知大相径庭，根本就没有什么腥风血雨——自1076年瓦尔塞奥夫被"征服者"威廉处死，直到1312年加韦斯顿（Gaveston）被数位英格兰男爵判处死刑，没有一位英格兰伯爵是由于政治原因被判死刑或遭人谋杀。鲁弗斯和亨利一世都残害过政敌，但这样的肉刑也越来越少见。在当时，叛国罪的主要惩罚方式是没收领地与监禁，之所以没有死刑，倒不是因为缺少法律依据，因为就违反封建效忠誓言来说，叛国罪是一种十分古老的罪行，涵盖范围极广，判处死刑大多是有充分依据的。所以，这一时期纯粹是因为君主不愿以死刑作为处罚手段而已。

这些战争和政治斗争的"潜规则"，诺曼人在 1066 年之前就已经谙熟于心了。而在英格兰，处决政敌的做法仍然十分常见（最后一次宫廷政治处决发生在 1064 年），而且英格兰人仍坚定地认为叛国罪就应当以死刑论处。所以，奥德里克在其编年史中写道，1076 年威廉处决瓦尔塞奥夫时，依据的是"英格兰的法律"，因为如果按照"诺曼人的法律"，那么处罚就应当是监禁和没收财产。在英格兰，贵族在战争中死亡的情况也时有发生，部分原因在于，1016 年以前，英格兰都在与来自丹麦的异乡人交战，一旦失败，整个国家就会土崩瓦解。相反，在诺曼底，无论是对外作战还是内部争斗，双方都是地位显赫的贵族，而且还经常沾亲带故。因此，交战各方或在无险可守的边境线上来回拉锯，或纠集大军围攻城堡，战场的形势瞬息万变，胜负难料，但通常并不会拼到鱼死网破。当然，诺曼人一旦决定向其他民族发动全面战争，也会像盎格鲁－撒克逊人一样大开杀戒，诺曼征服正是如此。但在一般情况下，诺曼人对于贵族政敌并不会痛下杀手。此外，奥德里克还强调了家族纽带对减少战场杀戮的重要作用，而盎格鲁－诺曼王国特殊的地缘关系则进一步巩固了这种"不杀"的政治传统——杀死在英格兰作乱之人，只会点燃其诺曼底亲族复仇的怒火。所以如奥德里克所说，1095 年，鲁弗斯之所以对叛乱者网开一面，是因为"忌惮他们背后显贵的亲族，生怕这些人在诺曼底伺机报复"。

因此，1066 年之后，英格兰在政治、战争两方面受到了诺曼底、法国的影响，转而遵循来自海峡对岸的习俗，而这些习俗让骑士精神开花结果，并作为一套价值准则，深深影响了当时贵族阶层的思想。与之前的行为准则相比，骑士精神最重要的特点在于"骑士礼仪"要求善待敌人。正是在这种宽松的环境中，贵族阶层才能去践行包括忠诚、慷慨，以及最为重要的英勇在内的各种骑士美德。当然，感受到乐趣的都是贵族，因为骑士精神规束的只是贵族争斗时的行为模式，与骑士如何对待普通的镇民、农民无关——在战场上，骑士也许不会对同类赶尽杀绝，但他们对平民百姓绝不会手软。

*   *   *

在身形相貌方面，"征服者"的三个儿子十分相似，全都矮小壮硕、胸肌发达：罗贝尔是最壮实、最矮小的，所以得了"柯索斯"（"短袜子"）这样一个诨号；鲁弗斯金发红髯、容光焕发；亨利则是一头黑发。三人都在军营中长大，只不过战争于鲁弗斯是热爱，于亨利是手段。"征服者"去世后，盎格鲁-诺曼王国的未来最有可能归属于罗贝尔，因为作为长子，他对诺曼底的继承权无可争议，即便想要夺取英格兰王位，也算不上师出无名。但罗贝尔最后反倒被两个弟弟赶下了台，既没能保住诺曼底，又没能夺取英格兰，但这其实也是情理之中的：罗贝尔虽然能说会道，而且看起来很有骑士风度，却也懒惰成性、挥霍无度、优柔寡断。鲁弗斯则完全不同，不仅公然纵兵劫掠教堂，而且私生活不清白，所以其形象在教会编年史家的笔下十分不堪。其实，鲁弗斯很可能并非同性恋，只是他的宫闱一到晚上就灯火俱熄，难免令人浮想联翩。但鲁弗斯可绝不是什么挥霍无度的花花公子。马姆斯伯里的威廉指出鲁弗斯公私分明,家里(intus)家外(extus)拿捏得分毫不差,绝不会因私废公。与亲信之人用餐时,鲁弗斯和蔼可亲、轻松自如,常常自我解嘲;在公共场合,他目光如炬(他还有虹膜异色症)、语气强硬,发怒时一字一顿,令人更觉胆战心惊。鲁弗斯头脑机敏,无论任何问题,都可以将其中的政治利害分析得一清二楚。与懒散迟钝的罗贝尔相比,他无限的精力令人惊叹不已;与疑心重重、瞻前顾后的亨利相比,他强大的自信令人佩服得五体投地。最为重要的是,正如马姆斯伯里的威廉所言,鲁弗斯对权力和名望有着极度的渴求。他不仅骁勇善战、志存高远,还"礼贤下士"(他不仅没有去报复将自己打落下马的骑士,反倒将其招入自己麾下),种种事迹令他威名远扬。在后世的文人眼中(以盖马尔成书于1140年前后的《英格兰人的历史》为代表),鲁弗斯几乎成了英勇无畏、具有骑士精神的国王的代名词。他取得的成就惊人,不仅控制了诺曼底、征服了曼恩,还扩展了英格兰的北方边界,令苏格兰俯首称臣,只有威尔士侥幸逃过一劫。个中缘由除了上述征讨之外,其他事务也分散了他的精力,比如与坎特伯雷大主教安瑟伦爆发的激烈矛盾。

　　鲁弗斯继位之初,上述一切成就似乎都只是天方夜谭。当时,不少诺曼贵族都想让罗贝尔成为英格兰国王,统一英格兰与诺曼底,所以鲁弗斯登上王位后就不得不出兵镇压叛乱。鲁弗斯的叔叔巴约的厄德在"征服者"去世后重获自由,成了叛乱的领导者。而鲁弗斯于1088年夏擒获厄德、攻占罗切斯特城堡,令叛乱土崩瓦解。在那之后,罗贝尔不仅令诺曼底陷入一片混乱,还让法国国王占领了曼恩。而鲁弗斯则抓住这一机会于1091年1月率大军进入诺曼底，不仅逼罗贝尔让出大量领地，还命其驱逐在诺曼底避难的"显贵者"埃德加以绝后患。然而，埃德加投奔了妹夫苏格兰国王马尔科姆，二人于1091年5月趁鲁弗斯尚在诺曼底之际，入寇英格兰北部地区。为了应对北方的威胁，鲁弗斯先是在1091年西路进兵，在福斯湾边逼马尔科姆俯首称臣，后又于1092年东路进兵，在索尔韦湾边建立卡莱尔镇。卡莱尔镇对鲁弗斯作为英格兰国王的野心与成就来说，是最为贴切的象征。自1061年起，索尔韦湾以南的坎布里亚很有可能一直受马尔科姆国王统治，但卡莱尔镇地处咽喉要道，其城堡修建于科尔迪尤河（Caldew）、伊登河（Eden）之间的峭壁之上，既宣示了英格兰对索尔韦湾以南坎布里亚的所有权，又为英格兰未来继续北进提供了通道。泰恩河畔纽卡斯尔的作用仅仅是守卫英格兰的固有领土，卡莱尔则象征着鲁弗斯已吹响了开疆辟土的号角。

　　然而，这些宏图大略很快就因鲁弗斯与教会的争斗而被迫搁置。1089年兰弗朗克去世之后，鲁弗斯一直没有提名坎特伯雷大主教。直至1093年3月，他暴疾缠身，既担心自己马上一命呜呼，又害怕死后灵魂将不得救赎，便匆忙任命贝克修道院的院长安瑟伦继任为坎特伯雷大主教。与兰弗朗克一样，安瑟伦也是意大利人，上任时年逾六旬，在贝克修道院修行已33年，不仅虔诚，还以机敏的才智、深刻入理的神学著作闻名于世。他以年老体衰的绵羊自比，自嘲无法驾驭像发怒的公牛一般的鲁弗斯。不过，安瑟伦可不是什么绵羊，反倒像是一头精瘦结实的骡子。与兰弗朗克一样，安瑟伦也寸步不让，誓要维护坎特伯雷大主教教区的权力、财产，但这些权力财产在主教职位空缺期间被大量侵占。此外，安瑟伦还想要延续兰弗朗克的方针路线，继续推进教会改革。但时局发生了两项重大改变：其一，鲁弗斯与父亲不同，对教会事务完全不感兴趣，只是将教会看作收入的来源；其二，安瑟伦比兰弗朗克年轻，他们这一代的改革者态度更加强硬，所以安瑟伦坚决贯彻奉教皇为教会唯一领袖的改革派路线，不会因顾及国内和平、国王的权威而遵循中庸之道。

鲁弗斯病情有所好转，但他并不认为这是安瑟伦的功劳。没过一个月，威尔士的局势就发生了决定性的反转——1093 年 4 月，曾获"征服者"威廉承认的威尔士南部统治者里斯·阿颇图德兵败身亡，蒙哥马利的罗杰之子阿努尔夫趁机入侵彭布罗克，站稳了脚跟。新马尔谢的伯纳德、罗贝尔·菲茨·哈蒙也乘虚而入，分别占领了布雷肯、南格拉摩根。而在威尔士北方，里兹兰的罗贝尔、切斯特伯爵休修建的城堡星罗棋布，几乎将圭内斯完全压制。诺曼人在南北两方齐头并进，威尔士命悬一线。可很快，局势出现了反转。7 月 3 日，在大奥姆海岬的巨岩之下，里兹兰的罗贝尔遭威尔士人突袭，（据奥德里克的说法）死于圭内斯本土的王位争夺者格鲁菲德·阿颇卡南之手。然而，就在这关键的当口上，鲁弗斯却身陷苏格兰。1093 年 8 月，鲁弗斯竟声称，自己的男爵们可以审判马尔科姆国王，这无非就是在暗示苏格兰国王的地位与英格兰男爵无异。如前文所述，马尔科姆进兵英格兰，与长子爱德华一起被诺森布里亚伯爵罗贝尔·德·莫布雷击杀；罗贝尔伯爵曾参与 1088 年的叛乱，在失败后获得鲁弗斯的原谅。之后没过几天，玛格丽特王后也撒手西去，受马尔科姆立储政策压制的苏格兰王庭势力突然爆发：所有盎格鲁-撒克逊廷臣都被驱逐出境，玛格丽特其他的几个儿子也遭排挤，最终马尔科姆的弟弟唐纳德·巴恩夺得了王位。鲁弗斯想趁机扶持自己的傀儡登上苏格兰王位，于是便令马尔科姆与第一任妻子生下的儿子邓肯（自1072年起，就作为人质待在诺曼王庭）宣示效忠，然后派军队随其北进，推翻唐纳德·巴恩的统治，令邓肯成为新的国王。然而，在鲁弗斯的日程表上，苏格兰并非重中之重——鲁弗斯先是与安瑟伦争斗一番，拒绝了其为空缺修道院任命院长、召开教会改革会议的要求，而后又于1094年3月渡海前往诺曼底。

1094年年末，鲁弗斯回到英格兰时，不列颠正处于动荡之中。该年11月，邓肯遭人杀害，唐纳德·巴恩再次登上苏格兰王位。里兹兰的罗贝尔战死后才过了一年，蒙哥马利的罗杰也于1094年7月去世，导致威尔士发生大规模起义。虽然诺曼人在彭布罗克守住了城堡，但是在南方的锡尔迪金、达费德，在北方的圭内斯，诺曼人修建的其他城堡全部遭威尔士人摧毁。

可此时的鲁弗斯却分身乏术，无法立即作出回应。1095年1月，鲁弗斯在罗金厄姆召开会议，与安瑟伦摊牌，要求其改变在担任贝克修道院院长时就采取的一贯立场，不再承认教皇乌尔班二世（Pope Urban Ⅱ）的教宗之位，而是像英格兰教会的其他成员自诺曼征服起所做的那样，等国王来决断两位教皇中究竟该支持哪一方。鲁弗斯的这一要求，令他与安瑟伦之间的矛盾变得不可调和。鲁弗斯声称，确定英格兰教会应当从属于哪一位教皇，是国王与生俱来的权力。而安瑟伦表示自己会"在君主管辖范围内"向鲁弗斯效忠，但君主无权要求自己否认乌尔班二世的教宗之位，他宣称自己宁可离开英格兰，也绝不屈服。最后，向来善变的鲁弗斯情急之下宣布承认乌尔班教宗的地位，希望他能罢免安瑟伦大主教的职位，但未能如愿。此外，鲁弗斯在1095年夏季又遭到手下男爵的叛变。这一次叛变的目的同样是将鲁弗斯赶下王位，但拥立的对象却不是政坛失意的罗贝尔，而是"征服者"威廉的侄子欧马勒伯爵斯蒂芬（Stephen，count of Aumale）。叛乱的领导者是身材高大、肤色黝黑、不苟言笑的诺森布里亚伯爵罗贝尔·德·莫布雷，而叛乱的起因则有可能是，伯爵认为自己立下击杀马尔科姆国王的大功，却没有得到相应的奖赏。而面对叛乱，鲁弗斯应对自如，1095 年 10 月，他非但将叛变的主谋莫布雷围困在班堡城堡（Bamburgh），还进兵威尔士北部。格鲁菲德·阿颇卡南运用威尔士人擅长的伏击战术据山守险，而本就不擅长山地战的鲁弗斯眼见无法速战速决，便只得匆匆撤兵。

叛乱被成功镇压。主谋莫布雷被鲁弗斯终身监禁，什鲁斯伯里伯爵休被判缴纳 3 000 镑罚金，厄镇（Eu）伯爵不仅被挖去双目，还被处以宫刑。此后，鲁弗斯连战连捷。他在维护英格兰安定的同时，还在北方的苏格兰拥立藩属国王，在海峡对岸的南方掌控诺曼底、从法国国王手中夺回曼恩，罢免了不听号令的坎特伯雷大主教。而成就这一切的重要转折点在于，罗贝尔为参加第一次十字军东征筹措军费，便将诺曼底以 6 666 镑租给鲁弗斯 5 年。1096 年 9 月，鲁弗斯获得了诺曼底公国的控制权。次年，鲁弗斯再次入侵威尔士，此次他率重兵入侵威尔士南部。本次入侵的战绩依然不理想，但鲁弗斯的军队还是一路进军到了圣戴维斯，巩固了诺曼人对彭布罗克的统治。此外，这次出兵还令安瑟伦与鲁弗斯彻底决裂——鲁弗斯认为安瑟伦提供的骑士滥竽充数。1097 年 11 月，安瑟伦无视未经国王同意不得去罗马觐见教皇的惯例，离开英格兰，去找教皇告状。鲁弗斯的顾问官默朗伯爵对安瑟伦嗤之以鼻："你愿去便去，正好免得给我们碍手碍脚。"此后，直到鲁弗斯去世，坎特伯雷的收益尽数流入了国王的腰包。

与此同时，鲁弗斯已经改变了苏格兰的局势。1097年10月，他派"显贵者"埃德加（此时两人已是盟友）率军北上，将唐纳德·巴恩驱逐出境，让玛格丽特王后为马尔科姆生下的第二个儿子埃德加登上王座。自此，埃德加一直统治到1107年去世。马尔科姆与玛格丽特的血脉在苏格兰复辟成功，只不过鲁弗斯不会让埃德加像其父马尔科姆一样，成为独立自主的国王——在继位前发布的宪章中，埃德加自称是苏格兰人与洛锡安人的国王，但也承认鲁弗斯的封建宗主地位，承认自己的王位全是拜鲁弗斯所赐。

接下来，就是收复曼恩了。鲁弗斯的父亲威廉曾经征服了曼恩，但罗贝尔却未能守住祖业。1098年7月末，鲁弗斯成功夺回曼恩，而在这其中功不可没的是一位名叫贝莱姆的罗贝尔（Robert of Bellême）的贵族。罗贝尔是蒙哥马利的罗杰第二个幸存的儿子，权势范围辐射盎格鲁-诺曼王国边界多地，虽然军事天赋举世闻名，但也因残忍暴虐而恶名远扬。罗贝尔迎娶了蓬蒂厄女伯爵阿涅丝，获得蓬蒂厄伯爵领的控制权，又分别从父亲、母亲手中继承到了位于诺曼底中部、南部的领地，而这其中就包括贝莱姆。然而，鲁弗斯却将威尔士的部分土地分封给了罗贝尔，这也对圭内斯王国的独立产生了重大影响。

1098年夏，罗贝尔的哥哥什鲁斯伯里伯爵休与切斯特伯爵休一起，想要在圭内斯重建诺曼统治。两人一路进军至安格尔西，逼格鲁菲德·阿颇卡南、卡杜根·阿颇布莱登西逃爱尔兰。然而，胜利在望之时，爱尔兰海这片西部之海中却发生了重大变故，掀起的波澜令威尔士、苏格兰的政治局势发生了不小的震荡。

挪威国王"赤脚王"马格努斯（Magnus Barelegs，哈拉尔·哈德拉达的孙子）组建了庞大的舰队，"前往西方去抢夺战利品、占领新领土"。马格努斯占领了设得兰群岛、西部群岛、马恩岛，令苏格兰国王正式承认其对这三处领土的君主权（据马格努斯的萨迦记载）。直到 1266 年，挪威才放弃了对这些西方领土的君主权。紧接着，马格努斯突袭安格尔西，射杀什鲁斯伯里伯爵休，而后扬长而去。由此产生的权力真空令格鲁菲德、卡杜根获得可乘之机，得以从爱尔兰返回威尔士。两人回归后，诺曼人默许了格鲁菲德对安格尔西的统治，对盘踞于锡尔迪金、波伊斯部分地区的卡杜根也睁一只眼闭一只眼。鲁弗斯没有让休的弟弟彭布罗克领主阿努尔夫继承休位于北方的领地，反倒让远在海峡对岸的贝莱姆的罗贝尔接管该地，所以才造成了权力真空。其实，这是鲁弗斯结合曼恩的局势慎重作出的决定——1099 年夏，曼恩发生叛乱，多亏了贝莱姆的罗贝尔，叛乱才得以镇压。鲁弗斯本人听到叛乱的消息后，不顾正在克拉伦登森林（Clarendon forest）中进行的围猎，策马飞驰至南安普敦，顶着狂风暴雨渡海前往诺曼底（"有谁听说过有国王死于船难的？"），下船后骑着从当地神父那里征用的马，在人群的欢呼簇拥下召集军队，没用多少时日就收复了勒芒。次年，鲁弗斯回到英格兰，在自己修建于威斯敏斯特的宏伟大厅中庆祝圣灵降临节。大厅长 73 米、宽 20 米，至今仍然傲然矗立，远超当时欧洲所有其他的厅堂，但鲁弗斯本人却不以为然道："大厅最起码要有现在的两倍那么大。"

鲁弗斯的成功从根本上讲，是因为资金十分雄厚，而这也正是他能从哥哥手中购得诺曼底的原因。虽然下属领主会按照封建义务的规定向他提供兵力（比如安瑟伦提供的），但他也会从欧洲各地招募亲卫骑士，在雇佣兵群体中也有口皆碑。当然了，这也得益于英格兰行政体系强大的集资能力，而鲁弗斯更是找到了雷纳夫·弗兰巴德（Ranulf Flambard）这样一位干劲十足、天赋异禀的大臣。弗兰巴德虽出身布衣，却青云直上，于11世纪80年代获任掌玺大臣之职，最后甚至还（在1099年）升到了达勒姆主教的高位。此人傲慢自大、不讲情面、尖酸刻薄、轻浮好色，但又豪爽坦荡、幽默风趣、头脑机敏，鲁弗斯对他甚是满意。弗兰巴德其实是他的诨名，意思是"放火者"、"刻薄之人"。在鲁弗斯统治时期，英格兰人认为弗兰巴德是"一人之下，万人之上"。他不仅签署了大量的令状，还（奥德里克讲得很明白）负责司法、税收这两项重要的工作。鲁弗斯统治时期，英格兰进行了贡金改革，大幅增加了税收收入，这很可能也是弗兰巴德的手笔。当然，也正是由于贡金的提高，鲁弗斯才得以筹措到足购的资金购买诺曼底。此外，弗兰巴德很可能还帮鲁弗斯以《末日审判书》为支点，充分行使国王的"封建"权力。在弗兰巴德的操控下，修道院院长及主教的职位长期空缺，使国王坐享渔利，令教会改革的支持者义愤填膺。继承金也节节攀升，令一些男爵认为自己根本不是继承，而是在赎买自家的土地。监护权、被监护人的婚嫁决定权也被国王一手独揽，被监护人的家族根本就没有插手的余地。从亨利一世在《加冕宪章》中做出的种种让步就不难看出，这些都令封建贵族阶层怨声盈路。

鲁弗斯会不会把这些不满当回事，是值得怀疑的。毕竟，这位国王对待叛乱者一贯是恩威并举，手段极其高明。鲁弗斯将贝莱姆的罗贝尔视为左膀右臂，他也给其他的支持者（通常都是历史悠久的男爵家族的成员）加爵封地。比如，亨利·德·博蒙（Henry de Beaumont）就获封成为沃里克伯爵，威廉·德·瓦伦则成了萨里伯爵。只不过，国王却并没有为此付出多少真实的代价，因为这些爵位大都有名无实（尤以瓦伦伯爵的情况为甚）。后世之人对鲁弗斯下一步的计划各执己见：他计划征服普瓦图；他计划将船只首尾相连，修建横跨爱尔兰海的浮桥，去征服爱尔兰；他计划夺取法国国王的王位；他甚至计划要攻下罗马。然而，现实情况却不同。1100 年 8 月 2 日，鲁弗斯在上午吃了个酒足饭饱后，于下午前往新森林打猎，不料在行猎时被沃尔特·蒂雷尔（Walter Tirel）一箭射死，而且这很可能纯属意外。最后，国王的尸体被送往温切斯特安葬，一路留下斑斑血迹。

*　　*　　*

1100 年 8 月 5 日，鲁弗斯去世刚刚三天，他的弟弟亨利就加冕为英格兰国王。亨利在位期间征服了诺曼底，让英格兰享受到长达 33 年的和平，令王国的政府架构焕然一新，与罗马教廷达成了具有决定性意义的和解协议，"他征服了整个不列颠"（根据《布鲁特》的记载）。在奥德里克·维塔利斯看来，亨利是英格兰有史以来最为强大的国王。

亨利于 32 岁时继承王位，而正如奥德里克所说，他年轻时与两位兄长明争暗斗，积累了大量政治经验。与挥金如土的罗贝尔相比，他不仅懂得开源节流，而且在恩赏臣下时，也会三思而后行。与自信满满的鲁弗斯相比，他时刻都担心叛变和命运的转变。亨利不愿冒险，马姆斯伯里的威廉则一语中的，指出亨利只要能用外交手段解决问题，就绝不会刀兵相向。此外，亨利还拥有成功人士极少拥有的特质：懂得适可而止。保守的天性，加上以诺曼底为重的信念（他在位期间，有一多半时间都待在诺曼底），使得亨利在对待威尔士和苏格兰时，并不强求武力征服，而是更加注重平稳控制。这一时期，不列颠相对稳定的政治形势很大程度上都是拜亨利克制所赐。但这并不意味着亨利在任何方面都很温和。与公私分明的鲁弗斯不同，亨利无论是在公共场合，还是在私生活中，都一本正经。即便是在家中，亨利也不苟言笑。对亨利来说（马姆斯伯里的威廉可能有些想当然了），哪怕是与女人调情，也不过是为了传宗接代。亨利国王威势逼人，而这则不仅仅是因为他体壮如牛、声若洪钟，也不光是由于他当机立断、赏罚分明，还在于他坚忍克己的性格。

鲁弗斯意外身亡时，罗贝尔仍然东征未归，所以亨利非常幸运地获得了王位。仅仅一个月之后，罗贝尔东征归来，在夺回诺曼底的控制权后，马上打起了英格兰的算盘。亨利已经采取行动争取支持。在举行加冕仪式的当天，他发布了一份宪章，与鲁弗斯的"暴政"划清界限。自此之后，国王再也不会利用空缺的圣职攫取教会的收入，也不会逼迫继承人"重金赎地"，而是"依法收取数额恰当的献纳金"。国王不会强迫遗孀结婚，如果想为女性继承人安排婚事，肯定会先征求男爵阶层的意见。此外，包括遗孀在内的各类亲属都可以在继承人尚未成年的这段时间获取监护权、土地监管权，国王几乎完全放弃了继承人的监护权。借由此举，亨利成功安抚了男爵阶层，同时他也采用类似"索尔兹伯里效忠宣誓会"的方式，确保了下属封臣对王权的绝对忠心。此外，宪章还规定男爵也要对各自的下属封臣做出让步，还免除了骑士阶层私有地的贡金。最后，亨利把雷纳夫·弗兰巴德关进了伦敦塔，然后又迎娶在拉姆西修道院接受教育的伊迪丝公主，与已故的马尔科姆国王、玛格丽特王后攀上了亲家。以这次婚姻为契机，亨利不仅将诺曼王朝嫁接到古老的盎格鲁－撒克逊根基之上，还向英格兰的地方权贵传递和解信号。1088 年叛乱危机之时，英格兰的地方权贵就为鲁弗斯平乱立下了汗马功劳。

正在亨利准备迎接罗贝尔入侵的当口，安瑟伦大主教回到英格兰，令风波骤起。安瑟伦按照一年前在罗马参加的会议的要求，不仅拒不接受国王的任命，没有按照惯例从亨利手中接过代表坎特伯雷大主教权威的权戒、牧杖，还拒绝向亨利效忠。安瑟伦说自己返回英格兰，可不是为了让国王公然拂逆教皇的圣谕。圣职人员叙任权引发的争议是波及全欧洲的宗教政治问题，甚至已经令教皇格列高利七世与神圣罗马帝国皇帝亨利四世大动干戈。权戒、牧杖是圣职的宗教象征。在教会看来，如果由国王来向主教、修道院院长授予这两样法器，就意味着国王拥有宗教管辖权。教皇帕斯卡尔二世（Pope Paschal Ⅱ，1099—1118 年在位）认为，这无异于认为人类创造了上帝。同样，如果神职人员向国王效忠，就等于承认教会是国王的臣属。教皇如此兴师动众，都是为了要让教会彻底摆脱世俗统治者的控制，特别是从世俗之人手中夺回圣职的任命权。主教的人选应当由教区的教士、教众确定，而修道院院长则应当由修道院的全体修士推举——实现教会的自由选举。教皇帕斯卡尔给亨利国王打了个比方：如果让国王"打开教会的大门"，那么当选之人就"不会是为教众着想的牧者，反倒是窃贼、强盗"。

此时的亨利左右为难。要对抗罗贝尔，他就必须得到安瑟伦的支持，而代价就是极大地削弱王权对教会的控制力。就连安瑟伦传记的作者——坎特伯雷的修士爱德玛（Eadmer），都说亨利"就像要失去半壁江山一般"，虽有些夸张，但也的确反映了当时亨利的窘境。如果说教廷的立场是一个极端，那么另一个极端则认为世俗统治者拥有神职任命权（正如一个被称为"约克无名氏"的人在其著作中提到的那样），原因是国王的确拥有宗教职能：他既是国王，又是神父（*rex et sacerdos*）。沙特尔主教伊沃（Ivo, bishop of Chartres）的观点更为折中，他认为君王授予神职人员的从来不是宗教职能，而只是与职能相关的现世财产。亨利本人一方面指出自己不能改变"历代先王立下的规矩"，一方面又提出国王绝不能容忍"任何异己在自己的王国招摇过市"（此处亨利不仅要在叙任权问题上为自己辩护，还扯上了效忠问题）。

　　亨利、安瑟伦两人很快就找到了权宜之计，让教廷全权对双方的争议做出决断，从而暂时打破了僵局。安瑟伦不仅主持了亨利与伊迪丝（现已改名为玛蒂尔达）的婚礼，还在之后的危机中，从物质和道义两个方面给予了亨利必要的支持。与1088年一样，罗贝尔依然获得了盎格鲁-诺曼权贵的支持，部分原因是权贵阶层想要让英格兰、诺曼底这两个王国合二为一。1101年3月，亨利采取应对措施，向佛兰德斯伯爵承诺每年支付其500镑现金。作为回报，伯爵需要在英格兰发生内外战争之际，率领1 000名骑士前来增援——亨利又一次证明了金钱与雇佣兵的重要性。然而，罗贝尔造成的威胁没过多久就冰消瓦解。1101年7月，罗贝尔率军登陆英格兰，但很快就以不再争夺王位为代价，从亨利处换取包括每年2 000镑补偿金在内的种种让步，令追随者心寒不已。根据约定，双方将各自退还对方支持者遭没收的领地，并且未来不得为对方的敌人提供庇护。双方统治者将和平共治盎格鲁-诺曼王国。然而，尽管这样的初衷十分明智，但由于之后数年内亨利在英格兰捷报频传、罗贝尔在诺曼底节节失利，约定最终变成一张废纸。

　　实际上，亨利马上就对哥哥的主要支持者——蒙哥马利的罗杰的两个儿子——贝莱姆的罗贝尔、彭布罗克的阿努尔夫痛下杀手。

与鲁弗斯不同，亨利不需要依靠罗贝尔来控制曼恩的局势，所以便在 1102 年围攻罗贝尔的英格兰城堡，迫使兄弟两人逃到海峡对岸，失去了他们在英格兰和威尔士的全部领地。根据奥德里克·维塔利斯的记载，贝莱姆家族于 1102 年倒台后，英格兰一片和谐安定，直到亨利去世，都没有再起战端。就连这两位都能被亨利扫地出门，那么也就难怪"无人再敢犯上作乱，据守城堡，与国王作对"。只不过，亨利能够维持国内的和平靠的不仅仅是威慑，他还培养了一批对自己忠心耿耿的男爵。1101 年，萨里伯爵兼刘易斯及科尼斯伯勒的领主威廉·德·瓦伦支持罗贝尔夺取亨利的王位，于次年遭亨利没收领地。可一转眼，他就变成了支撑亨利统治的中流砥柱。亨利还懂得如何奖赏矢忠不二之人——这其中的许多人出身男爵世家。譬如，默朗的罗贝尔（Robert of Meulan），直到 1118 年去世前他一直是亨利的主要顾问，本身就在诺曼底拥有大片领地，之后又得到莱斯特封邑和莱斯特伯爵爵位。然而，在亨利统治的初期，和平的一大要素还未满足：亨利尚未夺取诺曼底的控制权。因为任何心生叛意之人都可以南逃至海峡对岸的领地，之后肯定会再次怂恿罗贝尔篡夺英格兰王位。所以，亨利将征服诺曼底看作当务之急。这一决定对亨利在威尔士的权势产生了深远的影响：当时亨利本有机会在威尔士大幅加强王权的直接统治，却因无暇西顾而错失良机。

1101 年 7 月，切斯特伯爵休去世，留下年仅 7 岁的儿子理查德，其领地遂尽数落入国王之手，而这却不过是监护权初显神威而已。亨利会收复休因 1094 年的威尔士大叛乱而失去的圭内斯领地吗？格鲁菲德·阿颇卡南当然知道这其中的利害关系，立即求见亨利，达成了对威尔士历史影响极为深远的协议。此时的亨利正在寻找盟友以对抗贝莱姆家族，自己送上门的格鲁菲德正中其下怀，亨利便将圭内斯位于康威河以西的大片土地拱手相让。自那之后，直到 1114 年，格鲁菲德趁亨利身陷诺曼底之机，将统治范围扩展到了康威河东岸。在圭内斯以南，亨利选用了直接介入的策略，部分原因是要彻底摧毁贝莱姆家族在威尔士的根基。他不仅紧握位于边境的什罗普郡的控制权，任命郡督管理郡内事务，还保留了威尔士西端的达费德和彭布罗克，任命曾经担任过阿努尔夫副手的温莎的杰拉尔德为城堡总管。在锡尔迪金，亨利巧妙地利用威尔士统治阶层的家族内部矛盾，驱逐了波伊斯国王卡杜根·阿颇布莱登（他是贝莱姆家族的藩属），拥立其弟约沃思·阿颇布莱登。然而，没过多久，约沃思也遭到各种指控，被判有罪，成为亨利的阶下囚。此后，威尔士的统治者"生怕冒犯亨利国王，触犯国王的法律"。

亨利攘除内乱后，终于允许安瑟伦（于 1102 年在威斯敏斯特）举行教会改革会议。会议罢免了 9 名犯有买卖圣职罪的修道院院长，通过了规范修道士、教士日常生活的相关法案。但叙任权和效忠的问题依然悬而未决。1103 年末，安瑟伦再次前往罗马觐见教皇，而教皇也坚定地站在安瑟伦一边，于是亨利禁止大主教回国，并将坎特伯雷大主教教区的收入据为己有。王廷与教廷僵持不下，直到诺曼底的局势十万火急，才出现转机。急于为亨利辩护的人提出，他是因为不忍诺曼底陷入混乱，才被迫出兵南进的。亨利当然不会放过任何插手诺曼底事务的机会，但正当他准备（在 1105 年）第二次派兵渡海时，教皇革除了亨利首席顾问默朗的罗贝尔的教籍，甚至还威胁要革除亨利本人的教籍。所以，当务之急是与教皇和解，而就在亨利于 1106 年最后一次出兵诺曼底之前，双方终于化干戈为玉帛。1106 年 9 月 28 日，亨利与罗贝尔在廷切布雷（Tinchebrai）郊外展开了最后的决战。最终，罗贝尔战败被俘，之后辗转于英格兰西南部的各处城堡，度过了余生 26 年的软禁时光。在之后又挫败了数次叛乱之后，直到去世，亨利都没有让英格兰、诺曼底再次分裂。

1107 年 8 月，返回英格兰的亨利与教皇就叙任权争端达成正式协议。亨利承诺永远放弃任命神职人员的权力，而教皇帕斯卡尔也做出让步，承诺神职人员不会因向国王效忠而遭罢免。虽未明说，但亨利其实依然（就连安瑟伦本人也不闻不问）掌控神职人员的实际任命权，所以他的首席大臣罗杰才能成为索尔兹伯里主教，他的专职教士瑟斯坦才能在 1114 年当选约克大主教。此外，亨利继续钻教会中职位空缺的空子：安瑟伦于 1109 年去世后，坎特伯雷大主教的职位空缺了 5 年之久，直到最后，才由亨利认为"不会招惹是非"的卡昂修道院的副院长拉尔夫继任。对此，约克的史家"吟唱者"休（Hugh the Chanter）似乎作出了正确的判定：教会想要摆脱世俗统治者的控制，向亨利施加了前所未有的压力，而亨利则避重就轻，虽丢了些皇家颜面，但手中的实权却分毫未减。归根结底，这是因为亨利只重内在，不重表象——他还缩减了其父每年举行三次加冕礼的传统。亨利之所以能攥牢教会的控制权，在一定程度上是因为大部分主教都对国王忠心耿耿。1097 年，在英格兰的 13 位主教中，有 8 位曾经担任过宫廷教士，但这些人当选主教后，往往都尽职尽责，不会对国王亦步亦趋，比如瑟斯坦在当选约克大主教后，就不仅真心为教众着想，还像猛虎一般守护约克教区的权利。而且廷臣出身的主教继续担任世俗要职，还能维系教会与地方的关系，索尔兹伯里的罗杰就是个典例。即便是像威斯敏斯特修道院院长吉尔伯特·克里斯平（Gilbert Crispin）这样坚定的改革派，也说不清安瑟伦对国王的忤逆究竟是对是错。安瑟伦难道不应当以教众为重，留在国内吗？亨利还是与鲁弗斯不同，毕竟他在1102年曾经准许安瑟伦在威斯敏斯特召开教会改革会议，而安瑟伦最大的愿望不过也就是召开改革会议，全面推动教会改革罢了。所以，就实际成就来说，安瑟伦是远逊于兰弗朗克的，唯独在有一个方面二人不相上下：他们都致力于加强坎特伯雷大主教教区在不列颠全岛的权威。安瑟伦在任期间，兰达夫主教乌尔班（Bishop Urban of Llandaff，1107—1135年在任）公开承认坎特伯雷大主教教区的权威，成为历史上首位（至少是已知的）归附坎特伯雷的威尔士主教。此外，在安瑟伦担任大主教的十几年间，英格兰与罗马教廷间的联系越来越紧密，而这是对安瑟伦大主教生涯最好的总结。

教皇帕斯卡尔指责亨利阻止英格兰教会与罗马教廷加强联系，但即便亨利真的如此，应该也只是偶尔为之。其实，亨利在位期间，英格兰教会与罗马教廷的关系反倒是越来越紧密。1100年，在英格兰所有的大主教、主教中，只有4位觐见过教皇；到了1135年，在所有的大主教、主教中，只有两位没有目睹过教皇的尊颜，有不少人更是教廷的常客。教皇加里斯都二世（Pope Calixtus II）于1119年亲自祝圣瑟斯坦为约克大主教，而后又于次年明确表示，约克大主教教区可完全不受坎特伯雷大主教教区的管辖。虽然教皇的授意与亨利的意见完全相左，但亨利还是接受了教廷的裁断，部分原因在于加里斯都承诺不会未经国王允许就向英格兰派遣教廷使节（亨利在位期间，只有一位教廷使节为主持教会会议到访英格兰）。虽然加里斯都作出了让步，但整件事仍反映出教廷在英格兰还是具有相当的权威的。其他方面的变化同样改变了英格兰教会的面貌。在亨利统治时期，全国总共建立了不下137座修道院，其中有40座是欧洲大陆修道院的分院。亨利还亲自在雷丁建立了宏伟的克吕尼修道院，将其作为自己的埋骨之地。最重大的一个变化，当数西多会修道院在英格兰的落地生根。1128年，第一座西多会修道院在萨里的韦弗利建立；1132年，亨利的重臣沃尔特·埃斯佩克又在约克郡的里沃建立了第二座。之后的20年中，西多会修道院在英格兰各地蓬勃发展，改变着英格兰人的宗教生活，也影响着英格兰的政治进程。

*   *   *

廷切布雷之战的胜利令盎格鲁－诺曼王国再度统一，也为诺曼底和英格兰带来了和平。亨利又可以像木偶大师一样在幕后运筹帷幄，操控不列颠大局了。1106年平定诺曼底后没过多久，亨利就将卡莱尔封赏给了贝桑子爵之子，在廷切布雷之战中担任先锋的雷纳夫·勒梅斯金（Ranulf le Meschin）。这虽然看起来是将鲁弗斯建立的边境重镇拱手让与他人，但实际上却是考虑在与苏格兰关系和谐的时候，将其交予忠诚的手下。苏格兰国王埃德加死后，亚历山大一世（King Alexander Ⅰ，1107—1123年在位）继承王位，他不仅曾经是亨利王庭的常客，而且由于亨利迎娶其妹玛蒂尔达，还与英格兰国王成了姻亲。在威尔士南部，亨利于1108年让大批佛兰芒人在彭布罗克的周边地区定居，巩固了自己对该地的控制。在之后很长一段时间内，该地区都保留了佛兰芒人的民风民俗。与此同时，亨利还在彭布罗克以东的卡马森境内修建城堡，用其扼守特依瓦河河口以北不远处的战略要地，牢牢把控住特依瓦河这条流经伊斯特德特维腹地的重要水道。

一桩风流韵事打乱了亨利全部原有的计划。1109 年，波伊斯及锡尔迪金的统治者卡杜根·阿颇布莱登之子欧文（Owain），掳走了彭布罗克城堡总管温莎的杰拉尔德的美艳娇妻内丝特。内丝特的父亲里斯·阿颇图德是在 1093 年被诺曼人杀死的那位德赫巴斯国王，所以她与温莎的杰拉尔德的婚姻（并不是个例）从一个侧面反映了威尔士人与诺曼人之间不断升温的融洽关系。而欧文掳走内丝特事件，从某种意义上讲，也说明了在威尔士的政治游戏中，威尔士的统治阶层虽然接受了英格兰国王的裁判权，但他们依旧是游戏的主角。

内丝特被掳事件如一声巨响，惊起飞鸟一片（《布鲁特》对这一时期的历史记录尤其详尽，所以描绘内丝特事件的余波时栩栩如生）。欧文的父亲卡杜根见儿子闯了大祸，生怕"亨利会因自己的重臣受到侮辱而不悦"，星夜前往英格兰王庭，但却无济于事，被没收了所有领地，只保住了一座小镇的所有权。亨利趁此机会将锡尔迪金赐给了国内数一数二的权贵吉尔伯特·菲茨·理查德·德·克莱尔（Gilbert fitz Richard de Clare），对他说："你一直想要在威尔士分一杯羹……如今我便如你所愿，你可速速去吧。"吉尔伯特依令而行，不仅在阿伯里斯特威斯、卡迪根两地修建了城堡，还将领地分封给下属封臣，令他们也在各自的领地修建城堡。诺曼人就这样暂时夺回了锡尔迪金，报了 11 世纪 90 年代时被威尔士人扫地出门的一箭之仇。亨利的封赏还极大地改善了他与英格兰、诺曼底的男爵世家间的关系，因为吉尔伯特的兄长正是诺曼底的奥尔贝克、比安费泰两地的领主。

与此同时，亨利任命的什罗普郡郡督抓住波伊斯统治者家族内部分裂的乱局，利用家族内部的世仇，怂恿欧文的堂弟马多格（Madog）落井下石（"你想讨好亨利国王吗？"）。马多格夺走了欧文、卡杜根两人在波伊斯境内的全部领地，但之后又与亨利反目成仇。亨利为了对付马多格，将卡杜根的弟弟约沃思释放出狱，但没想到 1111 年，马多格击杀了约沃思、卡杜根。然而，连战连捷的马多格还是想要去投靠亨利，而马多格前脚刚到，欧文也紧随其后，两人都想要获得英格兰王权的支持。在亨利的调停下，双方暂时停战，在交出人质后，各自分得了波伊斯境内的领地，但欧文没过多久就将马多格抓获，刺瞎了他的双目。

面对威尔士 1111 年的乱局，亨利之所以做起了和事佬，完全是因为盎格鲁－诺曼王国的南方边境烽火又起。1111 年 8 月，他离开英格兰，渡海前往诺曼底，这一去便是两年。亨利为迁就诺曼底局势而不断调整自己在不列颠的战略。亨利之所以如此小心翼翼，是因为他获得诺曼底公爵爵位的方式算不上"名正言顺"，就连他本人也承认，自己完全"是靠武力夺取诺曼底的"。正如马姆斯伯里的威廉所说，亨利充其量也不过是"以暴"（驱逐罗贝尔）"制暴"（终结罗贝尔倒行逆施的统治）。就连像奥德里克那样袒护亨利的人们都不得不承认，罗贝尔于 1102 年 10 月出生的儿子威廉·克利托（William Clito）才是诺曼底公国正统的继承人。1111 年，克利托侥幸躲过了亨利的抓捕，投靠了法国国王，时刻威胁亨利对诺曼底的统治，直到 1128 年去世，才令亨利如释重负。即便没有虎视眈眈的克利托，诺曼底也仍然四面受敌。1110 年，亨利把女儿玛蒂尔达嫁给了神圣罗马帝国皇帝亨利五世，与皇帝的宿敌佛兰德斯伯爵结下了梁子。同年，安茹伯爵富尔克五世（Fulk V of Anjou）获得了曼恩伯爵的爵位，却拒不承认亨利的封建宗主地位。此外，亨利还要应对法国国王"胖子"路易六世（Louis VI the Fat，1108—1137年在位）的威胁。法王路易一心想要吞并诺曼底，使其成为法王的封地，而且还发誓要摧毁鲁弗斯修建于埃普特（Epte）河西北边境的日索尔（Gisors）城堡，从而抹去诺曼底与法国韦克桑之间的界限。所有这些外敌都随时准备接过克利托的战旗，同时还不断说服在英格兰没有领地的诺曼男爵加入己方阵营。

不过，在海峡两岸均有领地的男爵处境就不同了。他们在英格兰、威尔士的领地完全受亨利的掌控，所以他们会坚定地站在亨利一边。对他们来说，不列颠与诺曼底就像是跷跷板的两端，哪怕诺曼底一端下方已是万丈深渊，但只要不列颠一端仍然重如千钧，就不会让另一端万劫不复。与跨海领地同样重要的是，英格兰王权还给亨利带来了资源与威望，这些是他在诺曼底进行一切行动的坚实后盾。奥德里克在记录中说，亨利经常"以国王之名"在诺曼底发号施令，此话只是在陈述事实，并非意指亨利享有国王之实。为了彰显自己的地位，亨利在诺曼底发布令状、特许状时，也通常会自称国王，而不是公爵。面对1111—1113年的巨大压力时，亨利既主动出击，又对内收买人心、对外使用外交手段。他先是借机抓捕贝莱姆的罗贝尔，将其投入监狱；然后不仅任命外甥斯蒂芬为莫尔坦伯爵，令其镇守诺曼底西南边陲的战略要地，还将兰开斯特、艾伊（Eye）这两个英格兰的封邑一并封赏给了他；而最妙的一招则是他为王位继承人——长子威廉订下婚约，命其娶富尔克五世之女玛蒂尔达为妻，并与富尔克达成妥协，以接受其对曼恩的统治为代价，令其承认自己的封建宗主地位。如此一来，亨利就避免了重新派兵征战曼恩的麻烦，与之前在圭内斯留下政治真空有异曲同工之妙，亨利不同于鲁弗斯的冷静克制，可见一斑。

　　平定诺曼底之后，亨利于 1113 年 7 月返回英格兰，立刻着手调整在不列颠的战略布局。他授予苏格兰国王亚历山大的弟弟大卫伯爵爵位，并且让他与瓦尔塞奥夫伯爵孀居的女儿成婚，借此将这位女继承人名下的地产转入大卫名下，其中包括位于英格兰中部地区的大片土地——这片位于英格兰境内的飞地日后将成为亨廷登伯爵领，而这次婚姻则是亨利与苏格兰王室结下不解之缘的开端。由于亚历山大膝下无子，时常出入英格兰宫廷的大卫自然就成为了苏格兰王位的继承人，所以对亨利来说，赐婚封地的确是一招妙棋，将苏格兰未来的国王掌握在股掌之间。1115 年，亨利终于前去震慑威尔士群雄。在威尔士，圭内斯的格鲁菲德·阿颇卡南将领土扩张到了康威河东岸，与子承父业的切斯特伯爵理查德剑拔弩张。在锡尔迪金，欧文·阿颇卡杜根（就是因劫持内丝特而名声大噪的那个欧文）同样因扩张领土而与吉尔伯特·菲茨·理查德闹得不可开交。在威尔士，亨利率领的英格兰军队声势最为浩大，而且还兵分三路，分别从南方、中部（针对波伊斯）、北方三个方向入侵。《布鲁特》的威尔士作者担心自己的民族将会遭受灭顶之灾，但亨利在格鲁菲德·阿颇卡南，包括欧文在内的诸多波伊斯统治者称臣纳贡后，便班师回朝。亨利的大军令威尔士人胆战心惊，失去了反抗诺曼统治的决心。1117 年，里斯·阿颇图德之子、内丝特之兄格鲁菲德·阿颇里斯结束了爱尔兰的流亡生活，想要夺回德赫巴斯，但支持者寥寥无几。于是，格鲁菲德·阿颇卡南奉亨利之命设计抓捕了阿颇里斯；当被问及是否会忠于英格兰国王时，卡马森的威尔士守军异口同声，大呼“誓死效忠”；欧文前往诺曼底，从亨利手中获得骑士称号后，满心欢喜地为亨利出兵平乱，结果却遭报仇心切的温莎的杰拉尔德杀害，吞下了数年前绑架内斯特的苦果。

此时，诺曼底四方之敌结成同盟，意图将克利托推上公爵的宝座，所以亨利不得不再次南渡平乱。这一次，亨利同样以巧妙的恩赏为手段，将圣桑（Saint—Saens）城堡赐给了威廉·德·瓦伦。圣桑城堡位于瓦伦家族诺曼底领地的腹地，曾经归克利托忠心耿耿的守护者埃利亚斯（Elias）所有，一旦叛乱成功，必将再次落入克利托之手。同样，高明的外交也是亨利的杀手锏。亨利于 1119 年令长子威廉与富尔克之女完婚，稳了外部环境。同年 8 月 20 日，亨利在布莱缪尔之战中击败法国国王路易率领的军队，取得了决定性的胜利。激战正酣之时，威廉·克里斯平（William Crispin）狠狠击中了亨利的头盔，但马上就被罗杰·菲茨·理查德击落下马——此时的亨利一定暗自庆幸把锡尔迪金赐给了罗杰的弟弟吉尔伯特！两位国王终于在 1120 年达成了一致。一直以来，亨利都不愿意向法国国王效忠，从而避免直接承认诺曼底是从法国国王手中获得的封地，因为他可能一直希望自己在诺曼底享有的权力可以逐渐转变为封建王权。但眼下的当务之急，是消除克利托造成的威胁。所以，亨利令其子威廉向法国国王效忠，以换取诺曼底（包含日索尔在内），这也意味着法王路易彻底放弃了克利托。尽管仍是不愿亲自向法王宣誓效忠，但亨利也不愿意容忍自己在诺曼底的地位含混不清。于是，自 1121 年起（也许更早一些），亨利开始使用新的国玺，在国玺上自称诺曼底公爵。

然而，机关算尽终成空。1120 年 11 月，英格兰的王位继承人威廉因白船事故（the wreck of the White Ship）溺水而亡。威廉去世后，嫁给神圣罗马帝国皇帝的玛蒂尔达成了亨利唯一的婚生子女。尽管亨利于次年娶了鲁汶伯爵之女，但两人却未能生下一男半女。王位继承问题一直困扰着亨利，到亨利去世后，更是引爆了后来持续多年的内战。当他于 1120 年返回英格兰后，威尔士、苏格兰仿若梦回 1114，再度感受到了英格兰国王咄咄逼人的气势。1121 年，亨利第二次入侵威尔士——这一次，他选择了集中兵力直取波伊斯。而威尔士这边，圭内斯的格鲁菲德·阿颇卡南拒绝出兵援助波伊斯，声称自己已经"与亨利国王言归于好"，所以卡杜根·阿颇布莱登剩下的几个儿子与他们的叔叔梅雷迪思（Maredudd）走投无路，只得俯首称臣，交出大量贡品。

次年，也就是 1122 年，亨利把目光投向北方的苏格兰，战果丰硕。正是苏格兰国王亚历山大的自命不凡引起了亨利对北方的担忧。自此，苏格兰与英格兰两国矛盾渐起。

*　*　*

亚历山大作为苏格兰的国王，承认亨利对苏格兰拥有封建宗主权。单从亚历山大的王后是亨利的私生女这一点，就能看出苏格兰国王的地位比英格兰国王低了一等，而两人婚后也没有子女。1114 年，亚历山大之所以随亨利入侵威尔士，正是因为他作为封建臣属必须向英王履行军事义务。此外，亚历山大将洛锡安南部、索尔韦湾以北的坎布里亚分封给大卫，很有可能也是因为受到亨利的威压。亚历山大处理教会事务时的表现清楚地表明，他开始怨恨这种苛刻的统治。

福瑟德于 1093 年去世后，圣安德鲁斯主教之职就一直空缺，直到 1109 年，亚历山大才任命为母亲玛格丽特编写了传记的达勒姆修道院院长杜尔哥填补空缺。1109—1115 年，杜尔哥一方面令苏格兰教会与罗马教廷建立起了直接联系，一方面又继承了玛格丽特王后未竟的事业，继续加强苏格兰教会的宗教戒律、品行规范。除了任命杜尔哥为主教，亚历山大还在苏格兰王国的核心腹地斯昆建起奥斯定会修道院，而修道院中的神父则来自约克郡境内的诺斯戴尔修道院，这也再次说明了他与英格兰之间的密切联系。最后，苏格兰教会的组织架构十有八九也发生了重大变动。1155 年，苏格兰教会共划分为 10 个主教教区，其中一些是像圣安德鲁斯教区那样历史悠久的教区，只是主教的职位经常空悬，另一些则很有可能是在亚历山大及其继任者大卫统治时期新建的。1115 年（或之后没多久），苏格兰就设立了马里、邓凯尔德这两个主教教区。教会的迅速发展也带来了问题：苏格兰的教会到底应当受谁管辖？亚历山大誓要推翻坎特伯雷、约克两个大主教教区在 1072 年达成的一致，因为在他看来，该协议未与苏格兰人协商，就擅自将苏格兰教会划入约克大主教的都主教管辖权限内。马尔科姆国王在位时，其威势已向南扩展至达勒姆，即便承认约克大主教的权势也无妨，但对不得不被动防守的亚历山大国王来说，就完全是另一回事了。与此同时，约克大主教瑟斯坦誓要维护自己都主教的权威，不仅不愿放弃自己对苏格兰的主教授予圣职的权力，还要求苏格兰的主教宣布服从自己的管辖。1119 年，教皇加里斯都在信件中公开声称，教廷支持瑟斯坦的立场。为了驳回他们的无理要求，1120 年，亚历山大开始物色新的圣安德鲁斯主教人选，结果选中了坎特伯雷的修士爱德玛（Eadmer），因为他作为安瑟伦的传记作者，肯定不会与约克大主教同流合污。然而，爱德玛除了在效忠和叙任权问题上与亚历山大纠缠不休，还妄想直接将苏格兰教会转而纳入坎特伯雷的管辖范围。亚历山大寸步不让："他这辈子都别想令任何一位苏格兰的主教听命于坎特伯雷大主教。"爱德玛如此记述。这也从

侧面反映出亚历山大对王权更全面的理解——他的王权虽然可能是
从英格兰国王亨利一世手中获得的，但他也可以有自由行使它的权
力。格拉斯哥主教向爱德玛透露，亚历山大"不希望任何人插手自
己王国内的事务；不会容忍任何人在任何事上，未经自己的允许就
建立权威，指手画脚"。而在教会层面上，意思就是应当提升圣安
德鲁斯教区的地位，令其拥有都主教权限，而大卫国王继位后没多
久，就于 1124—1125 年向教皇提出了这一请求（毫无疑问，大卫
继承了亚历山大的遗志）。此举背后的政治目的一目了然。瑟斯坦
指出大卫的这一请求暗示着苏格兰国王并非是英格兰国王的臣属，
可实际情况却正相反。

因此，亨利于 1120 年返回英格兰后发现亚历山大想要摆脱英
格兰的控制。在坎布里亚，亚历山大的弟弟大卫也不安分，没有
让格拉斯哥主教约翰（1118—1147 年在任）接受约克大主教的祝
圣，而是命其直接前往罗马教廷，接受教皇的祝圣。这就难怪亨利
在 1121 年允许（其实很有可能是命令）早已官复原职的达勒姆主
教雷纳夫·弗兰巴德在特威德河畔诺勒姆修建城堡，终于解决了北
方的边防问题。与此同时，亨利还在北方安插了两位对自己忠心耿
耿的"政坛新秀"：沃尔特·埃斯佩克获得了特威德河畔沃克（以
及约克郡境内的赫尔姆斯利），尤斯塔斯·菲茨·约翰（Eustace
fitz John）则获得了阿尼克（Alnwick）。为了巩固西北边防，亨利
不仅将自己的一个私生女嫁给加洛韦的统治者弗格斯，还彻底转变
了以往在卡莱尔的政策，对未来的发展产生了重大影响。切斯特伯
爵理查德在白船事故中殒命，没有留下任何直系继承人。于是，亨
利将其领地转给了贝桑子爵雷纳夫·勒梅斯金，但作为交换，要求
其交回于 12 世纪初时获得的卡莱尔领主权，从而令王权再次回到

索尔韦湾之滨。到了 1130 年，索尔韦湾以南地区已大致划分为两个行政区域，受国王任命的官员管辖，其中位置偏北的称为"卡莱尔"，在 12 世纪后期又改称"坎伯兰"，位置偏南的（重要性远不及前者）则称为威斯特摩兰（Westmorland）。这是不列颠北方历史中的一个重要转折点，而对苏格兰王室而言，这也是继 1092 年卡莱尔被鲁弗斯夺走后遭遇的又一记重锤。1122 年，亨利前往北方，开始在卡莱尔修建四方形的巨石要塞（至今仍存世），并且为卡莱尔镇修建城墙抵御外敌入侵。此外，亨利还准备让卡莱尔成为独立的主教教区，令其脱离格拉斯哥主教的管辖。1133 年，卡莱尔主教教区终于获得教皇的认可，而此时卡莱尔已经拥有了自己的造币厂，由卡莱尔的镇民在奥尔斯顿（Alston）开采的银矿提供铸币所用的白银。

1123 年，诺曼底发生了亨利统治时期的最后一次叛乱，目的仍旧是要将克利托推上公爵之位，导致亨利不得不中止北方的扩张。与之前一样，亨利凭借武力和外交手段又一次取得了胜利。亨利一边让女婿神圣罗马帝国皇帝亨利五世放出入侵法国的计划，确保路易六世无暇插手诺曼底事务，一边以允许教廷使节克雷马的约翰（John of Crema）进入英格兰召开教会会议为代价，请求教皇宣布克利托与安茹伯爵富尔克五世之女的婚姻无效，消除了由此产生的风险。1125 年，上述策略开花结果时，亨利的亲卫骑士已经于 1124 年 3 月在布尔泰鲁德之战（the battle of Bourgtheroulde）中击败了叛军。

危机虽已解除，但王位继承的问题依旧悬而未决。1125 年 5 月，神圣罗马帝国皇帝亨利五世驾崩，让亨利看到了一线希望，想要就此敲定继承人的人选。他将玛蒂尔达接回英格兰，于次年新年命盎格鲁－诺曼权贵宣誓，认可她对英格兰和诺曼底的继承权。亨利之所以要如此迅速地解决继承人问题，实乃情势所迫。因为路易六世再次借克利托之名挑起事端，于 1127 年 1 月接受克利托的效忠，将诺曼底、法国一侧的韦克桑作为领地相赐。就连亨利王庭的内部，都有不少人支持克利托，因为克利托大抵算得上是最为"正统"的继承人，至少他在诺曼底的继承权是无可厚非的，而在英格兰和诺曼底，都没有女性继承大统的先例。于是几个月之后，亨利又为王位继承上了双保险，而此举则塑造了整个诺曼统治王朝的未来。他将玛蒂尔达许配给安茹伯爵富尔克五世之子、安茹伯爵爵位的继承人若弗鲁瓦。两人最终于 1128 年成婚。这场婚姻与玛蒂尔达之弟威廉迎娶若弗鲁瓦之姐的婚姻一样，都是为了与安茹伯爵结成同盟，避免他倒向诺曼底的叛军。

刚从法王路易手中接过佛兰德斯伯爵爵位没多久，克利托便于 1128 年离世，没有留下任何直系继承人，让亨利松了一口气。他可以放心处理苏格兰、威尔士的事务了。在苏格兰，大卫从兄长亚历山大手中继承了王位。1126 年圣诞节，他正式对外宣布支持玛蒂尔达的继承权，并且不再为圣安德鲁斯教区争取都主教教区地位；作为回报，约克大主教瑟斯坦不再继续请求罗马教廷让苏格兰的主教接受约克大主教教区的管辖。威尔士南部各地也基本都在亨利的掌控之中：他在彭布罗克、卡马森两地建立了王室基地；他令亲信大臣格洛斯特的迈尔斯（Miles of Gloucester）与布雷肯领地的女继承人成婚，令私生子罗贝尔与格拉摩根的女继承人成婚，并将布里斯托尔、格洛斯特伯爵领赐予罗伯特；他还将克莱尔家族的一脉分封在锡尔迪金，另一脉分封在切普斯托和格温特南部位于阿斯克河与瓦伊河之间的地区，成为威廉·菲茨·奥斯本开辟的这片威尔士边境领地的新主人。

12世纪20年代，在威尔士北方，格鲁菲德·阿颇卡南的儿子们代父出征，不断向东扩展圭内斯的疆域，至少已经能够饮马克卢伊德河，不仅威尔士本土的统治者深受其害，就连切斯特伯爵都吃了不少苦头。不过，由于格鲁菲德一向忠心耿耿，而加之切斯特伯爵不是很靠得住，所以亨利对此并不在意。格鲁菲德的政治生涯堪称传奇，不仅从灭国的边缘拯救了圭内斯，还令其称霸北方。格鲁菲德于1137年去世，据其传记记载，在生命的最后几年中，在他治下的圭内斯河清海晏，教堂林立，人民生活安定繁荣。此外，他还十分关心圭内斯的"现代化进程"，尤其重视教会的改革，丝毫没有落后于威尔士其他地区。诺曼人到来之前，威尔士教会虽然也设有主教职位，但并没有划分主教教区，无论是在地域上还是管辖权力上都没有明确界定。而在威尔士南部，受诺曼人影响，12世纪上半叶开始出现按地域划分的主教教区，这也要部分归因于兰达夫主教乌尔班（1107—1134年在任）与圣戴维斯主教伯纳德（Bernard of St Davids，1115—1148年在任）间的争端。按照当时划分的结果，兰达夫主教教区西起特依瓦河，东至瓦伊河，一共拥有46座教堂。这次争端还加强了威尔士教会与罗马教廷间的联系，为了解决两位主教的争端，教皇不仅先后5次发布诏书，还于1132年命"特派审判团"在不列颠就近裁断。《兰达夫之书》（*The Book of Llandaff*）详尽记录了上述争端，为学界的研究提供了宝贵的资料。在北方，11世纪90年代，诺曼人任命布列塔尼人埃尔韦（Hervé）为班戈主教。但因不能忍受威尔士人的习俗，埃尔韦没过多久便打道回府。直到1120年，格鲁菲德任命大卫担任班戈主教，在班戈设立主教教区之事才出现转机。大卫是威尔士、爱尔兰混血，自小在维尔茨堡（Wurzburg）接受教育，之后又成为亨利一世的宫廷教士，随国王四处出巡。所以格鲁菲德的任命既将班戈交到了一位熟知国际惯例的教士手中，又讨了亨利一世的欢心。如果说是格鲁菲德孕育了现代圭内斯，那么亨利就是当之无愧的助产士。

威尔士南部不是受王权直接控制，就是被分封给了忠心耿耿的权贵近臣，北部则由值得信赖的格鲁菲德·阿颇卡南统治；在北方，东边的诺森伯兰四处皆是诺曼封臣的领地，西边的卡莱尔则是国王直接统治；在中央，苏格兰人的国王、威尔士的统治阶层都是英格兰王庭的常客；所以，如沃尔特·马普（Walter Map）在12世纪下半叶描述的那样，亨利的确是当之无愧的"整个英格兰岛的霸主"。

* * *

英格兰是亨利的主要经济来源，所以能不能治理好英格兰是亨利能否控制诺曼底和不列颠的决定性因素。除了保障经济，法律与秩序的维护也是治理的重中之重，否则他就无法兑现自己在《加冕宪章》中做出的承诺："我必将确保王国长治久安，永无战乱。"不仅如此，所有臣属必须在国王频繁缺席的情况下做这一切，尤其是1106年征服诺曼底后，国王缺席成为常态。实际上，登上王位后，亨利有一半以上的时间都没有待在英格兰国内。不过隔海而治也完全不是问题，因为他毕竟是"征服者"威廉几个儿子中最博学的，还曾经打趣道，不学无术的国王，不过是头戴王冠的蠢驴罢了（这是他开过的唯一一个玩笑）。在奥德里克的记载中，亨利明察秋毫，臣仆的一举一动都逃不过他的双眼。亨利治下的英格兰和平安定，一批骨干大臣在其严密的监控下不仅兢兢业业，更是日日精进，令王权对国家的治理在深度、广度两方面都达到了前所未有的高度。

"王室内廷制度"①于亨利去世后不久成书，据其记载，亨利的内廷男性成员数量超过150人，出猎时再额外增加50人，而女性则只有一名洗衣女工。相较于前任国王，亨利基本保留了内廷的基础结构，但进行了一项重大改革。在鲁弗斯统治时期以及亨利继位之初，王庭一直都靠在乡间四处掠夺来获取部分补给，王廷所到之处，农民四散而逃。1108年，亨利立下规定，犯下掠夺罪行的人会被施以肉刑，据爱德玛的记载，"让穷苦之人得到喘息之机"。后来成书的"制度"很可能就是以亨利的这条规定为基础，详细规定了每位内廷成员可享受的待遇，包括工资、食物、饮料、蜡烛，每一项都按照成员的身份分成三等九格。

寝宫官员负责管理亨利的日常起居，分为御榻官、递水官，前者负责管理国王的寝具，后者则负责在旅行后为国王准备洗澡水、烘干衣物。寝宫官员还负责管理国王的钱财，包括进账、存款、花费等条目，12世纪20年代还首次出现了财务总管这一官职。此外，大法官的工作量也水涨船高。亨利统治时期，每年平均有40份公文（以原件或抄本的形式）存世至今，远高于鲁弗斯时期的每年不到20份。中书职能（现存公文只是中书事务中很小的一部分）的重要性体现在：其一，大法官法庭下设"文书室总管"一职，作为大法官的副手，之后亨利还将其薪资翻倍；其二，若弗鲁

---

① 下称"制度"。

瓦·鲁弗斯（Geoffrey Rufus）支付了超过 3 000 镑的巨款，才于 1130 年获任大法官之职。

"制度"中没有提及负责执行王室政令的内廷成员：国王的亲卫骑士，但是在亨利统治时期，他们的地位和职能都是经过了精心安排的。虽然亨利的亲卫骑士没有鲁弗斯那么多，但根据奥德里克的记载，亨利可调用的骑士人数也达到了数百人。有些亲卫骑士来自贵族世家，另一些则社会地位较低。但无论出身如何，许多亲卫骑士都是世代为国王内廷服务的。此外，所有亲卫骑士都必须对得起（奥德里克的原话）国王赏赐的厚禄。亲卫骑士效忠国王还有可能是想要取回失去的祖产，获得新的领地。亲卫骑士或作为顾问建言献策，或担任城堡主镇守一方，或在战场上（布尔泰鲁德之战）所向披靡——他们是维护亨利统治的中坚力量。

国王的内廷是维持盎格鲁－诺曼王国统一的最基础的政府机构。虽然一些王室总管会常驻英格兰或诺曼底，但文书室总管、财务总管却肯定会在国王身边，而绝大多数内廷成员也可能紧跟国王，往返于海峡两岸。如果身在英格兰，又没有西北方战事侵扰，那么亨利大都会待在南部的各处宫殿。如果按照存世的公文数量排序，伦敦城内的威斯敏斯特宫将以 237 份高居榜首，紧随其后的分别为温切斯特（127 份）、伍德斯托克（93 份）、温莎（71 份）。亨利不用为了统治英格兰而巡游全国各处，如果仅以行程表来看的话，他简直就是威塞克斯国王。亨利在诺曼底、英格兰两地分别设立了小型的摄政庭（亦称摄政议事会），前者多年来一直都由利雪主教约翰（John，bishop of Lisieux）主持，后者则由玛蒂尔达王后掌管，直到她于 1118 年去世。

玛蒂尔达的父亲是苏格兰国王马尔科姆，母亲是苏格兰王后玛格丽特，所以她从母亲那里继承了盎格鲁－撒克逊的王室血脉。刚刚嫁给亨利时，玛蒂尔达的日子很不好过。自"征服者"威廉的妻子于 1083 年去世后，英格兰就再也没有过王后。玛蒂尔达成婚时不仅名下没有任何领地，还因为盎格鲁－撒克逊血统而遭到一些诺曼人诟病：她本与诺曼征服前的最后一位盎格鲁－撒克逊王后伊迪丝同名，但与亨利结婚前改名玛蒂尔达，与第一位诺曼王后同名，单从这一点就能看出她身份的敏感性。但玛蒂尔达头脑聪慧、善于合作，在亨利统治的前半段起到了十分重要的作用。亨利本人受母亲佛兰德斯的玛蒂尔达耳濡目染，在他心中，王后对国家的积极作用肯定还历历在目。所以没过多久，亨利就让玛蒂尔达拥有大片专供王后使用的领地。玛蒂尔达就这样拥有了属于自己的经济来源，而且据马姆斯伯里的威廉所言，她在管理自己的领地时还是颇有些雷霆手段的。尽管在一些诺曼精英看来，玛蒂尔达似乎是个异类，但她看重的家系血统却让她能与亨利的广大臣民打成一片。英格兰的诗人称玛蒂尔达为"英格兰的荣耀"、"真正的王族之后"。玛蒂尔达还可以利用另一位王后来提升自身形象，实际上她也的确这么做了。她出资命人为母亲玛格丽特王后编写传记，记录这位苏格兰的王后如何在宫廷事务和国家大事中大显身手。

在宗教方面，玛蒂尔达紧跟母亲的脚步，也对穷苦之人关爱备至。有一次，她为麻风病人洗脚，甚至还俯身亲吻病足，令未来的苏格兰人的国王大卫惊诧万分。大卫提醒玛蒂尔达，如果亨利知道了这事，怕是永远也不会与她接吻了，而她则说与肉体凡胎的君主接吻，还不如去亲吻永恒之王的双足。玛蒂尔达与母亲、婆婆一样，也慷慨资助修道院。正如母亲建立邓弗姆林修道院、婆婆在卡昂建立圣三一修道院一样，玛蒂尔达也用埃克塞特的收入，在伦敦

建立阿尔德盖特圣三一修道院，而这座修道院也是英格兰首批奥斯
定会修道院之一。无论是建立修道院，还是资助包括阿宾登修道院
在内的现有修道院，玛蒂尔达都得到了亨利的认可，两人合作得天
衣无缝。

从当时的评论（比如所谓的海德修道院编年史）可以看出，
玛蒂尔达对宗教的热情令其广受尊敬；而成功诞下王子公主，也
令玛蒂尔达的地位得到了极大的提升。当然了，亨利的王庭没有
太多空间，可以让玛蒂尔达像母后一样在改进宫廷仪式方面大有
作为。而且亨利也绝非事事应允的好好先生。有一次，一大群教
士找玛蒂尔达诉苦。她听完潸然泪下，深表同情，但似乎因为太
过惧怕国王，不敢干预。但有时，她也会勇敢谏言，而且还会得
到应允。比如，在她的劝说下，亨利将坎特伯雷的收入还给了安
瑟伦；之后，她又劝说亨利将瓦尔塞奥夫伯爵的女儿嫁给自己的
弟弟大卫。在有争议的事情上，她小心翼翼地站在丈夫一边。在
叙任权争端中，当安瑟伦与教皇纷纷向玛蒂尔达寻求帮助时，她
声称双方达成的任何协议都不能"有损于国王的权威"。正是因为
这份忠诚和对圣意的了解，玛蒂尔达才被亨利任命为摄政，在其
不在英格兰时由她代为理政。亨利的母亲担任摄政时政绩优异，
为王后摄政开辟了先例，但这也并非定规，亨利的第二任妻子鲁
汶的阿德拉（Adela of Louvain）就没能担此重任。作为摄政，玛
蒂尔达不仅以王后的名义发布令状，还受理臣民的请愿。并且，
按她的话讲，还会在"国王陛下与我自己的法庭"上审理案件。
玛蒂尔达还向大臣们明确授意，所有政务必须征询王后的意见，
而诺里奇主教则称赞她"忠国王之事，事事躬亲"。在用来签署令
状、特许状的大印上，玛蒂尔达左手持宝球、右手握权杖，傲然

而立。她的确是能治国安邦的女人。

在国王与王后手下的大臣中，当数索尔兹伯里主教罗杰（1107—1139年在任）最为位高权重。罗杰本是卡昂教区一个低薪薄俸的神父，据说后来亨利见他将弥撒过程主持得行云流水，便将他招作了宫廷教士。没过多久，罗杰就在英格兰身兼司法、财政两项大任。他不仅签发还授权撰写了大量令状，文书室与中央政府都受其指挥。亨利在英格兰时，罗杰就听命于亨利；亨利不在时，他便听命于玛蒂尔达。玛蒂尔达去世后，罗杰正式掌权，并开始以自己的名义发布令状。亨廷登的亨利指出，罗杰实为"一人之下，万人之上"，是"全英格兰的首席政法官"——虽然罗杰本人没有使用这一头衔，但他的继任者皆以此自居。罗杰的地位在许多方面都与鲁弗斯的首席大臣雷纳夫·弗兰巴德十分相似，所以那时的英格兰人也总是将二人相提并论。然而，正如鲁弗斯、亨利两位国王的施政风格相去甚远，这两位权臣在行事风格上也有天壤之别。鲁弗斯好大喜功、穷兵黩武，所以必须得在短时间内聚敛起巨额财富；弗兰巴德手段狠辣，纳财如斗，臣民对他越是不满，则越是说明他成功完成了鲁弗斯交代的任务。1106年后，即便诺曼底再生事端，也再难泛起波澜，这让罗杰按部就班的官僚做派（他每天上午处理国家政务，下午则管理索尔兹伯里的教区事务）正好有了用武之地。此外，他八面玲珑的天性在相对平稳的政局中也能发挥作用。当信件纷至沓来，不是向他申冤吐气，就是拜托他疏通关系，罗杰不仅会权衡利害，还对自己的权限拿捏得恰到好处（这事需要向国王汇报吗？王后会同意吗？），能够提出令各方都接受的解决方案，为维护英格兰的安定做出了重要的贡献。

国库是罗杰权力的核心，也是他掌控国王收入的重要工具，他有可能是从 1110 年开始掌管国库的。在这一时期，国库作为最为重要的中央政府机构，终于露出了庐山真面目。国库的任务有三：其一，负责每年为国王获取各项收入；其二，储存收入，并依国王之令做各项支出；其三，每年审核各项财政收入账目。《国库对话》由罗杰的侄孙所著，记录了 1178 年时国库的运作情况，基本上可以还原 12 世纪初罗杰时期国库的状况。国库每年都会召开一次会议，地点通常是温切斯特，负责国库运作的官员国库法官会编制表格，列出各郡应当缴纳的金额，之后各郡的郡督就必须在复活节和米迦勒节分两次如数上缴规定的金额。郡督上缴的收入会进入同样设立在温切斯特的金库。1130 年，金库实际上已经变成了国库的分支机构；而到了 1178 年，金库常被称作"下院"，亦称"收支局"。金库设有两位司库，负责款项的入账、保存，以及按国王的命令支出款项，其中绝大部分都会直接送至国王的寝宫。国库使用木契作为收据（每笔应付款项对应一个木契），使用时先将支付款项用雕刻和书写两种方式记录在一个木条上，然后将木条从中间一分为二，一半由郡督保存，另一半则由国库保存。每年米迦勒节之后，郡督及其他负责收款的官员会在规定的时间前往国库，或者更准确地说，是前往国库的另一个分支机构："上院"，亦称"收支监督局"。在那里，他们将手中的木棒与国库保存的木棒进行比对，以此来判断在过去的一年中是否完成了复活节、米迦勒节这两次付款任务。如果郡督遵国王之令，将一部分收入直接上缴至寝宫，或者在郡内使用了部分收入，比如花钱派兵驻守郡内的城堡，那么他就应当出示对应的令状，而国库官员则应减除这部分金额。对账时，国库官员会使用一块大格子布作为记账手段，用筹码摆出每笔应付款项的支付情况，而国库也正是由此得名①。与记账用的木契一样，使用方格布料肯定也是为了照顾不识字的官员。

　　每年对账的结果会用巨大的羊皮纸卷记录（后来被称为"国库卷档"），一年一卷。1130年的国库卷档是目前存世时间最久的，也是亨利统治时期留下的唯一一份卷档。该卷档由16张长约1.2米、宽约0.3米的羊皮纸组成，每张皆由两张较小的羊皮纸拼接而成，正反两面均写有对账记录。这16张羊皮纸在顶部又用针线装订成册，成为便于保存的羊皮纸卷。1130年卷档的现代印刷版长达161页，一共记录了300多份令状，其中既有发放给郡督的支出授权，又有免除支付义务的债务免除书，提及人名、地名2 000余个。

　　如果国库真的是由罗杰主教一手创建的，那么他就是一个行政管理奇才。不过，就连好话连连的《对话》都没有如此妄言，而只讨论了国库到底源起于盎格鲁-撒克逊时期，还是由"征服者"威廉仿照诺曼底的国库建立的。虽然在亨利一世统治时期，诺曼底肯定也设有国库，但若要追本溯源，也是迷雾重重。也许至少方格布记账法（the chequered cloth）和由此而来的"国库"（exchequer）这一名称，是在亨利统治时期才出现的。虽然英格兰很久之前就开始使用类似的方格布记账方式，但在1110年之前，没有任何记录将方格布与"国库"联系起来。而另一方面，过去的国王又一定是有记账、对账手段的。根据《对话》的记录，国库最初的名称为"契据处"，所以在使用方格布之前，木契除了作为收据，很有

---

① 　国库的英语名称为exchequer，源于盎格鲁-诺曼语中的escheker（棋盘）。

可能也会作为记账手段。在诺曼征服前，温切斯特就已经设立了金库，肯定保存着王室领地应当上缴的包税和用于征收贡金的海德列表——《末日审判书》的确也提到了上述两类记录。1130 年国库的记账体系很有可能是渐渐演变而来的结果。诺曼国王长期不在英格兰国内，一方面增大了国王前往各处王室领地对账的难度，一方面改变了王室庄园地租的缴纳形式，导致实物地租渐渐被现金地租所取代，除了让设立中央审计机构变得势在必行，更是令审计金额逐年攀升。此外，国王不仅通过封建权力获得了更多的收入，王室法庭在各地收取的苛捐杂税也大幅增加。《国库对话》指出，国库在罗杰主教的领导下蒸蒸日上。其实，1130 年国库已有的制度流程中，很大一部分也极有可能出自罗杰之手。在罗杰掌舵时期，国库是权势熏天的政府机构，既是国王获取收入的核心手段，又是控制地方官员的重要工具，也是国王掌控全国的政治网络的中心。因为国王几乎是所有人的债主，只需调整债款的支付比例，就可以赏罚分明。

亨利的收入从何而来呢？地租是国王收入的重要组成部分，但由于亨利分封了大量领地，所以与 1087 年相比，地租收入在 1130 年下降了超过 3 000 镑。尽管如此，1130 年，地租仍然是国王最重要的收入来源；遭国王没收、充公的土地一共产生了 2 600 镑的地租，而各郡上缴的包税则高达 9 900 镑。后者由各郡督每年按定额上缴，其中绝大部分都是国王在郡内的地产产生的收入，一小部分是按惯例需要缴纳的款项（比如"郡督补助金"），而郡法庭、百户区法庭审理的次要案件也能产生少量的收入。此外，国库的官员也会想尽办法增加包税的上缴额，不仅于数年前重新评估了各郡包税的定额，更是在一年前专门挑出 11 个郡，要求郡督再次提升包税的额度，总额高达 666 镑。土地收入的下降令国王不得不寻找其他的创收方式，而王室森林便是其中之一。亨利在《加冕宪章》中承诺会像父亲一样管理王室森林，暗示自己不会效仿哥哥鲁弗斯的各种不当行为。可事实上，亨利的王室森林遍布 25 郡，而他却仍设法扩张了森林的边界，而其继任者斯蒂芬于 1136 年承诺将边界恢复原状。

此外，国王还可以利用"司法程序"（后文会详细介绍）、封建权力来获得收入。当然，这一切全都有赖于弗兰巴德想出的种种无耻的手段，以至于后来亨利不得不在《加冕宪章》中承诺不再使用上述手段——只是没过多久，亨利就故伎重施，虽不如弗兰巴德那样无耻。根据 1130 年国库卷档的记载，圣职空缺产生的收入为 1 100 镑，而封建罚金、献纳金、利用监护权和婚姻权取得的收入共计 1 300 镑。此外，不管多么不情愿，男爵阶层还是要额外再向国王支付 5 550 镑。最后，加上 2 500 镑贡金（作为恩赏，亨利免除了大量贡金）收入，亨利 1130 年的账面收入为 24 550 镑，其中有 22 900 镑进入国库（只有一小部分直接进入寝宫账户，可以忽略不计），而剩余的部分则在各郡就地使用。在亨利二世统治期间，国王的年收入超过 1130 年亨利一世收入的情况只出现过 4 次。而到了 1230 年，虽然当时发生了严重的通货膨胀，但亨利三世的收入依然远低于这个数字。实际上，亨利可以从臣民处获取的收入总额（与实际入账加开销的总和相比）高达 66 800 镑，所以国王手中还握有极为可观的债权，关键时刻可派上用场。亨利富可敌国，每年多半都大有盈余，在温切斯特堆金积玉。

亨利还有其他的妙招用来控制各地政局。与父亲、兄长一样，亨利在英格兰任命伯爵或创建伯爵领也很谨慎。他虽然于 1107 年授予默朗伯爵罗贝尔莱斯特伯爵的爵位，于 1114 年前后令妹夫苏格兰国王大卫成为亨廷登伯爵领的实际拥有者，于 1121—1123 年授予私生子罗伯特格洛斯特伯爵的爵位。但上述伯爵领与位于威尔士边境、享有王权的伯爵领（只有切斯特伯爵领存留了下来）不同，其伯爵的权力十分有限，领地所在郡基本上完全由国王任命的郡督管理，而郡督则必须按照规定向国库缴纳本郡约定数额的收入。亨利还决心要控制郡督的权势，他甚至在 1108 年专门发布令状，批评各郡郡督施政不利。亨利即位之初，英格兰共有 12 个郡的郡督，是自末日审判时就在任的或是此类郡督的后代。亨利对诚实可信的迈尔斯网开一面，令其继承父亲的职位，继续担任格洛斯特郡郡督，但明确表示该职位并非世袭职位。他还从忠心耿耿的男爵手下，挑选下属封臣去一些郡（如诺丁汉郡）担任郡督；在另一些郡，他则直接任命廷臣，即让在宫廷任职、受国王器重之人担任郡督。亨利会时不时大幅增加郡督中廷臣的人数。所以到了 1130 年，由廷臣担任郡督的郡县至少达到了 18 个。

1108 年，亨利痛批郡督为满足自己的"需求"，在郡法庭、百户区法庭越权审理其他案件。司法产生的收入的源头之一，就是审理国王之诉案件。《亨利一世法典》（The Laws of King Henry I）是一本有关法律程序的专著，成书于 1114—1118 年。而根据法典的定义，国王之诉案件包括（自盎格鲁－撒克逊时期就是如此）杀人、抢劫、攻击、大额盗窃、强奸、纵火。对国王来说，控制和利用这些案件至关重要，而亨利则更是做出两大改进。第一项改进是，充分发挥地方政法官（这一职位在 1100 年之前就已经存在）的作用，"将国王之诉案件的控制权牢牢把握在国王手中"，地方政法官可调查国王之诉案件，之后在地方法庭上起诉犯法之人，从而完全将郡督排除在外。此外，国王之诉案件可以由从百户区抽选出的陪审团发起公诉，也可以由个人发起上诉。1130 年，诺福克、萨福克两郡的地方政法官担保能为国王"创收"333 镑，表明此类案件有多赚钱。

第二项改进为派出法官在各郡巡回审判，负责审理国王之诉案件和民诉案件。此类法官后来被称作"巡视法官"（英语原文中的 eyre 意为视察），也称"巡回法官"。由于主要的巡回法官都是廷臣，所以与郡督及取代郡督的地方政法官相比，国王运用巡回法官来控制国王之诉案件就更加得心应手。在 12 世纪末和 13 世纪，"巡回法官"更是成为在各郡审判各类王权专属案件的主要力量。从"征服者"威廉只会偶尔派出法官前往个别郡县审理特别重要的民诉案件，到派出法官前往数个郡县，审理所有国王之诉案件，其间变化虽大，但由于没有可考的国库卷档存世，想要准确还原这一转变也绝非易事。1096 年，弗兰巴德有可能前往西国 ① 进行过一次巡回审判，审理各类国王之诉案件。到了 12 世纪 20 年代，根据 1130 年国库卷档的记载，巡回审判已经全面开展。例如，理查德·巴西特（Richard Basset）前往 6 个郡县审理案件；杰弗里·德·克林顿（Geoffrey de Clinton）在 18 个郡县进行巡回审判；拉尔夫·巴西特（Ralph Basset，理查德的父亲）则在 11 个郡县审理案件。1124 年的盎格鲁－撒克逊编年史留下记录，让我们能够一瞥拉尔夫·巴西特在莱斯特郡进行巡回审判时的"风采"：他总共绞死了 44 个盗贼，此外还对 6 人处以肉刑。亨利的巡回审

---

① 西国为英格兰西南部的一个地区，位于布里斯托尔湾和英吉利海峡之间，但没有明确的界线。

判显示了国王权威，还产生大量收入（根据 1130 年的国库卷档，有 3 600 镑收入中的绝大部分都来自巡回审判），并表明所有人都应服从王法。就连实力最强的北方男爵的领内农民被迫向国王缴纳罚金，也不会出面干涉。根据盎格鲁－撒克逊法典的规定，人身、财产遭到侵害时，地方法庭有权规定补偿金的金额，而巡回审判很可能间接削弱了地方法庭的这一权力，甚至在很大程度上是彻底剥夺了他们的权力。

除去国王之诉案件，亨利并不抵触私设法庭对其他次要案件的审理，无论是庄园法庭，还是大领主法庭，抑或私有百户区法庭（此三者的司法权限经常重合）。按照亨利的命令，封建主应当在各自设立的法庭审理案件（如果他们没有执行，郡督就会取而代之）并且将土地"公正地"判归各下属封臣，言外之意是领地内的土地纠纷应当由大领主法庭裁决。可实际上，大量此类案件很可能从大领主法庭移交到了郡法庭，或是由于司法权限的缺失而直接进入国王的管辖范围。但亨利仍希望巩固个别大领主法庭的司法权，命令下属封臣履行对上级封建主的义务。1108 年，亨利发布令状，规定凡是与土地占有、分割有关的案件，如果争议双方为从属于同一位封建主的下属封臣，那么案件就应由该封建主设立的法庭负责审理（后文将详细介绍封邑制度）。该令状中还明确指出，男爵之间的纠纷应由国王亲自做出裁定；国王可以从中收取高昂的"审理费用"——据 1130 年的国库卷档记载，国王借由此类案件获得的收入共达 3 500 镑。

一直以来，史学界对亨利一世的用人之法始终莫衷一是。奥德里克·维塔利斯在一段经典名篇中指出："哪怕一介平民，只要能力出众，愿为亨利尽忠尽力，就会得到提拔，荣升为贵族。"其

实，国王拔擢男爵阶层之下之人绝非什么新鲜事。比如奥德里克
笔下亨利栽培的巴克兰的休（Hugh of Buckland），实际上在鲁弗
斯统治时期就已经担任过郡督的要职。所有国王都需要提携平民
中的贤能之人，这些人需要仰仗国王来得到荣华富贵，国王也需
要他们为自己尽忠职守。在亨利60余年的统治期内，国家长治久
安，政治清明，令这类臣仆更易脱颖而出，也为他们创造出了更多
机会。例如，杰弗里·德·克林顿不仅是沃里克郡的郡督，负责数
郡审判事务的巡回法官，担任温切斯特金库的总管，还是亨利宫廷
的头面人物。一些亨利手下的重臣出身卑微，所以奥德里克才可以
毫不夸张地称他们"一夜之间平步青云"。就连《国库对话》本身
都承认罗杰主教曾经"贫无立锥之地"。然而，并非所有人都像罗
杰主教那样一贫如洗，比如在奥德里克列举的平民重臣中，排在最
前面的诸如克林顿、拉尔夫·巴西特之类大体拥有骑士身份的人都
在英格兰或诺曼底拥有少量领地，有时是兼而有之。西诺曼底是亨
利继位之前的根据地，自然也成为了重臣辈出之地。当然了，亨利
手下也有出身更为显赫的重臣：格洛斯特的迈尔斯的父亲就曾在末
日审判时期担任郡督；奥布里·德·维尔（Aubrey de Vere）的父
亲也是一名有着一定权势的男爵。正如奥德里克记述的那样，亨利
的重臣个个享尽荣华富贵。克林顿仅从父亲手中继承到了一片位
于牛津郡格林普顿的庄园，但到了1130年，他名下的地产已经整
整多出了578海德。沃尔特·埃斯佩克、尤斯塔斯·菲茨·约翰、
佩恩·菲茨·约翰（Payn fitz John）、奈杰尔·杜阿勒比尼（Nigel
d'Albigny，发迹前是亨利的亲卫骑士），都与格洛斯特的迈尔斯一
样，在国王的帮助下迎娶女性继承人，变身成为地位显赫的男爵。
此类"新人"强取豪夺无所不用其极，不仅剥削自己封邑境内下属

封臣的劳动，还强迫他人出让土地；奈杰尔·杜阿勒比尼正是因此在临终病榻上饱受良心的谴责。"新人"重臣恶劣的名声正中国王下怀。此外，"新人"重臣要么因违反纲纪而被处以巨额罚金，要么因换取恩赏而欠下巨款，每个人都债台高筑，所以因经济因素的牵制而绝不敢背叛国王。他们对国王忠心耿耿，对他人不留情面，是亨利政权最为稳固的基石。

大法官法庭的职能，罗杰主教与国库，对郡督的控制，巡回审判，任用"新人"重臣——在上述所有方面，亨利革故鼎新，并以此为基础，建立了坚不可摧的政府组织架构。

* * *

奥德里克浓墨重彩地描绘了在亨利的治理下国内和平安泰，四处修建大教堂、修道院、村庄教堂的景象，这不仅得益于完善的"法律与秩序"，还得益于"政治"和平。就政治和平来说，亨利与手下许多男爵间和谐的关系功不可没。为了让贵族与自己上下一心，亨利善于使用各种手段：他让贵族在宫廷中担任各种职位；让他们沉浸在与国王共同作战的喜悦之中；还奖赏忠心侍奉君主的贵族。此外，亨利虚心听取手下男爵的谏言，不仅在专门召开正式议事会时广开言路，就连在寝宫内、行猎中这样的非正式场合也从不怠慢。奥德里克对亨利任用"新人"重臣品头论足，但同时也声称国王"封赏时出手大方，令权贵阶层对自己忠心耿耿"——前文已经历数了许多类似的案例。亨利与父亲威廉一样，尤其注重令近亲担纲大任，使其成为政权的中流砥柱。无论是私生子罗伯特，还是外甥斯蒂芬，抑或是妹夫大卫国王，都得到了亨利的重用。1125

年，亨利祭出大手笔，命斯蒂芬迎娶布洛涅伯爵之女，让他不仅拿下了海峡南侧布洛涅伯爵领这块战略要地，在海峡北侧还得到了埃塞克斯境内的大片领地，斯蒂芬一举成为了英格兰东南部实力最强大的封建主。与此同时，斯蒂芬头脑机敏、能言善辩的弟弟亨利也当选温切斯特主教（1129—1171 年在任）。

C.W. 霍利斯特（C. W. Hollister）是研究亨利一世的权威，他提出亨利留下了一个大体上和谐稳定的政治体系，但此话可能言过其实了。在亨利的王庭内，世家权贵与政坛新秀虽然表面上一团和气，但暗地里却剑拔弩张。"王侯显贵对他们（亨利提拔的新人）的加官进爵心怀怨恨，因为这帮新人出身卑贱，现在却在财富和权势上令出身高贵之人自叹弗如"，《斯蒂芬国王行为录》的作者写道。尽管许多男爵都得到了国王的青睐，但男爵阶层中自认受到冷落之人仍在少数。不仅如此，国王利用手中的封建权力步步紧逼，也令王权与男爵阶层关系紧张。鲁弗斯在继承税、监护权、婚姻等方面层层盘剥，引发众怒，所以亨利一世才不得不在《加冕宪章》中做出种种承诺，但他也并未遵守诺言。此外，许多家族每时每刻都想着要夺回失地。当然，家族领地旁落并不是因为亨利否定了世袭继承制度的原则；实际上，《加冕宪章》中不少条款都含蓄地指出，国王将维护既有的世袭继承制度原则。1135 年，英格兰一共有 193 个男爵领，其中有 102 个（52%）自 1086 年起都是遵循世袭原则，由男性继承人代代相传。尽管如此，国王还是可以利用婚姻、罚没等手段干涉领地的继承，况且如本章开篇所述，这种干涉在当时盎格鲁－诺曼世界的政治斗争中是必不可少的。1087—1135 年，有 47 个男爵领（24%）落入国王手中，通常都是因为遭到罚没，而国王又会将此类男爵领封赏给自己赏识的臣子。21 个男爵领（11%）随女性继承人出嫁并入了新的家族。而这一切都可能会留下祸端。例如，亨利一世以涉嫌叛国为由，在 1114 年没收了吉尔伯特·德·莱西（Gilbert de Lacy）之父名下的庞蒂弗拉克特（Pontefract）封邑，最终将其转封给出身卑微的威廉·马尔特拉韦尔（William Maltravers），而吉尔伯特则一直都在追讨旁落的祖产。西蒙·德·桑利斯（Simon de Senlis）是瓦尔塞奥夫的外孙，在其母遵亨利之令改嫁给大卫国王后，他一直都在追讨大卫借由婚姻获得的亨廷登封邑。佩恩·菲茨·约翰与格洛斯特的迈尔斯之子罗杰一起，就韦布利（Weobley）封邑的归属权，与塔尔博特（Talbot）家族及莱西家族的另一分支互不相让。斯蒂芬登上王位后，包括上述争执在内的诸多"家族历史"争端浮出水面，令内战愈演愈烈。所以，问题的核心并不在于世袭继承制度本身（各方对此都并无异议），而在于到底应当由谁享有继承权。

此外，国王加强中央集权的野心与贵族阶层要求权力下放的意愿同样令政局剑拔弩张。正如朱迪丝·格林（Judith Green）所说，在对权力的追逐上，贵族既是国王的合作者，也是竞争者，尤其在地方层面。野心勃勃的封建主会想方设法地加强地方控制力，借助从国王手中获取的官职、特权，将自己的城堡楔入封建权力结构中——比如借助拥有实权的伯爵爵位、私有百户区的管辖权、王室城堡的控制权，以及由自己或下属担任的郡督之职。如果国王想要奖赏手下的大领主，并假借其手牢牢掌控一方土地，那么他多半会对领主的野心听之任之。不过，纵容大领主独霸一方显然也是有风险的，尤其当男爵的地方官职转变成世袭爵位时。同样，如果国王的当务之急是充实国库，那么他最不想看到的就是地方上出现一手遮天的权臣，因为他们会侵吞大量本属于国王的收入。前文已经介绍过，亨利一世为抵御地方的离心趋势，不仅竭力避免郡督之职变成世袭的爵位，还谨慎设立享有王权的伯爵领。可结果却适得其反，大批权贵心怀不满，既想要承袭此类爵位，又对受王命担任地方官职之人恨之入骨。杰弗里·德·克林顿受亨利任命，担任郡督，坐镇沃里克城堡，监视沃里克伯爵罗杰（Earl Roger of Warwick），而罗杰则对此怀恨在心。切斯特伯爵雷纳夫二世（Earl Ranulf Ⅱ of Chester，1129 年继承爵位）与同母异父的兄长威廉·德·鲁马尔（William de Roumare）想要获得林肯城堡的控制权、林肯郡郡督的职位，而杰弗里·德·曼德维尔（Geoffrey de Mandeville）则想要夺回包括伦敦塔城堡总管、伦敦及米德尔塞克斯郡督、埃塞克斯及赫特福德郡督在内的全部三个亨利从他祖父手中收回的职位。斯蒂芬统治时期，杰弗里不仅重获上述官职，还迫使国王让步，承诺巡回法官未经允许不会进入其郡督管辖范围内审理案件。此外，被权力中心排斥于外之人肯定也对国库的权力恨之入骨，因为国库保存有债务记录，只要接到命令，就会上门为国王逼债。根据 1130 年国库卷档的记录，杰弗里·德·曼德维尔的债务总额为 846 镑；切斯特伯爵雷纳夫二世 1 613 镑；雷纳夫二世的母亲路西 646 镑；沃里克伯爵罗杰 218 镑。这些矛盾全都暗藏杀机，将会在亨利去世后给继任者带来无穷的祸端。

在亨利统治的最后几年中，英格兰边境各处积累的问题已经迫在眉睫。格洛斯特伯爵罗伯特不断蚕食威尔士土地，令格拉摩根的本土统治者群情激奋。在圭内斯，格鲁菲德·阿颇卡南年事已高，而几个儿子则与父亲不同，不甘于对英格兰国王处处忍让。1135 年，波伊斯的统治者频频入侵什罗普郡，令亨利不得不考虑渡海返回不列颠。在苏格兰，虽然亨利对国王大卫恩重如山，但卡莱尔却又令大卫如鲠在喉。上述矛盾之所以没有爆发出来，完全是因为亨利财大气粗、权尊势重。"没人胆敢在亨利面前挑起事端"，盎格鲁－撒克逊史官写道。然而，一旦亨利的继位者财力耗竭，情况就不一样了。

那么到底应当由何人来继承呢？前文已经介绍过，亨利本人希望女儿玛蒂尔达继承王位。玛蒂尔达是神圣罗马帝国皇帝亨利五世的遗孀，以"女皇"之名傲然自居。1133 年，玛蒂尔达喜得一子，即未来的亨利二世（Henry II），进一步坚定了亨利让女儿继位的决心。但玛蒂尔达的登基之路绝非坦途。先不论她身为女性这一点，单是她的丈夫安茹伯爵若弗鲁瓦日后将要扮演的角色就是一个棘手的问题，因为盎格鲁－诺曼权贵无不对若弗鲁瓦心存芥蒂。尽管亨利于 1130 年再次令盎格鲁－诺曼贵族立下重誓，要求他们接受女儿玛蒂尔达继承人的地位，但亨利却没有将英格兰或诺曼底的一城一池让给玛蒂尔达，即便若弗鲁瓦反复要求他在诺曼底让出领地、城堡。所以，玛蒂尔达因没有任何权力基地而无力为之。此外，亨利既没有正式册封玛蒂尔达为储君，也没有让她以任何方式参与国政。在这一点上，亨利并未效法耶路撒冷国王鲍德温二世（Baldwin I，1118—1131 年在位），后者将长女梅利桑德（Melisende）立为继承人时，为女儿创造了种种有利条件，而梅利桑德的丈夫还是若弗鲁瓦的父亲安茹伯爵富尔克五世，所以为女继父位提供了不可多得的成功案例。此时的亨利虽已经年逾六旬，却不愿意让大权旁落。尽管没能帮玛蒂尔达巩固王储之位，但亨利却扶持起外甥斯蒂芬和私生子罗伯特，也就此为前者的篡位和后者对妹妹玛蒂尔达继承权的捍卫埋下了伏笔，留下了内战最根本的祸端。

第六章

重塑不列颠：英格兰国王斯蒂芬（1135—1154）、苏格兰国王大卫（1124—1153）、威尔士的统治者

1135 年 12 月 1 日，亨利一世驾崩，斯蒂芬在王位的争夺中占尽优势。他的父亲是布卢瓦伯爵斯蒂芬，母亲则是"征服者"威廉的女儿阿德拉，所以他血统的高贵毋庸置疑。虽不是长子〔他的兄长西奥博尔德（Theobald）继承了布卢瓦伯爵的爵位〕，但他在亨利一世的荫庇下，反倒成为当时盎格鲁-诺曼世界领地最多的男爵。在英吉利海峡以南，他领有莫尔坦、布洛涅两处伯爵领，后者既是战略要地，又税赋颇丰。在英格兰，他拥有兰开斯特、艾尔及其他几处封邑。他的弟弟亨利身居温切斯特主教的高位。得悉亨利一世驾崩之时，斯蒂芬人在布洛涅，而老国王之女、指定继承人则远在安茹。于是，斯蒂芬立刻北渡英吉利海峡，赢得了伦敦民众的支持，而后前往温切斯特，依靠弟弟亨利主教获得了亨利一世首席大臣索尔兹伯里主教罗杰的支持，从罗杰手中接管了亨利国库的巨额资金。12 月 22 日，斯蒂芬在威斯敏斯特教堂加冕。古语有云，"一臣难事二主"，所以，斯蒂芬在英格兰加冕为王后，诺曼底的领主也纷纷俯首称臣。玛蒂尔达皇后与丈夫安茹伯爵若弗鲁瓦一起，沿着惯常的路径，挥师北进诺曼底，但到达阿让唐后，便再无进展。与亨利一世"加冕宪章"中连篇的承诺相比，斯蒂芬的"加冕

宪章"内容极为简短。次年，斯蒂芬获得了教皇的认可。

　　然而，此后局势每况愈下。1136 年，威尔士的统治阶层重新得势，英格兰国王及封建领主的权势摇摇欲坠；1139 年，苏格兰国王大卫一世侵占了英格兰北部大片的土地。与此同时，玛蒂尔达皇后则从南方登陆，在英格兰西南方与斯蒂芬分庭抗礼。到了1144 年，诺曼底落入安茹伯爵若弗鲁瓦之手。"这位国王的统治一无是处，只有动荡的时局、日下的世风、明目张胆的掠夺。"彼得伯勒修道院的编年史家如此哀叹。斯蒂芬王位的正当性也一直遭到质疑。他的登基靠的是教士臣民的推选以及教皇的认可，但在玛蒂尔达皇后的世袭继承权面前，似乎永远不够名正言顺。尽管传闻称亨利一世临终之时改变心意，但效忠玛蒂尔达的誓言令权贵阶层感到良心难安。不过，就连亨利一世获得英格兰的王位也并非毫无争议，其征服诺曼底的行为更是毫无正当性可言。斯蒂芬统治失败的部分原因是由亨利一朝的历史遗留问题造成的，上一章结尾处已做简述；另一部分则源于这位国王的品性，以及他犯下的错误。

　　"国王在所有人的眼中，都应当是一头愤怒的雄狮"，编年史家伍斯特的约翰如此评述，但没人能将斯蒂芬看作愤怒雄狮。身为伯爵时，斯蒂芬就因平易近人而远近闻名；继承王位后，他仍然和蔼可亲。在所有讲述其统治时期的编年史中，《斯蒂芬国王行为录》是最为可靠的。据其记载，斯蒂芬时不时将国王的尊贵地位抛诸脑后，与身旁的臣下平起平坐。在领教过亨利一世的雷霆手段后，这种以宽待下的品行正是权贵阶层起初拥戴斯蒂芬为王的原因之一。"他精力无限，却拙于决断；他在战场上呼啸驰骋，无论局势如何艰难，都斗志昂扬，却对敌方宽大仁慈，对所有人皆以礼相待；大家对他承诺时表现的善意赞赏有加，却仍能感受到其言语的空洞和承诺的虚无"——马姆斯伯里的威廉笔下的斯蒂芬跃然纸上。

斯蒂芬在被俘后更是如入绝境，这却为另一个人提供了施展空间。她就是斯蒂芬的王后玛蒂尔达。虽然玛蒂尔达的血统无可挑剔，但在嫁给斯蒂芬时，她丝毫没有奢望成为王后。她的父亲是布洛涅伯爵尤斯塔斯（Eustace of Boulogne），算得上是查理曼的后裔，又从母亲（她是苏格兰国王马尔科姆三世和王后玛格丽特的女儿）那里继承了威塞克斯的王室血脉。玛蒂尔达不仅有勇有谋、忠贞不贰，而且拥有布洛涅伯爵领，是极其富有的女继承人（这一点与诺曼征服之后所有的王后都不同），在外交、政治、军事方面都起到了十分重要的作用。如果没有玛蒂尔达的帮助，斯蒂芬也许会一败涂地。

刚一加冕，斯蒂芬就四面受敌。1136 年 4 月 15 日，锡尔迪金的理查德·菲茨·吉尔伯特·德·克莱尔遭伏击身亡，伏击者为格拉摩根东部格温洛格王国的两位统治者摩根、约沃思。两人得手后，马上又将包括卡利恩、阿斯克在内的格温特王国的全部低地地区一并收入囊中，一举夺回了他们祖父卡拉多格作为国王时统治的大片领土。此次伏杀事件就像是造反的烽火，圭内斯、德赫巴斯两个王国的王朝掀起了大规模的起义。格鲁菲德·阿颇卡南的儿子欧文、卡德瓦拉德（Cadwaladr）从北方的圭内斯出兵，格鲁菲德·阿颇里斯及其子则从南方进军，两军夹击锡尔迪金、火烧阿伯里斯特威斯，于卡迪根城外击败了一支由诺曼人、佛兰芒人组成的军队后返回家乡。据《布鲁特》记载，他们"掳走大量俘虏、华贵的衣物、精良的铠甲"。然而，斯蒂芬对此竟然毫无回应，即便是在次年，即 1137 年，边境男爵领领主、郡督佩恩·菲茨·约翰被杀后，他仍然毫无动作。因此，1137 年末，圭内斯的统治者做出重大策略调整，将目标从掠夺变为建立政治控制，将锡尔迪金并入圭内斯。与此同时，格鲁菲德·阿颇里斯的儿子（丝毫没有因格鲁菲德遭谋杀而受到影响）不仅占领了达费德的大片土地、伊斯特德特维的部分土地，更是获得圭内斯统治者的帮助，攻下了位于卡马森的王室城堡。与12世纪20年代格鲁菲德·阿颇里斯只剩下一片土地贫瘠的集户区的窘境相比，简直是改天换地！

除去11世纪90年代失去了对圭内斯的控制权，上述一系列丢城失地算是诺曼人在威尔士遭遇的最严重的失败了。虽然格洛斯特的迈尔斯仍然占据着布雷肯，格洛斯特伯爵罗伯特仍然掌握着加的夫及格拉摩根南部的部分地区，吉尔伯特·菲茨·吉尔伯特·德·克莱尔（Gilbert fitz Gilbert de Clare，遇害的理查德的弟弟）仍然掌握着切普斯托和格温特的部分地区，但斯蒂芬除了失去了卡马森，对彭布罗克的所有权也变得有名无实——1138年，斯蒂芬无力支援彭布罗克，不得不将彭布罗克伯爵的爵位授予吉尔伯特·菲茨·吉尔伯特，这无异于令其自立为王。此时的斯蒂芬四面楚歌，无法对威尔士的危局做出回应是可以理解的。虽然格洛斯特的罗伯特在格拉摩根扩张领地是引发上述乱局的主要原因，但他反倒默许摩根、约沃思两人的侵占行为，还为此割地相让，让他们成了自己有力的盟友。然而，与亨利一世不同，斯蒂芬完全没有机会在威尔士重建权威。实际上，切斯特伯爵的倒戈，加上罗伯特伯爵的反叛，没过多久就将斯蒂芬赶出了威尔士。

与威尔士相比，斯蒂芬在北方遭到的损失更具灾难性。早在1136年初，刚刚平定内乱的苏格兰国王大卫就迅速起兵南下，占领了英格兰北部的两大重要王室根据地——卡莱尔和纽卡斯尔。大卫国王一方面想要向西挺进，获得位于索尔韦湾以南的坎布里亚

（后来的坎伯兰郡、威斯特摩兰郡）的控制权，一方面则向东出手，与诺森布里亚的最后一位盎格鲁－撒克逊伯爵瓦尔塞奥夫联姻，迎娶其女，加强了苏格兰自古以来对诺森布里亚所有权的诉求。与威尔士相比，斯蒂芬在北方做出的反应更为果决，他用亨利一世留下的财富雇用了佣兵大军，北进至达勒姆，于 1136 年 2 月与苏格兰国王达成协议。根据协议，大卫愿意放弃在诺森布里亚征服的土地。作为交换，其子亨利则会向斯蒂芬效忠，代父亲从英格兰国王手中获封亨廷登伯爵领、卡莱尔及坎布里亚南部地区。后两者虽然名义上还是英格兰王国的一部分，实际上已经并入苏格兰王国。大卫是否承认亨利一世对苏格兰的封建宗主权已不可考，但他从未承认斯蒂芬的封建宗主权，这是肯定的。

然而，没过多久，大卫就认为可以在 1136 年协议的基础上更进一步。1138 年，他以支持玛蒂尔达皇后为由，入侵英格兰不下三次。斯蒂芬虽挥军北上，应对了第一次入侵，但由于国内他处告急，不得不放任了大卫的第二次入侵，不仅导致达勒姆主教辖区惨遭蹂躏，还让苏格兰军队长驱南下至约克郡的克雷文。大卫军中的苏格兰人、加洛韦人犯下了令人发指的暴行（有证言指出，他们将婴儿抛向矛头），还将俘获的女人扒光衣服、戴上镣铐，令她们沦为娼妓、奴隶——这还不过是第三次入侵的前奏而已。7 月末，大卫发动第三次入侵，很快便跨过蒂斯河，进入约克郡。虽然英格兰北方有不少贵族都是大卫的支持者，但誓死捍卫英格兰国土完整的约克大主教瑟斯坦为苏格兰军队的暴行所震怒，视抗击入侵为神圣的职责。8 月 22 日，大主教的军队在诺萨勒顿（Northallerton）阻击苏格兰军队，在北方圣徒旗帜（这场战斗"圣旗之战"名称的由来）的鼓舞下，赢得了一场有如神助的大胜。

战场上的胜利虽然保住了斯蒂芬的王位，却未能将大卫逐出英格兰北部。大卫仍然占据着卡莱尔，之后又在 11 月逼迫沃尔特·埃斯佩克在特威德河畔沃克城堡的守军献城投降。此时盘踞在阿尼克的尤斯塔斯·菲茨·约翰已经向大卫效忠，导致诺森布里亚门户大开。因此，1139 年 4 月，斯蒂芬的王后玛蒂尔达利用自己是大卫的侄女兼亲友的身份，在达勒姆与他达成了新的协议。斯蒂芬承认大卫及其子亨利拥有卡莱尔、索尔韦湾以南的坎布里亚、亨廷顿伯爵领的所有权。斯蒂芬还做出重大让步，将诺森布里亚位于特威德河及泰恩河间的土地让与亨利，只保留班堡城堡和泰恩河畔的纽卡斯尔城堡，但这两座城堡没过多久也被苏格兰占领。作为交换，大卫及亨利承诺向斯蒂芬效忠。就此，斯蒂芬消除了来自北方的威胁。次年，亨利转而为斯蒂芬作战，而大卫则在玛蒂尔达皇后、罗伯特伯爵处境不妙时冷眼旁观，直到二人 1141 年在林肯获得大胜后，才星夜南进，驰援斯蒂芬。而斯蒂芬也为绥靖北方付出了极大的代价，实际上等于将诺森布里亚、坎布里亚南部割让给了大卫。苏格兰王国还会继续向南扩张吗？毕竟，斯蒂芬的麻烦才刚刚开始。

* * *

从本质上讲，斯蒂芬在威尔士与北方的割让是源于对英格兰腹地的担忧。只不过亨利留下的财富解了一时之急，帮斯蒂芬占得先机。1136 年，斯蒂芬率领刚刚阻击了大卫的雇佣兵大军班师回朝，格洛斯特的罗伯特于同年复活节向斯蒂芬宣誓效忠。这是一次意义重大的政变事件。因为在此之前，罗伯特作为亨利一世的私生子、玛蒂尔达皇后同父异母的兄长，还是皇后最强有力的潜在支持者。他不仅领有格拉摩根，还以布里斯托尔、布里斯托尔城堡为中心，在格洛斯特郡、威尔特郡、西国拥有大片领地。此外，他还在诺曼底拥有巴约、卡昂两块领地。罗伯特不仅学识渊博，而且在逆境中临危不惧：与亲信独处时，他常以自嘲为乐，而凡遇大事，则必坚忍无情、敢作敢为；假如有罗伯特在侧，斯蒂芬便可保王位无虞。

　　然而此时，危机已经初露端倪。1136年4月，斯蒂芬发布新的宪章，较之加冕时发表的那份，要周祥了不少。他承诺，除了将王室森林的边界恢复原状，放弃亨利一世侵占的土地，还要杜绝郡督对地方权贵的打压行为，确保司法的公正性，总之就是取消亨利一世种种不得人心的集权政策。此外，斯蒂芬还保证国王既不会插手主教的任命，也不会利用主教之职出缺之机中饱私囊。乍一看，斯蒂芬就此完全放弃了王权对教会的控制。为了争取潜在支持者，"管它是领地、城堡，还是任何其他中意之物"（马姆斯伯里的威廉如是说）都成了贵族阶层讨价还价的筹码。正如前文所述，他们中的大多数都自感遭亨利一世冷眼相待，甚至认为自己被剥夺了祖产。对大多数权贵来说，推举斯蒂芬为王的唯一原因就是他有求必应。斯蒂芬也着意拉拢强力支持者，比如他将庞蒂弗拉克特封邑（于1114年遭亨利罚没）物归原主，一举赢得吉尔伯特·德·莱西的全力支持——莱西本人也没有坐享其成，而是派人刺杀了获亨利一世册封、成为庞蒂弗拉克特领主的"新人"威廉·马尔特拉韦尔。

　　在斯蒂芬的统治下，英格兰伯爵的数量也骤然上升，从1135年的区区7名上升到了1140年的至少22名。虽然有些伯爵有名无实，但另一些实实在在地获得了郡内的王室城堡、土地、森林的控制权，甚至还能要求郡内的直属封臣宣誓效忠。伍斯特的约翰在评价斯蒂芬的一次册封时指出，斯蒂芬希望借此令受益人"誓死为国王效忠"，在受封地作为王权的代理人，能够独当一面。为此，斯蒂芬才会在圣旗之战大捷之后，将约克伯爵领赐予威廉·杜·欧马勒（William d'Aumale），令其阻挡大卫国王再次南侵。同理，斯蒂芬册封默朗的沃尔伦（Waleran）为伍斯特伯爵，也是为了制衡格洛斯特的罗伯特。沃尔伦和他的双胞胎弟弟罗贝尔是亨利一世的重臣、于 1118 年去世的莱斯特伯爵罗贝尔·德·博蒙（Robert de Beaumont）的儿子。沃尔伦脾气火暴、个性招摇、幽默风趣，他继承了父亲位于法国境内韦克桑的默朗以及位于诺曼底中部的领地。弟弟罗贝尔严肃呆板，颇有政治家风度，后来成为了亨利二世（Henry II）的首席政法官。他不仅继承了父亲包括莱斯特伯爵领在内的所有英格兰领地，还通过婚姻在诺曼底拥有了布勒特伊（Breteuil）领地。此外，兄弟两人的亲戚也个个地位显赫：萨里伯爵威廉·德·瓦伦三世（Earl William de Warenne III）是两人同母异父的弟弟；沃里克伯爵是两人的堂兄；（斯蒂芬新册封的）彭布罗克伯爵吉尔伯特·菲茨·吉尔伯特·德·克莱尔是两人的妹夫；两人的弟弟休·普尔（Hugh Poer）则是贝德福德伯爵兼贝德福德城堡的城堡总管。斯蒂芬在英格兰和诺曼底的早期统治，很大程度上都得益于博蒙家族及其亲族的支持。

正如马姆斯伯里的威廉所说，斯蒂芬大肆封赏的一个弊端便是，一旦以避免削减王室领地为由拒绝册封，失意之人就有可能诉诸武力。1136 年，休·比戈德（Hugh Bigod）攻占诺里奇城堡，致使斯蒂芬不得不强制将其驱逐；鲍德温·德·雷德弗斯（Baldwin de Redvers）可能是为了成为德文伯爵，派兵进入埃克塞特，在1136年夏季坚守整整三个月后，才开城投降。无论是领地，还是官职，不同的家族各持己见，其中千头万绪难以理清，令一家如愿，就必令别家失意。比如说，斯蒂芬不得不围攻贝德福德城堡，驱逐迈尔斯·德·博尚（Miles de Beauchamp），才得以让休·比戈德入主贝德福德。威廉·德·博尚（William de Beauchamp）认为伍斯特城堡的城堡总管、伍斯特郡郡督二职理当由自己担任，在默朗的沃尔伦入主伍斯特后，与斯蒂芬势不两立。难怪有人会质疑，斯蒂芬的某些承诺其实是在搬起石头砸自己的脚。

　　此外，即位之初，斯蒂芬的平叛之法也损害了他作为国王的声望。攻打埃克塞特时，斯蒂芬很快便停止进攻，顺从了格洛斯特的罗伯特的建议，对守军格外开恩，没有做出任何惩罚。此举却留下了无穷的后患。"叛乱者知道斯蒂芬心慈手软，不会依法严惩作恶之人，自然会有恃无恐，无恶不作"，彼得伯勒修道院史官评论道。与此同时，1137年，斯蒂芬于诺曼底一役虽令法王路易六世承认了自己诺曼底公爵的地位，但未能驱逐盘踞于公国南部阿让唐的安茹伯爵若弗鲁瓦。此外，正如编年史家纽堡的威廉在几十年后记录的那样，斯蒂芬的资金也开始捉襟见肘。这一方面是因为他在1136—1137年消耗了大量的军费，另一方面是因为他的收入来源日渐枯竭，而这正是大量册封伯爵不可避免的弊端——"本属于国王的地产、收入，就这样旁落他处"，马姆斯伯里的威廉一语切中要害。默朗的沃尔伦在成为伍斯特伯爵后，特地声明"本应上缴国王的贡金已经归我所有"，"本归国王的林权现已归我支配"。

　　斯蒂芬越是入不敷出，手下的雇佣兵军队就越少，格洛斯特的罗伯特是否还能继续效忠，也就越发令人生疑。斯蒂芬明显已经不能信任罗伯特了，所以最好是效法亨利一世处理贝莱姆家族的方式，将其消灭。1137 年出兵诺曼底期间，斯蒂芬的确也曾设伏暗算罗伯特，目的不在暗杀而更可能是生擒，但最终失败了。尽管斯蒂芬极力否认自己是幕后黑手，但罗伯特自此决定帮妹妹玛蒂尔达皇后夺取英格兰国王的宝座。

内战终于在 1138 年爆发，众家族间围绕着领地和官职的新仇旧恨一齐爆发。5 月，正在大卫国王侵袭北方的当口，杰弗里·塔尔博特因不满斯蒂芬将韦布利封邑判给格洛斯特的迈尔斯之子罗杰，占领了赫里福德。紧接着，威廉·菲茨·艾伦（William fitz Alan）以自己理应担任什鲁斯伯里的城堡总管以及郡督为由，占领了该镇。5 月 22 日后不久，身处诺曼底的格洛斯特的罗伯特就与斯蒂芬正式决裂，但由于安茹的若弗鲁瓦入侵诺曼底时出师不利，过了一年多之后才率军登陆英格兰。对斯蒂芬来说，这本应是千载难逢的良机，他只要像鲁弗斯占领罗切斯特那样，占领"几乎可以号称是英格兰首富之城的"布里斯托尔，就可以令罗伯特的权势瓦解冰消，让本次叛乱重蹈 1088 年叛乱的覆辙。斯蒂芬的确也剑指布里斯托尔，但用伍斯特的约翰的话说："他感到终日围城索然无趣，于是便挥军围攻罗伯特其他的城堡去了。"这是斯蒂芬一生犯下的最大错误。如若只是罗伯特之子守城时他都无法攻破，那么待到罗伯特和玛蒂尔达皇后亲自镇守布里斯托尔时，斯蒂芬就只能望城兴叹了。

罗伯特、玛蒂尔达皇后直到 1139 年 9 月才率军进入布里斯托尔。此前，斯蒂芬再遭打击，虽是情有可原，却也是咎由自取。1138 年年末，贝克修道院的院长西奥博尔德获斯蒂芬帮助，当选新任坎特伯雷大主教，斯蒂芬此举意在奖赏贝克修道院的恩主默朗的沃尔伦驻守诺曼底之功。但斯蒂芬的弟弟温切斯特主教亨利也在觊觎大主教之位，他因此对斯蒂芬心生嫌隙。次年，亨利获任教廷使节，权势陡增。尽管在不忤逆教皇的情况下，西奥博尔德的确乐于为国王效劳，但他并不会因对斯蒂芬感恩戴德而唯其马首是瞻，后续事态的发展也映证了这一点。

到了 1139 年，斯蒂芬腹背受敌，于是在同年 4 月向苏格兰国王大卫做出重大让步，6 月在牛津召开会议时突下杀手，将索尔兹伯里主教罗杰、林肯主教亚历山大叔侄二人羁押起来。斯蒂芬的突然发难既消除了两人倒戈的隐患，又拿下了两人手中的城堡，还根除了罗杰家族在中央政府内部盘根错节的势力控制，解了包括博蒙家族在内诸多男爵家族的心头之恨。罗杰倒台之后，不仅大法官法庭照常运转，而且直到 1141 年都没有任何一位主教倒戈投奔玛蒂尔达皇后，斯蒂芬大获全胜。然而，斯蒂芬触动了教会的利益，因遭教会反制而威严扫地。根据教会法律的规定，神职人员及其个人财产均由教会管辖，国王无权干涉，这一点斯蒂芬在 1136 年颁布的宪章中也曾予以承诺。变故发生之后，亨利主教以教廷使节的身份在温切斯特召开宗教会议，要求英格兰教会制裁斯蒂芬。尽管英格兰教会最终没有采取任何行动，罗杰主教也于同年年末撒手归西，斯蒂芬还被迫亲自到场，为自己辩护。整个事件反映出，与 11 世纪 80 年代相比，英格兰教会的独立性已经不可同日而语：五十多年前，巴约主教厄德、达勒姆主教圣加来的威廉（William of St Calais）先后接受国王的审判，因为当时的教会一致认为，主教作为封建男爵，接受国王的裁决是理所当然的事，甚至坎特伯雷大主教兰弗朗克都亲自操刀担任首席原告。

1139 年 9 月 30 日，也就是温切斯特宗教会议结束仅仅一个月后，玛蒂尔达皇后、格洛斯特的罗伯特就在阿伦德尔登陆英格兰。罗伯特直抵布里斯托尔，而这显然是因为亨利主教一路大开绿灯的缘故 ①。而斯蒂芬虽将玛蒂尔达皇后围困于阿伦德尔城堡，但最后又莫名其妙地放玛蒂尔达西行，让她与兄长罗伯特会合。这是这场内战的又一个转折点，因为斯蒂芬本应像亨利一世关押兄长罗贝尔公爵那样，擒获玛蒂尔达皇后，令其永不见天日。结果，斯蒂芬却受"奸臣"谗言蛊惑（至少亨廷登的亨利是这样认为的），偏信将罗伯特、玛蒂尔达两人合而诛之，更易毕其功于一役——由此可见，斯蒂芬的决策是多么糟糕。玛蒂尔达与罗伯特会合后，格洛斯特的迈尔斯马上倒戈加入玛蒂尔达的阵营（因此获得赫里福德伯爵的爵位），让布里斯托尔变得坚不可摧。迈尔斯之后，亨利一世一手栽培的布赖恩·菲茨·康特（Brian fitz Count）也加入了玛蒂尔达的阵营。而与迈尔斯相比，布赖恩更加深明大义，将其麾下的沃灵福德城堡用作了玛蒂尔达阵营的东部前哨，深入斯蒂芬腹地，令其芒刺在背。1140 年，双方修建大量城堡，僵持不下。直到 1141 年，僵局才因一场决定性的战役而被打破。

1141 年的大动乱释放了男爵阶层积蓄已久的野心。切斯特伯爵雷纳夫与同母异父的兄长威廉·德·鲁马尔一直想要夺回林肯郡，原因是他们的外祖父有可能在末日审判之前担任过林肯郡郡督。1140 年年底，两人设计在妻子的帮助下（可见贵族女性在政治斗争中的作用）夺取了林肯城堡。次年元月，斯蒂芬率军北进，想要夺回城堡。在此之前，雷纳夫对争夺王位的两个阵营均未表明

---

① 亨利的教区是罗伯特前往布里斯托尔的必经之路。

立场，此时才与格洛斯特的罗伯特达成一致。罗伯特见时机已到，便立即率军驰援林肯，雷纳夫、威廉两人率援军于 2 月 2 日大破王军。斯蒂芬虽战斗到最后一刻，但仍然寡不敌众，被俘后被押往布里斯托尔关了起来。

玛蒂尔达皇后也马上行动了起来。1141 年 4 月，亨利主教宣称玛蒂尔达是"英格兰及诺曼底的女主人"，暗示皇后马上就要登上王位，加冕典礼已是眼前之事。虽然此前从未有女性继承过英格兰国王之位，但当时也并未有法规习俗规定女性无权继承王位。盎格鲁－诺曼精英阶层也知道，梅利桑德携丈夫安茹的富尔克已于 1131 年继承了耶路撒冷王国的王位，而富尔克正是若弗鲁瓦伯爵的父亲。富尔克于 1143 年去世后，梅利桑德更是独自执政，直到次子鲍德温三世于 1152 年成年，才交出王权。在此之前，梅利桑德还成功识破了丈夫富尔克企图架空她的阴谋，这无疑是给格洛斯特的罗伯特这样的皇后派成员打了一剂强心剂，因为他们虽然支持玛蒂尔达，却不放心皇后的丈夫安茹的若弗鲁瓦。《圣经》中也有女性继承遗产的先例〔罗贝尔以西罗非哈（Zelophehad）的 5 个女儿为例〕，而且也出现了以斯帖（Esther），朱迪斯（Judith）这样的女性统治者。最后，古典神话中也充斥着可以借鉴的先例，比如巾帼丈夫（virago）①，又比如传说中武艺高强的亚马孙女战士。12—13 世纪，无论是"巾帼丈夫"，还是"亚马逊女战士"，都是用来夸赞女性的词语。而在这些典例中，女性的成功都是借助了她

---

① 古罗马时期，如果一个女性能够完成只有男性才能完成的壮举，那么她就超越了性别的限制，由此获得 virago 的称号。

们身上所具有的男性特质。圣伯尔纳铎（St Bernard）① 写给梅利桑德的书信也反映了这一点："你虽是女儿身，但必须像男性一样行事……这样，大家就会在心里认为你是一位国王，而不仅仅只是一位女王。"其实，他大可不必如此悲观，完全可以激励梅利桑德成为"强大的女性""伟大的女王"。

玛蒂尔达皇后首先占领了牛津、迪韦齐斯（Devizes），之后在接受（迅速南下的）大卫国王的朝贺后进入伦敦，开始计划自己的加冕仪式。然而，就在这节骨眼上，另一位巾帼女英雄站了出来，她就是斯蒂芬的王后玛蒂尔达。在雇佣兵领袖伊珀尔的威廉（William of Ypres）的帮助下，她一边固守肯特，一边"四处求告、散金无数"，使尽浑身解数，召集了一支军队。这令部分伦敦人感到了些许欣慰，因为他们打心眼里就不准备弃斯蒂芬而去，一来他们不想断了与布洛涅的贸易往来，二来斯蒂芬对他们施行了减税政策。而伦敦市民的"死敌"——掌控着伦敦塔的杰弗里·德·曼德维尔，却向玛蒂尔达皇后敞开了城门，皇后也认可了他埃塞克斯伯爵的地位。可如果皇后想要让杰弗里对自己死心塌地，还必须任命他为伦敦及米德尔塞克斯的郡督及政法官（杰弗里的祖父曾担任过这两个职务）。但是，这样做会激怒伦敦市民，因为亨利一世已经将这些职位授予了伦敦本地官员。

要应对此等困局，正如圣伯尔纳铎劝谏梅利桑德时所说，需要文韬武略兼备，斯蒂芬的王后玛蒂尔达正是这般有勇有谋的巾帼丈夫。可惜，玛蒂尔达皇后却精明不足。亨廷登的亨利说她"傲气

---

① 　圣伯尔纳铎（1090—1153），即克莱尔沃的伯尔纳铎，法国克莱尔沃修道院的院长。

冲天，几乎尽失人心"。与平易近人的斯蒂芬不同，她趾高气昂、目中无人；与慷慨大方的斯蒂芬不同，她视手下为鹰犬，认为饥则为用。毋庸置疑，皇后是在效仿父亲亨利一世，但她不知，父亲的君王强权又岂是一位根基不稳、尚未加冕的女王所能企及的。皇后还拒绝承认斯蒂芬之子、亨利之侄尤斯塔斯布洛涅伯爵的地位，就这样得罪了亨利主教。此外，她还课以重税，令习惯了斯蒂芬仁政的伦敦市民群情激愤。6月24日，伦敦市民揭竿而起，皇后仓皇撤回牛津。7月底，皇后占领温切斯特，却马上被玛蒂尔达王后、杰弗里·德·曼德维尔率大军围困。9月14日，皇后再次弃城而逃，"像尸体一样"被人绑在担架上，抬回了格洛斯特。罗伯特伯爵为掩护皇后撤退断后，结果战败被俘。1141年11月1日，双方交换俘虏，斯蒂芬重获自由。

斯蒂芬、罗伯特各自归位后，双方战端再起，而此时斯蒂芬手中可打的牌已经少了不少。得知斯蒂芬被俘后，安茹的若弗鲁瓦立刻入侵诺曼底，从而削弱了斯蒂芬在英格兰的地位，因为在海峡以南倒戈加入皇后阵营之人，就必然也会在海峡以北与斯蒂芬作对。1141年下半年，就连被委以守护诺曼底重任的默朗的沃尔伦也加入了皇后的阵营，后作为若弗鲁瓦麾下的指挥官，在1144年助其征服了诺曼底。在英格兰，沃尔伦的背叛则意味着，斯蒂芬曾赋予沃尔伦在伍斯特郡的绝对权威，如今却令他可以举全郡之力，为皇后效力。如此一来，玛蒂尔达皇后以布里斯托尔、迪韦齐斯为中心，牢牢把握英格兰西部的控制权，而斯蒂芬则以伦敦为根据地，稳居英格兰东南，双方互有胜负，迟迟未能分出高下。1142年，斯蒂芬攻克了皇后位于牛津的东部指挥部，但皇后身披白衣，徒步逃往沃灵福德。次年，斯蒂芬在威尔顿之战中被罗伯特伯爵击败，被迫交出了舍伯恩城堡的控制权。

随着王位之战一并迸发的还有众家族之间的纷争纠葛，在斯蒂芬即位之初的短暂和平期内，各权贵家族就已经因领地、官职闹得不可开交。而如今，家族私怨将两位王位争夺者裹挟进风暴中心，激烈程度不输战场。1141 年底，斯蒂芬试图把从玛蒂尔达皇后手中夺走的属于埃塞克斯伯爵杰弗里·德·曼德维尔的名利地位，全部归还给曼德维尔，防止他再次反水。1146 年，斯蒂芬为了收买切斯特伯爵，不仅在林肯城堡这一敏感问题上做出让步，交出了城堡的控制权，更是搭上了归王室所有的兰开斯特封邑。但自那之后，他仍对二人疑心重重，而且对他们借机篡权谋利的行为始终心存芥蒂，于是便像对付罗杰主教那样先后于 1143 年、1146 年在宫中将二人逮捕，继而重新夺回了伦敦塔与林肯地区。虽然亨利一世 1112 年在宫中抓捕贝莱姆的罗贝尔后，能将其终身监禁，但斯蒂芬却没坚持多久就让两人重获自由。出狱后的曼德维尔继续兴风作浪，令伊利、拉姆西两地的周边区域变成了一片焦土，直至 1144 年 9 月因伤去世。切斯特伯爵出狱后另投新主，向皇后之子、未来的亨利二世——亨利·菲茨·恩普里斯（Henry fitz Empress）狮子大开口，迫使其做出巨大让步后，才开始为其卖命。

权贵家族间私怨不断也是造成王权之争迟迟未决的因素之一。如果一位权贵反叛加入了皇后的阵营，那么他的对手就会死守在斯蒂芬阵营。斯蒂芬主张韦布利封邑应当归格洛斯特的迈尔斯所有，而这正是迈尔斯的竞争对手吉尔伯特·德·莱西、杰弗里·塔尔博特（此二人是表兄弟）反叛的主要原因，而迈尔斯与皇后之后的和解又促使吉尔伯特最终回归斯蒂芬阵营。同样的，大卫国王与玛蒂尔达皇后自 1141 年起建立的同盟关系，让与大卫争夺瓦尔塞奥

夫伯爵祖产的西蒙·德·桑利斯对斯蒂芬死心塌地。而斯蒂芬也自
1141年起，让西蒙取代大卫成为亨廷登伯爵。如果说哥哥沃尔伦
投靠皇后阵营后，双胞胎弟弟莱斯特伯爵罗贝尔还未彻底与斯蒂芬
撕破脸，那部分原因也在于他与皇后阵营的格洛斯特的迈尔斯因争
夺赫里福德郡。沃尔伦、罗贝尔兄两人脚踩两只船，弟弟罗贝尔
守护家族在英格兰的利益，而哥哥沃尔伦则负责保全家族在诺曼底
的利益。

　　其他因素也增大了使用军事手段解决争端的难度。交战期
间，双方不仅巩固了旧有城堡，还修建了至少40座新城堡（包括
15处攻城设施）。安茹的若弗鲁瓦虽然征服了诺曼底，但由于害怕
后院起火，迟迟不愿出兵英格兰，就算妻子反复要求也无动于衷。
1142—1149年，若弗鲁瓦先后三次派儿子亨利·菲茨·恩普里斯
入侵英格兰，但由于兵力不足，每一次都难有建树。与此同时，斯
蒂芬的人力、物力也因叛乱而大不如前，他虽仍然控制着伦敦及东
南各郡（肯特、萨里、苏塞克斯、埃塞克斯、东安格利亚），位于
艾伊封邑、布洛涅封邑的大部分私人领地也能确保无虞。但在上述
核心领地之外，斯蒂芬的掌控顶多也只能算作时有时无。1142年
之后，英格兰大法官法庭的令状发布量陡然下降，且效用范围多在
伦敦周围96公里以内。即便是在名义上仍然效忠国王的地区，斯
蒂芬的权威通常也都是名存实亡。在约克郡，威廉·杜·欧马勒伯
爵将境内所有私有百户区、王室百户区均收为己有，用纽堡的威廉
的话来说，就是"在亨伯河以北，似乎比斯蒂芬国王更像真正的国
王"。切斯特伯爵与莱斯特伯爵签订协议，划分各自在英格兰中部
的势力范围时，根本就没提到斯蒂芬国王，只是提及了一位"封建
领主"，然后还自行限制了这位领主对他们的封建权力。

这类权贵往往乐于承担中央集权瓦解后分散在他们身上的行政责任。其实，他们正好可以借机实现在亨利一世的强权统治下被压抑已久的抱负。杰弗里·德·曼德维尔迫使斯蒂芬签发的特许状上，写着他可通过行使爵位世袭权，获得伦敦－米德尔塞克斯郡督、埃塞克斯－赫特福德郡郡督的职位，还准许他按自己祖父担任上述职位时的额度缴纳包税，防止再出现像亨利一世在 1130 年任意提高 11 个郡包税上缴额的情况。同时，他还要求斯蒂芬在特许状中承诺，政法官未获允许，不得进入上述两个郡督的管辖范围审理案件，从而限制了巡回法官插手郡内事务的可能性。最后，他还要求斯蒂芬免除自己的一切债务，从而摆脱了国库的控制。像曼德维尔这样的野心家虽然可能也想在国王或皇后的中央政府中占有一席之地，但他们在地方上早已占山为王，将伯爵爵位、郡督之职、私有百户区与手中的城堡、封邑结合起来，建立属于自己的势力范围，不论权势如何摇摇欲坠、转瞬即逝，也乐得就此基本上摆脱中央政权的控制。

英格兰的货币状况是内战时期中央集权崩溃的最有力例证。斯蒂芬第一次发行货币时，铸币任务由全国各地的造币厂完成，使用的是在伦敦统一制造的模具。1145—1154 年又发行了两次货币，虽然银币的重量没有出现贬损，但铸币地点却仅限于南部、东部。在其他地区，玛蒂尔达皇后以女王的名义，使用布里斯托尔、加的夫、牛津、瓦尔汉（Wareham）的铸币厂发行货币；一些权势熏天的男爵也纷纷效法，比如莱斯特伯爵罗贝尔在莱斯特发行货币，尤斯塔斯·菲茨·约翰在约克发行货币。在北方，大卫国王也发行了属于自己的货币。此外，英格兰还出现了 35 种以斯蒂芬的名义铸造，但使用的模具却未经授权的货币，这些无疑都是由名义上仍效忠斯蒂芬，但实际上已经各自为政的权贵铸造的。国王对货币的垄断，这个诺曼征服前盎格鲁－撒克逊国王最大的成就，现在却彻底分崩离析。

而这一切对中央财政的影响，都悉数反映在了亨利二世继位之初的国库卷档（1130—1156 年的国库卷档无一存世）中。斯蒂芬将总价值约 3 000 镑的王室直属领地封赏了出去；他肯定还免除了大量债务，同时又找不到其他途径来填补这些收入缺口：1155—1156 年，国王能够回收的旧债（斯蒂芬统治时期产生的债务）总额只有不足 500 镑，而 1130 年，亨利一世的这一项收入则高达 4.2 万镑。1130 年，国王的货币总收入为 2.3 万镑，而在亨利二世在位的头两年，年均收入则仅有 7 032 镑，斯蒂芬的收入肯定更加微薄。所以，斯蒂芬的权势要比亨利一世小得多。

早在 1135 年之前，教会与王权就已有渐行渐远之势，此后斯蒂芬王权凋敝，对教会的管控更是愈发艰难。随着教会独立的呼声渐起，教皇的权势亦如水涨船高。而掀起这一浪潮的是成立不久的西多会 ① 的领袖人物——极具感召力的克莱尔沃的伯尔纳铎（Bernard of Clairvaux）。到了斯蒂芬统治的末期。英格兰境内已有 50 座西多会修道院。1141 年之后，温切斯特主教亨利与斯蒂芬已言归于好，但亨利的教廷使节权限于 1143 年到期。由于他归属于克吕尼教派，所以西多会出身的教皇尤金三世（Pope Eugenius Ⅲ，1145—1153 年在位）肯定不会延长他的权限。1147 年，尤金三世罢免了斯蒂芬推举的约克主教、斯蒂芬的外甥威廉·菲茨·赫伯特（William fitz Herbert），而祝圣西多会喷泉修道院的院长亨利·穆

---

① 　西多会于 1098 年成立。

尔达克（Henry Murdac）为大主教，展示了教皇对英格兰教会空前的控制力。次年，斯蒂芬效仿亨利一世，仅允许三位主教前往里昂，出席教皇召开的会议，但坎特伯雷大主教西奥博尔德却无视禁令，照常出席了会议。作为还击，斯蒂芬禁止西奥博尔德、穆尔达克进入各自的教区，但之后又不得不将二人召回。之后，斯蒂芬与穆尔达克还可以勉强共事，却与西奥博尔德始终难以和解。与此同时，教会对许多其他修道院院长、主教的任命，也几乎完全没有征求国王的意见［例如吉尔伯特·福利奥特（Gilbert Foliot）于 1148 年获任赫里福德主教］；正因为如此，这些决心改革的高级教士反倒被推到了亨利二世的面前。

记录这一时期历史的史官全都是神职人员，他们都明确指出中央政权的式微还体现在法律与秩序的崩塌。与他们相比，现代史家的观点则更加审慎客观。在现代史家看来，斯蒂芬所控制的疆域虽然面积大减，但他能在大多数时候基本上能维持正常的秩序。比如，他成功地维持了肯特的法律与秩序；又比如在埃塞克斯，他至少能在曼德维尔倒台后，掌控了郡内的全部森林，尽管没能兑现 1136 年宪章中将王室森林的边界恢复原状的承诺，却也是维护了郡内大部分区域的稳定；再比如，在萨福克，他以"在当地犯下滔天大罪"为由，逼一位骑士缴纳高达 20 镑的罚金。斯蒂芬的国库仍然照常运行，而他派遣的政法官也照旧前往各地审判国王之诉案件。此外，当时的那些史官也或多或少提到大卫国王、罗贝尔伯爵在各自领地内维护和平、颁布法律，肯定了二人做出的贡献。当然，肯定会有不少男爵想趁火打劫，但他们都有明确的政治目标，想要夺回或保留领地、官职或特权。他们的目的是建立地方统治，而绝不是想要让天下大乱，眼见自己的领地被毁，自己手下的骑士封臣犯上作乱。男爵阶层也纷纷出手平乱，比如切斯特伯爵与莱斯特伯爵签订的协议，要解决莱斯特伯爵的下属封臣威廉·德·洛奈（William de Launay）纵兵为祸所造成的问题。而该时期的编年史家也并非始终一辞同轨，彼得伯勒修道院的史官虽然用最骇人听闻的词句描绘了内战时期的乱象，但同时也记述了"在凋敝丧乱之中"，修道院的院长马丁不仅重建教堂、开辟葡萄园，还时常举办盛大的宗教纪念庆典，令修士衣食无忧、让访客宾至如归。一项计算指出，斯蒂芬在位期间，英格兰修建各类修道院共171座，全国修道院总量较1135年增长了50%。1140—1154年，约克郡共出现了32座修道院，足见该地区在欧马勒伯爵^①的治理下还是保持了相对稳定的社会秩序。

　　不过，故事的确存在另一面。修道院的新建很可能正是作恶者的赎罪之举。在林肯以南的里夫斯比（Revesby）修道院，院长艾尔雷德（Ailred）就极力怂恿骑士阶层捐献土地，因为如果不能以这样的手段赎罪，他们的灵魂就必将因"在乱世中犯下的滔天罪行"而万劫不复。上文提到的切斯特伯爵与莱斯特伯爵签订的协议中，仍然允许双方攻击特定的敌人，而且只要提前15天知会，协议双方也可以交战而不算违规，而切斯特伯爵则可以以莱斯特郡境内的芒特索勒尔（Mountsorrel）城堡为基地，攻击任何与自己为敌之人。而且在特定的时期、特定的地点，战乱一定会给当地造成严重的破坏，尤其是伦敦至布里斯托尔湾的区域内，很多地区更是由于斯蒂芬与玛蒂尔达皇后反复交兵而满目疮痍。这也就解释了亨利二世统治之初，为何因"境内多焦土"而大幅减免了牛津郡、伯克

---

① 即约克伯爵威廉·杜·欧马勒。

郡、威尔特郡、格洛斯特郡、伍斯特郡的贡金，平均减税比例高达32%。莱斯特郡的情况更为糟糕，免税比例高达51%。内战的双方并不是漫无目的地烧杀抢掠，而是先劫掠物资，再将农田、村庄付之一炬。用1149年斯蒂芬手下顾问官的话来说，这样一来"敌人就会缺衣少食，说不定他们就会拱手而降"。只不过，无论政治意图如何，战争造成的结果同样令人发指。"即便走上一整天，也很难找到一座有人烟的村子，一块有人照管的田地……只有饿殍遍野"，彼得伯勒的编年史家写道。城镇是最易受到战火侵袭的目标。赫里福德、伍斯特、蒂克斯伯里、威尔顿、温切斯特、诺丁汉、林肯，全都惨遭洗劫。伍斯特本地的编年史家伍斯特的约翰生动记录了伍斯特遭格洛斯特的迈尔斯围攻的场景：镇民带着全部家当仓皇涌向大教堂避难；乌泱泱的乱军，你方唱罢我登场；城镇北部燃起熊熊大火；敌军掠走大量战利品；被俘镇民被成对绑缚在一起，垂头丧气，像"丧家之犬"一般被牵走，成为交换赎金的筹码。

书信、神迹传说、编年史众口一词，统统将矛头指向城堡主，称他们是内战期间最为残暴的恶徒。"每一座城堡的主人都是一个土皇帝，压得我们喘不过气来"，12世纪40年代，吉尔伯特·福利奥特担任格洛斯特修道院院长时在一封信中写道。在约克郡，多亏了圣日曼诺斯（St Germanus）显现神迹，塞尔比修道院的周边区域才没有惨遭附近城堡中骑士的蹂躏。"城堡一建成，就会变成恶贯满盈之人的巢穴"（彼得伯勒的编年史家如此记载）。城堡主通常并不支持任何一方，只会因一己私利而拥兵自重，为了筹集军饷，经常掳走周围居民，用尽酷刑，只为勒索赎金、索取 tenserie（一种保护费）。一些城堡主出身骑士阶层，借内战之机占据城堡，抵抗封建宗主的管制。例如，威廉·德·洛奈就占据雷文斯通城堡，私自率兵在莱斯特郡胡作非为。所以，并非所有暴行都是出于政治考量的，有些人纯粹是以施暴为乐。罗贝尔·菲茨·休伯特（Robert fitz Hubert）靠奇袭在 1140 年占领了迪韦齐斯，他还自夸曾下令活活烧死了一座教堂的 80 名修士（令马姆斯伯里的威廉义愤填膺），而且声称自己不介意在英格兰反复这样做："上帝不用太感激我！"默朗的沃尔伦攻打蒂克斯伯里后感叹："管它是在诺曼底，还是在英格兰，还从未如此烧杀抢掠。"在某些时间点，一些特定地区的确领教到了大动乱的威力，而广大的英格兰农民则是动乱最大的受害者。

亨廷登的亨利提出根本就没必要记录国王到底是在哪里度过的圣诞节、复活节，因为国库已经一贫如洗，宫廷严肃庄重的排场早已一去不复返。只不过，在不列颠北方，大卫国王的王国却是另一番景象。

＊　　＊　　＊

英格兰的乱局为大卫提供了充足的机遇来巩固之前的战果。在西方，他不仅巩固了对坎布里亚南部的控制，还在兰开夏郡（Lancashire）北部确立了封建宗主地位，将苏格兰王国的疆界西扩至里布尔河（the Ribble）北岸。在东方，按纽堡的威廉记述，自蒂斯河北岸起，皆归大卫统治。

在大卫南侵的过程中，苏格兰的政府与社会也随之发生了重大变革。与惯于驰骋疆场的斯蒂芬不同，大卫巧舌如簧，而且还受母亲的影响，十分虔诚。1124 年，大卫登上王位时已近 40 岁，他政治经验丰富，还野心勃勃。最为重要的是，大卫经常混迹于姐夫亨利一世的宫廷，还领有亨廷登伯爵的爵位，所以对盎格鲁-诺曼世界了如指掌。他让盎格鲁-诺曼贵族进入苏格兰，引入盎格鲁-诺曼式的政府结构，让手中的王权焕发出新的活力。

在亨利一世去世前，大卫就已经取得了重大进展。他一登上王位，就意味着索尔韦湾以北的坎布里亚，以及之前兄长亚历山大一世作为王子封禄赐予他的艾尔、拉纳克周围的战略要地，都成了苏格兰国王的直属领地。此外，他还恢复了对斯佩河以西的马里的王权统治，抑制了该地时常失控的分离倾向。1130年，盎格鲁-诺曼史料遵从大卫的观点，将马里的统治者安格斯记录为马里伯爵，但爱尔兰编年史仍然称其为马里国王。安格斯是卢拉赫的外孙，而卢拉赫则是麦克白的继子，曾于1058年短暂地执掌过苏格兰王位，所以安格斯本人也有资格争夺苏格兰王位。1130年，安格斯趁大卫前往英格兰拜会亨利一世之机，想要夺取苏格兰王位。加入安格斯阵营，一同向大卫发难的还有马尔科姆·麦克赫思（Malcolm MacHeth）。据奥德里克·维塔利斯记载，麦克赫思拥有王室血统，来自在西北方与马里接壤的罗斯省，有可能是该地某位统治者的儿子，而且还迎娶了阿盖尔领主索默莱德（Somerled）的妹妹为妻。最后，大卫大获全胜，他先于1130年杀死了安格斯，后又于1134年抓获马尔科姆，把他囚禁了起来。就此，大卫夺取了肥沃沿海平原的控制权，一举将马里的财富纳入囊中。大卫不仅在马里重设大乡绅管辖区，还废除了马里伯爵领，将一部分土地赏赐给亲信部下，其余土地则作为王室基地，建立了一系列的城堡。这一切对于最终将马里永久地并入苏格兰王国起到了决定性的作用。

与此同时，苏格兰的政府结构也在发生重大转变。大卫的妻子（"征服者"威廉的外甥女）为他生下一子后，于1130—1131年去世，此后大卫一直没有再娶，直到50多年后，苏格兰才迎来了下一位王后。没有任何史料能够证明当时的苏格兰设有国库，但大卫的宫廷同样分为内廷、外廷，设有宫内大臣、治安官、典礼官、宫务大臣（负责管理国王的钱财、花销）等职位，所以像极了亨利一世宫廷的微缩版，尤其是上述职位全部都由盎格鲁 - 诺曼人担任。大卫的两位兄长在位时，已经开始任命大法官、使用国玺。而大卫继位后，必然大幅增加了函令的使用量，而且为了适应疆域南扩的需求，还仿照英式令状发布函令。此外，大卫还雇用了数量可观的盎格鲁 - 诺曼亲卫骑士。以一位名叫亚历山大·德·圣马丁（Alexander de St Martin）的骑士为例：国王赐予的封地仅相当于半块骑士封地，所以他每年可以从国王的寝宫支取10马克，直到国王补齐整块封地为止——由此（很有可能效仿了亨利一世）能看出大卫不仅在恩赏臣下时精打细算，而且手中货币储备充裕，资产充盈。

此外，大卫的亲卫骑士（与亨利的一样）也会在地方上担任郡督、城堡总管之职。大卫统治时期，郡督首次登上苏格兰的历史舞台，在福斯河以南以贝里克、罗克斯堡、爱丁堡为基地履行职责，在福斯河以北以珀斯为基地，之后则遍布苏格兰的全部王室领地，最终成为国王的首要地方代理人。大乡绅依然负责在其管辖区内为国王收集传统的实物地租，但他们都需要接受郡督的管辖。多数郡督都以城堡作为履职根据地，而城堡想必也是由大卫引入苏格兰的。所以，在大卫统治时期，国王的地方代理人权势大涨，可能还更加积极地参与土地纠纷案件的审理，而且如果说自大卫在位时起，苏格兰将某些严重的罪案纳入国王之诉案件的范畴（效仿英格兰），那么他们在惩处罪犯方面，也变得大有作为。与之相伴的是，大卫统治时期的苏格兰间或出现了另一类由国王任命的官员，即政法官，类似于英格兰的地方政法官。而大卫本人不仅亲自介入法律事务，主持庭审，在国内巡游时，还愿意听聚集在行宫大门前的老弱贫苦之人陈情诉冤。

　　大卫推行的宗教改革对苏格兰的"现代化"同样意义重大。他要求民众向地方教会缴纳什一税，一方面为地方上的神父提供了稳定的收入，一方面界定了各教会征收什一税的地域范畴，对堂区在苏格兰的建立起到了决定性的作用。此外，大卫还向各宗教组织慷慨解囊。他除了为位于苏格兰古王国腹地的邓弗姆林修道院修建教堂，再现了达勒姆大教堂宏伟的石柱结构，还将其从小修道院升级为大修道院。他接替兄长亚历山大一世，完成了从属于圣安德鲁斯大教堂的奥斯定会修道院的建设，让奥斯定会的律修会修士负责大教堂的神职工作。大卫还十分看重修道院作为王权根据地的重要作用，在王国的北方及南方建立了数座修道院。在北方的马里，他选址厄克特，建立了邓弗姆林修道院分院；在南方的洛锡安，他选址凯尔索（Kelso）、梅尔罗斯，分别建立了蒂龙（Tironensian）修道院、苏格兰的第一座西多会修道院。由于后者的修士来自约克郡境内的里沃修道院，更是削弱了特威德河作为英格兰与苏格兰边境线所起到的作用。

　　从南方引进贤才时，大卫的目标可绝不仅限于英格兰的修士。他统治时期最重大的成就当数盎格鲁－诺曼贵族阶层与苏格兰统治阶层的融合。由此，苏格兰的历史进程开始真正与威尔士分道扬镳。在威尔士，诺曼人是征服者，他们建立属于自己的统治区，但永远也无法融入威尔士的本土王国。苏格兰的情况则恰恰相反。盎格鲁－诺曼贵族是国王请来的座上宾，顺理成章地融入了原有的苏格兰王国，改变了王国旧有的社会结构，最终催生出全新的苏格兰民族。在入驻苏格兰的盎格鲁－诺曼贵族中，许多人都与休·德·莫维尔（Hugh de Moreville）一样，是大卫在亨廷登封邑的下属封臣，而另一些则很可能是大卫在英格兰王庭逗留时结交的好友，比如亨利一世的门客罗贝尔·德·布鲁斯（Robert de Bruce），其更是成了日后布鲁斯王朝的先祖。诺曼底西部是亨利一世登基之前的权力基地，而布鲁斯（现名布里）则正好位于诺曼底的西北角。在南部的洛锡安，以及在福斯河、迪河间的东部沿海平原，大卫授予的封地面积通常都十分有限，差不多像亚历山大·德·圣马丁位于哈丁顿的封地那样，面积仅相当于半个骑士封地。而在西方位于索尔韦湾与克莱德河之间的某些省份，大卫则设立了一些面积较大的领地。其中，沃尔特·菲茨·艾伦（Walter fitz Alan）获得了伦弗鲁（Renfrew）、凯尔，休·德·莫维尔获得了坎宁安（Cunningham），罗贝尔·德·布鲁斯则获得了安嫩代尔（Annandale），从而掌握了从坎伯兰通往北方的咽喉要道。大卫之所以如此慷慨大方，是因为他想要赋予这些盎格鲁－诺曼领主足够的实力，以制衡加洛韦、阿盖尔两地的独立君主，并同时加强中央与边远地区的联系，因为这些领主也都在大卫的宫廷担任要职：直到1138年，罗贝尔·德·布鲁斯一直都在担任大卫的首席顾问；休·德·莫维尔任治安大臣；沃尔特·菲茨·艾伦（斯图尔特家族的祖先）任宫内大臣。与此同时，大卫将马里伯爵领内的土地赐予弗雷斯金（Freskin），后者很有可能是佛兰芒人，之后在苏格兰更是发展出一个庞大的世家，大卫还将洛锡安境内的部分领地也分封给他，防止他在北方"自立山头"。上述大封建主从大卫手中获得封地后，又将土地分封给了各自的追随者，所以在 1160—1241 年，苏格兰境内依附于艾伦家族的有据可查的下属封臣、佃户、食客共约百余人，其中大多数都来自其家族位于英格兰境内什罗普郡的领地。在很大程度上，正是由于这些大大小小的新晋领主和他们的子孙，苏格兰才变得像英格兰一样城堡林立。目前为止，苏格兰境内已发现 318 处疑似城寨城堡的遗址，其中绝大多数分布于西部克莱德河及索尔韦湾之间的区域，而在东部福斯湾及马里之间的区域内也有大量分布。

大卫是借鉴英格兰的"封建"制度来分封土地的。虽无确凿史料证据，但我们推测他很可能也会要求封臣向自己宣誓效忠，并且向封臣收取封建继承税，还会掌控未成年继承人的监护权与婚姻权。他肯定还会要求封臣按封建制度的要求尽骑士义务，所以苏格兰男爵率领的军队很有可能与王室亲卫骑士一起作战。据伍斯特的约翰记载，圣旗之战时苏格兰国王的亲卫骑士人数多达 200 人，要知道布尔泰鲁德之战时亨利一世的亲卫骑士也就仅仅多出了 100 人。所以，苏格兰的军队再也不是亨廷登的亨利笔下基本上由"光腚"步兵组成的乌合之众，而是很可能已经具备了十分强大的军事潜力。

至此，用一位苏格兰编年史家的话来说："高瞻远瞩的大卫国王，已经用城堡和武器将他的国家武装一新。"在大卫的领导下，苏格兰的军事水平已经追平了西欧的其他国家。不过，由于苏格兰缺少类似《末日审判书》这样的历史记录，所以大卫分封给新晋贵族阶层的土地究竟从何而来，也就成了苏格兰历史上的一个难解之谜。索尔韦湾与克莱德河之间的大片封地在大卫继位前就已经是他名下的领地了；马里的封地是征自被剥夺爵位的马里伯爵；而在福斯河与阿伯丁之间的封地，原有的伯爵领也有可能是分封领地的关键来源，因为除了高里伯爵领在某一时期已经成为国王的直属领地，梅恩斯、安格斯这两个伯爵领内的部分土地也归国王自由支配。但是，大卫的分封肯定触动了本土领主的利益。就连他本人都不得不承认，自己虽然将洛锡安境内杰德堡附近的土地分封给了拉伊代尔的沃尔特（Walter of Ryedale），但有权对这片土地提出主张的绝非仅有沃尔特一人。

　　大卫的分封没有引爆冲突（但他的继任者不得不数次面对此类危机），因为苏格兰古王国依旧各归其主。古王国东南部的王室大乡绅管辖区既没有因设立郡督而遭废除，也没有被封赏给外来的盎格鲁－诺曼贵族，这恰好也迎合了许多苏格兰本土大乡绅的需求，因为他们都希望将手中的官职作为世袭的爵位传承下去。此外，包括门蒂斯、斯特拉森、阿瑟尔、马尔、巴肯在内，这些"环绕"于大乡绅管辖区之外的本土伯爵领也没有因分封受到影响。大卫似乎极少前往前述外围伯爵领，也不会发布令状来干涉这些领地的内部事务。虽然现存的证据十分有限，但可以推测出，除去向南夺取英格兰境内的纽卡斯尔、卡莱尔，大卫在苏格兰境内的巡视范围相当有限，大体集中在以泰河、克莱德河和特威德河组成的三角区域内，并将斯昆、珀斯、爱丁堡、斯特灵、邓弗姆林作为最主要的王室基地。但是，大卫也没有忽略苏格兰的原住民，否则他就无法动员"苏格兰的平民军队"为自己的南侵奋勇杀敌。除了圣安德鲁斯、格拉斯哥的两位主教，苏格兰的其他所有主教职位仍由苏格兰人担任。在领地位于苏格兰腹地的几位伯爵中，法夫的邓肯（Duncan of Fife）成了大卫的首席顾问。若论对大卫的统治心存不满之人，那么首当其冲的便是威廉·菲茨·邓肯（William fitz

Duncan），而他的后代也先后数次想要夺取苏格兰王位。威廉·菲茨·邓肯的父亲，正是大卫同父异母的哥哥邓肯，后者曾在 11 世纪 90 年代短暂登上过苏格兰王位。但大卫恩威并施，让邓肯对自己忠心耿耿。另一位潜在的危险政敌，就是身为宗亲的阿瑟尔伯爵马达德（Madad），所以大卫将奥克尼伯爵之女嫁给马达德，之后还承认了其子哈拉尔德·马达德森（Harald Maddadson）凯斯内斯伯爵的地位。大卫就这样运用怀柔政策将自己的影响力扩展到北方边陲，巩固了自己在马里的征服成果。

大卫的南侵令他拥有了足够的实力去改变苏格兰。南侵给他带来的财富，既遏制了国内的不满情绪，又抵消了将大量王室领地、伯爵领赐予臣下所造成的经济损失。据后来的计算显示，仅诺森伯兰、坎伯兰两地，每年的包税就约 350 镑。此外，大卫还掌握了坎伯兰的奥尔斯顿银矿，成为第一位铸造货币的苏格兰国王。大卫在卡莱尔、纽卡斯尔、爱丁堡、珀斯设立造币厂，铸造出的标准银质货币含银量为整整 22 格令 [①]，绝非英格兰某些地区掺杂贱金属的私铸货币所能比拟。大卫除了因此获得了全新的威望（这也正是他在位于苏格兰古王国腹地的珀斯设立铸币厂的原因），还可以就此使用苏格兰自己的货币，从寝宫直接拨款，向亲卫骑士支付薪饷。大卫的入账再也不仅限于实物收入。此外，来自南方英格兰的货币、白银也对苏格兰的商贸发展发挥了重要作用，使得大卫建立的城镇，也产生了大量的货币收入。

在努力巩固南方政权的过程中，新技术起到了举足轻重的作用。马尔科姆国王一番烧杀抢掠后，扬长而去。大卫国王修建城

---

① 格令为质量单位，1 格令等于 64.79891 毫克。

堡，建立起稳固的统治：他修建了（或者至少是修葺完善了）卡莱尔宏伟的要塞；兰开斯特、沃克沃思、班堡三地的要塞也有可能是大卫修建的。当然，老方法同样十分灵验。经历像1138年那样的野蛮入侵后，英格兰北部边境地区巴不得赶快接受大卫的统治，再加上大卫本人表现出对苏格兰军队的暴行歉意连连，为英格兰北部居民改换门庭敞开了大门。1138年末，赫克瑟姆修道院的院长理查德前往卡莱尔诉苦时，几乎尚未开口，大卫就作出了赔偿战争损失的承诺。

　　大卫还尽其所能令手下的盎格鲁-诺曼贵族同时在英苏两地都拥有领地。1135年，只有一位英格兰北方男爵在苏格兰也拥有领地——罗贝尔·德·布鲁斯，他在边境以北领有安嫩代尔，在边境以南领有位于约克郡北部的斯凯尔顿。这很有可能是因为亨利一世以一臣不侍二主为由，禁止麾下的男爵从苏格兰国王手中获取封地。如今，大卫将威斯特摩兰封给了他的治安大臣休·德·莫维尔；诺森伯兰境内普拉德霍（Prudhoe）的领主吉尔伯特·德·乌姆弗拉维尔（Gilbert de Umfraville）获得了洛锡安、斯特灵郡境内的封地；大卫最大的手笔则是将拥有坎伯兰境内埃格勒蒙特（Egremont）封邑、克雷文境内斯基普顿（Skipton）封邑的女继承人嫁给了威廉·菲茨·邓肯——斯基普顿扼守横跨奔宁山脉的东西要道，是战略要冲。此外，大卫还力争与英格兰人"打成一片"，为达目的不遗余力。1138年末，大卫攻占沃克城堡后，不仅释放了守军，并未缴械，更是赠送了24匹战马，简直就是骑士精神的完美写照。同样，大卫让儿子亨利担任诺森伯兰伯爵，也是为了表现出和解的姿态，造成诺森伯兰并不是由苏格兰直接统治的假象。

　　然而，向南扩张绝非一帆风顺。没能将达勒姆变成南进的基地（一直都未能控制达勒姆的造币厂），就是大卫南方布局中的短板。1141 年，大卫推举曾经担任过苏格兰大法官的威廉·卡明（William Cumin）出任达勒姆主教，因此与达勒姆大教堂的修士势同水火；卡明始终未获得教区的控制权，最终在 1144 年遭教皇罢免。1152 年，达勒姆大教堂的修士将斯蒂芬的外甥休·德·皮塞（Hugh de Puiset）选为主教。尽管英格兰北方贵族中鲜有人在英格兰或诺曼底拥有大片领地，但他们手中在约克郡的领地会使他们格外谨慎，一旦认为大卫的南扩不足以将自己的领地纳入苏格兰的版图，就绝不敢贸然投靠新主。因此，1138 年，虽然尤斯塔斯·菲茨·约翰为了保全诺森伯兰境内收益可观的阿尼克领地而加入大卫一方，但沃尔特·埃斯佩克还是为了保全约克郡内的赫尔姆斯利领地以及附近自己亲手建立的里沃修道院，宁愿舍弃了特威德河畔的沃克，也毅然加入了斯蒂芬一方。就连身为大卫首席顾问的罗贝尔·德·布鲁斯，也因边境以北的安嫩代尔、边境以南约克郡北部的斯凯尔顿而左右为难，像几十年前盎格鲁－诺曼男爵努力在英格兰国王与诺曼底公爵之间斡旋一样，央求大卫与英格兰国王握手言和。可一旦双方开战，布鲁斯还是选择了斯蒂芬。此后，布鲁斯的两个儿子分别继承了英格兰境内和苏格兰境内的家族领地，就此规避了这一难题。

12 世纪 40 年代，大卫的王国面临的另一大威胁来自切斯特伯爵雷纳夫，他不仅对兰开斯特虎视眈眈，还仍然因自己的父亲失去卡莱尔而耿耿于怀。此外，皇后之子亨利、未来的亨利二世的权势也渐成气候。自 1141 年起，大卫一直都在名义上为皇后效力，但如果亨利登上王位，他会承认大卫在英格兰的所有征服成果吗？1149 年，想要一举解决上述两个问题的大卫邀请亨利前往卡莱尔，一同到场的还有雷纳夫伯爵、因受斯蒂芬阻挠而无法前往教区上任的约克大主教亨利·穆尔达克。雷纳夫放弃了对卡莱尔的诉求，作为回报，得到了向南一直延伸到里布尔河北岸的兰开斯特封邑。这实际上并未令大卫失去对兰开斯特的封建宗主权力。与此同时，亨利·菲茨·恩普里斯承诺永远也不会从大卫的继承人手中夺取"任何从英格兰并入苏格兰版图的土地"，相当于承认诺森伯兰、索尔韦湾以南的坎布里亚、兰开斯特封邑均已成为大卫王国的一部分。达成前述一致后，大卫计划南进至约克，助穆尔达克入主约克大主教教区，之后继续南进，帮亨利登上英格兰国王的宝座。但斯蒂芬即刻亲自带兵前往约克，将大卫的入侵计划扼杀在襁褓之中。1151年，斯蒂芬与穆尔达克和解，自大卫的阵营夺走了这一员猛将。是年，大卫不顾年事已高，率兵南进，帮助威廉·菲茨·邓肯牢牢把控着斯基普顿，一路上还向遭苏格兰军队掠夺的教堂分发银质的圣餐杯。

　　大卫通过一生的经营，在不列颠北部建立了全新的王国，先是扩展苏格兰（包括洛锡安在内）的核心腹地，将马里、索尔湾以北的坎布里亚纳入（或重新纳入）其中；后又向南扩张，一举吞并了英格兰的北部边陲。为了确保王国的未来，大卫也许早在1136年就效法卡佩王朝，将唯一的儿子亨利定为"待立国王"。大卫为儿子亨利精心铺垫"登顶之路"，与"征服者"威廉和亨利二世因王位而与儿子们反目成仇形成了巨大反差，这也实属大卫数一数二的施政成就。然而，1152年，亨利因病去世。此时已年近七旬的大卫立即采取措施，一方面命令土生土长的法夫伯爵邓肯（这是一个十分精明的选择）携亨利的长子马尔科姆前往王国各处，宣布他继承人的地位，一方面亲自前往纽卡斯尔，成功劝说诺森伯兰的权贵接受亨利的次子威廉为封建宗主，但不得不带走人质作为安全保障。次年，大卫，这位苏格兰历史上最伟大的国王在卡莱尔离世。继承王位的马尔科姆年仅 12 岁。这个刚刚拓宽疆域的王国的未来，在很大程度上都将被英格兰的政局所左右。

＊　＊　＊

自 1141 年起，英格兰的大动乱也让威尔士的统治者尝到了甜头。他们不仅巩固了 1136—1138 年的战果，甚至还更进一步。1144 年，威格莫尔的休·德·莫蒂默（Hugh de Mortimer of Wigmore）在瓦伊河、塞文河之间的地区重新夺回了马埃利恩依斯（Maelienydd）、埃尔菲尔（Elfael）两个百镇区的控制权；1147 年，尽管伯纳德主教极力主张让圣戴维斯教区拥有都主教权限，但还是被教皇否决了。自此之后的历任主教，包括新上任的班戈主教、兰达夫主教（于 1139—1140 年上任）在内，都认可坎特伯雷大主教的权威。尽管如此，德赫巴斯、圭内斯两地的统治者还是在 1146 年结成同盟，抗击彭布罗克伯爵兼切普斯托领主吉尔伯特·德·克莱尔，挫败了他在卡马森建立桥头堡、在锡尔迪金重建家族统治的企图。1147 年，吉尔伯特本可能再次入侵，却因为卷入了斯蒂芬与切斯特伯爵间的争端而无暇西盼。1148 或 1149 年，吉尔伯特去世，其子年少继位，顿时让威尔士的统治阶层压力大减。1150 年，德赫巴斯的卡德尔·阿颇格鲁菲德（Cadel ap Gruffudd）"为彰显本国国威"，重建卡马森城堡。马多格·阿颇梅尔达斯（Madog ap Maredudd）同样取得了不小的进展，在 1132—1160 年稳坐波伊斯统治者之位，成为波伊斯有史以来最伟大的统治者，被诗人称赞为"乱世中的定海神针"。1149 年，马多格越过边境线，东进至什罗普郡境内的奥斯沃斯特里，趁其领主威廉·菲茨·艾伦因内战防御不力，在该处修建了一座城堡。因此，威尔士的杰拉尔德写道："如今被称作什罗普郡的那个郡曾经是波伊斯的领土。"历史也许还会重演。

在北方，圭内斯的欧文·阿颇格鲁菲德·阿颇卡南（Owain ap Gruffudd ap Cynan）也挥兵东进，不仅占领了切斯特伯爵位于里兹兰的城堡，还在 1146 年拆毁了莫尔德城堡，打开了从克卢伊德山谷（Clywd valley）通往柴郡平原的山道。向斯蒂芬求援的切斯特伯爵雷纳夫非但没有盼来替自己讨伐圭内斯的救兵，反倒在北安普敦被国王逮捕，给了威尔士人入侵柴郡的天赐良机。尽管柴郡抵挡住了来犯之敌，但欧文还是将西起康威河，东至迪河的"四百镇区"全部纳入了自己的势力范围。雷纳夫于 1153 年 12 月去世，留下年仅 6 岁的幼子继承爵位，所以刚刚扩展了疆土的圭内斯似乎可以就此高枕无忧。然而，此时的欧文却因家族内斗而元气大伤：1150—1152 年，他先后囚禁了儿子卡南，放逐了弟弟卡德瓦拉德，将一个侄子刺瞎并处以宫刑。德赫巴斯的统治者很有可能正是趁着欧文后院起火，才能从圭内斯夺走锡尔迪金，驱逐欧文之子海韦尔，并修建城堡。1155 年，圭内斯的欧文、波伊斯的马多格、德赫巴斯的里斯·阿颇格鲁菲德在威尔士三足鼎立。1154 年亨利二世登上英格兰王位后，此三人还能在全新的政治环境中守住各自的江山吗？

一些迹象表明，威尔士人不会再任人宰割。他们不仅在军事上向盎格鲁－诺曼人学习，在其他方面也吸取了不少教训。据《斯蒂芬国王行为录》记载，早期在威尔士受挫后，斯蒂芬想着威尔士人反正很快就会开始自相残杀，便以此自我安慰。可实际上，威尔士人在政治斗争方式上，已经逐渐向盎格鲁－诺曼世界看齐，政治谋杀、政治处决变得越来越少。其实，仅就权贵阶层而言，斯蒂芬在位期间，根本没有发生此类事件。12 世纪 50 年代，圭内斯的统治阶层的确同室操戈，威尔士的其他地区也绝非风平浪静，但政治斗争的血腥、激烈程度已大不如前。圭内斯、德赫巴斯的统治者先后于 1136—1137 年、1146 年通力合作，共同抵御盎格鲁－诺曼入侵者，之后又在 60 年代再次联手。12 世纪初，统治波伊斯的家族自相残杀，最终为马多格·阿颇梅尔达斯的长期统治扫清障碍。在德赫巴斯，格鲁菲德·阿颇里斯的 4 个儿子先后掌权。卡拉多格国王的两个孙子——摩根与约沃思，合作无间，在格温特收复了包括卡利恩在内的诸多家族领地。威尔士人的这一系列成功之举还说明了另一点：他们是彻头彻尾的实用主义者——盎格鲁－诺曼人在他们看来，亦敌亦友。比如，摩根、约沃思一开始的胜利取决于他们与格洛斯特的罗伯特达成了一致，摩根甚至还在林肯之战中加入了罗贝尔一方，与斯蒂芬国王作战。之后，赫里福德伯爵罗杰承认了摩根拥有国王的地位，而摩根本人（现在他又将自己定位为边境男爵）则获得亨利二世的认可，成为“卡利恩封邑”的领主。

　　这一切得益于威尔士人越来越强烈的爱国精神与民族自信，这还要部分归功于蒙茅斯的杰弗里，他不仅再现了威尔士的历史，还重塑了威尔士民族最伟大的国王亚瑟王的丰功伟绩。摩根国王收复的卡利恩正是亚瑟王王庭的所在地。在威尔士北方，格鲁菲德·阿颇卡南的传记特意将主人公比作再世的亚瑟王，称其为“不列颠岛的王中之王”。也难怪 12 世纪 50 年代，盎格鲁－诺曼人会在一份以不列颠岛为对象的调研报告中哀叹威尔士人"危言耸听……四处扬言待亚瑟王醒来，他们必将夺回失地（这座岛）……他们将再次为这座岛冠以不列颠之名"。而面对英格兰亨利二世的继位，威尔士统治阶级也与苏格兰王庭的忧虑不安截然不同。

＊　　＊　　＊

　　然而，亨利在王位争夺中也并非稳操胜券。1147年，斯蒂芬为年轻好战的长子尤斯塔斯举行骑士受封仪式，明确了尤斯塔斯继承人的身份。而玛蒂尔达皇后这边，两位主要支持者——格洛斯特的迈尔斯和罗伯特伯爵，先后于1143年、1147年离世。继承赫里福德伯爵爵位后，迈尔斯的长子罗杰自行其是，而继承了格洛斯特伯爵爵位的罗伯特长子威廉，与其说是战场猛将，还不如说是床笫高手。玛蒂尔达皇后于1148年2月撤出英格兰，返回诺曼底。1141年后，皇后退守迪韦齐斯，虽孤立无援，但仍临危不惧，以恩赏臣下为手段，巧妙地巩固了己方阵营，成就了她政治生涯中的高光时刻。

　　然而，皇后的式微仍不足以令斯蒂芬与尤斯塔斯高枕无忧，因为现在与他们争夺王位的不再是心高气傲的皇后，而是皇后年仅16岁的儿子——未来的亨利二世。尽管斯蒂芬如闪电般北进至约克，挫败了亨利1149年夺取王位的计划，但亨利返回海峡对岸后，先是接受父亲的禅让，成为诺曼底公爵，之后又在1152年迎娶了与法王路易七世（Louis Ⅶ）离异的阿基坦的埃莉诺（Eleanor of Aquitaine），一举成为了阿基坦公爵。这场联姻彻底改变了欧洲的政治格局，直接影响了欧洲接下来200年的历史进程。而就短期影响来看，埃莉诺的再婚将震惊不已的前夫路易七世推向了尤斯塔斯的阵营。1152 年，路易与尤斯塔斯一起入侵诺曼底，而斯蒂芬则攻占了纽伯里（Newbury）。围攻纽伯里时，斯蒂芬再度作出了令人不解的善举：当驻守城堡的那位将领拒不投降时，斯蒂芬没有将他的儿子用投石车掷入城堡逼其就范，反倒将这个小男孩带回自己的军帐中玩耍，而这个孩子就是日后的英格兰摄政官——威廉·马歇尔。

　　1153 年，亨利再次率军进入英格兰。但随着父亲的退位，诺曼底国库渐空，所以亨利无法集结其强大的兵力。双方在马姆斯伯里（暴雨中断了交战）、沃灵福德两地僵持不下。造成僵局的根结是权贵阶层不愿双方决出高下。因为他们同样深受动乱之害，已经难以控制某些骑士阶层的下属封臣，所以他们渴望和平，却不希望最终决出一位新王，因为这位新王可能会从他们手中夺回本属于王室的资产，并威胁到他们建立的地方政权。亨廷登的亨利指出，权贵阶层想要的是斯蒂芬、亨利两人一直"相互忌惮"，这样"双方就都无法有效行使王权，来限制权贵的权势"。在这种情况下，斯蒂芬的当务之急是为尤斯塔斯举行加冕仪式，但教皇和坎特伯雷大主教西奥博尔德却迟迟不肯应允。这是因为有前任教皇 1143 年的判决在前，再有二人与斯蒂芬的冲突在后，所以他们自然不肯轻易松口。西奥博尔德同样不敢公开支持亨利，因为这只会激怒尤斯塔斯，为内战火上浇油。所以总的来说，教会的策略是观望，静候胜者。

　　到最后，双方都无法在战场上打开局面，1153 年 8 月尤斯塔斯的猝然离世，为双方打开了折中求和的大门。无论是从待人处事还是从思想境界上判断，斯蒂芬都从未真正从伯爵的层次上升到国王的高度，而他的次子威廉也甘愿做回一位伯爵。1153 年

11月6日，双方达成一致，签订了《温切斯特条约》（Treaty of Winchester）。根据条约规定，亨利不仅认可了威廉对斯蒂芬1135年登上王位前所有财产的继承权，还让出了诺里奇城堡，将国王在诺福克郡境内所有的特权转让给威廉，并做出了许多其他的让步。就这样，这场持续时间长达24年的继位之争只用了言简意赅的几行文字就尘埃落定。斯蒂芬将亨利立为继承人，授予他英格兰王国的世袭继承权；而亨利则承认斯蒂芬国王的地位，并承诺在其有生之年，不会再另生事端。

那么权贵之间的矛盾，以及他们从斯蒂芬、玛蒂尔达皇后、甚至亨利本人手中得到的王室土地和官职又该如何处理呢？《温切斯特条约》规定，作为实现和平的先决条件，应当拆毁所有在动乱期间新建的城堡。此外，根据编年史家托里尼的罗贝尔（Robert of Torigny）记载，"遭入侵者侵占的财产"皆应返还给亨利一世时期该资产的"合法所有者"。这一条无疑会引发极大的争议，况且缔约者还没有制定配套的执行机制。而到底什么样的情况算"侵占"？判定"合法所有"的标准又是什么？在亨利看来，自己能够凭此一条，就收回国王在1135年之后出让的所有王室财产，但斯蒂芬肯定不会照做。从本质上讲，双方的这场博弈依然是棋布错峙。条约带来的和平，却将以其他方式延续着权利的争斗。斯蒂芬这边仍是一子未失，亨利自然也难以一招制敌，只能静待时机。双方一时难分伯仲，不正是权贵阶层所盼望的那种和平么。

斯蒂芬安享了一段"小阳春"般的统治时光，他拆毁了一些动乱时期修建的城堡，还又一次动用全国各地的造币厂，发行了新的货币。1154年10月25日，斯蒂芬去世。亨利顺利继位，但摆在他面前的，却是重塑王权的艰巨任务。

第七章

亨利二世与不列颠、爱尔兰（1154—1189）

　　与 19 年前斯蒂芬夺取的那个王国相比，亨利二世继承的王国境况大不如前。国王的年收入下降了 2/3；王室领地与王室城堡、郡督职位都落入了权贵阶层的手中，甚至还变成了世袭资产；伯爵领的数量成倍增长，多半还获得了近乎于王权的权力；王室对教会的控制摇摇欲坠；威尔士南部的王室堡垒不是落到了男爵阶层的手中，就是被本土统治者占领；英格兰的北部边陲并入了苏格兰国王的管辖范围。诺曼底的情况也没好到哪去，因为安茹的若弗鲁瓦为了夺取公国，不仅分封了大片公爵直属领地，还为了寻求法国的支持，将包括日索尔在内诺曼底管辖的韦克桑割让给了路易国王。

　　亨利二世继位时，英格兰、诺曼底已被并入一个更大的政治实体（虽然没有准确的体制框架）——史学家们称之为"安茹帝国"。统治帝国的王朝源自安茹，而亨利除了从父亲那里继承了安茹伯爵领，还一并继承了从属于安茹的曼恩、图赖讷（Touraine）。此外，亨利还通过联姻获得了阿基坦公国。安茹、阿基坦的贵族没有像诺曼贵族那样与英格兰融合，所以并没有出现类似盎格鲁－诺曼贵族阶层的盎格鲁－安茹贵族、盎格鲁－阿基坦贵族。但如今的英格兰国王，的确会因为疆域的扩张而变得更加分身乏术。那么，这会影响王权在英格兰的恢复吗？英格兰会就此失去北方的领土吗？会分裂成各自为政的一系列伯爵领吗？实际上，这些情况并未发生。亨利不仅在英格兰重振王威，还建立了普通法体系。他还收服了苏格兰、征服了爱尔兰。在海峡对岸，他除了重振诺曼底公爵的权威，还成了布列塔尼的封建宗主。

这些非凡的成就都要归功于亨利本人。他不仅霸气十足、慷慨激昂，而且老谋深算、足智多谋，更是通晓拉丁语、法语，还听得懂英语。他还深谙权术："没错，我的确不能罢免主教"，他一边大叫，一边又用手比划了一下，"但我肯定能将他扫地出门"。话毕，廷臣一个个都赶忙陪笑了起来。亨利身形矫健，圆头大脑，面容却十分俊郎。在当时的宫廷教士豪登的罗杰笔下，亨利经常因王国祸患而"心急如焚"，率大军如神兵天降："英格兰国王一会儿现身爱尔兰，一会儿出现在英格兰，一会儿又在诺曼底露面，他好似无需舟车，也可疾行如风"，路易七世对此惊叹不已。所以，亨利为了缓解压力经常终日狩猎，有时还喜欢独自用餐。将自己在英格兰、诺曼底的权势恢复到外祖父亨利一世统治时的高度，是亨利治国理政的主旨。此外，他同样注重维护法律与秩序。按照《国库对话》的记录，亨利深知"天降大任于己，理应照看好所有臣民"。他甚至以自己在加冕誓言中承诺治国安民为由，拒绝参加十字军东征。然而，亨利绝非保守的复辟派。处理曼恩、威尔士北部事务时，亨利一世没有过分主张自己的权利，而亨利二世则极尽扩张之能事。此外，即便完全师出无名，但他还是出兵征服了爱尔兰。所以，在温切斯特主教亨利手下的教士乔丹·范托斯姆眼中，亨利二世才会成为自摩西时起最伟大的征服者，除查理曼之外，无人能出其右。

那么，在这位智勇双全的霸主身旁的那位多情的传奇女性——阿基坦的埃莉诺，又是哪般人物呢？在人格品性上，埃莉诺不输丈夫半分。她不仅脾气火爆，而且有胆有识、足智多谋，（据传）还是一个轻浮女子——完全不是迟钝乏味、循规蹈矩的路易七世所能驾驭的。路易七世也正是以有违妇德和无法生育男性继承人为由，与埃莉诺解除了婚姻关系。在身体状态上，埃莉诺甚至优于丈夫，她虽然比亨利年长 10 岁，而且多次生育，但依然身强体健，比亨利多活了 15 年。与亨利结婚时，埃莉诺的嫁妆是整个阿基坦公国。婚后，亨利虽然马上就给自己冠上了阿基坦公爵的头衔，但承认阿基坦在某种程度上依旧归埃莉诺所有，所以他在遗嘱中对阿基坦只字未提。普瓦图占据阿基坦公国北部的半壁江山，是埃莉诺的宫廷所在地，而她时常也会回到这里，出资吸引大量诗人在宫中吟诗作对（她的祖父就是一位著名的吟游诗人），这帮诗人也乐于在宫中讨论宫廷爱情。埃莉诺的一切政治行为都是以保护自己在普瓦图的利益为核心的。因为在英格兰，亨利没有授予她大片土地，而只有当她身在英格兰时，才临时要求各郡郡督缴纳现金 ["补助金"（corrody）]，来支付王后的花销。所以就这一点来看，英格兰王后的地位即使没有大幅降低，至少也可能不如从前了。不过，亨利这样做绝不是要刻意贬低埃莉诺的地位：一则英格兰刚刚结束动乱，王室领地所剩无几，二则埃莉诺坐拥阿基坦，本就财力雄厚。埃莉诺与亨利一世的玛蒂尔达王后一样，也承担摄政的重任，绝不是装点台面的花瓶。埃莉诺还为亨利生下了 8 个孩子，其中四儿三女长大成人，她对每个子女都为之计深远，也借助他们巩固了自己的政治地位。

在埃莉诺的面前，通往权力的道路有很多条，而她也迫不及待地想要一一走遍。可直至亨利去世，埃莉诺成为王太后时，她才能真正一展身手。亨利在世时，埃莉诺在政治上能有多大的施展空间，完全要看国王的脸色，而到了亨利统治的后期，埃莉诺完全退出了政治舞台。

* * *

"除非伦敦塔告急，否则就甭想让国王返回英格兰。"圣保罗大教堂的总铎迪斯的拉尔夫记录的这则笑话很好理解。亨利二世在位30余年，其中有43%的时间待在诺曼底，20%的时间待在法国的其他地区（主要是安茹、曼恩、图赖讷）度过，而真正待在不列颠的时间只有37%。这倒不是因为亨利看不上英格兰——正如普瓦捷的理查德（Richard of Poitiers）[①]所言，英格兰不仅让亨利"拥有了国王的荣耀与尊严"，同时还是亨利主要的收入来源。其主要原因是与英格兰相比，海峡以南不仅危机重重，还能提供更多的机遇。

亨利很快就在诺曼底重新建立秩序，收复了公爵的全部利益，但他还是无法高枕无忧，部分原因在于他建立的政治结构有一个自相矛盾之处。亨利二世拥有比前任英格兰国王更广阔的领土，但同时，他也彻底地承认了法国国王的封建宗主权。而亨利一世从未亲自向法王效忠。亨利二世则先后多次向路易七世宣誓效忠，第一次更是在1156年加冕英格兰国王的时候。亨利这样做

---

① 普瓦捷的理查德（？—约1174）是克卢尼修道院的修士，主要著作为《克卢尼修士普瓦捷的理查德以大量史料为据编写的编年史》。

完全是为了解一时之困；1156 年，由于担心弟弟若弗鲁瓦会与自己争夺安茹帝国的领土，所以亨利主动向法王示好。可这样做的后果却是令自己受效忠誓言的制约，一旦违反誓言，法国国王就可以没收他在法国的领地。亨利种下的这颗苦果，就被他的儿子约翰吞了下去。

亨利在欧洲大陆的疆土还面临着无险可守的困局。领地内的财富之源——一条条大河无一例外全都流向了"敌人的领土"（有时也会从"敌人的领土"流入）。在北方的诺曼底，亨利于 1160 年收复了包括日索尔在内由诺曼底管辖的韦克桑，恢复了诺曼底与法国王室领地隔埃普特河而望的传统边界，但同时也令路易国王对此耿耿于怀。路易国王亲切友善、厌恶战争，却懂得利用亨利的弱点。在疆域问题上，亨利向来是以攻为守。实际上，历代安茹伯爵都是开拓者，他们先后占领了曼恩、图赖讷和诺曼底。勒芒是亨利的出生地，也是他一生最喜爱的城市。在勒芒郊外，亨利修建了一座宏伟的神殿，而神殿宽阔敞亮的大厅以及三条幽深的长廊，正好反映了亨利的自信与进取精神。在英格兰、诺曼底旗开得胜后，亨利准备进军图卢兹（Toulouse）。埃莉诺的外祖父是在 1093 年去世的图卢兹伯爵威廉四世（Count William Ⅳ），所以亨利想要入主图卢兹的确师出有名。其实早在 1141 年，法王路易就曾以当时的妻子埃莉诺的名义试图入主图卢兹，结果却以失败告终。如果亨利能成功，他将控制整个法国南部。1159 年，亨利召集安茹帝国各处领地的士兵，组成大军入侵图卢兹伯国，却发现路易七世正在图卢兹城中拜访图卢兹伯爵雷蒙德（Count Raymond）。亨利不愿直接对自己的封建宗主动手，首次领教到了 1156 年效忠誓言的厉害。

1159 年兵败图卢兹是亨利一生遭受的最为惨痛的失败，令

他对安茹帝国南方疆域的态度发生了重大转变。1170年，亨利
将次女埃莉诺许配给卡斯蒂利亚国王阿方索八世（Alfonso Ⅷ of
Castile），也许还承诺在阿基坦的埃莉诺去世后，二人的后代可
以继承加斯科涅公国。拥有大片葡萄园的加斯科涅虽然十分富
有，但境内公爵的直属领地却极少。所以13世纪末，波尔多开
始向外出口葡萄酒，产生了可观的关税收入，收益才多起来。在
位于阿基坦公国北部的普瓦图，亨利虽然可以利用控制的城堡
行使公爵的权力，但当地仍然有不少权势强盛的贵族〔除了吕
西尼昂（Lusignan）家族、图阿尔（Thouars）家族、帕尔特奈
（Parthenay）家族，还有昂古莱姆（Angouleme）伯爵、拉马什
（La Marche）伯爵〕在领地上各自为政。亨利最终任命三子理查为
普瓦图伯爵，让其母埃莉诺在身边辅佐。亨利本人主要还是盘踞
在诺曼底、曼恩和安茹。诺曼底是亨利在欧洲大陆收入最高的领
地，而在其东方，正是布列塔尼公国。亨利先是在1166年让年仅
7岁的四子若弗鲁瓦与雷恩伯爵兼布列塔尼公爵科南四世（Count
Conan IV of Brittany）之女康斯坦丝（Constance）成婚，之后又逼
迫科南退位，借儿子、儿媳之名占领了布列塔尼公国，让历代诺曼
底公爵一直主张的对布列塔尼的封建宗主权转化成了现实。然而，
过程并非一帆风顺，亨利不得不在1167年、1168年、1173年先
后三次出兵布列塔尼。在1168年，他还出兵镇压了普瓦图的叛乱。
这些战乱加上欧洲大陆的许多其他政务，使得亨利在1158—1163
年、1166—1170年无法回英格兰亲政。但他并未疏于对英格兰的
治理。实际上，正是由于他在英格兰重树王威，其他任何行动才有
了坚实的后盾。

*　*　*

12世纪90年代，编年史家纽堡的威廉回望历史，依旧感叹亨利初登王位，便能将王室领地旁落、边境频遭入侵而"四分五裂"的英格兰统一如初。而亨利的成功，就在于他孤注一掷、连出奇招，出兵攻打地位最为显赫的权贵，从他们手中夺回了被侵占的王室领地、郡县和城堡，还废除了他们的伯爵爵位。亨利一世刚一继位，就根除了不可一世的贝莱姆家族；斯蒂芬继位之初虽然攻下了埃克塞特城堡，却心慈手软，释放了城堡的守军。亨利二世当然知道应当以谁作为榜样。1155年，他挥军北上，击败了在约克郡割地为王的欧马勒伯爵威廉（威廉·杜·欧马勒）。之后，亨利又从休·德·莫蒂默手中夺回了位于布里奇诺斯（Bridenorth）的王室城堡，还在赫里福德伯爵罗杰于1155年10月去世后，否定了其弟沃尔特对赫里福德伯爵爵位，以及对格洛斯特及赫里福德两处王室城堡的继承权——亨利即位之初，多次以此类理由收回封地。1157年，亨利在镇压弟弟若弗鲁瓦在安茹发动的叛乱后，公然违反《温切斯特条约》的规定，逼前任国王斯蒂芬之子威廉交出了诺里奇、佩文西、艾伊、兰开斯特这四座城堡。同年，他还迫使苏格兰国王马尔科姆交出了包括泰恩河畔纽卡斯尔、班堡、卡莱尔在内的所有被苏格兰侵占的英格兰北方疆土，一举恢复了两国由特威德河、索尔韦湾划定的原有边界，但同时也违反了自己1147年向大卫国王做出的承诺。就此，英格兰重新成为一个完整的王国。

上述所有行动都只是旨在收复内战期间落入他人之手的王室领地计划中的一部分。《温切斯特条约》在一定程度上让亨利师出有名，而亨利本人也备好了另一套说辞。1157年，奇切斯特主教无意间冒犯了王权与生俱来的、由上帝授予的权威、尊严和权力，惹得亨利勃然大怒，大加驳斥。亨利一世在位时，其所推行的"无形王权"的概念已经得势。根据这种观念，国王这一头衔本身的权力、财产是固有的，而不是依附于某一位国王才有的。1130 年的国库卷档提到了"王权诉讼"，而 1153 年的《温切斯特条约》则提到了属于王权的领地、城堡。亨利二世即位时，很可能也像主教获任圣职时发誓维护教会财产一样，宣誓要守护和追回王室财产。显然，亨利登上王位后，马上就调查了 1135 年之前历任国王的土地拥有情况，并下令要求所有在斯蒂芬统治时期分封出去的王室领地（至少价值 3 000 镑）全部物归原主。斯蒂芬颁布的特许状统统失效，就连玛蒂尔达皇后、亨利本人在亨利登基之前颁布的那些也要接受复查。

在登基之初，亨利就彻底驱逐了所有外国雇佣兵，还拆毁了所有私建的城堡，完成了斯蒂芬去世前未能完成的工作。此外，他还于 1158 年发行新版便士，采用全新的十字架、小十字架样式，消除了男爵私自发行的货币对经济的影响。他也没有像过去的国王那样，靠频繁改变货币样式来获取收入，而是到 1180 年都一直在铸造 1158 年版的便士，借此释放国泰民安的信号。亨利还需解决大动乱时期遗留的权贵纷争问题，这些家族纠葛引发了混乱和暴力，所以必须及时化解。《温切斯特条约》承诺，任何在斯蒂芬统治时期祖产遭"入侵者"侵占之人，都可以要求财产物归原主，此条必然会导致矛盾陷入噩梦般的恶性循环。亨利一方面利用法律武器，加快推进土地纠纷案件的审理（后文将对此进行详细讨论）；一方面又借助特别和解协议来解决矛盾，其中有些是双方私下达成的，有一些则是经国王调解，甚至是在国王的逼迫下签订的。例如，亨利将韦布利判给了莱西家族，终结了格洛斯特的迈尔斯的家族与莱西家族持续已久的争端。他没有将林肯伯爵领的所有权给争议的任何一方（威廉·德·鲁马尔、吉尔伯特·德·甘特），对亨廷登伯爵领的归属也不置可否（争议双方为西蒙·德·桑利斯与数位苏格兰国王）。然而，亨利的做法也导致权贵阶层在约翰王统治时期以亨利的判决武断不公为由，翻出包括林肯伯爵领在内的数个问题，令矛盾再次激化。而亨利之所以能控制政局，正是由于他重新树立了国王的权威，令权贵忌惮其权势（1173—1174 年的叛乱是唯一的例外）。

亨利的胜利也在于重树王威后，并未松懈下来。12 世纪 50 年代，亨利掌控着大量城堡，他将其中的 30 座转变为王室城堡，自此开启了将男爵城堡转化为王室城堡以增强王权的进程：1154 年至 1214 年，男爵城堡的数量从 225 座下降到 179 座，而王室城堡的数量则从 49 座上升至 93 座，两者间比例从 5∶1 降至 2∶1。亨利在位期间用于修建城堡的总支出高达 21 500 镑，相当于平均每年 650 镑。拥有两道护墙的雄伟的多佛要塞，就是亨利二世为守护英格兰的海岸线而修建的。正如艾伦·布朗（Allen Brown）所说，亨利"是掘壕固守的高手"。尽管亨利很快又将继位初期收回的王室领地赏赐给了内战中己方的支持者，但此后几乎再无王室领地被分封出去，与斯蒂芬和亨利一世的做法形成鲜明的对比。1159 年，国王分封出去的王室领地总价值为 3 000 镑上下，而 30 年后，这项数据几乎没有任何变化。这与他在没收和充公臣下领地时不留情面的态度有密切的关系。12 世纪 80 年代，英格兰国王手中一共有 13 个遭罚没的男爵领，每年的总收入差不多有 2 900 镑。

亨利还消除了各伯爵在各郡割据为王而导致王国分裂的危机。

亨利即位后再未设立过新的伯爵领，所以英格兰伯爵领的数量逐渐下降。一项研究指出，1154年，英格兰共有伯爵领24个，而到了1189年，数量已经下降到12个。不仅如此，除切斯特伯爵领以外，其他所有伯爵领都不能在所在郡县享受大量本应属于国王的权力，绝大多数伯爵都变得像在斯蒂芬继位前一样有名无实。地方政府的首席官员再一次成了郡督，而亨利也再次抓住机会展示权威。1155年米迦勒节时，英格兰2/3的郡督被亨利更换；1162年，亨利再一次大规模任免郡督，波及了差不多一半的郡县；1170年，亨利对各郡郡督的工作状况进行大规模调查（"郡督大审"），之后几乎免除了所有郡督的职务。亨利并不反对权贵出任郡督的职位（毕竟他们通常也都是廷臣），但他同样也会在各郡的骑士阶层中寻找郡督的人选。到了1170年之后，国王的亲卫骑士尤其得到器重，其中一些人〔如威廉·布鲁尔、杰弗里·菲茨·彼得（Geoffrey fitz Peter）〕则开始在王廷崭露头角。

亨利还恢复了在斯蒂芬统治期间在许多地区失效的皇家森林法的运作，而帮亨利贯彻森林法的代理人，则正是"臭名昭著"的首席护林官艾伦·德·内维尔（Alan de Neville）。由于森林法的根本目的并非在于保护国王狩猎的权力，而在于为国王敛财，加上其管辖的范围不仅限于国王直属领地上的森林，还适用于个人拥有的林地（实际上已将埃塞克斯大部分地区都囊括在内），所以亨利强推森林法的行为非常不受欢迎。按照森林法的规定，违法行为包括毁林罪（为获取木材、薪柴而砍伐森林）、开荒罪（为获取耕地而砍伐森林）、非法侵占罪（在森林中私设围场），无论触犯哪一条，都会遭到罚款。结果，不管是主教、修道院院长、男爵、骑士，还是其他的世袭地产所有人，只要发现自己名下的森林恰巧位于王室森林境内，都不得进行开发，再考虑到当时人口增长造成的耕地本就不足的情况，森林法的种种限制就愈加招人痛恨。此外，森林法还规定，擅自猎捕林中的"保护动物"——即鹿和野猪，也属于违法行为，而贫苦之人一旦触犯律条，就有可能被判处死刑，或者被施以肉刑。说到底，无论采用什么样的处罚手段，全凭国王一语定夺。森林法的这些内容很可能是由"征服者"威廉制定的，而亨利一世则扩大了森林法的管辖区域，否则斯蒂芬就不会在1136年承诺放弃前任国王靠扩张林权所获得的利益。亨利二世是将王室森林的边界恢复到了1135年时的原状，还是进一步扩张了森林的范围，一直以来都是史学界争议的热点。到了亨利二世统治的末期，英格兰已经有20多个郡有部分地区受森林法管辖。自1166年起，以艾伦·德·内维尔为首的森林法法官前往各地审理违反森林法的案件，虽然让国王赚得盆满钵满，但也惹得天怒人怨。

如果没有强力的中央集权机构，就不可能在地方上重树国王的权威，对于跨海而治、疆域更广的安茹帝国而言，就更是如此。当然，终极的核心机构还是亨利王庭的外廷、内廷。与亨利一世十分相似的是，亨利二世身在英格兰时，王庭的活动范围也基本集中在南部地区。在现存的令状、特许状中，以各地发出的数量来看，亨利二世王庭最常造访的地区依次是：威斯敏斯特－伦敦（268份）；温切斯特、克拉伦登及周边地区（200份）；伍德斯托克（103份）；北安普敦（80份）；温莎（45份）——北方只有诺丁汉一处（51份）。所以，亨利并不需要为了处理日常政务而四处奔波。只有在应对频频出现的危机和需要在边境线上主动出击时，他才会快速往来于帝国各处。亨利二世前往海峡以南后，来自英格兰的请愿人也会尾随而至：圣奥尔本斯修道院的院长比较幸运，在诺曼底就找到了亨利；而安斯迪的理查德（Richard of Anstey）为了向亨利二世讨个公道，一路南行至加龙河畔（the Garonne）的欧维拉尔（Auvillar）。为了回应诉求，亨利二世不断向英格兰的摄政官发布令状，命令他们处理包括审理案件、阻止郡督滥用职权在内的诸多事务。

在亨利统治的前几年，有一位大臣与国王形影不离，专门负责处理此类臣民请愿和发布令状，他就是大法官托马斯·贝克特（Thomas Becket）。托马斯曾经是西奥博尔德大主教手下的教士，他不仅因浮夸奢侈的做派讨得国王的欢心，还因精力无限、野心勃勃而深受赏识，成为国王的知己。几乎可以肯定，亨利二世统治时期大法官法庭的函令发布量要远高于外祖父亨利一世时的发布量，因为以现存文件（留存下来的当然只是其中一部分）来推算，亨利二世的年均函令发布量为 120 份，远高于亨利一世的 40 份。到亨利二世统治时期，大法官法庭签发的令状经过长期的发展，已日臻完善。至 1199 年，加盖国玺的盎格鲁－撒克逊令状已经演化成了三种格式不同的文件，分别为特许状、公开令状、保密令状。13世纪，后两者也被称作公函、密函。特许状通常用来永久性地授予权力和财产，所以在大法官法庭发布的所有文件中，是最严肃工整的。特许状的发布对象为国王的全体臣民，通常都会详细记录多位签发人的姓名，然后以细绳捆扎，在绳结处以火漆加封，上盖国玺。公开令状与保密令状的区别是，后者发布时是折叠起来的，一旦打开，火漆封印就会损坏；而前者发布时没有折叠，在文档底部切割出来一个类似舌封的突出物，用来加盖国玺。保密令状的对象通常是单个的臣民或组织，一般只有一位签发人，目的除了启动普通法法律程序，还包括处理政府运转过程中的日常行政事务。公开令状与特许状一样，都是以全体臣民为对象发布的，但通常只有一位签发人，用途包括免除特定的义务、任命官职、宣布政府决策。

1160 年前后，亨利不在国内时，英格兰的政府首脑是埃莉诺王后。她不仅忽略高官，直接接受臣民的请愿，还会向权贵、郡督、国库发布书面命令（有时甚至比高官发布的更有效力）。辅佐她的是两位重臣：莱斯特伯爵罗贝尔和理查德·德·吕西。在时人眼中，他们越来越像是坐上了"英格兰政法官"或"国王的首席政法官"这样的正式官职。实际上，他们在英格兰的地位像极了亨利一世时的索尔兹伯里主教罗杰；之后，由于埃莉诺王后待在海峡对岸的时间越来越长，国王不在英格兰时，两人开始正式担任摄政之职，而即便国王回到国内，他们也会继续作为首席大臣管理政务。罗贝尔、理查德的核心权力，来源于两人对国库的绝对控制，而国库的日常管理工作则由罗杰主教的侄子孙、担任财政大臣之职的理查德·菲茨·奈杰尔（Richard fitz Nigel）负责。理查德在 1154 年逐步将国库恢复为高效运转的政府机构，这些在他自己编写的《国库对话》（1178 年）中有所记述。书中还细致入微地描述了国库从收集款项，到最终对账为止的全部运作流程，并介绍了利用国库卷档保存记录的情况。

吕西、罗贝尔两人一直合作无间，直至后者于 1168 年离世。吕西也并非庸懦之辈，凭一己之力独揽摄政大权，直到 10 年之后才辞去职务。理查德·菲茨·奈杰尔从 1159 年前后开始担任国库司库，一直到 1196 年才卸任。对亨利来说，这些忠诚尽职、资历深厚的老臣，正是他王庭中的中流砥柱。在他的大臣中，有一些是神职人员（奈杰尔后来成了伦敦主教），另一些则与亨利一世任命的"新人"十分相似，都是社会地位相对较低的世俗人士。理查德·德·吕西就出身骑士阶层，之前在斯蒂芬手下任职。杰弗里·菲茨·彼得、威廉·布鲁尔两人的父亲都是王室护林官。亨利听从母亲玛蒂尔达皇后的建议，像训练鹰犬一样对待大臣，吊足了他们的胃口，让他们尽心尽力为自己服务。吕西直到去世都没能成为伯爵，不仅要靠国王从王室直属领地每年划拨 125 镑补贴收入，还要自己想办法东拼西凑才能维持生计；他名下最大的领地奇平昂加（Chipping Ongar）还是来自斯蒂芬国王之子威廉。像吕西这样的人一旦在国王面前失宠，就肯定会遭人落井下石。

国库卷档中的国王收入最能体现亨利国王地位的提升。1155—1157 年是亨利在位的头两个整年，其间每年包括现金收入、授权支出在内的平均总收入为 10 300 镑左右，与 1130 年亨利一世的 24 500 镑相差甚远。12 世纪 60 年代，亨利的年均收入上升到了16 700 镑，70 年代又上升到了 19 200 镑；在统治的最后 8 年中，已达到了 23 300 镑。亨利二世在位期间，共有 3 年（均为物价相对稳定的年份）的收入超过了 1130 年亨利一世的收入。英格兰已成为亨利手中最富庶的领地，令安茹帝国的其他地区望尘莫及。在诺曼底，亨利也执行了类似的方针路线，致力于收复本属于公爵的领地与权力，而诺曼底的国库则是亨利制定这一政策的中枢大脑。但据仅有的一份诺曼底国库卷档显示，1180 年，亨利在诺曼底的年收入，如果换算成英格兰货币，仅有 6 750 镑。在两年后的 1182年，亨利立下遗嘱，要求死后在英格兰分发 5 000 马克的白银行善，在诺曼底分发 3 500 马克，而安茹的分发量则仅有 1 000 马克。英格兰是安茹帝国最大的财源。早在 1159 年，英格兰就为亨利入侵图卢兹的军事行动支付了 8 000 镑。

亨利的理财手段极具创新性。他是第一位大量举债的英格兰国王（至少根据目前掌握的证据判断），在 1155—1166 年，总共向不同的贷款人借了 1.2 万镑（实际金额可能远不止于此），之后再用各地的收入还款。在这 1.2 万镑中，有一大半都来自金融大鳄佛兰芒人威廉·凯德，他很有可能是靠羊毛贸易发的家。凯德于 1166 年前后去世，之后便再无基督教金融家能取代他的地位，部分原因在于教会对高利贷的敌对态度不断增强。此后，亨利开始向犹太人借债，但不久他便意识到，直接向犹太人征税会简单得多，从而为英格兰王权找到了一个全新的重要收入来源。

亨利以不断增强的财力为基础，继续借由其他政策，重新掌控男爵阶层。1166 年，亨利要求手下所有的男爵都提交全部下属封臣的名单，并标明每位下属封臣应提供的骑士数量。亨利此举的部分原因，是为了增收免役税。免役税指，获得国王的同意后，男爵可以通过支付货币来免除对国王的军役义务。不同的免役税有不同的税率，但通常征税额都是每位骑士 1 镑白银。诺曼人刚一登上英格兰王位，就开始征收免役税，但直到 1154 年，存世的史料中才出现征收免役税的确凿证据。亨利二世 1166 年收集信息以征收免役税，不是要像以前一样，以男爵应当向国王提供的骑士数量为缴纳标准，而是要以其全部下属封臣应当向男爵本人提供的骑士总量为依据向国王缴税。而根据调查的结果，后一种的税收收入，有时要远高于前一种。调查的另一个目的是（这也正是他要求男爵提供下属封臣姓名的原因），要让下属封臣当面向自己效忠——与 1086 年"征服者"威廉的"索尔兹伯里誓言"一样。在亨利二世的统治下，英格兰没人能逃脱王权的管辖。1170 年的"郡督大审"除了调查国王任命的官员中存在的渎职行为，男爵阶层的不当行为也是调查内容之一。1178 年，《国库对话》明确指出，只要国王有意任用贤才，那么无论此人的上级封建宗主身份如何，都不能妨碍。

由此看来，亨利的统治极有可能引发动荡。这导致了男爵阶层中心存不满之人加入 1173—1174 年的叛乱。此外，他的统治还引发了更广泛的不满，尤以贯彻森林法为最。不过，亨利的统治也有另一面，如果只知道一味地施压，亨利怕是早就被赶下王位了。他不仅创立了深受下属封臣欢迎的民事诉讼法律流程，还做出了另一项惠及全民的重大让步，不再征收贡金，打破了诺曼国王效仿盎格鲁－撒克逊国王对土地征税的传统，使英格兰征收贡金的历史最终被定格在 1161—1162 年。从长远角度来看，这可能产生了极为深远的历史影响。如果亨利没有废除贡金，继任的英格兰国王就可以继续按年收税，甚至还能逐年提高税率，也就不会在 13 世纪陷入经济困境。再者，由于贡金的征收根本无需征得议会同意，那么不仅议会税收制度，说不定就连议会本身都不会登上英格兰的历史舞台！然而，亨利下定决心，放弃了亨利一世时每年收益额高达 2 500 镑的贡金，在这一点上与外祖父背道而驰。虽然废除贡金造成的收入缺口得到了一定程度的弥补，尤其是领地税（tallage），能够以城市、城镇、王室庄园为对象，一次性征收大量税款（领地税在亨利一世统治时期出现），但这些都不具有贡金年年征收并且以全国为收税对象的特点。

国王与男爵的关系也有另一面。他并未给男爵们施加过多的经济压力。即使亨利有时会以男爵下属封臣应提供的骑士总数为标准，向男爵征收免役税，但在位 35 年间，亨利仅征收了 7 次。尽管一共有 9 次机会可以借继承人继承伯爵领的机会收取封建罚金或献纳金，但亨利只收取了一次。就对男爵阶层施加的经济压力而言，亨利二世在约翰王面前完全是小巫见大巫，当然后者最终被迫签署了《大宪章》。此外，在亨利二世的统治下，男爵阶层还能享受到和平的红利，能够腾出手来整治不听号令的下属骑士封臣。实际上，亨利1166年的调查也迫使男爵阶层明确了下属封臣对自己应尽的封建军事义务，继而也起到了整肃下属封臣的作用。在中央统治层面，亨利所有的重大政治决策都是在听取了世俗及教会男爵的"意见"，征得了他们的"同意"后，才颁布出来的。按照1164年的《克拉伦登宪章》（Constitutions of Clarendon）的规定，男爵阶层有权在国王的主持下审理案件。此外，亨利还在男爵阶层中大力起用贤才担任自己的首要顾问官。与理查德·德·吕西一起共同担任首席政法官的不是像罗杰主教这样出身卑微的新人，而是权贵阶层中的元老级人物——通达人情的莱斯特伯爵罗贝尔。亨利为了确保罗贝尔的忠心，赐还了布勒特伊、帕西这两块位于诺曼底的家族领地。埃塞克斯伯爵杰弗里·德·曼德维尔虽在1157年时被没收了城堡，但之后仍然成了亨利手下的一名法官；多年后，他的儿子威廉·德·曼德维尔更是成了亨利的首要顾问官，而在迎娶哈维西娅（Hawisia）后，又通过妻子在英格兰获得了霍尔德内斯（Holderness）、斯基普顿这两块领地，在诺曼底获得了欧马勒领地，权势更盛。

综上所述，亨利在重树国王权威的过程中，在取舍间保持着微妙的平衡——这有助于理解1173年的大叛乱以及亨利为什么能平定它。那么亨利又会如何让教会重新听命于王权呢？

* * *

"我的王庭里，究竟是养出了怎样可悲的一群叛徒，竟然纵容一个如此卑贱的教士，羞辱他们的国王！"亨利二世的一时悲愤之词，竟令托马斯·贝克特在1170年惨遭谋杀，在一片血光之中将中世纪王庭与教会间最激烈的一次冲突推上了最高潮。

　　从继位起，亨利就决心夺回在斯蒂芬统治下失去的王庭对教会惯有的控制权。为此，他不仅重申了国王对高级教士的任免权，还将无人任职的主教教区、修道院产生的收入据为己有，更是坚持不允许教会在未经自己同意的情况下革除男爵的教籍。此外，他还明确规定，英格兰教会必须获得国王的允许才能与罗马教廷接触，而且一旦有主教、修道院院长在向教廷伸张权力时损害了国王的权力，就会遭到亨利的严厉斥责。尽管如此，但王权与教廷间在很长一段时间内都没有发生直接冲突，这在一定程度上归功于老练圆滑的坎特伯雷大主教西奥博尔德，因为他深谙取舍之道，以达到自己的目的：他手下的教士、学识渊博的教会法学家巴塞洛缪（Bartholomew）获得亨利的同意，成为埃克塞特主教。西奥博尔德于1162年去世后，亨利命贝克特继任，成为坎特伯雷大主教。此时，至少在贝克特看来，亨利正准备进一步削弱教会的权限。而与之相对的观点则认为，正是因为受到了贝克特的挑拨，亨利才会变本加厉地针对教会。真实的情况是，双方对矛盾的激化均有责任。亨利当然想让更多的属下当选主教，任命贝克特仅仅只是个开始。他很可能还想要确立王权对犯下重罪的教士的司法管辖区。只不过亨利并没有像某些现代历史学家推断的那样，想要在教会政治上将自己的王国隔绝开来，与罗马教廷划地而治，成为"地区教会"。毕竟，亨利也曾在1163年允许英格兰所有的主教前往图尔出席教皇主持的会议。同样，亨利也没准备向教会强加一些条条框框，因为1162年时，似乎并没有这么做的必要。当时，贝克特不仅是亨利忠诚的臣仆，还身兼大法官、坎特伯雷大主教两大要职，无论亨利想要如何加强对教会的控制，贝克特都会如他所愿。

然而，这一切只是亨利的一厢情愿。贝克特就任大主教后，不仅马上便辞去了大法官的职务，更是开始与国王争论不休。最初是围绕坎特伯雷大主教教区的权力与财产问题，贝克特毫不让步的态度则像是一段潜台词，为整个争议定下了基调。所有主教都将保护教区的财产看作自己神圣的职责，贝克特为保护坎特伯雷大主教教区的权益而据理力争，不过是在踵武前贤罢了。只不过，所有前任大主教可能使用的方式更委婉。而新任坎特伯雷大主教则完全出乎亨利的意料。7 年的合作无间，还是没能令亨利完全摸透这位挚友的品性。此后，贝克特不再以服务国家为重，而是以全部的激情和精力来为教会服务。

如果我们考虑到贝克特的出身，就会发现如此转变自有其原因。后来休伯特·沃尔特（Hubert Walter）就任坎特伯雷大主教，之后更是因兼任大法官之职而欢欣雀跃，一生始终为王权尽忠。而贝克特就做不到。生于 1120 年前后的他，父亲是一位伦敦的商人，青年时期在西奥博尔德大主教的手下供职，最终于 1155 年荣升大法官之职。跟随西奥博尔德期间，贝克特身边到处都是学识渊博的教士，其中许多人都像他一样，将会在教会中担任高官要职。这些博学的教士在获得人文科学的学位后，通常不是前往巴黎的大学学习神学，就是前往博洛尼亚的大学学习教会法和民法。之后，他们开始传道授业，获得人人羡慕的"导师"头衔。他们的学识令人惊叹：1140 年前后，格拉蒂安（Gratian）的《历代教律辑要》（*Concordance of Discordant Canons*，又名 *Decretum*，即《教令集》）在博洛尼亚出版，此后的教会法学家们更是将此书奉为圭桌；神学家不仅熟读《圣经》，还善用《箴言四书》(*Great Gloss*，由巴黎神学家彼得·伦巴德撰写的评注，又名《四部语录》) 中精妙的神学理论，将功夫没到家的对手驳斥得体无完肤。而在他们面前，贝克特就是那个功夫没到家的人。他虽然先在巴黎学习了人文科学，后又在博洛尼亚、欧塞尔学习了法学，但从未获得"导师"的称号。即使骄傲如他，面对神学也是肃然起敬，这种敬仰也深深地烙印在了他的思想中。所以，如果抛开贝克特的背景，就无法理解他为何会与亨利二世起争执。

　　对贝克特来说，就任坎特伯雷大主教颇有落叶归根的意味。与西奥博尔德一样，他的身边都是学者，其中有一位博瑟姆的赫伯特 (Herbert of Bosham)，其人言辞犀利、行事张扬，不仅向贝克特传授神学理论，还怂恿他为教会的正义事业而战。归根结底，无论是在神学领域，还是在教会法领域，所有新出现的学问都是服务于教皇的，一方面为教皇统领世俗统治者奠定了理论基础，一方面又加强了教皇在现实中对教会的统御能力。欧洲大学教授的知识也十分注重实用性。神学教育的目的，是为神父、高级教士日后在世俗世界中工作做准备。高级教士刚正不阿、清正廉洁的形象，从一开始就影响了贝克特，之后更是激励他维护坎特伯雷大主教教区的权益。同样重要的是，大学教育进一步锐化了政教之间的矛盾。在贝克特看来，教士阶层受基督统领，是一个独立的特别团体，只遵从自己制定的法律、戒条，不仅高出世俗权力一等，甚至是世俗权势的"赋予者"。贝克特有次在信中破了双方矛盾的根源："任何人都不能否认，国王的权威是由教会授予的，而教会的权威则来自基督本人，而非国王……所以你无权仅以惯例如此为由，对主教发号施令 (让他们唯命是从)。"

1163 年 7 月，亨利在伍德斯托克召开会议，要求一直由各郡支付给郡督使用的税款（"郡督补助金"）此后改为直接上缴国库，但贝克特却拒绝了亨利的要求。此时的亨利已经因贝克特的行为而怒气冲天，因为在他看来，贝克特出身低微，身居高位完全是靠自己的提携。因此，亨利步步紧逼，如果贝克特不愿俯首称臣，就要让他永无翻身之日，而贝克特又寸步不让，令双方的矛盾迅速升级。同年 10 月，亨利在威斯敏斯特召开会议，要求遭受重罪指控的教士在接受教会法庭的审判，被剥夺教士身份以后，交由王室官员处以死刑或肉刑等世俗刑罚；因为亨利认为，教会只会施加精神上的惩罚，完全起不到威慑作用。1158 年，英格兰的一名教士犯下臭名昭著的罪行，亨利本可借此机会解决犯罪教士的司法管辖权问题，却因为弟弟去世不得不赶回法国。1163 年，又有教士犯下大案，亨利手下的法官更是宣称此案恐会破坏公序良俗。后来，就连博瑟姆的赫伯特都不得不承认，因为当时举国上下群情激奋，所以亨利采取了行动。亨利在威斯敏斯特会议上提出的法律程序很有可能是英格兰一直以来的惯例，只是在斯蒂芬统治时期遭废止，但在贝克特看来，这是诅咒。因为这全盘否定了教会独立于世俗的观念。此外，让渡对教士的司法权不仅有违教会法法理，甚至还有亵渎《圣经》的嫌疑，因为《圣经》指出，上帝不会重复裁判同一罪次，更不会进行两次惩罚——贝克特手下的另一位著名教士索尔兹伯里的约翰（John of Salisbury）在其巨著《论政府原理》（*Policraticus*）中就曾经引用过这一观点。所以，贝克特本人毫不让步，而英格兰的所有主教也支持他。

亨利毫不迟疑，开始了一场政治豪赌，要求全英格兰的主教都要遵从"国王的惯例"。1164 年 1 月，亨利在克拉伦登召开会议，将国王对教会固有的权力以法律形式确定下来：教士犯罪后，会按照之前所述，接受世俗权威的制裁；未获国王的允许，教会不能革除直属封臣的教籍；空缺圣职产生的收益应当上缴国库；所有主教、修道院院长的选举都应当在国王的小圣堂内举行，应服从国王的管控。此外，文件还限制了英格兰教会与罗马教廷的往来：未经国王的允许，英格兰教会的成员既不能私自出国，也不能跨过坎特伯雷大主教教区的法庭，越级向其他教会权威上诉。《克拉伦登宪章》（后文简称《宪章》）中的各项主张，很可能在亨利一世时就已经被当成惯例来实施了。但是，一旦将这些惯例编纂为成文的法规，也就形成了更为精确严格的法律体制，而显然那个年代还远没有做好迎接它的准备。贝克特率领全体主教反对《宪章》，但没过多久就败下阵来，表示服从。

对亨利来说，贝克特的让步力度太小、来得太迟，他已决心要罢免这位大主教，而贝克特也立马反悔，公开声称自己不应向国王屈服。1164 年 10 月，亨利以违反世俗法律为由，将贝克特传唤至北安普敦接受审判，部分罪名是其在担任大法官期间挪用公款。贝克特拒不辞去大主教的职位（而亨利此举正是意在逼其辞职），并且在名下的男爵领将要遭到罚没前就逃离英格兰。直到 6 年之后，他才重返英格兰，但最终也只能面对死亡。

在北安普敦审判期间，为贝克特说话的人一个都没有，倒是有几位主教催他下台。这倒是有点出人意外，因为审理案件的并非国王任命的官员，大多都是圣职者。这些圣职者无一不与罗马教廷关系紧密，其中数人还在欧洲大学取得了傲人的学术成果。如果他们真的认为教会的利益受到了威胁，那么他们多半也应该像贝克特一样奋起反抗。在北安普敦审判之前，他们的确在一定程度上进行了反抗。至少他们中没有人声称在克拉伦登做出的妥协是必要之恶。但 1164 年底，知名法学家、伦敦主教吉尔伯特·福利奥特却宣称，如果贝克特懂得"适可而止"，他与亨利之间的摩擦本可以轻易解决。福利奥特越说越来气，甚至口不择言："他一直就是个蠢货，还永远不知悔改。"言外之意是，其实就算是按照教会法，亨利主张司法权的行为也会得到一定支持，所以假如一开始就做出些让步，那就根本不会有《克拉伦登宪章》的事了。可若他们提议让步，那贝克特很有可能会辩称这样做也无法平息亨利的怒火。（还有谁能比贝克特更了解亨利呢？）而且福利奥特难道就没有私心吗？他不是也觊觎坎特伯雷大主教之职吗？然而，即便是愿意为贝克特说话的埃克塞特主教巴塞洛缪也声称，这场争斗只是贝克特与亨利间的私事，而不是教会与王权间的矛盾。所以，应当牺牲的是贝克特，而不是教会。虽然欧洲教会大学的教义与英格兰国王的雄心共存的空间更小，爆发矛盾的可能性更大，但要共存也不是不可能。而贝克特的确是引爆矛盾的导火索。也难怪当时有人梦到贝克特是一只浑身长满尖刺的刺猬，这不是没有原因的。

1164 年，在贝克特流亡前后，王权与教会一直都有回旋的余地。亨利虽然步步紧逼，但从未用高深的理论来主张世俗权威。他虽然指出国王的权威不是来自教会，而是由上帝直接赋予，但基本上还是愿意服从惯例的。与之相对应的是教皇的态度。教皇亚历山大三世（Alexander III，1159—1181 年在任）是极负盛名的教会法学家。在他看来，《克拉伦登宪章》令人发指，所以免除了贝克特许下的遵守《宪章》的誓言。然而，他却从未公开正式地对亨利予以谴责，并经常组织贝克特将政敌逐出教会。背后的原因在于，1159—1177 年，神圣罗马帝国皇帝腓特烈·巴巴罗萨（Frederick

Barbarossa）先后推举了一系列伪教皇，所以亚历山大三世的当务之急是维护教皇的特权。也许亨利二世并不会真的率安茹帝国加入腓特烈的阵营，但他是政治游戏的高手，所以亚历山大不敢冒险惹怒他。而亨利也承受着政治压力，想要与对方达成和解。因为只要双方仍然僵持不下，亨利就无法任命主教，还要忍受贝克特在 1169 年革除了福利奥特的教籍，以及其与法国国王串通勾结。1170 年，亨利似乎取得了巨大的胜利。该年 7 月，约克大主教罗杰在威斯敏斯特加冕亨利的长子为英格兰国王，此次加冕是对贝克特坎特伯雷大主教特权的公然挑衅。此时的贝克特急于重树权威，并惩罚越俎代庖之人，所以迫不及待地想与亨利和解。而亨利也希望借和解之机让贝克特接受所发生的一切。因此，亨利归还了坎特伯雷大主教教区的财产，并且允许贝克特返回英格兰。和解协议对《克拉伦登宪章》只字未提，贝克特以为《宪章》已沦为一纸空文，而亨利却坚信它依然有效。12 月 1 日，贝克特返回英格兰，而在此之前，他已经暂时免除了所有参与加冕仪式的主教的职责，还又一次革除了福利奥特的教籍。身在诺曼底的亨利得知后破口大骂，结果身边的 4 位亲卫骑士采取了行动。12 月 29 日，这 4 位骑士到达坎特伯雷，在大主教殿中找到了贝克特，尽管他们在抗议声中被逐出了殿外，但仍然令索尔兹伯里的约翰胆战心惊。差不多一个小时后，4 人趁着夜色进入坎特伯雷大教堂，再次找到贝克特。他们开始时也许只是想要逮捕这位大主教，但遭到反抗后将贝克特活活砍死。

　　纵观整个中世纪中期，除 1187 年耶路撒冷陷落之外，恐怕再没有任何一个事件能够像贝克特遇害那样，在西欧基督教世界引发如此轩然大波。噩耗传播开来后，亨利遭到来自各方的口诛笔伐。

在利摩日附近的格朗蒙修道院，修士停止修建工作，驱逐了亨利派来的工匠，生怕自己与亨利的恶行扯上关系。"你的金冠已黯然失色，王冠上的花环也已枯萎凋零"，修道院的一位前任院长如此哀叹到。甚至在 1173 年 3 月贝克特被追封为圣徒之前，亨利就被迫做出了让步，只不过这些让步的确切意义还有待商榷。1172 年，为获得宽恕，亨利在阿夫朗什同意废除自己之前推行的不当条例；实际上，这只是意味着《克拉伦登宪章》的失效。虽然《宪章》中的许多具体规定仍然继续执行，但这些规定不再被当做良法引用。可以说，贝克特的成就不过是废除了本就因他才出台的《宪章》罢了。《克拉伦登宪章》既是争议产生的结果，又是引爆争议的原因。亨利的其他领地没有出现如此激烈的政教之争。4 年后，也就是1176 年，亨利放弃了世俗权威惩罚犯罪教士的权力。如果说惩戒犯罪的教士是亨利一直想要实现的意图（事实可能的确如此），那么至此，贝克特可以说是取得了完胜。虽然法律与秩序受到了一定程度的破坏，但英格兰的教士阶层拥有了"教士豁免权"。1172年，亨利还承诺不会干涉教会人士上诉教廷或觐见教皇。此后，英格兰肯定有大量案件上诉至罗马教廷，而教廷则通常会委派法官在英格兰当地审理案件。教皇为阐述上述案件引发的法律问题所发布的大量法令被编纂成教令集，而经常作为委派法官审理案件的埃克塞特主教巴塞洛缪和伍斯特主教罗杰，就编纂了不少此类教令集。1234 年，教廷发布了一套官方教令集，总共收录了 470 条教皇法令，其中以英格兰为对象的多达 180 条。英格兰教会就这样完全融入了教廷的政法体系。但是，就此断言这一系列发展都应归功于贝克特的抵死相争，显然还为时过早。英格兰教会与罗马教廷的交流之门并非是在 1172 年才被开启的，自 12 世纪初，双方的交流往来便已经日益频繁。亨利于 1172 年做出的让步（至少形式上如此），只是终结了由"征服者"威廉开创的许可制度。除了特殊时期外，英格兰国王向来都将此制度视为筛网而不是围墙。英格兰国王对上诉至教廷的大部分案件也都不感兴趣，因为这些多是教会组织内部或不同教会组织间围绕司法权等权力的小纠纷。况且，就算国王有意阻止教会案件上诉至教廷，也着实需要费一番功夫，因为这些上诉并不是教皇强制要求的，而是从英格兰自下而上发出的诉求（欧洲其他地区也是如此），是教会改革运动和研习教会法与神学的风潮造成教士阶层的态度变化的产物。

一旦需要维护国王、王国的权力，亨利也绝非束手无措。有时，他会旁听教皇的委派法官审判案件。按照 1172 年和解协议的规定，无论任何人前往罗马，只要亨利对此人心存疑虑，都可以收取抵押物，以此确保他不会惹是生非。按照《宪章》的规定，凡涉及圣职授予权（任命神职人员的权力）及需履行世俗义务的教会领地的纠纷，一律由世俗法庭负责。最为重要的是，亨利守住了最重要的两大阵地：圣职任命权、空职支配权。"我命令汝等举行自由选举，但任何人都不得给宫廷教士（伊尔切斯特的）理查德之外的候选人投票。"据说 1173 年温切斯特教区举行主教选举时，亨利在写给选举人的信中如此下令，而最终伊尔切斯特也的确当选——前后还有好几位宫廷教士也是如此当选的。贝克特的继任者多佛的理查德（Richard of Dover）和福特的鲍德温（Baldwin of Ford）即使不是亨利的人，但也从未给国王找过麻烦。1176 年，亨利还承诺，除非迫不得已，否则不会让主教教区或修道院的圣职出缺时间超过一年，但迫不得已的时候太多了，尤其是在那些富足的主教教区：约克大主教教区 1181—1189 年一直空缺。

　　12 世纪，英格兰教会接受教廷的治理，发生了很大变化。然而，国王的铁腕仍然在一些领域不动如山，招致教会人士的强烈批判。如果主教心中只有世俗之事或根本才不堪任，那么教区又如何能够健康发展呢？但反之，如果主教一味维护教会权力而导致政教争斗，他又如何能够正常履职呢？所以必须找到折中之法，而折中之法的确存在。伊尔切斯特的理查德曾经先后两次被贝克特开除教籍，但他在当选温切斯特主教后，却能够担任教皇的委任法官，在一些法律问题上为教皇争得了重大权益。与此同时，他还继续为王庭服务，圣保罗大教堂的总铎、巴黎的经院哲学家迪斯的拉尔夫对此默许。其实，政教之间的分歧极少会演变成贝克特与亨利之间那种势如水火的争斗。在诸如伊尔切斯特的理查德这样的主教的努力下，教庭与王庭关系和谐，教会工作开展得井然有序。此时，在英格兰加强教务工作的确任重而道远。奇切斯特的杰维斯（Gervase of Chichester）曾经是贝克特手下的教士，他在垂暮之年哀叹教士阶层和俗众都道德沦丧。为了应对这一系列问题，坎特伯雷大主教多佛的理查德于 1175 年召开宗教大会，颁布了一系列意义重大的教会法。正是这类的举措，为 13 世纪英格兰各教区主教的工作指明了方向。

＊　　＊　　＊

　　亨利刚一登上王位，就开始收复英格兰北部被蚕食的疆土，捣毁了大卫国王生前通过南扩取得的一切成就。1153 年，大卫的孙子、年仅 12 岁的马尔科姆四世（Malcolm IV）初登苏格兰王位，便遭此奇耻大辱。大卫国王在扩张疆土的过程中遗留的国家内部矛盾，也亟待马尔科姆去解决。尽管如此，马尔科姆还是取得了胜利。虽然在南方边境难有作为，但他开始向西、向北扩张，为未来的苏格兰国王定下了前进的方向，最终成就了一个全新的苏格兰王国。

来自英格兰北方的编年史家纽堡的威廉，在 12 世纪 90 年代的记录中写道，马尔科姆最引人注目的似乎是对童贞仿若圣贤一般的守护，据传即便将处女放在他床上，马尔科姆也不为所动。马尔科姆还渴望在疆场上建功立业，而最令纽堡的威廉印象深刻的是他那"凛凛不可犯的皇族贵气"。然而，马尔科姆即位之初年纪尚小，内患不断，无法抵抗亨利。1157 年，马尔科姆交出了大卫在索尔韦湾及特威德河以南占领的所有土地，但他并没有就此退出盎格鲁－诺曼世界的大舞台。马尔科姆的母亲是埃达·德·瓦伦，而他手下的重臣都是以前辅佐其父的盎格鲁－诺曼权贵，其中地位最为重要的当数担任宫内大臣的沃尔特·菲茨·艾伦、担任治安大臣的休·德·莫维尔。而亨利二世为了拉拢和控制这位苏格兰新王，不仅让马尔科姆继承了其父的亨廷登伯爵领，还以位于泰恩河谷的领地相赐，让苏格兰国王在边境以南拥有了第二块重要的领地。1159 年，马尔科姆参与亨利讨伐图卢兹的军事行动，一方面想要在欧洲大陆崭露头角，一方面也是为了履行自己作为英格兰伯爵的封建义务，而亨利在佩里格的主教草甸为马尔科姆举行了骑士授封仪式——佩里格距爱丁堡 1 200 公里，这也是对安茹帝国规模和影响力的见证。

亨利二世以史为鉴，时刻关注北方边境的风吹草动。收回位于特威德边境的沃克城堡后，亨利对其进行了重建，而马尔科姆入侵加洛韦（1160 年）、将自己的姐妹嫁给欧洲大陆的贵族时，亨利看上去颇感不快。1163 年，他召马尔科姆南下至伍德斯托克，重申自己的效忠誓言，但很有可能只是以亨廷登伯爵、泰恩河谷领地领主的身份向他效忠，而不是作为苏格兰国王承认他的封建宗主地位。最起码，马尔科姆避免了这种情况。为表诚意，马尔科姆交出了弟弟大卫作为人质，而亨利原本是要求他交出苏格兰境内的城堡。

马尔科姆之所以向亨利低头，在一定程度上也是因为受内乱之困。1153 年，马尔科姆刚刚登上王位，阿盖尔领主索默莱德便与他的几个外甥（均为马尔科姆·麦克赫思之子）一起发动叛乱，"闹得苏格兰几乎天翻地覆"[霍利鲁德（Holyrood）编年史如此记载]。参与叛乱之人"蜂拥而至"，无疑是因为叛乱的始作俑者煽动了人们对大卫建立的盎格鲁－诺曼政权的仇恨。要是麦克赫思的确有王室血统，而他自 1134 年被俘后一直被囚禁似乎也证实了这一点，那么这次叛乱就很有可能危及苏格兰王位。马尔科姆最终度过了叛乱的危机。1156 年，麦克赫思的一个儿子唐纳德被马尔科姆俘获；次年，双方达成和解协议，麦克赫思重获自由，最终受封罗斯伯爵。马尔科姆是幸运的，因为麦克赫思家族的盟友——实力强大的索默莱德盯上的并不是苏格兰。

索默莱德（挪威语，意为"精壮的战士"）具有苏格兰－挪威血统，在 12 世纪 20 年代至 30 年代为自己的家族在阿盖尔重建统治地位，这一方面得益于他与麦克赫思家族结盟（马尔科姆·麦克赫思是他的妹夫），一方面得益于他迎娶了掌控着西部群岛的马恩岛国王奥拉夫（Olaf）之女为妻。1153 年，苏格兰国王大卫、马恩岛国王奥拉夫先后去世。在索默莱德看来，大卫的去世虽然可能在苏格兰提供可乘之机，但奥拉夫的死与自己的利益更密切相关，因为西方的爱尔兰海陷入了一片混乱。当时在那片区域，索默莱德与奥拉夫之子戈弗雷（Godfrey）、都柏林王国的国王三足鼎立，而三者名义上的封建宗主挪威国王最多也不过是隔空喊话。实际上，1098—1264年，挪威国王从未直接插手西部群岛的事务。由于国内局势动荡，挪威国王也确实无力干涉。在这片寒冷的北方之海，在这片苏格兰王国的边境之海，在这片竞争者眼中的必争之地，阿盖尔、加洛韦、都柏林、马恩岛的统治者开始了真正的争斗。索默莱德先是于1156年在一场大海战中击败了戈弗雷，两年后又将其驱逐到挪威。按照一部爱尔兰编年史的记载，索默莱德已经成为"赫布里底群岛、金泰尔半岛（Kintyre）之王"，他很有可能也成为了马恩岛之王。

尽管击败了麦克赫思家族，但马尔科姆在国内的麻烦还远远没有结束。1160年，他结束图卢兹的军事行动，刚一回到珀斯就遭斯特拉贺恩伯爵费提斯（Earl Ferteth of Strathearn）及其他五位伯爵逼宫，险些成为阶下囚。《梅尔罗斯编年史》（*Melrose chronicle*）指出，这几位伯爵"因为马尔科姆前往图卢兹而愤怒"，这表明当地的统治阶层对马尔科姆亲盎格鲁－诺曼派的施政观深恶痛绝。加入反叛阵营的还有"加洛韦人的国王"弗格斯，他娶了亨利一世的私生女为妻，成为首位统一加洛韦的统治者，之后拓展了加洛韦的疆域，早已成为政治斗争的斫轮老手，如今却受到苏格兰王权在加洛韦北方、东方新设盎格鲁－诺曼领地的威胁。根据《梅尔罗斯编年史》的记载，在政变中逃过一劫的马尔科姆率领大军先后三次入侵加洛韦，令敌人拱手而降。降伏加洛韦是苏格兰王权在西扩过程中具有里程碑意义的转折点。马尔科姆不仅逼迫战败的弗格斯隐退，还在尼思河畔（the Nith）的邓弗里斯修建王室城堡；

他命宫务大臣伯克利的沃尔特（Walter of Berkeley），镇守厄尔河（the Urr）这道加洛韦自古以来的东方边境线，将弗格斯之子乌特雷德（Uhtred）、吉尔伯特（此二人仅以"领主"的身份出现）拒于厄尔河以西。自此之后，马尔科姆在索尔韦湾之滨紧盯着亨利国王在卡莱尔的一举一动。

与此同时，马尔科姆在克莱兹代尔（Clydesdale）建立佛兰芒人定居点，并且在拉纳克设立郡督辖区（至少据史料记载，当时那里已经出现了一个郡督辖区）。此外，他还扩大了宫内大臣、斯图尔特家族的先祖沃尔特·菲茨·艾伦以伦弗鲁为中心的领地，但此举触到了索默莱德的利益底线。1160 年，索默莱德与马尔科姆和解，甚至有可能承认苏格兰国王是阿盖尔的封建宗主。但 1164 年，索默莱德纠集一支由 160 艘战船组成的庞大舰队，甚至还从都柏林要来了援兵，准备一举攻下伦弗鲁，却落得个兵败身死的下场。他开辟的疆土却得以保存：尽管奥拉夫之子戈弗雷夺回了马恩岛、斯凯岛、刘易斯岛，但索默莱德的后代（迈克索利家族）一直牢牢掌控着阿盖尔、金泰尔及附近岛屿。

在教会方面，马尔科姆也为苏格兰守住了阵地。与大卫国王如日中天时相比，此时的苏格兰南境陷落，约克大主教对苏格兰教会享有都主教权限的言论又甚嚣尘上，因此，1159—1160 年，马尔科姆恳请教皇将圣安德鲁斯教区升格为大主教教区。马尔科姆虽然没能如愿以偿，但最起码反驳了自作主张的约克大主教：1164 年，教皇亲自祝圣马尔科姆的顾问官英格拉姆（Ingram），将其任命为格拉斯哥主教；次年，教皇授权苏格兰教会，让苏格兰的全体主教祝圣马尔科姆的宫廷教士，将其任命为新任圣安德鲁斯主教。此时的马尔科姆已经病入膏肓。1165 年 12 月，马尔科姆英年早逝，但王朝已经安如磐石，这既得益于马尔科姆的雄才大略，也应归功于大卫留下的稳定的政治结构。于是，马尔科姆的弟弟威廉顺利继承王位，也幸运地从先辈手中接过了一套完善的政治体系。

* * *

亨利将苏格兰人赶回了"老家"。他也想在威尔士这么做，让当地的统治阶层归还趁斯蒂芬时代从国王、边境男爵手中夺走的大片土地。12世纪50年代，威尔士呈三足鼎立之势。在北方，英明一世的格鲁菲德·阿颇卡南于1137年去世后，其子欧文就一直雄踞圭内斯；在东北方，马多格·阿颇梅尔达斯（暂时）统一了波伊斯；在南方的德赫巴斯，初出茅庐的里斯·阿颇格鲁菲德（Rhys ap Gruffudd）正准备一展宏图。

此时的欧文正腹背受敌：在东南方，他因夺取了波伊斯西北方的亚尔（Iâl），与马多格结下了梁子；在南方，他则被里斯夺走了锡尔迪金；在西北方，他将弟弟卡德瓦拉德驱逐出安格尔西，上演了兄弟阋墙的闹剧。亨利趁三藩割据之际，大举进攻威尔士。他先是迫使马多格交出奥斯沃斯特里，后又于1157年将马多格招入麾下，并率军入侵圭内斯。在这一时期（1153—1163），切斯特伯爵领由于继承人尚未成年，管理权落入国王之手，为亨利提供了进军圭内斯的前沿基地。在科尔斯希尔（Coleshill）森林躲过一劫之后，亨利一路杀至里兹兰，直抵克卢伊德河河口。最终，欧文不仅向亨利宣誓效忠，还交出了自己从切斯特伯爵手中夺走的特吉因格尔（Tegeingl）百镇区，将这片位于迪河、克卢伊德河之间的土地物归原主。亨利二世采取了与亨利一世完全不同的策略，没有坐视圭内斯肆意东扩，侵占切斯特伯爵的领地。在南方，亨利已从理查德·菲茨·吉尔伯特·德·克莱尔手中收回了彭布罗克伯爵领，将其作为王权位于威尔士西南部的基地，仅让理查德继承了切普斯托。里斯·阿颇格鲁菲德急忙觐见亨利，除了将卡马森交还给英格兰国王，还将锡尔迪金交还给赫特福德伯爵罗杰·德·克莱尔（Roger de Clare），将伊斯特德特维境内的比坎百镇区交还给沃尔特·德·克利福德（Walter de Clifford）。就此，威尔士的局势恢复到 1135 年斯蒂芬继位前的状态。

可里斯立马就反悔了，于是再次兴兵来犯，多亏英吉利海峡对岸风云突变，才没有遭亨利报复——其实正如威尔士的杰拉尔德所言，这一时期英王优先考虑海峡对岸，令威尔士躲过了灭顶之灾。1158 年 7 月，亨利之弟若弗鲁瓦在南特英年早逝，所以亨利不得不做出抉择：是要保住卢瓦尔河河谷，控制布列塔尼，还是要保住特依瓦河河谷，控制德赫巴斯？孰轻孰重，显而易见。亨利南渡英吉利海峡，4 年未返回不列颠。1159 年，就在亨利进军图卢兹之际，里斯出兵围攻卡马森，击退了英格兰圭内斯盟军。次年，马多格去世，波伊斯被他的两个儿子、一个侄子、一个异母兄弟一分为四——这是一个重大的历史性时刻，因为此后波伊斯再未统一。亨利必须再次树立自己对威尔士的权威，所以他于 1163 年返回不列颠，挥军直捣里斯的老巢莫尔百镇区，迫使他投降，后又于同年 7 月在伍德斯托克接受里斯、欧文·圭内斯、波伊斯的统治者的效忠。

然而，一切臣服的背后却在酝酿着一场更大的反叛风暴。1164 年，里斯率军洗劫锡尔迪金，攻占了特依瓦河畔的迪内弗（Dinefwr），夺回了德赫巴斯的"权力中心"。次年初，欧文之子戴维兹（Dafydd）入侵特吉因格尔，想要一雪 1157 年割地求和之耻。亨利的报复已经只是时间问题，所以欧文、里斯、波伊斯的四位统治者于 1165 年 7 月组成联军，在迪河河谷内的科文（Corwen）枕戈以待。亨利也的确率大军从南方翻越伯温山脉，在海拔超过 600 米的山路上艰难行军，但最终却因大雨而撤退。除去图卢兹战役的失败，本次征伐当数亨利军事生涯的最大失利。而对威尔士的几位统治者来说，这也是一个关键时刻，因为一旦亨利成功越过伯温山脉，势必将下山击杀威尔士联军，他们恐怕也就再无立足之地了。因害怕亨利来年会卷土重来，欧文备好了应对之策，展现了他开阔的政治思路和对欧洲大陆政局的精准把握。1165 年，在海峡对岸，对时局洞若观火的政坛高手认为亨利除非与法国国王路易达成和解，否则就绝不会贸然进兵威尔士。欧文也看破了这其中的利害关系，所以先后三次致信路易国王，根本目的就是主张双方结为盟军，共同对抗亨利。欧文也成为了历史上首位有据可考的、与欧洲大陆君王建立政治关系的威尔士统治者。然而，1166 年，亨利因布列塔尼发生叛乱再次南渡前往欧洲大陆，直到四年后才返回不列颠，所以欧文并不需要路易国王出手相助。

　　于是，欧文在威尔士北方巩固了对特吉因格尔的控制，将里兹兰变为"高贵的城堡"，让儿子戴维兹能够在 1188 年在城堡中以"最为盛大的方式"款待坎特伯雷大主教鲍德温、威尔士的杰拉尔德。欧文已不再满足于扩张圭内斯的疆土，而是想要统御整个威尔士本土统治阶层。毫无疑问，欧文受到了父亲格鲁菲德·阿颇卡南庇护许多势单力薄的威尔士统治者的影响——至少格鲁菲德的生平传记是这样记录的。格鲁菲德·阿颇卢埃林的丰功伟绩可能也对欧文产生了影响，在 1063 年被哈罗德击败之前，格鲁菲德是当之无愧的威尔士国王。在写给路易国王的头两封信中，欧文自称"威尔士的国王"、"威尔士人的国王"。在最后一封信中，欧文更是不屑于仅以国王自居，而是自称"威尔士人的君主"，成为首位以此称号自居的威尔士本土统治者。欧文以此称谓既彰显了自己独一无二的王权，还宣告了自己独立自主的地位，因为根据罗马法的规定，"君主"是拥有主权的统治者，而这也正是亨利得知欧文自称亲王后暴跳如雷的原因。欧文既以"威尔士人的君主"自居，必定也是在向其他威尔士本土统治者宣告自己的统治权。这也正是欧文的后人在 13 世纪所要实现的。

欧文 1170 年去世时，圭内斯不仅又一次将疆域拓展到了迪河西岸，还准备将霸权扩展至更广阔的领域。没有人知道，如果圭内斯想要将霸权强加于他人，威尔士其他的统治者会做出什么样的反应——鉴于他们膨胀的野心和强烈的主权意识，他们多半会对其恨之入骨。威尔士也因此难以成为统一的主权国家。《布鲁特》的作者并没有将 1165 年威尔士统治者结成的同盟看作一场民族运动，而只是一次多方合作："所有的威尔士人团结了起来，共同推翻法国人的统治。"欧文的儿子们马上就与波伊斯的几位统治者刀剑相向。手握威尔士未来之人变成了德赫巴斯的里斯·阿颇格鲁菲德，也就是《布鲁特》中经常提到的那位里斯大人（*Yr Arglwydd Rhys*）。1166 年 11 月，里斯攻下了卡迪根，终于将克莱尔家族彻底驱逐出了锡尔迪金。此外，他还将克利福德家族驱逐出了比坎百镇区，并且从威廉·菲茨·杰拉德（William fitz Gerald）手中夺回了位于达费德北部的基尔盖兰（Cilgerran）、埃姆林（Emlyn）。这一次，拯救里斯的不是欧洲大陆，而是爱尔兰。

1171 年，亨利率领大军前往彭布罗克，而后前往爱尔兰。这

是威尔士历史中一个重要的转折点。想要插手爱尔兰，亨利就必须
牢牢控制住威尔士南部。如果当地的统治者拒不服从，那么亨利就
肯定会诉诸武力。里斯主动称臣，率先放低姿态，迅速博得了亨利
的信任。次年，按照《布鲁特》的记载，亨利在返回诺曼底的途中
路过威尔士，任命里斯为"政法官，代国王理德赫巴斯之事"。里
斯在 1171 年的那一招实在高明，尽管他之后完全改变了策略。因
为里斯认识到，与其和亨利对抗两败俱伤，倒不如合作共赢。获任
政法官后，不仅他向外扩张的成果得到了亨利的认可，他的领地也
可免遭王室官员、边境男爵的入侵。作为回报，里斯必须确保德赫
巴斯的本土统治阶层不会兴兵作乱，而这一职责也加强了他自己的
权势。从此以后，里斯一面是亨利的政法官，一面是豪登的罗杰笔
下的"南威尔士的国王"。

＊　　＊　　＊

在 1171 年之后的几年中，爱尔兰的大片土地被征服占领，沦
为殖民地，而入侵者则常被爱尔兰人统称为"英格兰人"，因为他
们不是来自英格兰本土，就是来自英格兰的殖民地——威尔士境内
的边境男爵领。这是英格兰企图统治爱尔兰的开端。维京人曾在 9
世纪攻入爱尔兰，在一些地方定居了下来（12 世纪的都柏林、威
克斯福德、沃特福德等城镇仍然保有斯堪的纳维亚风貌），但除此
之外，正如当时之人评价的那样，爱尔兰这座岛屿从来就没有被征
服过，就连罗马人都没能得逞。因此，英格兰对爱尔兰的征服绝对
是意义重大，所以胜利者才会用两部文学巨著予以记录：威尔士
的杰拉尔德编写的《爱尔兰征服史》（*The Conquest of Ireland*，于

1189 年成书）、庆贺征服胜利的诗篇《德莫特与伯爵之歌》（*The Song of Dermot and the Earl*），后者的原始版本在 1176 年之后没过多久就面世了。

英格兰人之所以会介入爱尔兰事务，是因为德莫特·麦克默罗（Dermot MacMurrough）请求他们帮助自己收复伦斯特（Leinster）王国，击败竞争对手康诺特（Connacht）国王罗里·奥康纳（Rory O'Connor），获得爱尔兰的"至高王权"。爱尔兰各地的国王多如牛毛（《德莫特之歌》指出，他们相当于别国的伯爵），常常为了地盘争斗不断，而实力更强的那些还会争夺统治全爱尔兰的至高王权。造成如此乱局的部分原因，在于爱尔兰没有明确的王位继承规则，任何国王都可以妻妾成群，而所有子嗣都有权问鼎王座。另一方面，爱尔兰的王权缺乏制度保障，仅仅是建立在誓言、纳贡、军事援助的基础上，很容易起落。

麦克默罗请来的帮手全都是来自威尔士南部的边境领主，且多为同时拥有威尔士及诺曼血统的混血儿——威尔士的杰拉尔德便是其中之一。这帮混血儿都是里斯·阿颇图德之女内丝特的后代，而他们的诺曼血统则来自不同的诺曼人祖先，其中甚至包括与内丝特有染的亨利一世。里斯·阿颇格鲁菲德在威尔士南部得势之后，当地的诺曼边境领主权势大减，所以他们想要尽快前往爱尔兰另起炉灶，而里斯也巴不得赶快将他们请出自己的地盘：为此里斯甚至释放了罗贝尔·菲茨·斯蒂芬——这位罗贝尔的母亲也是内丝特，而父亲则是卡迪根城堡总管斯蒂芬。1169 年 5 月，罗贝尔·菲茨·斯蒂芬率领由 3 艘船组成的小舰队到达爱尔兰，总兵力为 30 名骑士、60 名披甲战士、300 名步弓手。紧随其后进入爱尔兰的边境领主还有雷蒙德·勒·格罗斯（Raymond le Gros）、莫里斯·菲茨·杰拉德（Maurice fitz Gerald）、梅莱·菲茨·亨利（Meiler fitz Henry，亨利一世与内丝特的孙子），以及威尔士的杰拉尔德的亲兄弟巴里的罗贝尔和菲利普。获得了如此强大的外援后，麦克默罗很快就夺回了伦斯特大片土地的控制权。之后，一位更具实力的男爵加入了麦克默罗的阵营。他就是在威尔士拥有切普斯托领地的理查德·菲茨·吉尔伯特，其父正是斯蒂芬统治时期的彭布罗克伯爵吉尔伯特·菲茨·吉尔伯特·德·克莱尔。不过理查德·菲茨·吉尔伯特"强弓"的称号未免有些言过其实。他虽头脑聪慧、小心谨慎，但十分经不住诱惑；因为在内战中支持斯蒂芬，所以亨利拒不承认他的伯爵地位，并且收回了彭布罗克伯爵领。1170年8月，理查德·菲茨·吉尔伯特率领200名骑士、1000名其他士兵登陆爱尔兰。大军马上就占领了沃特福德，而后英格兰军队又与麦克默罗合兵一处，攻陷了早已被看作"爱尔兰首府"的都柏林。

英格兰人的根本意图已经昭然若揭。他们的此次入侵不为钱财，只为土地，他们不止为"征服一时"，更是要长期占领。据《德莫特与伯爵之歌》记载，麦克默罗声称，"无论谁想要肥沃的土地，我都会赐予他们"。麦克默罗不仅将威克斯福德赐给了罗贝尔·菲茨·斯蒂芬，还将女儿艾芙（Aife）嫁给了理查德·菲茨·吉尔伯特，通过联姻将吉尔伯特定为王位的继承人。1171年5月，麦克默罗去世后，对吉尔伯特来说，伦斯特国王的王位，甚至全爱尔兰至高王的王位，仿佛已唾手可得。然而，亨利国王绝不会坐视不管。他不可能容忍心怀不满的男爵去爱尔兰自立门户。但这并非亨利要远征爱尔兰的唯一动机。其实在亨利的舰队出发之前，吉尔伯特就因为自己的威尔士、英格兰领地遭罚没而服软认输，不仅交出了都柏林、沃特福德、威克斯福德，还承认了亨利在伦斯特的封建宗主地位。如纽堡的威廉所言，亨利的真正目的是想把"此次伟大征服的荣耀"和所得归为自己。

这背后有更广阔的背景。对英格兰来说，爱尔兰绝非偏僻之地。除了与布里斯托尔、切斯特贸易往来历史悠久，爱尔兰还经常接收流亡的威尔士统治者。自威廉一世起，英格兰国王有可能征服爱尔兰的流言就在流传。据传说，鲁弗斯曾口出狂言，要将船只首尾相连，修建一座横跨爱尔兰海的浮桥。蒙茅斯的杰弗里编写的《不列颠诸王史》太过深入人心，主人公亚瑟轻松征服爱尔兰的故事，更是增强了英格兰统治阶层的信心。早在 1155 年，亨利就在温切斯特召开过一次大议事会，专门讨论"征服爱尔兰的大计"。会上，西奥博尔德大主教就贡献了不少良策，他想重新确立坎特伯雷大主教教区对爱尔兰教会的都主教权威：此前在 1152 年，教皇认可了爱尔兰独立的主教教区架构。亨利还准备让弟弟威廉入主爱尔兰，而在威廉去世后，又打算令其成为幼子约翰的领地。可唯一的难题是，亨利还缺少一个名正言顺的理由。此时，教皇阿德里安四世（Pope Adrian IV）伸出了援手。1155—1156 年，阿德里安想要在爱尔兰的教会、民众中深入推进宗教改革，所以颁布了教皇诏书，内容基本可以理解为将爱尔兰作为世袭领地赐予亨利二世。（这份诏书唯一传世的抄本名为 Laudabiliter①，但很有可能只是威尔士的杰拉尔德的凭空捏造。）

英格兰的统治阶层早就有征服爱尔兰的想法。以吉尔伯特为首的边境领主进入爱尔兰的行为不啻一剂催化剂，加之亨利想要讨好教皇以及消除贝克特遇刺事件的不良影响，共同促成了亨利的此

_____

① 拉丁语，意为"以令人钦佩的方式"。

次远征。1171 年 10 月，亨利从米尔福德港起航，横跨爱尔兰海，在沃特福德登陆，（据杰拉尔德记载）共有 500 名骑士以及数不清的马弓手、步弓手随行。他获得了包括德斯蒙德（Desmond）国王、托蒙德（Thomond）国王在内的 15 位爱尔兰国王的臣服，爱尔兰本土的大主教、主教也纷纷归顺。亨利马上就开始执行自己作为征服者"教化"的任务：他在卡舍尔（Cashel）举行宗教会议，几乎所有爱尔兰主教都到场参会，制定与婚姻、什一税相关的法律。然而，亨利在爱尔兰也不是一帆风顺。米斯国王、阿尔斯特国王拒不承认亨利的权威，康诺特国王罗里·奥康纳甚至还声称自己"理应成为爱尔兰的国王、君主"。因此，亨利计划在 1172 年夏季继续开展军事行动。如果他真的将计划付诸实施，完全征服爱尔兰，那么爱尔兰的历史可能就是另一副模样了。然而，得知教廷使节到达诺曼底，准备商讨如何化解他与教会的裂痕后，亨利火速前往海峡对岸，于 1172 年 5 月 21 日在阿夫朗什与教会和解。此时的教皇因爱尔兰发生的转变而大喜过望，所以颁布教皇诏书，似乎就此承认了亨利及其后代对爱尔兰的统治权。

　　此后，政务缠身的亨利再未返回爱尔兰。如果没有 1171 年一系列催化事件的发生，亨利有可能根本就不会出兵爱尔兰。不过，亨利还是经常威胁将重返爱尔兰，并且将爱尔兰之事看作"头等大事"，进行密切监视和控制。当然，好的战利品都归亨利所有，而吉尔伯特之流返回诺曼底前，亨利还安排自己的亲信管理沃特福德、威克斯福德、都柏林这三大重镇及周边地区。在剩余被占领土地中，他挑出伦斯特、米斯两地作为主要封邑，受封的臣属不仅必须提供军事服务，还要遵守封建土地保有制的其他规定；前者被封给了吉尔伯特，后者则被封给韦布利及拉德洛的领主休·德·莱西

（Hugh de Lacy）。

亨利如此安排，是为给幼子约翰建立一个稳定、富足的王国，但他却遇到了来自爱尔兰本土国王和英格兰入侵者的双重阻碍。1174 年，亨利命包括吉尔伯特在内的领主率军离开爱尔兰，去应援安茹帝国其他地区，"爱尔兰人马上群起围攻英格兰入侵者"（威尔士的杰拉尔德原话如此）。休·德·莱西在掌控米斯期间，就一直遭到当地本土统治者的挑战，如今莱西一走，米斯更是成为了爱尔兰人的反抗中心。迫于上述形势，亨利于次年与实力最强的本土统治者、1171 年时坚决反对自己的罗里·奥康纳达成和解，签订了 1175 年的《温莎条约》（Treaty of Windsor）。按照条约的规定，罗里作为康诺特的国王，承认亨利是自己的封建宗主，而亨利则承认罗里至高王的地位，认可他在爱尔兰非英格兰占领区的权威。然而，双方很快便撕毁协议，英军再度入侵。1177 年，亨利一方面准许罗贝尔·菲茨·斯蒂芬、迈尔斯·德·科根（Miles de Cogan）占领科克王国，一方面将利默里克（Limerick）交给菲利普·德·布劳斯（Philip de Braose）。按照亨利的命令，此两地将被作为封邑，领主需向亨利尽军事义务，但必须将地区首府科克、利默里克的管理权上交给王权。同年，亨利将阿尔斯特赐给约翰·德·库西（John de Courcy），前提是"他有本事征服那片土地"，就此让库西上演自己的传奇一生，因为他不仅征服了历史悠久的阿尔斯特王国，更是将其变成英格兰数一数二的新封建领地。没有什么比约翰·德·库西的经历更能说明如何在爱尔兰发家了，约翰是萨默塞特郡斯托格西（Stogursey）的库西家族的幼子，一开始名下几乎没有任何地产。也没有什么比约翰·德·库西的成功能更好地说明英格兰家族背景的重要性：库西家族在英格兰北部颇有根基，特别是在距阿尔斯特海岸仅 110 公里之遥的坎布里亚，所以约翰才能在坎布里亚获得支持，而迎娶马恩岛国王之女阿芙瑞卡（Affreca）更是让他获得了跨海西渡的跳板。

　　有时，说休·德·莱西、约翰·德·库西想要自立门户的谣言，会令亨利暴跳如雷——所以在 1186 年得悉莱西遭人谋杀后，他很高兴。亨利为了保持对爱尔兰的控制力，既经常派遣调查委员会，又任命王室总管威廉·菲茨·奥德林（William fitz Audelin）为爱尔兰总督，还让莱西与吉尔伯特互斗，更是在 1173 年命吉尔伯特前往诺曼底证明自己绝无二心后，才放其返回爱尔兰。吉尔伯特于 1176 年去世，留下的一儿一女均未成年，让亨利利用封建宗主的监护权入主伦斯特，直到新王于十余年后继位。1177 年，亨利在牛津颁布《爱尔兰治理条例》（Ordinance for the government of Ireland），在殖民地管理与王权统治问题上的认识之深刻，绝不逊于爱德华一世在 1284 年征服威尔士后颁布的法令。

　　1177 年，亨利选定幼子约翰为爱尔兰国王。8 年后的 1185 年，19 岁的约翰踏上了爱尔兰的土地。约翰的诺曼随从因玩弄爱尔兰贵族的长须，结果得罪了本土统治阶层，而休·德·莱西、约翰·德·库西两人则因自己的地位受到了威胁，处处作梗，所以约翰在爱尔兰仅仅逗留了 6 个月就打道回府，就算是教皇亲自以孔雀羽毛装饰的王冠相赠，也不愿回去。尽管如此，约翰此行还是在英格兰人中掀起了一股新的殖民定居浪潮，因为约翰的追随者在劳斯（伯特伦·德·弗登、吉尔伯特·皮帕尔）、芒斯特（威廉·德·伯格、西奥博尔德·沃尔特）两地获得了封地，而他们获得封地的条件就是征服当地的爱尔兰统治者。与此同时，爱尔兰受英格兰国王直接统治的地区逐渐出现了与英格兰十分相似的政府架构。英格兰统治者在都柏林设立国库，并任命政法官负责国库的管理工作，而王权在该地的首席代理人则演变成了郡督。在亨利统治末期，虽然英格兰没能征服爱尔兰全境，但对已征服地区的控制已经稳固。而这一切都是值得的。13 世纪，爱尔兰不仅为数位英格兰国王提供了可观的收入，还提供了可以用来恩赏臣下的土地，但只有一位英格兰国王造访过爱尔兰一次——就殖民地来说，爱尔兰简直算得上是尽善尽美。

归根结底，本土统治阶层与英格兰入侵者对爱尔兰的争夺是两个在经济、社会、政治等方面截然不同的体系间的碰撞。爱尔兰人没有甲胄、骑兵和城堡，所以在三者兼有的入侵者面前毫无招架之力。德莫特·麦克默罗请来的英格兰骑兵虽数量不多，但却如秘密武器般次次将爱尔兰军队打得落花流水。

> 伯爵快马加鞭，冲向敌阵，
> 爱尔兰人身无寸甲，四散而逃，
> 被冲得七零八碎，四分五裂；
> 他就这样左突右刺，风卷残云，
> 终杀得伏尸百万，流血千里。

《德莫特之歌》描述了理查德·菲茨·吉尔伯特冲向敌阵时的英姿。前往爱尔兰的英格兰贵族都在本国时运不济，就像《德莫特之歌》中对迈尔斯·德·科根的描述那样，"英勇健壮的有志之士"。军队行进至利默里克城外，面对香农河踯躅不前时，梅莱·菲茨·亨利跨骑白马径直冲入河中，渡河后冲着对岸大喊："骑士们，快过河！是什么让你们驻足不前？"有如此猛将率领，又有谁会做缩头乌龟呢？"伯爵将敌人杀了十之七八。"此外，英格兰入侵者还受爱尔兰人影响，很快便放弃了盎格鲁－诺曼世界的骑士作风，不仅不会对贵族阶层手下留情，还成批地处决战俘，更是会公开处决爱尔兰各国的国王，甚至将一位国王的尸体拿去喂狗。

　　在战场上赢得胜利之后，英格兰就要依靠城堡来巩固征服成果，用《德莫特之歌》的话来说，就是"在爱尔兰扎根"。位于特里姆的城堡就是休·德·莱西在米斯的权力中心。而在劳斯，学界发现了多达23处城寨城堡的遗址。更重要的是，修筑城堡的不仅有直属封臣，还有他们的下属封臣。《德莫特之歌》一并歌颂了受吉尔伯特、休·德·莱西封赏、获得"富饶封邑、肥沃田产"的30多位下属封臣。获得领地的下属封臣、门客分别来自诺曼底、威尔士和英格兰，其中以来自英格兰的居多，他们不仅在爱尔兰建立庄园，还引进了佃户，让他们耕种庄园的土地。由于在发迹前不是地位显赫的男爵，所以像阿尔斯特的约翰·德·库西、劳斯的弗登、皮帕尔这类新晋领主，并没有足够多的下属封臣可以带到爱尔兰，但他们可以从英格兰招募：库西在英格兰北部，弗登、皮帕尔在英格兰中西部地区及什罗普郡招募了大量的亲朋友邻。这些来到爱尔兰的下属封臣，会不遗余力地争夺和守护自己的领地，所以他们成为了英格兰巩固对爱尔兰征服的中流砥柱。

　　无论武器如何先进，英格兰人终究是人少力寡，如果没有德莫特·麦克默罗在一旁相助，就肯定会在入侵的初期被爱尔兰人扫地出门。难怪爱尔兰的编年史会称他为"爱尔兰人的灾星"。但是，德莫特的所作所为恰恰解释了英格兰人为何会成功，以及爱尔兰人又为何能在逆境中生存：爱尔兰人与威尔士人一样，能够迅速适应新秩序——爱尔兰的主教们真心欢迎教会改革，而爱尔兰各地的国王则别无选择。不过，亨利本人的态度也降低了爱尔兰统治阶层归顺的难度，因为他对待归降之人和过去的至高王没什么差别。1171年圣诞节，亨利在爱尔兰诸国国王修建的荆笆墙宫殿中，"按照爱尔兰的习俗"接受朝拜。即便是在英格兰占领区，爱尔兰本土的国王也绝非没有立足之地。在伦斯特，吉尔伯特允许德莫特的子侄继续以"伦斯特的爱尔兰人国王"自居。在米斯，虽然英格兰人在特里姆绞死了本土王朝的唐奈·奥麦勒林（Donnel O'Melaghlin），但却让他的弟弟阿特（Art）统治米斯的西部地区。

在某种程度上，英格兰征服爱尔兰是注定要发生的。自从见识了诺曼人在威尔士令人闻风丧胆的军事优势之后，相互交战的爱尔兰诸王就开始考虑将他们引为外援的可能性。但这么做的代价是巨大的，也只有像麦克默罗这样穷途末路之人才会如此。因为爱尔兰当时没有流通货币，只能以土地为报，而麦克默罗为了获得吉尔伯特的帮助，甚至公然违反爱尔兰的习俗（学界对此仍有争议），将整个王国拱手相送。即便如此，接受爱尔兰国王的回报，也是要以牺牲自己在威尔士的机会为代价的。实际上，英格兰从来就没有完全征服过爱尔兰，这固然是因为爱尔兰诸国的国王摆出了和解的姿态，但同时也是因为征服者本身失去了动力。在爱尔兰，最为富饶的土地集中在东方，一开始就被占领了。就算后继的英格兰国王时不时地还想继续在爱尔兰开辟疆土，他们也没有真的为此劳师动众。约翰王虽然在1210年远征爱尔兰，但只是为了惩治不听号令的男爵，而非要将本土的统治阶层消灭。此外，征服者的后代在爱尔兰内斗不断，战火有时甚至还会蔓延到爱尔兰之外。

亨利二世在位以及去世后，爱尔兰一直呈现三分天下的局面，一部分土地由王权直接控制、一部分成为男爵封邑、一部分由本土国王统治。与诺曼人在威尔士的情况一样，英格兰人对爱尔兰的征服也是零敲碎打。他们进入爱尔兰之后，不仅基本保留了原有的民族身份，还各自建立了独立的政治实体，部分原因在于爱尔兰没有统一的国家，征服不能一蹴而就；正因为如此，威尔士、爱尔兰才会与苏格兰走上了完全不同的历史发展之路。

＊　＊　＊

　　亨利在英格兰、诺曼底重树国王的权威，还征服了爱尔兰，解决了贝克特挑起的争议，权势似乎已经达到了巅峰。然而，亨利很快就因为国内爆发大规模叛乱而四面楚歌，遇到自己统治时期最大的危机，但他最终力挽狂澜，也成就了他人生最伟大的一次胜利。最终，威尔士南部地区落入了里斯之手，苏格兰则失去了独立君主国的地位。

　　这场叛乱爆发自王室内部，起因是亨利想要为每个儿子做一番打算，解决日后安茹帝国的治理问题。1170年，亨利吸取亨利一世未能及时为玛蒂尔达举行加冕仪式的前车之鉴，将已经向法王路易宣誓效忠、成为诺曼底公爵的长子（也叫亨利）加冕为英格兰王储，令流亡海外的贝克特瞋目切齿。1172年，亨利14岁的次子理查获得母亲名下的普瓦图伯爵领。三子若弗鲁瓦娶布列塔尼公爵之女，将要成为布列塔尼公爵。幼子约翰将会成为爱尔兰的领主。亨利的愿景是四个儿子在各自的领土内逐渐增强权势，然后在自己的监督管理下共筑繁荣安定的安茹帝国。但当时，长子亨利却认为自己不过是一个"领薪受俸的仆人"，身边的顾问"更像是主人而不是大臣"。这位王储未来的王位似乎也受到了威胁，因为亨利将爱尔兰赐给约翰后，还打算将图赖讷境内的城堡一并相赐。1173 年 3 月，他逃离父亲的王庭前往巴黎，投奔岳父法国国王路易七世。

王储叛逃后不久，二弟理查、三弟若弗鲁瓦也投奔了路易国王，而这一切的幕后黑手正是三位王子的母亲阿基坦的埃莉诺。"征服者"威廉的王后虽然也向威廉作乱的长子罗贝尔提供过资金援助，但罗贝尔的叛乱根本就不能与这一次叛乱相提并论。自 1170 年起，埃莉诺就一直在独自统治普瓦图，所以有足够的实力与丈夫亨利作对，而她也的确有理由这样做。1166 年，埃莉诺生下约翰后，亨利却另寻新欢；亨利还使埃莉诺在阿基坦的权力被架空。尤其是 1173 年，亨利还接受了图卢兹伯爵的效忠，更是彻底激怒了埃莉诺。

王室内部矛盾的爆发为亨利的内外敌人提供了机会。只有加斯科涅的局势还相对风微浪稳。王储以成为诺曼底、英格兰的统治者为目标（法王路易宣称"站在我身边的就是英格兰的国王"），所以开出的价码格外丰厚。豪登的罗杰分门别类，列出了在诺曼底、英格兰两地参与叛乱之人，但两地的叛乱盘根错节，而英格兰实力最强的几个叛逆者更是在诺曼底拥有大片领地。参与叛乱之人均因受到亨利不公正的对待而愤懑不平，例如：在登上英格兰王位前，亨利将大片领地、大量城堡许给了切斯特伯爵休的父亲，但休成年之后，却一直都没能继承到这部分遗产；威廉·德·费勒斯（William de Ferrers）伯爵不仅未能继承母亲名下的佩弗里尔领地，还被剥夺了德比伯爵的头衔；诺福克伯爵休·比戈德除了为赎回弗拉姆灵厄姆、邦吉（Bungay）这两座城堡被迫向亨利支付 666 镑外，还因为新建于奥福德的王室城堡而如坐针毡，而王储承诺成事之后会以诺里奇相赐；莱斯特伯爵罗贝尔不仅没有像担任亨利首席政法官的父亲那样得到免交免役税的优待，还被冠以扰乱治安的罪名被罚款333镑。这场大叛乱也令威尔士、苏格兰的统治阶层难以抉择支持哪一方。按照《布鲁特》中的记载，海韦尔·阿卜·约沃思（Hywel ab Iorweth）"趁亨利国王忙着在海峡对岸平叛"，不仅收复了1171年时遭亨利占领的卡利恩城堡，还在切普斯托的周边地区大肆劫掠。相反，德赫巴斯的里斯大人认为自己在威尔士南部的统治地位全是仰仗于亨利二世，支持亨利更有利于自己。于是，他不仅派一个儿子前往诺曼底帮亨利作战，更是亲自率兵攻打费勒斯伯爵位于塔特伯里（Tutbury）的城堡。在圭内斯，北方霸主欧文之子戴维兹与里斯大人不谋而合，认为只有支持亨利，才能在权力斗争中击败自己的兄弟和切斯特伯爵。苏格兰国王威廉采取了完全不同的策略，他先是试探亨利，自知捞不到什么好处后，又去找王储，得到事成之后能够获得卡莱尔、英格兰北方诸郡的承诺后，加入了叛军阵营。对威廉来说，这是复原大卫国王统治时期苏格兰版图的天赐良机。

面对继位以来的最大危机，亨利虽怒不可遏，但却能冷静分析，以超常的毅力与精力从容应对。1173年8月，他先是将路易国王驱逐出韦尔讷伊（Verneuil），后又进军布列塔尼，一举降伏切斯特伯爵（兼阿夫朗什子爵）。在英格兰，首席政法官理查德·德·吕西先是围攻莱斯特，紧接着又挥军北上，应对入侵英格兰北部边境的威廉国王。威廉虽然没能攻下任何一座主要的城堡，但在达成停战协议前，却在诺森布里亚烧杀抢掠，令其沦为一片不毛之地。与此同时，亨利不仅俘虏了莱斯特伯爵（10月，在贝里圣埃德蒙兹），更是在埃莉诺王后女扮男装（埃莉诺过人的胆识和智慧可见一斑），前往法国王庭的途中一举将其擒获，给叛军阵营以沉重的打击。然而，这仅仅算得上是双方第一回合的交锋。1174 年，苏格兰国王威廉、法国国王路易、王储亨利一同向亨利发难。5 月，威廉再次入侵英格兰北部，尽管仍然没能攻下任何重要城堡，却令坎布里亚赤地千里，并且率军围攻卡莱尔镇，逼迫守军同意：如果到了 9 月 29 日，援军仍然未能解围，就必须开城投降。在英格兰中部地区，威廉的弟弟大卫牢牢地控制住了亨廷登伯爵领，并与费勒斯伯爵结盟，攻下了诺丁汉。比戈德伯爵攻下了诺里奇。英格兰告急的书信纷至沓来，央求亨利速速回国平乱。7 月8 日，亨利不顾狂风暴雨，北渡英吉利海峡（亨利声称，如果上帝有意让他获胜，他就足够安全），径直前往坎特伯雷，于 7 月 12 日来到贝克特的墓前忏悔自己的罪行。次日，威廉国王就在阿尼克遭一支英格兰北方军队奇袭，战败被俘——亨利似乎得到了上帝的回应。7 月 26 日，双腿缚于马腹之下的威廉被押送至北安普敦，亨利大喜过望。

　　威廉国王被俘后不久，英格兰的叛乱便偃旗息鼓。亨利会进军威尔士，夺回卡利恩吗？一位威尔士先知向约沃思保证不会如此，因为亨利位于海峡对岸的重镇正在遭遇围攻。这位先知所言非虚。亨利在得到里斯派出的威尔士大军的支援后，于 8 月 6 日和7 日南渡海峡，正在围攻鲁昂的路易国王、王储亨利、佛兰德斯伯爵、布卢瓦伯爵闻风而逃，亨利在 4 天后大获全胜，进入鲁昂。之后，亨利进军普瓦图，次子理查声泪俱下，拱手而降。9 月底，王储亨利、三子若弗鲁瓦在获得路易国王的首肯后也投降了。

　　正如纽堡的威廉所说，亨利的胜利很大程度上归功于“国库充盈"，亨利能够雇用大量布拉班特佣兵。虽然亨利的行为激怒了一些男爵，但据豪登记载，亨利"在英格兰"的支持者中有 10 位伯爵，其中多人在诺曼底拥有大片领地。而在危机爆发前夕，亨利还设法让自己的 6 个心腹坐上了主教的高位。相比之下，同时代的人批评了威廉国王的"狂妄自大"，比如乔丹·范托斯姆。威廉缺少攻城装备，而麾下人数超过 3 000 的苏格兰民兵军队甚至被乔丹讽为"光腚的野人"，所以面对亨利在英格兰北部边境准备万全的城堡，起不到什么作用。不过，苏格兰民兵的烧杀抢掠，倒是让英格兰领教了威廉的力量与手段。真正让威廉大失所望的是，尽管祖父大卫竭力赢取英格兰北部贵族的人心，但除了罗杰·德·莫布雷（Roger de Mowbray）、理查德·德·莫维尔（Richard de Moreville）、达勒姆主教，所到之处竟无一人响应。这是因为亨利不仅让心腹之人，比如死守沃克城堡的罗贝尔·德·沃（Robert de Vaux），入主北方的男爵领，还任命保王派的斯塔特维尔兄弟（莫布雷的死敌）为约克郡及诺森伯兰的郡督。

　　大叛乱期间，王权式微，结果侵占王室森林的行为层出不穷，艾伦·德·内维尔之后率巡回法庭前往各地审理侵犯王室森林的案件，（1176—1178 年）共罚处 1.2 万镑的天价罚金。然而，亨利也展现出了宽容的一面。正如迪斯的拉尔夫所说，亨利的首要目的是尽快恢复和平与安定。虽然埃莉诺王后依然被监禁，但亨利的几个儿子很快就获得了原谅。亨利对参与叛乱的贵族也格外开恩，无一人被处以死刑，甚至连被监禁的都没有。亨利拆毁了叛乱者的城堡（城堡的废墟昭示着亨利的胜利），但归还了他们的土地。支持亨利的威尔士统治者也得到了回报。1174 年，亨利将同父异母的妹妹、安茹伯爵若弗鲁瓦的私生女埃玛嫁给了圭内斯的戴维兹。按照

《布鲁特》的记载，亨利"对忠心耿耿的里斯感激不尽"，将他称为"真正的好朋友"。里斯给自己德赫巴斯政法官的地位上了双保险。

亨利唯独没有对苏格兰网开一面。按照 1174 年签订的《法莱斯条约》（Treaty of Falaise），威廉国王重获自由，但代价是承认此后苏格兰为英格兰国王的封邑。亨利还要求苏格兰的伯爵、男爵、其他所有"从苏格兰国王手中获取领地"之人向自己宣誓效忠。作为担保，威廉被迫交出了罗克斯堡、贝里克、杰德堡、爱丁堡、斯特灵这五座城堡。亨利不仅就此一举深入苏格兰王国腹地，而且由于约的条款具有永久性，还很有可能使这种状态一直持续下去。尽管条约中规定，苏格兰教会应当"按照惯例"隶属英格兰教会，但没有强调苏格兰王国臣服于英格兰王国也是"按照惯例"。这表明实际上，此前大卫国王及其继任者们并未向英格兰国王宣誓效忠过。此次臣服也算是首开先例，亨利自然是不胜欣喜。

国王现在可以夸耀自己的领土"北起苏格兰的极北之地，南至比利牛斯山脉"，正如纽堡的威廉所说。在威尔士的杰拉尔德看来，亨利征服了爱尔兰和苏格兰，"成为君临不列颠全岛的霸主"，做到了前无古人，就连罗马人都无法比肩。但实际情况却与这些华丽的词藻相去甚远。首先，单从亨利未再重返爱尔兰，以及迟迟未向威尔士举兵就可以看出，不列颠几乎从来都不是亨利政略的重中之重。其次，亨利也从未想过要一统不列颠。在爱尔兰，他在征服之后，将大部分土地变成了王权的直属领地。在威尔士，他只是令本土统治者承认自己的封建宗主地位就心满意足了。在苏格兰，虽然他想要让国王成为忠心耿耿的臣属，但他的基本方略仍然以守为主。在亨利成长的岁月里，大卫国王长期霸占英格兰北方，所以亨利自然害怕再次发生导致这种情况的入侵。1173—1174 年，威廉国王趁乱起义，他最担心的事情还是发生了。英格兰北部的王室城堡和男爵城堡的确无力抵抗。亨利必须另出奇招。所以，逼苏格兰国王和贵族臣服，占领苏格兰境内的城堡（亨利早在1163年就有此打算）。这些看似极端的措施，其实只是为了消除苏格兰的威胁，而不是想要为征服打下基础。实际上，亨利从未派兵驻守位于苏格兰王国腹地的斯特灵，而在威廉证明自己的确言而有信后，亨利甚至在1186年将爱丁堡归还于他。如果亨利真的计划在苏格兰扩展自己的势力，就不会有这些举动了。

　　1174年之后，威尔士的统治阶层与威廉国王处境大为不同——前者可以在成功的基础上再接再厉，后者则必须接受失败。

＊　＊　＊

　　1188年，威尔士的杰拉尔德随大主教鲍德温四处宣扬十字军东征，他们先后在卡迪根、里兹兰两地受到了里斯大人和戴维兹·阿卜欧文·圭内斯的盛情款待，同时代的人将二人分别称为"南威尔士国王"和"北威尔士国王"。而在杰拉尔德看来，摆脱了英格兰征服者的枷锁后，威尔士"人丁兴旺，国力强盛"，迎来了自己的黄金时代。

　　在南方，位于伊斯特德特维境内的莫尔百镇区、比坎百镇区不仅拥有大片丰美的草场，而且山势险峻，是里斯的权力中心。这两个百镇区分别位于特依瓦河的南北两岸。在位于北岸的莫尔境内，坐落着迪内弗城堡，用威尔士的杰拉尔德的话来说，就是德赫巴斯统治者的"王座"。此外，里斯还从克莱尔家族、杰拉尔丁（Geraldine）家族等边境男爵家族手中夺回了锡尔迪金及达费德的部分地区。在这些地区以外，里斯对其他南部本土统治阶层的控制则相对宽松，部分原因在于他与其中一些统治者多少都有些沾亲带故：在瓦伊河与塞文河的区域以及格拉摩根，本土统治阶层中既有里斯的女婿，又有他的侄子、外甥，还有他的堂表兄弟。里斯的这种具有合作性质的统治理念，在威尔士最早的一部法典［《凯恩福斯法籍》（Cynferth redaction），于里斯统治时期在威尔士南部成书］中就有所体现。《法籍》虽然明确表示拥戴"迪内弗的领主"，但同时也赋予了全部威尔士统治者象征性的王室地位。（编写《法籍》的威尔士法学家没有收录正式订立的法规和颁布的法典，而是将自己对法律惯例、实践的看法记录了下来。）

在相当长的一段时间内，里斯也与亨利二世保持着友好的关系，尽职尽责地履行德赫巴斯政法官的职责。在 1175 和 1177 年，他先后两次将作乱的威尔士南部统治者告发至亨利的王庭。1179 年，罗杰·莫蒂默及其手下谋杀了马埃利恩依斯的统治者后，亨利严惩了凶手。与此同时，里斯还让子女与边境男爵家族联姻，他本人也始终谦逊有礼、机智风趣，甚至赢得了死对头克莱尔家族对其征服锡尔迪金的赞许：1188 年，双方在赫里福德举行的早餐会议上相谈甚欢，克莱尔家族的成员表示，锡尔迪金如今落到了"最高贵、英勇的君主"手中。

正是因为具备了上述条件，里斯的统治才能蒸蒸日上。里斯取消实物地租，改收货币地租，增加了自己的现金收入，可能还资助编写了上述威尔士法典，因为《法典》开篇便列明了国王的各种权利。此外，里斯还赢得了上帝的眷顾，不仅加强了对锡尔迪金的控制，更是通过向位于斯特拉塔佛罗里达的西多会修道院慷慨解囊，彰显自己已经融入了欧洲的国际社会。他还将圣大卫作为威尔士地位最为崇高的圣徒，巩固了德赫巴斯在威尔士的霸主地位，并且还将圣戴维斯作为自己死后的长眠之地。1177年，里斯在修葺一新的卡迪根城堡中举办了首届威尔士赛诗会。正因为如此，诗人、编年史家、里斯统治时期及后世的抄书吏才会为里斯歌功颂德，将他称作"伟大的里斯""善人里斯""南威尔士当之无愧的亲王"，还有名副其实的"率全威尔士抵御外侮的领袖"。

在北方，戴维兹的权势无法与里斯比肩，不得不与自己的几个侄子、弟弟罗德里（Rhodri）共同治理圭内斯。但他与里斯的策略一样，不仅迎娶了亨利二世的妹妹，到了1177年，还与切斯特伯爵结成同盟。然而，这些举措无法令威尔士长治久安，部分原因正在于里斯、戴维兹两人想要借英格兰盟友的力量威逼其他的威尔士统治者就范。提到戴维兹与亨利之妹的婚姻时，迪斯的拉尔夫指出，戴维兹打算利用"他的新的亲缘关系，令其他威尔士人胆颤心惊"。1177年，戴维兹与切斯特伯爵入侵了波伊斯的北部地区。同年，里斯从亨利二世手中，获得圭内斯南部边陲与锡尔迪金接壤的马埃利恩依斯的领主权（亨利也借机展示了自己对全威尔士的封建领主权），却被戴维兹的侄子击退。威尔士统治阶层与边境男爵间也会出现深刻的裂痕。威廉·德·布劳斯（William de Braose）即使与里斯结成了亲家，也于1177年策划了丧心病狂的阿伯加文尼大屠杀，令"威尔士人再也不敢相信法国人了"。无论里斯与克莱尔家族再怎么相互吹捧，所有人都清楚，双方随时都可能令威尔士战端再起。

里斯与亨利的关系也渐行渐远，起因是在1176—1184年，大量边境男爵领因继承人未成年而接受王权的直接管辖，导致切普斯托、下格温特、格拉摩根、高尔落入了亨利手中。虽然来自边境男爵的压力减少了，但里斯自己也受到了王室官员的重重禁锢。在里斯那群好斗的儿子的怂恿下，他改变了与英格兰亲善的策略。1182—1184 年，趁亨利不在英格兰之时，里斯突然发难，"毁其王土，杀其臣民"（豪登的罗杰）。1184 年，亨利闻讯返回英格兰后，里斯马上服软。但在亨利放弃武力制裁后，里斯却又拒绝履行之前的承诺。在之后的几年中，里斯反复故技重施，不断试探亨利的底线。他的目标是拿下高尔、基德韦利（Kidwelly），尤其是卡马森，其位于战略要冲，王室官员不仅可据此控制特依瓦河的河运，还能监视 24 公里外的迪内弗城堡。1189 年亨利去世后，里斯按照这一方针路线，加大了向外扩张的力度。

＊　＊　＊

《法莱斯条约》将威廉国王推入了十分危险的境地。因为苏格兰已经沦为了亨利封赏给他的封邑，一旦有任何不忠之举，他就会失去整个王国——13 世纪 90 年代，约翰·巴利奥尔（John Balliol）最终就是这样被收回领地，失去整个苏格兰王国的。威廉兵败被俘、受尽屈辱，就像 1153 年年少的马尔科姆继承王位时一样，释放出了国内积聚已久的压力。威廉反倒表现得沉着冷静、有勇有谋。他权时制宜，既从亨利手中挽救了岌岌可危的苏格兰王朝，又加强了自己对本土臣民的权威。

亨利的封建宗主地位绝不是有名无实。他派兵进驻爱丁堡、罗克斯堡、贝里克这三座城堡，几乎相当于令威廉一下子失去了王国境内最为富庶的三座城镇，导致威廉不得不改变王庭的逗留地点，将主要活动区域调整到福斯湾以北，尤其是珀斯、斯特灵、福弗尔（Forfar）三地。亨利还经常将威廉召唤至英格兰王庭。在1175—1188年这14年间，威廉有8年时间是在英格兰王庭度过的，而从他1165年登上苏格兰王位到1172年的这7年间，他只在英格兰王庭待过2年。1186年，威廉迎来了自己作为安茹帝国"家臣"国王的"事业巅峰"，由亨利国王做媒，在伍德斯托克的英格兰王室小圣堂与博蒙子爵之女厄门加德（Ermengarde）成婚，迎娶了一位地位高贵却身无分文的新娘。但威廉逆来顺受的态度也得到了回报，亨利不仅将爱丁堡城堡作为厄门加德的嫁妆，对于威廉在英格兰的领地问题也表现得十分大度，不仅从未没收位于泰恩河谷的领地，还在1185年归还了亨廷登伯爵领，准许威廉将其转封给弟弟大卫。

《法莱斯条约》的一部分条款很快就变成了一纸空文。威廉的兄长马尔科姆曾经想让圣安德鲁斯教区获得都主教权限，从而使苏格兰教会免受约克大主教教区管辖，所以《条约》才规定苏格兰教会应当"遵循惯例"接受英格兰教会的管辖。然而，《条约》对何为"惯例"含糊其辞，因此埋下祸端，令坎特伯雷大主教教区、约克大主教教区再次就苏格兰教会的归属问题争执不休。1176年，教皇亚历山大三世向苏格兰各教区主教发令，禁止苏格兰教会承认任何一方的权威，并且怒斥《条约》中与宗教相关的条款是对教会内部事务粗暴干涉，从而令争议戛然而止。亨利早已领教过权势熏天的大主教的厉害，所以对此并没有太在意。然而，教皇的上谕却在苏格兰引发了一场围绕圣安德鲁斯教区的旷日持久的争斗。1178年，威廉试图以宫廷教士休取代主教教区教士们推选出的"苏格兰人"约翰（John the Scot），成为圣安德鲁斯主教。教皇和亨利都介入了纷争。1181 年，威廉甚至因此被短暂地革除教籍，整个苏格兰王国也受到了禁教令（interdict）① 的处罚，但威廉仍然取得了最后的胜利。他不仅没有让教士们推举的候选人入主教区，自己推举的人选休在 1188 年去世后，还让苏格兰的大法官成为圣安德鲁斯主教。1192 年，教皇颁布了具有重大历史意义的诏书（Cum Universi），进一步明确了 1176 年的判决。从此之后，"苏格兰教会"的全部 9 个被诏书提及的主教教区将由罗马教廷直接管理。威廉就此保留了王权对主教叙任权的控制，并且让苏格兰教会完全摆脱了英格兰教会的控制。

1192 年的诏书列出的苏格兰教区没有包括阿盖尔和加洛韦，因为前者与苏格兰王国之间的从属关系还不明朗，而后者则已经接受了约克大主教教区的管辖。尽管如此，在加洛韦，威廉还是以亨利的封建宗主权为掩护，极大地重建了自己因 1174 年的惨败而分崩离析的权威。加洛韦的本土统治者吉尔伯特、乌特雷德一直据守在加洛韦的古老边境——厄尔河以西，后来摧毁了扼守厄尔河东西两岸的伯克利的沃尔特的城堡，以及马尔科姆修建于邓弗里斯的城堡基地，并且驱逐了尼思河谷的执达吏。像沃尔特那样在加洛韦定居的英格兰人很少，其中有一些还是在乌特雷德娶艾勒达尔领主之女之后，追随他从坎布里亚一路迁移至此的。吉尔伯特、乌特雷德的父亲弗格斯也曾娶亨利一世的私生女为妻，并且还在索尔希特（Soulseat）建立了普雷蒙特雷修会（Premonstratensian）的修道院。加洛韦正在转变。然而，吉尔伯特、乌特雷德兄弟俩很可能利

---

① 指在一定时期内禁止特定的人群参与基督教的特定仪式，如洗礼、葬礼等。

用了原住民对外来者普遍存在的敌对情绪。即便到了今天，厄尔河畔的城堡地基（苏格拉规模最大的此类构筑物）也仍然像一根直向苍穹的大拇指，仿佛拒人于千里之外。亨利国王担心英格兰的北部边境再遭侵犯，密切关注加洛韦的风吹草动，毕竟从这里走出的士兵个个凶神恶煞，因过去入侵时犯下的残忍暴行而臭名昭著。加洛韦一旦突发变故，坎伯兰、卡莱尔必受牵连。就像在威尔士用里斯大人震慑群雄一样，亨利打算用威廉国王来对付加洛韦的本土统治者。于是1176年，威廉率军攻入加洛韦，逼吉尔伯特（乌特雷德已遭吉尔伯特杀害）南下，向亨利效忠。1185年，吉尔伯特去世后，乌特雷德之子罗兰（Roland）与吉尔伯特之子再起争端，亨利亲自率军前往卡莱尔，逼两者"在英格兰国王的法庭上"决定争议领地的归属权。最终，吉尔伯特之子虽然输掉了官司，但也获得了补偿，成为卡里克伯爵。罗兰同样也"遵苏格兰国王的号令"，向亨利及其继承人效忠。亨利并没有想要趁势将加洛韦从苏格兰王国中剥离出来。其实，威廉得到亨利的默许，不仅重建了位于邓弗里斯的苏格兰王室城堡，还令伯克利的沃尔特重新入主厄尔河畔的领地。

　　威廉在亨利面前的忍辱负重，也令他得以腾出手来处理王国北部边陲的种种问题。苏格兰国王在北方一方面修建王室城堡，一方面设立大乡绅管辖区、郡督辖区，有效地解决了马里的归属问题。再继续向北延伸是两个有大量挪威人定居点的省份，即罗斯和凯斯内斯，其中罗斯木材资源丰富，凯斯内斯位置靠北，其伯爵还以挪威国王封臣的身份领有奥克尼、设得兰。尽管在1192年罗斯主教教区、凯斯内斯主教教区成为苏格兰教会的一部分，但苏格兰国王在这两个省份的权威却只能用空有虚名来形容。更糟糕的是，罗斯现在变成了叛乱者的温床，虽然断断续续，但有时会威胁苏格兰王权，一直持续到1230年。搅乱时局的是麦克赫思家族和麦克威廉家族，也就是马尔科姆·麦克赫思、威廉·菲茨·邓肯的后代。马尔科姆·麦克赫思于1164年去世，此后罗斯伯爵后继无人，侧面反映出该地区是相对独立于苏格兰之外的。麦克赫思家族可能与苏格兰皇室有些沾亲带故，所以自12世纪30年代起就一直在兴风作浪。而麦克威廉家族，用巴恩韦尔编年史家的话来说，则是"古代苏格兰国王的后裔"，但也与马尔科姆三世和玛格丽特建立的这个带有盎格鲁－诺曼血统的王朝没有任何关系。实际上，威廉·菲茨·邓肯是1094年遇害的邓肯二世的儿子，而邓肯二世则是马尔科姆三世与第一位妻子所生，所以他的母亲并不是玛格丽特王后。尽管大卫对威廉·菲茨·邓肯恩赏有加，令他成为支持王权的中流砥柱，但邓肯的儿子唐纳德却在12世纪80年代成为对苏格兰王权最大的威胁。根据豪登的记载，唐纳德在苏格兰的伯爵、男爵中颇有威望，而且他善于利用本土统治阶层对盎格鲁－诺曼贵族的仇恨情绪。巴恩韦尔编年史家在讲述麦克威廉起事的过程中指出，"现代的苏格兰国王"以法国人自居，身边的亲信全都是法国人，让苏格兰人变成了奴仆。

12世纪80年代的争端主要集中在罗斯和马里，唐纳德通过母亲可能拥有以上两地的继承权，直到马尔科姆·麦克赫思的孙子埃德（Aed）在1186年兵败被杀、唐纳德于次年步其后尘，战乱才结束。在当局者看来，唐纳德之死是一个重要的转折点，终结了多年的兵荒马乱，开启了"长治久安的和平年代"。直到1211—1215年，麦克威廉家族、麦克赫思家族才再一次跳出来惹是生非。威廉先是在马里选址奈恩（Nairn），修建了新的城堡、城镇，控制住前往克罗默蒂（Cromarty）的重要海道，后又在 12 世纪 90 年代至 13 世纪初在凯斯内斯建立王权的统治。就这样，威廉化险为夷。1188 年，苏格兰在威廉的带领下成功抵制了亨利国王为筹集十字军东征的军费而提出的征税要求。不久之后，威廉就彻底甩掉了强加于身的英格兰重轭。

＊　　＊　　＊

亨利二世在不列颠及其他领地的权势，完全得益于他恢复了英格兰为王权提供收入的能力。亨利治下的英格兰还建立了普通法体系，单凭这一点，这一时期也成为英格兰历史的分水岭。普通法体系的核心是一套全新的民事诉讼程序，而这套诉讼程序最终又彻底改变了英格兰的王权、政府、社会。想要了解这些，就必须了解亨利统治时期法庭的组织架构，以及亨利惩处罪犯、维持秩序的决心。

无论是在英格兰，还是在海峡对岸，亨利二世列席的御前法庭，一直都负责审理事关政局的重大案件，尤其以审理权贵之间或权贵与国王之间的纠纷案件为重。而不太重大、只涉及日常琐事的案件就由其他的法庭审理，尽管国王不会亲自到场，但法律效力丝毫不亚于御前法庭。国库的主要官员渐渐地将威斯敏斯特作为处理公务的固定场所，他们不仅负责为国王获取收入、审计国库收入账目，也担负起审理民事诉讼案件的职责。亨利一世统治时期，国库官员就已经间歇性地开始审理案件了，而在这之后，最晚不会超过 12 世纪 70 年代末，这已经成为他们的日常职责。同样负责审理案件但工作量要大得多的，则是国王派往各地的巡视法官（也称巡回法官)。巡回审案的模式在亨利一世统治时期就已经出现,但真正将其发扬光大的却是亨利二世。首先,亨利二世统治时期巡回法庭到访各地的频率要高得多。12 世纪 20 年代,巡回法庭的法官似乎已经巡审全国。自 1174—1175 年起,巡回法官平均每隔一年就能在全英格兰完成一次巡回审理。审案效率提升的原因是,巡回法庭改变了亨利一世时期在一定时间内仅在一个地点审案的旧制度,而是定期设立全国性巡回法庭,即"巡回总审",将整个英格兰王国划分成不同的审判区,派出审判小组前往各区同时审案。其次,亨利二世时期的巡回法庭不仅审理的案件数量更多,审案的方式也更有规律、更有条理。这在一定程度上正是巡回法庭到访频率上升的结果,因为到访的法庭可以接手原先由郡督、各地政法官负责审理的国王之诉案件,从而让国王在执行法律、维护秩序等方面拥有更强的控制力。

前文已经介绍过,国王之诉案件早在盎格鲁 - 撒克逊时期就已出现,包含所有侵害人身及财产的严重犯罪("重罪"),即杀人、抢劫、大额盗窃、严重伤害、放火、强奸,而在亨利二世统治时期,上述罪行首次被冠以"刑事犯罪"的名称,与"民事违法"区分开来:1189 年前后,以亨利的首席政法官雷纳夫·格兰维尔(Ranulf Glanvill)为首的英格兰法律界人士,编写了名为《格兰维尔》的法律典籍,又名《英格兰习惯法论》(The Treatise on the Laws and Customs of England),将所有诉讼案件分为刑事、民事两类。但这样的划分方式,又暴露出了一个盎格鲁 - 诺曼王国在发展中出现的问题。自诺曼征服以来,历代英格兰国王为了恩赏臣下,常会将百户区的控制权(连同百户区法庭的收入一起)出让给世俗及教会的大封建领主,有时出让百户区控制权只是承认了 1066 年前的既成事实。百户区法庭负责审理小额债务纠纷和不足以危害公共安全的打架斗殴事件。庄园法庭也可以审理上述轻微违法事件，这就与百户区法庭出现了司法管辖权重叠。诺曼国王与1066年前的盎格鲁－撒克逊国王一样，也允许封建领主私设绞刑架，用来处罚被抓了现行的窃贼，而这种"惩罚现行盗窃犯"的权力，则通常由庄园法庭或私有百户区法庭所有。在私有百户区，每年米迦勒节时，是由拥有该百户区的领主而非郡督主持"十户联保审查"，检查十户区的所属农民是否无故离开。而这项审查也有利可图，因为有名目繁多的罚款。百户区法庭的法律权限也就相当于"裁判法院"①，这也是国王愿意放弃的原因。不过，这仍然意味着领主在当地拥有十分强大的社会控制力，在维护社会稳定方面起到了重要的作用。对此，亨利决定不再袖手旁观。1166年，亨利颁布《克拉伦登敕令》（Assize of Clarendon），规定郡督有权力、有义务前往私设法庭，确认农民没有擅自离开十户区，即便法庭位于领主的城堡内。与此同时，《敕令》还规定，任何人都不得阻止郡督进入其辖区和司法管辖区逮捕遭到重罪指控的嫌疑人或犯有重罪的逃犯。

　　上述所有措施都是亨利在1165—1166年为了"维护和平"而祭出的重典。遭到重罪指控的嫌疑人一旦被抓，就要接受水刑审判，虽然方式有些过时，但至少统一了审案方式。被告人一旦被判有罪，就会被砍去一足；10年后，《北安普敦敕令》"乱世用重典"，规定被判有罪之人还要再被砍去一手。此外，即使是被判无

---

① 在现代的英格兰和威尔士，裁判法院是最低一级的法院，负责裁判可以当庭宣判的轻微犯罪行为，也负责某些重罪的初审，并且还能处理一些民事案件。

罪之人，如果他们名声不佳，也会被逐出英格兰王国。负责启动上述法律程序的是陪审团，由来各百户区的骑士、自由民组成，共12 人。此类负责呈案或发起指控的陪审团，在盎格鲁－撒克逊时期就有。1166 年的《克拉伦登敕令》的创新之处在于，亨利国王坚持要在全国统一执行陪审团制度。

12 世纪 60 年代之前，由于巡回法庭并不常见，所以郡督、地方政法官经常承担审判国王之诉案件的任务，但他们的审判效率并不高。所以在 1166 年，亨利才会在《克拉伦登敕令》中规定，由巡回法庭的法官负责新的审判程序。到了 12 世纪 70 年代，巡回法官前往各地审案已成常态，国王派出的法官与各地陪审团间建立起牢固的纽带，成为审判所有重罪案件的制度基础。维护国王在各地的权利也依赖这一纽带，陪审团成员还必须在巡回法官面前回答一系列问题。例如，有哪些土地继承人尚未成年，应当交由国王监管？又有哪些土地没有继承人，所有权应当被国王收回？所有此类问题都属于国王之诉案件范畴。这些问题（称作"巡回法庭调查事项"）随着巡回法庭一次又一次的到访变得越来越多，渐渐涵盖了地方官员的渎职行为，不管是王室官员，还是男爵任命的官员。巡回法庭成了国王手中维护王权地方权益的有力武器。

尽管亨利采取的措施具体是如何实施的，仍不得而知，但这些措施似乎的确带来了一系列重大转变。在过去，神明裁判是审理案件的终极手段，庭审时，会先尽量查清事实，实在无法核实的，再让双方赌咒发誓；而现在，神明裁判却取代了其他用来判定被告人是否无辜的惯用方法。不过，处罚方式却还是绞刑。在亨利统治时期，神明裁判既可以是烙铁审，也可以是水审，但无论采用何种方式，理念上均为让上帝做出裁定。进行水审时，先把被告人的双手双脚绑好，然后将其放入足以没顶的水坑。如果沉入水下，则认为被告人被上帝拥抱，所以无罪；如果浮起，则认为被告人遭上帝唾弃，所以有罪。教会是此类审判的主持者。1215 年，第四次拉特兰会议禁止教会成员参与神明裁判后，陪审团审判制度才取而代之。在此之前，英格兰的司法体系出现了两极对立的怪相：亨利新创立的民事诉讼程序以理为据，令人信服，但刑事诉讼程序却仍然蛮不讲理。在起诉方式方面，呈案陪审团得到普及后，似乎取代了由郡督、地方政法官发起诉讼的方式，但个人诉讼却没有受到影响（亨利本意如此）。至于这些措施究竟是否更利于对法律与秩序的维护，就不得而知了。从 13 世纪时的数据来看，这些措施的效果并不理想。不过可以肯定的是，巡回法庭倒是为国王聚敛了大量财富：13 世纪 40 年代，一次全国巡回审判产生的收入超过了 2 万镑，而巡回法官则按时提交报告，汇报各自的入账情况。在巡回审判产生的收入中，有 2/3 是由国王之诉案件产生的：呈案陪审团隐瞒不报或是弄虚作假缴纳的罚金；百户区缴纳的连坐罚款；被判有罪之人或沦为法外之徒之人的财产罚没，每笔罚金看似不多（毕竟绝大多数罪犯都很穷），但积少成多。尽管一直以来，国王都有权获取因国王之诉案件而遭罚没的财产，但 1166 年，亨利仍然特意强调罚没的财产应当归国王所有，之后采取措施，确保钱财能落袋为安。

涉及国王之诉案件的巡回审判横征暴敛，很快就引得民怨沸腾；相反，涉及民事案件的巡回审判却深得民心，而英格兰的司法体系在这个领域取得了重大突破。亨利二世与亨利一世的巡回法庭制度之间最根本的区别在于一系列名为法律救令的全新法律程序，而救令也形成了普通法法律体系的核心。在新出现的法律救令程序中，最为重要的两种分别为死去先人占有权令（mort d'ancestor）、新近强占令（novel disseisin），前者是遗产继承权遭剥夺的自由民用来维权的手段，而后者则是未经正当审判程序，就被他人非法侵占财产的自由民的维权手段。上述两种敕令的关注点都不是土地所有权的最终归属（至少在初审中）。新近强占令关注的焦点是，原告是不是未经法庭审判就被剥夺了土地所有权，而不是原告到底是不是土地的正当所有人。土地的最终归属权应当由另一种全新的法律程序裁判，即大敕令。（相对应的，死去先人占有权令、新近强占令等类似法律程序都称作小敕令。）英格兰于 1176 年开始实施死去先人占有权令程序，于 1179 年开始实施大敕令程序，而新近强占令程序最终可能几年后才在全国实施。不过重要的是，所有法律敕令程序在亨利二世统治末期都已经建立起来，并且运作方式也收录进了《格兰维尔》。

与大敕令纷繁复杂的程序不同，小敕令执行程序相似并且简单明了。以新近强占令为例，原告被剥夺土地所有权后，既可以亲自向国王申诉，也可以找人递送诉状，在得到由大法官法庭以国王的名义出具的令状后，便可启动新近强占令程序。如果国王不在国内，那么令状就会以首席政法官的名义出具。令状以案件所在地的郡督为对象，命令他召集 12 个拥有自由民身份并且遵纪守法的臣民组成陪审团，调查涉案土地的具体情况，在巡回法官到访时，指明原告是不是未经正当审判程序就被他人非法剥夺了土地的所有权。郡督还应将令状原件交还给法官（此类令状因此被称为"回呈令状"），法官阅后，便可了解案件的来龙去脉。陪审团应当在规定的日期给出裁定结果，而如果原告的确是非法侵占的受害者，法官就会宣判原告胜诉，并以国王的名义发布令状，命令郡督帮助原告恢复地产的占有权。在后来的实践中，原告还会获得损害赔偿。

当然实际运用中也会遇到问题。郡督有可能办事效率低下，而陪审团则有可能贪赃枉法。由于国王和首席政法官大多逗留在英格兰南部，所以原告的居住地越靠北，获得原始令状的时间和金钱成本就越高。是否运用这些新的法律程序完全是自愿的，而越来越多的人开始使用它们，则反映出它们是多么有价值。的确，这些敕令程序解决的问题是一个以土地所有为基础、土地纠纷频发的社会的核心问题。斯蒂芬统治时期，英格兰所有争斗的主题都是土地的占有与继承。而亨利时期人们有了新的方式去解决纠纷，不用再担心争议各方因私了而引发腥风血雨。所以，新的法律程序远胜于旧有程序，即便缺乏足够的证据支持，事实也的确如此。新法律程序的特点如下：

围绕占有权、继承权的法律诉讼自古有之，但亨利推出的每一个新敕令程序，都能以向陪审团发问为手段，明确定义诉讼需要解决的问题。甲是否未经正当审判程序，就非法侵占了乙的地产？甲死亡时是否拥有地产的"完全处置权"？乙又是否是甲的第一顺位继承人？所以说，原告很清楚不同类型的程序所关注的焦点是什么，哪一个符合他们的需要。同样，陪审团也很清楚应当以什么为依据做出裁判。

亨利推行的民事诉讼程序进一步强调审判的时效性，而《格兰维尔》明确强调各种法律敕令程序的处理速度，其中对新近强占令程序的控制尤其严格，规定不接受被告方以任何理由缺席庭审，以及无论被告是否到场，陪审团都应当当庭给出裁决结果。

有关由陪审团依照证据给出裁决，为了进行对比，《格兰维尔》特意以过去时常用来解决土地纠纷的决斗审判为例，显示新程序的合理性。

案件由国王派出的法官审理，而不是由郡法庭或大领主法庭审理。当大领主强占他人地产或剥夺他人地产继承权时，这一程序的优越性就体现出来了。与过去相比，国王的法官的作用也变得更为重要。亨利一世统治时期，审理民事案件时，巡回法官仅为审理过程的主持者，最后的审判权仍然掌握在郡法庭的出席者手中。到了亨利二世统治时期，法官获得陪审团的裁定后，有权对民事案件给出最终裁决。正是由于敕令程序既排除了郡法庭出席者，又依据由郡督选出的陪审团做出的裁定进行判决，才令法官获得了案件审判权。此外，敕令制度在流程上高度统一，让法官可以制定标准化的程序规则（《格兰维尔》记录有大量此类规则），从而为普通法体系的形成做出了重大贡献——这在过去是不可能的，因为旧的郡法庭的法律程序过于复杂。

尽管自盎格鲁－撒克逊时期起，英格兰国王就通过发布令状委派陪审团审理民事案件，但在法律敕令制度出现前，国王发布审案令状属于格外开恩，有时甚至会索要大笔钱财。而在推出法律敕令之后，启动法律程序的令状不仅经常发放，而且价格低廉。后期历史的证据指出，每份令状的申请成本大概是 6 便士。当时普通劳动力的薪资水平为每天 1 便士，所以即使是最贫困的自由民也能够负担得起。低成本、易申请的令状（因此得名 de cursu 令状，意为"理当"的令状）让国王的司法权深入全国各处。

令状、郡督、裁判民事案件的陪审团，以及占有权、继承权、所有权，这些的出现都远早于亨利二世时期。亨利一世就曾下定决心，要监管私设法庭的审理过程，必要时还将剥夺其审案权限。然而，若想将上述一切因素结合起来，形成极其实用的法律程序，则必须得有超凡的创造性思维才行。而"实用性"思想贯穿于亨利二世的整套行政体系中。《国库对话》的作者就表示，自己在书中不会空谈理论，而是写些真正有实用性的东西。同样，《格兰维尔》中在提到大敕令时，也要求法官让大敕令变得"更有用、更公正"。实用性与公正性密不可分，敕令程序的许多重要特征也正是由此两点引伸而来：比如，众多敕令程序管理规则；又比如，到了亨利二世统治末期，法官都会将自己审理过的法律敕令案件记录在案，从而形成审判记录卷档的前身。

亨利的法律体系能够运转顺畅，法官的作用不可忽视，尤其是他那支不足 20 人的核心法官团队，他们要么经常参与巡回审判，要么长期坐镇国库，有时甚至两者兼顾。这些人正是亨利背后助其推动司法改革的智囊团。在这支团队中，有差不多一半是从事文书工作的教士，还有三人是大学导师。像贝克特与王权间的矛盾一样，如果不结合当时欧洲学术发展的大背景，就无法真正理解为何英格兰的司法体系会在亨利二世统治时期突飞猛进。对罗马法的深入研究不仅让法学界厘清了所有权、占有权这两者间的区别，还令《格兰维尔》得以沿用其刑事诉讼、民事诉讼的分类方法。无论是《格兰维尔》的成书，还是审判记录卷档的产生，都是英格兰司法界开始注重对法律案件分门别类、记录归档的结果。在获得学术知识的同时，由于出现了更多拥有世俗背景的法官，英格兰法学界还获得了大量的实践经验。雷纳夫·格兰维尔出身萨福克的骑士家族，他的父亲长期参与地方法庭的审理工作。格兰维尔本人也先后担任数郡郡督（他还在 1174 年俘获了苏格兰国王），之后屡屡受国王委任担任要职，最终官至首席政法官。

据迪斯的拉尔夫记载，亨利二世十分重视法官的选任；他可

能还与法官们共同商讨新的民事诉讼过程。(据沃尔特·马普所言)
亨利在解决棘手的诉讼方面也表现出了高超的技巧，还与大臣讨论
特许状的准确措辞，又找到解决法律问题的妙招。亨利始终致力于
维护国家和平与司法公正，对英格兰刑法、民法的发展做出了重大
贡献。在纽堡的威廉笔下，亨利在惩处犯罪、维护和平方面"兢兢
业业"，是"神的最称职的公使"。迪斯的拉尔夫则视他为"英格兰
人之父"，"为维护公序良俗呕心沥血"，"致力于让每一位臣民都
能享受司法公正"，而他制定的敕令制度实现了这个愿景。《格兰维
尔》称大敕令为"普济众生的皇恩"。亨利当然明白，司法是盈利
利器，但这并非推行法律敕令程序的主要动机。臣民为申请令状所
缴纳的费用并不多，且都由大法官而非国库接收；法庭罚款的金额
固然可观，但也绝对算不上财源滚滚。

　　不过，敕令程序有助于增强国王的权势，而这正中亨利的下
怀，因为与外祖父亨利一世一样，他也想与下属封臣建立直接的臣
属关系，并管控领主的私设法庭和司法管辖权。如果围绕占有权或
继承权的纠纷，发生在隶属于同一位领主的两位下属封臣之间，或
是在领主与下属封臣之间，那么下属封臣都可以利用新推出的敕令
程序，摆脱领主设立的大领主法庭的限制，直接把案件上诉至国王
的法庭。此外，国王还可以通过让下属封臣成为敕令程序下陪审团
的一员，来建立与他们的直属关系。不过，尽管亨利肯定乐于看到
越来越多的此类案件被上诉至国王的法庭，但他的目的却并非要颠
覆领主的司法权限，而只是要对其加强管控。如果说新近强占令是
专门针对强占下属封臣领地的封建主，那么这意味着下属封臣应先
在封建主的法庭接受判决后再上诉至国王的法庭。《格兰维尔》中
的规定，也说明亨利的目的在于监管而非颠覆领主的司法权：即任

何人想要向封建领主法庭发起土地所有权诉讼之前，必须先向国王申请"所有权令状"，而令状的目的则是命令封建主秉公审理，并且声称，如果封建主有失公正，国王就会主持公道。

《格兰维尔》的编写者颇以书中记载的法律程序为傲，但恐怕编者本人都没有料到，《格兰维尔》推行的法律程序会获得如此巨大的成功。威尔特郡1194年的巡回审判记录是现存最古老的审判记录，其中共记载了14起新近强占令案件、14起死去先人占有权令案件。而在该郡1249年的巡回审判记录中，此两类案件的审判数量分别上升至105起、109起。其他各郡的审理数量也出现了类似的增长。敕令程序不仅广受欢迎，还被广泛应用到了许多程序类似的诉讼中。《格兰维尔》的编写者指出"各类令状可以处理不同类别的法律问题，简单易行"，从而为普通法指明了未来前行的方向。此后，司法逐渐被视为一系列独立的法律程序，每一种程序都必须由对应的"原始"令状发起。《格兰维尔》成书时，英格兰司法领域就已经拥有15种此类令状，而到了1272年，令状的种类更是超过了65种。

敕令程序之所以能大获成功最核心的原因是，令状使基本上处于男爵阶层之下的所有臣民都拥有了更强大的法律武器。利用令状发起诉讼的原告有的来自乡绅阶层，有的是在百户区法庭担任陪审员的地位普通的下属封臣，还有的来自自由农民阶层。此类案件涉案的土地面积通常都很小：1240年，巡回法庭在萨福克审案时，在所有有据可查的涉案地产中，面积不到4公顷的地产占到了总数的60%。最重要的是，越来越多的人利用国王制定的法律程序将案件上诉至国王任命的法官处接受审理，不仅拓宽了王权的管辖范围，增强了司法体系的实用性，更是为王权政府的发展奠定了基础。1215 年的《大宪章》谴责了安茹王朝国王的大部分所作所为，唯独对亨利二世推出的小敕令程序赞誉有加。

不管亨利本意如何，但从长远的角度来看，施行敕令程序势必会削弱男爵对下属封臣的控制力。尽管早在亨利一世统治时期，下属封臣有时就会挑战和蔑视大领主法庭的司法权，但此时他们可以更容易做到这一点。死去先人占有权令并没有为下属封臣确立领地世袭继承权（许多领地在诺曼征服后就是世袭继承的领地），但这一纸令状必然增大了领主否定下属封臣拥有世袭继承权的难度。同样，新近强占令也使领主不太愿意通过没收领地来惩戒下属封臣（因为领主必须要先在自己的法庭进行繁复的庭审，之后下属封臣还会利用新近强占令继续上诉）。沃里克伯爵在没收下属封臣克拉弗登的理查德（Richard of Claverdon）的领地时，尽管未雨绸缪，让自己的大领主法庭审理了案件，但理查德还是在 1221 年巡回法庭到达考文垂后发起上诉，而法庭不仅判理查德胜诉，还判伯爵缴纳 27 镑的罚金。《大宪章》中的一则条款规定，国王不得使用一种名为原令状（praecipe）① 的令状，从大领主法庭夺走案件的审理权，可见封建领主对国王的司法干涉非常不满。尽管如此，13世纪"封建"司法管辖权仍然在司法领域举足轻重，且依旧是男爵阶层权势的重要支柱。亨利及其两个儿子在位时，对男爵们（至少是那些不得势的男爵）来说，敕令程序带来的更严峻的问题是，当他们彼此间需要对簿公堂时，却无法享受到敕令程序所提供的低成本、定期审理、过程标准的诉讼程序。这是因为，作为直属封臣，

---

① 用来发起特定种类案件的审理程序的令状，作为对敕令法律程序的补充，比如"亡夫遗产原令状"。

男爵应当接受国王的直接司法管辖，所以阶层内部的诉讼案件必须由国王亲自主持。尽管案件最终应由与男爵"身份相同"之人来裁决，也就是社会地位与他们相同的其他男爵，但国王在最终裁定前还是可以设置各种陷阱来干涉审判。这在一定程度上解释了为何世人对亨利的评价褒贬不一。一方面，臣民们夸赞他为司法公正鞠躬尽瘁；另一方面，他们又谴责他靠司法牟利，故意拖延司法审判。有如此大的反差是因为存在两种情况：一种是常规案件，涉及的是所有非权贵臣民；另一种是权贵间的纠纷，亨利将"正义"当作一种恩赏，不仅可以用金钱来换取，而且（只要形势需要）还可以拖延或者拒绝审理。亨利在解决斯蒂芬时期遗留的男爵之间的纠纷时，就表现出了明显的偏好。他的继任者也如法炮制，所以最终遭《大宪章》的约束。

如果说男爵阶层无法成为敕令程序的受益者（至少在他们彼此发生纠纷时是这样），那么部分农民阶层也是如此。亨利二世的这些司法措施产生的结果之一，就是令农民阶层中一部分人的法律地位一落千丈。亨利推出的敕令程序令自由民、非自由民这两种身份间出现了难以逾越的鸿沟，而这一切则都是因为国王任命的法官认为敕令程序不应成为靠提供工役换取土地使用权的农民与领主对抗的手段。为此，法官将这一部分农民看作不自由的佃户，然后规定只有自由民才能使用新出台的敕令程序。非自由民遇到的一切与土地和封建义务相关的纠纷，都只能接受封建主的司法管辖（封建主不能处死佃户和施以肉刑）。不管亨利是否有意为之，敕令程序只对自由民佃户开放的规定，似乎是对封建主无法享受敕令的补偿。而对相当大一部分的英格兰人来说，普通法根本不普通。

在当时的法律评论家看来，将非自由民排除在外完全不会产生问题，甚至可以看作是顺理成章的决定。而女性当然也不能在法律上与男性平起平坐，即便是女性自由民，甚至是贵族女性。13世纪，"普通法"逐渐变成了英格兰人挂在嘴边的词语，而他们口中的"普通法"指的是拥有统一的形式和普适性，适用于全国的法律程序。这些具有"普适性"的法律和王室法庭的惯例都被记录在《格兰维尔》中，从而得到官方的认可，而其他所有法庭（郡法庭、百户区法庭、私设法庭）的法律程序则未被收录。这部法典的编写者表示，这是因为其他法庭的程序过多而无法一一收录。盎格鲁－撒克逊时期，王权垄断了对重罪的裁判权，而到了盎格鲁－诺曼时期，巡回法庭、封建土地保有制惯例陆续出现，这些都为普通法的出现奠定了基础。但直到亨利二世统治时期，普通法体系才真正成型。

＊　　＊　　＊

　　亨利宠爱儿子，很快便原谅了他们造反一事。正如迪斯的拉尔夫所说，亨利仍想把他们栽培成"大国领袖"，希望他们能驭民有术，除暴安良，歼灭来犯之敌。重新入主阿基坦后，理查着眼于镇压境内的叛军，立下赫赫战功。在布列塔尼，若弗鲁瓦（1181年与康斯坦丝成婚之后）获得了很高的自治权，主持了意义重大的行政改革。幼王①前往欧洲各地参加骑士比武，英勇事迹让父亲亨利赞不绝口。此外，他还参与英格兰国家政务，（在1177

---

①　指亨利二世次子，也名亨利。1170年他在父王生前被加冕为英王，故称幼王。

年）奉命出兵贝里（Berry），占领了战略位置十分重要的沙托鲁城堡（Châteauroux）。12世纪70年代末，在夺取了昂古莱姆伯爵领（Angoulême）之后，亨利看上去坚定如昨。就像他对幼王所说的那样，在他独坐王位之时，从未失去半分权利，如今有儿子和他一起统治，失去这些权利是可耻的。

然而，在生命的最后10年中，亨利的态度转而变得平和。他宣称将不再以非宗教原因任命高级教士，而是任命道德高尚、不畏权贵的加尔都西会修士阿瓦隆的休（Hugh of Avalon）为林肯主教。据纽堡的威廉记载，亨利越来越讨厌战争，竭尽所能避免战端。然而，树欲静而风不止。1183年，亨利与幼王再生嫌隙，理查也与这位幼王兄弟渐生不睦，导致暴力冲突，直至该年6月11日幼王骤然离世，双方才停战。若弗鲁瓦去世后，他与妻子康斯坦丝之子、未满周岁的亚瑟成为布列塔尼的继承人。至此，亨利身边只剩下了理查、约翰这两个儿子。理查想让亨利指定自己为英格兰、诺曼底、安茹的继承人，但亨利早前吃尽了幼王带来的苦头，不愿重蹈覆辙让理查接替幼王之位——除非理查愿意将阿基坦让给弟弟约翰，但他拒绝了这一请求。

如果没有法国国王搅局，亨利也许能控制得住这场王室之乱。然而，现在他所面对的是一个危险而又陌生的对手。路易七世于1180年去世，继承王位的是年仅15岁的腓力王子，也就是后来的腓力二世·奥古斯都。腓力诡计多端，为达目的不择手段，继位之后的主要目的十分明确：在增强权势的同时削弱亨利二世及其继任者的权威。而眼下他要做的是，挫败亨利二世染指贝里的企图，收复日索尔和由诺曼底管辖的韦克桑。到了1223年，腓力二世终于令安茹帝国土崩瓦解。腓力自然会想到通过支持理查的诉求来削弱亨利的权势，而当时发动十字军东征的呼声满城风雨，眼看着就要令欧洲的政局发生剧变，推动腓力实施这一策略。

亨利二世对十字军东征的态度一向是支持但不参与。尽管他为坚守圣地的基督教力量提供了大笔资金支持，却不愿亲自挂帅东征，即便是耶路撒冷牧首在 1185 年当面相求，他也无动于衷。两年后，萨拉丁（Saladin）在哈丁战役（1187 年 7 月 3 日）中全歼基督教军队，同年 10 月乘胜攻下圣城耶路撒冷。这时，亨利再也坐不住了，他和理查王子、法王腓力一样，宣布参加十字军。然而，理查想在出发前让父亲敲定王位继承人。交涉未果后，他公然与父亲决裂，加入了腓力的阵营。腓力在 1188 年 11 月承认了理查是安茹帝国的继承人。1189 年 5 月，理查、腓力将亨利赶出勒芒（他的出生地），7 月初，两人迫使他做出有损威严的让步。亨利誓要惩罚在关键时刻弃自己而去的叛徒（就连约翰也倒戈了）。然而，此时的他身患溃疡，毒贯全身，在撤退到希农之后，于 7 月 6 日去世。几天后，运送遗体的船只沿着维埃纳河流（the Vienne）航行到凤弗洛（Fontevraud），那里的修道院修女代为安葬遗体。

在神职文书看来，亨利之所以不得善终，是因为他先迫害了贝克特，后又对十字军东征推三阻四，受到了上帝的惩罚。其他群体也对亨利心存怨恨，其中既有得不到普通法保护的农民，又有受到不公正对待的权贵（至少这些权贵是这样认为的），还有不计其数的森林法受害者。尽管如此，包括迪斯的拉尔夫、纽堡的威廉、科吉舍尔的拉尔夫在内的编年史家还是对亨利赞誉有加。迪斯的拉尔夫常常写到，亨利在确保英吉利海峡以南的疆土——南起比利牛斯山脉，北至布列塔尼北岸，以大西洋为西界，向东延伸至法国边境——和平安定之后，会安心地返回英格兰。"只要亨利国王一点头，全体臣民的命运似乎都会有所响应。"亨利是一位呕心沥血的国王，他收复失地，重塑王权，恢复和平与秩序，建立了普通法。但是，他的继位者完全是另一副模样。

第八章

"狮心王"理查（1189—1199）与"狮子"威廉

理查一世——塞浦路斯的征服者、享誉天下的十字军战士（"狮心王"是理查在世时赢得的尊称）——在位 10 年，在英格兰待了不到 6 个月。理查参加了十字军东征，之后与法国国王数次交战，使他无法在英格兰亲政，就此埋下祸根——最终在约翰王统治时期引发 1215 年大叛乱，催生出《大宪章》。同样，理查的统治也对安茹王朝更大范围的疆土产生了影响。诺曼底的防御被削弱，这成了 1204 年诺曼底落入法王之手的前兆。苏格兰在威廉国王的领导下恢复独立。威廉的"狮子"称号虽是后人追尊，在当时看来的确也是实至名归。

理查时而平易近人，时而令人生畏，全凭所待何人、所处何事。他在议会上专断蛮横，在疆场上所向披靡，善用谋略、战术，懂得用兵，明知有生命危险，还一心想着身先士卒。1198 年，在日索尔城外，理查不顾劝诫，仅用一杆长矛就将 3 名敌方骑士打倒，之后命人在帝国各处宣扬自己的壮举。用纽堡的威廉的话来说，理查"的确是个凶悍的人物"，在迪韦齐斯的理查德（Richard of Devizes）看来，理查身边还有一位"无与伦比的女帮手"——太后阿基坦的埃莉诺。在回英格兰加冕之前，理查就已发出函令，要求释放埃莉诺。此时的她年近七旬，但没有返回普瓦图，而是回归政坛，一边释放遭亡夫关押的犯人，一边接受各方向她和儿子理查的效忠。理查将大量的土地划为亡夫遗产供埃莉诺享用，其中有一部分是本应当属于英格兰王后的领地（如埃克塞特）。埃莉诺在安茹帝国的内政外交中扮演着举足轻重的角色，有时还肩负英格兰摄政之职。尽管她在理查面前为幼子约翰说情，但她一向以理查的利益为重，因为她手中的权力都仰赖于理查。

理查继位之后，他与法王腓力二世暂罢干戈，双方决议共同参与十字军东征，所以理查没有多费周章，就获得了安茹帝国欧洲大陆的部分疆土。1189 年 8 月 13 日，理查登陆英格兰，9 月 3 日完成加冕，12 月 11 日扬帆离去。在这短短的 3 个月间，他视准备东征为头等要务。对理查来说，地中海并不遥远，他的妹妹早就嫁给了西西里国王，而耶路撒冷王国的数代国王更是曾祖父安茹的富尔克（Fulk of Anjou）的后代。对于自感罪孽深重的理查来说，参加十字军可以使所有罪孽得到赦免，这种精神上的解脱对于理查是远胜于其他一切的。正如圣伯尔纳铎所说，十字军不是要与基督教徒同室操戈，而是要去诛伐异教徒，所以它是理查展现军事天赋的舞台。而且，此次东征关乎十字军参加国的存亡和耶路撒冷的光复。

理查以基督教大义为重，赢得了极高的声望，但他也不是不顾帝国疆土的安危。1190 年，就在挥军东去之前，理查前往阿基坦各地巡视防务，并且与纳瓦拉（Navarre）国王之女贝伦加丽娅（Berengaria）订下婚约，从而巩固了公国的南部边境。同时，他采取措施，防止苏格兰国王威廉、威尔士的统治者趁机作乱。在英格兰，理查任命了 5 位老到的大臣，让他们组成摄政委员会；为了确保其中一位摄政威廉·马歇尔的忠诚，理查将理查德·菲茨·吉尔伯特（"强弓"）之女嫁给他，让他成为在爱尔兰、威尔士、诺曼底三地拥有大片领地的男爵。不过，理查的首要目标还是要为东征筹集军用物资。在英格兰，他收钱让人做治安官，将亨利二世以监护为由索取或没收的领地售卖给继承人、索求者。这些措施成效显著。据 1190 年国库卷档记载，该年国库的收入为 3.1 万镑，比 1188 年整整多出了 1 万镑。然而，如此聚财的代价也不小。一时间，英格兰的中央政府尽是兔头麕脑之人——达勒姆主教休·德·皮塞仅因为出价最高，而并非"秉公执法"便谋得了首席政法官之位；这位新任政法官更是与伊利主教、担任大法官的理查的门客威廉·朗香（William Longchamp）矛盾不断。此外，理查对弟弟约翰的过分宠爱也埋下了祸根——约翰甚至要求兄长指定自己为安茹帝国的继承人。理查虽然断然回绝，却试图以恩赏安抚心存不满的弟弟；当时，约翰已经是爱尔兰领主、莫尔坦伯爵，但理查仍将伊莎贝拉嫁给他，令其借这桩婚事获得格洛斯特和格拉摩根两地的领主权。尽管此桩婚事在亨利二世时期就已提上议程，但亨利绝不会额外赠予约翰 6 座城堡和全权控制英格兰境内 7 个郡县的权利——而在理查"赐婚"之后，上述七郡就在记录国库收入的主要文件国库卷档中消失了。

纽堡的威廉指责理查分裂王国，不体恤治下臣民，这些批评反衬出前任国王亨利的确称得上是治国有方。豪登的罗杰痛斥国王"不论郡县、郡督之职，还是城堡、庄园，一切都要待价而沽"。然而，即便有顾问官敢于劝谏理查不要随意放弃王权的财产，理查也只是嗤之以鼻，称"要是能找到买主，就连伦敦也照卖不误"。他认为这些只是为了解一时之急，所以在 1194 年回国之后，他便收回了大量出让的利益。毕竟，他的目标和处境与父亲亨利不同。早在主理阿基坦公国事务之时，理查就已习惯分权统治的形式，而且理查继承的王国富足、安定。与其劳神费力地恢复中央集权，不如将国王的权力作为筹码，安抚弟弟约翰，还能换取东征的军费。况且，十字军东征的确为理查带来了多方面的胜利。"理查国王前往圣地之后自始至终未曾有过败绩，令大片土地摆脱了与基督为敌的异教徒的统治。"科吉舍尔修道院的院长拉尔夫概括了理查东征的成就。

1190年9月，前往巴勒斯坦的理查到达西西里。他立即卷入了一场关于他的妹妹琼的权力斗争。琼是西西里最后一位诺曼国王的遗孀，并在此过程中占领了墨西拿城。之后，理查与西西里的新任国王坦克雷德（Tancred）达成和解协议，理查指定布列塔尼的若弗鲁瓦之子、自己的侄子亚瑟为继承人，并同意让亚瑟娶坦克雷德的女儿为妻。理查知道这样的安排必定会严重冒犯约翰，但这为东征换来的资金与军事支持显然更为重要。在西西里过完冬天之后，理查于1191年4月10日向东航行，5月底占领塞浦路斯，为十字军获得了军事价值颇高的阵地。6月8日，理查与法王腓力会合，共同围攻遭萨拉丁占领的阿卡城——前十字军王国最大的城市和最重要的港口。理查的参战令十字军士气大振，7月12日守军被迫开城投降。8月初，得知佛兰德斯伯爵去世的消息后，腓力率军返回法国，主张对阿图瓦伯爵领的主权。理查猜到腓力回国后会惦记安茹帝国在欧洲大陆的疆土，但他没有打道回府的想法。这充分说明了两位国王不同的侧重点。迪韦齐斯的理查德曾说过，若是把理查比作一只猫，那腓力就像是猫尾巴上系着的锤子……

理查在圣地又征战了1年零2个月，两次率军逼近到距离耶路撒冷只有 20 公里的地方，但都因为军备不足，最后只好悻悻而归。尽管如此，理查还是将十字军王国的疆土向南延展，尤其以对雅法（Jaffa）的攻占和驻防，让十字军王国的历史延续了数百年。另外，理查还将外甥尚帕涅的亨利（Henry of Champagne）扶上耶路撒冷的王座，将塞浦路斯作为补偿，赠予王位的一位竞争者居伊·德·吕西尼昂（Guy de Lusignan）。吕西尼昂家族在该地的统治延续到 1489 年。没有哪位英格兰国王能在欧洲的政治舞台上施展如此大的威力。他的暴行与战功已成了坊间传说：据说阿卡一役，他就砍下了约 3 000 名战俘的头颅；他在关键时刻发动骑兵突击，一举打赢了阿苏夫之战；他跃入海中，率领骑士涉水登岸，解救雅法；他给兵败被俘的塞浦路斯统治者准备了银质镣铐，只为兑现自己不会以铁镣相待的诺言！

1191 年 10 月 9 日，理查从阿卡起航。约翰与腓力密谋分裂安茹帝国，迫使理查迅速归国。此行对理查来说却成了一场浩劫。地中海上风雨交加，沿岸敌军林立，他只得乔装打扮，改道奥地利辗转回国。12 月 20 日，他在维也纳郊外被俘，1192 年 3 月落到了神圣罗马帝国皇帝亨利六世（Emperor Henry VI）的手中。亨利借妻子之名[①]，想从理查的盟友坦克雷德手中夺取西西里，开出了 10 万镑的天价赎金，准备把这笔巨款用作征服西西里的军费。

理查滞留国外时，由他任命的英格兰留守政府无力稳定政局。犹太人成了最大的受害者，生命和财产在 1190 年遭遇一系列重创。

纽堡的威廉声称，亨利二世庇护犹太人是善政下的一处败笔，这也是当时英格兰社会的普遍观点，十字军东征的热潮令英格兰民

---

① 亨利六世的妻子是西西里国王罗杰二世（1095—1154）的女儿。

众与犹太人之间的矛盾愈发尖锐。当时，犹太人住着高屋大宅，本就令英格兰人眼红。当他们向犹太人借款时，对方又凭借高利贷获利，激起了英格兰人的仇富心理。在当时的英格兰，高利贷具体形式多种多样，以威廉·凯德为代表的基督教资本家都用过。周利率一般是每镑本金1—2便士，换算成年利率相当于22%—44%。利率既可以从借款合同的签订之日开始算，也可以作为惩罚条款（教会往往更偏向于这种形式），从还款到期日开始算。大部分借贷是短期的，周期为一年；通常以地产为抵押，结果有大量土地落入犹太人手中。无力还款之人甚至不惜将土地赔本出售给基督教教友，筹款还债。绝大多数借贷数额小，抵押资产少，占大头的是单笔数额较大的借贷（也是利息的最主要来源），从数十镑到数百镑不等，借款方多为骑士、男爵、教会组织，而这些权贵恰恰也是最能引起群情激愤的阶层。

宗教偏执又给这种怨恨带来了额外的影响：它认为犹太人不仅仅是异教徒，还是谋杀基督的凶手。1179年，第三次拉特兰会议强调，与犹太人接触会受到精神玷污。在欧洲，袭击犹太社区的暴力事件有愈演愈烈之势——比如，1171年5月，布卢瓦的犹太人就惨遭屠杀。"犹太人有罪论"的说法最初是从英格兰传出来的。传言犹太人有一种仪式，是把年幼的基督徒抓来钉到十字架上，戏仿昔日谋杀耶稣的暴行；这一传言出自1144年发生在诺里奇的所谓"小圣徒威廉"谋杀案，之后格洛斯特（1168年）、贝里圣埃德蒙兹（1181年）、布里斯托尔（1183年）先后出现过类似的"殉教故事"。十字军东征引发的宗教狂热让犹太人的境况更加危险。在发誓参加十字军的人看来，劫掠犹太人既能获得东征的经费，又能提前让异教徒尝到苦头。

1189 年之前，亨利二世王权好比一道坚固的防波堤，为犹太人挡住了英格兰臣民的仇恨。而理查继位后，这道堤坝土崩瓦解。理查加冕当天，伦敦城的暴民与周边城镇的观礼人群突然对伦敦的犹太居民烧杀抢掠。理查勃然大怒，但他的处罚力度不够。次年，在政法官皮塞、大法官朗香前往海峡对岸之时，金斯林、诺里奇、贝里圣埃德蒙兹、斯坦福德、林肯又发生了类似的暴行。对犹太人的迫害在约克达到了高潮。12 世纪 70 年代，犹太人在那里建立了社区，到 1189 年已经有约 150 人（包括男女和孩童），为首的是贝内迪克特（Benedict，在理查的加冕典礼上身负重伤）和乔斯（Josce）这两位财阀，二人在城中的宅院令人赞叹和嫉妒。著名的犹太学者茹瓦尼的约姆托布拉比（Rabbi Yomtob of Joigny）也是约克的居民。

纽堡的威廉对施暴者的背景和经济状况做了分析，指出这些基督徒受到了当地男爵、骑士的唆使，幕后黑手皆在犹太人那里欠下了巨额债务，多以土地为抵押物。成为帮凶的还有伺机劫掠的十字军，一名狂热的普雷蒙特雷修士，以及约克的教士、青年、劳工；约克城的权贵因害怕国王问责，不敢造次。住所被捣毁之后，犹太人躲进约克城堡避难，迫不得已将城堡总管拒之门外。这也难怪，毕竟约克的城堡总管理查德·梅尔比斯（Richard Malebisse）这位北方男爵向犹太人欠下了巨款。梅尔比斯开始围攻城堡。3 月 16 日，犹太历"大安息日"的前一天，城堡内已毫无希望。当晚，约姆托布拉比劝说族人，遵照本族先祖的方式自行了断：先由丈夫割断妻小的喉咙，再由约姆托布拉比割断在场男人的喉咙，包括乔斯和他自己的。一些不肯认命的犹太人企图靠皈依基督教求得一条生路，但在向围攻的基督徒投降后，也惨遭杀害。凶手心狠手辣，奸诈狡猾，他们前往约克大教堂，烧掉了保存在那里的所有"债券"，将他们与犹太人之间的债务一笔勾销。

约克大屠杀不仅令欧洲各地的犹太人群体惊惧不已，还催生出至少三曲希伯来语挽歌。1190年5月，朗香亲临约克平息动乱。对施暴者不是处以极刑，便是令其地产充公，并处以高额罚金。风波平定之后，犹太人重返约克，建立了13世纪英格兰富有的社区之一。对英格兰的犹太人来说，1189—1190年的事件只是一时的挫折罢了。英格兰人对犹太人的态度远没有这些事件中所反映的那么坚决。不可否认，哪怕是仁慈睿智的纽堡的威廉，也认为对犹太人的攻击，至少劫掠财产的那一部分，是上帝对他们嚣张自傲的惩罚。但是，迫害犹太人的基督徒同样罪不可赦。他们残杀犹太人的行为似乎与《圣经》中《诗篇》的指示相左："不要杀他们，恐怕我的民忘记"——圣伯尔纳铎的引用令《诗篇》的这一段深入人心，而迪斯的拉尔夫在记录屠杀犹太人事件时，也引用了这段圣诗。简言之，他们认为犹太人应当被留作耶稣受难的见证人，他们也是基督教可教化的潜在受众。如果他们被赶到穷乡僻壤，离群索居，那英格兰人迫切的借贷需求势必无法得到满足。实际上，犹太人经常与借款人和邻居维持着互信的借贷关系，因此他们才得以借用约克大教堂存放那些"债券"。

关键是，犹太人之所以能在英格兰立足发展，还在于他们背后有王权这座靠山。一直以来，犹太人及其资产一律归英格兰国王所有。到亨利二世时期，国王开始意识到可以随心所欲地向犹太人征税，让他们缴纳所谓的"领地税"。1186—1194年，犹太人向英王缴纳的领地税超过了13 333镑。国王还拿犹太人的遗产做文章。一旦有犹太户主去世，家属想要继承遗产（主要是一系列债权），就必须向国王缴纳一定数额的钱；或者，国王可以像对待林肯的阿龙那样，将死者的遗产据为己有，亲自收回欠款，这就意味着许多基督徒的债主最后都变成了国王。国王还能给犹太人扣上众多莫须有的罪名，加以重金处罚。1130 年，伦敦的犹太人因所谓的"谋杀了病患"，被罚没 2 000 镑。然而，国王越是压榨犹太人，犹太人就越是压迫基督徒借方，国王此举也承担了不小的政治风险。不过由于利润巨大，国王也完全有理由保护其来源。因此，王室城堡就成了犹太人危难之际的避难所。犹太人之所以扎根城镇，一为赚钱，二为保命。

1189—1190 年的反犹浪潮结束之后，英格兰中央政府建立起新的制度和程序，在盘剥犹太人的同时也提供保护。林肯的阿龙去世后，国王将其名下的债权据为己有，还专门任命了一批官员，负责回收债款，冠之以"犹太事务司法官"的官衔。从 12 世纪 90 年代起，专案法官的职权范围逐渐扩大。他们与国王指定的犹太人（首领被称为"大司祭"）一起帮助国王向欠债的基督教徒追债和向犹太人征税。此外，专案法官还有权命令郡督帮犹太人收取欠款，并负责犹太人对基督徒的诉讼，减少了地方法庭对基督徒的偏袒。13 世纪，这些司法官所组成的机构实际上已成为国库的分支机构，得名"国库犹太人署"。1194 年，中央政府开始监管各地的犹太人借贷业务，部分原因是为了防止 1190 年的"销毁借贷凭证"事件再度发生。此后，借款合同的签订及到期借款的偿还，都必须在六七座指定的城镇中执行，并由两名基督徒、两名犹太人以及中央法庭派出的文书到场监督。每座选定的城镇设有一个文卷柜（archa），专门用来存放"债券"副本，而另一份副本则由贷方持有。所有"债券"及其还款情况都有单独记录备案。这套监管制度几经修订（可实施的城镇很快增加到了17座），一直用到1290年犹太人被驱逐出英格兰为止。

理查长期在外征战，加上乱政频出，使得犹太人处于一场更为普遍的风暴中心。为了安抚约翰，理查给了他很大权力，之后却将亚瑟指定为继承人，让约翰怒不可遏。威廉·朗香不得不为理查收拾残局。1190年6月，朗香取代皮塞，身兼首席政法官、大法官两大要职。他还获得教皇任命，成为教廷使节。朗香才思敏捷、胆识过人，不仅对理查忠心耿耿，而且执政经验丰富，善于推陈出新。他最先以教廷发布的文件为蓝本，在特许状、令状结尾处增设条款，注明文件的发布日期。（此前，特许状、令状只会注明发布地点。）然而，朗香把理查的傲慢也学得淋漓尽致，没过多久就被唾骂为巴结主子的猢狲之辈，诺曼底的一介村夫，竟敢藐视英格兰的民风民俗——这也算是英格兰民族自豪感的萌芽！1191年夏，英格兰实际上已处于内战状态，代表中央政府一方的朗香派兵围攻林肯城堡，而加入约翰一方的女城主妮可拉·德·拉·海耶（Nicola de la Haye）率领士兵固守城池。最终，约翰与中央政府达成停战协定，该协定读起来像是两个独立国家之间的条约。到了9月，朗香因逮捕约克大主教杰弗里（亨利二世的私生子）激起公愤，遭到罢官后被驱逐出境。约翰成为理查认可的继承人。之后，英格兰政府由受多方认可的鲁昂大主教沃尔特接管。早在当年2月，理查便得知朗香的所作所为，当时就已做好换人的准备。

1191年末，腓力二世返回法国，带来了新的紧张局势。东征前，腓力还是理查的盟友；返回法国后，两人却反目成仇，直接原因是理查怠慢了腓力的妹妹艾丽斯（Alice）。艾丽斯自幼与理查订有婚约，为此还被送往安茹帝国的王庭接受教育，而腓力也曾许诺自己不会与妹妹、妹夫的子嗣争夺包括日索尔在内的诺曼底管辖的韦克桑地区。但是亨利二世却不允许两人完婚。现在，老国王已经去世，两人本可顺利结合，但理查娶了贝伦加丽娅为王后。这是出于一定战略意图的政治联姻。理查这边刚与艾丽斯解除婚约，那边便火速成婚，解约的理由则是艾丽斯曾是亨利二世的情妇。埃莉诺太后也极力反对理查与法国国王结亲，甚至亲自将贝伦加丽娅护送至墨西拿与理查相聚。理查虽然给出种种补偿，但腓力还是非常气愤。1192 年 12 月理查被俘，腓力将艾丽斯许给约翰（约翰可以与现任妻子离婚），并承认他对安茹帝国欧洲大陆疆土的领主权。约翰在英格兰谎称理查已经去世，要求继任为国王。

英格兰因有埃莉诺太后坐镇，政局尚且安稳。政权真正遭到侵蚀是在诺曼底，部分原因在于理查即位初期卖官鬻爵，对约翰大加封赏，导致英政府财政年收入降至 11 000 镑，几乎回落到了亨利二世刚继位时的水平，使得政府无法对诺曼底提供援助。理查曾无意间向腓力承诺，如果身后无继，就相让日索尔，结果日索尔在 1193 年 4 月不战而降。正如威尔士的杰拉尔德所说，"那座闻名遐迩、恢宏壮观的城堡"的城墙绵延 700 米（为诺曼底之最），其上矗立着亨利二世时期典型的八角形要塞，象征着安茹帝国王权，数公里之外都能看到，守护着帝国埃普特河沿岸的边境重地。如今，它却成了腓力二世控制诺曼底大片领地的重器。

局势危如累卵，解救理查是当务之急。英格兰王庭凑足了 10 万镑的赎金，于 1194 年 2 月 4 日为理查赎回了自由身。腓力二世向约翰发出警告："魔鬼已被释放。"3 月 14 日，"魔鬼"登陆英格兰，平息了叛乱。埃莉诺太后出面说情，理查不久便原谅了约翰。理查对弟弟的居高临下的态度（"器量不足，不足为王"），起码从英格兰的局势发展来看是明智的。然而，约翰在诺曼底留下的烂摊子就没那么容易收拾了。

＊　＊　＊

亨利二世去世后，里斯大人就起兵发难。理查审时度势，一继位便亲自前往伍斯特，接受威尔士南部诸侯的效忠，又派通过婚姻成为格拉摩根领主的约翰驰援遭到里斯围困的卡马森。此后，里斯抵达了牛津，但理查或是因为不愿屈尊接见里斯，或是由于政务繁忙无法抽身，最终没有赴约，惹得里斯愤然离去。早在亨利二世统治末期，里斯和他的儿子就反复出兵试探虚实，所以此次毫不费力就走上了战争之路。里斯占领了位于特侬瓦河西岸的圣克莱尔斯、东岸的基德韦利，切断了英军支援卡马森的海路。1192 年，里斯率军东进，围攻斯旺西。然而，他的几个儿子却在家族内部勾心斗角。长子格鲁菲德在伊斯特德特维势力强大，得其弟里斯·格里格（Rhys Gryg）的辅佐，但是继承权却遭到里斯次子迈尔贡（Maelgwn）的挑战，此人意气用事，却极具人望，（据《布鲁特》记载）是"（格鲁菲德）最为痛恨的人"。迈尔贡获得了另一个弟弟海韦尔·扎伊斯（Hywel Sais）的支持。1189 年，里斯将迈尔贡囚禁起来，到了 1194 年又成了迈尔贡的阶下囚。众子相争致使里斯 1192 年对斯旺西的围攻无果而终。尽管未导致手足相残，但是与 12 世纪四五十年代里斯与众兄弟同心协力，为德赫巴斯共御外侮形成了鲜明对比。

里斯也受到格鲁菲德的岳丈——威廉·德·布劳斯的阻挠，他是卡马森、斯旺西这两座王室城堡的总管。1191 年，威廉占领了瓦伊河以北的埃尔菲尔，将名下的拉德诺（Radnor）、比尔斯、布雷肯这三块领地连成一片。1195 年，他又占领了圣克莱尔斯，令已经失去基德韦利的里斯更加被动。里斯并没有就此罢休，先是在 1196 年放火焚毁了卡马森，紧接着进军埃尔菲尔，暂时占领了布劳斯家族修葺一新的佩恩斯卡斯尔城堡——威廉·德·布劳斯之妻玛蒂尔达·德·圣瓦莱里（Matilda de St-Valéry，十几年后遭到约翰王的囚禁，饿死在狱中）坚守城堡，英格兰人之后称这座城堡为"玛蒂尔达城堡"。次年，里斯去世。他的辉煌成就取决于他知道何时与英格兰政府合作，何时利用英格兰政府的弱点。长子格鲁菲德试图效仿父亲，立刻求见理查的代理人，要求英格兰政府承认自己是继承人。然而，格鲁菲德不久就被弟弟迈尔贡所取代。里斯子嗣间的内斗令德赫巴斯王朝元气大伤。

此时的圭内斯亦是四分五裂，让波伊斯南部（后来被称作波伊斯温文温）的统治者格温文温（Gwenwynwyn）趁机成为威尔士政治舞台的主角。他先是出兵帮迈尔贡从格鲁菲德手中夺走锡尔迪金，后又于 1198 年召集威尔士各地的盟友，围攻佩恩斯卡斯尔，企图将威廉·德·布劳斯赶出埃尔菲尔。然而，此时的形势与 12 世纪 90 年代早期已大不相同，在首席政法官休伯特·沃尔特的带领下，英格兰重新建立起稳定、资金充裕的中央政府。格温文温一败涂地，据传有超过 3 000 名威尔士士兵战死沙场。布劳斯家族对埃尔菲尔的领主权得到王权的认可；格鲁菲德因平乱有功，获得英格兰王权的帮助，在德赫巴斯复辟（但迈尔贡仍然占据着卡迪根）；格温文温企图效仿里斯的愿望终究没能实现。

＊　　＊　　＊

　　亨利二世去世后，里斯趁乱起兵，而苏格兰王威廉一世却选择与新王谈判。看着理查大甩卖，威廉意识到，橱窗中最值钱的商品正是苏格兰王国。理查东征心切，很快便与威廉成交。支付6 666镑之后，威廉不仅收回了贝里克堡、罗克斯堡这两座城堡，还摘掉了自1174年起扣在苏格兰头上那顶"英格兰附庸国"帽子。威廉再也不用去安茹帝国的王庭觐见英王，不用在加洛韦代行英王朝的地方政法官之职，更不用担心稍有违逆便被削爵夺地。正如梅尔罗斯的史官日后记录的那样，威廉让苏格兰王国摆脱了"被支配和奴役的重轭"。

　　"唉，为了那么一点蝇头小利，就将英格兰王冠上璀璨夺目的宝石拱手相让，实在可悲"，威尔士的杰拉尔德扼腕叹息。但理查不这么看。他虽少了一个藩王，却得到了急需的军费和一个可靠的盟友。1193—1194年，苏格兰国王威廉一世没有像20年前那样趁机入侵英格兰北部，反倒为解救理查筹措赎金。他并非不想收复北方的诸郡，但希望借助外交手段而不是诉诸武力。1194年，他与理查多次交涉未果。次年，情况有所好转，与理查达成一项重要协议，使诺森伯兰、坎伯兰、威斯特摩兰有了重归苏格兰的可能。因为理查承诺过，如果自己的外甥布伦瑞克的奥托（Otto of Brunswick）能够娶威廉的继承人——长女玛格丽特为妻，就会让出上述三郡。而理查此举意在助奥托登上苏格兰王位。奥托的父亲萨克森公爵"狮子亨利"（Henry the Lion）流亡后，奥托便在安茹帝国的王庭长大。虽然理查可能会为此付出王国分裂的代价，但正如J. C. 霍尔特（J. C. Holt）所说，在他的眼中，英格兰北部的疆土多半像位于比利牛斯山脚下的加斯科涅领地。

可实际上，这桩婚约始终未能履行，协议也没有达成。1198年，威廉的嫡子——未来继承王位的亚历山大二世（Alexander Ⅱ）降生。在南方尚不得志的威廉（他希望这只是一时之困）在北方却志得意满。北方的凯斯内斯紧邻彭特兰海峡（Pentland Firth），拥有沃土良田，居民大多为斯堪的纳维亚人，统治者是哈拉尔德·马达德森伯爵（1159—1206）。哈拉尔德娶了马尔科姆·麦克赫思之女，不仅在罗斯势力不可小觑，作为挪威国王的封臣还领有奥克尼伯爵领。他几乎从不前往苏格兰王庭拜谒国王，是一个危险分子。1195年，哈拉尔德失去设得兰，而苏格兰王权日益强大，在马里，克罗默蒂均设立了封建领地，这令哈拉尔德感到不满。1196年，哈拉尔德入侵马里，威廉为此在2年内先后三次北伐，不仅摧毁了他位于凯斯内斯北端的瑟索（Thurso）城堡，还将他的竞争对手封为凯斯内斯伯爵。然而，罢免哈拉尔德没多久，威廉便在1202年再次北伐时，接受了哈拉尔德2 000镑的贡金，准许其官复原职，这样做至少让威廉消除了马里的边患，而且在凯斯内斯树立了一定的威信。

威廉于1214年去世，在其统治末期外有欲壑难填的约翰王，内有死灰复燃的麦克赫思家族、麦克威廉家族，但他还是在经历1174年的丧权辱国之痛后，甩掉了"英王臣属"的帽子，还将苏格兰王权向北、向西扩展。威廉之所以获得成功，主要在于他对前任大卫王所创建的政府、政治架构进一步加以巩固与完善。

1185年、1189年，威廉先后收复苏格兰南部的几座城堡，爱丁堡恢复了大卫统治时期的"王城"地位，王庭巡游也延续了以往以东部核心疆土为中心的路线。威廉还扩大了大法官属下专职文书的编制（威廉在位期间有据可查的文书多达 12 人），命他们以英格兰的文件为蓝本，编写国王令状、特许状。12 世纪 60 年代，"吾王承蒙天恩"这样的字眼还极少出现在苏格兰王室颁布的各种令状中，到了 70 年代却成了固定用语。自 1195 年起，苏格兰王室的文件开始标注发布日期，应当也是模仿英格兰的做法。

威廉还沿袭了旧朝的土地分封制，通常受封者只需要提供一两名骑士，或一名服役人员。威廉共分封了 41 块领地，29 块位于福斯湾以北，其中尤以南起泰河，北至阿伯丁的区域领地分布最为密集。受封的主要对象依然是盎格鲁－诺曼人，从姓氏上便可一目了然：吉法德、伯克利、孟福尔、梅尔维尔，诸如此类。这使得威廉获得了骑士和城堡驻军，为原有的民兵军队注入了军事力量。威廉统治时期，郡督辖区的数量从 17 个增长到了 23 个——其中增设的几个郡督辖区，正是王权向北、向西扩张的见证。12 世纪 70 年代和 90 年代，马里境内和加洛韦境内分别出现了郡督；12、13 世纪之交，艾尔、奈恩、因弗内斯也出现了郡督。郡督为国王征收税费的方式也逐渐由实物转变为现金。现金收入的激增也与苏格兰境内城镇的出现不无关系，因为城镇居民都以付现的方式缴纳各类税捐。尽管苏格兰流通的多是英格兰货币，但威廉仍决定铸造货币，这样既能增强威望，又能增加货币供给量。1195 年，他在亨利二世 1180 年发行的"短十字便士"的基础上，设计并发行了全新样式的硬币。从威廉拿得出理查开出的 6 666 镑这件事可以看出：当时的苏格兰货币供给充足，而纽堡的威廉所提出的"苏格兰王权威胁论"并非空穴来风。威廉很可能还在国内征收了土地税，类似于英格兰已废除的贡金。

在大卫可能已将特定重大罪行纳入"国王之诉"的基础上，

威廉进一步强化了国王维护和平的作用。1197 年，再次受英格兰影响，他命令治下臣民立誓维护治安。他还规定（具体时间已不可考证）领主法庭审案时，郡督应当到场监审，确保审理过程公正，并暗示包括谋杀、强奸、抢劫、纵火等属于"国王之诉"范畴的案件，应当呈送至国王法庭。国王法庭很可能由郡督负责召集，由地方政法官审判，所以政法官时常要奔波在各郡间审案。洛锡安设有一名政法官，苏格兰福斯湾以北地区也有一名，加洛韦至少是在 12 世纪末才有的政法官。政法官也会审理民事诉讼案件，这与国王之诉审判制度的发展不无关联，显然也引入了类似于英格兰的"所有权令状"制度。

尽管纽堡的威廉大谈"苏格兰王权威胁论"，但苏格兰中央政府的行政力度和权力范围，都无法与英格兰政府相提并论——位于王国"内核"的郡督领地，以及王国"外围"的本地伯爵家族和新出现的大领主都是如此。苏格兰没有国库，此时普通法也还没有萌芽。相较于英格兰，苏格兰多数郡县很可能掌握在地方权贵手中。就以布鲁斯家族领有的安嫩代尔为例，虽然威廉在当地享有听审国王之诉案件的权利（用威廉本人的话来说，属于"君权"管辖范围的案件），但这是否在全国适用，或者说各地是否真的执行，就不清楚了。"外围"伯爵领很可能不会受此规定的约束，因为这些地区（也包括新出现的大领主领地）鲜少出现在苏格兰王庭的巡视名单上，各类政令和分封事宜也不涉及它们。为了笼络新贵，宽慰旧臣，威廉不得不采取这种放任政策，否则恐会点燃麦克赫思、麦克威廉家族的积怨之火。新老权贵阶层的和睦共处同样至关重要。威廉统治时期，主教和牧师之职仍由本土神职人员担任。邓巴的帕特里克（Patrick of Dunbar）、法夫的邓肯二世（Duncan II of Fife）

作为王国内部核心伯爵领的伯爵，同时兼任着国王顾问及政法官。尽管巴恩韦尔的史官指责威廉的王室推崇"法式"的奢靡生活，嫌弃苏格兰，但苏格兰本土贵族的"法国化"确实是不争的事实。加洛韦的统治者（乌特雷德之子）摈弃了凯尔特语名字拉克伦，常以"罗兰"自称，还喜欢与盎格鲁-诺曼人攀亲结友，不仅在格伦卢斯（Glenluce）建立了西多会修道院，还娶了理查德·莫维尔之女兼家族继承人为妻，更是拥有政法官的头衔（辖区大概是加洛韦）。在1200年去世前，罗兰已经将加洛韦与苏格兰王国紧密地联系在了一起。威廉治下的苏格兰王国政局稳定，而边境以南的英格兰则在安茹王权的高压下风雨飘摇。

* * *

1194年5月12日，理查重归欧洲大陆，再也没能返回英格兰。收复欧洲大陆的失地才是重中之重。英格兰的财力支持固然重要，但理查即便身在海峡对岸也能够获取。凡是有英格兰臣民渡海前来请愿，理查定会故意刁难，并借机敲诈一笔。他还将诺曼底国库要员——卡昂修道院院长派驻英格兰，以杜绝郡督贪腐之风，从而让英格兰政府保持警惕。当一道命令被延误时，理查马上威胁称要派雇佣兵队长梅卡迪耶（Mercadier）代为处理，还骂道："你们英格兰人真是懦弱。"

有谁能替这样一位君主管好英格兰呢？太后埃莉诺和王后贝伦加丽娅都难担此任，前者已经返回普瓦图，而后者从未离开过欧洲大陆。幸运的是，一次机缘巧合，理查看中了休伯特·沃尔特——这位善权谋、通权达变的政治家的确是不二之选。休伯特出

生于 1140—1145 年之间，是首席政法官雷纳夫·格兰维尔的外甥，
12 世纪 80 年代在国库任职。他是典型的忠臣形象，足智多谋、严
谨自信，不仅潜心编纂《格兰维尔》《国库对话》等著作，还推动
大法官法庭令状、特许状机制的改革。休伯特曾随理查东征，在理
查被俘之后，也是第一批去寻找他的人。1193 年 5 月，理查执意
晋封休伯特为坎特伯雷大主教，同年 12 月，休伯特又被加封为首
席政法官，直到 1198 年 7 月才自愿卸职。林肯主教休心地仁厚、
为人谨慎，劝说休伯特放弃政法权，专心履行神职。可实际上，休
伯特身兼二职反倒令教会受益。他虽锋芒毕露、暴躁易怒，但也宽
仁待下（允许修士们睡在自己的卧榻之侧）、敬谨事上，不仅调解
了休主教与理查间的矛盾，还在理查独断专行时谏言相劝。在宗教
事务方面，休伯特也是恪尽职守，主持了约克教省和坎特伯雷教省
召开的改革会议。

　　作为首席政法官，休伯特有一部分职责是维护治安和司法公
正。他可能参与了 12 世纪 90 年代将部分司法权从国库分离的改
革，并在威斯敏斯特另设"普通法法庭"，专门审理民事案件，这
座法庭后来得名"民诉法庭"。他还建立了存档制度，凡控辩双方
在国王法庭上达成的协议，均按照一式三份的形式记录，除双方当
事人各持一份外，余下的那一份留作"存根"，由政府保存，作为
此次判决的官方凭证。而获取官方凭证的利诱让控辩双方争先恐后
地提请国王法庭介入审理，哪怕双方已经达成协议，仍会发起诉
讼。从休伯特推行归档制度开始到 1307 年，英格兰国家档案局保
存的"存根"不下 4.2 万份，各郡存根数量与之相当，可见当时普
通法的推行并不局限于"伦敦周边各郡"：就"存根"数量而言，
约克郡稍微低于人口大郡诺福克。休伯特·沃尔特也加强了对刑

事司法体系的管控，1194 年在各郡分别下设三名骑士和一名文书，负责尸检调查和记录国王之诉案件，以供巡回法庭审理。验尸官一职由此而来。

国王设立巡回法庭的初衷之一，是为了增加财政收入，而休伯特令法庭业务激增，时常居功自满。只是与 1189 年之前零星的暴动起义不同，1194 年之后的战事军费飞涨，尤其理查还格外依赖雇佣兵。但是这并未难倒足智多谋的休伯特。他先是命各郡郡督在原有包税额的基础上，每年再多缴纳 700 镑，后又委任巡回法官前往各处王室直属领地收取领地税，尝试重新开征地税（收效不大），甚至委派专员（"没收吏"）盘剥"约翰党"的土地及权益。史学界认为，自 1194 年起，王权对英格兰的经济剥削上升到了新的高度，最终导致了《大宪章》的诞生。1201 年，科吉舍尔修道院的院长拉尔夫写道，1194—1199 年理查从英格兰榨取的钱财是以前历任英王远不能及的。拉尔夫认为，尽管理查在十字军东征期间战功显赫，但他的死实乃上帝的审判。实际上，按照国库卷档的记载，1194—1198 年，理查的年均收入为 2.5 万镑，与亨利二世末期的收入相差无几，但诺曼底没有再现亨利二世时期的迅猛发展。但这里包含了因支付理查的赎金而征收的税款，税率占到个人全部租金收入及动产价值的 1/4，是中世纪英格兰最重的税。此外，在国王收入中，来自王室领地、充公资产这类政治上不存在争议的收入占比越来越低。尽管他已收回了 1189 年让出的一些领地，但到约翰继位时，他转让出去的王室领地总价值仍有 2000 镑左右，与亨利二世寸土不让的态度截然不同。因此，理查不得不在其他方面动歪脑筋。1198 年，许多直属封臣的遗孀都是在上缴献金后才得以另结良缘，或是避免再嫁。显赫的男爵家族也在承受着不断上升的经济压力。亨利二世在位 34 年间，伯爵阶层向国库缴纳各项税费共计 3540 镑；而理查在位仅仅 10 年，英格兰的伯爵向国库上缴的金额就高达 11 231 镑。尽管这其中有部分钱款是伯爵们用于购买亨利二世根本不愿卖的领地和权利的，但理查不顾休伯特的劝诫，借遗产继承和鼓励司法行贿，对男爵阶层漫天要价。此外，理查对廷臣的过失严厉惩罚。比如，北方男爵罗贝尔·德·罗斯（Robert de Ros）只因为放跑了一个战俘，就被罚了 800 镑。

《大宪章》中的种种诉求在当时就已经雏形初显。一位名叫纽马基特的威廉（William of Newmarket）的男爵提出，"合理的献纳金"应当是 100 镑，这与后来的《大宪章》条款"不谋而合"。诺福克伯爵罗杰·比戈德（Roger Bigod）提出，是否被剥夺领地应当由同级伯爵共同商议裁决，而不应仅凭国王"意愿"定夺，这一条后来也被纳入了《大宪章》。纽堡的威廉更是语出惊人，指责理查"未与权贵们商议，未征得他们的准允"，就擅自提拔朗香这样一个卑贱的外乡人。言外之意是，王臣应当出自本土，且应该由统治阶级选定，这也是 13 世纪宪政的核心要求。事实上，理查无法亲政期间，王国大议会的确发挥了决策中枢的作用：朗香倒台后，新的政体"由忠君事主的臣民共同决定"；1215 年，《大宪章》也规定征税必须获得"全国公意"。此外，治国理政也不再是男爵阶层的专属权利，开始向其他社会阶层开放。骑士阶层中有人担任验尸官，之后（1195 年）又出任治安官。另一个显著的变化是，伦敦城的地位日益提升。伦敦市民 1191 年的倒戈是致使朗香倒台的重要因素，因此他们获得奖励，得到了成立公社的许可，可以以宣誓的形式结成社团。1215 年，伦敦市民依据《大宪章》组织了"涵盖英格兰全境的公社"。

从 1194 年离开英格兰到 1199 年病逝，理查一直在欧洲大陆征战，其间偶尔有过休战，唯一一次协议停战发生在 1196 年的卢维耶（Louviers）。理查所面对的并非大规模的歼灭战，而是一场旷日持久的消耗战，敌对双方都是小部队，以围攻城堡、抢夺阵地为主要手段。腓力二世犹如一块硬骨头，理查与之对峙近 5 年，仍未从其手中夺取日索尔，反倒是腓力在城堡的东南角修筑了宏伟的圆柱形塔楼。不过，在这 5 年中，理查的卓越不凡得以彰显：他修建城堡，拉拢盟友，审时度势，调动人力物力，并且勇冠三军。理查收复了诺曼底的大部分失地，又夺回了位于图赖讷东部边境的洛什（Loches），后来攻占了塔耶堡（Taillebourg）、昂古莱姆，将王权进一步向南扩展。

为守卫诺曼底，理查在加永（Gaillon）以西的莱桑德利（Les Andelys）筑起了防御工事。中世纪的军事家们经常争论城堡应当建在山上还是河边。而在莱桑德利，理查兼顾了两者。他命人竖起横跨塞纳河的栅栏，并在河中岛筑防，之后修建桥梁，使河中岛与河岸边一座刚筑起城墙的城镇相通，最后在一块巨大的石灰岩上建起了宏伟的城堡，理查称之为"我美丽的石堡"，又名盖拉德城堡（Chateau Gaillard），意为"无畏之堡"。莱桑德利的这套防御工事耗费了理查 1.15 万镑，甚至超过了其统治时期英格兰城防开支的总额。但他不仅能阻断腓力沿塞纳河而下进犯鲁昂的通道，还为最终夺回日索尔开辟了前沿阵地。

理查的成功也建立在外交上。他清醒地意识到诺曼底才是战略要地，战略价值远高于自己远在南方的旧领地，因此在 1197 年，他出让了阿基坦的部分领地及权益，以促成孀居西西里王宫的妹妹琼与图卢兹伯爵的婚事。这桩联姻终结了安茹帝国与图卢兹连绵

40 余载的战事。正如纽堡的威廉所说，它使理查"心无旁骛地与法王交战"。理查还从腓力二世的阵营中成功策反了布洛涅伯爵和佛兰德斯伯爵——为迫使佛兰德斯伯爵倒戈，理查甚至对佛兰德斯纺织业所依赖的羊毛实行禁运。理查在 1197 年神圣罗马帝国皇帝亨利六世驾崩后，将错失苏格兰王位的外甥奥托推上了神圣罗马帝国的皇位。如此布局之下，腓力二世败走诺曼底似乎已成定局。

　　然而，人算不如天算。1199 年，利摩日子爵倒戈加入腓力二世一方，理查围攻子爵据守的沙吕（Chaluz）城堡，不料却被弩箭射中，于 4 月 6 日去世。理查的最后一战本来无可厚非，但安茹帝国存亡的关键终究不在利穆赞，而是在诺曼底。最终，理查被安葬在了风弗洛修道院，长眠于父亲亨利二世之侧。陵墓上方，父子两人的雕像冷峻威仪，仿佛还在昭示安茹王朝不可一世的威望。然而，这座王朝命数将尽。

第九章

约翰王的统治（1199—1216）

1199 年 4 月 10 日夜，鲁昂修道院内，休伯特·沃尔特在睡梦中被人叫醒，得知了理查的死讯。他想到眼下有两位继承人选，一个是理查的幼弟约翰，另一个是理查的侄子亚瑟。可是亚瑟毕竟才 12 岁，又与法国国王结了盟，自幼生养在布列塔尼（亚瑟将通过母亲康斯坦丝获得布列塔尼的继承权），所以与盎格鲁－诺曼权贵阶层几乎没有交集，权贵之一威廉·马歇尔（正是他匆忙披上衣服，去叫醒休伯特的）亦抱有这样的看法。就这样，约翰顺理成章地入主安茹帝国的北部疆土。4 月 25 日，他在鲁昂继任诺曼底公爵；5 月 27 日，他在威斯敏斯特加冕为英格兰国王。自此，英格兰史上最多灾多难的王朝正式开启。约翰不仅痛失诺曼底和安茹，还被迫签署了《大宪章》，最后在内战中去世。在他身后，大半个英格兰落入一位法国王子之手；苏格兰王重新入主卡莱尔；圭内斯的卢埃林·阿卜约沃思（Llywelyn ab Iorwerth）一统威尔士，直至1240 年去世。

约翰继位时已有 33 岁，身高近 1.7 米，身形削瘦（后来发福了）。他的遗体葬于伍斯特大教堂，是首具保存至今的英格兰国王尸身。1185 年，他对爱尔兰表现得不负责任，还曾背叛过父亲和兄长。但他绝非史官马修·帕里斯所著的那般邪恶、渎神、连地狱都不愿收，他的暴君形象主要是身处乱世以及后人编造的产物。其实在 1194—1199 年，约翰也曾为理查立下过卓越的功勋。所以直到 1199 年，围绕约翰的功过是非仍然无法定论。

加冕为英王后，约翰匆匆返回海峡南岸，在母后埃莉诺的帮助下，击退了想要入主曼恩、安茹的亚瑟。1200 年 5 月，腓力二世与约翰签订《勒古莱条约》(Treaty of Le Goulet)，承认约翰对安茹帝国全部疆土的继承权，可谓是一个重大的让步，因为这意味着腓力不仅抛弃了亚瑟，也击碎了亚瑟的卡佩王朝瓦解安茹帝国的野心。亚瑟只剩下布列塔尼这块领地，且臣属于诺曼底公爵约翰，算不上腓力的直属封臣。而约翰这边也中止与刚加冕为王的外甥奥托以及与佛兰德斯伯爵的盟约，还要承认腓力对埃夫雷辛地区的合法占有（腓力借理查去世之机占领了该地），从而在诺曼底边境埋下重大隐患。在英格兰，有人讥讽约翰是"软剑王"，也有人称颂他为仁君贤主，较之理查更了解自 1193 年以来 7 年的战争给民众带来的负担。1200 年 11 月，约翰化解了一桩涉及西多会的纷争，科吉舍尔修道院的院长拉尔夫随即删除了编年史中对约翰的批评，转而将其塑造为受主庇佑的明君。不过，拉尔夫不久再度对约翰口诛笔伐。签订《勒古莱条约》不到 4 年，约翰治下的安茹帝国在欧洲大陆的权势栋榱崩折。在某种程度上，这是约翰的性格使然，也是他政策失误的后果。

1200 年 8 月，与发妻离婚的约翰迎娶了昂古莱姆伯爵的独生女兼继承人伊莎贝拉。从战略角度看，此番联姻有助于约翰将安茹帝国南部的疆土连起来，不啻为一步妙棋。但伊莎贝拉此前已与普瓦图大贵族休·德·吕西尼昂（Hugh de Lusignan）订婚，约翰横

刀夺爱之后，非但没有补偿吕西尼昂，反倒企图逼其就范。休找到
法王腓力，请其为自己主持公道，给了腓力再次发难的口实。1202
年春，腓力根据法庭的判决，没收了约翰在欧洲大陆的所有领地。
在随后的战争中，约翰旗开得胜，于 1202 年 7 月在米尔博擒获了
亚瑟以及以吕西尼昂家族为首的普瓦图叛军领袖。但他犯了另一个
重大错误，惹怒了米尔博大捷的大功臣、权倾安茹的威廉·德·罗
什（William des Roches）。1203 年春，威廉率盟友离约翰而去，使
曼恩和安茹相继落入腓力二世的囊中。

　　然而，诺曼底才是兵家必争之地，其收入超过了安茹帝国其
他大陆领地的收入总和。可正如史学教授丹尼尔·鲍尔（Daniel
Power）所说，当时的诺曼底东北部、中部、西南部皆危机四伏。
东南边境虽然未曾遭到法王的侵扰，但该地贵族（比如塞斯与阿朗
松的伯爵罗贝尔）与南方曼恩、安茹两地的贵族关系密切，易受他
们影响。1203 年 1 月，罗贝尔伯爵早上刚与约翰共进早餐，下午
就叛投腓力二世，不仅令诺曼底公国失去了南部疆土，还切断了约
翰南下曼恩的行军路线。与此同时，坊间谣言四起，说约翰虐待米
尔博之战的战俘，对亲侄子亚瑟痛下狠手，令约翰声名狼藉。但是
约翰本人不以为意。1203 年 4 月 3 日，他酒后情绪失控，杀害了
关押在鲁昂城堡里的亚瑟。尽管理查也曾将约翰的一个支持者饿
死，但以如此手段虐杀一位皇室后裔，堪称前所未有的暴行。亨利
一世不是也一直囚禁着兄长罗贝尔吗？果不其然，与布列塔尼接壤
的诺曼底西南边境战火立马燃起，亚瑟的母亲康斯坦丝及丈夫居
伊·德·图阿尔（Guy de Thouars）与腓力二世结盟，重创了约翰
在诺曼底东部的势力。

　　腓力二世先是拿下了亚眠（Amienois），后又与蓬蒂厄伯爵结

盟（腓力将被理查抛弃的妹妹艾丽斯下嫁于后者），加上已经到手的埃夫勒、包括日索尔和诺曼底境内的韦克桑，在诺曼底东北部给约翰造成了极大的压力。在诺曼底东北部，像休·德·古尔奈（Hugh de Gournay）和默朗伯爵这类的诺曼贵族，通常在边境线另一侧的法国也拥有领地。他们或臣属于法王，或臣属于法王的封臣，所以只能随波逐流。面对如此险境，当务之急是留住理查在诺曼底以北的盟友。但约翰不像理查那样声名显赫，也不像腓力那样财大气粗，导致好战的布洛涅伯爵在 1201 年跟随（即将加入东征的）佛兰德斯伯爵加入了腓力的阵营。而远在神圣罗马帝国的奥托皇帝自顾不暇，无法援助舅舅约翰。在东北方向，腓力可以无所顾忌地大肆进击。

在西起卡昂东至鲁昂的诺曼底中部地区，安茹王权的统治最为稳固，该地区正是理查加税的重灾区。约翰的继位更是火上浇油。1202 年 8 月，约翰任命出身低微、咄咄逼人的威廉·勒·格罗斯（William le Gros）为诺曼底总管；之后，又命卢夫尔凯尔（Louvrecaire）率领佣兵团进驻诺曼底，而且不是驻扎在边境地区，直接入驻了法莱斯。这些雇佣兵不仅冒犯了包括莱斯特伯爵在内的众多盎格鲁－诺曼男爵，还大肆劫掠，"就像在敌国领土上一样"（据《威廉·马歇尔传》记录）。"就这样，约翰被当地男爵憎恨和背叛。"卡昂城的一位贵族如此评述。

1203 年夏，腓力正式举兵进攻，8 月包围了盖拉德城堡。约翰只组织了一次解围行动。依照科吉舍尔的拉尔夫所见，当时约翰不相信身边的任何人。他曾背叛过父亲和兄长，也担心其他人出卖自己。事实证明，他是对的，也正是由于他一味地疑神疑鬼，成全了他的"先见之明"。"不信任任何人的人，全世界都不信任他"，

《威廉·马歇尔传》对此评述道。最后，约翰彻底崩溃，在1203年12月偷偷溜回英格兰，逃离了自己的领地。要是理查在世，怎会落得如此下场！约翰本打算整备兵马再回来，但为时已晚。次年3月6日，正当约翰忙着将他的猎犬运回诺曼底时，盖拉德城堡陷落。6月24日，鲁昂开城投降。至此，腓力占领诺曼底。

　　噩耗接踵而至。1204年4月1日，阿基坦的埃莉诺去世，约翰在普瓦图、图赖讷的政权摇摇欲坠。1204年8月，腓力在普瓦捷接受群臣朝拜，并于次年攻下洛什、希农两座城堡，后者此前长期由英军领袖休伯特·德·伯格驻守。远在南方的卡斯蒂利亚国王阿方索八世也趁乱侵占了加斯科涅的部分地区，声称亨利二世在将女儿嫁与他时，曾承诺待埃莉诺一死便会将加斯科涅让给他。直到1206年，约翰才远征收复失地。他在普瓦图的拉罗谢尔（La Rochelle）登陆，驱逐了阿方索在加斯科涅的驻军，接着北上昂热，被腓力的军队逼退。同年10月，约翰与腓力签署停战协议，普瓦捷以及卢瓦尔河以北的疆土都落入腓力手中，而在卢瓦尔河以南地区，吕西尼昂家族也效忠腓力。

　　1206年的远征算是对约翰收复大业的一次预警。笼络卢瓦尔河以南各地男爵（只要腓力二世不大加干涉）和收复加斯科涅失地是一码事。实际上，约翰始终牢牢把控着波尔多、巴约讷两地；可想要夺回诺曼底，就是另一码事了。在失去安茹、曼恩后，约翰既没有港口，也没有可供入侵的毗连的边界。腓力牢牢控制着诺曼底，那里国富民丰，让法国王权的岁入增加了七成。腓力入主后，将不可信之徒视作废弃的草纸，统统清理，然后派亲信进驻扼守战略要地的城堡。他还吸取了约翰的教训，虽然还让威廉·罗什掌管安茹、曼恩，却牢牢把控着南端的索米尔、希农、图尔、普瓦捷。

所以，要想到达诺曼底的南部边境，约翰就得先过腓力这一关。

在胜利时，理查慷慨大方、论功行赏，约翰却一毛不拔；在灾难中，理查临危不惧，约翰则陷入绝望；理查是闻名天下的传奇将领，约翰却是碌碌无为的骑士；理查让人恐惧而尊敬，约翰让人恐惧而厌恶。俩人本性的差异关乎安茹帝国的存亡。当然，外因的作用也不可忽视。与 12 世纪 80 年代相比，迈入 13 世纪的腓力二世已经势不可挡。这部分得益于他攻占了包括日索尔和诺曼底境内的韦克桑，也（可以说是主要）因为卡佩王朝的收入增速快于安茹王朝。理查统治时期，英格兰政府的年收入相对稳定；而在诺曼底，即使 12 世纪 90 年代理查政府偶尔能收缴到 3 倍于 1180 年的收入，也是靠难以为继的放贷和征收地税。卡佩王朝的收入增长则是依靠行政改革，以及对外开辟以阿图瓦、亚眠为代表的新领地。到 13 世纪初，腓力二世为诺曼底之战准备的物资肯定比约翰多。1202—1203 财年（该财年有一套账目存世），卡佩王朝的"常规"收入为 4.2 万镑左右，"非常规"税额达 1 万镑，共计 5.2 万镑。这笔钱足够腓力供养一支超过 2 300 人的军队一整年，其中 500 人是配备了战马的骑士、军士，在当时算得上是一支强大的力量。据诺曼底的国库卷档记载，1198 年诺曼底政府还有借贷和地税收入。假设约翰与腓力开战前夕，国库收入中依然有此 2 项收入，则该年诺曼底的岁入为 2.4 万镑上下。1199—1202 年，英格兰的年均收入（1200 年的一项"非常规"税收包括在内）与诺曼底大致相当，显然，约翰在即位初期并未找到有效的增收方法。安茹王朝每年不仅可以从英格兰、诺曼底两地获取收入共计 4.8 万镑，还可以从曼恩、安茹、阿基坦、爱尔兰各获取 1 000 镑左右。即便安茹王朝的总收入与卡佩王朝不分伯仲，约翰也无法一下子将全部收入投入诺曼底。实际上，曼恩、安茹、阿基坦三地的收入几乎就地消化了。约翰只能用诺曼底、英格兰的财力与腓力一较高下，可英格兰的收入得穿过英吉利海峡，而卡佩王朝的资源来自紧邻诺曼底边境物产丰富的王室领地。腓力的优势不止于此：卡佩王朝的收入虽与安茹王朝齐平，但因征收所引发的政治纷争远少于后者，这主要是因为卡佩王朝总收入中土地税比例较高，而收缴土地税既简单又不易引发争议。用 R. W. 萨瑟恩那句经典的话来说就是："法国的国王一个个地闷声发大财。"在英格兰，觉醒的民族归属感和认同感与王权对立，而在法国却恰恰相反。所以，约翰若想实现复国大业，指望卡佩王朝的朋党相争是根本行不通的。

在前方战事吃紧的时刻，约翰也与理查一样，面临如何调动全部潜在兵力的问题。王室军队的核心是国王的亲卫骑士。随时可供约翰调遣的亲卫骑士逾百人，国王通过发放俸禄，或（更为常见）赐婚赐地赐权来供养骑士。亨利一世的亲卫骑士据称多达数百人，比约翰多了不少，但只从人数上比较是欠妥的，约翰的骑士可能装备更为齐全。而且其他史料中记载的两者的亲卫骑士人数与编年史家的这一数据相左。在亲卫骑士之外，约翰还可以依靠由梅卡迪耶、卢夫尔凯尔这样的斗士领导的雇佣兵。每一位直属封臣，无论是教士还是俗众，也必须派出骑士为国王作战，以履行封建义务。然而，此类兵役的服役期每年只有 40 天，足够向威尔士或苏格兰发动军事行动，可不能满足在欧洲大陆长期作战的需求。况且有些封建臣属还称自己只在英格兰服兵役，根本没有义务前往欧洲大陆。此外，封建兵役制度的执行效果也是一个问题。以 1166 年的一份调查为据，英格兰的全体直属封臣总共需要为国王提供大约 5 000 名骑士，当时的定额可能延用"征服者"威廉制定的标准。

从约翰统治时期的史料可以看出，不仅约翰军队的军力大不如前（1210 年前往爱尔兰时仅有 800 名骑士），直属封臣贡献的兵力也只相当于 1166 年定额的一小部分。吉尔伯特·德·甘特本应召集 68 名骑士，最终却只带了 6 名随约翰前往爱尔兰。1166 年制定征兵定额的主要目的似乎是为了征收免役税。假如吉尔伯特·德·甘特没有随军出征，那他一定缴齐了这 68 名骑士的免役税。（1210 年的税率是每位骑士 2 镑。）然而，由于没有确凿的证据推算约翰之前历朝兵役部队的规模，征收的免役税与男爵阶层服兵役人数的骤减究竟有多大关联，前者对后者的影响究竟何时产生的，又是如何产生的，就都不得而知了。此外，还不能忽略装备的优劣差异。亨利二世之后的历任英格兰国王都意识到，封建兵役制度已无法满足作战的需要。而征收免役税虽能使国王有钱招兵买马，但国王担心此举会削弱自己的宗主权威。于是，他们开始寻求改革。理查与休伯特·沃尔特要求英格兰直属封臣每年提供 300 名骑士，在海外征战一年。约翰为了留住兵力，向骑士发放"应募金"，也就是一种（通常无需偿还的）贷款，让他们觉得比"领军饷"有面子。

因此，想要调动英格兰的潜在兵力绝非易事，这在很大程度上取决于男爵阶层、骑士阶层的配合度，而配合度又取决于他们在诺曼底的自身利益。英格兰腹地各郡的骑士中，在诺曼底有利益关系的人数十分有限。12 世纪，沃里克、莱斯特两郡 70 户名门望族中，仅有 7 户在诺曼底拥有领地。同样，诺曼底的许多领主在英格兰也没有领地：1203 年背弃了约翰的 38 名诺曼领主中，仅有 8 人在英格兰拥有领地，会因为背叛行为遭到没收领地的处罚。12 世纪以来，英吉利海峡两岸的联系减弱了。诺曼征服之后，新来英格兰的诺曼家族就鲜少能获得领地了。两岸都有领地的人数减少的另一个原因是，遗产分配时，各分支家族继承的地产位于海峡同一边。1200年，上文提到的沃里克郡、莱斯特郡在两岸都有领地的7户家族中，除去1户，其余家族都失去了欧洲大陆的领地。总的来看，即便是在1200年，仍然有人数可观的男爵同时在英格兰王国、诺曼底公国拥有领地。实际上，在国王的恩赏下，拥有跨海领地的家族不断涌现：理查对威廉·马歇尔赐婚，就令其同时在威尔士切普斯托、爱尔兰伦斯特和诺曼底隆格维尔（Longueville）三地拥有了领地。1172年，诺曼底一共有199名直属封臣，到了1204年，这批人中仍有107人（或他们的后代）在海峡两岸拥有领地。同样，一些英格兰大贵族也在诺曼底拥有面积可观的领地：除了威廉·德·莫布雷、罗贝尔·德·罗斯这样的英格兰贵族，还有切斯特伯爵、莱斯特伯爵、瓦伦伯爵、克莱尔伯爵、赫里福德伯爵、阿伦德尔伯爵、彭布罗克伯爵（威廉·马歇尔）。假如这些权贵在诺曼底作战时未拼尽全力，那可能是因为约翰性格上的缺陷。还有一种可能是他们直到最后依然不愿放弃"一臣事二主"的幻想，既想效忠约翰又想效忠腓力，努力保全两岸的领地。威廉·马歇尔就得到了这样的特权。但是，1206年他拒绝随约翰远征欧洲的举动表明了，约翰要求其他领主选择站在哪一边是明智的。如果他们向腓力效忠，就会失去英格兰的领地；反之，腓力也会没收他们在诺曼底的领地。

卡佩王朝征服诺曼底是欧洲历史的转折点，不仅令卡佩王朝的国王成为西欧的霸主，也摧毁了横跨海峡两岸的盎格鲁–诺曼帝国。诚然，即便从政治上讲，英格兰仍然是"欧洲共同体"的一员，而且直到1259年，约翰的儿子才正式放弃诺曼底、安茹两地的主权，但加斯科涅依然被他握在手中。不过，国王缺席的时代结束了。加斯科涅国弱民穷，也没有高屋大殿，1204 年之前国王就鲜少到此巡视，即使之后财力有所增强，也没能得到垂青。就巡视线路而言，1204 年之后，英格兰国王自 1066 年诺曼征服以来第一次只巡视英格兰一侧。1206 年，约翰前往欧洲大陆，仅仅过了 6 个月便返回英格兰，已经说明了一些问题。英法国王互相罚没对方臣属在本国的领地，也让在海峡两岸拥有领地的贵族阶层退出了历史舞台。此后，英格兰的望族皆为土生土长且只在英格兰拥有领地的一群人，他们会像其他居民一样，成为地道的英格兰人。这些变化将会对不列颠的政治结构产生深远的影响。

* * *

约翰登上王位之后，继续让杰弗里·菲茨·彼得出任首席政法官，同时召回了辞去相位的休伯特·沃尔特，任命他为大法官。然而，权力的中心还缺了一位：约翰不惜血本娶回来的王后——昂古莱姆的伊莎贝拉。考虑到她结婚时年仅 12 岁，无法参与国政是有情可原的。之后，伊莎贝拉为约翰生下了两男三女（长子是未来的亨利三世，1207 年出生）。除了在 1200 年为她举办了盛大的加冕仪式外，在约翰眼里她无甚价值。约翰将昂古莱姆据为己有，却没有授予她英格兰的土地。约翰虽然留出了亡夫遗产（大部分是阿基坦的埃莉诺生前所拥有的），但只有在他死后伊莎贝拉才能获得。因此，伊莎贝拉完全依靠约翰供养，在王室和权力场上没有存在感，尽管后世的史料说她激情四射，极具政治头脑。

据坎特伯雷的杰维斯（Gervase of Canterbury）记载，在杰弗里·菲茨·彼得和休伯特·沃尔特联手之下，英格兰得以"国泰民安"。这一时期，休伯特对大法官法庭的运行机制进行了重大改革。此前，大法官法庭每年只保留一份卷档，用于记录各种"罚金"，即臣民为了求国王让渡权利或赏赐恩惠而上缴的钱。推行改革后，大法官法庭新设了三种卷档，分别记录每年发布的特许状、公开令状、保密令状。1226 年，大法官法庭从保密卷档中分出一类专门记录各类开销的卷档，它们成了英格兰王权治国理政的一大特点，为后世史家提供了有价值的史料。国王出让的特许权、发布的命令被一一记录在案，使其能够有效地推行治国方略。

1204 年，诺曼底失守，"太平"时期终结，这是通往《大宪章》之路的分水岭。除了斯蒂芬，约翰成了 1066 年以来坐镇英格兰时间最久的国王。在"兵荒马乱的 10 年间"（J. C. 霍尔特），约翰马不停蹄地率领王庭奔波于全国各处，很少在某地停留超过一周，为的就是尽快筹齐银两，夺回诺曼底。他对金钱的需求因统治初期发生的快速通货膨胀而加剧，期间物价至少涨了一倍。亨利二世在位时，雇佣兵骑士的军饷是每人每天 8 便士。到了约翰时期，他们每人每天能得 2 先令，增长了 2 倍，尽管这里可能包含了武器升级所产生的费用。随着农产品市价的提高，王室从农产品销售中获得的收益也提高了，但与男爵阶层相比，国王的农产品销售只占收入来源很小一部分。实际上，在经历了斯蒂芬、理查两朝之后，王室领地所剩无几，国王越来越依靠其他财路。这种转变激起了民怨——过去向地敛财压榨的只是农民阶层，而现在各个阶层都有可能被波及到。

尼克·巴勒特（Nick Barratt）对约翰王的收入做过调查。1199—1202 年，约翰的年均收入为 2.4 万镑，几乎达到理查一世、亨利二世的最高收入水平，也与亨利一世 1130 年的收入齐平。

1207—1212 年，约翰的年均收入为 4.9 万镑，比前一个调查期翻了一番。按照常理推断，假设 1210 年向犹太人征收的 4.4 万镑领地税实缴比例为 2/3，那么约翰此时的年均收入就已达到 5.4 万镑上下。按照收入的实际购买力计算，再将通货膨胀因素考虑在内，约翰 1207—1212 的年均收入（包含犹太人缴纳的领地税）差不多是亨利一世 1130 年年均收入的 1.25 倍。当然，亨利一世的财富无人能及。而 1207 年之后的那几年很可能是自诺曼征服以来，王权对臣民经济剥削最严重的一段时期。约翰的上述收入还没包括英格兰遭受禁教令期间他从教会罚没的收入：共计 10 万镑左右，归还的尚且不足半数。1214 年约翰坐拥 13 万镑的财富就不显得奇怪了。

1204 年，约翰为各郡任命新郡督，要求他们效仿 1194 年上调包税额的做法，在各郡"原有"税额的基础上加大收缴力度，至此新的财政政策呼之欲出。结果，1207—1212 年，约翰要求各郡郡督平均每人每年向国库多缴 1400 镑的税款。由于自己的收入变少了，郡督们就开始非法敛财，弥补亏空。王室森林也成了约翰的敛财地。1207—1212 年，他向各地派出森林法巡回法庭，开出的罚单总额约 11 350 镑，是 12 世纪 70 年代亨利二世滥用王室森林权以来性质最为恶劣的一次盘剥。1210 年，约翰又要求在英格兰的犹太人缴纳高达 4.4 万镑的领地税。据说，当时在布里斯托尔有一个犹太人没能缴清税款，约翰就命人每天敲掉他一颗牙，直至税款缴清为止。当然，更常见的漏税处罚还是没收财产，所以许多基督徒借方的债主变成了国王。无论如何，加诸犹太人身上的压力最终会转嫁到向犹太人借款的人身上，上至男爵、下至农民。不过，约翰最大的手笔当属 1207 年面向全体臣民开征的动产税（"卫国金"），他声称此税项已征得臣民的一致同意，每个人需将租金收入和动产（主要是谷物、牲畜）收入总和的 13% 上缴国库。此类税项并非没有先例，在为理查筹集赎金时就曾开征过，而征收总额被明确记录在案的还是头一回：约翰获利 6 万镑，让总共只有 2 000—3 000 镑的免役税相形见绌。约翰的地产税成了高效的敛财手段，难怪日后英格兰王室会沿着这个思路管理财政大事。

上述财政政策不仅影响到了权贵阶层和教会，也让骑士、自由民、农民深受其害，巴恩韦尔的史官直呼"真是苦了这些乡下人啊"。不过至少在一开始，男爵阶层才是约翰压榨的直接目标。他在理查的政策基础上变本加厉，压榨想要保持单身或再续良缘的男爵遗孀：约翰在位期间，1189—1199 年，共收取此类罚金 149 笔，平均每笔金额为 185 镑，而理查统治时期只有 68 笔、平均每笔 114 镑。由于约翰在海峡两岸持久作战，导致免役税的征收频率上升，增加了男爵阶层的经济压力。亨利二世在位 34 年，共征收 8 次免役税，理查在位 10 年只征收过 3 次；而约翰在位 16 年，征收了 11 次之多，而且税率也比前两者高。另外，约翰还效仿理查，向男爵阶层索取"公正金"和"继承金"。1199—1208 年，男爵阶层对国王的负债额增加了 380%。J. C. 霍尔特指出，1215 年的叛乱就是这些债务人发起的。

约翰重敛于民，却未能为广大臣民主持司法公正。亨利二世开创的民事诉讼程序，深受乡绅阶层、佃户的欢迎。只要将这套司法程序发扬光大，国王就能赢得民心，架空男爵阶层的权力。约翰对司法体系不是不感兴趣，但他没有打好普通法这张牌，反倒干脆弃之不用。在被剥夺教权期间，他担心对立党派会趁机上位，不信任首席政法官杰弗里·菲茨·彼得，导致 1209—1214 年无论是威斯敏斯特的普通法法庭，还是前往各郡的巡回法庭，都基本处于停滞状态。哪怕是常规的敕令案件，法官也必须在国王在场的情况下进行审理，而约翰要在英格兰境内四处奔波，这就给上诉人带来了极大的不便。与此同时，男爵之间的诉讼继续受制于国王武断的决定，并依赖贿赂手段，而不是普通法的常规程序。

售卖司法公正、亵渎司法、敲诈勒索、巧取豪夺——王权对男爵阶层的压榨，在约克郡的斯塔特维尔家族和莫布雷家族的家族史中体现得淋漓尽致。1106 年，亨利一世没收了斯塔特维尔家族的领地，将其赐给了自己的门客——奈杰尔·杜欧比尼（Nigel d'Aubigny）。奈杰尔的后代以家族在诺曼底的核心领地莫布雷为据，将家族姓氏改为莫布雷。之后，斯塔特维尔家族重新赢得了国王的信任。1200 年，威廉·德·斯塔特维尔（William de Stuteville）诉请约翰恢复其祖产，并出价 2 000 镑。威廉·德·莫布雷"按照英格兰的惯例"，出价 1 333 镑，要求"得到公正的对待"。1201 年，双方最终达成一致，约翰也没有要求莫布雷立即支付承诺的款项。1209 年，莫布雷还欠约翰 1 200 镑，之后约翰开始经济施压，形势大不如前。1212 年，莫布雷被迫还款 560 镑，后来由于国王从犹太人手中接过债权，莫布雷的欠款又增加 400 镑。莫布雷身材矮小（像侏儒一样），心里一定充满了怨恨，难怪会在 1215 年带头发起叛乱。此时，威廉·德·斯塔特维尔去世了，他的领地被约翰以监护权的名义侵占，使臣布赖恩·德·利勒（Brian de Lisle）代约翰在该领地上巧取豪夺。1205 年，威廉的弟弟尼古拉斯·德·斯塔特维尔（Nicholas de Stuteville）继承了家族的遗产，尽管当时男爵领公认的合理继承费用只有 100 镑，尼古拉斯的继承费却高达 6 666 镑（1 万马克）。约翰并不是真的想要得到这笔钱，而是看中了斯塔特维尔家族的纳尔斯伯勒城堡，想借抵押之名将其收入囊中。在斯塔特维尔族人看来，此举无异于"国王恣意妄为"，难怪尼古拉斯后来也加入了叛军阵营。

斯塔特维尔、莫布雷两家族的这段史话暴露出了约翰治国的另一个失败之处：他的行为导致"自己人"越来越少，"外人"越来越多。最后，约翰既失去了斯图特维尔家族，也失去了莫布雷家族。约翰生性多疑又善弄权术，自然懂得胡萝卜加大棒这个道理。刚一登上王位，他就让威廉·德·费勒斯继承了佩弗里尔家族的部分领地，将他封为德比伯爵，让他对自己"死心塌地"。1205 年，约翰以里士满封邑相赐，又赢得了费勒斯的内兄切斯特伯爵雷纳夫的支持。但其他时候也会出问题。例如，为了拉拢亨利·德·博洪（Henry de Bohun），约翰把他封为赫里福德伯爵，后来却又没收了博洪的领地特罗布里奇，又一次"恣意妄为"。约翰甚至对男爵们以人质相挟，用惩处来强行重树王权的威仪。这从侧面反映出了约翰不仅越发孤立，而且对臣属的信任也越来越少。

约翰逐渐失去了男爵阶层的支持，取而代之的是一些暴发户和异乡人。起初，在中央政府层面，男爵阶层的失势表现得并不明显。1205 年，休伯特·沃尔特离世，杰弗里·菲茨·彼得上任，到他 1213 年去世之前一直执掌着相位；杰弗里白手起家，但为人谦和有礼，还被约翰封为埃塞克斯伯爵。地方政府的情形可就大不一样了。约翰向各地派出一批差吏，他们个个盛气凌人，霸占着地方要职。其中有些人，比如来自图赖讷的格洛斯特郡郡督恩格尔哈德·德·西戈涅（Engelard de Cigogné），不仅是位"新人"，还是个异乡人，因此更加不留情面。国王启用"新人"无可厚非，但若是给臣民留下国王只信任这些人的印象，就像约翰在诺曼底所做的那样，那就是极大的错误了。

对约翰统治方式的不满情绪在北方尤为强烈。在英格兰北部，以威廉·德·莫布雷、尼古拉斯·德·斯塔特维尔为代表，臣民皆被约翰的横征暴敛压得喘不过气来，反抗情绪迅速蔓延。1209年，为莫布雷的债务作担保的有尤斯塔斯·德·韦西（Eustace de Vesci）、罗贝尔·德·罗斯、罗杰·德·蒙特贝贡（Roger de Montbegon）——三人是赫赫有名的北方男爵，也是 1215 年叛乱的领袖。此外，北方还分布着大片的王室森林：1207 年、1212 年，巡回法庭先后两次在约克郡大肆罚款，每次都超过 1 200 镑。各郡包税是压着英格兰北方的又一座大山：1212 年，约克郡郡督要上缴的包税是 1204 年的 2 倍、1199 年的 3 倍。到北方赴任的多是约翰手下最蛮横的差吏：布赖恩·德·利勒（身世不明）接管了纳尔斯伯勒；菲利普·马克（Philip Mark，图赖讷人）出任诺丁汉郡郡督。1214 年，又有一名图赖讷人彼得·德·毛利（Peter de Mauley，据传是谋杀亚瑟的真凶）得势，他通过婚姻成为唐卡斯特领主。当然，并非只有北方局势紧张，但当地各郡直到亨利二世统治时期才渐渐领教到王权中央政府的厉害，所以这种局面会叫人更加难以适应。约翰在位期间，除了有四年，年年要前往北方巡游，频率远远超过前任国王，而且每次北上都是一副恐吓的姿态。所以，"北方人"在最终的叛乱中发挥了主导作用。

约翰推动英格兰政府运转的同时，也与罗马教皇爆发了冲突。1205 年 7 月，休伯特·沃尔特去世，继任风波随后刮起，部分修士选举修道院副院长为坎特伯雷大主教，之后在约翰的威逼下，改选约翰·德·格雷（John de Grey）为大主教——格雷在担任诺里奇主教期间有所作为，还深得国王信任，后来赴爱尔兰出任首席政法官。次年，教皇英诺森三世（Pope Innocent III）宣布前两次选举无效，并召集坎特伯雷的修士代表团前往罗马，命他们选斯蒂芬·兰顿（Stephen Langton）为大主教。兰顿出生于林肯郡的一户普通家庭（名为兰顿的地方位于拉格比附近），赴巴黎求学20载，后来成了人文科学、神学导师。他不仅擅长讲经布道，还能言善辩，很快就名声大噪。1206年，英诺森将这位学术泰斗请到罗马，任命他为枢机主教，其间被兰顿朴实的生活作风和充满智慧的谏言所折服。可是约翰看到的不是这些。教会学校的导师本就鲜少能入得了他的眼，这个兰顿更是连听都没听说过。按照旧有惯例，英格兰国王至少应当拥有话语权，选举的结果也必须获得他的首肯，所以教皇此举无疑是在蔑视王权。而兰顿虽然出生在英格兰，但他有20年是在卡佩王朝的国都度过的。前任大主教休伯特·沃尔特则不然，他在当选大主教之前就在为安茹王朝效命，当选后更是鞠躬尽瘁！兰顿肯定不会像休伯特那样，对安茹王朝死心塌地。他的当选只会招来麻烦。

　　约翰拒绝承认兰顿的大主教地位。换作是历任英王，恐怕也会这么做。1208年3月，教皇对英格兰下达了禁教令，1209年11月革除了约翰的教籍。禁令规定，除新生儿的洗礼、临终者的临终告解外，英格兰教会不得举行其他任何宗教活动及仪式；俗众既不能望弥撒，也不能在得到教会祝福的墓地下葬。"唉，这是怎样一幅可悲可怕的情景啊：无论哪座城市的教堂都紧闭大门，基督徒像狗一样被关在门外；信徒既不能每日祷告，又不能领圣餐，获得耶稣基督的圣体圣血；即便在基督教节日里，也不会看到举手相庆的人群；死者不能按照基督教的仪式下葬，尸臭味弥漫在空气中，尸体横陈的惨景令人恐惧。"这段文字出自科吉舍尔修道院的院长拉尔夫，文中描述的是1200年法国被教皇下达禁教令之后的情景，而英格兰遭禁的时间要比法国长得多。对拉尔夫来说，禁令期间英格兰的情形实在是触目惊心，所以约翰与教皇达成和解之后，他删除了自己在编年史中的相关记录。

但是，约翰不是省油的灯。他虽在比尤利修建了西多会修道院，却并非虔诚之人：他的内廷账本上满是接济穷人的记录，以弥补在圣人的瞻礼日打猎或是在周五吃肉的罪过 ①。据说约翰还曾打趣说："这头牡鹿从没望过弥撒，不也照样长得膘肥体壮！"总之，禁教令并未影响政府的正常运转。实际上，在此期间，约翰将教会的收入据为己有，反倒多了一个敛财渠道。

然而，约翰发觉外界的压力正在迫使他与教廷和解。绝大多数英格兰的主教在国王和教皇之间选择了教皇。1208 年，约翰·德·格雷前往爱尔兰就任首席政法官后，约翰身边只剩下一位主教——温切斯特主教图赖讷人彼得·德·罗什（Peter des Roches）。即便是那些曾担任过大法官法庭文书和国库官员的主教，也纷纷认可了兰顿并流亡国外。由此可见，在过去的一百年中教皇在英格兰的权势崛起，这些是最有力的证明。此外，英诺森还交了好运，不仅可以凭借约翰在英格兰不得人心的事实打压他，还能利用约翰与法王的矛盾做文章，暗示约翰可能会有被废黜的危险。约翰越来越紧张，出行时必须要重兵保护。1211 年，约翰终于愿意承认兰顿是坎特伯雷大主教，但在教会的赔偿金上讨价还价。

---

① 耶稣被钉死在十字架上的那天是星期五，所以按照基督教的习俗，星期五应当斋戒，避免食用除鱼类以外的所有肉类。

＊　　＊　　＊

1204年后，约翰心中只有一个目标：收复安茹帝国欧洲大陆的疆土。然而，他却陷在不列颠岛的政局之中，部分原因是他现在被困了在这里。与父亲亨利、兄长理查一样，约翰决心消除苏格兰的威胁，并积极地在爱尔兰、威尔士开拓疆土，增加收入。男爵阶层的政治活动渐渐失去了盎格鲁－诺曼的特征，开始以不列颠为中心。威廉·马歇尔、威廉·德·布劳斯失势后，没有返回诺曼底，而是逃到了爱尔兰。

约翰统治初期，就拒绝了苏格兰国王威廉再次对英格兰北方各郡提出的诉求，从那之后，双方关系骤然紧张。1209年，危机爆发。约翰突然得知威廉要把女儿嫁给法国国王腓力二世。他立即挥军北上，于1209年8月逼迫苏格兰国王签下《诺勒姆条约》（Treaty of Norham）。按照条约的规定，约翰可获得威廉两个女儿的监护权，他同意其中一个女儿与自己的长子成婚，另一个女儿则嫁给英格兰贵族。为答谢约翰的此番"厚爱"，威廉被迫承诺交出10 000镑作为回报，并至少兑现了6 700镑。这下，威廉既没有外交资源也没有财力了，无法再对约翰造成威胁，没过多久威廉的处境更加糟糕。1187年，唐纳德·麦克·威廉兵败身死，而其子古斯雷德（Guthred）于1211年从爱尔兰返回苏格兰，得到了罗斯、马里两地的支持，然后举兵谋反。年岁已大的威廉此时担心尚未成年的长子亚历山大（生于1198年8月）的王位难保。同样担忧的还有亚历山大的母亲厄门加德·德·博蒙，也就是1187年经由亨利二世说媒，嫁给威廉的那位法国女贵族。因此，1212年初，在厄门加德的帮助下，威廉与约翰达成协议，答应让约翰做外援，挽救国内危局；而厄门加德作为王后，在苏格兰政治史上也留下了浓墨重彩的一笔。约翰借机将妹妹琼许配给亚历山大，对是否将诺森伯兰作为嫁妆却闪烁其词，之后还为亚历山大举行骑士受封仪式，派出了一支布拉班特佣兵队随他回国平叛。在这些帮助下，亚历山大很快平息了古斯雷德的叛乱，后者被处以绞刑。在巴恩韦尔的史官看来，苏格兰王国似乎就这样被正式托付给了约翰。

*　　*　　*

约翰插手苏格兰事务不仅仅是为了阻止其与法国结盟，也与爱尔兰的局势有关。自 1185 年到访爱尔兰之后，约翰实际上一直是"爱尔兰领主"，他本人对此颇为得意，登上英格兰的王位之后也依然保留着这个头衔。爱尔兰不仅可以提供可供封赏的官职领地，还是重要的收入来源。那里每年都会向英格兰运送 1 000 镑左右的财物，以充实约翰的国库。约翰在爱尔兰采取的基本政策与英格兰的一样：通过扩大王室领地的面积，增加领地的税费款项，以最大可能地增加收入。因此，约翰在 1203 年命首席政法官接管康诺特境内最繁忙的港口和最富庶的村庄，将由此获得的收入用于修建城堡、组建村庄，用尽一切方法为国王"增收"。1207 年，约翰在爱尔兰发行了第一批爱尔兰货币，同样是为了谋利。约翰作为领主统治爱尔兰的那段时期，是爱尔兰史上具有决定性意义的时期。他不仅永久扩张了王室直属领地的面积，还（暂时）吞并了两个由英格兰领主建立的大封邑，更是建立了类似于英格兰的普通法程序。

爱尔兰的政局也为约翰的激进政策提供了有利的条件。当时，不仅爱尔兰诸侯与来自英格兰的领主冲突不断，在爱尔兰西部，德斯蒙德的麦卡锡家族、托蒙德的奥布赖恩家族、康诺特的奥康纳家族相互斗争，其内部也分成多个派系，经常同室操戈。同样，英格兰大领主——政法官梅莱·菲茨·亨利、米斯领主沃尔特·德·莱西（Walter de Lacy）、阿尔斯特领主约翰·德·库西、伦斯特领主威廉·马歇尔（马歇尔娶理查德·菲茨·吉尔伯特之女，成为伦斯特领主）也没有形成统一战线。这些矛盾都是约翰操纵的棋子。不管是对爱尔兰的诸侯，还是对来自英格兰的领主，约翰都没有固定的政策，是赏是罚，一概见机行事。当然，这不是说约翰对他们一视同仁。1185年访问爱尔兰时，约翰就以玩弄爱尔兰统治者的胡须为乐，时常将他们当作嘲弄的对象。而且，他还可以迫害他们，不用担心会在爱尔兰之外掀起风波。但是对于英格兰领主，他就必须顾全大局。也正因为如此，约翰愿意给予爱尔兰统治阶层更多的自主权，而不是在爱尔兰的英格兰领主。

12世纪90年代，约翰在爱尔兰取得了重大进展，逼得英格兰领主和爱尔兰诸侯节节败退。在北方，约翰派人将沃尔特·德·莱西逐出德罗赫达，将该地（及其城堡）用作王室根据地，只是沃尔特始终盘算着要将其重新夺回。在西南方，芒斯特国王唐奈·奥布赖恩（Donnell O'Brien）于1194年去世，他的几个儿子因争夺王位起了争执，约翰趁虚而入，占领了利默里克。利默里克位于香农河河口，占据这一战略要地，也就为英格兰在爱尔兰的进一步扩张敞开了大门。此外，约翰还以康诺特的王位为诱饵，引得门客威廉·德·伯格（William de Burgh）与奥康纳家族的成员互相斗争。1205年，约翰不再支持威廉，转而让奥康纳家族的卡塔尔·克罗瓦德格（Cathal Crovderg）统治康诺特2/3的领土，命其按照惯例向自己纳贡，将剩余的（最富饶的）1/3 作为男爵领封赏给卡塔尔，令其拥有领地的世袭继承权。这也展现了爱尔兰诸侯是如何在英格兰王权的压迫下，通过妥协变通发展、求得生存的。他希望利用男爵的身份确保儿子伊德（Aedh）的继承权，并在英格兰人日后入侵时可以保全自己的领土。经过多番交涉，作为回报，约翰最终获得了阿斯隆附近的两个百镇区（cantrefs）。1210 年，有座城堡从那里拔地而起，扼守着香农河的渡口。这座刚好位于爱尔兰中央，东临米斯、西接康诺特的城堡，在此后很长一段时间一直是王室大本营。然而，约翰的承诺并没有多大价值。1215 年，他一天之内签发了两份特许状，一份说要将康诺特赐予卡塔尔·克罗瓦德格，另一份又说要赐给卡塔尔的对头、威廉之子理查德·德·伯格（Richard de Burgh）！

13 世纪初，威廉·伯格只是暂时失去了圣心，阿尔斯特（Ulster）的征服者约翰·德·库西却失去了一切。1201 年，编年史家豪登的罗杰将库西列入欧洲霸主之列，甚至能与教皇及英法德诸王比肩——这对一个几乎连一块领地都没有的幼子来说，的确是了不得的成就，但是对约翰王来说，这可不是什么好事。于是，约翰怂恿莱西家族与库西开战，库西兵败被俘。1205 年，约翰将阿尔斯特赐予休·德·莱西。不过，上述冲突在约翰与威廉·德·布劳斯的纷争面前，充其量是一些小打小闹，这也成了约翰统治时期的决定性事件之一。布劳斯不仅是苏塞克斯境内布兰伯（Bramber）的领主，还在威尔士拥有领地，他起初是约翰的亲信，于1201 年被授予了利默里克封邑（尽管利默里克是威廉·伯格的地盘）。但实际上，约翰却牢牢把控着利默里克，因为约翰在爱尔兰的首席政法官梅莱·菲茨·亨利坚称，国王想要保住科克、康诺特两地，就必须直接管理利默里克城。利默里克城的所有权就这样成了君臣争执的焦点，并引发了两者间的另一个矛盾。布劳斯曾承诺向约翰支付 3 333 镑，每年付 666 镑，但直到 1207 年，他只付了 468 镑。随着信任的瓦解，约翰开始后悔当初对布劳斯大加封赏，尤其不应将威尔士境内高尔（Gower）的世袭领主权赐给他。最后，约翰没收了布劳斯在威尔士领地的资产，以此要挟他还清欠款。结果，双方爆发了一系列暴力冲突，1208 年末至 1209 年初的那个冬天，冲突进入白热化阶段，布劳斯被迫逃往爱尔兰。到达那里之后，布劳斯得到了女婿沃尔特·德·莱西和威廉·马歇尔的支持。马歇尔是因为 1206 年未派兵随约翰出征普瓦图，得罪了约翰，才退居到伦斯特的领地（退居伦斯特后，他一直忙于修建新罗斯港）。实际上，爱尔兰的贵族都对约翰王有了反叛之心。

　　约翰于 1209 年率军北上（就是迫使威廉签订《诺勒姆条约》的那次北伐），确保苏格兰无法驰援爱尔兰的叛军，后又在 1210 年夏天前往爱尔兰。约翰本来已经与一些当地的诸侯达成协议，却因为嘲笑卡塔尔·克罗瓦德格骑无鞍之马而前功尽弃。紧接着，他又要求卡塔尔和塞奈尔罗恩的国王伊德·奥尼尔（Aedh O'Neil）交出人质和贡品，导致奥尼尔与英格兰王权为敌，从此令中央政府芒刺在背。但是，约翰有狂傲的资本：他直接从寝宫拨款，用这些钱征召了 1000 多名步兵和至少 800 名骑士，让他们随他奔赴爱尔兰。这支随行部队很有可能是爱尔兰人有史以来见到的最大的军队。约翰大军登陆爱尔兰之时，威廉·布劳斯已经返回威尔士，其实在约翰动身前就已经求饶了。但约翰决心要展示实力，将布劳斯的妻子玛蒂尔达连同沃尔特·德·莱西、休·德·莱西一起逐出了爱尔兰。

　　玛蒂尔达在加洛韦被俘，成了约翰的阶下囚。她不仅是贤内助，还在 12 世纪 90 年代死守佩恩斯卡斯尔城堡（后来更名为玛蒂尔达城堡），之后断然拒绝将儿子作为人质交给约翰。她高呼："看看亚瑟就知道，将孩子交给约翰监护会是什么下场。"而从约翰的处置方式上看得出，他认为这对夫妻沆瀣一气。所以，在将玛蒂尔达关押起来之后，约翰马上以其全家性命相要挟，开出了 33 333 镑的赎金。身处绝境也不畏惧的玛蒂尔达，坚持要求见丈夫一面；而得到了安全通行许可的布劳斯却径自逃往法国（1211 年于法国逝世），留下玛蒂尔达自生自灭。当约翰派大臣前往牢房，要求玛蒂尔达支付赎金的第一笔款项时，只搜出了 16 镑的现金和几枚金币。玛蒂尔达与长子（赫特福德伯爵理查德·德·克莱尔的女婿，已成为布雷肯的领主）一起，在温莎城堡的地牢中被活活饿死。母子二人惨死的消息很快被男爵阶层口口相传。约翰的罪行录又添了骇人的一笔。

　　约翰此番出征爱尔兰仍可谓是大获全胜，不仅拿下了布劳斯在威尔士和爱尔兰的领地，还在爱尔兰没收了莱西家族的米斯、阿尔斯特这两块领地。1212 年，约翰打算将阿尔斯特赐给（未能如愿）加洛韦的领主艾伦·菲茨·罗兰（Alan fitz Roland），为了在加强对阿尔斯特的控制的同时，获得加洛韦的部队。此外，1210 年出巡爱尔兰期间，约翰还对当地的政府架构进行了重大调整。他对威尔士的杰拉尔德坦言，自己只是想操控爱尔兰的局势，并不想到爱尔兰亲政。所以，约翰以递送信件（从王室设置信使这一专职之后，他通常以信件的形式发布许多命令）的方式，将爱尔兰政府首脑（首席政法官）召回王庭。从 1208 年至 1214 年去世为止，爱尔兰首席政法官一职始终由对约翰死心塌地的诺里奇主教约翰·格雷担任。格雷不仅善理朝政，在爱尔兰尽忠职守，而且从不徇私舞弊，与前任首席政法官梅莱·菲茨·亨利大不相同。他除了在阿斯隆修建城堡外，还大力推进爱尔兰的法治进程，完善政治体系。身为首席政法官，格雷还负责掌管设立在都柏林城堡中的爱尔兰国库。都柏林城堡建于 1204 年，主要用来控制这座城市和储存财富。虽然爱尔兰国库卷档的原件未能存世，从 1212 年卷档的副本残卷来看，当时爱尔兰国库的运行程序与英格兰国库的十分相似。据这份卷档记载，国王在爱尔兰的直属领地分为三个区，都柏林、德罗赫达为一区，芒斯特（包括利默里克、蒂珀雷里）为二区，沃特福德、科克为三区，分别由三位郡督管理。此外，约翰从莱西家族没收来的米斯、阿尔斯特两地均由王室总管负责。

　　1210 年，约翰在 1204 年和 1207 年提出的草案的基础上发布了特许状，规定从此之后，爱尔兰应当遵从英格兰的法律与习俗。包括刑事案件在内，所有国王之诉案件都应由爱尔兰政法官或英王派遣的专职法官听审。爱尔兰政法官有权效仿英格兰现有的司法程序，在爱尔兰发布启动民事诉讼程序的令状。同年，在发布特许状之后，约翰派人将令状登记册 [①] 送往爱尔兰。英格兰的普通法接踵而至。普通法最初用于管理生活在国王直属领地的臣民，但约翰的野心远不止于此。1208 年，他规定在马歇尔的伦斯特领地、莱西的米斯领地，所有国王之诉案件要一律由国王听审。他还规定，在米斯只有国王才有发布普通法令状的权利。但是，13 世纪无论是在米斯（1215 年，沃尔特·德·莱西坐回领主之位），还是在伦斯特，上述规定都没有得到贯彻。不过，起码爱尔兰各大封邑所施行

---

① 令状登记册记载了当时英格兰所有用于发动民事诉讼程序的令状模版。

的都是英格兰国王制定的法律，而不是像威尔士那样，在法律问题上各自为政，执行边境领地法。

同样，约翰也热衷于在爱尔兰诸候国加强自己的权威。1207年，他主张对国王之诉案件的听审权适用范围限定为"爱尔兰各地的全部居民"，即使1215年他将康诺特赐予了卡塔尔·克罗瓦德格，依旧保留了上述权利。此举隐含的意思是，生活在本地领主领地上的爱尔兰人，也要像生活在国王直属领地的爱尔兰人一样，受到王权专属听审权的管辖（尽管缺少该时期的佐证）。然而，约翰对现实有着清醒的认识。正如他在1207年所说的，他的权势"在爱尔兰已遍布王室直属领地"，而在由诸侯掌控的地方领地上，约翰的权势微乎其微，这些地方躲过了英格兰法律的"福佑"。实际上，即便是王室直属领地内的爱尔兰人，也不愿使用英格兰的民事诉讼程序。这可能是他们自愿选择的，他们更愿意沿用本族的惯例，而英格兰政府当时并未取缔这些习俗。后来，这群爱尔兰人被贬为非自由民，无法利用普通法捍卫自身利益，失去了选择的机会。如果约翰当初再强势些，将王室领地和诸候国纳入王权的管辖范围，也许情况会有所不同。

* * *

与在爱尔兰时一样，约翰在威尔士利用一切可能的机会扩展王室直属领地，侵蚀了本土统治者和英格兰男爵的利益。1189年，约翰通过第一次婚姻获得了格拉摩根的领主权，之后虽然离婚，却将该权力保留到1214年。他以一种新的敏锐和精确的方式将他的权威强加给当地的统治者，从而为本世纪晚些时候爆发的紧张局势埋下了伏笔。像应对爱尔兰事务时那样，约翰在处理威尔士事务时也会结合英格兰国内的形势。在圣戴维斯教区事件中，约翰的态度体现了这一点，他是否支持圣戴维斯教区拥有主教的权力，完全取决于他与坎特伯雷大主教休伯特·沃尔特关系的好坏，正如一心想坐上圣戴维斯都主教牧座的威尔士的杰拉尔德所指出的那样。同样，约翰令当时只是切普斯托领主的威廉·马歇尔成为彭布罗克的领主，承认其彭布罗克伯爵的地位，以嘉奖他曾为自己登基立下的汗马功劳。自亨利二世拒绝承认马歇尔的岳父理查德·菲茨·吉尔伯特伯爵地位时起，彭布罗克就一直由王权直接管理，所以这是一次重大让步。与之相反，约翰早早就在德赫巴斯利用里斯大人子嗣间的矛盾获益了。他先是承认里斯之子迈尔贡对达费德北部埃姆林的领主权，然后要求迈尔贡将永久出让卡迪根的所有权作为回报。"对兄长格鲁菲德的仇恨冲昏了迈尔贡"，他竟然同意了。里斯大人于12世纪60年代从克莱尔家族手中夺过了卡迪根，可如今这座"把守威尔士门户"（《布鲁特》对卡迪根的描述）的城堡，第一次掌握在英格兰王权手中，与卡马森一起成为了王室基地。然而，就像在爱尔兰一样，相信约翰还是太草率了。1204年，约翰准许威廉·马歇尔将迈尔贡驱逐出埃姆林。在北方，约翰也想利用威尔士统治阶层内部的矛盾。但是到了1202年，卢埃林·阿卜约沃思（日后的卢埃林大王）成为圭内斯的霸主，占据了"德菲河到迪河之间的疆土"。于是，约翰转变策略，在1205年将私生女琼嫁给了卢埃林，企图以此笼络对方，达到制衡切斯特伯爵的目的。

威尔士各诸侯之所以愿意臣服于约翰，是因为他们想在同族相争时获得支持，并且使自己的领地免遭英格兰国王、男爵的入侵。而他们向约翰所做的种种承诺，都以一系列特许状及其他官方文件的形式记录在案，这些内容之后还会被誊抄进新的大法官法庭卷档。这似乎是英格兰国王与威尔士统治者的关系首次以书面形式被确定下来，使得双方的封建君臣关系更加明确。13 世纪以后，威尔士的统治者将这些特许状视作与英格兰国王关系的新起点。约翰在特许状中明确声明：德赫巴斯、圭内斯、波伊斯的统治者均从国王那里获得封地，须向国王尽忠，"无论国王攻打何人"，都须出兵助阵，若有违反，国王可没收其封地。面对卢埃林，约翰进一步要求"领内所有权贵"都要效忠自己，从而在圭内斯树立了威信，但也给未来留下了不祥的征兆。约翰还与卢埃林在 1202 年达成一项协议，规定在某些情况下，国王有权选派官员"前往卢埃林的领地"审理案件。威尔士的统治者被英格兰的法律和官僚制束缚住了，而这最终会扼杀他们。

从 1204 年失去诺曼底到 1211 年，约翰每年都会前往威尔士或与威尔士接壤的边境男爵领。1208 年，威廉·德·布劳斯倒台后，约翰没收了布劳斯包括拉德诺、埃尔菲尔、比尔斯、布雷肯、阿伯加文尼、高尔在内的所有领地，使自己在威尔士权势大增。他还任命曾经担任洛什城堡总管的图赖讷人杰勒德·杜阿赛（Gerard d'Athée）替自己管理上述领地。同一年，约翰囚禁了波伊斯南部的统治者格温文温，将其领地据为己有。然而，卢埃林饿虎扑食般地趁机从约翰手中抢走了位于西部的阿维斯里（Arwystli）地区、锡费尔利格（Cyfeiliog）地区，就此掌控了横贯威尔士中部的东西走廊。此后，卢埃林将迈尔贡赶出了锡尔迪金，占领了阿伯里斯特威斯，惹得约翰勃然大怒。1211 年，从爱尔兰凯旋的约翰入侵圭内斯，而与他并肩作战的还有迈尔贡和重获圣心的格温文温。这次入侵是 1165 年亨利二世西征威尔士以来，英格兰国王首次率军进入威尔士；他们兵临班戈，历任英王都未曾如此深入威尔士的西部腹地。卢埃林运用一贯的政治智慧，派妻子琼与约翰谈判。约翰提出的条件苛刻，不仅要求卢埃林送来人质，以牛群作为贡品，还要他同意自己可以随意命其手下向自己效忠（这是 1202 年协议上的部分内容）。此外，他还要求卢埃林永久割让西起康威、东至迪河的"四百镇区"，并规定如果卢埃林未能与琼生下子嗣，则由英格兰国王继承圭内斯其余地区。就此，约翰不仅瓜分到了圭内斯的部分领土，未来还有可能将其一举吞并。与此同时，在威尔士南部，约翰的诺曼将领富尔克斯·德·布雷欧特（Falkes de Bréauté）率军从加的夫出发，挺进锡尔迪金，占领阿伯里斯特威斯，还就地修建了王室城堡。巴恩韦尔的编年史家写道："就这样，爱尔兰、苏格兰、威尔士皆臣服于英格兰国王，约翰王的前任们都不曾做到如此。"

*   *   *

彼时，约翰似乎在不列颠大获全胜，他还一边努力就禁教令与教皇达成和解，一边为收复安茹帝国的失地而在欧洲大陆拉拢盟友。1212 年 5 月，约翰与布洛涅伯爵雷金纳德（Reginald）、神圣罗马帝国皇帝奥托结盟，后者正准备迎接未来的神圣罗马帝国皇帝腓特烈二世的挑战。然后，约翰在朴次茅斯集结舰队，但最终没有成行，可能是因为他没能与佛兰德斯伯爵结盟。从此，约翰的运势一落千丈。

1212 年复活节，卢埃林前往英格兰王庭拜见约翰，随后便举兵谋反。他令"威尔士的所有君主团结一致"（至少他本人是这样标榜的），还（效仿祖父欧文·圭内斯）与法国国王结了盟，夺回了"四百镇区"，决心要推翻敌人靠修建城堡建立的"暴政"。反叛阵营中还有约翰昔日的盟友——迈尔贡和波伊斯南部的统治者格温文温，迈尔贡已经将阿伯里斯特威斯的王室城堡夷为平地。约翰一心想要报复，于是效仿亨利二世 1165 年的做法，处死了作为人质的迈尔贡的儿子们（其中两人因宫刑而死，最小的儿子只有 7 岁，被处以绞刑），而后制订入侵计划，准备彻底征服威尔士。约翰召集了 8 000 多名劳工，人数比最终征服威尔士的爱德华一世整整多出一倍。然而，卢埃林绝非有勇无谋之辈，他早已与英格兰的男爵结盟。

1212 年 8 月 16 日，在诺丁汉的约翰突然获悉，有男爵密谋造反，不是要谋杀他，就是要等威尔士开战后让他自生自灭。已知的密谋者有 2 人，其中一人是诺森伯兰境内阿尼克的领主——机敏、有主见的尤斯塔斯·韦西，另一人是埃塞克斯境内阿邓（Little Dunmow）的领主、伦敦城内贝纳得堡的城主罗贝尔·菲茨·沃尔特（Robert fitz Walter）。沃尔特现存于大英博物馆的银质印章模具让我们依稀看到他英勇的风姿和雄厚的家族背景。印章上的沃尔特头戴令人不寒而栗的平顶头盔，挥舞长剑，胯下的骏马身着华丽的马衣，两面盾牌上的纹章表明他与克莱尔家族、昆西家族渊源匪浅。沃尔特不仅欠了巨债，而且对赫特福德城堡的诉求 ① 也被拒绝。此外，他还宣称约翰对他的女儿有非分之想。假如后世传闻可信的话，那么韦西也因约翰觊觎他的妻子满腹怨气。亨利一世、亨利二世虽说沉迷于女色，却从未因此遭到政治迫害。但对约翰与权贵妻

---

① 　沃尔特通过妻子主张对城堡总管之职的世袭继承权。

女有染的指控层出不穷，其中并非桩桩都是捕风捉影。在大法官法庭卷档的一条记录中，约翰与情妇——休·德·内维尔（Hugh de Neville）的妻子开玩笑说，如果她与休同床一晚，必须支付多少罚金？答案竟然是200只鸡。再考虑到约翰所犯的谋杀罪，这就解释了权贵阶层对约翰的敌意为何常常掺杂着浓厚的个人情感。约翰的这些行为并不是《大宪章》诞生的根本原因，却是导致男爵阶层叛乱的一个主要因素。

从约翰的反应可以看出1212年的危机的严重程度。取消入侵威尔士的计划后，约翰率军北上维护自己的权威，迫使罗贝尔·菲茨·沃尔特、韦西逃往法国避难。他还做出了一连串让步，既放弃了对郡农场强加包税额的举措，又着手调查滥用职权的郡督、护林官，还承诺放松对犹太人追讨债款的力度。在巴恩韦尔编史家看来，这些做法"足以令人感激涕零，大加赞赏"。然而，稳住阵脚后约翰并没有重启威尔士计划，因为他遇到了更大的威胁。1213年春，与英格兰的叛党勾结，且从教皇那得到了约翰不久就会被罢黜的暗示之后，腓力二世准备派长子路易大举入侵英格兰。5月，约翰在肯特囤积重兵，严阵以待。同时，他意识到必须与教皇达成和解。5月13日，约翰同意让包括兰顿大主教在内的所有被流放的英格兰主教回国。而韦西、菲茨·沃尔特将自身利益与教会的利益捆绑了起来，也搭上了归国的这趟顺风车。两天后，约翰宣布从此往后，自己作为英格兰、爱尔兰的领主，将会承认教皇的封建宗主地位。作为回报，教廷在7月20日命兰顿亲自恢复约翰的教籍。安排好赔偿事宜之后，教皇在一年后解除了对英格兰的禁教令。约翰只得接受自己不信任的人坐上坎特伯雷大主教的牧座。事实证明，他的疑虑不是没有道理的。不过，约翰靠着没收教会的财产收到了 10 万镑，后来只归还了一小部分，另外他还拉拢了教皇这位立场坚定的盟友——也因此拯救了安茹王朝。老天也愿意为约翰开道：5 月 30 日，索尔兹伯里伯爵、布洛涅伯爵在达默港附近的海域歼灭了法国的舰队，消除了威胁。

约翰准备再度出击，这次不是威尔士。此时，佛兰德斯伯爵已经向约翰宣誓效忠，因诺曼底沦陷而损伤的外交关系得到了修复。1214 年 2 月约翰率军队渡海前往普瓦图，尽管随行的男爵屈指可数，但军费充足、雇佣骑士人数众多。约翰的策略是将法军一分为二。奥托皇帝、佛兰德斯伯爵、布洛涅伯爵、索尔兹伯里伯爵沿北路进攻，约翰领兵从南边进攻。6 月，约翰一路进军至昂热以北，在与法军对峙时不幸被普瓦图盟友抛弃，不得已向南撤退。7 月 9 日，约翰返回了拉罗谢尔。7 月 27 日，腓力二世在布汶之战中大破约翰的北盟军——布汶战役在世界史上具有决定性意义：它令德国的奥托皇帝一蹶不振，被腓特烈二世取代；在诺曼底，它浇灭了安茹王朝复辟的幻想；在欧洲，它令腓力二世成了当之无愧的霸主；在英格兰，它粉碎了约翰的权威，为《大宪章》的登场铺平了道路。

约翰出征期间，英格兰国内的不满情绪愈演愈烈。造成这种局面的部分原因在于，约翰任命温切斯特主教彼得·德·罗什为首席政法官，代为监国。彼得来自图赖讷，不仅善理朝政，还精通兵法（后来在林肯之战中立下战功），辅佐约翰期间步步高升，是禁教令期间唯一一位没有放弃约翰的英格兰主教。

> 温切斯特的勇士，掌管国库；
> 记账时分金掰两，诵经时心有旁骛。

这是一首对彼得冷嘲热讽的打油诗（此处用的是迈克尔·克兰切的译文）。在许多男爵看来，彼得不过是个粗鄙的异乡人。他本人也没有效仿谨小慎微的前辈，而是按照约翰的要求，向未派兵参与1214年远征的权贵追讨免役税，结果在约克郡遭到抵抗，只能草草收场。1214年10月，当约翰返回英格兰时，这群"北方人"（许多史料如此称呼约克郡的权贵）已经形成特殊的政治力量，成了反抗暴政的领军者。刚开始时，"北方人"的主要成员有尤斯塔斯·德·韦西、威廉·德·莫布雷、罗杰·德·蒙特贝贡（另一位欠国王巨额债务的男爵），他们拒绝参与1214年的远征，派出使节向教皇陈情，并在1215年初迫使约翰进行谈判，要求他至少答应亨利一世在《加冕宪章》中所做出的承诺。与1212年密谋弑君相比，男爵阶层的目标发生了重大转变，他们不再想要除掉约翰，而是要用条款来约束他。这并不是因为约翰突然言而有信了，而是因为他已经从一个被革除教籍的人变成了教会的宠儿，在王位继承人还未定的情况下，无论弑君还是废君，都是不明智的。

约翰一拖再拖，将这些问题推迟到1215年4月底在牛津举行的议事会上讨论。然而，他的地位继续被削弱。妥协让步并未阻止卢埃林、迈尔贡加入男爵阵营；教皇虽然支持他，但态度冷淡，而且兰顿又不肯革除叛乱之人的教籍。1214年11月，为了争取兰顿及英格兰教会的支持，他发布特许状，承诺所有修道院院长、主教的职位都可由教会自由选举，不会出现无故拖延的情况。但事实并非那般美好——约翰仍然希望自己人能够当选，根据特许状的规定，他仍有权否决选举结果，这样一来，在最后选出继任者之前，他可以一直利用空缺的圣职赚钱。因此，兰顿没有成为国王的支持者，反而扮演起为男爵、国王调停的角色，偏向于男爵那一方。

　　4月底，反对约翰的男爵们没有来牛津参加议事会，而是率军集结于林肯郡的斯坦福德，5月5日他们正式向国王宣战。此时，"北方人"阵营中新增了赫里福德伯爵、诺福克伯爵、埃塞克斯伯爵，以及足智多谋、极具人望的赛尔·德·昆西（Saer de Quency）。约翰虽然册封赛尔为温切斯特伯爵，命他在国库担任要职，却没有让他入主芒特索勒尔城堡，使他成了没有城堡的伯爵，与无马可骑的骑士一样悲惨。而担任此次叛乱领袖的正是赛尔的老战友罗贝尔·菲茨·沃尔特，他还得到了"圣教军大统领"这样一个响当当的名号。

　　5月5日战争打响，12天后战局发生重大变化。尽管约翰曾在5月初发布特许状，允许伦敦市民选举市长，但他们还是在5月17日放叛军入了城。城内的钱粮、城墙现在为男爵阵营所用了。（直到1217年战争结束，伦敦一直是男爵阵营的基地。）约翰根本不可能快速结束战争，尤其是他还要应对大批骑士的叛乱。叛乱的部分原因在于，骑士作为封臣追随他们的领主，而北方男爵的封邑紧挨在一起，封君封臣比邻而居，使得封建君臣关系更加牢固。但也有一部分原因是男爵阵营的诉求引起了他们的共鸣。科吉舍尔的拉尔夫指出，约翰主要支持者手下的骑士全都叛变了，虽然有些夸大其词（忠于约翰的德比伯爵的下属封臣无一人变节），却反映出人心向背。以林肯郡的两位卸任郡督莫尔顿的托马斯（Thomas of Moulton）、凯姆的西蒙（Simon of Kyme）为代表，一些骑士阶层的成员在财富上与许多男爵不分伯仲，加入叛军显然是自愿的。还有一些来自非大领主统领的郡县的骑士，比如北安普敦郡、贝德福德郡、剑桥郡、亨廷登郡，至少有78名骑士投奔了叛军。许多骑士对约翰满腹怨言，威廉·菲茨·埃利斯（William fitz Ellis）就曾责怪约翰王"未经审判就不公正地"没收了他在白金汉郡的奥克利庄园（详见后文）。王权对各郡、各地王室森林的管理本就严苛，骑士阶层还频繁地以陪审员的身份参与案件审理，并且担任各类官职，渐渐对本地事务形成了主人翁意识（《大宪章》对此有所反映），所以他们对高压统治更是难以忍受。

男爵阵营虽然得到了四方支援，但也无法速战速决。换句话说，双方必有一场硬仗要打。约翰仍掌控着英格兰的城堡，驻守在那的多为精兵强将。凑足经费之后，他雇用了一批外国雇佣兵团。此外，切斯特伯爵、德比伯爵、瓦伦伯爵、索尔兹伯里伯爵、彭布罗克伯爵仍然效忠约翰；彭布罗克伯爵威廉·马歇尔之所以继续效忠于他，是因为1214年1月约翰把卡迪根、卡马森这两座重镇的管理权赐给了马歇尔。有了马歇尔的帮助，约翰就巩固了自己在爱尔兰的阵地，可以继续从那里获得补给。为了确保万无一失，约翰与沃尔特·德·莱西言归于好，在1215年将米斯还给了他。这再次说明，英格兰的政治斗争牵引着爱尔兰的政局走向。

僵局走向了谈判。5月27日双方宣布停战并进行谈判，男爵代表在谈判中运筹帷幄。从一份现存的草稿来看，男爵阵营当时在亨利一世《加冕宪章》的基础上，添加了12项全新条款（现代历史学家将这份草稿称为"不知名宪章"）。6月10日，约翰同意将"男爵条款"作为达成和解的基础。这时男爵代表将《加冕宪章》抛诸脑后，提出49项全新条款。接下来的5天进行了激烈的谈判。泰晤士河畔的兰尼米德草坪，令人回想起那年仲夏，男爵代表在这里扎下营帐，等待约翰从温莎城堡骑马赶来赴会。双方达成一致后，约翰立即于6月15日颁布特许状，将条款一一列出，这就是《大宪章》的雏形。男爵代表的下一项任务是说服会聚于兰尼米德的众男爵接受协商结果。由于其中一些人（尤其是那帮"北方人"）认为这个结果太过温和，决议 6 月 19 日才得到承认。姗姗来迟的和解预示着，未来定会掀起一阵风浪。

＊　　＊　　＊

《大宪章》对王权的限制达到史无前例的高度。62 项条款环环相扣，限制国王"捞金"，确保国王法庭的司法公正，整治地方官吏行政乱象，防止国王独断专行损害臣民的利益。第 39 条规定："如未经同等社会地位之人裁判，或未经土地法判决，任何自由民不得被逮捕、监禁、没收财产、剥夺法律保护权、流放，或被加以任何其他损害。"第 40 条规定："我们不向任何人出售、拒绝或延搁其应享之权利与司法公正。"上述两条作为防止暴政殃民的底线，至今仍收录在英格兰的《法令全书》（*Statute Book*）中。《大宪章》最后一条是"保全条款"，由 25 位男爵监督国王遵守宪章的规定。从此以后，国王要服从法律，服从《大宪章》本身制定的法律。

然而，《大宪章》并非全盘否定王权。它肯定了亨利二世推出的普通法程序，设法使该程序便捷易行。所以，第 17 条暗示，应当在威斯敏斯特设常务法庭，专门审理民事诉讼；第 18 条规定，国王应当指定法官每年 4 次巡回各郡，审理小敕令案件。所以，国王并没有降格为普通的封建宗主。亨利二世发起的司法改革大幅扩大了王权的司法管辖范围，国王法庭仍将发挥重要的作用。《大宪章》中的那些限制王权的条款，并没有如许多人希望的那般严苛，这主要是因为它不是男爵在战场上击败约翰后逼其签署的战败条约，而是双方协商的结果。"不知名宪章"要求停止亨利二世时期扩张王室森林的计划，《大宪章》却将这一问题无限期搁置。《大宪章》对犹太人债权问题也没有做出规定，而且除了罢免了一些外族郡督和城堡总管外，没有限制约翰任命地方代理人的权力。最重要的一点是，约翰仍然全权掌控着中央政府。大法官法庭只遵照他的指示发布令状、特许状。在对朝臣的任命和封赏上，约翰也拥有绝对的自由，可以任由自己的喜好来定夺。《大宪章》遗留下来的问题，将会在13世纪后的历史中成为政治斗争的焦点。

《大宪章》早期条款的首要受益者是各大男爵家族，制定条款的初衷就是要限制国王的"封建"特权和收入——这些特权和收入来自国王与直属封臣间的君臣关系。从此往后，伯爵、男爵只需要支付固定的100镑献纳金，就可以顺利继承家族领地，而国王只能利用监护权获得"合理的收入"。国王不得逼迫直属封臣的继承人婚配时降低身价，必须与社会地位相当的人婚配。直属封臣的遗孀不需支付任何费用，就可获得嫁资及亡夫遗产。国王还不得迫使这些遗孀再婚——这一条改善了13世纪贵族女性的处境。批准征税计划的议事会将由教会和世俗直属封臣共同组成。然而，《大宪章》保护的绝非只有男爵阶层的利益。条款1保障了教会的自由，确认了之前授予教会的选举自由。条款13确认了包括伦敦在内的所有市、镇的自由，伦敦市长是保全条款所指定的25名男爵之一。男爵作为直属封臣，也必须对其下属封臣做出相应的让步，并且不得随意向下属封臣收取"援助金"（就是税款）。《大宪章》也提升了骑士阶层的社会地位。各郡可以自行选举12名骑士，负责调查和处置国王任命的地方官员滥用职权的行为。各郡还有权在郡内选出4名骑士，与国王派往郡内的巡回法官一同审理小敕令案件——由此可见，骑士阶层不仅有专业的知识储备，还有管理本地事务的强烈诉求。总体上看，《大宪章》的颁布对象是"所有的自由民"，涵盖各阶层，包括大量农民在内。条款 39 明确规定，享有该权益的不仅是男爵阶层，所有自由民均可享受。同样，条款 17、18 的受益者也是全体自由民，这一规定旨在提升普通法及小敕令法律程序的普及程度。此外，按照保全条款的规定，英格兰所有居民（显然既包括自由民，也包括非自由民）应当组成"全民盟誓公社"，协助那 25 位男爵执行《大宪章》。《大宪章》的确保障了非自由民的权益，虽然只是在一定程度上。管理罚金制度的条款（条款 20—22）涵盖了社会各个阶层，不仅伯爵、男爵、教士、自由民，就连农奴也能受条款的保护。条款 23 专为农民阶层"量身定制"，规定了若无法律依据，"任何村庄或个人"都不得被强迫修建桥梁。总体上说，几乎每个人都能从限制郡督征税的条款中获益，特别是第 25 条，它规定郡督不得在"原有包税"的基础上加征税款。涉及英格兰所有居民的条款还有第 40 条：约翰承诺"不剥夺任何人的权利，不会使任何人遭受不公"。可问题是法律本身是不公正的，它限制了非自由民的权利，使他们无法利用国王法庭维护自己的利益。只有条款 39 是专门对自由民做出的承诺，如前所述，《大宪章》的颁布对象正是自由民。男爵阶层经常鼓吹《大宪章》"普适英格兰全民"，但是对某些人来说可能更普适。

　　《大宪章》的诞生是王室中央政府对包括男爵在内的英格兰社会各阶层经济施压的结果。有些经济压力早已有之，亨利一世的《加冕宪章》就曾针对献纳金、监护权、婚配权等令男爵阶层不满的问题做出过让步。换言之，《大宪章》要调解的是因诺曼征服而建立的封建关系所造成的矛盾。尽管在亨利二世统治时期，这种压力有所缓解，但在理查和约翰统治时期，安茹帝国的国防开支猛增，后又要为收复失地筹集巨额军费，压力又迅速升级。为了从更多阶层牟取利益，亨利二世建立了管辖范围广、具有压迫性的（至少这是当时普遍的看法）森林法制度；理查（在1194年）提高了各郡应缴纳的包税额，此法被约翰沿用，后来被《大宪章》第25条禁止。理查和约翰（理查是为了筹措赎金，而约翰则是在1207年开始征收动产税）是自盎格鲁－撒克逊征税时代结束后，再度以征税作为手段获取收入的国王。难怪《大宪章》会强调此类税收须征得臣民同意才可以征缴，其中包括了免役税征收，这显然是为了防止约翰利用此税大肆敛财。科吉舍尔的拉尔夫断言，1215年英格兰的叛乱是反对亨利、理查的横征暴敛，反对约翰的进一步压榨。然而，约翰加征税款不止是压垮骆驼的最后一根稻草，他的盘剥是臣民经济压力骤增的罪魁祸首。在理查时期，人们颇有怨言；而到了约翰时期，民怨沸腾了。

《大宪章》另一个重要目标是限制国王的独断专行，令他无法再操纵继承权；不能再徇私枉法，不经过审判就"随意"剥夺臣民的财产——正因为如此，条款39、40才会显得对权贵阶层至关重要。同样，臣民对王权的怨恨由来已久：《大宪章》提到了亨利二世和理查两人肆意侵占私产的行为。约翰统治时期"未经过社会地位相同之人按法律程序审判"即没收领地的决定将被纠正，如有必要，可以由保全条款任命的25位男爵来实施；同样，约翰"无视英格兰的法律，以不正当手段"收取的罚金、罚款也必须一一归还。实际上，在兰尼米德谈判期间及之后很短的一段时间内，就有50多处领地物归原主——单单保全条款指定的25位男爵就追讨回 12 处领地：尼古拉斯·德·斯塔特维尔讨回了纳尔斯伯勒，赫里福德伯爵讨回了特罗布里奇。骑士阶层也有所收获，比如，威廉·菲茨·埃利斯就讨回了奥克利。与国王在这些领域的行为密切相关的封赏问题，《大宪章》规定，国王不得迫使直属封臣的继承人接受不平等的婚配，显然是针对国王将唐卡斯特的继承人下嫁给图赖讷人彼得·德·毛利这类封赏。《大宪章》的另一项条款将在北方担任郡督的菲利普·马克及其党羽一并扫地出门。

　　韦弗利修道院的史官对约翰治国的评价是："没有法律，全凭暴君的意愿行事。"这句话反映出《大宪章》改革的另一个社会背景。治国理政的观念也在发展。与一个世纪前亨利一世时期相比，约翰受到更多此类的抨击。当然，1215 年男爵阵营提出的一些核心观点仍属于老生常谈，尤其是"必须经过同等社会地位的人审判"这一条——1101 年，在亨利一世与佛兰德斯伯爵达成协议时，就已经将这一条纳入法律程序。此外，认为"国王应当依法治国，听取权贵的意见"这类观点也是耳熟能详了。到了 12 世纪，学者围绕这些基本理念创建了一套较为复杂的政论体系。索尔兹伯里的约翰在《论政府原理》中将教皇格列高利一世（Gregory the Great）与圣奥古斯丁（St Augustine）做了比较，得出一个核心观点：贤君与暴君的区别在于，前者以法为纲，为民谋福祉；后者则目无法纪，欺压臣民，只为满足一己私欲。

　　这样的观点变得司空见惯。13 世纪初，伦敦有一位学者将这些观点编进了旧法典（所谓的《"忏悔者"爱德华法律汇编》（*Laws of Edward the Confessor*），这个人很可能经常活跃在各大男爵的交际圈中。新法典指出："主宰一个国家的应当是公平与正义，而不是卑鄙的私欲。"国王"应当遵从治下权贵的判断，秉公处理王国的所有事务"。兰顿大主教将自己的想法融入了这一令人浮想联翩的憧憬中。兰顿在巴黎讲解《申命记》(*Deuteronomy*) ①时，就批评了利欲熏心的"现代国王"，敦促他们好好学习法律。他认为，如果国王恣意妄为，偏听偏信，臣民就没有义务对他唯命是从。总的来说，兰顿认为，神职人员和民众是一切世俗权力的源泉，国王执政时应当考虑到他们的利益。这个想法反映出"全英格兰的公社"是如何从《大宪章》中获益的，或者至少是《大宪章》的有力后盾。

约翰的对手们深知如何让他们的反叛显得合法。从前文可见，他们只发布了正式的"反抗宣言"，就放弃了对国王的效忠。这一程序至少在斯蒂芬在位期间就存在了，不管国王有何看法，它都能让反叛者相信自己的行为合理合法。就像 1212 年那样，弑君也不算难事。索尔兹伯里的约翰在《论政府原理》中先是回顾了暴君的下场，然后轻描淡写地说了一句"诛弑暴君是正当的"。当弑君被排除在外时，要求国王颁布特许状自然就成了解决问题的方法。城镇社区一直依靠国王颁发的特许状获得商贸和行政特权。1214 年11 月，约翰向教会颁布特许状，授予其自由选举权，还优先拓宽了特许状的应用范畴。亨利一世的《加冕宪章》是不同政见者的第一个纲领，为进一步的要求奠定了基础。《加冕宪章》没有空谈理论，而是与《大宪章》一样关注具体问题，而且《加冕宪章》中的确有惠及全民的内容，虽然着墨不多。即使所有规定仍然未能有效地限制王权，但废黜国王、推举新君也算不上困难，因为王位应

---

① 《申命记》记录了即将到达"应许之地"时，摩西向以色列人宣讲的道义，强调了遵守法律的重要性。

由选举产生这一想法古已有之。1215 年之后，在男爵们将王位献给法国国王长子路易时，路易只用一句话就解释了一切：英格兰男爵"顺应民意，认为（约翰）不堪国王之重任，遂推举我为国君、领主"。

在上述思潮的包围下，安茹王朝很难找到出路。亨利、理查、约翰父子三人都指望依靠仪式和排场来加强国王的权威。他们不惜重金，制做了华美的王冠和御袍、举办了宴会典礼，言语中强调国王的权力、尊严。他们的国玺遵循诺曼征服后建立的旧制，一面是与其他贵族一样，全副武装、策马扬鞭的武士形象，一面是独特的国君形象，手持宝球、权杖，头戴王冠，端坐在王座之上。加冕时涂抹的圣油令圣灵的祝福渗入国王的肉身，这三位国王也时刻渴求上帝的庇护。因此，亨利才会在贝克特的墓前忏悔、赎罪，理查才会去参加十字军东征，历任国王才会坚持布施、朝圣之类的传统。寻求精神上的恩赐不单单是因为想要获得个人的救赎。亨利二世资助修道院不仅是为了拯救家族成员的灵魂，也是"为了维护英格兰王国的和平、稳定"。然而，由于其他某些原因（有些是出于国王的意愿，有些是受外界所迫），国王身上的"君权神授"光环黯淡了下来。亨利一世放弃任命圣职的权力，致使国王再也不能以上帝的祭司自居。此外，为了节约开支，亨利一世简化了每 3 年举行一次的加冠仪式。怕麻烦的亨利二世自觉王权稳固，干脆废止了这个仪式。有时他还刻意简装素服，不拘小节。在真性情面前，神授魅力几乎荡然无存，而安茹王朝的国王个个都是真性情。单就虔诚而论，只有理查算得上是虔诚之至：他身披御袍前往教堂望弥撒，孜孜以求，还会指挥唱诗班；就连他的死（在科吉舍尔的拉尔夫笔下）似乎也是上帝公正的判罚。亨利谋杀了贝克特，约翰即位后遭遇种种挫折，想来也是上帝在惩罚他们父子俩。从一定程度上讲，王权形式的常规化也会使"君权神授"的魅力削弱。这反映在法律敕令状的外观上，这种令状装裱简陋，上面国王的尊讳、名号都是简写的，要么没有加盖国玺，要么国玺加盖在封口处，一拆就成了两半。而这些令状偏巧是臣民最常见到的王室文件。

安茹王朝的国王也没能从罗马法复兴中汲取思想来提升王权的地位。12世纪下半叶，英格兰学术界应该已经开始研究罗马法了，最初的学术中心是林肯，之后转移到了牛津。"君主不受法律的约束"，"君主的意愿具有法律效力"，是英格兰人熟知的格言。然而，当发现国王的部分收入不是依据法律而是凭着"专断意志"得来的时候，《国库对话》用了羞愧的笔触。《格兰维尔》的编写者是国王任命的法官，他在书中的确也提到了君主的意愿具有法律效力，但之后提出在英格兰，由于法律是在"听取权贵意见的基础上"制定的，所以君主不是唯一的立法者。此外，罗马法本身也存在自相矛盾之处，一些章节强调君主应当受法律的约束，而法律的效力又来源于"人民的意志"。因此，借用惯例习俗为王权辩护似乎更站得住脚。亨利二世反复强调，自己只是在恢复外祖父亨利一世统治时期的惯例。约翰再三重申，自己的所作所为符合英格兰王国的法律、习俗，并且完全有理由抨击1215年《男爵法案》纯属"标新立异"。毕竟，无论是将献纳金额定为100镑，还是禁止提高各郡包税的税额，都有违现行的惯例，而不是遵照惯例。约翰还可以辩称自己被指强制没收的一部分领地属于"灰色地带"，权责并不明确。当然，最大的麻烦是，无论他如何强调自己是在依法办事，以布劳斯家族为代表的诸多受害者的下场会令他难以服众。有些事可能是惯常的，但未必是正确的。《加冕宪章》专门废除了祸国殃民的"恶习",教会也谴责这些违反教会法的习俗。男爵阶层的处境也更为艰难,最多只能求助《"忏悔者"爱德华法律汇编》(模棱两可、不足为信)、亨利一世的《加冕宪章》(法律地位并不明确)。但无论他们如何假装遵从惯例,最后还是能够利用《大宪章》来制定新的法律。

这样一来,安茹王朝的国王与对立阵营就在同一片森林中作战,事实上他们为种植森林做了很多工作。1199 年,约翰继位时宣称,自己不仅拥有世袭继承权,还"蒙上帝垂青",更是"得到了教士、俗众的一致认可和推举",从而精确地强调了后来用来对付他的选举因素。1205 年,面对入侵危机,约翰组建了"一个全国公社,所有臣民,无论贵贱,只要超过 12 岁,就必须起誓共同抵御外侮"。这也是全体臣民组成"全英格兰的公社"来捍卫《大宪章》的预演。"我做出如下承诺,即日起,除非依法接受审判,否则你们不会受到武力对待;未经审判,任何人不得随意夺取你们的财物,强占你们的世袭地产。"约翰的这段话并非是他在 1215 年遭人逼宫时说的,而是他在 1207 年向爱尔兰发布的宣言。当然,约翰只是在阐述亨利二世推行的小敕令法律程序所依据的基本法律原则。1215 年是英格兰臣民要求国王遵守自己立下的规矩的重要标志节点。

思想的进步对《大宪章》的形成非常重要,而英格兰社会的权力架构(第十三章会详细讨论这一问题)所起的作用也不容忽视。正因为如此,《大宪章》所满足的不仅仅是男爵阶层的诉求。男爵阶层并非独揽大权,实际上,他们就算是因为普通法架空了其私设法庭而心存不满,也只能忍气吞声,因为骑士阶层作为普通法法律程序最主要的受益者,权势不可小觑。而非自由民人微言轻,在条款中偶尔才被提到。实际上，《大宪章》中真正提及非自由民的几条，多半是为了保护他们所属封建宗主的利益，就像禁止国王滥处罚金这类条款，男爵们订立它们的本意可能是想让非自由民免受国王的压榨，这样自己就能从他们身上获益更多了。尽管如此，《大宪章》对非自由民的照顾，绝不仅仅是为了男爵阶层的私利或出于理想主义，而是反映了农民阶层在有限的范围内确实是英格兰政治共同体的一员。在很大程度上，《大宪章》就是英格兰社会政治权力架构的写照，或者说，正是当时的社会权力格局成就了《大宪章》。

* * *

《大宪章》对约翰来说是一个结束，而对男爵阶层来说是个开始。正是由于这一分歧，协议破裂了。约翰希望利用《大宪章》恢复国内和平、重树国王的权威后，它会变成咬不了人的纸老虎。为了实现这一目的，约翰抢在男爵阵营还未选出保全条款的25位男爵之前，于6月15日在兰尼米德颁布了《大宪章》，这样文件里就不会包含那25位男爵了。相反，男爵阶层希望《大宪章》能够得到严格的执行，成为后续改革的基石。起初，他们达到了目的，遭约翰任意罚没的钱和领地即刻被归还，各郡派出的12名骑士调查员纠察了地方官员渎职之过。在北方，王室森林转眼间成了公共林地。到了7月中旬，忍无可忍的约翰派出使节前往教廷，请求教皇废除《大宪章》；8月24日，教皇颁布诏书，9月底诏书送抵英格兰。废除《大宪章》似乎已是板上钉钉。兰顿调节人的角色也宣告结束，他因拒绝革除反叛男爵的教籍，遭到教皇停职处罚，并离开英格兰前往教廷。眼见着《大宪章》成了一纸空文，男爵阵营只得另寻他法。9 月，男爵们召开大议事会，罢黜约翰的王位，推举法国国王的长子路易为英格兰国王。路易的确与英格兰王位的世袭继承权沾边（他的妻子是亨利二世的外孙女），而且他宠爱妻子，虔诚，有骑士精神，与约翰截然不同。最为重要的是，他能够调用法国雄厚的物资，将安茹王朝的暴君赶下台，这正是男爵阵营放弃苏格兰国王亚历山大，选择这位卡佩王朝王子的原因所在。

战争开始时，叛军以伦敦为基地，在东部诸郡及北方壮大实力，在当地建立起独立政权。而国王的军队驻守着横贯英格兰中部的一座座城堡，护卫着西部的王室领地，那里的威尔士边境男爵（除了布劳斯家族以外）依然忠于王权。约翰从爱尔兰获得了援助，叛军在这里没有根基，这也多亏了沃尔特·德·莱西和驻守在伦斯特的威廉·马歇尔。此外，国王阵营在叛军后方还有两处战略意义极为重要的王室城堡：由于贝尔·伯格驻守的多佛城堡，以及由一年前丧夫的女中豪杰妮可拉·德·拉海耶把守的林肯城堡。（妮可拉继承的遗产包括了林肯城堡总管职位。）剿灭叛军后，约翰还没收了他们的资产，从而很快凑足了军费，纠集起差不多 800 名骑士所组成的军队，其中大部分是佛兰德斯雇佣兵。这么做是要赶在路易插手之前迅速结束内战。1215 年 10 月 13 日，约翰率兵包围了罗切斯特城堡，他好似一只看守猎物的大猫，时不时地龇牙咧嘴。12 月 6 日，约翰攻陷罗切斯特，紧接着率军北上，这一次他要对付的是其口中常常提到的"赤狐"——苏格兰国王亚历山大。

《大宪章》是整个不列颠的宪章。其中一些条款保护了威尔士的卢埃林和 16 岁的苏格兰新王亚历山大的利益，后者刚刚在 1214年 12 月继承了亡父的王位。不难看出，两人与男爵阵营达成了一

致。保全条款指定的 25 位男爵（其中有 9 人在苏格兰有领地）将
卡莱尔以及英格兰北方三郡的所有权判给了亚历山大。他获得垂涎
已久的领地的时刻终于到来了，无论是作为封臣从英王手中接过这
几块封地，还是在形势允许的情况下直接将其变成苏格兰王国的
疆土，条件看似已经很充分了。1215 年 6 月，他又在罗斯和马里
平定了叛乱，这次起兵造反的正是 1186—1187 年叛乱中叛军首领
的后代——肯尼思·麦克赫思（Kenneth MacHeth）和唐纳德·麦
克威廉（Donald MacWilliam）。在这之后，亚历山大在苏格兰就
无后顾之忧了。在英格兰，约翰虽然牢牢掌控着北方的几座城堡，
但北方诸地依旧是叛军的大本营。北方男爵多数都在苏格兰拥有
领地，与那儿的贵族沾亲带故，这种关系比 1157 年以来的任何时
期都要紧密，影响力都要大，而且有可能为亚历山大扫平吞并之
路上的障碍。亚历山大是泰恩河谷的领主，而北方叛军的领袖尤
斯塔斯·德·韦西、罗贝尔·德·罗斯因分别迎娶了"狮子"威
廉的私生女为妻，算得上是亚历山大的姻亲。最为重要的是，卡
莱尔已经成了亚历山大的囊中之物。因为约翰在 1213 年任命罗贝
尔·德·罗斯为卡莱尔的城堡总管，还横征暴敛得罪了当地镇民，
并且任命塞尔维亚人为卡莱尔主教，导致失去了卡莱尔教士们的支
持。无论是在亚历山大本人看来，还是在辅佐过"狮子"威廉、头
脑冷静的老臣眼中，眼下都是千载难逢的良机。1215 年 10 月，亚
历山大率兵围攻特威德河边境的诺勒姆，接受了诺森伯兰众男爵的
效忠。次年初，一些约克郡的男爵倒戈到了苏格兰国王那边。然
而，亚历山大还是失算了，因为约翰远没有到山穷水尽的地步。他
率领一支由外国雇佣兵组成的 450 人骑兵团，一路北上，先是收复
了卡莱尔，而后在 1 月中旬到达贝里克，紧接着洗劫了洛锡安。之

后，约翰经东安格利亚南下，沿途烧毁叛军领地，占领他们的城堡。但就在北部战场大获全胜之时，威尔士的局势却檩栋崩折。

1215 年底，趁着约翰挥军北上，卢埃林先是攻占了卡马森，这个"70 年以来盘踞在特依瓦河谷地的王室权力中心"（这是约翰·罗伊德爵士的描述），接着占领卡迪根，令约翰登基之初在威尔士取得的进展化为乌有。威廉·马歇尔虽然还在坚守彭布罗克，但由于叛军阵营的埃塞克斯伯爵（杰弗里·菲茨·彼得之子）迎娶了被约翰抛弃的妻子，利用婚姻入主了格拉摩根，约翰在威尔士南部的势力因此土崩瓦解，赫里福德以西再无王土。

1216 年 5 月 21 日，路易携众法国权贵及 1 200 名骑士登陆了肯特，令约翰退避三舍。路易先是攻占了罗切斯特，而后在市民的欢呼声中入主伦敦，接着拿下了温切斯特。此时的约翰被他的亲卫骑士抛弃了，就连索尔兹伯里伯爵（约翰同父异母的弟弟，他的妻子与约翰有染）和休·德·内维尔（他的妻子就是那位提供 200 只鸡的女贵族）也倒戈了。8 月，亚历山大先是收复了卡莱尔，后又南下向路易效忠，获得北方诸郡的封建领主权。9 月，路易率军围攻多佛，约翰则挥军北上解救林肯，并且任命妮可拉·德·拉海耶为林肯郡郡督，以表彰其不负众望坚守城池。之后，约翰抄近道涉水经韦尔斯特里姆（Wellstream）河口返回金斯林，不料潮水上涨，困住了辎重车队，王室财宝尽数被卷进沃什湾——沃什湾宝藏传说的由来。此时，约翰已经痢疾缠身，到达纽瓦克城堡之后，于10 月 17 日至 18 日凌晨去世；当时，特伦特河空旷的谷地上突然下起了暴风雨，在城堡周围呼啸着。约翰的安茹王朝是不是也大限已至了呢？

第十章

亨利三世少年时期的统治及其后续（1216—1234）、
卢埃林大王（1194—1240）、亚历山大二世（1214—1249）

　　没有哪位英格兰国王继位时的处境会比亨利三世的更令人绝望。亨利登基时年仅 9 岁，从父亲手中接下的英格兰只剩不到半壁江山。受叛军拥戴的法王长子路易占领了伦敦，而且英格兰 27 位大贵族中已经有 19 人向他效忠。10 月 28 日，为形势所迫，亨利的加冕仪式无法在威斯敏斯特举行，只得改到格洛斯特。更糟糕的是，仪式进行期间，从距离那里不到 30 公里的古德里奇（Goodrich）传来了威尔士人入侵的消息。与此同时，北方的苏格兰国王亚历山大夺回了卡莱尔，并为获得北方诸郡而向路易效忠。

　　当然，亨利的处境绝非黯淡无光。1216 年夏秋，路易亲率大军围攻多佛城堡，双方对峙了 15 周，最终路易被杰出的城堡总管于贝尔·德·伯格击退。正如于贝尔所言，这座城堡的确是"英格兰的门户"。它居高临下，看护着多佛港，只要守住城堡，安茹王朝就有机会越过英吉利海峡，阻断路易与法国方面的联系。到了来年，多佛的确证明了其无可替代的战略价值。此外，那些追随过约翰的城堡总管和权贵依然团结：前者多为外国新贵，无他处可去；后者多数与敌方有私仇，不会改弦易辙。就拿切斯特伯爵雷纳夫来说吧，与他争夺林肯伯爵领的吉尔伯特·德·甘特是路易的支持者，他没有理由投奔路易。还有彭布罗克伯爵威廉·马歇尔，他一旦叛变，就等于给爱尔兰的政敌"开绿灯"。即便退一步讲，威廉也是脚踏两只船（是为了保全他在诺曼底隆格维尔的领主地位），对自己长子的叛变听之任之。威廉解释自己的行为时总是嗓门挺大，却没几句真话。他声称，自己就算是背着幼主浪迹天涯，四处乞食，也不会将其抛弃。威廉忠诚的管家厄尔利的约翰（John of Earley）为他声援："他所赢得的荣耀，无人能及。"13 世纪 20 年代，马歇尔家族出资编撰《威廉·马歇尔传》，书中的大量信息都是约翰提供的。

马歇尔在亨利的加冕仪式上做了上述声明。当时亨利的支持者齐聚格洛斯特，推举他为"国王与王国的监护人"，位同摄政。马歇尔统领切普斯托、彭布罗克、伦斯特三地，就权势而论，是摄政官的不二人选；就威望而言，无人能出其右。诚然，他出身中等家庭，又只是家中的次子，父亲约翰·马歇尔在伯克郡、威尔特郡都有领地，在斯蒂芬一朝做过马尔伯勒的城堡总管。只不过，马歇尔发迹靠的不是在名利场上觅缝钻头，而是在婚姻中捞到大鱼——娶到理查德·菲茨·吉尔伯特（绰号"强弓"）的女儿。理查德的这场赐婚并非是为了表彰他作为行政长官为国王敛财，而是因为他作为顾问忠诚可靠，作为骑士武艺高强——马歇尔在法国参加比武时胜绩数不胜数，不愧是"世间伟大的骑士"。此时，他虽然年近七旬，仍然风度翩翩、宝刀不老。他还是足智多谋的将军和精明的政客——一开始，他就推迟宣布自己当选，一直等到唯一能与自己竞争的切斯特伯爵雷纳夫到场并点头同意。没有人比他更适合担负起摄政重任。

凌驾于马歇尔摄政之上的，是教廷使节瓜拉（Guala）。约翰在位时，已承认英格兰是教廷领地，这位新任教皇何诺三世（Honorius III，1216 年接替英诺森三世成为教皇）则令瓜拉全权负责英格兰事务。尽管瓜拉一般不插手日常政务，不会上战场指挥作战，却无人质疑他至高无上的权力，可见教皇威势极大。这位意大利枢机主教身披红袍，骑着白马，引人注目。虽然在韦尔切利建立修道院 ① 是他最关心的事，但他仍然在英格兰尽心履职，先是革除了路易及其支持者的教籍，后又将 1217 年的英法之战变成了一场"圣战"。路易纵然有威斯敏斯特修道院的控制权，却因为无法取得教会的支持而不能举行加冕仪式。这是导致路易功亏一篑的主要原因。

约翰生前要求自己所有的追随者发誓绝不支持《大宪章》，可如今，摄政官与瓜拉还没来得及请示教皇，态度就转了 180 度。1216 年 11 月，两人以国王的名义发布修订过的《大宪章》，并加盖了各自的印章（此时亨利还没有国玺）。此举让《大宪章》迈出了起死回生的第一步。其实，包括摄政官马歇尔在内，所有支持约翰的男爵都与叛军阵营的男爵一样，能够从《大宪章》中获益。马歇尔他们此举的意图十分明确，就是要使"壮志未酬"的男爵叛军让步，再次归顺安茹王朝。然而，这群男爵一来拉不下面子，二来如前文所说，还有未了结的私怨，所以迟迟没有响应。最终，双方通过战争做出了决断。1217 年春，亚历山大国王再次入侵英格兰北部，而路易兵分两路，自己率军再度围攻多佛，余下的士兵前往林肯，驰援英格兰盟友攻陷妮可拉奋勇驻守的林肯城堡。摄政官马

---

① 韦尔切利是瓜拉的故乡。叛军失败后，瓜拉返回家乡，建立了圣安德鲁修道院。

歇尔做出了他军事生涯中最高明的决策，利用了敌人分兵作战的劣质。其实，党派兵戎相向的情况并不多见，因为战争一旦爆发，难免会冒满盘皆输的风险——布汶之战就是个例子。可是此时，马歇尔决定全力出击，"毕其功于一役"。5 月 20 日，温切斯特主教彼得以身犯险，亲自侦察敌情，发现城墙之间有一条通道。安茹王朝的军队随即冲入林肯城内（摄政官急于杀敌，差点没戴头盔），大获全胜。林肯战役是典型的骑士战争，在交战双方的贵族中，只有法军指挥官佩尔什伯爵战死，死因是被刺中头盔眼孔的箭扎瞎了眼睛，令人唏嘘不已。包括罗贝尔·菲茨·沃尔特、威廉·莫布雷、尼古拉斯·斯塔特维尔、吉尔伯特·德·甘特在内，男爵阵营的诸多头面人物并未负隅顽抗就投降了。或许是重新颁布的《大宪章》，或许是无辜幼主的继位，又或许是对路易身边法国贵族的憎恶，瓦解了他们的意志。8 月 24 日，于贝尔·伯格率舰队从多佛起航（得知林肯战役大败后，路易放弃了围城），在桑威奇附近海域与法军大战，歼灭了运载法军援军的舰队。法国舰队的指挥官修士尤斯塔斯（Eustace the Monk）虽不是贵族，却是一位传奇人物，被俘后只有一个选择——选择在船上的什么位置被斩首 [①]。只有上层社会的成员才能享受骑士优待。

　　路易败下阵来，在为己方的世俗支持者争取到优待后，于 9 月签订《金斯顿－兰贝斯条约》（Treaty of Kingston-Lambeth），放弃主张英格兰王位的权利，返回了法国。按照条约的规定，支持路易的英格兰人应当被恢复教籍，拿回战前所拥有的领地。条约还提到了《大宪章》。1217 年 11 月，随着大批昔日的叛乱者再次向国

---

① 尤斯塔斯舰上的所有普通法国士兵、水手也都未能幸免。

王效忠，瓜拉与摄政官顺势颁布了新版《大宪章》，同样加盖了各自的印章，还发布了一份全新的宪章，用于划定王室森林的边界并明确管理方式。为了避免与涉及面较小的"森林宪章"混淆，本修订版首次使用了"大宪章"（Magna Carta）这个名称。

　　仗虽然打赢了，摄政官的麻烦远远没有结束。尽管亚历山大国王随即放弃了卡莱尔，卢埃林却不愿放弃自己在威尔士取得的战果。海峡对岸，一旦停战协议于1220年到期，腓力二世就有可能入侵普瓦图和加斯科涅。再者，英王派去这两地的总管也已经穷困潦倒了，在他人眼中只是个小男孩（总管本人这样诉苦道）。在英格兰，王权已然崩塌，与斯蒂芬统治下内战时的情况如出一辙。1217—1219年，亨利三世的平均岁入只有8 000镑上下，即便不考虑通货膨胀，也仅相当于约翰1199年岁入的1/3，与约翰统治后期的收入更是没得比。1217年11月，亨利身边只有7名亲卫骑士，与约翰的"百人亲卫团"相比黯然失色。还有权力转移问题。此时，英格兰政权已经由中央分至地方。在内战期间，王军的城堡总管们无论是像切斯特伯爵这样的大贵族，还是来自国外的军事专家，不管有多么忠于国王，必定将辖区的财政收入据为己有，而非上缴国库。不管有没有征得约翰的同意，城堡总管都要接管王室领地。他们认为，没理由仗一打完就得归还已经到手的收入、土地。的确，他们曾向约翰王发誓（至少他们是如此宣称的），等他的儿子亨利达到可以亲政的年龄，就交出城堡总管之职。按照男爵阶层的惯例，这得等到亨利年满21岁，即1228年10月。与此同时，地方官吏拒绝归还从叛军手中抄没的资产，这可能会再次点燃男爵阶层的怒火。这些忠君的城堡总管，战场上的英雄，到了和平时期却成了恶棍。

亨利二世一登上王位，就迅速重树了权威，但对他外孙的摄政政府来说，立威树信道阻且长。摄政官一边维护自身利益（尤其是在威尔士的利益），一边开始代行国王之事。1218 年 7 月，他召集了前叛军力量，把罗贝尔·德·戈日耶（Robert de Gaugi，约翰雇用的佛兰德斯骑士）驱逐出纽瓦克城堡，将城堡归还林肯主教①。同年 11 月，马歇尔召开大议事会，将新国王的国玺公之于众，派法官前往全国各地审理刑事、民事案件，这是自 1176 年以来最为系统的一次巡回审判。自 1218 年初起，威斯敏斯特也开始常设法庭审理案件，满足了《大宪章》"在固定地点设立国王法庭以便受理更多诉讼"的要求。

1219 年 4 月，马歇尔辞去摄政职务，一个月后临终前仍对自己的价值观深信不疑："那帮教士肯定在胡说八道，否则人死后就再也得不到救赎了。"这表明，他绝不会归还一生所赢来的战利品。中央政府开始被"三巨头"接管，他们分别是教廷使节潘道夫（Pandulf，瓜拉的继任者，与前任一样果决）、首席政法官于贝尔·德·伯格和国王的导师温切斯特主教彼得·德·罗什。在政权大洗牌时，有一个人被忽略在外，她就是约翰的遗孀、亨利三世的母亲昂古莱姆的伊莎贝拉。约翰在世时，她无法插手国家政务。到了 1217 年，年近三十的伊莎贝拉试图推动与路易的谈判，以结束战争。伊莎贝拉热衷于权势、野心勃勃，渴望获得摄政之位——类似地，不久后，路易九世（Louis IX）之母卡斯蒂利亚的布兰奇（Blanche of Castile）也成了法国摄政。这也可以解释为何伊莎贝拉失去摄政机会后，宁可放弃与孩子的亲情，也要握住实权，在

---

① 12 世纪时，林肯主教亚历山大修建了纽瓦克城堡。

1218年返回昂古莱姆，作为领地不容置疑的继承人以女伯爵的身份统治伯爵领。1220年，她与普瓦图的大贵族于格·德·吕西尼昂成婚，重组的家庭日后将令英格兰的政局出现分裂。

在之后的十几年中，于贝尔·德·伯格成了英格兰政府、政权的执牛耳者，直到他于1232年倒台。于贝尔出生于诺福克的骑士家族，是家中次子，家族领地距离诺里奇不远，是紧邻艾尔舍姆的伯格。兄长威廉曾经随约翰前往爱尔兰，为伯格家族在爱尔兰扎下了根基，也为于贝尔在朝中掌权提供了坚实的依靠。于贝尔本人作为英勇的城堡总管声名远扬，曾先后驻守在希农城堡（1205年）和多佛城堡。1215年，他奉约翰之命，接替彼得主教成为首席大法官，直到马歇尔辞去摄政官之职后才真正行使职权。于贝尔粗通文墨，智谋过人，除了目标明确，还懂得明修栈道，暗度陈仓这个道理。他的首要目标是将彼得主教赶出中央政府，这必定会是一场你死我活的较量，因为彼得也想接替马歇尔成为摄政，于贝尔的地位令他心生怨怼。1221年10月，幼王年满14岁时，彼得不再担任国王的导师，于贝尔基本上得偿所愿了。同年，潘道夫离开英格兰，至此于贝尔已经可以大权独揽。

于贝尔的第二个目标是履行首席大法官职权，重树国王权威。为此，他必须收复王土，铲除各郡督和城堡总管扎根在各地方的势力。早在1219年，潘道夫及其所代表的教廷已经敦促英政府肃清外族势力了，这一行动方针与于贝尔的利益不谋而合，因为在地方上权势最盛的正是彼得主教一派。彼得一派除了有切斯特伯爵雷纳夫，还包括一大帮异乡人：来自普瓦图的欧马勒伯爵；诺曼人富尔克斯·德·布雷欧特；以恩格尔哈德·德·西戈涅、菲利普·马克、彼得·德·毛利为代表的彼得主教的同乡，他们来自图赖讷及其周边地区。这些人的外族身份具有重大的政治意义，眼下两派之争可以看作是由于贝尔·德·伯格领衔的本土公卿与地方外族吏役间的对抗。可是，外族一派认为犯不着跟本土派一般见识。"你们这帮出生在英格兰的人个个是叛徒！"富尔克斯·德·布雷欧特破口大骂，这句挑衅的话被他的敌人传给了于贝尔。不难看出，那种剑拔弩张的气氛绝非编年史家添油加醋，而是当事双方的真实所感。尽管 1216 年以前，英格兰本土与外族势力间就发生了小范围摩擦，但亨利三世王朝开启后，这种矛盾已经危及政局。

　　于贝尔一派稳扎稳打，步步为营。1220 年，欧马勒伯爵围攻王室城堡罗金厄姆，没过多久就将其占领。次年初，强占林肯郡的比瑟姆堡的欧马勒伯爵却在另一次围攻中被驱逐，该城堡回到了原领主——参加过前次叛乱的威廉·德·科尔维尔（William de Coleville）的手中。1221 年 6 月，彼得·德·毛利遭人构陷，因叛国罪被赶出了位于科夫的王室城堡。过了一年，几经挫折的中央政府仍坚持收回王室领地。

　　1223 年，教皇致信英政府，要求其将国玺呈交国王本人，并要求所有郡督和城堡总管向政府上交权力，令两派间的争斗达到高潮。于贝尔以在威尔士南部协助对抗卢埃林为条件，赢得了前摄政官马歇尔之子——令人敬畏的彭布罗克伯爵威廉·马歇尔二世（William Marshal Ⅱ，1219—1231 年在位）的支持。之后，于贝尔与已经在 1218 年返回英格兰的兰顿大主教达成一致。兰顿或许认为约翰是一个暴君，但他对王权并无二心。相反，兰顿认为，虽说王权应当受到法律的约束，但也必须足够强大，才能履行国王护佑教俗大众的职责。所以，兰顿自然站到了于贝尔那一方，加上于贝尔对《大宪章》持肯定态度，使得两人成了盟友。1223 年 12 月，大主教与首席大法官联袂执行教皇命令。国王（至少在名义上）收回了国玺的使用权，就此成为中央政府的掌舵人，尽管1218年的禁令仍然有效，导致国王依旧不能永久出让任何权利。实际上，掌控朝政的依然是于贝尔，只是他必须与兰顿一派的索尔兹伯里主教分享权力。与此同时，所有郡督、城堡总管奉命前往北安普敦，面对浩浩荡荡的王军和兰顿大主教的威吓，他们纷纷上交职权，让于贝尔的党羽捡了便宜。

　　局势的变化令富尔克斯·德·布雷欧特成了最大的受害者。据传，富尔克斯出身农民阶层，因担任约翰的侍卫长发迹，之后平步青云，却只有一个单名"富尔克斯"。据说，这个名字的由来是他在诺曼底行凶时用过的一把镰刀。富尔克斯虽然身材矮小，却足智多谋、心狠手辣，在乱世中脱颖而出。自内战时获得任命开始，直至1223年，富尔克斯所辖的中部郡县不下6个，各郡王室城堡皆在其掌控之中。他娶了德文伯爵的遗孀，在德文伯爵的继承人长大成人之前，握有德文伯爵领的监管权，实际上已经"位同伯爵"。富尔克斯不仅像前文介绍的那般牙尖嘴利，常常因为领地问题卷入唇枪舌战。在许多英格兰人眼中，他还是外族官吏的典型代表，自视甚高、不尊号令、独霸一方，在蒂克斯伯里的编年史家看来，简直"连国王都不放在眼里"。1223年底，富尔克斯交出手中所有的官职。来年，弟弟威廉竟然绑架了一位国王任命的法官，将其关押在富尔克斯的老巢贝德福德城堡。1224年6月20日—8月15日，王室军队围攻并一点点占领了该城堡。富尔克斯虽不在城堡内，但城破之后哭着向国王投降，后来死在流亡途中。包括他的弟弟在内的守军都被处以绞刑。

　　至此，中央政府在英格兰重树王权，在爱尔兰亦是如此。

1224 年初，休·德·莱西率军进入王室领地，想要一雪前耻，收复 1210 年失去的阿尔斯特伯爵领。他的盟友——同父异母的弟弟威廉·莱西趁势入侵米斯，意图赶走 1215 年被约翰封为米斯领主的莱西家族长子——沃尔特·德·莱西。1224 年 5 月，中央政府为清剿叛乱，任命彭布罗克伯爵、伦斯特领主威廉·马歇尔二世为爱尔兰首席政法官。此前因父亲的功绩娶到约翰王的幼女埃莉诺为妻 ① 的马歇尔二世，现在又获得了爱尔兰政法官的职位，可谓如虎添翼。在爱尔兰攻击莱西兄弟，相当于攻击他们的盟友卢埃林和切斯特伯爵，此二人都是马歇尔的死对头。此外，与切斯特伯爵过从甚密的富尔克斯·布雷欧特也受到牵连，马歇尔连带打击了这个在他看来"诡计多端的小人"。由此可见，爱尔兰、威尔士、英格兰的政治局势环环相扣，牵一发而动全身，整个不列颠岛刮起了一阵血雨腥风。后来，马歇尔在爱尔兰打了胜仗，不仅（在围攻特里姆之后）把威廉·德·莱西赶出了米斯，还将休赶出了阿尔斯特。1226—1227 年，中央政府恢复了休的阿尔斯特伯爵爵位，但该爵位不能世袭。

　　法国的形势可就完全不同了。1220 年，腓力·奥古斯都延长了停战协定的期限。1224 年，继承王位的路易八世（Louis Ⅷ，1223—1226 年在位），这位曾经在英格兰折戟沉沙的入侵者，拒绝续签停战协定。就在亨利三世忙着围攻贝德福德城堡的时候，路易八世征服了普瓦图。紧接着，被路易封为波尔多领主的休·德·吕西尼昂占领了加斯科涅的大片地区。欧洲大陆的这场危机，最终令

---

① 　1219 年，在威廉·马歇尔去世前，埃莉诺被许配给他的长子威廉。二人于 1224 年 4 月 23 日成婚。

《大宪章》在英格兰落地生根。

　　只有倾尽全力才能拯救加斯科涅，英政府扛起了重任。1225年，索尔兹伯里伯爵奉命领兵出征，与他共同统领大军的还有国王的弟弟——年满16岁、刚刚登上政治舞台的理查德。由于重镇波尔多、巴约讷依旧效忠英格兰国王，加上（得到普瓦图后心满意足的）路易作壁上观，没有驰援休·德·吕西尼昂，致使英军将吕西尼昂的军队从加斯科涅击退了。此后一直到1453年，英格兰国王都掌控着加斯科涅。英军的这次胜利主要得益于充足的军费。1225年，英格兰中央政府召开大议事会，决定新增税项，对动产征收1/15的动产税，总共收取了4万镑上下的税款。作为回报，亨利国王在1225年2月颁布了新版《大宪章》和《森林宪章》（Charter of the Forest），本版得到了此前内战中两个阵营的男爵的签字确认，其中有8人来自负责强制执行1215年初版《大宪章》的那25位男爵。至此，双方最终达成了和解。尽管与1217年版《大宪章》和《森林宪章》相差不大，1225年的这两份宪章却是第一次加盖了国玺，成为最权威的版本——亨利三世之后的国王仅承认1225年的两份宪章，没有再颁布新版。直至今日，《法令全书》仍收录有1225年版《大宪章》的条款。换言之，从1225年起，《大宪章》和《森林宪章》成为"官方文件"。当然，这两份宪章获得认可的过程不是径情直遂的。1223年，作为自亨利二世一朝起就效忠于安茹王朝的老臣，讨人厌的威廉·布鲁尔宣称这两份宪章是国王受到武力胁迫之后签署的，算不得数。但兰顿大主教让他闭上了嘴，教会和男爵阶层当然极力推动了《大宪章》和《森林宪章》的颁布与执行。于贝尔·德·伯格洞观时局，自然了解其中的利害。一直以来，他都因政治立场中立而广受赞誉。正因为如此，约翰在兰尼米德与男爵阵营的代表谈判时，才会为了表明自己愿意妥协的态度，命于贝尔接替彼得主教，担任首席政法官。13世纪20年代初，于贝尔的财力有限，只能谨言慎行，讨好权贵阶层。

与1215年相比，1225年的《大宪章》对国王权力的限制既有加强，也有放松，反映出在这10年间，大臣在维护王权和平息民怨间努力地权衡着。1225年，与《大宪章》一并颁布的有《森林宪章》（沿袭了1217年的版本），首次规制了王室森林的边界以及管理方式。此外，1225年版《大宪章》还收录了1217年版的一则条款（条款35），不仅规定了郡法庭开庭的频率，还减少了郡督对十户区进行年度审查（"十户联保制"）时借百户区法庭中饱私囊的机会。另外，这一条映射出了受益于《大宪章》的政治社群的规模，因为它消除了乡绅阶层和农民阶层的困扰，即减轻了前者必须出席郡法庭的负担，还使后者在十户联保审查时免遭他人勒索。然而，与条款35相背离的是约翰承诺教会会拥有自由选举权的那一条，自1216年被瓜拉放弃之后（因为当时能被"自由选举"的候选人只有路易的支持者）就再也没有出现在后来颁布的《大宪章》中了，不禁令兰顿大失所望。1216年，同样被永久废除的还有必须获得臣民一致同意才能征税这一要求，虽然从1225年的情况可知，在具体执行过程中征得同意还是有必要的。对未来政局影响更为深远的是，1216年禁止在各郡原有包税基础上加增税款那一条也被删除了，而且没有写进后续的版本中，这就给了亨利三世横征暴敛的机会，引得民怨难平。然而，最关键的是删除了最后一部分即保全条款。1215年版的这一部分赋予了25位男爵强制执行《大宪章》的权力，但是在1216年后的版本中，这一条款却不见了踪影，而且再也没有恢复，《大宪章》失去了强制执行的法律依据。

那么，《大宪章》和《森林宪章》真的会得到贯彻实施吗？就各大男爵家族最为关心的献纳金、监护权、遗孀权利、婚配权、罚金、领地强占等问题来看，于贝尔政府表现出的积极态度算是给他们吃了定心丸。对男爵阶层来说，就算重大的案件仍会受到久拖不决、暗箱操作的困扰，最起码他们不用再像1215年之前那样，花高价才能买来"公正的裁决"。这一改变意义深远，不仅让王室的收入下降，还让国王很难以债务为抓手控制男爵阶层。相较之下，涉及各地社会的条款引发的争议更多，尤其是各郡的骑士阶层，他们普遍将《大宪章》当作护身符。1226年，林肯郡的骑士阶层指控郡督违反了新条款，私自开设地方法庭。次年，各郡骑士阶层选取代表，组成专门小组，负责向国王禀报郡督的"违规行为"。影响最为重大的，当数各利益相关方就林权问题展开的争夺。按照1217年《森林宪章》条款2的规定，国王应当退还所有在亨利二世统治期间划归为王室森林的林地。众所周知，王室森林之所以骤然扩张，全拜亨利二世所赐，所以这一条款是一个重大的让步，此前约翰拒绝接受。约翰太有先见之明了。现在，一些郡县中曾在亨利二世时期受委派扩林的骑士要求废除几乎所有的国王林权。面对林权争议，摄政政府辩称，让国王退还的林地应当仅限于亨利二世新设的王室森林，不应当包括在斯蒂芬统治时期遭到蚕食，后又被亨利二世收回的早前王室森林，试图拖延该条款的执行时间。在亨廷登郡，是否采纳政府的司法解释所产生的结果不啻天渊——王室森林要么全部"消失"，要么全部保持原状。直到1225年，政府为了减少征税阻力，才在新颁布的《森林宪章》中做出让步，打开了大幅削减王室林权的大门。两年以后，掌握了大权的亨利三世对摄政政府做出的一些让步拒不认账，林权问题导致的怨恨仍未消散。

尽管如此，1225—1230 年，王室森林面积的缩减程度仍然可观。实际上，争议双方都做出了妥协，敲定了王室森林的边界，这条边界终亨利三世一朝都未再改变。与此同时，《大宪章》和《森林宪章》的影响力开始渗透社会各个阶层。1217 年、1225 年在颁布宪章时，英格兰政府还向各郡传送了副本。不仅在修道院，各郡的骑士家族（比如，在北安普敦郡有领地的克洛普顿的霍托特家族）也争相传抄。1225 年《大宪章》的副本到达威尔特郡以后，该郡的骑士阶层将其托付给莱科克修道院妥善保管。纵然不同版本有所出入，一些具体的条款（比如，限制国王的林权，须经同等地位之人审判，以及与地方法庭相关的条款），以及王权受法律约束的常理已经家喻户晓了。亨利三世亲政之前，《大宪章》和《森林宪章》已经在英格兰生根。

摄政政府也强化了国王应当纳谏如流的传统观点，从而对政治制度产生了深刻影响。大议事会对一系列重大议题具有裁断权；比如，它先是在 1216 年任命威廉·马歇尔为摄政官，三年后又将大权授予了于贝尔·德·伯格。针对此类议事会所享有权力的议论从未停歇；比如，北方权贵罗贝尔·德·维庞特（Robert de Vipont）宣称，他所接到的拆毁某座城堡的命令并不具备法律效力，因其"未征求作为国王主要顾问的英格兰权贵的意见，也未获其准许"。此类议事会是否具有权威性，成了亨利三世之后核心的政治问题。

1225 年的大量税收成了加斯科涅的救命稻草，年轻的国王希望这是一个好的开头。1229 年，亨利在一封御笔信中怒斥"敌国恃强凌弱，欺辱吾国，剥夺吾等权利，天理难容"。直到 13 世纪 40 年代，亨利还不甘心，一心想要收复失地。然而，这谈何容易？1230年，英格兰国王的岁入恢复到了之前的水平，达到22 300镑，但还是不足卡佩王朝的三分之一。腓力·奥古斯都为此幸灾乐祸地扬言："约翰王的儿子们一没钱、二没势，根本没法像他们的父亲那样奋力自保。"丢掉普瓦图以后，安茹帝国掌控的离英格兰最近的港口是远在南方的波尔多，这使得帝国的后勤问题变得更为严峻。如此一来，拉拢能够帮英王"收复所有失地"（1225年时一位来使的原话）的盟友成了英格兰外交的重点，可惜这样的结盟不会轻易达成。"皇帝陛下别无他求，唯有钱，以及更多的钱"，那位使节如此表示道。再者，1228年之后，腓特烈二世皇帝一边忙于十字军东征，一边与教皇起了争执，无暇他顾。1226年11月，路易八世突然去世，他年仅12岁的长子继位为路易九世（Louis IX，1226—1270年在位），太后卡斯蒂利亚的布兰奇摄政监国。趁此机会，1227年1月，亨利三世还未满21岁就掌管了国家大权，这样一来，他就可以颁布永久特许状。布列塔尼公爵彼得·德·德勒（Peter de Dreux，靠妻子的继承权当上了布列塔尼公爵）是最经不起诱惑的。1229年，他宣誓向亨利效忠。布列塔尼与诺曼底、安茹两地接壤，无疑是完美的战略要地。1230年5月，亨利率大军到达布列塔尼，之后却没有与路易九世的军队正面交锋，错失唾手可得的胜利。而后他也没有北上直取诺曼底，而是迂回南下至波尔多，沿途收买了不少普瓦图的贵族，但行至昂古莱姆时，由于未答应母亲伊莎贝拉与休·德·吕西尼昂的要求给他们波尔多，亨利未能重新让两人效忠于自己，也没能占领他们的领地。1230年秋，亨利回到了英格兰。

亨利在军事上没有展现出进取精神，自然也不能指望那些尽职随他出征的大臣、权贵（包括9位伯爵）锐意进取。正如13世纪 20 年代一位卡昂的镇民分析的那样，英格兰的贵族会为了收复他们在诺曼底的土地而奋勇作战。但问题在于，亨利远征的军队根本没有进入诺曼底。这位镇民分析得真的有道理吗？实际情况是，许多权贵虽然失去了诺曼底的土地，却得到英格兰的土地作为补偿（比如威廉·德·瓦伦就得到了斯坦福德、格兰瑟姆），而这些土地是从 1204 年选择效忠法王的诺曼人手上收缴过来的。实际上，纵观 13 世纪，这些"诺曼人的领地"就像一座大金库，为英格兰的国王提供可供封赏的土地。如果收复了诺曼底，那么英格兰的此类领地就要物归原主了。当然，诺曼底的同类领地也会回到受让人的手中，具体操作过程还存在不少变数。在许多英格兰贵族看来，双鸟在林不如一鸟在手。所以，瓦伦在 1230 年根本没有随亨利远征欧洲大陆。此外，有许多大臣（如伯格）虽说占着"诺曼人的领地"，在诺曼底却根本"无地可收"。所以，英吉利海峡两岸一旦统一，就有可能令英格兰现有的土地保有关系陷入混乱，这正是许多贵族想极力避免的。对诺曼人来说，诺曼底回归安茹王朝同样不是好事。比如说，如果安茹帝国夺回了诺曼底，安德鲁·德·维特雷（Andrew de Vitré）就可能会失去法王从切斯特伯爵、莫布雷家族手中征缴后又封赏给他的领地。而且，安德鲁真的能收回自己在康沃尔的领地吗？1230 年唯一一个弃法投英的大贵族富尔克·佩内尔（Fulk Paynel）所经历的情况 [1]，就足以令想要效仿之人畏葸不前。

---

[1] 1230 年，富尔克·佩内尔对法国国王心生不满，率 40 名骑士前往布列塔尼，向亨利效忠，但亨利没有如料想的那样进军诺曼底，令富尔克失望而归。富尔克返回法国后，领地遭法国国王没收。

　　尽管1230年的远征铩羽而归，亨利三世并没有打消收复失地的念头。作为封建宗主，他仍然承认彼得公爵的封臣地位，并打定主意，不仅要持续向布列塔尼提供援助，还准备等1234年停战协定 ① 一失效，就再次向法国国王宣战。亨利的这个执念也加速了于贝尔·德·伯格的倒台。

　　1227年1月，亨利全面掌权之后，于贝尔就整天粘着他，掌管着诸多日常政务。1230年，一位史家写道"王权如日中天、炽烈难当"，但（笔锋一转）提到于贝尔"总能左右决策"。国王在1227年掌权后得到了签发永久特许状的权力，就给了于贝尔邀功请赏的机会。虽然他凭借第二次婚姻提升了自己的社会地位（娶了亚历山大二世国王的姐姐），但两次婚姻都未能带来财富，所以对他来说，获得亨利三世的封赏意义尤其重大。于是，于贝尔获封成为肯特伯爵，后又得到蒙哥马利、卡迪根、卡马森三地包括王室城堡在内的世袭领地（可以说是国王极不负责的几次封赏）。在此之前，于贝尔已经夺取了布劳斯家族位于蒙茅斯郡的"三城堡"领地，将格罗斯蒙特城堡、斯肯弗里斯城堡、白城堡收入囊中，加上此次在威尔士境内获得的封赏，他一夜之间成了富甲一方的边境男爵。在于贝尔看来，让侄子理查德·伯格入主康诺特的时机也已经成熟了。伯格家族与康诺特的渊源可以追溯到12世纪90年代，当时约翰王将该地封给了理查德的父亲威廉，1215年又将它赐给了理查德。只不过，这些封赏并未真正兑现。无论是约翰王，还是之

----

① 彼得主教结束十字军东征，从圣地返回英格兰的途中经过法国，代表亨利及布列塔尼公爵与法国国王协商，在1231年7月签订了为期三年的停战协议。

后的摄政政府，他们都承认卡塔尔·克罗瓦德格·奥康纳才是康诺特的国王。1224 年，卡塔尔的儿子伊德继承王位，却失去了父亲好不容易才争取到的世袭继承权。如今，于贝尔在英格兰位极人臣，可以改换政府的大政方针，与此同时在英格兰治下领土开始大举扩大自己的权力。1227 年 5 月，英王的一纸特许状令理查德·伯格得到了康诺特"领地"的世袭领主权。次年，理查德荣升为爱尔兰的首席政法官。之后，他利用奥康纳家族的内部矛盾，逐步蚕食，在康诺特扎下了根。

与苏格兰王室联姻之后，于贝尔的政治触角似乎遍布了整个不列颠。但正如莫里斯·波威克爵士（Sir Maurice Powicke）[1] 所说的，于贝尔越是靠近权力的顶峰，越是感到"高处不胜寒"。威廉·马歇尔因反对理查德·伯格入主康诺特而丢了自己在爱尔兰政法官的职位。1231 年，威廉·马歇尔去世后，于贝尔马上以他的弟弟理查德·马歇尔（Richard Marshal）拥戴法王且在诺曼底领有家族封地为由，对其百般刁难，阻止理查德继承兄长名下的领地。此外，于贝尔与国王的弟弟理查德也产生了不和。理查德在 1225 年成为普瓦图伯爵，1227 年成为康沃尔伯爵，但直到 1231 年才获得康沃尔及沃灵福德封邑、伯克姆斯特德封邑的世袭领主权。1227 年，有好几位伯爵为理查德鸣不平，险些与亨利、于贝尔刀兵相向，他们还聪明地指出理查德所遭遇的不公是有违《大宪章》规定的。与此同时，兰顿大主教在 1228 年去世，坎特伯雷大主教之位

---

[1]　莫里斯·波威克爵士（1879—1963）是英格兰中世纪史学家，曾任牛津大学钦定历史讲座教授。

几经波折 ① 后于 1232 年再次空出。

　　温切斯特主教彼得·德·罗什认为自己可以出手了。1223 年彼得曾发誓，"哪怕倾其所有"，也要将首席政法官拉下台。1231 年 8 月，他结束了长达 4 年的十字军军旅生活，返回英格兰，准备向于贝尔发难。出征时，彼得还是一个名声不好的前导师，归来时却成了拥有国际声望的政治家，与神圣罗马帝国皇帝、罗马教皇过从甚密。此时的彼得将亨利在布列塔尼、威尔士的挫折归咎于王室财力匮乏，这样说并非全无道理。1230 年亨利的收入达到 2.2 万镑上下，看似恢复到了 1199 年的水平，可如果考虑通货膨胀，这笔收入只相当于 1199 年约翰王收入的一半。1232 年 3 月，亨利政府采取非常手段才东拼西凑地拿出了承诺给布列塔尼公爵的 4 000 镑，保住了与布列塔尼的盟友关系。接下来，彼得追问：财政收入减少难道不是因为国王武断地出让了手中的土地、监护权并归还财产吗？难道最大的受益者不是身为首席政法官的于贝尔吗？面对这一反问，亨利半信半疑，他在 1232 年 6—7 月将大量中央及地方政府事务的处理权交给了彼得主教的亲戚——名叫彼得·德·里瓦里斯（Peter de Rivallis）的教士。做好铺垫以后，彼得主教打出了最后一张牌，借英格兰部分地区因抗议教皇派遣的意大利教士领取英格兰圣俸而发生暴乱的机会，将煽动暴乱的黑锅扣到了于贝尔头上。7 月底，亨利终于撤了于贝尔首席政法官职务。在之后的几个月中，这位一度权倾朝野的大臣先是被人从避难的小圣堂强行拖出去，后又被囚禁在伦敦塔里，（未经审判）就被迫交出了国王给予

———————————

① 兰顿去世后的几位大主教不是没过多久就撒手归西，就是得不到国王及教皇的承认。

他的全部赏赐。

　　刚开始时，有彭布罗克伯爵理查德·马歇尔在一旁辅佐，彼得主教的政府看似稳如磐石。9 月，大议事会投票通过了一项征税提案（以 1/40 的税率对动产征税，共收到税款 1.6 万镑左右），于贝尔在 3 月曾提请过这一提案，但是遭到了拒绝，这也是在亨利三世长达 56 年的统治中，唯一一次无条件地同意国王征税。获得税款的新政府向布列塔尼公爵彼得及国王的普瓦图盟友"慷慨解囊"——1233 年 4 月，国库仅在一周之内就向他们支付了 6 666镑。然而，即便花钱保住了盟友，彼得主教很快就一门心思想着再次与法国国王签订停战协定。事实证明，他所鼓吹的财政改革不过是空中楼阁罢了。彼得先是对犹太人课以重税，却没能查明各郡郡督用来缴纳包税的收入来源，一步都没迈就失去了合理提高各郡包税上缴额的机会。其次，彼得政府的核心成员都是在 1223 年，甚至更早些时候被于贝尔免职的郡督、城堡总管、大臣，比如彼得·德·毛利、恩格尔哈德·德·西戈涅、布赖恩·德·利勒。这群人的根本目标是在惩罚于贝尔的同时增加自己的权势，挽回自己的损失。正因为如此，他们才会不遗余力地追讨领地，也就是那些从约翰王手中获得、后来被于贝尔夺走的"诺曼人的领地"。1233年 2 月，国王收回了吉尔伯特·巴西特（Gilbert Basset）名下位于威尔特郡境内的阿佩文庄园，把它还给了彼得·德·毛利。对彼得主教来说，毛利是他亲密的朋友；对马歇尔家族来说，巴西特家族与他们最亲近。理查德·马歇尔在朝中根基未稳，自然还要倚仗吉尔伯特的权势，而彼得主教也绝不会抛弃毛利。双方互不相让，终于在 1233 年秋引发了内战。

　　《大宪章》似乎已经命悬一线。其中最著名的一条是"非经同等地位之人或国法审判，任何自由民不应无故受罚"。1233 年，马歇尔和吉尔伯特·巴西特不断要求接受同等地位之人的审判，最终遭到了拒绝（至少他们是这样说的）。上述条款还旨在防止"国王随意"（per voluntatem regis）没收臣民领地，而吉尔伯特·巴西特眼下遭遇的似乎正是这一困境，因为 1229 年的一份特许状授予了吉尔伯特阿佩文庄园的世袭继承领主权，而如今亨利收回庄园有违《大宪章》的规定。（毛利虽然先于吉尔伯特获得该庄园的领主权，却没有得到国王颁发的特许状。）巴西特的遭遇绝不是个例。1232 年 11 月—1233 年 2 月，一共有 13 份特许状、公开令状作废，导致其他 6 名权贵被国王随意剥夺了权利。国库司库、卡莱尔主教沃尔特·莫克莱尔（Walter Mauclerc）就是其中一名受害者，他（在里瓦里斯掌权期间）被罗伯特·帕斯勒韦（Robert Passelewe）取代，失去了职位；帕斯勒韦不仅曾在富尔克斯手下做过文书，1223 年在罗马还是持异见者的代表。这一切看起来不光是暴政，还是外族人实施的暴政，是圣奥尔本斯修道院的编年史家——温多弗的罗杰笔下的"普瓦图人的暴政"（尽管彼得主教的故乡不是普瓦图，而是与普瓦图接壤的图赖讷）。当然，彼得政府中也有英格兰人担任要职，位高权重的当数接替于贝尔成为首席政法官的锡格雷夫的斯蒂芬（Stephen of Seagrave），但是核心要职仍由外族人把持：彼得主教、彼得·德·里瓦里斯、彼得·德·毛利、恩格尔哈德·德·西戈涅，还有两名政坛新秀马赛厄斯·贝兹尔（Mathias Bezill，恩格尔哈德的亲戚）和诺曼人约翰·德·普莱西（John de Plessis）。考虑到彼得主教、毛利、恩格尔哈德三人甘做约翰王的走狗在先，1223—1224 年反对于贝尔在后，难怪当时的史家会将自 13 世纪起的整部英格兰史看作英格兰人与外族的斗争史。到了

1233—1234 年，英格兰人的诉求很快就变成了"要求亨利驱逐外族"，用马格姆修道院的编年史家的话来说，就是"听取本土臣民的建议"。

理查德·马歇尔成为本次立宪运动的领军人物，不禁让人感到方枘圆凿，格格不入。理查德不仅是马歇尔家族诺曼底领地的领主，还娶了一位布列塔尼的女继承人为妻，他是最后的盎格鲁－诺曼男爵，但不是站在最前面的英格兰爱国领袖。理查德本身就是亨利三世强占臣民领地的受益者，但唯有等到自己的姻亲吉尔伯特·巴西特变成受害者后才开始疾呼。然而，这些丝毫没有动摇他的立场。温多弗的罗杰写道："他为正义而战，捍卫英格兰民族的法律免遭那帮普瓦图人的亵渎。"在彼得主教所作所为的衬托下，马歇尔的形象无须太过粉饰。彼得桀骜不驯，既能披挂上阵，又能讲经布道，让亨利三世渐渐学会了君主的处世之道。彼得对《大宪章》承诺应当由同等地位之人进行审判的条款嗤之以鼻，声称国王可以指定法官审判任何臣民。他以"普天之下，莫非王土"为由，为国王强占领地辩护，还驳斥了国王应依靠本土臣民治理国家这一观点；相反，他需要能够挫败本土臣民的傲气，让他们再也不敢背信弃义的能臣（他肯定想到了富尔克斯之流）。

于是，彼得主教用上了自己惯用的战争手段。在爱尔兰，首席政法官莫里斯·菲茨·杰拉德与莱西家族合兵一处，迅速占领了马歇尔家族的伦斯特领地。威尔士的局势正好相反。亨利先后两次率军攻打马歇尔位于威尔士南部的城堡，却在 1233 年 9 月放弃了对阿斯克城堡的围攻，11 月在格罗斯蒙特的小规模冲突中遭到马歇尔的羞辱。与此同时，马歇尔与卢埃林结盟（一个非凡的、颠覆性的外交策略），在 1233 年 10 月从彼得·德·里瓦里斯的手中夺走了格拉摩根——里瓦里斯已接替于贝尔，担任尚未成年的理查德·德·克莱尔的监护人。各大男爵家族尽管没有加入马歇尔的叛乱，但也不愿与他交战。吉尔伯特·巴西特与另一位马歇尔阵营的骑士理查德·苏厄德（Richard Seward）奋勇作战，不仅洗劫大臣们的领地，还从迪韦齐斯城堡中救出了于贝尔。他难道不是为英国人拯救了英格兰吗？1234年年初，亨利面对内乱已经黔驴技穷，而布列塔尼的停战协议数月内就要到期。

在这个节骨眼上，一位秉性与彼得主教迥异的教士脱颖而出。1234年2月，在教皇的一再要求下，阿宾顿的埃德蒙（Edmund of Abingdon）当选坎特伯雷大主教。埃德蒙虽然潜心研学，却也心系苍生，他立志继承恩师兰顿的遗志，拥护《大宪章》，让受困于内忧外患的英格兰重享太平。他曾在一系列大议事会上振臂疾呼道：想要攘外安内，就必须驱逐那两个祸国殃民的彼得。亨利恍然大悟。4月15日，他开始逐步撤销彼得·德·里瓦里斯的数个官职。彼得主教本人也被迫离开了王廷。与此同时，爱尔兰还传来了噩耗。已于2月抵达爱尔兰的理查德·马歇尔在战场上意外负伤，于4月16日去世。他并非死于谋杀（他伤势本已好转，谁知突然生了坏疽），但谣言漫天飞。锡格雷夫的斯蒂芬最终沦为这场谣言的祭品——这个在温多弗的笔下"八面玲珑"之人本不该遭此灭顶之灾。最终，亨利在5月举行的格洛斯特大议事会上与叛军达成和解，不仅重新接受叛乱者的效忠，还承认理查德的弟弟吉尔伯特·马歇尔（Gilbert Marshal）继承人的地位，令其继承马歇尔家族的领地及彭布罗克伯爵领。亨利追悔莫及，承认是自己剥夺了大贵族接受其他贵族审判的权利，"恣意"侵占了臣民的领地。之后，国王法庭将阿佩文重新判给吉尔伯特·巴西特。彼得主教的政府以身试法，触犯了《大宪章》的根本原则，为此领教了它的威力。从此往后，国王必须接受法律的约束，再也不能随意剥夺臣民的权利和财产。

1232—1234 年的政治风暴暴露了亨利优柔寡断的性格弱点，但他最终摆脱了彼得政府的桎梏，不仅听从了埃德蒙大主教的谏言，还为理查德·马歇尔的死悲恸不已，这令后世的编年史家对他赞不绝口，说他谦躬下士，择善而从。亨利是当之无愧的"最虔诚的国王"，这个名声对他日后的执政有所裨益。只是眼下，就算再怎么虔诚，亨利也无法挽回布列塔尼、威尔士、爱尔兰三地的危局。

在布列塔尼，亨利计无所出，只能束手待毙。6 月 24 日，停战协定到期之日，他派出 90 名亲卫骑士和一支威尔士步兵队增援布列塔尼，可惜只是杯水车薪。想要阻止法国入侵，必须得像 1230 年那样举全国之力发动远征。11 月，彼得公爵向路易国王投降。英格兰自 1229 年起开始贯彻的对外策略失去了根基，瞬间塌陷。1230—1234 年，彼得公爵好歹还从英格兰捞走 13 333 镑的补助金，可如今这笔巨款就这样打了水漂。

在威尔士，亨利的权势经过内战的洗礼已经荡然无存。他将卡迪根、卡马森的世袭领主权赐给了吉尔伯特·马歇尔，吉尔伯特可以一直保有这两块领地，直至家族在诺曼底被充公的领地失而复得。只不过根据 1234 年 6 月签订的一份停战协议，卡迪根实际上仍在由卢埃林控制。吉尔伯特还获得了在理查德·克莱尔成年之前监管格拉摩根的权利。至此，吉尔的领地东起切普斯托，西至彭布罗克，占据了威尔士南部的大部分地区。在爱尔兰，亨利似乎大有作为：一方面，马歇尔家族在爱尔兰战败已是不争的事实，另一方面，理查德·德·伯格受叔叔于贝尔倒台的牵连，丢掉了爱尔兰政法官的职位，他在康诺特境内的城堡也被卡塔尔的另一个儿子费利姆·奥康纳（Felim O'Connor）摧毁。1234年，理查德·马歇尔刚去世，都柏林某位王室官员就劝谏亨利尽快赶往爱尔兰，先将伦斯特拿下，即使把康诺特归还给理查德·德·伯格，也应该将该地所有的城堡、城镇留在手中。如此一来，亨利在爱尔兰的权势就能超过父亲约翰。尽管当时的局势与1171年、1210年的如出一辙，亨利却没有像祖父亨利二世和父亲约翰一样率兵攻打爱尔兰。他只要能继续作为爱尔兰领主不断地获取资源（有好几位盎格鲁-爱尔兰领主参加了1230年远征布列塔尼的军事行动）就心满意足了。此外，爱尔兰还是他恩赏臣下的筹码。亨利错失了1234年的良机，固然与他优柔寡断的个性和人财匮乏不无关系，但也反映出这一时期英格兰与爱尔兰关系的两大基本特征。

其一，双方男爵阶层关系紧密，利益盘根错节，这可以从1224事件及理查德·德·伯格的命运起伏中看出来。到了1234年，亨利受英格兰政局的制约，别无他选，只得将伦斯特还给吉尔伯特·马歇尔。考虑到无论在骑士阶层还是在男爵阶层，在海峡[①]两岸都有领地的领主均不在少数，那么英格兰与爱尔兰政局东鸣西应也就不足为奇了。实际上，国王的封赏令此类领主的数量不断增加。正因为如此，13世纪20年代骑士阶层的皮奇福德家族才能在爱尔兰扎下根来[②]。到最后，所有想在爱尔兰有所建树的家族

---

① 曾用名为爱尔兰海峡。

② 拉尔夫·皮奇福德是亨利三世的大臣拉尔夫·菲茨尼古拉斯的亲戚。1227年，菲茨尼古拉斯通过婚姻获得爱尔兰的领地后，任命皮奇福德为爱尔兰的领地总管。

都得去攀附英格兰王廷，因为只有英格兰国王才有权为他们在爱尔兰封爵，他们才能据此拥有领主权利。1234年的事件还反映出另一个基本特征，即殖民爱尔兰的英格兰封建领主自身的权势已不容小觑，这也是亨利迟迟没有纵兵爱尔兰的一个原因。获得爱尔兰封地之后，他们及父辈没有再借助英格兰王廷的权势，而是靠自己的力量在爱尔兰开疆辟土。1220年，梅莱·菲茨·亨利去世，他的墓碑上赫然刻着"全体爱尔兰人永不服输的统治者"这句墓志铭。1234年，休·德·莱西（毫无疑问，他想要报1224年的一箭之仇）率领殖民爱尔兰的封建主击败了理查德·马歇尔。理查德·德·伯格凭借敏锐的政治嗅觉站对了队，后来也成为获胜方的一员。此时的亨利没能把握住机会，拔除伯格等人在爱尔兰的根基。在英格兰，他对马歇尔家族的敌人严加惩处，而在爱尔兰却赞赏与马歇尔作对的人，并于1234年10月恢复了理查德·德·伯格对康诺特的领主权。次年，伯格再次征服奥康纳家族统治的康诺特王国。这一次，奥康纳家族再也没有机会翻身。

从1212年英格兰男爵密谋弑君，到1240年卢埃林大王驾鹤西去，近30年间，英格兰王权在不列颠岛日渐衰弱，最终走下了霸主的神坛。在爱尔兰，殖民封建主填补了权力真空，而在威尔士情况则全然不同。

* * *

从1194年初登上政治舞台，到1240年去世，卢埃林大王卢埃林·阿卜约沃思取得了之前任何一位圭内斯统治者都无法企及的权势，更是为威尔士开创了全新的政治理念，即让其成为在他治之下统一的威尔士王国。卢埃林百折不挠，的确是中世纪威尔士伟大的统治者。

在威尔士的主要地区，圭内斯易守难攻的特点是最明显的。波伊斯东接什罗普郡，边境线绵长，腹地威尔士浦无险可守。英军从什鲁斯伯里出发，只须沿着塞文河谷地西进30公里就可兵临城下。在南方，德赫巴斯已被各大边境男爵领蚕食殆尽，圭内斯却是另一番景象。那里的山区牛羊成群，利恩半岛、安格尔西岛的低地地区谷物飘香，农牧业为那里的统治者提供了财源。此外，斯诺登山脉位于圭内斯腹地，山势险峻，守护着山脉以西的利恩半岛。如果想取海路进攻利恩、安格尔西，就得派出大规模的舰队。如果想从陆路入侵圭内斯，斯诺登尼亚还有两道镰刀状的山脉屏障，靠外的一道弧线上是德菲河和迪河上至爱尔兰海，靠内的一道南起阿迪杜维的崇山峻岭，向北延伸至康威河、克卢伊德河的北部河谷。卢埃林及继任者修建城堡不单是为了防御，主要是为了控制圭内斯。从根本上讲，圭内斯的防御还是得依靠遍布各处的高山深涧。

卢埃林的性格特质决定了他能将圭内斯的地理优势发挥到极致，他既是顽强的战士，也是狠辣的政客。对英格兰国王，他时战时降。他拥有无可比拟的荣誉感、使命感、个人操守，哪怕被迫让步也威风不减。12世纪90年代，作为伟人欧文·圭内斯（1170年去世）的后裔，卢埃林初涉政坛便开始与其他家族成员争权夺利。1194年，他取得了康威河大捷。"殿下之敌不可胜数，此战之后，伏尸遍野，多如恒河之沙，繁如七倍星辰。"卢埃林的诗人舌灿莲花。1202年，卢埃林控制着圭内斯境内德菲河至迪河间的地区。尽管他仍然需要应对家族其他成员的挑战，比如，他在贝雷（Bere）修建城堡的部分原因就是要防止远房亲戚、私生子趁虚而入，占领梅里奥尼斯，但自 1202 年起他就成了圭内斯唯一的统治者。统一之后，圭内斯成为卢埃林的权力根基。与威尔士诸侯治下的发生分裂的其他地区相比，圭内斯堪称一枝独秀。里斯大人的后裔自相残杀，令德赫巴斯形同一盘散沙。另外，波伊斯被一分为二——北波伊斯由费多格管理，南波伊斯由格温文温管理，统治家族进一步分化出两个分支，一支占据梅尚（Mechain），一支统治佩恩林（Pennlyn）及伊迪厄尼恩（Edeirnion）。

1205 年，卢埃林做出对自己政治生涯意义重大的另一项决定——娶约翰王的私生女琼为妻。由 12 世纪末至 13 世纪的威尔士法典可知，威尔士统治者的妻子虽然贵有"王后"的尊号，但鲜少能涉足朝政。实际上，这一时期的法典没有赋予威尔士王后行事权，不过她们还是可以依法拥有 4 名侍官，即管家、神父、女仆、男仆，还可以得到国王"土地收益"的 1/3。若是国王真的依法行事，王后的财力想必会更为强大。此外，王后还是建立政治联盟的桥梁——卢埃林的叔叔戴维兹·欧文·圭内斯就通过联姻证明，迎娶安茹王朝的公主好处颇多。尽管琼是约翰的私生女，王室身份直到 1226 年才得到教皇的认可，但她无疑提升了卢埃林王朝的地位，这在英格兰 13 世纪的史料中有所体现。当时，圭内斯的纹章甚至与英格兰的王室纹章神肖酷似。正因为如此，卢埃林打定主意要让琼为自己生的王子成为继承人。只有这样，他才能将她为自己生的公主嫁给英格兰男爵。最重要的是，卢埃林娶了琼之后就相当于拉近了与英格兰王廷之间的距离，对他政治生涯具有重大的意义。琼本人也并非等闲之辈。她心高气傲，热衷政务，曾代表圭内斯先后在与父亲约翰王、同父异母的弟弟亨利三世的谈判中起到过举足轻重的作用。她曾先后两次背叛丈夫，第一次是政治上的背叛，即她向约翰王泄露了 1212 年的密谋（传言如此），第二次则是婚内出轨。琼在执掌王后之位期间，对其权势最为直观的反映是，圭内斯法典将王后的侍官人数从 4 人增加到了 8 人。新增人员中包括一位宫务大臣和一名御厨，表明琼在王廷之外已经培植起忠于自己的势力，这对她操控部分政治活动而言的确是有必要的。最能肯定琼重要地位的，恰恰是法典（并非由官方编写）所暗含的抵触之意。尽管法典增加了王后侍官的人数，却一再强调，她的官员应当服从国王的官员，并暗示王后应当安守本分，不得干政。

卢埃林在政治生涯早期大获成功在很大程度上得益于他与约翰王的合作关系，而他与琼的婚姻为这层关系上了一道保险。然而，1211 年，卢埃林与约翰反目成仇，约翰大举入侵圭内斯。就算琼出面求情，卢埃林也不得不割地求和，让出西起康威、东至迪河的"四百镇区"。1212 年是转折点。这一年，他召集威尔士统治者组成联盟与法国国王腓力结盟，还参与了英格兰男爵的"弑君计划"。最终，他不仅收回了"四百镇区"，也没有再让其他人染指这块领地，总体上算是终结了约翰对威尔士的霸权统治。1215 年 12 月，卢埃林将女儿格拉杜斯（Gwladus）嫁给雷金纳·德·布劳斯（Reginald de Braose，此时，他是布劳斯家族的领袖）。解除后顾之忧后，他与德赫巴斯的统治阶层结为盟友，横扫威尔士南部，攻下了位于卡迪根、卡马森的王室城堡，还把马歇尔家族赶出了达费德北部的基尔盖兰、埃姆林，将圣克莱尔斯、基德韦利及周边地区实力平平的边境男爵家族一并扫地出门。此时，除了卢埃林的盟友布劳斯名下的高尔，英格兰在威尔士西南部的据点——无论是归男爵还是王室所有——就只有马歇尔家族的彭布罗克，雄伟的彭布罗克堡三面环水，拥有当时最先进的环形防御工事。1216 年，卢埃林在阿伯迪菲（Aberdyfi）召开诸侯大会，与德赫巴斯王朝的诸位首领分享了南部征战的胜利果实，却将卡迪根据为己有。卢埃林的宿敌格温文温连一杯羹都没分到，这可能是当年底英王约翰以蒙哥马利为诱饵时，格温文温决定改换门庭与约翰结盟的诱因之一。卢埃林随即挟雷霆之势展开报复。他召集威尔士各路诸侯集结大军，将格温文温赶出威尔士，令其被迫流亡到英格兰，而卢埃林则趁势占领了波伊斯南部及蒙哥马利。直到去世，卢埃林都没有让出南波伊斯，从而大幅增加了自己的岁入。就眼下来看，蒙哥马利的战略位置确实重要，像铰链一般连接着威尔士的南部和北部，将那里作为基地，可以挑战莫蒂默家族、布劳斯家族（他与布劳斯家族的同盟关系并不稳固），以攻占瓦伊河谷地及塞文河之间的瑟里（Ceri）、马埃利恩依斯、埃尔菲尔地区，为圭内斯在南部建立政权发挥了关键的作用。

在圭内斯境内，卢埃林竭力增强自己作为亲王的权威，尤其是扩展了刑事案件的司法管辖权。然而，随着商业的发展以及实物地租向货币地租的转变，卢埃林的现金收入也渐渐水涨船高，如此一来就能组建强大的军队。1209 年，他曾亲率 1 600 兵力的步兵团跟随约翰北伐。卢埃林希望，圭内斯能够成为"现代化"国家，完全融入欧洲的政治格局，因此大力资助各教派在圭内斯传教授道。得到资助之后，医院骑士团在多尔格伊沃尔（Dolgynwal）设立分部，西多会在康威建立修道院，方济各会在兰法斯建立修道院，奥斯定会则获得阿伯达伦古老社区教堂管辖的巴德西岛，在这座"威尔士圣地"岛屿建造了修道院。

1215 年之后，卢埃林连战连捷，开始主张自己的地位和权力。他宣称自己没有义务参加威尔士境外会议，"与苏格兰国王享有同

等的自由，可以庇护英格兰的法外之徒，使其免受责罚"。最重要
的是，他统治的是座"公国"，当地诸侯都应当对他效忠，而他单
独向英格兰国王效忠。这样一来，英王和威尔士诸侯就无法建立
直接的关系。卢埃林统治时期编纂的圭内斯法典定下了这种效忠模
式，另外还补充说，凡是圭内斯的统治者或曰阿伯弗劳之王（他坐
上安格尔西岛的头把交椅之后就得到了这一称号）的"金口玉言"，
"（威尔士）诸王都要谨遵不违，不可僭越"。毫无疑问，卢埃林希
望能效仿约翰王，约翰王比历代的英王更看重本土男爵的忠诚。所
以，效忠仪式就有了一个重要、独特的环节：效忠者必须向其领主
宣誓才能获封土地。如果威尔士诸侯真的如法典记载的那般，以效
忠的方式从卢埃林手中"接受"封地，那就意味着卢埃林有权确
认，甚至有权决定领地的归属，尤其是可以决定领地在家族成员间
的分配方式。考虑到分配问题在威尔士比较普遍，威尔士"封建"
宗主掌握的实权绝非英格兰封建宗主所能企及。当然，威尔士各地诸
侯若是有背叛封建宗主或不履行封建义务的行为，还是有可能被卢埃
林没收领地的。所以，若是真能按照上述条条框框建立公国，统治者
就可以在这个国度权倾天下。然而，对卢埃林来说，这终究只是美好
的愿景——建起威尔士公国的毕竟不是他自己，而是他的孙子。

　　对卢埃林来说，英格兰国王是建立公国的第一个障碍。1218
年，英格兰内战尘埃落定，各方商讨和解方案时，卢埃林被迫前往
伍斯特，于是就参加了在威尔士境外举行的会议。他做出让步，允
诺威尔士不会庇护英格兰国王的敌人，就这样失去了与苏格兰国
王"享受同等自由"的权利。最为重要的是，他承诺"威尔士全境
的权贵"应当像他一样向英王面效忠。换言之，建立一个"卢埃林
居于英王之下，而凌驾于全体威尔士诸侯之上"的公国的构想未能

实现。不过，宪法形式再怎样重要，卢埃林还是会为威尔士各地的权力据理力争。按照双方签订的条约，卢埃林算是保住了战争的果实。在格温文温的继承人成年之前（要等上好些年），他可以掌握对波伊斯南部及蒙哥马利的监管权。尽管他正式归还了卡迪根、卡马森，但马上又以国王执达吏的身份拿回了两地的控制权，任期到国王达到法定执政年龄时截止，很可能会持续到 1228 年。同时，英政府出乎意料地承认了卢埃林对其他威尔士诸侯的实际管辖权，由卢埃林肩负防止英格兰法外之徒在威尔士寻求庇护的任务。此外，他还要确保"威尔士全境的大贵族"效忠英王，并如数归还了在战争中占领的土地。可实际上，卢埃林并没有督促诸侯归还土地，而且只允许一位权贵向英王效忠。

《伍斯特条约》（Treaty of Worcester）赋予卢埃林"自治"的地位还不太像威尔士亲王，而比较接近亨利三世任命的威尔士首席政法官，与亨利二世时期的里斯大人类似。此后，就算自己的建议时常会成为耳旁风，卢埃林还是会积极为英王建言献策。他愿意接受英王委任的官职，主要出于两方面的考量：一来他已娶了琼，无论如何也算是与英王室沾亲带故的，二来他汲取了政治生涯早期的经验教训（如 1211 年那次），深谙与英王"斗则伤，合则利"的道理。就像里斯大人及其他威尔士诸侯一样，卢埃林认识到，与英王室保持良好的关系将有助于他在威尔士统御各路诸侯。他实现远大抱负的第二大障碍正是威尔士这帮诸侯。

1211 年，一批威尔士诸侯加入约翰一方反对卢埃林。第二年，他们齐聚卢埃林的麾下，"同仇敌忾"与约翰对抗。1215—1216 年，《威尔士编年史》（Chronica Wallia）将卢埃林尊称为"基本上统治了威尔士公国全境的君王"，他多半已经迫使所有诸侯向自己效忠了。只不过，格温文温是因为有人质在卢埃林手中而不得不效忠的，最后还是背卢埃林而去了。单从这一点可以看出，卢埃林尽管获得了封建宗主的名分，却没有被英王承认过，就连威尔士诸侯也不信服。如前所述，虽然圭内斯的法典将阿伯弗劳之王奉为威尔士霸主，威尔士南部诸国的法典却没有呼应，它们要么视各地诸侯为地位平等的国君，要么认为北边以阿伯弗劳之王为首，南边以迪内弗之王（德赫巴斯众王之首）为尊，二王平分秋色。据《编年史》记载，1215 年南威尔士"众王之首"是迈尔贡。得知卢埃林将迪内弗堡贬低为"曾经闻名天下，而今只剩残垣断壁，曾是南威尔士王冠上的一颗明珠，如今却令整片地区蒙羞"，迈尔贡只会对其恨之入骨。

　　与应对英格兰王权时一样，卢埃林在处理与威尔士诸侯的关系时也是小心翼翼，使用名号时格外谨慎，缓解了与英王、威尔士诸侯之间的紧张关系。卢埃林的祖父欧文以"威尔士亲王"自居，他也曾自称是亲王（渐渐成为唯一使用"亲王"称号的威尔士诸侯），却声明自己只是"北威尔士"亲王，暗指他的权势仅限于圭内斯。随着权势的持续增长，不光威尔士编年史家，就连英格兰史家也开始尊称他为"威尔士亲王"。不过，他本人还是把"吾国威尔士"挂在嘴边，仿佛自己只是威尔士的守护者，妻子琼则自称是"威尔士的王妃"。（1230 年或稍早些时候）他更改名号时也没有自称是"威尔士亲王"，而是以"阿伯弗劳亲王、斯诺登之王"自居。提到"斯诺登之王"，就会让人联想到令人望而却步的斯诺登山。虽然在圭内斯"阿伯弗劳亲王"是"威尔士霸主"的代名词，如前文所言，这种说法终究只是一家之言，别人是否认同那就另当别论了。比如，对卢埃林的新名号非常满意的英格兰政府就"无视"这一说法，南部诸侯也抱有这个态度。卢埃林从未放弃过建立威尔士公国、独揽大权的愿景，但正如他在其他场合感叹的那样："哪怕是天下第一赌徒、一骑当千的骑士，也不可能逢赌必赢、每战必胜。"他一心谋求实权，尽全力做到通权达变。因此，1202 年与约翰达成协议时，他要求审理与他相关的案件时应由他来决定，是依据威尔士法律还是英格兰法律进行审判。此外，卢埃林与英格兰男爵合作时也善于变通。1212 年，卢埃林发动叛乱，誓要摆脱"暴政的束缚"，所指的是安茹王朝，并非英格兰。结果，他将琼给他生的 4 个女儿全都嫁给了英格兰男爵，其中两个是丧夫后再嫁过去的。对卢埃林来说，与男爵结盟尤其重要，直接关乎圭内斯的安危。1211 年，正是因为有切斯特伯爵雷纳夫暗中支持，约翰王才得以入侵圭内斯。1218 年，卢埃林与雷纳夫伯爵讲和，1222 年将女儿海伦（Helen）嫁给了由伯爵监护、最后继承切斯特伯爵爵位的约翰·勒·斯科特（John le Scot）①，巩固了双方的盟友关系。卢埃林就此切断了敌军的入侵路线，直到死前都没让圭内斯狼烟再起。稳住北方阵地后，卢埃林在 1220 年向南部诸侯和边境男爵示威，不仅迫使里斯·格里格（迈尔贡的弟弟）投了降，还劫掠了彭布罗克伯爵（1219 年去世的摄政官之子，威廉·马歇尔二世）的领地，报了遭昔日盟友雷金纳·德·布劳斯背叛②的仇怨，扶持他的侄子兼政敌约翰·德·布劳斯（John de Braose）取而代之，成为家族领地高尔的新领主。雷金纳的确娶了卢埃林的女儿，可约翰

---

① 约翰·勒·斯科特是切斯特伯爵雷纳夫的外甥。

② 1217 年，雷金纳德与亨利三世和解，而这在卢埃林看来，是不折不扣的背叛行为。

也是卢埃林的女婿。

　　然而，在这之后祸事从天而降。老摄政官马歇尔一世虽然在1215—1217年内战中收获颇丰，从威尔士诸侯摩根（12世纪40年代在卡利恩称王的摩根国王的侄孙）手中抢走了卡利恩，但卢埃林在南部势力的崛起却成了马歇尔家族的心头大患（况且，卢埃林就是取代他们当上卡迪根、卡马森两地的执达吏的），1220年他在南部的所作所为就是一个警示。1223年4月，威廉·马歇尔二世在爱尔兰纠集大军，空降在威尔士南部，开始复仇计划。他占领了卡迪根、卡马森，很快就又被英王任命为两地的代理人。最终，那些在西南部实力较弱的边境领主也夺回了各自在1215—1217年内战中失去的领地。至此，威廉·马歇尔取代卢埃林成了威尔士南方的新霸主。祸不单行的是，北方的蒙哥马利再次被于贝尔·伯格领衔的摄政政府攻陷，落入英格兰王权之手。征服者废弃了山谷里的堡垒，在瑟里山山顶建了座城堡。在接二连三的打击下，卢埃林几乎是立刻投降，不与敌人兵戎相见。说到底，此次情势与1211年的有所不同——由于与切斯特伯爵结有盟约，圭内斯本土至少还是安全的。实际上，卢埃林不仅仍掌握着南波伊斯的控制权，在瓦伊河、塞文河之间的区域，埃尔菲尔、马埃利恩依斯的诸侯依然对他效忠，而对这两块领地的归属权持有异议的威格莫尔的拉尔夫·莫蒂默（Ralph Mortimer of Wigmore）也是因为（在1230年）娶了卢埃林之女、雷金纳·德·布劳斯的遗孀格拉杜斯为妻才决定放弃对所有权的诉求的。

　　卢埃林之所以能化险为夷，是因为英格兰国王缺乏行动力。13世纪20年代末，在威尔士大显身手，取得卡迪根、卡马森、蒙哥马利三地世袭领主权的不是国王，而是于贝尔·德·伯格。1228

年，于贝尔和亨利认为蒙哥马利受到了威胁，于是召集大军赶往那里，在瑟里建造城堡。卢埃林则一如既往地只看重实质，不看重形式，顺从地宣布效忠亨利国王，他身边的威尔士权贵也纷纷效仿。之后，亨利、于贝尔放弃城堡工事，罢兵返回英格兰，不管作战时被俘的威廉·德·布劳斯（1228 年，父亲雷金纳死后，他子承父位），让他留在卢埃林那儿吃牢饭。1229 年，威廉为了重获自由，同意把女儿伊娃（Eva）嫁给卢埃林的长子兼继承人戴维兹为妻，将比尔斯当作嫁妆。比尔斯扼守瓦伊河上游河谷，可以向下游的埃尔菲尔施压，还能向西控制经由厄丰河（the Irfon）谷地、特依瓦河谷地进入威尔士西南方的要道（现代的铁路干线就是沿这两道河谷修建的），卢埃林对其觊觎已久。将比尔斯收入囊中后，卢埃林在余生中没有让它落入旁人之手。

没过多久，卢埃林就觅得了瓜分布劳斯家族祖产（拉德诺、海伊、布雷肯、阿伯加文尼）的良机。1230 年，威廉·德·布劳斯返回圭内斯与卢埃林的妻子偷情，刚巧被卢埃林撞见，被判处绞刑。由于威廉膝下无子，名下的遗产全部由妻子伊娃和 4 个女儿继承，布劳斯家族的正支嫡长血脉就此断绝（旁系血脉仍是高尔的领主）。然而，亨利三世却将布劳斯家族领地的监管权交给了威廉·马歇尔，于是马歇尔派往布雷肯的执达吏很快就与卢埃林的比尔斯执达吏发生了冲突。1231 年，威廉突然去世，给了卢埃林可乘之机。在格拉摩根，各地诸侯，尤其是阿凡的摩根·加姆（Morgan Gam of Afan），对格洛斯特及赫特福德伯爵吉尔伯特·德·克莱尔严苛的统治深恶痛绝，伯爵之死 [1] 等于解开了他们

---

[1]　1230 年，吉尔伯特·德·克莱尔随亨利国王远征布列塔尼，客死他乡。

身上的枷锁。格拉摩根的继承权通常从属于格洛斯特伯爵领的继承权①，这里女性继承人的重要性得以凸显：亨利一世的私生子罗贝尔娶了罗贝尔·菲茨·哈蒙的女儿，成为格洛斯特伯爵，获得格拉摩根的领主权；之后，约翰王和埃塞克斯伯爵（暂时拥有这个封号）也通过迎娶女继承人的方式成为格拉摩根领主；几经辗转，领主之位（从1217年起）最终落入克莱尔家族的赫特福德伯爵之手。1223年，身处逆境时，卢埃林选择以退为进。到了1231年，面对骤然反转的局势，他率大军突袭威尔士南部，不仅把拉德诺、海伊、布雷肯化作一片火海，还将尼思、基德韦利两处城堡夷为平地，最终从于贝尔·德·伯格手中夺走了卡迪根。就这样，卢埃林在新一代威尔士诸侯中树立了王威，任命迈尔格温·费奇（Maelgwyn Fychan，1231年上半年去世的迈尔贡·阿颇里斯的儿子）为代理人镇守卡迪根，直到他去世没再生出变故。

面对卢埃林疾风骤雨式的进攻，亨利和休伯特选择以静制动。1231年夏，两人向玛蒂尔达城（佩恩斯卡斯尔）派出一支驻军，在城堡外围筑起两道高墙，挖出壕沟。此举意在巩固对埃尔菲尔的控制。长久以来，该地一直是布劳斯派和卢埃林派争夺的目标，在此处筑防也可以阻断卢埃林从比尔斯直入赫里福德郡平原的必经之路。然而，这一策略治标不治本。到最后，英格兰国王既没有出兵收复卡迪根，也没有遣将攻打比尔斯，更不用提入侵圭内斯了。

两年后，卢埃林转变了战略方向，与对头马歇尔家族结盟，与威廉的弟弟兼继承人理查德·马歇尔联手对抗亨利国王。在卢

---

① 诺曼人征服英格兰后，罗贝尔·菲茨·哈蒙获得了格洛斯特封邑，之后又征服了格拉摩根（见第四章）。

埃林的帮助下，理查德不仅占领了格拉摩根，还逼退了对卡马森久攻不下的德赫巴斯诸侯。前面介绍过，战后理查德的继任者吉尔伯特·马歇尔成了威尔士南部的霸主，而实际上他并未干涉卢埃林、迈尔贡两人对卡迪根的掌控，卢埃林保住了对比尔斯和南波伊斯的控制权。所以说，卢埃林的权势依旧遍及威尔士全境，还是有机会实现建立威尔士公国的宏图大业的。不过，他首先还是得先解决继承权问题。

卢埃林早已打定主意将太子之位赐予琼的儿子——戴维兹。这势必会在圭内斯引发矛盾，因为按照威尔士习俗，婚生子与私生子应享有平等的继承权，卢埃林谓之"可鄙至极"（他欧洲化的又一力证），此番排除私生长子格鲁菲德的行为，更是公然挑战了这一习俗。另一大争议是，戴维兹是只继承了卢埃林名下的领地，还是继承了囊括其他诸侯领地的所谓公国？1218 年后，卢埃林与各地诸侯的关系随时局而变，捉摸不定。1226 年，他迫使"威尔士的显贵"向戴维兹宣誓效忠，但他们并未真心臣服。1228 年，亨利三世出兵凯里[①]，卢埃林很快就弃甲投戈，他似乎只是威尔士诸侯联盟之首，（如前文所述）所有诸侯最后都对亨利国王效忠。然而，到了 1238 年，英政府认为卢埃林正竭力让"威尔士的大贵族"承认戴维兹的封建宗主地位。他没能如愿，（据威尔士编年史记载）那些贵族只是宣誓对戴维兹效忠。卢埃林从未放弃建立以封建从属关系为基础的公国的念头，但是并没有强求。

归根结底，戴维兹能否继承父位取决于英政府。不管继承的是公国还是封地，他都是英王的封臣。实际上，亨利三世乐于让戴

---

① 凯里（Kerry）即瑟里（Ceri，威尔士语）。

维兹登上圭内斯王位，毕竟戴维兹是他的外甥；但同时，亨利坚持
要求其他威尔士诸侯直接向英格兰国王效忠。所以，卢埃林的公
国之梦终究未能实现。然而，这并不妨碍亨利承认威尔士居民实际
上是卢埃林的臣民这一事实。自 1234 年起，在与英格兰每年续签
一次的停战协议 ① 中，卢埃林这一方的签署人一直都是卢埃林及其
"臣属"。但凡彭布罗克伯爵出兵攻打昔日的卡利恩领主的摩根城
堡，就会被视为侵害了卢埃林本人的利益。

1240 年，琼去世三年后，卢埃林也离开了人世。他既是远见
卓识的战略家，又是脚踏实地的实干家；既是身先士卒的战士，又
是深谋远虑的外交家，以建立威尔士公国为毕生的奋斗目标，同时
也能够曲意逢迎，以对英格兰国王忠贞不贰的顾问官形象示人。去
世后不久，他就得到了英格兰及威尔士编年史家的认可，被奉为
"卢埃林大王"。

*　*　*

亨利三世的个性和英格兰的资源匮乏，同样对盎格鲁－苏格
兰关系产生了深远的影响，为两国带来了长期和平，使苏格兰国王
亚历山大二世（1214—1249 年在位）得以潜心统治。王朝大幕开
启时，亚历山大率军南下，想要实现苏格兰王国对英格兰北方诸郡
长久以来的领土诉求。在统治期将尽之时，他却身处洛恩湾（Firth
of Lorn）的凯勒拉岛（Island of Kerrera），率军与挪威国王哈康

---

① 　1234 年 6 月 21 日，卢埃林与亨利三世签订了为期两年的停战协定。
协定到期之后，双方每年续签一次，直到卢埃林去世。

（King Hakon of Norway）争夺西部群岛、马恩岛的控制权。这一重大转变反映出苏格兰王朝的根本战略调整绝非偶然，而是早有预兆。亚历山大的目的是向北、向西扩展疆域，并非要向南蚕食英格兰。所以，他会以"剑指四方的伟大领袖"的形象出现在哈康王的萨迦中。但是，亚历山大绝非只有将帅之才，他在法律领域的创新还萌生出了苏格兰普通法。

按照 1218 年《伍斯特条约》的规定，卢埃林可以保留内战的战果，这无可厚非，毕竟这一切都是他真刀真枪拼杀来的，由他牢牢掌控着。然而，亚历山大的处境就不同了。他在东北方连一处要塞也没能占据，在西北方却坐拥卡莱尔，卡莱尔大教堂的咏礼司铎还将他手下的一位教士推选为主教。在苏、英边界的坎伯兰、威斯特摩兰，主要男爵家族大多与苏格兰走得近，像许多骑士一样加入了叛乱的男爵阵营。但在路易王子兵败回国后，亚历山大却没有足够的资本让这些家族继续追随自己，仅凭他一己之力更是行不通。何况，有好几名北方叛军领袖在林肯之战中被中央政府俘获。1217 年 9 月，亚历山大被教廷使节瓜拉正式开除教籍，处境极为不妙。当年 12 月，年满 19 岁的亚历山大走投无路，只得向英政府求和。交出卡莱尔后，他算是保住了泰恩河谷和亨廷登伯爵领。1218 年，一纸禁教令使他再受打击，时限虽然不长，却足以令其蒙受羞辱，他痛下决心要彻底转变苏格兰王廷的对外策略。他心里很清楚，他不会有更好的向南扩张的机会了，而他却一败涂地。从此往后，他开始奉行与英格兰和平共处的策略。亨利三世的态度对两国关系同样至关重要，他不愿以侵略的方式确立英格兰对苏格兰的封建宗主国地位。1221 年 6 月，亚历山大迎娶亨利三世的长姐琼，奠定了两国和平共处的基调，拉开了 13 世纪两王朝以联姻促和平的序幕。

编年史家福尔登认为，两国首次联姻将会令双方"干戈永息"。自1217年7月亚历山大入寇之后，此后近80年里苏格兰再无一兵一卒进入英格兰。亚历山大刚刚完婚，就（如同琼向弟弟亨利承诺的那样）拒绝了休·德·莱西对阿尔斯特的索求。

　　与英格兰休战后，亚历山大得以腾出手来处理王国北部的祸患。苏格兰国王靠着修建王室城堡、任命郡督，将王室权威向北延伸至因弗内斯、丁沃尔，再往北去便是处于王室权力真空的罗斯和凯斯内斯。1215年，罗斯再次成为麦克赫思家族、麦克威廉家族兴兵作乱的根据地，这次叛乱的领导者正是1186—1187年两名叛军领袖的儿子——唐纳德和肯尼思。最终，叛乱被镇压，两子丧命。所以，可以认为，苏格兰国王北方策略的首要目标是防止类似叛乱发生，对策之一便是让忠于国王的大臣入主北方领地。正因为如此，1212年在福斯河以北担任政法官的威廉·科明（William Comyn）才会借助联姻获得巴肯伯爵爵位，成为首位接管本土伯爵领的外来者。苏格兰王室的另一个当务之急是保住凯斯内斯主教教区（在1147—1151年间成立）的地位，防止那里再次成为奥克尼主教的辖区。1222年，凯斯内斯主教遭到谋杀后，亚历山大率军进入凯斯内斯，暂时将凯斯内斯伯爵约翰·哈拉德森（John Haraldson，1206—1231年在位）驱逐出境，确保马里（默里）家族忠于苏格兰王权的候选人当选主教。之后，麦克威廉家族再起事端，直至1230年家族领袖吉利斯堡格（Gilleasbuig）落网后被处以极刑，局势才算平静下来。吉利斯堡格年幼的女儿在福弗尔镇的市集被敲裂了脑袋。亚历山大的残忍（与大卫国王长期因禁麦克赫思，没有取其性命形成鲜明对比）是衡量威胁大小以及消除威胁意义几何的标尺。事实证明，这是关乎苏格兰王朝安危的决定性时刻——此后，麦克威廉家族再也没有挑战王权。

1231 年，凯斯内斯伯爵约翰·哈拉德森死于非命。1236 年，继任者领受了苏格兰王室颁布的特许状，成为首位宣誓效忠苏王廷的凯斯内斯伯爵。与此同时，亚历山大在凯斯内斯以南的萨瑟兰将默里家族的成员封为伯爵，以求制衡凯斯内斯。在罗斯，亚历山大则将 1215 年平乱有功的本地人法夸尔·麦克塔格特（Farquhar MacTaggart）封为伯爵，令其成为 1168 年马尔科姆·麦克赫思死后该地区的首位伯爵，从而稳定了当地局势。此外，亚历山大还将科明家族的成员封为巴德诺赫（Badenoch）领主，从而掌控马里境内的险要山区。尽管在凯斯内斯境内亚历山大既无城堡在手，也没设立郡督辖区，并且直到 1264—1266 年丁沃尔还都处在王权势力的最北端，当地执达吏的收入不值一提，但不可否认的是，亚历山大的确增强了王权在苏格兰北方的权势。

在王权同样孱弱的西部，亚历山大也频频传出捷报。马恩岛、西部群岛与奥克尼一样，接受挪威国王的管辖，所以亚历山大的封建宗主权仅限于西部内陆地区，而直接受其管辖的仅有艾尔的城堡及郡督辖区，两地都还是由他父亲"狮子"威廉建立的。亚历山大的西部王权有所扩张，主要是依靠 12 世纪在当地扎下根来的盎格鲁 – 诺曼大贵族的帮助，首屈一指的当数斯图尔特家族——先是获得伦弗鲁领地，后又向西扩张，1200 年前后控制比特（Bute）地区，还在罗斯西（Rothesay）修建了城堡。

1226—1231 年，争夺马恩岛、西部群岛的血雨腥风骤然刮起，处在风暴中心的对手就是马恩岛之王雷金纳（1188—1226 年在位）及其弟刘易斯岛的统治者奥拉夫。身处两大阵营的则是这片海域昔日霸主索默莱德的后代——麦克索利（MacSorley）家族成员，家族分为三大嫡系旁支，在阿盖尔、金泰尔和西方岛屿各自为政，经常相互攻伐。时至今日依然拱卫着苏格兰西海之滨的那些恢宏城堡，正是麦克索利家族于 13 世纪建造的。此外，能够与麦克索利家族并肩疾行的还有加洛韦领主罗兰之子艾伦。罗兰接受苏格兰国王的任命，担任加洛韦的政法官，这显然加强了加洛韦与中央政府的联系。从某个角度来看，艾伦似乎也起到了相同的作用。他娶了亚历山大国王的叔叔、亨廷登伯爵大卫之女，从来自莫维尔家族的母亲那里继承了苏格兰治安大臣的官位，在英格兰内战期间率军南下，支持约翰王，在兰尼米德谈判时跟随约翰左右，还把几个女儿嫁给了盎格鲁－苏格兰男爵。然而，醉翁之意不在酒。艾伦的目标（他不想刻意攀附于人）是要利用 1212 年约翰为了制约莱西家族而令自己成为阿尔斯特领主的机会，建立东起加洛韦、西至阿尔斯特的海洋帝国。艾伦麾下有士卒千人，舰艇 200 艘，号称进犯挪威王国也不在话下。哈康国王的萨迦也称赞他是“伟大的战士……在赫布里底群岛四方劫掠，令西方诸地烽烟四起，战火弥漫”。

　　然而，在 1226—1231 年“大动乱”中胜出的并非艾伦。他不仅要接受休·德·莱西收复阿尔斯特的现实，还连累了盟友马恩岛国王雷金纳（他因缺少援助而落败）。真正的胜者是挪威国王。安定内乱后，哈康王成为 1098 年继“赤脚王”马格努斯之后首位进入苏格兰周边海域，有效插手地区局势的挪威国王。他不仅惩治了谋杀奥克尼及凯斯内斯伯爵约翰的凶手，还派出舰队洗劫了比特，拥立奥拉夫为马恩岛国王，最后还把金泰尔半岛、刘易斯岛劫掠一空。总的来说，就是“在海峡以西为哈康国王赢得了无限荣耀”（引自哈康国王的萨迦）。

　　（据福尔登记载）亚历山大国王在 1221 年、1222 年曾先后两

次率军进入阿盖尔，与麦克索利家族作战。他可能还在苏格兰内陆
与金泰尔半岛之间处于地峡地带的塔伯特建了座城堡。"大动乱"
期间，他眼睁睁看着哈康国王所向披靡。而且，西、北战局环环相
扣，吉利斯堡格·麦克威廉从西部群岛获得军力支援，趁西部动乱
之机在北方挑起事端。直到 1234 年，加洛韦的艾伦去世，加洛韦
遭到三位盎格鲁－苏格兰女婿瓜分时，亚历山大才算等来了机会。
他绝不会允许他们像岳父艾伦那样在西部群岛大肆劫掠。实际上，
当时的苏格兰西部已经出现权力真空，亚历山大很快就想借着占领
马恩岛、西部群岛来填补空缺。艾伦去世后，他在加洛韦得到施展
拳脚的空间，将柯库布里（Kirkcudbright）的政权基地变为了王室
城堡，有可能还在威格敦设立了郡督辖区，迈出了王权扩张、实现
远大政治抱负的重要一步。

　　加洛韦虽是凯尔特族聚居的大省，历史变迁却已令它融入盎
格鲁－苏格兰世界，在一定程度上降低了苏格兰国王及男爵入主的
难度。当地的盎格鲁－苏格兰贵族多数也在苏格兰其他地区拥有领
地。这些人自然成了艾伦的近臣，他们当初也像这样聚集在艾伦的
父亲身边。艾伦的家族，作为修道院的创立者或建院参与者，在加
洛韦建有两座西多会修道院（分别在邓德伦南、格伦卢斯）、三座
普利孟特瑞会修道院（其中一座位于惠特霍恩）。多座苏格兰、坎
伯兰的修道院在加洛韦拥有地产，比如，霍尔姆库尔勒姆修道院
就在厄尔东北部的柯克贡吉翁（Kirkgunzeon）拥有一座农场。尽
管如此，王权还是对加洛韦进行了武力征服，遍布各处的城堡遗
址便是见证。在邓德伦南修道院遗址内有座 13 世纪的修道院院长
石像：被匕首刺中胸膛，踩着一名肚破肠流的部落男子（穿着短
裙）。艾伦刚一去世，加洛韦人就推举他的私生子托马斯为继承人，

休·德·莱西和爱尔兰本土部落的首领也纷纷表示支持。亚历山大曾于1235年、1236年4月两次兴师加洛韦，经过两场激战取得了最终的胜利。托马斯献城投降，在狱中度过了差不多60年；两名爱尔兰部落首领被押送至爱丁堡处以极刑（四马分尸）。加洛韦的土地、教堂受到战祸的摧残，饱受蹂躏（同时期的邓斯特布尔编年史和后世的"福尔登备忘录"均有记载）。1247年，加洛韦又一次爆发叛乱，亚历山大只得再次出兵，帮助艾伦的女婿罗杰·德·昆西（Roger de Quency，也是温切斯特伯爵）夺回领地的控制权。

　　为了专心征服加洛韦，亚历山大与英格兰国王达成最终协议。1237年9月，亚历山大前往约克，放弃对英格兰北方诸郡的领土诉求。作为回报，英王亨利在泰恩河谷领地的基础上将年入200镑的土地封与亚历山大，免除了与之相关的诸多封建义务。至此，历代苏格兰国王对英格兰北方诸郡长达数个世纪的争夺战宣告结束。亨利三世对两国间"稳固的和平"赞不绝口，逐步削减了北方城堡的军费开支。与此同时，他还展现出政治家的才干。1174年，亨利二世确立了英格兰对苏格兰的宗主国地位，1189年这一地位被英王理查放弃。到了1209年、1212年，约翰王对苏格兰两度重申英格兰的宗主国地位。1221年，教皇以"据称苏格兰国王是英格兰国王的臣属"为由，拒绝为亚历山大举行加冕仪式，这多半是因为亨利重提封建宗主权问题。1235年，亨利以1174年两国签订的条约为据，再次向教皇申诉，要求苏格兰的伯爵、男爵宣誓效忠。可到了1237年，在双方商讨最终协议的当口，亨利对封建宗主权问题却只字未提，双方基本上是以主权国家的身份缔结和约的。然而，同一时期，亨利在与卢埃林、戴维兹打交道时却寸步不让，坚决要求威尔士的男爵效忠自己。但是，亨利奉行的是实用政治。亨利反对亚历山大举行加冕礼，是因为不想让苏格兰国王获得神授君权，与自己平起平坐，可他并不想对宗主权问题紧抓不放，破坏两国通过联姻建立起来的关系。

1238 年，琼因病去世，因生前未能诞下一儿半女，身后影响力有限，但她的死却威胁到了两国的姻亲关系。亚历山大在次年续弦，娶了法国大男爵之女玛丽·德·库西（Marie de Coucy）。但是，英苏两国的姻亲关系很快就得到了修复。1242 年，即将出征普瓦图的亨利三世急于稳定北方边界，于是缔结婚约，将长女许配给亚历山大刚出生的长子。

亚历山大之所以能守卫边界、开疆拓土，主要在于他拥有强大的军事调配实力，在 1221 年、1222 年、1228—1230 年、1235年、1236 年，以及 1244 年、1249 年频繁用兵。他的骑兵部队很有可能（暂时缺少实证）是由亲卫骑士和男爵阶层履行义务提供的骑兵所组成的，步兵部队则由各地以单位面积（普劳格特或盎司兰①）的土地为准派出的大批"民兵"组成。1244 年，不列颠岛北部问题专家马修·帕里斯指出，苏格兰人没有西班牙、意大利出产的昂贵战马，却对他们军队的规模、军纪赞不绝口，号称它有骑兵一千（应当包括了大批骑马的军士），步兵 10 万众（稍显夸张）。既然连帕里斯都为苏格兰强盛的军势所折服，那么凯斯内斯、阿盖尔、加洛韦的居民又怎能不对苏军闻风丧胆呢！

军力的强盛也彰显出亚历山大王权的威仪，而增强其在王国的权威正是亚历山大迫切想要达成的目标。历代苏格兰国王会在斯

---

① 普劳格特见第四章注。盎司兰为苏格兰西部高地地区、赫布里底群岛使用的土地面积单位。

昆举行即位典礼，这种仪式与欧洲其他国家的不同之处在于，缺少关键的受膏环节。前文提过，亚历山大曾在1221年请求教皇准许他举行一次完整的加冕仪式，以便能够与英格兰国王平起平坐。教皇拒绝了这一请求，但他对苏格兰教会的控制丝毫未减，主要是因为他能够左右教会选举，从而控制教会，为统治奠定了坚实的基础。他还让忠心的臣下统领凯斯内斯、加洛韦（担任惠特霍恩教区的主教）的教会。亚历山大的大法官威廉·德·博丁顿（William de Bondington）当选格拉斯哥主教（1232年），而宫务大臣大卫·德·伯纳姆（David de Bernham）当选圣安德鲁斯主教（1239年）。此外，亚历山大还竭力维护苏格兰教会的独立性，继而维护了苏格兰王国的独立性。他推三阻四，不让教廷使节随意进入苏格兰，还帮着苏格兰教会获取1225年的教皇诏书，让其可以通过各教省的议事会自行管理教会事务，进一步确认了教廷之前做出的"苏格兰教会不受约克大主教教区管辖"的裁决。

我们对亚历山大的收入状况知之甚少，可以肯定的是，它当时在不断增长。同样增长的还有苏格兰王廷司法权的管辖范围与权威性。亚历山大在位期间，洛锡安政法官、苏格兰福斯河以北地区政法官很有可能每年两次在辖区内所有的郡县巡回审理国王之诉案件（谋杀、突袭、抢劫、强奸、纵火）。加洛韦地区很可能也派驻有一位政法官，但目前缺少确凿的证据。1245年颁布的法律条款规范了诉讼程序，规定其应当从"控诉"或控告开始，由各地的陪审团负责（在英格兰实施已久的制度）向政法官检举疑犯，之后作奸犯科之人就会被逮捕并带到政法官面前受审。此外，条款还强调，若所犯属于国王之诉案件，疑犯的财产就应当被没收并归国王所有。这同样借鉴了英格兰的做法，表明国王会在经济利益的驱使下加强对司法权的控制。

民法领域的进展则显得意义更大。1230 年，有一条法令出台，确立了新近强占诉讼程序——无论何人，只要"未经正当审判程序就被他人以不法手段"剥夺土地保有权，就可以使用这个诉讼程序维护自己的权益。同一年或几年后，苏格兰确立了逝去先人占有权诉讼程序，被剥夺遗产继承权的人都可以利用该程序维权，与新近强占诉讼程序异曲同工。不难看出，这两种诉讼程序借鉴了亨利二世推行的新近强占令、逝去先人占有权令诉讼程序。如果想要以两者起诉，原告必须获得国王或政法官开具的令状，然后让"良民"陪审团为自己作证，在郡督或政法官面前陈述事实，庭审多数安排在由政法官主持的巡回法庭上。与英格兰截然不同的是，亚历山大三世时期苏格兰法庭的审案记录无一份存世，所以我们无法探究这两种诉讼程序的普及情况。尽管如此，13 世纪 90 年代新近强占令、死去先人占有权令与其他一些令状被归为"正规"(de cursu)令状，意味着它们与英格兰类似令状一样具有格式固定、成本低、申请方便等特征。新出台的诉讼程序简便易行，提供了利用陪审团解决纠纷的途径。此外，新的法律程序也能将案件从大领主法庭移交至更为公正的（更令人期望的）国王法庭。它们能保护臣民的占有权、继承权，减少当事双方私了的情况，起到维护法律与秩序的作用；还能增加国王法庭审理案件的种类，由政法官或郡督负责审理，从而在总体上增强国王的权势，扩展王权的管辖范围。

以科尔丁厄姆修道院院长为代表，神职人员纷纷利用新的程序保护教会财产。在家族缺少男性直系继承人的情况下，女性继承人利用这一程序来保护继承权，对抗偏袒旁系男性亲属的社会压力。此外，靠缴纳地租获得土地保有权的佃户虽然地位低下，仍然可以声称名下的土地保有权是世袭权利，有可能也能成为新法律程序的受益者。既然佃户都能成为受益者，新法律程序无疑就有了另一个重要特征：无论血统，包括苏格兰人、英格兰人、诺曼人及其他出身的人在内，苏格兰的臣民都能利用新程序维护权益。在爱尔兰、威尔士，虽然具体执行方式不同，英格兰法律的主要受益者都是当地的英格兰人。而苏格兰的情况截然不同，那里不存在此等法律上的种族隔离制度。从这一点来讲，苏格兰的新法律算是货真价实的"普通法"，对增强苏格兰的民族团结至关重要。

　　乍一看，新法律程序问世后，最大的输家似乎是大封建领主。早在 12 世纪，苏格兰国王就已开始建立王权对大领主法庭的上诉管辖权。到了亚历山大二世时期，新近强占令明确将原告封建主视为强占行为的施加者（并不是唯一可能的施加者）。同样，封建主最有可能成为继承人行使权利的障碍，自然也就会成为死去先人令的靶子。13 世纪，苏格兰还出现了另一则法律条款（同样是借鉴了英格兰法规后的产物），规定除非有人使用国王颁布的令状发起诉讼，否则世袭地产保有者对地产的所有权不容争辩。即便如此，大封建领主仍然拥有极大的司法权限。对新程序来说，首当其冲的限制因素是，它的实施范围主要是苏格兰国王权势所及之地，即国王设有郡督辖区的地区，原因是发起诉讼的令状以各地的郡督为发放对象。同样，政法官虽然会前往各地主持巡回审判，覆盖区域却与郡督辖区基本重合，往西没有到达邓巴顿以北地区，往东没有到达因弗内斯以北地区。所以说，无论是在各省的大封建领地，还是在"外围"伯爵领，国王管理的民事（及刑事）司法过程所起的作用十分有限。对凯斯内斯、阿盖尔两地的臣民来说，国王的司法程序更是闻所未闻。即便是在苏格兰王国的核心地区，私设法庭也仍然能够与新的法律程序并立并存，业务依旧繁忙，这其中有一部分原因是私设法庭一方面仍然保有处罚拒不履行封建义务之人的权利，一方面拥有其他司法权限（通常由国王授予），比如（与英格兰的私设法庭一样）拥有以绞刑处决盗窃犯的权限。私设法庭与政法官法庭、郡督法庭管辖范围重合的现象也十分普遍。俗众仍会要求教会法庭解决财产纠纷，教会则疾言厉色地谴责世俗法庭插手审理涉及教会财产的案件（反映出了亚历山大对教会的控制力）。亚历山大二世时期，苏格兰的普通法无论在规模上还是在复杂性上，都无法与英格兰的普通法相比。苏格兰没有出现法律职业，不像英格兰那样在威斯敏斯特设立常驻法庭、组建随王廷巡游的御前法庭、由专职法官负责案件的审理。在苏格兰，政法官和大部分郡督都由贵族担任。

上述因素共同解释了亚历山大二世在位期间苏格兰的政治局面为何相对和谐。俗众没有抱怨过他随意侵占臣民财产或拒绝主持公正。"他是位贤君，虔诚、慷慨，无论是英格兰人，还是苏格兰臣民，都爱戴他，他是一位实至名归的明君。"马修·帕里斯对亚历山大二世大加赞赏道。但是，加洛韦的居民可不会这样想。13世纪40年代，亚历山大遇到了在位期间最后一次政治危机。从本质上讲，这次危机充其量不过是在得到国王提拔的新贵家族之间发生的王廷派系争斗。盎格鲁－诺曼贵族与苏格兰贵族的矛盾已然了无踪影。实际上，在麦克威廉家族发动叛乱那会儿，这两大派系曾通力合作。

在苏格兰的新贵家族中，地位最显赫的当数科明家族。"狮子"威廉在位时，他们家就已飞黄腾达，此后长期占据着苏格兰的政治权力中心，直到14世纪初才被罗贝尔·布鲁斯拉下台。威廉·科明的两次婚姻形成了家族的两大分支，一支是巴肯伯爵爵位的继承人；一支是巴德诺赫领地的世袭领主，之后成了门蒂斯伯爵爵位的继承人（因为沃尔特·科明在1234年前后迎娶了门蒂斯女伯爵）。15世纪的史家沃尔特·鲍尔（Walter Bower）多次使用"科明家族"这一名称。不仅如此，毫无疑问，自13世纪40年代起，科明家族似乎就已形成凝聚力较强的家族政治团体。令人颇感意外的是，该家族青云直上，没有受到既有当权家族的阻碍，这也许是因为威廉·科明巧妙利用了政治婚姻，左右逢源。他将两个女儿分别嫁给了马尔伯爵、罗斯伯爵。（后文还会谈到科明家族。）

　　科明家族侍奉苏格兰国王，可谓劳苦功高，但后世的史家福尔登、鲍尔经常批判他们是权势滔天的典型，这样的指责并非空穴来风。1242年，苏格兰之所以会爆发政治危机，主要是因为科明家族与比塞特家族起了冲突（后者也是因效忠国王而获得提拔的新贵）。比塞特家族被指控谋杀了加洛韦的艾伦之侄阿瑟尔的帕特里克（Patrick of Atholl）。接下来，年轻的巴肯伯爵亚历山大（Alexander, earl of Buchan）及其同父异母的兄长巴德诺赫的"红"约翰（John the Red of Badenoch）——"一个好勇斗狠之人，绝不放过显摆骑士本领的机会"，将沃尔特·比塞特（Walter Bisset）困于其领地内的阿博因堡，并且蹂躏了城堡周围的领地。尽管亚历山大国王表现镇定，称不应把苍蝇当作苍鹰，不应将耗子看作雄狮，但实际上，他在被逼无奈之下还是召集起了马尔伯爵领的民兵，将沃尔特送至福弗尔接受审判。最终，在1242年11月，比塞特家族"经全国贵族的审判，被判有罪，沦为亡命之徒，被逐出了苏格兰"。

　　亚历山大维护了法律的尊严，却背负起巨大的压力，险些失手。令人惊叹的是，他用出人意料的手段重树了君威。他以未能及时阻止科明家族的过激行为为由，免除了共同负责苏格兰福斯河以北地区的两位政法官的职务，任命艾伦·德沃德（Alan Durward）为新任政法官——这一举动对苏格兰政局的影响持续到了 13 世纪60 年代。德沃德这一姓氏源自王廷礼仪官（看门人）之职，德沃德家族是另一个非常热衷于争权夺利的重要家族。他们家以安格斯境内的家族领地伦迪为基地，紧跟苏格兰国王向北扩张的方针，由此获益，比如曾得到过尼斯湖岸边的厄克特领地。德沃德家族不仅在王廷中与科明家族竞争，还想和后者一样入主马尔伯爵领和安格斯伯爵领，这就确保了艾伦·德沃德会对抗科明家族。

　　1242 年的危机除了扰乱苏格兰的局势，还影响了亚历山大与亨利国王的关系。逃往英格兰王廷避难后，沃尔特·比塞特称苏格兰人一边与路易国王接洽，一边在爱尔兰搬弄是非，甚至在边境地带修建城堡。1244 年 8 月，亨利率军前往纽卡斯尔，亚历山大则率军迎接他，意在防止他进入苏格兰，可路上没有纵兵为祸。双方很快就达成和平协定，没有对苏格兰独立王国的地位造成不利影响。整件事给人的感觉是小题大做。和平协议还重申了 1237 年的条约及 1242 年的婚约。亚历山大承认亨利是自己的"君主"，承诺除非被"不公正地对待"，否则绝不会与亨利的敌人结盟。然而，"不公正地对待"这一限制条件令亚历山大的承诺无异于空头支票。退一步讲，亨利对亚历山大的封建宗主权也仅适用于后者在英格兰境内的领地。所以说，亨利没有搭理比塞特要求英格兰国王主持公道的诉求。亚历山大这边则留有一国之君的尊严，没有亲口说一定遵守和平协议。诚然，有一帮苏格兰权贵发誓会遵守。但对亨利来说，誓言的根本目的是确保协议将来不会成为一纸空文，而不是以其要求苏格兰贵族直接效忠自己——之后的 10 年中，局势的发展证明了这一点。

　　亚历山大之所以急着与亨利和解，是因为他在西边还有更重要的事要做。自 1244 年起，他反复向哈康国王派出使节，提出购买马恩岛、西部群岛领主权的要求。哈康王不屑一顾，说自己不需要这些银子。实际上，他仍在西部领地增强自己封建宗主的实权：1248 年，马恩岛国王哈拉尔德（奥拉夫之子）与麦克索利家族的尤恩（Ewen of Lorn）一同前往挪威王国觐见哈康王，前者是为了与他的女儿成婚，后者则想要获得"西部群岛之王"的头衔。同年晚些时候，哈拉尔德死于船难，接着哈康王就派尤恩接管了马恩岛。亚历山大认为这实在是欺人太甚。于是，他集结舰队，扬帆驶入洛恩湾。据哈康国王萨迦记载，"他在臣下面前信誓旦旦地表示，不夺取挪威国王松伦德海以西的疆土，绝不罢兵还朝"。亚历山大还没等到实现夙愿，就于 1249 年 7 月在行军途中毙命了。悲哉、壮哉！哈康王就此成为马恩岛命运的主宰者，最终将哈拉尔德的弟弟马格努斯扶上了王位。尽管如此，亚历山大还是令苏格兰王权的对外方针有了重大转变，为苏格兰西扩打下了基础。

第十一章

亨利三世亲政时期的不列颠（1234—1258）

　　直至 1234 年，亨利三世都生活在两位前朝重臣的阴影之下，第一个是于贝尔·德·伯格，后一个是彼得·德·罗什。左右政局的仍然是早期摄政政府时期的遗留问题，即各阵营对权力、领地的争夺。如今，亨利终于可以自己作主。在某些方面，他的确取得了一些成就。在亲政的近 1/4 个世纪中，亨利给英格兰带来了和平，并且至少一度让他自己的收入实现了增长。金钱和稳定的局势令他无论是在威尔士还是在苏格兰，都可以摆出较强硬的姿态。在英吉利海峡以南，他表现出政治家应有的才干，最终与法国卡佩王朝达成协议，终结了双方的宿怨。亨利的统治也有不尽如人意的一面。与卡佩王朝和解意味着已承认安茹帝国不复存在。为了弥补这一失误，他想将王朝建成地中海强国，结果一败涂地。在国内，亨利奉行的政策一方面导致王廷内派系争斗愈演愈烈，一方面没能扭转安茹王朝前几任国王的统治令王权与王国渐行渐远的趋势。亨利三世亲政期间，英格兰出现了一系列根本性的政治转变，从议会制登上政治舞台，到政治社群的包容性渐强，再到以排外为特征的民族认同感加深，而造成这一切的正是亨利的政策激起的反抗情绪。1258年，他终因一场比 1215 年《大宪章》签订更激进的政治革命丢了实权，结束了近 25 年的亲政生涯。

亨利独有的思维模式、才能决定了他能够在一些领域取得成功，也注定了他在某些领域注定失败。"一个单纯的人，一个敬神的人"，奥斯内修道院的编年史家点明了亨利的两大性格特征。他的虔敬之心具有强烈的个人色彩，表现出极高的政治性。他竭尽所能想要挽回安茹王朝历代先王（在自己眼中）犯下的过失（理查国王暂时不提），无论在表面上还是在本质上，重树国王受上帝庇护、遵循上帝启示的形象。亨利不仅成倍增加了王室唱诗班吟唱典礼赞美诗（《基督君王颂》）的天数，祈求基督向国王、英格兰王国伸出援手，听弥撒时也不敢有丝毫懈怠，还每天向 500 名乞丐施舍餐食。到了特殊的宗教节日，威斯敏斯特宫的大厅里更是人满为患，乞丐达上千名——亨利在位时，河岸街从未出现乞丐成灾[1]的现象。无论巡游到何处，亨利都会向当地的修道院、托钵修会、医院、麻风病收容所送出厚礼。更重要的是，自 1245 年起，亨利开始重建威斯敏斯特教堂，以此致敬主保圣人——埋骨于威斯敏斯特教堂、于 1161 年被教廷册封为圣徒的"忏悔者"爱德华。从北大门进入教堂后，信徒会情不自禁地仰视供奉于南耳堂的那幅描绘"忏悔者"爱德华将戒指赠给一位朝圣者的壁画。故事情节的发展[2]

---

[1] 19 世纪时，河岸街是伦敦贫民窟的所在地。

[2] 前往埃塞克斯的一处小圣堂参加宗教仪式时，"忏悔者"爱德华遇到了一个乞丐，因为身上没带钱，索性将手上的戒指施舍给了乞丐。几年后，两位英格兰朝圣者在圣地迷路，幸亏遇到一位老者的帮助才化险为夷。事后，老者告诉两人，自己是圣约翰，并将几年前爱德华送给自己的戒指交给朝圣者，托付他们把戒指还给爱德华，并且捎信说，爱德华将会在 6 个月以后在天堂与圣约翰会面。

尽人皆知，寓意不言自明——朝圣者是福音书作者圣约翰，他接受那枚戒指后，马上就会成为爱德华升入天堂的引路人。圣约翰是一位"法力无边"的圣徒，不仅会在现世保护英格兰的统治王朝，还会引导亨利国王去往来世。

亨利"最虔诚的国王"（rex piissimus）这一形象帮他捱过了1234 年的危机，之后解释了为何他能够在逆境中屹立不倒。尽管一些现代历史学家认为，亨利的政治理念不得人心。但总体上讲，政治理念不算是他与臣民建立和谐关系的障碍。诚然，1250 年他在与马修·帕里斯交谈时曾抱怨为何不能像教皇那样，收回贸然签发出去的特许状——这当然是一个极具威胁性的问题。1264 年，反对者创作了一篇宣传短文《刘易斯之歌》（The Song of Lewes），暗示了亨利之所以不愿放弃按自己的意愿任命大臣的权力，引发了统治时期最为尖锐的矛盾，是因为他对罗马法格言"君主的意愿具有法律效力"深信不疑。尽管如此，在 1258 年及之后的发展中，亨利的政治理念总体上与反抗的声浪没太大的关系。他称自己想要以英格兰王国的法律、惯例为依据治理国家。每当提到大臣的任命权问题时，他多半会为自己辩护，指出国王之所以有权随意任命，是因为这是英格兰自古以来的惯例，然后他深入浅出地将权贵与国王做了类比——既然权贵能任意挑选仆人，国王怎么就不能如此呢？亨利在 1237 年、1253 年都诚恳地承认《大宪章》的法律效力。经历了罗什当权时的种种磨难之后，亨利与 1234—1239 年间担任重臣的威廉·罗利（William Ralegh）达成一致，同意他在典籍《布拉克顿》中强调的观点，承认国王应当受到法律的约束，绝不能"恣意妄为"，剥夺自由民的财产。毕竟，马修·帕里斯的《"忏悔者"爱德华的一生》让亨利认识了主保圣人爱德华，在马修的笔下，爱德华睿智、彬彬有礼、公正、温和，让所有人都感到放松。所以说，亨利很清楚与臣民保持利害一致是多么重要。他宣称，只有王室自身的权利得到保障，才能翼护治下臣民的权利，使其蓬勃发展。"君臣相依，同富贵、共患难"——面对汇聚一堂的英格兰各教区主教，他直抒胸臆。

《大宪章》诞生后，懂得在夹缝中求生存的亨利似乎成了最佳国王人选，而他没有军事天赋，不贪图享乐，反而能在"后大宪章"时代如鱼得水。与萍踪浪迹的约翰王不同，他不管是处理政务还是消遣取乐，都会在威斯敏斯特宫进行，最多不过是"竭尽所能"前往南方各地的宫殿、城堡（从未去过伍德斯托克以北地区），命人为宫殿加装玻璃窗、挂画作、铺地砖、安装护墙板。"白面包、大卧房、彩色挂毯……像总铎一样骑着温顺的小马。国王只喜欢这一切，而不爱铁甲戎装。"一位普瓦图的讽刺作家评价道。

那么，亨利三世到底是在哪里出了岔子呢？症结在于他思想单纯，只懂得纸上谈兵，空有一腔热血。也许亨利算不得指挥若定的将军，但他仍然想收复安茹帝国的失地，哪怕退一步，也要在欧洲的政治舞台上闯出点名堂。他乐善好施，不仅大兴土木、资助教会，而且封赏臣下时不懂得节省。以奥斯内修道院的编年史家为代表，许多史家认为若是让这样一个单纯的人当上国君，其集于一身的冲动特质会带来危险。"单纯"既可以是褒义词，用来表示厚道直率；也可以是贬义词，表示愚不可及。就亨利来说，单纯主要是指他天真幼稚。由于他亲政前身旁的大臣是些曲意奉承的小人，他没有在政坛中摸爬滚打过，以致既不能分辨什么切实可行，也不能判断自己的行为可能会有何种后果。所以说，亨利虽然真心实意地想要与王国一心同体，却落得一个孤家寡人的下场。与亨利同时代的国王、法王路易九世则占得先机，在 13 世纪四五十年代推行一系列内部改革，而亨利反遭改革派逼宫，失去了一切主动权。

* * *

1234 年之后，亨利控制着整个宫廷。最先得到提拔的是一位年龄与之相仿的贵族——西蒙·德·孟福尔。孟福尔的发迹经历颇具传奇色彩，他的父亲是参加过阿尔比十字军的法国大贵族西蒙·德·孟福尔，他本人却是家中的小儿子。1230 年，他渡海前往英格兰，想要争取莱斯特伯爵领的继承权，尽管他要求该权利不太站得住脚（其父是最后一位博蒙家族出身的莱斯特伯爵的外甥，曾在约翰王时期获得过莱斯特伯爵的头衔）。小孟福尔头脑机敏、能说会道，先是在 1231 年取得了莱斯特封邑的部分所有权，后又在 1236 年获得了莱斯特伯爵的封号，接着在 1238 年（此时已晋升为国王的主要顾问官）迎娶了亨利国王的妹妹、威廉·马歇尔二世的遗孀埃莉诺。谁都不能否认，亨利的确被孟福尔的能力所折服，但他渐渐发现，对方与自己不同，那是一个不会"给予"的人，是可用之才，但是贪得无厌，而且不安分。

孟福尔得势后不久，亨利于 1236 年与普罗旺斯伯爵之女埃莉诺成婚，迎来了统治王国后的一个转折点。此时，埃莉诺的姐姐玛格丽特嫁给了路易九世，成为法国王后。埃莉诺的几个舅舅出身于法国萨伏依地区的统治家族，触手遍布欧洲大陆，其中一个舅舅托马斯通过联姻成为佛兰德斯伯爵（1237—1244 年在

位 ①），之后获得皮埃蒙特伯爵爵位。所以说，作为王后人选，埃
莉诺出身高贵，但问题在于她成婚时年仅 12 岁，且名下一块领地
也没有。还有一些因素使得埃莉诺的政治前景颇为暗淡。到 1236
年她与亨利成婚时，除了 12 世纪 60 年代阿基坦的埃莉诺，后来
近 70 年中没有哪一位英格兰王后能够参与国政，在政治舞台上崭
露头角 ②。与阿基坦的埃莉诺相比，英格兰王后受到各方压力，施
展才能的空间越发有限。1154 年，划拨领地为王后提供日常开支
的制度退出历史舞台。此后，王后只能在国王去世后以亡夫遗产
的形式获得一定面积的土地。此外，随着政府的官僚制度不断完
善，王后很难像之前政府缺少正式架构时那样获得机会参与政务。
1204 年，诺曼底沦陷后，王后摄政的机会自然也减少了很多。即
便以圣母加冕礼为主题的雕塑、绘画广受追捧，令圣母马利亚向
基督祈告的形象深入人心，一定程度上增强了王后调停者的地位，
但王后的角色依然是谦逊的、从属于国王的。普罗旺斯的埃莉诺
冲破了上述阻碍，握住的权势最终超过了诺曼征服之后的前代王
后们。

　　埃莉诺能获得权力与她的性格有一定关系，她比丈夫更为坚
韧果决。而亨利对她宠溺备至，也给了她充分施展权谋的空间。两
人除了偶尔发生口角，争个面红耳赤，在亨利看来，夫妇俩更像一
对政治伙伴。在都柏林城堡，亨利命人将自己、王后及英格兰男爵
作为主题，为大厅绘制壁画。在威斯敏斯特教堂档案室（也许曾是

①　托马斯的妻子佛兰德斯女伯爵琼于 1244 年去世，没有留下任何后
　　代，所以托马斯失去了佛兰德斯伯爵的名分。

②　阿基坦的埃莉诺虽然在理查国王、约翰王统治时期是呼风唤雨的政
　　治人物，但那时她的身份是太后，而不是王后。

摆放王座的大厅）两侧的墙壁上，两位王室成员头像相向而视，神色安详，眉宇间充满自信，他们就是亨利与埃莉诺。埃莉诺不仅组建了听命于她的内廷（成员有 100 多人），而且很快就摆脱了对亨利的经济依赖，一方面靠掌握"王后贡金"的控制权获得收入（臣民有求于国王时，必须支付一定数额的货币，其中有一定的比例按惯例应当归王后所有），一方面通过取得大批继承人的监护权，获得大片地产的监管权，收取地产收入。埃莉诺的家族在欧洲人脉深广，这给了她步入外交领域的资本，还让她得以在英格兰建立权力基地，权势之盛，自"忏悔者"爱德华的王后伊迪丝之后，没有哪一位英格兰王后能出其右。伊迪丝出身本土权贵之家，她的父亲是权势熏天的戈德温郡长，埃莉诺则是异乡人。诺曼征服之后，虽然英格兰国王在选后时看中的都是外国贵族女子，却没有让王后的亲眷尾随而来。然而，亨利特立独行，让埃莉诺的舅舅们在英格兰飞黄腾达：任命当选为瓦朗斯的主教威廉为首席顾问官（威廉在去世前一直担此要职）；1240 年，他将里士满大封邑赐给了萨伏依的彼得；1241 年，萨伏依的博尼法斯（Boniface of Savoy）在他的帮助下当选为坎特伯雷大主教。除了上述皇亲国戚，还有众多次要人物，其中最具代表性的当数赫里福德主教彼得·杜艾格布朗什（Peter d'Aigueblanche，1240—1268 年在任），以及成为亨利内廷管家的安贝尔·皮格伊斯（Imbert Pugeis）。埃莉诺为亨利生下好几位王子公主，在温莎抚育，借此增强了自己的政治地位。1239 年 7 月 1 日，她诞下爱德华一世，几年后再添一子三女。埃莉诺一方面下定决心，要为子女争取光明的未来，一方面志在为娘家萨伏依家族在英格兰及海外换来更大的利益，她将这两个目标视为自己的政治核心。

　　不管是西蒙·德·孟福尔跻身英格兰权贵阶层（他与亨利之妹埃莉诺的婚姻一度引发冲突 ①，最终化险为夷），还是萨伏依家族鸡犬升天，刚开始时都没在英格兰掀起轩然大波。萨伏依的彼得处处小心，生怕得罪了英格兰本土权贵。博尼法斯赢得英格兰人的尊重，成了推动教会改革的大主教。也许是受此鼓舞，13世纪40年代末，亨利又从外国引进一帮权贵。这一次，得到眷顾的是亨利同母异父的胞弟，也就是他母亲与第二任丈夫普瓦图大贵族休·德·吕西尼昂的儿子们。1247年，其中一个弟弟威廉·德·瓦朗斯（William de Valence）迎娶马歇尔家族的女继承人，不仅获得了彭布罗克，还在爱尔兰得到领地。（最后一位马歇尔家族出身的彭布罗克伯爵去世后没有子嗣，所以，威廉·马歇尔一世的女儿及她的后代获得了马歇尔家族祖产的继承权，瓦朗斯的妻子就是其中一位继承人。）除了上述领地，瓦朗斯还得到了每年833镑的俸禄和赫特福德堡，用来维持日常开销，自此再也没有离开英格兰王廷。1250年，胞弟中年龄最小的艾梅·德·吕西尼昂（Aymer de Lusignan）成为温切斯特的当选主教。同时，若弗鲁瓦·德·吕西尼昂（Geoffrey de Lusignan）、居伊·德·吕西尼昂（Guy de Lusignan）兄弟俩开始领取亨利下发的年金，并得到继承人监护权，频繁出入王廷。亨利会拉拢吕西尼昂家族是因为希望借此在普瓦图留下立足之地，保护加斯科涅北部边境。他将吕西尼昂家族打造为值得依赖的贵族之家——威廉、艾梅二人年纪轻轻（所

---

① 英格兰的贵族阶层对国王之妹下嫁出身并不十分高贵的外国贵族十分不满，而得知孟福尔与埃莉诺的婚事之后，亨利的弟弟康沃尔伯爵理查德更是起兵造反，直到亨利开出 6 000 马克的天价，理查德才与兄长言归于好。

以艾梅一直是当选主教，没有正式就任），自然对他忠心耿耿。亨利却从未想过要排挤本土权贵，也没有让来自异乡的吕西尼昂家族和萨伏依家族操纵英格兰政坛。13世纪50年代，格洛斯特伯爵、格拉摩根领主、野心勃勃的理查德·德·克莱尔得到亨利的提携，成为主要顾问官，同样被提拔到这一官位的还有诺福克伯爵的弟弟休·比戈德。不仅如此，诺福克伯爵、赫里福德伯爵还是亨利王廷的常客。最重要的是，亨利很是倚重精明、富有、忠诚的弟弟康沃尔伯爵理查德，经常向他借款以解燃眉之急。理查德在结发妻子去世后娶了埃莉诺王后的妹妹桑奇娅（Sanchia）。亨利一方面出于本意，安排英格兰本土权贵与吕西尼昂家族联姻；一方面受到王后的敦促，撮合权贵与萨伏依家族结亲，希望不管是本土贵族还是外国亲属都能发展壮大，共同营造友好和谐的宫廷氛围。

亨利还用其他方法来安抚本土及外来的大贵族，保证王国的和平与安宁。尽管权贵间打官司时仍会遇到暗箱操作、无故拖延的情况，但"国王恣意妄为"，随意没收财产的问题没有再出现过，不禁让臣民回想起罗什当权时期中央政府各种臭名昭彰的操作。所以说，1258年的革命与1215年的十分不同：改革派占得上风后，没有出现大量臣民控诉国王以不公正的手段没收财产，引发巨量财产返还这类事件；另外，这次叛乱者不是因沉重的债务发动起义的。亨利极少催逼权贵还钱，且鉴于《大宪章》有相关财务的规定，英格兰的权贵也不会再拖欠国王巨额债款。摄政政府时期并非给人以虚幻的希望。亨利没有再出售"司法公正"，而男爵及伯爵的献纳金依旧是合情合理的100镑。无论是想要再婚还是保持单身，贵族的遗孀须缴纳的罚金数额都有大幅下降，完全不用缴罚金的情况不再新鲜。除了一两个例外，贵族遗孀被迫再婚的现象几乎再也看不见。

　　尽管做出了以上妥协，亨利仍然没能让王廷变得和谐融洽。首当其冲的问题是，外来权贵非但没有形成统一战线，反而分成两派，即通常得到国王支持的吕西尼昂派，以及由王后率领的萨伏依派。1252年，两派矛盾到了难以调和的地步，原因之一是双方都想争得国王的恩赏。亨利论资排辈，让两派成员按次序受赏，以求扭转混乱的局面，但他很快就帮着讨得自己欢心之人插队——通常是吕西尼昂派成员。亨利之所以会对恩赏感到头疼，一定程度上是由于前几位国王为了封赏臣下，出让了大片王室领地，导致亨利捉襟见肘，无法随意转让名下所剩不多的领地。为了防止这几块领地继续被蚕食，1234年之后认为王室领地不可分割的信条逐渐与实际操作相契合。虽然亨利可以赏赐金钱，但臣下真正想要的还是领地，此时他想要获得可封赏的土地，就只能依靠充公地产、监护权、婚姻权这几种不够稳定的来源。眼前最急迫的问题是，与10年前萨伏依人涌入英格兰时相比，13世纪50年代时上述几种领地来源几近枯竭。正因为如此，吕西尼昂派的获封人数才仅有8人（萨伏依一派则有28人在英格兰获封领地）。然而，由于对恩赏的争夺趋于白热化，吕西尼昂派才会因得到亨利的特殊照顾遭人怨恨。吕西尼昂派自身也难辞其咎。家族成员个个少不经事、不知轻重缓急，起了争执后，只求占得上风，不考虑后果。然而，骑士或地位低下者对他们提起的诉讼受到阻碍是一回事，他们无论是与诺福克伯爵、赫里福德伯爵还是与博尼法斯大主教，抑或是与认为妻子的亡夫遗产被非法侵占，想从威廉·德瓦朗斯手中夺回彭布罗克的西蒙·德·孟福尔发生地产纠纷或其他纠纷，国王都偏袒他们，就是另一回事了。1258年，亨利的王廷好似一只火药桶，只消一簇火星，就能发生大爆炸。

＊　＊　＊

亨利政府在欧洲大陆的重大失误，同样是令中央政府根基不稳的一大因素。1258 年，他们的处境看起来既滑稽又令人愤怒。

1234 年，英格兰与布列塔尼的盟约成为一张废纸后，亨利仍未放下收复安茹帝国欧洲疆土的抱负，却苦于不知应当从何入手。不管是在 1235 年将妹妹伊莎贝拉嫁给罗马帝国皇帝腓特烈，还是在 1236 年与萨伏依家族的埃莉诺成婚，都没能让亨利获得实质性 帮助。然而，1242 年，亨利总算等到了打破僵局的机会。路易九世的弟弟成为普瓦图伯爵后，亨利的母亲伊莎贝拉、继父休·德·吕西尼昂感觉受到排挤，不得不向英格兰求助。1230 年，吕西尼昂家族的敌对态度一度给亨利的远征军造成了致命的威胁。现在，他终于找到机会证明自己向普瓦图众男爵发放年金是值得的。从他留下的书信不难看出，他踌躇满志，想要在战役中取胜。然而，1242 年 7 月，路易率领大军，意气风发地从塔耶堡附近的渡口出发渡过夏朗德河，此时军费告急的亨利只好暂时撤退到波尔多。这一年，军队溃败浇灭了收复安茹失地的最后一线希望。路易的弟弟先是入主普瓦图和图卢兹，又在 1246 年取得对普罗旺斯的控制权，至此，卡佩王朝在法国的霸主地位可以说是不可撼动的。1250 年，亨利受路易率领十字军东征的影响，不想输给这位老对手，也走上了这条道路。当时，黄金是东方通行的货币，亨利筹借了大量黄金用作军费，可是最后却把这笔钱用在了加斯科涅。

加斯科涅北起吉伦特河口湾，大体上沿南偏东的方向，延伸至南部的比利牛斯山脉。1224 年后，这里成为安茹帝国在欧洲大陆硕果仅存的疆土。加斯科涅与北方的普瓦图接壤，自 11 世纪起，这两块领地由同一个家族统治，组成了阿基坦公国。需要特别提出的是，安茹王朝紧紧抓住加斯科涅不放并非不切实际——加省多产葡萄酒，重镇波尔多作为口岸以出口葡萄酒为主，与英格兰贸易往来频繁。"如果既不能向英格兰出口酒，又不能采购英格兰的商品，那我们这些走投无路的人该如何维生呢？"14 世纪，当地某居民捶胸顿足地说道。对亨利来说，问题是 13 世纪 30 年代加斯科涅公爵领只能提供 1 500 镑岁入，仅相当于英格兰大男爵的收入水平。加斯科涅城镇大多有自治权，贵族手中也握有大量自由地，这就使得权力格局像一床拼凑的被子，公爵的权力微弱且分散。如果出手增强公爵的权势，势必会激起地方既得利益者的反抗。此外，外患也威胁着加斯科涅。卡斯蒂利亚、阿拉贡的国王都认为自己有权继承公国，他俩均为亨利二世之女埃莉诺的后代。1248 年，它一度陷入无政府状态。西蒙·德·孟福尔一向自信满满，善于用武力解决问题，在当地人脉广，亨利命他前往加斯科涅稳定局势。没成想他手段强硬，很快就令公国狼烟四起，还让卡斯蒂利亚国王阿方索十世（Alfonso X of Castile）趁虚而入，主张起对加斯科涅的领主权。于是，亨利免除了孟福尔的职务，于 1253 年 8 月亲自出海前往加斯科涅，任命埃莉诺王后为摄政（可见很信任她），让她在康沃尔的理查德辅佐下代理国政。亨利在位期间曾三次率军出兵海外，远征加斯科涅毫无疑问是最成功的一次。他一方面攻城拔寨，一方面不时做出让步，最后控制住了局面。1254 年 11 月，亨利的长子、继承人爱德华迎娶阿方索十世同父异母的妹妹，消除了来自卡斯蒂利亚的威胁，并将加斯科涅划为爱德华的王子封禄。由此，加斯科涅公国被宣布成为英格兰王权不可分割的一部分。安茹王朝似乎成了拥有海外领地的英格兰王朝。

亨利还没从加斯科涅抽身就发现了新的机遇。1250年，西西里国王、作为罗马帝国皇帝名义上统治德意志、意大利臣民的腓特烈二世驾崩。罗马教廷为了避免与腓特烈二世同属霍亨斯陶芬王朝的继承人入主西西里王国（教廷认为西西里是教皇的领地），开始为其寻觅新的继承人选。最终，教廷选中了亨利。1254年3月，亨利代次子埃德蒙接受王位。西西里王国除了西西里岛，还包括以那不勒斯为中心的意大利南方诸地，十分富裕。既然无望收复法国领地，安茹王朝将转而在地中海建立强权。一场非同寻常的政变似乎助推了这个想法。1257年1月，趁着霍亨斯陶芬王朝嫡传血脉的候选人尚未成年，亨利的弟弟康沃尔的理查德出重金贿赂选帝侯 ①，当选为德意志国王——这是对他新头衔的通俗叫法。头衔正式的称谓是"罗马人的国王"。对每一位"国王"来说，下一步棋都是设法说服教皇为自己举行加冕仪式，让自己成为神圣罗马帝国的皇帝。安茹王朝真的会借此机会成为全欧洲的霸主吗？

为了抓住这一机遇，亨利与法国国王达成和解，终结了两个王朝的百年宿怨。尽管1259年12月《巴黎条约》（Treaty of Paris）正式生效时，亨利已失去对中央政府的控制权，但1258年革命爆发之前，双方已在商讨条约的具体内容。按照条约的规定，他必须放弃对诺曼底、安茹、普瓦图的领土诉求，还要作为加斯科涅的领主承认法王的封建宗主地位，可以保留阿基坦公爵的头衔。换言之，亨利必须放弃诺曼底公爵、安茹伯爵的头衔。为了挽回颜

---

① 理查德贿赂了7位选帝侯中的4位，一共支付了2.8万马克。

面，他在新国玺上用了更威严的王座（此举让教皇忍俊不禁）。之后，当条约的种种后遗症凸显出来时，英格兰的律师开始指摘亨利，说他愚蠢至极，大笔一挥就将自古以来独立的自由领地加斯科涅变成了承认法王宗主权的封建领地。然而，没有证据证明，亨利签署条约时即已知道加省拥有所谓的自由领地地位。在他看来，这份条约一举两得，既保证了加斯科涅的安全，又赢得了法国国王的友谊。的确，亨利放弃有名无实的头衔是明智的。无论是他本人还是路易国王，都不会对这份"和平条约"咬文嚼字。1254年，亨利与路易在巴黎会面，一见如故。相比之下，路易性格更强势。两位国王都是虔诚的基督徒，路易国王更遵守清规戒律，也更睿智。两人又是连襟，在家庭生活方面有共同语言。路易的王后玛格丽特为人幽默风趣，使双方会面的气氛活跃起来。拉近两人关系的还有两国王廷共同的价值观：注重礼节、宽宏大量、温文尔雅（法国人所谓的 débonnaireté①）。亨利和路易希望臣民能够和睦相处，这一期望值得称道且切实可行。《巴黎条约》生效后，两国和平相处了25年之久。

不过，亨利没能在西西里讨得皆大欢喜的结局。1255年夏，腓特烈二世的私生子曼弗雷德（Manfred）控制了西西里王国全境，随时有可能挥军北上威逼教皇。4月，教皇命令亨利率军驱逐曼弗雷德，如不能亲征，就派兵过去。亨利出兵之前还必须向教皇支付迄今为止已产生的征伐费9万镑。为了保护意大利北部的领地，萨伏依的托马斯（Thomas of Savoy）敦促亨利介入实施这项计划。然而1255年11月亨利被俘，萨伏依家族只得做出调整，用全部的

① 法语，意为待人和善、不急不躁。

财力、外交影响力来营救他。康沃尔的理查德因为要加强在德意志的权势，没空助兄长一臂之力，而且他也没能让教皇加冕自己为皇帝。英格兰教会因教皇对亨利提出的军费要求被迫筹了 4 万镑，拿到资金后教廷还是对曼弗雷德无可奈何，让这笔钱打了水漂。面对曼弗雷德的威胁，教皇宁可要亨利拿钱，而非让他率军增援（亨利指出，英格兰要么提供军费，要么派遣军队，两者取其一），这一方面反映出教廷濒临绝境，一方面说明教皇不相信英格兰军队能扭转战局。亨利则持不同的看法。他经常感叹，若是没有教廷使节相助，那他王位还没坐热，恐怕就会被人赶下台，此恩当永世难忘。所以，亨利决定誓死效忠教皇，认为教皇曾救自己于危难之中一定是上帝的旨意，上帝和"忏悔者"爱德华想必会指明一条路。然而，亨利不得不面对的事实是，从加斯科涅回朝后他已是负债累累。他领导的政府不得人心，想得到议会支持，再获得资金和军事支持，简直是痴人说梦。不可否认，亨利插手西西里确实制约了卡佩王朝的企图，可最后还是路易九世的弟弟查理将曼弗雷德赶下了台——比起让亨利在英格兰威信扫地，这件事在外交上的好处不值一提。这一连串事件合理地解释了，为何马修·帕里斯会说亨利三世"毫无主见，不经人事"。

*   *   *

王廷的派系争斗和在西西里的奇耻大辱是 1258 年革命爆发的主因，而如果亨利没有在犯下这两个失误时得罪王国各阶层，英格兰政治社群也就不会更有包容性，激发出民族认同感，革命也就不可能表现得如此激进。

刚开始时，亨利似乎找到了让各方可接受的平衡点，既获得了足够的收入，又有效地治理了王国，避免了暴政的出现。自1234年起，由专业法官（第一位是威廉·罗利）主持的法庭开始随亨利巡游，开创了日后所谓的"御前法庭"。与前任国王相比，亨利较好地利用了法律专职人士的帮助，无论是审理政治案件，还是让国王的权利免遭蚕食，都显得游刃有余。在随外甥女埃莉诺王后来到英格兰的瓦朗斯当选主教的威廉反复进言下，亨利在1236年4月选出12位大臣，命其宣誓就职，组成议事会，这显然是英格兰历史上第一个正式的政务讨论机构。议事会讨论大刀阔斧改革郡督制度的执行方式，将国王名下的领地集中到两位专职托管人手中（此前，国王的领地不是由郡督代管，就是由多位管理人负责），令国王的年收入增加了近1 500镑。这个时期也见证了法律领域的突飞猛进，第一功臣当数威廉·罗利。其间，中央政府颁布了一系列新的法律法规，明确了法庭的运行机制，压缩了地方官员滥用职权的空间，从而在国王与利益诉求不尽相同的各阶层之间建立起利益平衡。上述改革顺应了英格兰法律领域长久以来的趋势，与之前的改进一同促使越来越多的臣民将国王奉作司法权威，开始利用设在威斯敏斯特的普通法法院和往返各地的巡回法庭维护自身权益。实际上，巡回法庭的案件审理量在不断增多，法庭每隔约7年才能再到之前去过的某郡县审案，中央政府为了防止出现空档期会发放委任状，任命法官（通常是各郡骑士）审问在押罪犯或审理小敕令案。1215年《大宪章》要求，敕令案法官须每年4次前往辖区各郡，与4位当选的骑士在郡法庭审理敕令案件（之后的版本要求较低）。这个要求能否得到满足是英格兰各地社会最关切的，虽说没有十分严格地执行，但贯彻了主旨。

1237 年，亨利（亲政后首次）确认了《大宪章》和《森林宪章》的效力，大议事会同意了国王以动产为对象征税的提议。然而，这并非最终结局，而只是一个开始。1239 年，威廉·罗利离开王廷，前往诺里奇任主教。之后，他与亨利针锋相对，数年后成为温切斯特主教。此后，王权与英格兰的政治社群渐行渐远。尽管亨利反复说要征税，但直到 1270 年大议事会才同意让国王征收动产税。无论如何，在相当长的一段时间，亨利的岁入与亲政前相比还是有了大幅提升。1241—1245 年，亨利的平均岁入为 3.65万镑，远高于 1230 年的 2.2 万镑左右。王廷的规模不仅越来越大，装饰风格也越发华丽。20 年代末，王廷餐饮花销日均 6 镑，20 年后很可能涨到 20 镑。亨利是有能力在 1242 年征伐普瓦图并在威尔士立威的，（1245 年后）他每年还会斥资 2 000 镑用来重建威斯敏斯特教堂。然而，问题在于亨利取财之道不得人心，激起了抗议，形成恶性循环，就此关上了"得民心、广征税"的大门。

结果，西西里王位之争还未结束，英格兰王权与教会的关系就已疏远，哪怕亨利还是虔诚的基督徒。40 年代，他的年入之所以大增，主要是因为代理人无视《大宪章》的规定，利用国王手里空出的圣职对各主教教区捶骨沥髓。比如，1238 年，罗什主教去世后，温切斯特主教的职位空了有 6 年之久。可以肯定，亨利不是故意要让圣职空出的，但他操纵主教选举，引发了旷日持久的争议，其结果与有意为之无甚差别。许多修道院院长、主教主张其有权对下属封臣罚款，就罚金的征收权与国王的法官起了争执，这同样是教会对亨利不满的一大原因。1257 年，教会召开议事会，起草的控诉书洋洋洒洒地列出了教会遭到的种种不公对待。

犹太人也是亨利国王横征暴敛的受害者。亨利刚登上王位时，犹太人的税负并不算重，很有可能是因为亨利考虑到犹太人先是被约翰的苛捐杂税压得喘不过气，后又在1215—1217年受到内战的影响，财力早已枯竭。然而，1241—1255年，情况发生了变化，对犹太人征收的税款高达约66 000镑，相当于他们一半的家当。1233年，亨利直言只能容留那些为自己服务的犹太居民。沉重的税负令这群人几近山穷水尽，给1290年的大驱逐埋下了祸根。在宗教方面，英格兰王廷对犹太人的态度越来越差。亨利总想让他们皈依基督教，为此专门设立了改宗者收容所，位于现在伦敦的法院巷（Chancery Lane）。除此之外，亨利还受到第四次拉特兰会议法令，以及卡佩王朝在法国措施的双重影响，于1233年、1253年制定了法规，要将犹太人与基督徒隔离开来。1255年，亨利处死19名林肯的犹太人，理由是他们诱拐基督幼童（"小圣徒休"）之后把他钉死在十字架上，这起事件令中央政府第一次轻信了犹太人进行活人祭的谣言。犹太人本身没有政治影响力，国王却将其债务人（这一时期欠债的乡绅人数比例升高）逼得走投无路——他们是税款的最终来源。政府很清楚犹太人税款的来源，不愿出面调解，为债务人争取优惠的还款方式。这些都加剧了全国臣民对亨利统治的不满情绪，至此，英格兰各郡对亨利的政府可谓是怨声载道。

一定程度上，郡督的行径也是导致局面恶化的重要因素，原因是国库不断要求郡督在各郡原有包税的基础上"增额"——到1258年，英格兰各郡的总增额达到2 500镑，远高于1242年的1 540镑和1230年的750镑。郡督能捞的油水越来越少，于是通过收贿、蹭吃蹭喝等方式变相勒索。与此同时，较为清廉的本土骑士（比如，1236年改革时任命的那批郡督）当选郡督的难度变大，逐渐被来自其他郡县的骑士或地位无足轻重的职业官吏取代，这类人选不会碍于邻里乡亲的情面，而更愿意听从国库的号令。巡回法庭的司法权限也给各地带来了沉重的经济负担，至少就国王之诉案件来说。1246—1249 年，全国巡回审判一共收到 2.2 万镑，与 1230 年国王的岁入相当，远超 1234—1236 年的巡回审判。森林巡回法庭同样令各地经济不堪重负，1244—1252 年总共开出了 1.82 万镑罚单，罚金总额创亨利二世时期以来之新高。

除了地方民愤四起，对权贵及执达吏滥用权力的抗议也一浪高过一浪，令限制权贵权势这一议题首次进入政治议程。其中一大问题是大领主无视惯例，逼迫本无此义务的封臣出席大领主私设法庭——1259 年的法律对此问题（"法庭出席义务"①）的处理方式做出详细的规定。另一大问题是亨利亲政后，地位较低之人如果想要对国王的外国亲眷及其他权贵、大臣发起诉讼，会发现申请令状比登天还难。即便申请到，可以走法律程序，法官也不敢秉公执法，甚至还可能被收买。"就算我做恶，你又能找谁去说理？"为吕西尼昂家族管理地产的威廉·德·伯西（William de Bussey）蛮不讲理地说道。权贵阶层越发倚重伯西这样的管理人，在各郡一手遮天。此外，郡督任职者身份的变化给权贵侵蚀国王的地方权力提供了可乘之机。过去，国王通常会任命一大群廷臣为郡督，他们多半会成为亲卫骑士，还可以从各郡包税中截留一笔收入，自然会是国王在地方的利益代表。如前所述，1236 年之后，中央政府开始执

---

① 法庭出席义务指下属封臣出席封建领主的法庭，作为非职业的法官（出席者）审理案件的义务。领主的法庭由领主本人或领主的代理人主持，而做出审判则是出席者的责任。所以说，在领主私人法庭上，领主（或领主的代理人）和出席者间的关系与郡法庭上郡督和出席者间的关系十分类似。

行在旧有包税上增额的政策。后果是，为了寻找愿意多让出包税收入的郡督，廷臣郡督逐渐被来自各郡的骑士、小吏所取代。尽管此类郡督在普通臣民面前仍会毫不犹豫地维护国王的权利，但是一遇到权贵或其手下的官员，他们的表现远不如他们的前任。于是，权贵阶层变得更加放肆，向上蚕食国王的权利，向下欺压下属封臣、横行乡里。就在这个当口，由于社会发生广泛变革，包括下属封臣在内的各阶层便可以更加有力地反抗权贵的压迫。

在各郡，亨利统治期造成的苦难与约翰王在位时相比简直不值一提，岁入就算到顶也比不了 1215 年之前的。然而，这个看法很快就消失了，更别提除了在 1236 年之后短时间推行过改革外，亨利再也没能实施改革来平衡征税所引发的民怨了。诚然，亨利在 1250 年曾召集各郡郡督，命其维护国王的权利，停止压迫行为，还命其监督权贵的行为方式。亨利反复强调，权贵自身应该遵守《大宪章》。然而，这话没有产生多少约束力。"国王在与法官讨论时"，一旦发现地方上有不法行为，就会记录在案，作奸犯科之人若是权贵，再怎么讨论也会不了了之。根本原因在于国王想敛财，不愿得罪王廷重臣。他又没有当机立断的个性，所以在面对滥用职权的官员时，只会睁一只眼，闭一只眼。亨利的统治带来了和平，却是不公正的和平。

与地方渐行渐远的同时，亨利中央政府的架构发生了很大改变，影响到"臣民向王廷申诉"和"王廷制度流程"这两个方面，令国政的弊端愈加明显。包括首席政法官、大法官、宫内大臣、得势的亲卫骑士、宫务大臣、内廷金库总管在内，少数廷臣长期伴随在国王左右，只需举手之劳就可以在王廷疏通关系，因此得了不少好处。"现在内廷寥寥无人，国王身边也没几个权贵，机不可失，时不再来"，某位请愿者这样催促亨利三世的大法官拉尔夫·德·内维尔（Ralph de Neville），想让他在国王面前为自己美言几句。首席政法官、大法官两人负责管理国玺，地位更为尊崇。他俩有权根据臣民的请愿，向包括国库、法官、郡督在内的所有政府部门或人员发布令状，是上报国王还是见机行事全凭自己的判断。此类令状名为"开恩令状"，一方面强调其由发布者酌情决定的特点，一方面凸显出它与按程序颁布、发起普通法法律程序的"理当令状"有所不同。即便是"理当令状"，也会因手握国玺的大臣从中作梗而遇阻，即便这种行为是错误的。亨利三世在统治早期重用贤才，这是一大优势。奇切斯特主教拉尔夫·德·内维尔在1218—1232年一直掌管着国玺。从马修·帕里斯歌功颂德中可以看出，手握大印的内维尔履责时光明正大、不偏不倚。从一定程度上讲，1219—1232年担任首席政法官的于贝尔·德·伯格也是位贤明的官员。之后，一切都变了。1234年，亨利罢免首席政法官锡格雷夫的斯蒂芬后就再也没有任命新的政法官。1238年，他从内维尔主教那儿收回国玺，交由官职较低的官员保管，几乎再未出现大法官掌玺的情况。13世纪四五十年代，最受国王信任的顾问官是名叫约翰·曼塞尔（John Mansel）的文书。可问题在于，曼塞尔虽然处事圆滑，不失气魄，却没有正式官职，无法独立行使权力。其实，这是亨利有意而为之的，他不希望再出现"独断专行"的臣下。

亨利不再委任重臣的决定没有对大贵族造成实质性的影响，只要他们愿意，可以随时觐见。然而，对那些无法与国王建立直接联系的小贵族、骑士、自由民、各郡的小型教会来说，重臣一夜间消失，后果十分严重。没有了重臣，地方上的利益相关者就失去了与中央建立联系的明确渠道，无法陈述冤情。新的政府架构也相应降低了内部人士暗箱操作、徇私枉法的难度。臣民想要获得令状，发起针对权贵的诉讼难上加难，而权贵则可以随意申请令状，引发了新一波民愤。1236年，亨利命数位大臣宣誓就职，组成了小型议事会，但他们未能化解上述弊端。1258年之前，议事会一直存在，但中央政府一直没有公布成员名单，（在1257年出台详尽的就职誓言之前）也没有明确其职责。

一方面，亨利与这个政治国家保持一定距离，一方面扩大了其规模，让男爵以下的臣民拥有比以往任何时候都大的话语权。这也从一个特别的角度反映出来——亨利时代英格兰出现了"罗宾汉"（Robin Hood）的故事。1261年，有位国库文书开了个玩笑，在文件中将"罗伯特·史密斯之子威廉"写成了威廉·罗布胡德（William Robehod）。显然，他认为这个别称与史密斯的逃犯 ①身份很是相称，想必之前也听说过罗宾汉的奇事。大卫·克鲁克（David Crook）的研究指出，与罗宾汉相关的证据中可以在更早的史料中找到。1225年，约克郡督没收了一名逃犯的财产，这人刚好也叫罗伯特·胡德（Robert Hood）。同年，这位郡督接到命令，要逮捕凶犯韦瑟比的罗伯特（Robert of Wetherby），并砍下他的脑袋。可以肯定的是，他完成了这个任务——没过多久就命人找来铁索，将韦瑟比的尸首挂了起来。那么，罗宾汉是这位罗伯特的外号吗？韦瑟比是罗宾汉的原型吗？不是没有可能。在日常用语中，罗

———————————

① 史密斯被控犯有盗窃罪，并且还包庇其他盗贼。桑德福德修道院的院长没有得到令状，就没收了史密斯的财产。但国王原谅了他的行为，并且补发了相关的令状，而史密斯的名字则正是在这份令状中变成了威廉·罗布胡德。

伯特与罗宾经常交替使用。根据早期的罗宾汉传说（以书面文学的形式存世的最早版本为 15 世纪那一版），巴恩斯代尔是罗宾汉的藏身处，那里恰好位于约克郡，也就是韦瑟比被缉拿归案的那个郡。据说，罗宾汉的死敌是诺丁汉郡督，而抓获韦瑟比的约克郡郡督洛德姆的尤斯塔斯（Eustace of Lowdham）卸任之后就去诺丁汉担任郡督了，就是原型。亨利任命的郡督、法官、护林官为民间故事提供了素材，让一个个不法之徒成了英雄。罗宾汉出身自由民家庭，地位高于农奴，尚不及乡绅，有关他的故事具有广泛的感召力，让那些受到欺压的人产生了共鸣。

英格兰人为了对抗王权的压迫，在安茹王朝治下渐渐形成社群意识。为了维护 1215 年的《大宪章》，在这一意识的驱动下组成了"覆盖英格兰全境的社群"，可谓声势浩大。彼时，亨利三世的政府不得人心，强化了英格兰人的社群意识。亨利对外国亲眷施以恩赏，没去管束其中的害群之马，让臣民认为本民族受到了外族的威胁，从而使社群意识有了新的认同，升级为英格兰民族意识。民族意识开花之时受到更多政治、历史上的影响。1204 年，诺曼底被法王夺走之后，英格兰国王治下的臣民终于可以以英格兰人自居。早在 12 世纪 90 年代，就有批评的声音称国王的重臣都是蔑视英格兰惯例、习俗的异乡人。在亨利年少尚不能亲政时，这些异乡人似乎形成了派系，给之后政局动荡埋下了伏笔。1232—1234 年，异乡派系挟天子以令天下，对英格兰人实施"普瓦图人的暴政"。

亨利三世亲政之后，本有机会弥合王权与臣民的鸿沟。他是1066 年诺曼征服以来最像英格兰人的英格兰国王。亨利长期定居英格兰，说英格兰就是自己的故乡。他对"忏悔者"爱德华顶礼膜拜，将长子取名为爱德华，在安茹王朝与盎格鲁－撒克逊先王之间建立起联系。但王权与臣民的鸿沟非但没有收窄，反而越拉越宽。"他眼里只有异乡人，把英格兰人视为无物。"奥斯内修道院的编年史家提到亨利时感叹说。13世纪四五十年代，马修·帕里斯愤然指责了国王的异乡近臣，说他们一边攫取英格兰的财富，一边却将英格兰人踩在脚下，差点儿令这个民族命悬一线。然而，英格兰的权贵家族依然与王廷关系密切，经常与国王的外国亲眷通婚，他们的观点是否与帕里斯一致，值得商榷。1258年取得胜利的革命派矛头所指的一群特定的异乡人，即吕西尼昂家族（国外的萨伏依家族站在了革命派一方）。进一步讲，英格兰无论是想要开展商贸活动，还是想让日常的宗教仪式正常举行，都必须尽可能融入欧洲社会。然而，尽管有不少例外情况，我们却不能否认帕里斯的观点有代表性，特别是对宫廷之外的臣民而言。抛开外戚不谈，其他原因难以解释60年代英格兰的排外大潮。13世纪四五十年代，议会频频召开会议，多次讨论外国亲眷的问题，反复要求国王治国时应当尊重"天生"（土生土长）臣民的意愿。出席议会会议的也不仅仅是少数权贵，国王的异国廷臣也一定引人注目。不管是国王安排他们与哪些女继承人结婚，还是他们得到了某处城堡（如格洛斯特堡、伦敦塔），抑或是他们手下的地方官员仗势欺人，消息都会迅速传开。就算那些官员不比英格兰本土伯爵贪婪（人数当然也远不及后者），单就主子是异乡人这一点就足以让其劣迹显现出极为不同的政治色彩。所以说，林肯郡某骑士才会给吕西尼昂家族在林肯郡的首要代理人威廉·德·伯西冠上"普瓦图人"的恶名，尽管他是英格兰人。这个例子让我们见识到，外国权贵对地方造成了多么大的影响。所以说，1258年英格兰政治社群提出的一系列反映更广泛社会观点的诉求表现出极端排外的民族主义思想，也就不足为奇了。"男爵请愿书"（Petition of the Barons，这个说法有误导性）上说，只有"英格兰民族出身"的子民才有资格掌管扼守战略要地的城堡，才配得上英格兰的女子；否则，英格兰就国将不国，英格兰女性就会"受尽屈辱"。这样看来，让英格兰人团结一致的是对异乡人的仇视。

前文提过，议会是反抗亨利三世的政治核心。的确，它的发展在政体方面是亨利三世统治的核心要素。1237 年，"议会"这一提法首次在官方记录中出现，从一定程度上看，它只是个古老政府组织的新名称。在盎格鲁－撒克逊时代，这个组织叫"贤人会议"，到了诺曼征服及后来的安茹王朝时期，则更名为"（大）议事会"。然而，不可否认的是，本次更名恰逢其时，因为在亨利三世时期，这一古老组织的权力有了很大变化，预示着即将会发生同样重要的组织结构变化。

议会之所以会有新的权力，主要是因为国王前所未有地依赖税款，深层的原因则是王权的经济状况持续疲软。13 世纪 40 年代，亨利的岁入达到最高点，但还是比约翰王在 1207—1212 年间的岁入低了差不多 2 万镑，很可能仅相当于卡佩王朝的一半。1250—1253 年，亨利好不容易才筹措到足够的黄金，建起 2 万镑上下的备用金库，但与 1213 年约翰引以为傲的 13.3 万镑相比依旧不值一提。天下太平时，亨利维持着略有结余的财政状况，否则就无法省下建立金库的黄金；但如果陷入旷日持久的战争，亨利就几乎不可能再有节余去充实金库。1255 年之后，他的岁入回落至不足 3 万镑（一定程度上是受到授予长子爱德华王子封禄、犹太人财富日渐枯竭、国王大肆恩赏臣下这三个因素的影响），在某种程度上导致其在 1257 年兵败威尔士，且无力应对 1258 年革命。面对快要见底的国库，国王应当采取什么措施呢？想当初，约翰曾以全国为目标强征税赋，不放过任何增加收入的途径，这一方面对行动力有着极高的要求，另一方面也导致了《大宪章》的签署。较为轻松的方法是以动产为对象，按一定的比例向全体臣民征税。1225 年，亨利通过对动产征税筹措到了 4 万镑军费，解了加斯科涅战役的燃眉之急。问题在于，无论后续的修订版《大宪章》如何忽略必须征得臣民的同意才能征动产税这一条款，如果得不到全体臣民的许可，就无法实施。对 12 世纪的英格兰国王来说，这不算什么问题，因为当时他们不太需要这类税款。但到了 13 世纪，王室的财政状况的变化将继任的国王们置于完全不同的处境中。

总而言之，拒绝通过征税许可好比一根杠杆，使得议会获得了足以与国王抗衡的权势。1232—1257 年，亨利在不下 14 场会议上提到了征税要求，但仅在 1232 年、1237 年获得过（两次）许可。四五十年代，议会不断提出要将国王无法接受的条件作为通过许可的前提，致使亨利反复碰壁。议会上，双方争论不休，国王与英格兰政治社群的矛盾一再激化，以致到了不可调和的程度。在此过程中，议会不仅对自身身份有了全新的认识，而且在政体中占得了重要地位。1258 年，革命派获胜后郑重要求议会应每年召集三次，共商国家大事，这是为了以制度化的手段维护议会的地位而采取的行动。至此，英格兰算是迎来了议会时代。

在亨利统治时期，议会逐渐代表英格兰更多社会阶层的利益，其权力随之不断增加，为之后下议院的登场打下了基础。《大宪章》规定，议会若要通过征税许可，必须一一致信，召集全国大男爵，还要命令各郡郡督向郡内地位低于大男爵的直属封臣发布召集令。尽管之后各版《大宪章》忽略了这条规定，可以肯定的是，亨利登上王位之后，大议事会多半是按照该规定的要求召集与会人员的。并非所有直属封臣都会出席，但出席者不在少数，他们代表了更广泛的社会阶层，包括许多属于骑士阶层的小封建主，甚至还有一些地位更低的平民。所以说，亨利召集的议会让国王能够直接与英格兰政治社群对话。即便如此，越来越多的臣民认为，这种召集方式不够正式，太随意，不足以使议会代表全国各阶层利益。1254 年，各郡的郡法庭接到命令在郡内选出两位骑士"代表郡内全体居民"给出征税许可。这是已知的第一次，郡代表被召集到议会。1225年、1232 年、1237 年的议会遵循《大宪章》的精神，认为只需得到直属封臣的"一致同意"，就可以开征税款。1254 年之后，除非得到各郡骑士代表的同意，议会没有再征收过一项税款。它之所以在 13 世纪后期建立下议院，最主要的原因是为了更好地组织骑士代表，让他们通过征税议案。

在征税许可上，不仅政治思想起到了重要的作用，教会先例的作用也不可小觑。最晚不超过 13 世纪 20 年代，罗马法的思想"关乎全民之事必得全民同意"在英格兰已是尽人皆知。英格兰教会已将该原则写入教会法，用来应对与征税相关的问题。英格兰各教区的主教（在 1226 年、1240 年）先后否决过教皇和国王的征税要求，明确表示在征税问题上主教是无权代表下级教士（总铎、修道院副院长、会吏长、堂区神父）的，必须征得下级教士的同意方可。1254 年，接受召集参会的代表除了各郡的骑士，还有下级教士代表。然而，不管理论有多么重要，能一锤定音的仍旧是权力的分布状况。在米德尔塞克斯郡，骑士罗杰·德·拉迪恩（Roger de la Dune）获得了代表提名，他名下虽然只有一处大庄园，但在1237 年被议会任命担任收税官，另外他还是一位负责审理敕令案的法官。其他郡县也不乏像迪恩这样承担要职的骑士，其中一些曾在王室军队服役，很少有与大贵族搭上关系的，且他们作为代表绝非呼之即来，挥之即去。比如说，迪恩在 1254 年获得提名后就拒绝出席议会，原因很可能是他反对征税提案。实际上，1254 年议会并没有通过该提案。这是因为出席议会的代表提出了令政府无法接受的条件。

刚开始时，国王认为以同意征税为条件提出的要求是可以接受的。1225 年，为了获得征税许可，亨利做出让步，颁布了终版《大宪章》和《森林宪章》。1237 年，为了再次获得许可（这一年，议事会首次以议会的名义通过了征税提案），亨利亲政后首次确认了《大宪章》和《森林宪章》的效力。然而，认为这两部宪章对局面的改善还远远不够的看法仍然成了主流观点。比如，就算两部宪章是可执行的（事实并非如此），它们也未能就郡督的人选做出规定，没有给出能够约束郡督辖区行为的财务条款。同样，它们对如何约束权贵及其任命的官员只字未提。对地方臣民来说，以上都是重要问题。《大宪章》还缺少可以制约中央政府的条款，国王仍然可以独断专行，任意任命大臣、恩赏臣下、制定国策。在亨利自由行使权力时，存在已久的是否应当"征求意见，达成一致"的问题一触即发。

诺曼人国王及后来的安茹王朝国王都经常宣称，无论是颁布法律，还是做重大决策，都是国王与世俗及教会权贵商议，"征求意见，达成一致"得到的结果。1215 年之前和之后的议事会就算通常是按照《大宪章》的规定召集的，但没有明确权力的宪法基础。就算在操作中，征税、立法要获得一致同意方可，但亨利仍旧可以不与任何人商议就介入西西里事务。退一万步讲，即便是召开大议事会时，国王也基本上不同一时间面向与会的各位权贵。修道院的编年史记录了亨利二世、理查一世、约翰王在大议事会上（想要）解决争端的方法，比其他史料更能说明问题：国王一会儿和一小群人商议（"你、你，还有你，留下，其他人都出去等着"），一会儿又召集一大帮人协商，视人数的多寡，或待在小圣堂，或走进王宫内廷，或聚在座堂会议厅，或在餐厅停留片刻，仿佛在举行宗教仪式，在各个房间来回走动。还有一系列重大决策，特别是事关恩赏的议题，国王一般会在大议事会之外与恰巧待在身边的大臣、权贵（两个群体经常有重叠）稍加商议后按照自己的意愿定夺。如果国王是位贤君，这种权力架构就不会产生问题；而如果是暴君，或者是昏君，情况就不一样了。亨利的统治一方面令重臣相继失势，一方面令他身边出现了小议事会，导致政府内部就小议事会的权力、人选发生了新的争议，这两种情况共同作用，放大了亨利的昏庸无能。当时的英格兰不乏用来应对上述困难的想法。12、13 世纪是制度创新的时代，各地的城镇、大学、修道院，以及西多会、托钵修会等国际宗教组织成为制度改革的热门。无论是经由选举产生的官员，还是规模不一的议事会、理事会，都涌现出来，最终在 1236 年亨利的小议事会成立。理查先是率领十字军远征，后又身陷囹圄，令大议事会掌握可观权力的想法获得了实践的认可。1215 年，《大宪章》规定国王如有意征税，就要获得臣民的同意。亨利尚未成年时，大议事会曾为其确定大臣人选。1218 年，拉尔夫·内维尔被任命为掌玺大臣，他在 1236 年拒绝被国王免职，理由是只有大议事会才有这个权力。内维尔在任期间赢得了口碑，以不偏不倚、不畏权贵的品质著称，证明了大议事会确实能选任贤才。

以上述进展为背景，1244 年议会编写出了所谓的"纸面宪法"

（Paper Constitution，因为这部宪法从未执行）。该宪法根据国政商讨问题时可分大议事会、小议事会商议这个特点，出台了应对措施。按照宪法规定，国王的小议事会有四个关键席位，只有大议事会（议会）才有任免权，而由于这其中包括首席政法官、大法官这两席，这两个重臣职位因此得以恢复。这四名官员将负责管理国王的金库，听取臣民讲述冤情，选出普通法法庭的法官和国库官员。实际上，这四人将会成为中央政府的实际掌权者。"纸面宪法"的规定无疑会吸引王廷中的大臣和权贵。他们很有可能认为，如果亨利不得不听取他们的建议，那么政府在面对纠纷、恩赏、大政方针等方面的问题时就会做出更明智的决策。1257年小议事会的就职誓言要求，成员在获得国王恩赏时必须征得其他成员的同意，否则就应谢绝国王的好意——这是一个以在政权内部限制王权为目的所做的大胆尝试。此外，国王不再任命首席政法官和大法官后，地位较低的权贵及各郡的骑士、自由民深受其害，所以"纸面宪法"对他们更有吸引力。前文介绍过，他们通过地位低于男爵的直属封臣获得了在议会发声的机会。他们还有一个额外的理由为自己的利益疾呼：他们比其他任何人都更需要支付税款，以换取"纸面宪法"获得通过。

自1244年起，"纸面宪法"的要求以不同的形式一次次成为议会的议题，并在1258年终于付诸实施。在宪法支持者看来，这些要求合情合理，无须辩护。《刘易斯之歌》斩钉截铁地说"国家治理得好坏事关全体国民的利益，稍有不慎，就有国破家亡之祸"，所以，每位臣民都有权关心国家大事，这本就在情理之中。这个观点并不新颖。所以说，亨利国王将自己与普通伯爵、男爵相提并论，认为随意任免大臣是理所当然的，其本身就是个伪命题。还有一种观点同样普遍存在，即如果国王倒行逆施、祸国殃民，那么男爵阶层作为全体臣民的代表，有义务"约束"他。实际上，1234年5月召集格洛斯特大议事会时，男爵阶层就出面纠正过国王的错误，法典《布拉克顿》间接提到了这一事件，并且表达出赞许之意。无论如何，由于1258年的革命在形式上已经得到国王的同意，自始至终打着国王的旗号，所以改革派过后就无须再费口舌替自己的行为辩护了。实际上，直到革命尘埃落定，托马斯·威克斯等编年史家才领会到1258年事件所具有的革命性意义。

＊　　＊　　＊

1258年，王廷内部权力斗争趋于白热化，成为危机的导火索。该年，王位继承人爱德华19岁，具有突出的掌控力和军事才能。1254年，与卡斯蒂利亚的埃莉诺（Eleanor of Castile）成婚后，获得了王子封禄，除了加斯科涅、布里斯托尔，还在威尔士、爱尔兰拥有直属领地。所以说，13世纪50年代威尔士统治阶层的复兴损害了爱德华的利益，使他不得不在1258年向萨伏伊家族求助。发现萨伏伊家族身陷欧洲大陆斗争自顾不暇之后，爱德华转而向吕西尼昂家族求救，获得了一些资金支持。此时的他一方面受到父亲的限制，不能支配名下的王子封禄，一方面又苦恼于身边随从大都是母亲选出来的刻板之人（包括萨伏伊的彼得），令他倍感无聊。在他看来，年纪与自己相仿的威廉·德·瓦朗斯交际圈光鲜，两人较为投缘。这令埃莉诺王后大为惊慌——亲生儿子似乎注定要成为死敌的密友。所以，她非但对即将爆发的革命听之任之，甚至还有可能在一旁煽风点火。

在如此紧张的局势下，终于有人擦枪走火。1258年4月1日，在萨里的希尔，温切斯特的当选主教艾梅·吕西尼昂因受俸神父推荐权与人起了争执，派出一帮打手袭击权贵廷臣约翰·菲茨·若弗鲁瓦（John fitz Geoffrey）的手下，致一人死亡。一周后，威斯敏斯特召开大议事会，与会者很多。由于1257年严重歉收，议会召集之际恰逢饥荒严重，各地的村民为了填饱肚子拥进伦敦城，城内随处可见饿死的流民。会议上，菲茨·若弗鲁瓦开门见山要求国王主持公道，亨利却为当选主教开脱，拒不依法办事，若弗鲁瓦勃然大怒。事件的整个经过看起来很有代表性，既集中展现了亨利同母异父的兄弟们飞扬跋扈的做派，又让广大臣民见识到他们是如何受到亨利的庇护，凌驾于法律之上。与此同时，威尔士也成为争论的焦点，令局势更加凶险。威廉·德·瓦朗斯（因名下的彭布罗克领地遭到攻击）指责孟福尔、格洛斯特伯爵纵容其与威尔士人为非作歹，孟福尔则要求亨利将瓦朗斯绳之以法，很有可能是想要以妻子的名义夺取瓦朗斯名下的彭布罗克。4月12日，格洛斯特伯爵、诺福克伯爵休·比戈德、萨伏依的彼得、约翰·菲茨·若弗鲁瓦、彼得·德·孟福尔五人结成同盟。即便不是廷臣，他们与王廷的关系也比较近，从彼得加入其中不难看出，他们的行动得到了王后的支持。五人决定解决吕西尼昂家族制造的麻烦，推动国政的改革。

亨利召集本次议会主要是为了解决西西里问题，现在问题有了答案。教皇派出使节阿尔洛（Arlot）下达最后通牒，说如果不能马上还款，不仅国王会失去教籍，英格兰全国也会受到禁教令的制裁。亨利虽然因高压统治失去民心，在威尔士折戟沉沙，对约翰·菲茨·若弗鲁瓦主持公道的诉求置若罔闻，但现在却顺从教廷提出征税要求，税率甚至比1225年的还要高。4月30日，亨利得到了议会的答复。由于康沃尔的理查德身在德意志，无法居中调停，一帮权贵在诺福克伯爵罗杰·比戈德的带领下全副武装，闯入威斯敏斯特宫大厅，亨利束手无策。他本就匮乏的财力因 1257 年出兵威尔士彻底见了底，不仅手下的亲卫骑士人数大大减少，就连之前斥巨资为伦敦塔修建的新城墙（1238 年亨利曾因害怕发生政变，躲进伦敦塔避难①）也因资金不足无法完工，令城防形同虚设。亨利一度吓破了胆，以为自己成了阶下囚。实际上，以罗杰·比戈德为首的权贵只是想逼迫他同意全面改革国政。直到 7 年多以后，亨利才完全夺回大权。

尽管亨利的政权在 1258 年突然垮台，我们却不能因此将他的功绩一笔勾销，在其治下，英格兰毕竟在近 25 年内安享了和平。实际上，除了摄政时期发生的几次攻城战、1233—1234 年马歇尔家族引发的一场叛乱（影响没有扩散到威尔士、爱尔兰境外），1217—1263 年英格兰的土地基本上没有遭到战争的蹂躏。正因为如此，英格兰的商贸变得繁荣，市集四处可见，货币供给更为充足（1247 年，亨利主持铸造的新式"长臂十字架便士"，对货币供给的恢复大有帮助），让整体经济状况从 1215—1217 年的内战中缓过来。亨利的政权之所以能够维持国内的稳定，在一定程度上归功于爱尔兰提供的财力、物力。这些支持同样有助于亨利施展对外策略，使其在威尔士、苏格兰底气更足。

---

① 1238 年 1 月，亨利的妹妹埃莉诺与西蒙·德·孟福尔成婚。亨利害怕此婚事遭到权贵的反对，在威斯敏斯特宫的私人小圣堂中为两人秘密举行了结婚仪式。权贵阶层得知后在 2 月 23 日与国王会面时全副武装，亨利见状后躲入了伦敦塔。

＊　＊　＊

在 1234 年后的 20 年中，爱尔兰为亨利的政权提供了宝贵的支持。1240—1245 年，那里持续向英格兰政府提供年均 1 150 镑的资金支持。亨利还靠着爱尔兰提供的用来恩赏臣下的领地解了燃眉之急，受益者除了有萨伏依家族、吕西尼昂家族的成员，还有英格兰本土廷臣。上述过程令爱尔兰领地的政治结构出现了重大变化。13 世纪 40 年代，那里的封建主接连离世，让王权得到了大量的监护权、遗孀婚配权、女继承人婚配权，算是帮了亨利的大忙。与威尔士的情况一样，国王借封建领主家族家长去世之机，行使"封建"权力，令爱尔兰地方领主权格局在眨眼间沧海桑田。亨利借此捞到了一条大鱼——1242 年休·德·莱西去世，国王获得了阿尔斯特的领主权[①]。一年前，沃尔特·德·莱西去世，米斯的领主权一分为二，分别被他的两个孙女继承，其中一人（在 1252 年）嫁给了埃莉诺王后的挚友若弗鲁瓦·德·茹安维尔，从此爱尔兰成了成就他在国际舞台上传奇经历的主要经济来源。此外，马歇尔家族最后一位伯爵在 1245 年去世，没留下子嗣，所以伦斯特的继承权被老摄政官的几个女儿平分，其中一个嫁给了威廉·德·瓦朗斯，瓦朗斯就此获得了威克斯福德（以及彭布罗克）的领主权。亨利与父亲约翰一样，奉行能者自取的策略，将仍由本土统治者控制的地区封赏给臣下。王后的首位内廷管家罗贝尔·穆采格罗斯（Robert Mucegros）获得了托蒙德的领地，在该地获封的还有爱尔兰政法官约翰·菲茨·若弗鲁瓦（1245—1254 年在任）——他是

---

① 见第十章。

引爆 1258 年危机的关键人物，同样也是王后的亲信。另一边，亨利在米斯和康诺特之间的"国王百镇区"①划出一块岁入相当于 500镑的领地，封赏给若弗瓦鲁·德·吕西尼昂。如果亨利的封赏能够真正生效，他就可以大幅扩大爱尔兰领地的实际管辖范围。

1254 年，爱尔兰作为王子封禄的一部分，成为亨利长子爱德华的领地。然而，亨利授予封禄时明确规定，爱尔兰与加斯科涅一样，是英格兰王权不可分割的一部分，所以与亨利二世将爱尔兰赐给幼子约翰时不同，爱德华获得的只是爱尔兰的领主权，而不是独立的君主权。亨利的这一举措确立了爱尔兰是英格兰王权直属殖民地的地位。

* * *

13 世纪 40 年代，国王在威尔士的地位发生了转变。在之前的20 年中，他除了以 1218 年的《伍斯特条约》为依据，守着不允许威尔士诸侯向本地统治者效忠的底线，只做了有限的努力来限制卢埃林的统治地位。亨利按兵不动的一个原因是，卢埃林连续与好几代切斯特伯爵结盟，基本上阻断了入侵圭内斯的进军路线。然而，最后一位切斯特伯爵去世后没有直系继承人。遇到此类情况，前任国王通常会利用监管权入主伯爵领，而现在亨利择善而从，按照臣下的谏言买断了众多旁系继承人的继承权，让国王成为柴郡真正的

---

① 1227 年 5 月，理查德·德·伯格获得康诺特的世袭领主权（见第十章），但亨利为王权保留了阿斯隆周边 5 个百镇区（原文为 cantred，与威尔士的 cantref 相同，故也译为"百镇区"）的领主权，因此该区域得名"国王的百镇区"。

领主——这也许是他一生做出的最为明智的决定。亨利志在进一步
令英格兰王权取代圭内斯，自己成为威尔士的新霸主。然而，尽管
亨利主动出击，但在制定针对威尔士的策略时还是显得不够狠辣，
再次表明了他在亲政初期缺乏雄才大略。

　　1240 年，卢埃林大王去世后，戴维兹向亨利国王效忠，取得
了包括"四百镇区"在内的圭内斯全部疆土的领主权，将同父异母
的兄长格鲁菲德排挤在外，实现了父亲卢埃林长久以来力求达到的
目标。尽管国王的各类令状、文书从未以亲王的尊号称呼戴维兹，
亨利仍然为他举行了骑士受封仪式。戴维兹出席仪式时头戴冠饰，
用蒂克斯伯里编年史里的话来说就是，这顶头饰是"北威尔士亲王
国的标志"。就这样，亨利一方面承认了戴维兹是地位特殊的诸侯，
一方面（按照之前的政策）要求他像父亲卢埃林 1218 年所做的那
样，承认威尔士其他诸侯必须要向英格兰国王效忠的现实。戴维兹
真正的对手并不是英格兰国王，而是想要进一步侵占威尔士土地的
边境男爵，以及号称被他的父亲夺走了领地的其他威尔士诸侯——
他们经常指责卢埃林违反了 1218 年的条约。在南方，一听到卢
埃林去世的消息，吉尔伯特·马歇尔就立马占领卡迪根，兑现了
1234 年亨利授予的卡迪根领主权。在瓦伊河、塞文河之间的地区，
拉尔夫·德·莫蒂默（Ralph de Mortimer）火速出兵，占领了马埃
利恩依斯。格鲁菲德·阿颇格温文温（Gruffudd ap Gwenwynwyn）
也誓要夺回南波伊斯，理由是卢埃林虽然根据 1218 年的条约获得
了南波伊斯的监管权，但这项监管权早就在他亲政后作废了。

　　面对领土损失，以及其他可能的威胁（比如，莫尔德也有可
能被他人占领），戴维兹奋起反抗，表现得既勇猛果敢又深谋远虑，
这也正是亨利国王在 1241 年 8 月率军入侵威尔士的原因之一。与

父亲约翰 1211 年入侵威尔士时一样，亨利拉拢威尔士各地的诸侯，其中除了有格鲁菲德·格温文温，还有（来自圭内斯的）长期被排挤在外的梅里奥尼斯继承人。此外，亨利还计划让戴维兹、格鲁菲德平分圭内斯，令威尔士法律中认可国王死后王子应当平分国土的危险思想再次浮出水面。亨利西进至里兹兰之后，戴维兹被迫投降，他眼睁睁地看着格鲁菲德收复南波伊斯，只好交出比尔斯，令他在南方的政权挨了一记重拳。此外，他还承诺无论是再次发动叛乱，还是无法生下继承人，英格兰国王都可以直接获得圭内斯的领主权。这简直是一击致命！然而，从另一个角度来看，亨利开出的条件其实要比 1211 年约翰的仁慈一些。他没有要求戴维兹交出"四百镇区"的全部土地，只是占领了最东边的特吉因格尔，并且在迪瑟斯修建了城堡，居高临下地扼守着克卢伊德河谷地。在其他地方，亨利虽然让梅里奥尼斯的几位统治者向自己效忠，取回各自领地的领主权，却没有分裂圭内斯。格鲁菲德刚一走出戴维兹的牢房，就被关进了伦敦塔。

1241 年，亨利国王不光拿戴维兹开了刀，还把矛头指向了马歇尔家族。6 月，吉尔伯特·马歇尔参加骑士比武时意外身亡，亨利虽然承认了他的弟弟沃尔特对彭布罗克伯爵领的继承权，却无视曾在 1234 年将卡迪根、卡马森的世袭领主权赐给马歇尔家族这一事实，迫使沃尔特交出两地的领主权。就这样，亨利收复了这两处位于威尔士南部的王室基地，不仅一雪 1216 年卢埃林从父亲约翰手中夺走它们的前耻，还弥补了自己未经深思熟虑就将两地先后赐给伯格家族和马歇尔家族的遗憾。取得胜利后，亨利对戴维兹和特吉因格尔的居民（亨利下令，必须根据威尔士法律管理当地的居民）都摆出了和解的姿态，有一部分原因是亨利一心想远征普瓦图。然而，无论在南方还是在北方，他派向威尔士的官员个个好勇斗狠，即便是忠心耿耿的北波伊斯统治者格鲁菲德·阿颇马多格（Gruffudd ap Madog）也被搅得心神不宁，需要安抚。当然，戴维兹永远无法接受自己遭受的损失，而 1244 年 3 月其同父异母的兄长在逃离伦敦塔时不幸坠亡，不啻天赐良机，为他除掉了最大的对手，奉上了维护家族利益的口实。1241 年，威尔士的统治阶层几乎都加入了亨利国王一方，但体会到接受英格兰的统治到底会如何之后，（除了波伊斯那两位叫格鲁菲德的统治者）他们纷纷倒戈。戴维兹显示出非凡的谋略：不仅向路易九世派去使节，还上书教廷承认教皇是"我那部分威尔士土地"的宗主（相当于公然否定了亨利国王的宗主地位）。意味深长的是，他此时自称"威尔士亲王"。虽然戴维兹的曾祖父欧文·圭内斯用过这个头衔，但父亲卢埃林却从未用过，因为怕得罪英格兰国王和威尔士的统治阶层。如今，这个头衔昭示着戴维兹在威尔士民族主义运动中的领导地位。

亨利迟迟没有采取行动。到了 1244 年 8 月，据马修·帕里斯记载，亨利待在威斯敏斯特"享清福"，而未前往威尔士平乱。到了第二年，亨利终于有所行动，一方面要求康诺特的爱尔兰王费利姆·奥康纳（Felim O'Connor）率兵掠夺安格尔西，一方面亲自进军威尔士。就军力而论，亨利的军队足以与爱德华一世在 1276—1277 年入侵威尔士时相提并论，但在到达康威河河口之后（像 1223 年、1228 年、1231 年和 1241 年时那样）却按兵不动，在迪加努伊的巨岩上建起俯瞰河口的城堡。1246 年 2 月，戴维兹突然去世。按照之前的承诺，由于他发动了叛乱，且没有留下后代，无论从哪方面讲，英格兰王权都有没收圭内斯的理由。此时，亨利的势头可谓是一片大好：一方面，可以将新建的迪加努伊堡作为前沿基地，一方面，刚从南方卡迪根出兵北上的尼古拉斯·莫利斯（Nicholas Molis）很快就能直击圭内斯的腹地，所以只要愿意西进，就可以直取圭内斯。此时，不仅欧洲大陆及以外地区没有琐事分心，军费方面也不用愁，但亨利却无动于衷。他与欧文和卢埃林——命途多舛的格鲁菲德的两个儿子（也是卢埃林大王的孙子）——签订了条约。尽管他们将"四百镇区"永久让给了英格兰王权，却保证了圭内斯王国其余疆土的完整。亨利非但没有命二人对圭内斯划界而治，甚至没有要求圭内斯最西端的利恩百镇区的统治者向自己效忠。条约规定，一旦兄弟两人违反协定，就会永远失去名下的领地。但与 1211 年、1241 年圭内斯的诸侯签下的城下盟约不同，条约没有指明，如果两人未能生下继承人，圭内斯就会被英格兰国王收回，反而认可了家族内部其他继承人的继承权，从而大幅降低了领地充公的可能性。

如果圭内斯已有大片领土被分割，亨利就有可能对其中心地区手下留情。在南方，他同样表现得宽宏大量。亨利夺走了迈尔贡·弗奇位于阿伯里斯特威斯周边的领地（在莫利斯大举向北进军时被占领），允许他收复与卡迪根接壤的几个集户区。梅尔达斯·阿卜欧文（Maredudd ab Owain）、梅尔达斯·阿颇里斯（Maredudd ap Rhys）在 1245 年就已臣服，之后加入莫利斯的北伐军，这样一来，两人保住各自的领地后（除了亨利不会让与他人的卡迪根、位于阿伯里斯特威斯周边的领地，以及归还给弗奇的集户区），就仍然是锡尔迪金其他地区的领主。亨利此番大度并不单单是因为野心不足，而是因为他听取了一些南部边境男爵的谏言，认为想要最有效地控制住威尔士的局势，就必须倚重那些"会说威尔士方言"的人。然而，亨利这次又做得不够彻底。他常常选英格兰人为当地代理人，他们的高压政策没过多久就又激发了威尔士人的反抗心理，给圭内斯的复兴埋下了伏笔。

　　短短十年间，英格兰王权在威尔士不断增强，引人注目，而且注定会进一步加强。1247 年，亨利宣布切斯特、"四百镇区"继续作为国王的直属领地。在南方，亨利拥有比尔斯、卡迪根、卡马森、锡尔迪金北部这四块领地。此外，布劳斯、马歇尔两大家族的男爵领（分别在 1230 年、1245 年之后）因被不同的女继承人继承而化整为零，加强了国王在威尔士的霸主地位。尽管如此，考虑到亨利当时的实力、机会、权利（从他的角度界定的权利），他原本可以采用更激进的策略。问题的根结在于，与收复安茹帝国失地不同，亨利并不愿意投入太多的精力和资源来征服威尔士。

　　在处理另一个问题，即边境男爵提出的所谓特权，或者说"自由权利"时，亨利也显得缚手缚脚。在这个问题上，亨利有充分的理由行动起来。"人人都想要获得与国王不相上下的权力，为所欲为"，1234 年国王派往爱尔兰的代理人如此评价爱尔兰男爵。威尔士的情况与爱尔兰的如出一辙。无论是领有克兰、奥斯沃斯特里的菲茨·艾伦家族，还是盘踞于考斯的科比特家族，抑或是占据着威格莫尔的莫蒂默家族，都下决心想要令自己的领地摆脱邻近郡督司法管辖权的限制，令其成为威尔士边境领地的一部分。这片领地的"自由权利"源自诺曼封建主最初在征服和防御中获得的一系列权力。因此，自由权利中最传统的一项才会是私人发动战争的权利。13 世纪，自由权利被看作提升边境领地的治理效率，榨取更多利益的重要手段。就连《大宪章》也特别指出，边境领地法与威尔士及英格兰的法律不同，是独立的法律体系。边境领地法的具体内容很难界定（不同的版本差异很大），但它为边境领主提供的最为根本的法律保护伞是在 1199 年和 1221 年明确提出的主张：声称边境领主拥有与国王完全等同的权利（"君权"），可以在各自的领地行使自治权。在边境领地，国王的令状不起作用，无论是刑事案还是民事案，整个法律过程都被边境领主所控制。针对上述问题，亨利的确采取了一些措施。他规定，如果控辩双方是边境男爵、威尔士的诸侯，案件则应当由御前法庭审理。1243 年，御前法庭传唤格洛斯特伯爵（确实是地位显赫的大贵族），通过审判界定，在主教之职出缺时，伯爵在兰达夫主教教区内应当享有哪些权利，并以此作为具有普适性的判例。到了 1247 年，（在遭到下属封臣理查德·苏厄德的控诉后）格洛斯特伯爵又被迫承认国王有权介入格拉摩根的法律事务，可以复审当地法庭的判决，修正不当之处。然而，亨利犯了与处理英格兰事务时相同的错误，在应对边境领地问题时虽然摆明了立场，却没有及时跟进。他施加的压力令边境领主加紧定义他们自己的自由，使其在该时期成为具有转折意义的分水岭。在后续的发展中，理查德·德·克莱尔除了夺走苏厄德的领地，在 13 世纪 50 年代兰达夫主教之职出缺后，又得以继续掌握教区事务的控制权，还在格拉摩根全面扩张了自己的权势。所以说，在广阔的边境男爵领内，一方面威尔士人能够保留原来的本地法庭，一方面边境男爵也可以效仿国王在英格兰发放令状的做法，向领地内的英格兰人发放效力等同的普通法令状。亨利统治期间，就算是他在威尔士权势最盛之时，各大边境领地仍然以微型王国的形态逐渐发展起来。

* * *

亨利在苏格兰的政策与在威尔士类似，也是软硬兼施。1249

年7月，亚历山大三世（玛丽·德·库西为亚历山大二世生的儿子）继位，距他满8岁还有两个月。小亚历山大的国玺上面刻着这样一段来自《圣经》的话："愿你像毒蛇一样警惕，像鸽子一般纯洁。"结合《圣经》上下文可以看出这句话暗指了亚历山大处境危险，很有可能被奸佞的暗箭射中。可以肯定的是，苏格兰的政治力量不久就分裂成势不两立的阵营，双方会在不同的时间点将亨利三世引为外援。然而，在亚历山大亲政之前，两国关系非但没有被削弱，反而更为紧密。

小亚历山大即位之后，苏格兰沿用着上一位国王组建的政府，由担任福斯河以北政法官的艾伦·德沃德领衔。玛丽·德·库西很快就返回法国再婚，像昂古莱姆的伊莎贝拉抛弃年幼的亨利三世那样，扔下了小亚历山大，原因有可能是她没能像路易九世的母亲布兰奇太后那样，获得摄政地位。1249年7月，亚历山大前往斯昆，端坐在供奉于斯昆修道院、名震天下的斯昆石上，按照苏格兰的传统举行了继位仪式。此外，苏格兰政府还请求教皇增加受膏环节，令继位仪式升级为完整的加冕仪式①，计划以此令苏格兰国王的地位变得更为高贵。在国玺上，亚历山大确实以头戴王冠的形象示人，与他的父亲、祖父有所区别。麻烦的是，前述措施虽然以提升国王的地位为目的，可是德沃德喧宾夺主。与德沃德作对的阵营以门蒂斯伯爵沃尔特·科明（Walter Comyn）为领袖，而伯爵的亲族全都是反对派的主要成员。亚历山大二世时代的最后几年，科明家族虽然失去了国王的信任，仍然在权贵阶层、教士阶层根基深厚。亨利

---

① 1251年年初，苏格兰政府向教廷派出使节，请求教皇英诺森四世批准举行受膏仪式，但在4月时被教皇拒绝。

国王参与了反对派一方的密谋 ①。1251 年圣诞节，亚历山大前往约克，在节庆的欢声笑语中与亨利 11 岁的女儿玛格丽特举行了婚礼。婚礼刚一结束，德沃德及其党羽就被扫地出门，由科明家族主导的苏格兰政府取而代之。

参与苏格兰政变之前，亨利就已经重施故技（像 1221 年那样），他对教廷批准苏格兰国王举行加冕仪式，成为受膏君王表示抗议。在约克婚礼期间，他进一步要求小亚历山大承认英格兰国王是苏格兰的封建宗主。然而，小亚历山大委婉地拒绝了其效忠要求之后，亨利展现出风度，没有再提及此事。双方的关系非但没有受到影响，反而变得亲如父子。此次约克会面之后，小亚历山大将亨利视为"我最亲爱的父亲"，不仅请求他多提建议，还希望得到其保护。亨利随即任命罗贝尔·德·罗斯（Robert de Ros）、约翰·德·巴利奥尔（John de Balliol）这两位英格兰北方权贵担当年轻的苏格兰国王和王后的守护者。苏格兰的政局之所以再次出现危机，并不是由于亨利因罗斯、巴利奥尔在苏格兰中央政府发挥的作用有限而心生不满，是因为他生怕女儿、女婿受到委屈。

艾伦·德沃德倒台后向南逃到了英格兰王廷，在亨利国王面前搬弄是非。而在得知玛格丽特（1255 年）抱怨罗斯不允许自己与国王同寝，阻止夫妻俩离开爱丁堡城堡后，激怒亨利并不是什么难事。1255 年 9 月，亨利派格洛斯特伯爵约翰·曼塞尔将女儿、女婿救出城堡，并亲自前往两国边境迎接两人的到来。亚历山大罢免了诸多科明家族的顾问官，重建了执政委员会（有 15 名成员）。

---

① 1251 年夏，在科明家族的策动下，苏格兰权贵阶层派出使团，要求亨利立刻兑现亚历山大与玛格丽特的婚约，以此为契机插手苏格兰内政。

这是亨利三世干涉苏格兰内政的高潮。按照一项协议的规定，无论是解除委员会成员的职务，还是中止委员会的权利，都必须得到亨利的首肯。如果没有出现需要解散的情况，委员会就要一直代理苏格兰的国政，直到1262年9月亚历山大年满21岁为止。亨利义正辞严地表示，自己并不想危害"苏格兰王国的自由、权利、国体"，这反映出当时苏格兰人的确对亨利的介入有所担忧。亨利这番话听起来不像是虚情假意的。他承诺，新的政府架构不会危害苏格兰王国的权利，自己只是想要保护苏格兰的利益，毕竟"自己与亚历山大国王情同父子"。

后来，艾伦·德沃德重新得势，成为执委会的成员。由于权贵争权夺势，乱局卷土重来。败下阵来的科明家族像1251年时一样向亨利三世求助，遭到拒绝后学着亨利1255年的做法发动奇袭，于1257年10月在金罗斯劫持了亚历山大国王。在之后一年的大部分时间里，苏格兰王国都站在内战的边缘，而科明家族则与卢埃林结成联盟，互换承诺，确保对方不会出手帮助自己的敌人。盟约签订后一个月，也就是1258年4月，亨利三世因英格兰爆发革命暂时退出苏格兰的政治舞台，也许在一定程度上推进了争斗双方达成和解的进程。1258年10月，苏格兰成立了新的执政委员会，名义上由国王的母亲玛丽·库西及其第二任丈夫领导。艾伦·德沃德再次成为国王的顾问官，但无论是在中央层面还是在各级地方政府层面（尤其是在各郡督辖区），科明家族及其党羽仍然大权在握。

60年代初，亚历山大亲自执掌国家大权时，所要面对的是这样一个剑拔弩张的政治局面。亲政前的十几年给亚历山大留下了难以抚平的伤痛，苏格兰党争不断，国王两次被人劫持，英格兰国王还史无前例地对苏格兰本土大臣的任免指手画脚。然而，亨利对待苏格兰的方式与对待威尔士的完全不同。卢埃林刚一去世，亨利就立刻主张并行使要求威尔士诸侯效忠自己的权利。在苏格兰问题上，亨利在亚历山大二世去世后，虽说再次要求苏格兰国王承认自己的封建宗主地位，却没有采取强制措施，尽管他心里很清楚，眼下是个好时机。不同之处在于，在威尔士，亨利对自己的权利很有把握，毕竟 1218 年的《伍斯特条约》对英格兰国王的权利交代得一清二楚，而亨利在苏格兰的地位就不那么好定义了。对亨利来说，亚历山大、玛格丽特两人一直是至亲至爱的家人，亚历山大也在信中情真意切地问候"我们敬爱的慈母"埃莉诺王后及其子女的健康状况。"没有哪一位英格兰国王、不列颠国王能够像这位亨利国王那样，如此信守对苏格兰人的承诺；在亨利的整个统治期内，苏格兰的两代国王都将他看作最值得依赖的友邻和导师。" 14 世纪，苏格兰的编年史家福尔登有感而发。这种良好的关系从根本上影响了 1258 年亨利的政权垮台后亚历山大的政策。

第十二章

十磨九难的亨利三世、大获全胜的亚历山大三世、威尔士亲王卢埃林（1255—1272）

1258 年 4 月，召开威斯敏斯特议会时，亨利三世同意成立一个二十四人委员会，负责国政改革，其中一半的委员人选由国王确定，另一半由男爵确定。王廷内部发生了分裂，与亨利关系紧密的人分处两个阵营。亨利提名的 12 人权势较弱，只有一名英格兰伯爵萨里的约翰·德·瓦伦。双方约定 6 月在牛津召集议会，开会商讨改革大计，又都以出征威尔士为由召集军队，让牛津会议火药味十足。所以说，改革派为了防止保王派兴兵报复，抢先派人进驻各地的王室城堡，削弱国王的军事力量。紧接着，改革派夺取了中央政府的控制权。二十四人委员会中有一部分成员组成专门小组，重新起用小议事会，参会者共计 15 人，其中多数反对国王（包括西蒙·德·孟福尔、格洛斯特伯爵、诺福克伯爵）。十五人议事会的职责包括为国王确定主要大臣的人选，把控中央政府的整体运作。为了实现这个目标，小议事会做出关键规定，要求大法官必须先获得议事会的同意才能在特许状、令状（除了日常文件）上盖国玺。此项要求的革命意义不言而喻。在政府运作的过程中，亨利渐渐成了一件摆设，十五人议事会则成了实际理政者。只是议事会想要统治国家就得与议会协作，议会每年召集三次，其间议事会会与之

"共同商讨国家、国王之事"。

国王同弟弟威廉·瓦朗斯、当选主教艾梅、居伊、若弗鲁瓦都属于委员会"亨利十二方阵"的会员。牛津议会期间，他们很快意识到自己已成众矢之的，吓得逃到了温切斯特。男爵阵营紧追不舍，将他们驱逐出了英格兰。此时，改革派政权的某些领袖很有可能以为改革已经达到了主要目的。然而，有大量骑士代表参加的牛津议会已经开始实施涉及面更广的改革，首要目标则是处理亨利亲政时期在各地引发的民怨。改革派以改革运动的发起地点为依据，对截至 1259 年 10 月的所有改革措施加以总结，形成一个结构松散的体系，即当时英格兰人口中的"牛津条例"（Provisions of Oxford）。

牛津议会任命诺福克伯爵的弟弟休·比戈德为政法官，一方面令这一要职重新登上英格兰的政治舞台，一方面令其拥有了新的内涵。在这之前，政法官职权范围较为宽泛，相当于中央政府的总管，比戈德的职责更为明确（他主要负责倾听冤情，为臣民主持公道）。按照职责要求，他应当为权贵伸张正义——上任后审理的第一个案件就是约翰·菲茨·若弗鲁瓦案。然而，他得到任命时就已清楚，自己还得前往英格兰各地为全民主持公道。无论何人，只要来到政法官面前做出口头的"控诉"（querela），就可以立刻开启法律程序。这一措施是有意为之的，目的是撤去与申请令状有关的烦琐程序，令法律程序普及开来。另外，各郡还在 1258 年 8 月任命"四骑士委员会"负责调查郡内的冤假错案，这样一来，比戈德的职责就包括审理因调查而曝光的案件。到了 1259 年 7 月，他总共审理了约 268 例案件，其中大部分被查明，他不偏不倚的办案作风令圣奥尔本斯修道院的编年史家赞不绝口。1259 年 11 月，巡回法庭的法官前往各地审案，以减轻比戈德的负担。

　　改革还将枪口对准了不得人心的郡督。根据牛津议会的决议，郡督只能任职一年，且只有在郡内地位举足轻重的骑士才有资格续任。决议还规定，郡督可以领取一定数额的年薪，即津贴。津贴制实际上不可行，但 1259 年中央政府降低了郡督在各郡包税的基础上额外上缴的金额，加征额与 50 年代早期相比有大幅下降，让郡督可以存留更多的收入补贴，起到与发放津贴相同的作用。1259 年 10 月的立法，也就是现代历史学家口中的"威斯敏斯特条例"（Provisions of Westminster）出台措施，应对巡回法官徇私枉法的弊端。从此往后，即便是在验尸官验尸时，涉事村庄年满 12 岁的男性臣民若没有全部到场，巡回法官是不能以此为由向村庄收取罚金的。发生意外死亡事件，巡回法官也不得按照以前的规定收取"连坐"罚款——条例之所以会提出该项措施，是因为最近发生的饥荒导致大量身份无法鉴别的流民死亡。对农民阶层来说，上述两大让步的意义尤其重大。

　　本次改革的一大特征是，整治的目标除了包括国王的不当行为，还将矛头指向了男爵的不法行径，折射出亨利亲政时期英格兰的另一大社会政治问题。1259 年 2 月末至 3 月初，改革阵营的领导者发表宣言，承诺不会阻碍以男爵及男爵手下的执达吏为被告发起法律程序，以休·比戈德为首的众多法官的确审理了许多牵扯到男爵手下官员的案件。同样，威斯敏斯特条例前三项条款洋洋洒洒，面面俱到，对"法庭出席义务"问题做出了规定。此后，除非 1230 年前就已经形成应当出席法庭的惯例，或者赐予封地时的特许状对此做出了专门规定，否则封建臣属就没有义务出席封建主的法庭。

　　1258—1259 年的改革措施既规定了郡督必须由本郡的骑士担任，又引入了口头控诉制度，还在限制国王不当行径的同时对男爵采取了类似的措施，而最为重要的一点是夺取中央政府的控制权。所以，本次改革无论是在激进程度上，还是在波及范围上，都远远超越了《大宪章》。理查德·德·克莱尔就因为地方层面的改革危害到自己在地方的权势而快快不乐——这倒是在情理之中，因为他作为格洛斯特伯爵、赫特福德伯爵控制着大量的封建法庭，手下的官员多如牛毛，权力网规模之大在英格兰可以说是无与伦比。其他权贵有可能同样对改革措施心存不满，但由于已对国王采取了强制措施，新政权只能尽可能争取更多的支持。正因为如此，1258 年10 月，改革派阵营发布声明解释改革之初的措施时，才会采取独特形式，同时使用英语、法语、拉丁语，反映出新政权努力地向尽可能多的民众传达意愿。自下而上的压力同样对新政权的决策过程产生了影响。所以说，"威斯敏斯特条例"尽管对私设法庭做出了种种规定，令以克莱尔为代表的大封建主难以接受，但在议会讨论的过程中，大封建主的反对仍然敌不过"英格兰青年骑士 ① 利益共同体"的抗议，而条例则因此涉险过关，得以颁布。此处的青年骑士很有可能是指权贵随从人员中的骑士，他们所代表的是来自各郡的强大政治力量，其中既包括担任郡内要职，在郡县层面地位越来越重要的骑士群体，又包括在百户区挑大梁的大量自由民。

　　以想要讨回格洛斯特郡境内莱奇莱德庄园的罗杰·德·莫蒂默（Roger de Mortimer）为代表，不少人是受个人恩怨的驱使才加

---

① 原文为 bachelry，指想要正式成为骑士（参加骑士受封仪式）的青年骑士。

入改革阵营的。改革运动还受到了政治理念的影响，一个新的学术中心（牛津大学）对这一理念展开研究，新出现的宗教运动（托钵修会）则负责宣扬、传播，令与改革相关的政治理念在针对性、普及性方面上升到新的高度。包括威尔士的约翰（John of Wales）在内，牛津大学聘用了大量拥有方济各会背景的教师，他们紧随索尔兹伯里的约翰，将政治体比作人的身体，指出只有身体各个部分都没问题，整个身体才能保持健康——十五人议事会致信教皇，阐述改革派立场时就曾用过这个类比。既然各个部分不能出现问题，改革就应当惠及全民，这一观点至少在一定程度上决定了改革不能对农民的疾苦置若罔闻。"臣民利益共同体"一时成了流行语，在这一时期的文件中反复出现，恰到好处地总结了改革运动的包容性。按照当时的看法，这一团体既是改革的推动者，又是改革的受益者。诚然，有些文件也许前一句在说"臣民利益共同体"，后一句就大谈特谈"男爵利益共同体"，道破了谁才是改革运动真正的领导者。尽管如此，文件编写者在使用这个名词时并没想故弄玄虚，确实是将英格兰的全体居民包含在内的。1258 年开年时，英格兰"所有忠诚可靠的臣民"即已宣誓，要遵照誓言成为改革的支持者，要将反对改革之人看作不共戴天的仇敌。

西蒙·德·孟福尔作为改革的领导者，既表现出理想主义倾向，又暴露出利己主义倾向，令人困惑。西蒙只是国王的妹夫，却在改革之初就对"条例"表现出了极高的忠诚。1259 年，他一方面训诫理查德·克莱尔不应当在推行地方改革时拖泥带水，一方面大胆地对王储爱德华说，如果想要结成政治同盟，就必须答应他的条件，支持"共同事业"——这个说法是西蒙后来提出的。西蒙反复强调，全体臣民应当郑重宣誓，按其要求维护"条款"的效力。

毫无疑问，他将维护"条款"看成是像十字军东征那样神圣的事业，即使要像父亲率领十字军讨伐阿尔比派时那样殉道，他也在所不惜。林肯主教罗贝尔·格罗斯泰特（Robert Grosseteste，1253 年去世）曾是牛津大学的校监，是当时的神学家，与牛津大学方济各会的教授亚当·马什（Adam Marsh）志同道合。西蒙之所以会有前述政治立场，正是因为受到了他俩的影响。格罗斯泰特写过一篇政论（以亚里士多德的《尼各马可伦理学》为理论基础），阐述了仁君与暴君的区别，指出"暴君只想着他自己，仁君则处处为臣民着想"，这句话对西蒙而言犹如醍醐灌顶。估计没有人会认为亨利读过格罗斯泰特的著作。此外，格罗斯泰特还命人调查自己领地上官员的不法行为并采取了补救措施，而西蒙在 1259 年 2 月立遗嘱时承认自己侵害了"为我耕种土地的贫苦之人"的利益，并列出了相应的补偿措施，与格罗斯泰特的做法如出一辙。然而，尽管西蒙为他人的利益疾呼，却认为男爵阶层提出的改革措施应当满足其自身的合理利益诉求，所以难免有人会说他只想了结私人恩怨、实现野心。毋庸置疑，西蒙希望 1258 年的政权能够为妻子埃莉诺夺回作为威廉·马歇尔二世的遗孀理应得到却一直未能兑现的那部分亡夫遗产。按西蒙家族的说法，截至 1259 年，埃莉诺因未能获得亡夫遗产而减少的收入就有 24 000 镑！他还认为，埃莉诺作为国王的妹妹，理应获得与身份相称的封地遗产，而不是用一点货币年金就能打发的——考虑到西蒙名下只有莱斯特这一块有世袭领主权的封地，且封地的年入仅有 500 镑，埃莉诺能否获得额外的封地就显得尤为重要。由于名下的封地有限，他算是英格兰伯爵中财力最弱的，无法为 5 个儿子留下什么像样的遗产（他不会像克莱尔那样，因推行地方改革放弃大量既得利益）。1259 年，十五人议事会暂时准许孟福尔家族代管每年产生 400 镑收益的王室庄园，等于是被敲诈了，因为埃莉诺放弃对欧洲大陆某些领地的诉求是英法签订《巴黎条约》的前提条件。还有一个因素令一贯强硬的西蒙出此下策，即他看不起懦弱的国王。亨利胆识不足，不敢出手解决埃莉诺的亡夫遗产问题（想要让埃莉诺获得这份遗产，就必须让娶了马歇尔家族女继承人的权贵归还土地）；他怕得罪人，导致埃莉诺无法获得相应的土地补偿；他胆小如鼠，无法顶住各方抗议，在加斯科涅极力支持孟福尔。"真希望有人能像对待'愚者'查理那样，把你抓起来关进大牢。" 1242 年，西蒙情绪失控时拿亨利与加洛林王朝的倒霉国王做比较，口出谗言。

　　所以，1260 年爆发政治危机，令男爵政权首次出现大裂痕时，有人说西蒙站在风口浪尖上，就不值得大惊小怪了。签订《巴黎条约》后，逗留在法国的亨利夺回了一定的自主权，他发令说在国王还未回国时不得召集 2 月议会。坐镇英格兰的西蒙则寸步不让，指出按照"条例"的规定，议会应当每年召集三次。他放出狠话说，如果国王率领外国雇佣兵回国，必定会挨当头一棒，还警告政法官休·比戈德不要向国王提供资金支持。令局势更为紧张的是，理查德·德·克莱尔加入了国王阵营，爱德华王子则因为要为自己争取独立的政治地位与西蒙结成了同盟。后来，幸亏西蒙与克莱尔达成和解，令十五人议事会再次掌控局面，否则双方定会展开一场厮杀。1260 年 10 月的议会解除了比戈德的职务（西蒙觉得他不再可靠，不能委以重任），任命西蒙的手下休·德斯潘瑟（Hugh Despencer）担任政法官。克莱尔开出的条件则是颁布新的法令，规定权贵有权审理针对自己手下的执达吏发起的诉讼，这相当于剥夺了特殊巡回法庭审理此类案件的权力。上述事件不可避免地削弱了十五人议事会的权势，令其在 1261 年初瓦解。亨利夺回了对大法官法庭的控制权，又能按照自己的意愿发布令状、特许状。之后，他进驻伦敦塔，摆好架势，准备正式废除"牛津条例"。此时，康沃尔的理查德暂时回到英格兰，可以为亨利提供帮助，而埃莉诺王后一方面因 1260 年萨伏依的彼得被迫离开十五人议事会 ① 惊慌失措，一方面与被召回英格兰的威廉·德·瓦朗斯（艾梅在流放期间去世）达成和解。亨利按照《巴黎条约》的规定，得到了路易九世的付款，用这笔款增加了亲卫骑士的人数，雇佣了大量兵员。6 月，他公布了费尽周折说服教皇亚历山大四世（Alexander IV）签署的教皇诏书，以教皇的名义废除了"条例"，免除了政法官休·斯潘瑟和改革派郡督的职务。

上述措施在各地激起了强烈的反抗，不少郡县出现了两位郡督分庭抗礼的情况。在格洛斯特郡，改革派郡督、本地骑士威廉·特雷西（William de Tracy）不承认国王任命的马赛厄斯·贝兹尔郡督职位的合法性，说他是个法国人，任命他就等于是在公然违背"条例"的规定。此时，西蒙与克莱尔还保持着同盟关系。所以说，反抗运动在一定程度上是由男爵阵营的领袖策划组织的——特雷西确实是格洛斯伯爵的手下。亨利国王展现出政治智慧，称整场改革是男爵阶层提升权势的手段，那些 1258—1260 年得到任命的郡督都是男爵的走狗。尽管如此，各地的反抗声浪至少反映出英格兰各郡的骑士及以下阶层支持改革确实是发自真心的。到最

---

① 萨伏依的彼得自始至终都是男爵阵营中的温和派，在理查德·德·克莱尔与西蒙·德·孟福尔间的矛盾激化后，更是转而加入了保王派阵营，所以受到孟福尔的排挤，失去了在十五人议事会中的席位。

后，反倒是领导反抗运动的男爵出现了内讧。理查德·德·克莱尔在亨利的拉拢下加入保王派阵营，到 1261 年底，只剩西蒙还没接受"条例"已遭废除这个事实。不服输的他撤到法国，声称宁可死后得不到一寸领地，也不愿违背事实作伪证。

　　亨利算是夺回了大权，可惜没能守住战果。由于没能在威尔士击败卢埃林，威望受到一定影响。1262 年，理查德去世后，亨利以格洛斯特伯爵领的继承人、理查德之子吉尔伯特·德·克莱尔尚未成年为由，没有让他继承伯爵爵位，得罪了克莱尔家族。此外，爱德华王子的行为对亨利造成了更为不利的影响。1258 年，爱德华年满 19 岁，自革命爆发后就一直将摆脱男爵政权对自己的限制作为核心目标。1262 年，他与近臣，特别是利伯恩的罗杰（Roger of Leybourne）、克利福德的罗杰（Roger of Clifford）关系破裂，甚至指责他们贪污。他受到了埃莉诺王后的鼓动——她纵容 1258 年改革派发动革命，正是因为想要切断爱德华与吕西尼昂家族的关系。到了 1262 年，她把矛头指向另一群不合她心意的人，无意中引发了另一场革命。遇到危机后，包括萨里伯爵约翰·德·瓦伦等数位边境领主在内，被爱德华抛弃的近臣站在了一起。他们需要通过一场剧变夺回财富，于是将目光投向了西蒙·德·孟福尔，认为他不乏政治理想，且锋芒毕露，行动力十足。英格兰全国上下只有西蒙一人心系"牛津条例"，也只有他强调要用武力来捍卫"条例"。1263 年 4 月，西蒙就是以捍卫"条例"的军事将领这一身份返回英格兰的。加入他这一方的除了爱德华之前的近臣，还有吉尔伯特·德·克莱尔，以及他在英格兰的支持者。孟福尔家族的权力基地在英格兰中部的凯尼尔沃思城堡，包括彼得·德·孟福尔、休·斯潘瑟在内的大部分支持者是出生于此的骑士、权贵。以约翰·菲茨·约翰（John fitz John；约翰·菲茨·若弗鲁瓦之子）、亨利·德·黑斯廷斯（Henry de Hastings）为代表，数位年轻的权贵（编年史家托马斯·威克斯轻蔑地叫他们"小男孩"）也加入了西蒙的阵营。总的来说，这个阵营是一群乌合之众，西蒙这位有人格魅力的领袖倒是能化腐朽为神奇。西蒙以 1258 年立下的誓言为依据，一方面率军破坏保王派领主的领地，一方面占领英吉利海峡沿岸的港口，迫使躲进伦敦塔的亨利国王宣布投降。埃莉诺性格刚毅，想要乘船沿泰晤士河逃走，却因为有炮弹不断从伦敦桥上掷下而无法动身。1263 年 7 月 16 日，"牛津条例"再次生效，亨利又成了议事会的傀儡，而这届议事会的议长正是西蒙·德·孟福尔。

在权贵中缺少有力后盾的西蒙耍起政治手腕，转变了改革运动的性质。作为一个外国人，他成了梅尔罗斯修道院的编年史家所说的"英格兰人民的后盾和守护者"，帮助他们应对异乡人的威胁。1263—1265 年，英格兰人在亨利统治时期积蓄的排外情绪达到喷薄而出的边缘。在西蒙的领导下，这股情绪让"英格兰人"重新凝聚起来，归属感日益增强。对男爵领袖来说，1258 年的革命针对的仅仅是吕西尼昂家族这帮异乡人。王后的两个舅舅萨伏依的彼得、博尼法斯在十五人会中占有一席之地，然而在王廷之外，对外国人的敌意普遍存在。1258 年后，这种情绪愈演愈烈。埃莉诺先是在 1261 年被指责为废止"条例"的罪魁祸首，后又在 1262 年被谴责清洗了爱德华王子的近臣。1263 年，爱德华在威尔士出师不利，只好率领大批外国骑士返回英格兰。这帮人有没有可能是被用来欺压本国臣民的呢？早在 1260 年，西蒙就说过亨利宁可相信异乡人，也不愿意信任"英格兰老乡"。1263 年，他借助汹涌的排外浪潮把自己推上权力的巅峰：在战争之初逮捕了萨伏依一派的赫里福德主教彼得·格布朗什，紧接着将王后的领地、获得英格兰圣俸的意大利教士、外国放债人选作攻击对象。7月16日，亨利国王投降后被迫签署了一项荒唐的"法令"，标志着中世纪英格兰的排外情绪达到了顶峰。按照法令的规定，只有本土出身的男性才有可能在英格兰成为官员，且除了满足特定豁免条件的情况，外国人一律要被迫离境，"永远不能回来"。

　　排外法案在英格兰社会各阶层受到欢迎。在爱德华那儿失宠的近臣可以利用它惩罚埃莉诺王后，而吉尔伯特·克莱尔可以借此将竞争对手赶出王廷。地方上，上至骑士，下至农民，人们普遍利用法案惩罚萨伏依派、吕西尼昂派，让他们为仗势欺人的行为付出代价，还制服了马赛厄斯·贝齐尔这样得到郡督任命的异乡人。1261年，贝齐尔占得上风，令威廉·特雷西颜面尽失。现在该轮到贝齐尔尝一尝被羞辱的滋味了。虽然真正意义上受到异乡人及代理人欺压的本土居民很少，但关于异乡人实施"暴行"的传言不绝于耳。圣奥尔本斯修道院的编年史家捕捉到了无处不在的排外情绪，他表示，"民众只要发现有人不会讲英语，就会冷眼相看，露出鄙夷的神色"。教会成员还会因教皇安排外国教士接受英格兰的圣俸而忿忿不平，跟俗众一起加入排外行列。1264年，西蒙取得决定性胜利，奇切斯特主教的随员中有一位托钵修士谱写了《刘易斯之歌》，称亨利亲政期间"某些人想要抹除英格兰人的名誉"。西蒙态度坚决，无论遇到多大的阻碍，也不允许异乡人做官。此时，已经没有任何议题能够像"反对异乡人霸占官场"那样，令他领导的运动更有凝聚力、更有意义。正因为如此，编年史家才会将反抗异乡人的运动看作是引发1258年革命的唯一原因。1066年诺曼征服之后，亨利三世时期的"异乡人威胁论"首次令英格兰人形成民族身份认同，将社会各阶层团结到了一起。

不过，西蒙·德·孟福尔最终还是没能控制住政权。1263 年革命的发起者只是一小拨贵族，而 1258 年的革命得到了权贵的广泛支持，两次革命的性质有着明显的差异。1258 年革命成功后，休·比戈德担任政法官，成为标志性人物；可到了 1263 年，他却加入国王的阵营。同样，尽管 1258 年比戈德的哥哥诺福克伯爵起兵带领男爵阵营与国王发生武装对抗，成了政局动荡的始作俑者，但现在他也站到了国王那边。这一类人认为孟福尔不仅穷兵黩武、自我膨胀，而且会走极端，受他领导无异于自寻死路。没过多久，孟福尔的阵营也发生了分裂。此时，爱德华已经与父亲和解，开始全力支持保王派阵营，在 1263 年 8 月收买被驱逐的近臣，令其改换门庭——很有可能是他们最初想要达到的目的。10 月，亨利摆脱了西蒙的控制，令王国分为几个武装阵营，他们唯一能达成一致的是，请路易九世对争议做出仲裁。路易还像之前那样对于发表意见持谨慎态度，但其实他后来说，宁可拽耙扶犁，也不愿受到"条例"的约束。最终，路易做出裁决，在《亚眠协定》（Mise of Amiens，1264 年 1 月签订）中将"条例"推翻，就此恢复了亨利的所有权力。西蒙及其追随者当然无法接受这样的裁定，英格兰因此再度爆发内战。

就算吉尔伯特·德·克莱尔出兵相助，也还是不能改变孟福尔不及国王受贵族拥戴的窘境。孟福尔拥有南、北权力基地，分别是伦敦和以北安普敦、莱斯特、凯尼尔沃思为中心的中部地区。亨利、爱德华父子直击要害，屯兵牛津，阻断了西蒙阵营的南北交通线，在 4 月 5 日发动奇袭，攻占北安普敦，抓捕了大量俘虏。面对突如其来的打击，西蒙临危不乱，展现出过人的胆识和判断力，把控住了战局。首先，他率军佯动，暂时围攻罗切斯特堡，诱导国王的军队南下。5月6日，他率军离开伦敦，决心与敌军对垒，"一战定胜负"。1264年5月14日，西蒙利用前一天夜里占领苏塞克斯丘陵获得的地形优势，取得压倒性胜利，俘虏了亨利国王、爱德华王子和康沃尔的理查德。一个月后，改革派按照"条例"的精神成立了九人议事会，想限制国王的权力，而西蒙·德·孟福尔、吉尔伯特·德·克莱尔、奇切斯特主教则成了议事会成员的推举人。三人名义上要对出席议会的高级教士、男爵负责，可实际上是西蒙说了算。在英格兰历史上，孟福尔可算是第一位紧握国家政权，挟国王以令天下的贵族。

　　夺取政权后的西蒙必须巩固政府的地位，说起来容易，做起来难。签订《亚眠协定》后，埃莉诺王后没有立刻返回英格兰，得知丈夫被俘后，她在路易九世的支持下前往佛兰德斯召集起一支军队，随时有可能打回英格兰。教廷使节居伊·德·富尔夸（Guy de Foulquois）无法前往英格兰，可还是革除了西蒙及其支持者的教籍。西蒙不计较个人恩怨，释放了在刘易斯战役中被俘的罗杰·德·莫蒂默，但这位边境男爵依然拒不承认西蒙政权的权威性。在英格兰伯爵中，唯一支持他的就只有已成为格洛斯特伯爵的吉尔伯特·德·克莱尔。年轻的德比伯爵罗贝尔·德·费勒斯（Robert de Ferrers）没有加入任何一派，只想获得峰区①（the Peak）的领主权，实现费勒斯家族对这部分佩弗里尔家族祖产长期以来的诉求。

---

① 峰区为英格兰中部、北部的高地，主要位于德比郡北部。

面对不利的局面，孟福尔转而将大贵族之外的社会中下层作为权力基础——的确是一步妙棋。比如说，尽管伦敦的高级市政官阿诺德·菲茨·西德马（Arnold fitz Thedmar）不赞同西蒙的做法，但他写的编年史还是承认了路易九世的裁决不得人心，没有得到"王国中层民众群体"的认可。1264 年 6 月议会通过了新宪法体系，孟福尔下令各郡的郡法庭选出 4 名骑士代表"共商国是"。1265 年的议会召集时，他还首开先例要求各地城镇召集镇民代表。这确实是下议院的雏形，标志着英格兰自 1258 年以来发生了重大转变。骑士阶层出席了 1258—1259 年召开的议会会议，而且确实产生了一定的影响力，从"青年骑士利益共同体"的抗议中不难看出。尽管有 1254 年的先例，但"牛津条例"没有以任何形式要求各郡、各镇正式派代表出席。眼下，西蒙迈出了决定性的一步。

伦敦像 1215 年支持叛军时那样，自始至终全力支持孟福尔，甚至在刘易斯战役中派出一整支队伍参战，所以说，伦敦对他来说更为重要。诚然，在伦敦掌权的精英高级市政官通过向王廷提供葡萄酒、布匹、贵金属与其建立了密切的联系，但亨利随意向伦敦城征税，还想授予威斯敏斯特教堂开办集市的权力，让他们中的不少人心存不满。1258 年，革命爆发前夕，亨利清洗了伦敦议事会中的反对派，此后他的支持者掌握了大权。所以说，伦敦在 1261 年成了国王重新夺权的安全基地。然而，伦敦在 1263 年爆发了政治、社会革命，市政官的统治没能维持下去，市民大会夺取大权，反转了局势。市民大会将支持西蒙的托马斯·菲茨·托马斯（Thomas fitz Thomas）推选为下一任市长——他出身旧精英阶层，与 1258 年遭到清洗的反对派关系密切。托马斯第一次允许此前受到市政官打压的手工业从业者组织起来，还当着国王的面表示，伦敦是否会忠于国王完全取决于国王自身的表现。

正如其之前召集议会时所表现出来的，孟福尔渴望得到骑士阶层的支持，他们除了能够提供作战所需的军力，还可以做控制地方政府的抓手。（在他掌权期间，像牛津这样中等规模的郡里，参与政治活动的骑士有 50 余人。）不过，西蒙并非总能得偿所愿，无论是 1258 年负责调查各郡冤情的骑士，还是在 1258—1259 年被任命为郡督的骑士，十有八九没有参与之后的政治斗争。毫无疑问，这是明哲保身的表现。换个角度来看，以北安普敦郡、沃里克郡、剑桥郡、斯塔福德郡的 123 位骑士为例就会发现，1263—1265年有 68 位骑士（55%）即便没有真的反对国王，至少也受到了类似的指控。而对比鲜明的是，其中积极支持国王的仅有 16 人（尽管这方面的证据少得多）。鉴于上述各郡位于英格兰中部地区，属于西蒙的核心势力范围，所以其他郡县支持改革派的骑士比例很有可能要低一些，但这些数据仍然令人眼前一亮。一些骑士与国王或国王政权的成员有私人恩怨，比如埃尔斯菲尔德的吉尔伯特（Gilbert of Elsfield，牛津郡的骑士）就指控威廉·德·瓦朗斯强占了自己的领地。与 1215 年的情况类似，许多领地相邻的骑士似乎在对立派占多数的地区形成了小规模的区域反抗联盟——例如，伊夫利的罗贝尔·菲茨·奈杰尔（Robert fitz Nigel of Iffley）的领地与吉尔伯特的领地相邻，他俩都死在伊夫舍姆战役中。显然，在选择政治阵营的过程中，邻里关系的作用很重要。在当时的政治局势下，封建土地保有权、奖励、威逼等多种手段都是重要因素。由于改革派阵营不太能争取到伯爵的支持，西蒙越来越倚重地位较低的小男爵。以德雷顿的拉尔夫·巴西特（Ralph Basset of Drayton）为代表，在刘易斯之战取胜后，西蒙将一部分小男爵任命为治安维持官，与郡督一起维持各郡的局势。其他人，如拉尔夫·德·卡莫伊斯（Ralph de Camoys），加入了九人议事会，这与 1258 年十五人议事会由伯爵主导的情况截然不同。尤其值得一提的是，孟福尔缓解了这些人对犹太人的债务。他们还帮助约翰·菲茨·约翰对伦敦的犹太人发动残忍的攻击。某些地区，小男爵在决定加入哪一方时，考虑的不是国家利益，而是当地权力斗争的态势。正因为如此，中西部地区，德雷顿的拉尔夫·巴西特才会一方面利用法律手段，一方面不惜动用武力，与当地的保王派领主达德利的罗杰·德·索默瑞（Roger de Somery of Dudley）、塔姆沃思的菲利普·马米恩（Philip Marmion of Tamworth）争夺地区主导权。若是从这一角度出发分析，那么 13 世纪 60 年代的冲突就与斯蒂芬国王、约翰王统治时期发生的内战如出一辙了。

这一时期，政治表现活跃的不只有骑士、贵族，还有许多自由民、佃农。他们除了参与各地的小规模战斗，还加入了改革派军队，屠杀从刘易斯战役中逃走的保王派。1264 年夏，西蒙为了应对埃莉诺的威胁，称王后军队里头"尽是异乡人"，号召英格兰臣民团结一心，共同应对，并要求每个村庄派出 4—8 名村民前往肯特的巴勒姆丘陵集结。英格兰上下一呼百应，气氛大概与 1940 年英国抗击纳粹德国时的很像。同样令人惊叹的是，尽管教皇反对，但教士们提供了支持。保王派取胜后，包括与西蒙私交深厚的伍斯特主教沃尔特·德·坎蒂卢普（Walter de Cantilupe）在内，一共有不下 5 位英格兰主教因支持西蒙遭到停职处分。这些教士之所以支持他，一是因为他奉行禁欲主义，极端虔诚；二是因为他们都受到犹如圣徒一般的格罗斯泰特的影响。《刘易斯之歌》洋洋洒洒 968 行，行行荡气回肠，句句扣人心弦，贯穿着西蒙对改革的热情承诺，5名主教很有可能也深受感染。《刘易斯之歌》就像是一块警示牌，告诫后人不应只从地方权力冲突、个人恩怨、封建宗主权出发来解释当时人们对孟福尔的支持。这些教士在向教众讲道、解释这位伟大伯爵的功过是非时，想必会像《刘易斯之歌》那样，提到西蒙是如何以国家利益为重，为英格兰人拯救祖国的。1265年，莱斯特郡境内，皮特林马格纳村的农民攻击了一名保王派军官，理由是他"与英格兰人民、男爵作对"。这样看来，就连一介村夫也明白改革派的政治理念，相信自己是英格兰利益共同体的一员。

孟福尔确实得到了广泛的支持，可后来重蹈覆辙，没能巩固住政权。他几乎是把亨利国王、爱德华王子当作囚徒。单从西蒙在1265年3月迫使爱德华王子交出柴郡，此后将该地定为家族的世袭领地就可以看出，他已经对和解不抱任何希望。若是让权贵实实在在地做出选择——要亨利国王还是西蒙国王？绝大多数权贵会选择前者。吉尔伯特·德·克莱尔无法忍受西蒙一手遮天的做派（西蒙会说这是生存下去的前提），反水投靠了保王派，对改革派造成了致命的打击。1265年5月，爱德华逃离软禁，到达威格莫尔后受到罗杰·德·莫蒂默的妻子、镇守威格莫尔城堡的玛蒂尔达·德·莫蒂默（Matilda de Mortimer）的欢迎。他很快就与莫蒂默、克莱尔达成一致。8月4日，他们组成的联军将兵微将寡的西蒙围困在了伊夫舍姆镇。西蒙拒绝了前往伊夫舍姆修道院避难的提议（"教堂是教士的，骑士应当驰骋于疆场"），率军离开，攻击占据着格林希尔山高地的保王派军队，最后在包围圈中被敌方士兵砍死、乱刀分尸，首级被送给玛蒂尔达。与他一同战死的除了儿子亨利、彼得·德·孟福尔、休·德斯潘瑟，还有30多名骑兵。

"伊夫舍姆之战是一场谋杀。"编年史家格洛斯特的罗贝尔嗟叹道。的确如此。取胜方史无前例地对战败方赶尽杀绝，反映出西蒙令保王派又怕又恨。两派间的深仇大恨令战后的和解协商困难重重。伦敦被处以 13 333 镑的巨额罚款。获胜方没有像 1217 年内战结束后那样归还叛军领主的领地，而是先"以战场为中心，像巨浪一般"（据克莱夫·诺尔斯，Clive Knowles）涌向西蒙一派领主的领地烧杀抢掠，后又正式没收了这些领地，而最后国王给他的支持者分配领地时又随心所欲，埋下了新战争的祸端。1266 年 5 月，在一场发生在切斯特菲尔德的小规模战斗中，一部分失去领地的改革派领主吃了败仗。另一帮改革派领主在亨利·德·黑斯廷斯的带领下高举反抗大旗，固守凯尼尔沃思城堡，而国王则在 1266 年 6 月开始围攻这座城堡。多亏了此时到达英格兰的教廷使节奥托布诺（Ottobuono，即未来的教皇阿德里安五世）费心斡旋，国王最终采用了更为明智的策略。10 月，亨利颁布《凯尼尔沃思宣言》（Dictum of Kenilworth），允许参与叛变的领主赎回领地，赎金多寡则根据罪行的严重程度来定，最多不超过领地年入的 7 倍。但这些条件还是太苛刻了，所以凯尼尔沃思堡攻城战一直持续到 12 月，等到守军粮草耗尽时才落下帷幕。守军能够坚守长达半年，反映出西蒙善于修建城防工事。另一路叛军继续据守在伊利岛，搅得周边不得安宁。吉尔伯特·德·克莱尔虽然在叛乱遭到镇压之初，利用手下大批官员搜刮了大笔财富，却没能获得多少叛军的领地，于 1267 年 6 月出手干预。他占领了伦敦，逼国王开出更宽松的归顺条件①。一个月后，爱德华消灭了伊利岛的叛军，令内战尘埃落定。

---

① 加入叛军的领主可以先取回领地，再缴纳罚金，而不是像之前规定的那样，必须先缴纳罚金，才能取回领地。

　　然而，天下还未太平。德比伯爵罗贝尔·德·费勒斯在切斯特菲尔德战役中成了俘虏，亨利国王故意开出高达 5 万镑的领地赎金，迫使罗贝尔将伯爵领交给国王的次子埃德蒙，令费勒斯家族永远失去了德比伯爵爵位。爱德华王子与克莱尔矛盾不断，闹得不可开交。亨利国王一贫如洗，一方面不得不像 50 年代时那样，让权贵按次序受赏，一方面暂停国库一切开支，但很快又列出各种例外情况，令之前的措施前功尽弃。此时，无论是西蒙战死的地点，还是他位于伊夫舍姆修道院的"圣祠"①，都变成了朝圣地，频频传出显圣的消息。尽管如此，还是出现了有利于和解的迹象。伊夫舍姆之战刚一结束，政府就采取措施保障西蒙一派领主的妻子、遗孀的利益，允许她们不仅可以继承遗产，还可以获得丈夫的部分领地（通常为领地总量的 1/4—1/3）。政府之所以采取此策略，是因为改革派、保王派有着亲属关系。例如，菲利普·巴西特（Philip Basset）本人是德高望重的保王派，他的两个女儿分别嫁给了休·德斯潘瑟和约翰·菲茨·约翰。除此之外，尽管必须承担沉重的经济负担，但上至贵族、骑士，下至自由民，绝大多数孟福尔派成员在缴纳赎金后都拿回了被罚没的土地。在一定程度上，改革派取得了胜利。尽管亨利国王不能容忍 1258 年的改革对中央权力做出限制，却能欣然接受 1259 年 10 月在立法过程中通过的"威斯敏斯特条例"，因为该条例以郡督、法官徇私枉法的行为为靶子，限制了封建臣属出席私设法庭的义务。1263 年 1 月，亨利为了争取更多臣民的支持，甚至还以国王的名义重新颁布了"条例"。1267年 11 月，他最终将"条例"写入了《莫尔伯勒法令》（Statute of

---

① 　　孟福尔葬于伊夫舍姆修道院。

Marlborough）。1268—1270 年，为了给想要参加十字军东征的爱德华筹措军费，亨利提出了征税要求，与一届届的议会讨价还价，每次都会召集各郡的骑士参与，至少有一次还同时召集了各镇的镇民，最终以同意控制犹太人的放贷业务、再次承认《大宪章》的法律效力为代价，获得了征税许可。国王已经意识到，想要弥合王权与臣民间的鸿沟，就必须出台符合各郡地方利益的法律，召集郡代表出席议会共商国是。

1269 年 10 月 13 日，亨利将"忏悔者"爱德华的遗体送至威斯敏斯特新建的教堂，安放在了圣祠中。教堂耗资 4 万多镑，足够爱德华王子征服威尔士之后在当地搭造三四座堡垒的。不过，这还是值得的。威斯敏斯特教堂终究成了基督教世界公认的最美教堂。亨利将自己的统治建立在君权神授的基础上，用尽一切手段强调自己与上帝的亲密关系，虽然没能借此避免革命，却很有可能因此保住了王位。男爵阶层曾将罢黜约翰王的打算摆上过议事日程，但亨利却从未遇到这样的威胁。1272 年 11 月，亨利去世时，爱德华还在十字军东征的路上。此时，英格兰王权坍塌已经令不列颠的政治局势发生了翻天覆地的变化，如何恢复霸主地位，成了最令爱德华头疼的问题。

* * *

1247 年，卢埃林·阿颇格鲁菲德被迫与兄长欧文共同统治领土所剩无几的圭内斯。20 年后，他当上了尊贵的威尔士亲王。

在威尔士诗人、编年史家看来，卢埃林领导的运动是一场以"推翻英格兰人的残暴统治"为目标的民族解放运动，这种观点的确在很大程度上反映了实际情况。在南方，国王派往卡马森的地方行政长官极力扩张王权的司法管辖权，早已令伊斯特德特维的统治者心存不满。在北方，英格兰政府对"四百镇区"统治得越来越严苛，尤其是在1254年，该地区与切斯特及其他英格兰王室的威尔士领地一道成为爱德华王子的封禄后，英格兰人变本加厉，统治手段更加严酷。就连英格兰的编年史家也指出，英格兰的暴政是对威尔士法律、习俗的公然践踏。1252年，坐镇切斯特的政法官艾伦·拉·朱什（Alan la Zouche）声称"所有威尔士人都遵守英格兰法律，到处一片祥和"，一目了然地展现出英格兰对威尔士问题的官方态度。然而，点燃了威尔士人的怒火之后，英格兰政府很快就无法维持当地的局面。1258—1267年英格兰九年革命期间，不仅国王的权威灰飞烟灭，男爵阶层也是元气大伤。亨利国王没能收服卢埃林，反而是卢埃林在1257年、1262—1263年先后两次击败（或者说帮助击败）了国王。

不过，威尔士诸侯的普遍支持中有不少人对他卢埃林以民族英雄自居嗤之以鼻。在圭内斯，卢埃林为了成为唯一的诸侯王而与亲兄弟大动干戈。1255年，卢埃林在布林德尔温奋勇作战，取得了决定性的胜利——一位宫廷诗人写诗盛赞他"如狮子般率军将王国占为己有"。卢埃林的兄长欧文战败被俘，与弟弟罗德里（Rhodri）一起遭受了长达20年的牢狱之灾。只有幺弟戴维兹仍是自由身，而后戴维兹兴风作浪，证明了卢埃林当初关押他的两个哥哥是多么明智。卢埃林（在1256年）乘胜追击，不仅从爱德华王子手中夺回了"四百镇区"（除了迪加努伊、迪瑟斯两地新建成的城堡），还从亲戚卢埃林·阿颇梅尔达斯（Llywelyn ap Maredudd）那里夺走了梅里奥尼斯，统一了圭内斯。接下来，他马不停蹄地入侵锡尔迪金，占领了爱德华在阿伯里斯特威斯附近的领地，在圭内斯边境以南展现了自己的权威。然而，这一次"他分毫未取，只带走了王者的荣耀"（《布鲁特》如此记载），将战果全部赏赐给了德赫巴斯境内的盟友。次年（1257 年），卢埃林大举南下，四处劫掠，对格拉摩根、高尔、彭布罗克这三地的边境领主造成了严重威胁。

英格兰当权者理应迅速应对这一威胁，但国王紧盯着西西里局势的发展，极少亲自过问威尔士事务。亨利说是要派舰队从爱尔兰出发，占领安格尔西，令其成为王室领地，却未曾派出一兵一卒。1257 年 8 月，他重新布置了迪加努伊堡，补足了粮草，然后为了按时庆祝"忏悔者"爱德华的瞻礼日而匆匆返回威斯敏斯特。后来，卢埃林长驱直入，将亨利国王的盟友格鲁菲德·格温文温逐出了南波伊斯。

取得上述胜利之后，卢埃林在 1258 年开始自称威尔士亲王，他的弟弟戴维兹直到死前还公然以威尔士亲王自居。既然号称是"亲王"，治下就应当有座"公国"，对于这座"公国"卢埃林早已有所设想。之后，他向教皇描述道："在公国境内，我及我的继任者是所有威尔士男爵的封建宗主，每位男爵必须向我们效忠……而我及我的继任者应当向英格兰国王及其继任者效忠。"显然，这幅蓝图与卢埃林大王的愿景一致，卢埃林·阿颇格鲁菲德若想要梦想成真，就必须克服祖父当年遇到的困难——要知道，祖父当年就是因为感到阻力重重，才没有自封亲王的。第一重阻力就是英格兰的王权，原因是英格兰国王要求威尔士各地的诸侯直接向自己效忠；第二重是威尔士本土统治阶层不希望圭内斯一家独大。1259 年，卢埃林将昔日的盟友伊斯特德特维的梅尔达斯·里斯关了起来，还剥夺了他的领地，向威尔士全国宣告，不遵守效忠誓言必将受到亲王的严惩。威尔士统治阶层有可能认为，威尔士必须在政治上保持统一才能对抗英格兰官员的蚕食，实现统一的方式也应当是建立政治联盟，而不是承认圭内斯的霸权。此外，本土统治阶级经常同室操戈，导致家族分裂，同样是卢埃林必须克服的困难。1261年，梅尔达斯·里斯与卢埃林言和的前提条件是，他不能与他的侄子，也就是他的对手里斯·弗奇（Rhys Fychan）① 保持同盟关系，也不能与锡尔迪金的梅尔达斯·阿卜欧文结盟。此类家族内斗让所谓的"爱国主义"情操消弭无踪。如果一方加入卢埃林的阵营，另一方就很有可能投靠英格兰国王。卢埃林之所以必须得到英格兰国王的承认，一个主要原因是要防止本土诸侯将加入英格兰阵营作为借口。

刚开始时，在如此凶险的环境中，卢埃林见风使舵，顺水推舟，好似得到了祖父的指点。他不仅像宫廷诗人豪迈的诗篇所歌颂的那样，是一位战无不胜的勇士，同时也是一名老谋深算的政治家——至少在政治生涯的初期确实如此。他1258年曾自称"威尔士亲王"，不过很快就冷静下来，放弃了这一称号。在威尔士统治阶层面前，他经常谈到缔结条约、联盟，可在英格兰政府面前又以一系列停战协定做掩护，开启谈判大门。然而，英格兰爆发政治革命虽说消除了来自王权的威胁，可也剥夺了国王拍板的权力，所以1260年卢埃林抓住英格兰因内战一触即发的机会，再次诉诸战

---

① 13世纪50年代时，梅尔达斯·阿颉里斯因与里斯·弗奇争夺领地而被迫流亡，投靠卢埃林。之后他违反效忠誓言，投靠了英格兰国王，也是因为里斯·弗奇加入了卢埃林的阵营。

争，从爱德华手中夺走了比尔斯，收复了这个位于瓦伊河河谷上游，在戴维兹统治时期被迫放弃的战略要地。与此同时，趁着劲敌罗杰·德·莫蒂默因格洛斯特郡境内的莱奇莱德庄园被官司缠身，后又（在 1263 年底）因与西蒙·德·孟福尔结仇而无暇他顾，卢埃林利用自己在 1256 年打下的基础，夺取了瓦伊河与塞文河之间大片地区的控制权。夺取比尔斯后，卢埃林得以南下，在 1262 年接受了布雷肯部分地区的效忠，从而将势力范围扩大到了格拉摩根的北部边境。在南扩的过程中，卢埃林一次次地从英格兰内战中渔翁得利：布雷肯领主赫里福德伯爵的长子汉弗莱·德·博洪（Humphrey de Bohun）在伊夫舍姆之战中身负重伤，没过多久便死了，所以直到 1271 年，布雷肯领主都是博洪尚未成年的小儿子；在格拉摩根，严酷的统治者理查德·德·克莱尔于 1262 年去世，其子吉尔伯特先是因尚未成年不得不接受监护，成年后又陷入了英格兰内战；在西方，亨利三世同母异父的弟弟威廉·德·瓦朗斯通过婚姻获得了彭布罗克的领主权，却在 1258 年被暂时驱逐出英格兰，直到 1265 年才得以再次前往这块位于威尔士的领地。

自 1262 年夏末起，卢埃林又开始以威尔士亲王自居，之后再也没有放弃这一头衔。亲王的称号绝非徒有虚名。1263 年 3 月，他从威尔士北方、南方、西方纠集了一支多达 1 万人（当时的英格兰人是这样估算的）的步兵大军。爱德华虽然拉来了卢埃林的弟弟戴维兹，但他在 1263 年采取的反制行动却劳而少功。同年 8—9 月间，趁着爱德华与父亲亨利忙于摆脱蒙特福特式的枷锁，卢埃林迫使迪加努伊、迪瑟斯两地的城堡开城投降，拔掉了英格兰长期以来在"四百镇区"的最后两个前哨基地。1263 年末，格鲁菲德·格温文温走投无路，只好向卢埃林效忠。然而，卢埃林仍渴望获得英格兰政府的承认，急切程度不亚于不择手段想要赢得支持的西蒙。所以说，卢埃林、西蒙为了满足彼此的需求，在1265年6月签订了一份条约。从条约的规定中可以看出，傀儡国王亨利不仅认可了卢埃林的威尔士公国，还承认了他对威尔士本土权贵的"统治权"。作为回报，卢埃林向西蒙提供了大量威尔士步兵。6个星期后，在伊夫舍姆与保王派军队对阵时，尽管这帮步兵发出令人胆战心惊的呐喊，可是终究没能帮西蒙躲过死于罗杰·莫蒂默手里的命运。

虽然孟福尔在伊夫舍姆兵败身亡，但卢埃林的力量却没有被削弱。直到1267年7月，英格兰才勉强恢复了表面的和平。爱德华迫不及待地想要上阵杀敌，但他的目标不是征服威尔士，而是参加十字军东征。趁着英格兰政府囊中空空，卢埃林开出了令其无法拒绝的条件，在1267年9月与之签订了《蒙哥马利条约》（Treaty of Montgomery）。按照条约的规定，卢埃林应当向英格兰政府支付16 666镑（2.5万马克），其中3 333镑要在1267年圣诞节付清，剩下的按照每年2 000镑的额度支付。作为交换，亨利要承认卢埃林对新占领地区的领主权：卢埃林可以保留"四百镇区"，位于瓦伊河、塞文河之间的凯督温、瑟里，以及比尔斯和布雷肯的占领区。更为重要的是，卢埃林被授予"威尔士公国"，从此以后可以使用"威尔士亲王"这一头衔，还可以要求"威尔士境内所有威尔士男爵"向自己效忠。在威尔士各位诸侯中间，只有卢埃林能以威尔士亲王的身份直接向英格兰国王效忠。上述让步的对象不只是卢埃林本人，还包括他一代代的继任者。至此，卢埃林建立了他的政权。他能守住它吗？

* * *

    1215—1217 年，英格兰爆发内战，王权走向瓦解，苏格兰国王亚历山大二世与反叛的男爵阵营结盟，趁机入侵英格兰，想要实现对其北部诸郡的领土诉求。几十年后，英格兰内战再起，这一回亚历山大三世采取的策略是，先派大批士兵参加刘易斯战役，为亨利国王作战，之后准备派重兵驰援，只因得到保王派在伊夫舍姆大获全胜的消息而未能成行。可以看出，亚历山大三世与和孟福尔一派结盟的卢埃林走的是完全相反的路线。说实话，如果伊夫舍姆之战发生的时间再延迟几周，很可能会出现威尔士与苏格兰两军对垒的情况。从亚历山大的行动不难看出，两国保持了长时间的和平关系，另一方面亚历山大三世迎娶亨利三世之女，将英格兰王廷和苏格兰王廷联结在了一起，更是增强了家族关系的纽带。因此，亚历山大才能经受住诱惑，继续执行父亲在苏格兰对外战略方面做出的调整。英格兰国力被内战削弱之时，亚历山大没有趁机大举南下，而是挥军西进，夺取了马恩岛、西部群岛的控制权，扩张了苏格兰王国的疆域。然而，这并不意味着亚历山大没有从英格兰的权力真空中受益。如果英格兰依旧强盛，很有可能会成为亚历山大征服马恩岛的障碍，因为马恩岛的历代国王虽说已将挪威国王当作封建宗主，可有时还是会前往英格兰王廷参加骑士受封仪式。

    如果 15 世纪编年史家沃尔特·鲍尔是以可信度较高的早期史料为依据的，那么亚历山大是一位体格健壮、"身体力行"的统治者。他几乎每年都会率领精挑细选的随从，在负责审案的政法官的陪同下巡游王国各地。每到一个郡督辖区，当地就会派骑士团前来迎接，作为护卫伴随左右——治国风格与足不出户的亨利国王迥然不同。亚历山大恩威并济，不久就扫清了自他幼年起就暴露出来的党争弊端，此后没有再让它得到抬头的机会。苏格兰之所以深受党争之害，是因为亚历山大的父亲在位的最后几年中，科明家族与艾伦·德沃德争权夺势。1259 年，两派达成和解，德沃德夺回了执政委员会的席位，但政府基本上还是由科明家族把控。从那时起，科明家族就一直保持着显赫地位，家族成员除了占有大量郡督职位，还经常在教会担任要职。在中央政府层面，巴肯伯爵亚历山大·科明自 1258 年到 1289 年去世时，一直担任福斯河以北政法官的要职，且出入王廷的频率超过了其他权贵。只是此时的巴肯伯爵已不再是 1242 年那个行事冲动的毛头小子了，而是成了精明强干的顾问官，将几个女儿分别嫁给了邓巴伯爵、斯特拉森伯爵、安格斯伯爵，让儿子娶了法夫女爵。然而，1261 年的风波证明了，科明家族在苏格兰并非一手遮天，挟国王以令天下。3 年前，门蒂斯伯爵沃尔特·科明去世，伯爵领传给了其遗孀和她的新丈夫英格兰骑士约翰·罗素（John Russell）。沃尔特的侄子巴德诺赫的约翰·科明（John Comyn of Badenoch）为此暴跳如雷，把罗素夫妇抓起来，逼迫他们转让伯爵领，不禁令人回想起科明家族 1242 年的暴行。然而，约翰马上就得到了应有的训诫。苏格兰的权贵否决了他的权利诉求，将伯爵领判给了亚历山大·斯图尔特（Alexander Stewart）的弟弟沃尔特①。

从内外政治局势上讲，亚历山大可谓是万事俱备，可以继承父亲的遗志，从挪威国王手中夺取对马恩岛、西部群岛的封建宗主权。1261—1262 年，他软硬兼施，一方面向哈康国王提出买断宗

① 沃尔特的妻子是引发争议的门蒂斯伯爵夫人的妹妹。

主权的要求，一方面命令罗斯伯爵率兵猛攻斯凯岛。据哈康国王的萨迦记载，苏格兰士兵极其残忍，所到之处教堂被火海吞噬，男女老少无一幸免。萨迦断言，"苏格兰国王决意吞并赫布里底群岛"。哈康国王不顾年事已高，执意阻止亚历山大继续扩张。他命人用橡木造了艘旗舰，在昂起的舰首放了樽"金龙头"，1263 年 7 月从卑尔根起航。哈康的舰队与赫布里底群岛各路船队会合后，船的数量有 100—200 艘。如果说这是挪威王权的黄昏，那么霞光就是被鲜血染红的。

奥克尼伯爵马格努斯·吉尔伯森（Magnus Gilbertson）同时也是凯斯内斯伯爵，前往卑尔根加入哈康的主力舰队，哈康则将奥克尼当成第一处前哨阵地。马恩岛及斯凯岛的统治者马格努斯·奥拉夫森（Magnus Olafson），以及大多数麦克索利家族的成员（斯图尔特家族进入阿伦岛、纳普代尔，威胁到一部分麦克索利家族成员的利益）纷纷加入哈康的阵营。哈康从奥克尼起航，一路西进，经由西部群岛南下，进入克莱德湾。之后，哈康派出马恩岛国王、麦克索利家族的成员，向苏格兰内陆进军，在沃尔特·斯图尔特的门蒂斯伯爵领烧杀抢掠。亚历山大临危不乱，采取坚守不出的策略，一边固守各地的要塞，一边严防海岸线，准备静待哈康扬帆远去之后让本土统治者承认他的封建宗主地位。巴肯伯爵亚历山大、艾伦·德沃德（他俩过去是死对头，现在则通力合作）受命负责防守苏格兰北部，迫使凯斯内斯、斯凯岛两地的统领交出了人质。在西方，门蒂斯伯爵沃尔特·斯图尔特镇守国王的艾尔军事基地，一边派人建造舰船，一边率领 120 名将士镇守艾尔城堡。10 月 4 日，双方在拉格斯附近坎宁安山山脚下的海岸激烈交战。据哈康国王萨迦记载，苏格兰人派出了多达 500 名骑兵。1264 年亚历山大的宫务大臣留下的账目（有据可考）指出，国王在这一年总共支出了710镑用来购买马匹、马鞍。

1263年的战役实际上打成了平局。哈康国王在西部群岛展示了挪威王国的军事实力，（按照萨迦的说法）不亚于1098年"赤脚王"马格努斯率领的远征军。尽管如此，哈康王还是没能削弱亚历山大对西部群岛领土的野心，于是计划在奥克尼过冬，准备来年再战。可惜天不遂人愿——12月16日，在奥克尼主教宫中，前挪威国王萨迦的诵读声（刚开始时朗读的是拉丁文书籍，与基督教相关，可是国王没听明白），陪伴着这位枭雄度过了人生最后的时刻。亚历山大怎会放过这样的机会呢？他立马集结舰队，进军斯凯岛，马恩岛国王马格努斯很快就投降，并交出了人质。紧接着，亚历山大·巴肯、沃德、马尔伯爵（麾下有200人）入侵西部群岛，（按照福尔登的记载）"将前一年因邀请挪威国王而引狼入室的叛徒全给杀了"，掳获了大量的战利品，乘胜而归。

占据上风之后，亚历山大又提出要买断挪威国王的封建宗主权，哈康之子马格努斯国王不好战，愿意接受这个提议。1266年，双方签订《珀斯条约》（Treaty of Perth），成就了13世纪首份记录不列颠岛领土征服的历史文档。按照规定，马格努斯国王可以保留对奥克尼、设得兰的宗主权，但要将包括马恩岛在内的其他西方诸岛转让给亚历山大及其继任者。西部群岛的"封臣"都应"遵守苏格兰王国的法律、习俗"。依照条约，苏格兰国王不应以曾经支持过挪威国王为由处罚西部群岛的居民，且应当允许那些不愿留下的人离开。为了换取让步，亚历山大支付了2 666镑，并承诺以后每年会向挪威王国缴纳66镑。对西部群岛的某些首领来说，被苏格兰征服无异于一场灾难，他们的命运与20年后因爱德华一世征服威尔士而失去一切的威尔士诸侯没有什么两样。加姆兰领主杜格尔（Dugald, lord of Garmoran）拒不承认亚历山大的宗主权，儿子埃里克（Eric）也投靠了挪威国王。纳普代尔的穆尔奇德（Murchaid of Knapdale，他的儿子于 1264 年成了人质）逃到爱尔兰避难，在那里被捕并且被监禁起来。麦克索利家族的罗德里得到哈肯国王的封赏，获得了比特岛，之后就再也没了音讯。

在马恩岛，因苏格兰征服吃苦受难的并不只有统治家族的成员。1266 年，在《珀斯条约》生效之前，马恩岛国王马格努斯就撒手西归了。苏格兰国王拒不承认马格努斯的私生子戈弗雷拥有继承权，派出一批执达吏管理岛内的政务。他们很有可能像 50 年代艾伦·拉·朱什强迫"四百镇区"的威尔士人遵守英格兰法律那样，大张旗鼓地让马恩岛居民遵从苏格兰王国的惯例、习俗。结果就是，马格努斯之子戈弗雷于 1275 年返回马恩岛时"一呼百应，得到全岛拥戴"，被推举为新国王。亚历山大动用加洛韦、西部群岛的资源组建舰队、集结大军，命盎格鲁 - 苏格兰男爵约翰·德·韦西（John de Vesci）镇压马恩岛叛乱。在之后的战斗中，（据当地编年史记载）一共有 537 名马恩岛人战死。戈弗雷携妻子逃往威尔士，马恩岛的王室血脉到此即告断绝。拉申修道院 ① 被洗劫一空，修士们纷纷逃散，各地化作一片焦土。就这样，亚历山大国王将西部群岛并入了苏格兰王国的版图。

与大部分情况一样，征服还有另一面，就是平静的融合。《珀

---

① 拉申修道院由马恩岛国王奥拉夫一世在 1134 年建立，是马恩岛的学术、文化中心。该修道院的修士编写了《马恩岛编年史》。

斯条约》与 1284 年的《威尔士法令》（Statute of Wales）① 有所不同，它是两个平等王国协商出来的结果，不是在全国叛乱失败之后胜者强加给战败者的条件。《珀斯条约》保护群岛上的领主免于被剥夺继承权，只要他们忠于苏格兰国王，而《威尔士法令》是在威尔士领主的土地被没收后才颁布的。《珀斯条约》上还说要推行苏格兰的法律、习俗，除了马恩岛，各地区的推行过程都是循序渐进的，例如，直到 1293 年，阿盖尔和西部群岛才划分成三个郡督辖区，其中有位洛恩郡督亚历山大竟然还是尤恩之子——要知道，13 世纪 40 年代，麦克索利家族出身的洛恩的尤恩可是以"西部群岛之王"自居。后来，麦克索利家族身价大跌，从王室成员变成国王委任的官员，反映出家族势力已然江河日下。然而，在苏格兰王国，能前往西部诸地担任郡督的人都是达官贵人——在亚历山大之外，另外两个郡督分别是罗斯伯爵、斯图亚特家族的首领。此外，洛恩的亚历山大（Alexander of Lorn）在自己的领地上还拥有很高的自主权。他不是唯一与苏格兰王权达成妥协的人。加姆兰的艾伦（Alan of Garmoran）也来自麦克索利家族，与亚历山大一道在 1275 年参与了对马恩岛的最终征服。1284 年，苏格兰国王确定王位继承人时，见证人中除了有三位麦克索利家族的成员（包括亚历山大），还有奥克尼伯爵，他们都被描述成是"苏格兰王国的男爵"。他们使用拉丁文版的特许状，接受了骑士制度，并且在婚姻、取名等方面逐渐向苏格兰靠拢（洛恩的亚历山大娶了约翰·科明之女），全面融入苏格兰王国，进而融入更广泛的欧洲政治体系。苏格兰王国向西扩张既是暴力征服的过程，也是和解融合的过程。

---

① 即《里兹兰法令》。

＊　＊　＊

　　内乱还削弱了英格兰对爱尔兰的控制力，造成威尔士那种局面，使得爱尔兰统治者得以卷土重来。13 世纪 40 年代，莱西家族、马歇尔家族在爱尔兰的势力四分五裂，理查德·德·伯格在 1243 年去世后儿子沃尔特尚未成年，领地由监护人代管，直到 1250 年才正式入主伯格家族的爱尔兰领地，所以从某种程度上讲，这种败退是不可避免的。曾经自信满满的老一辈征服者此时已经老去，新一代领主受英格兰局势的限制难以在爱尔兰站稳脚跟。亨利三世虽将年入 500 镑的爱尔兰土地封给了若弗鲁瓦·德·吕西尼昂，但爱德华成为新一任爱尔兰领主后处处设置障碍，令亨利的封赏无异于一张空头支票。紧接着，约翰·菲茨·约翰加入了孟福尔阵营，身陷英格兰内斗难以自拔，纵然父亲若弗鲁瓦在托蒙德获得了领地，他也无法建立对领地的实际控制权。"爱尔兰诸王之王"布赖恩·奥尼尔（Brian O'Neill）在 1260 年战败而亡，由他领导的独立运动戛然而止。到了来年，麦卡锡家族杀了爱德华任命的德斯蒙德领主约翰·菲茨·托马斯（John fitz Thomas）。之后，自 1265 年起，伊德·奥康纳（Aedh O'Connor）利用罗斯康芒境内的基地，开始挑战沃尔特·德·伯格（Walter de Burgh）对康诺特的统治。

　　此时，爱德华在国内斗争中处于下风，英格兰在爱尔兰的势力分布出现重大变动，沃尔特·德·伯格成为最大的受益者，而英格兰王权则是最大的输家。自 1242 年休·德·莱西去世后，阿尔斯特就一直是英格兰王权的直属领地。到了 1263 年，爱德华将其转让给沃尔特，令康诺特与阿尔斯特连成一片，接受伯格家族的统治。与 1215 年约翰王将米斯归还给沃尔特·德·莱西时类似，爱德华如此让步是为英格兰的政治局势所迫。这件事发生在 1263 年 7 月 15 日，也就是亨利三世向西蒙·德·孟福尔投降、再次成为摆设的前一天。千钧一发之时，爱德华想要争取到沃尔特·德·伯格的支持，利用他在爱尔兰的实力继续与西蒙对抗。他没有完全失望。尽管伯格得到领主权后立即与担心家族在阿尔斯特的利益遭到损害的菲茨杰拉德家族大打出手，但（在若弗鲁瓦·德·茹安维尔的调停下）双方言归于好后，爱尔兰的英格兰男爵纷纷率兵东渡，在伊夫舍姆战役爆发前后到达英格兰支援爱德华。因为国内的危机，英格兰王权还是没能将阿尔斯特打造成其在爱尔兰的另一大权力基地。

　　如果爱德华想要在不列颠、爱尔兰重新立威，就必须像亨利二世那样先在英格兰重树君威。毕竟，如果四肢乏力，根本原因就是心脏出了问题。

第十三章

社会结构

13 世纪 60 年代，英格兰社会发生动荡，各个社会阶层，包括男爵、骑士、市民、自由民和农民，都参与进来。贵族女性在其中扮演了重要的角色，农妇也能道出事件的来龙去脉。12—13 世纪，英格兰社会活动越来越多地以文字形式被记录下来，存世的史料不少，为研究当时的社会风貌提供了事实依据。然而，有关不列颠其他地区的史料远远不够。本章的任务是先介绍 12—13 世纪英格兰的社会结构，接着分析苏格兰、威尔士社会的主要特征。第二章已经对不列颠的总体经济架构做了分析。

* * *

从各镇镇民获得出席议会的代表权中不难看出，英格兰城镇的政治地位有所提升，它们越来越富裕，自主权越来越大，获取这种权利最主要的途径是拿到国王的特许状。因此，才会出现"特许城镇"这类说法。亨利二世（1154—1189 年在位）以亨利一世时代的先例为参考，颁布了近 50 份城镇特许状。它们所授予的权利经常会被重复授予（有时是有意为之），这样做是为了重申或确立镇民的特殊地位和独立性。授予的权利举例来说，包括免除镇民在王国内的通行费，也有让他们免于出席城镇之外的法庭。对各城镇来说，最为重要、也最难获得的特权是直接向国库缴纳城镇包税的权利，就相当于可以直接任命管理税目的官员，令城镇摆脱郡督的控制，巩固了其在国王治下的自治地位。到了 1199 年，英格兰共有 8 座城镇拥有此项特权；1216 年增加到 24 座；14 世纪初又长了一倍。有个例子足以说明问题：1200 年，北安普敦的镇民获准可以"由全体镇民协商，自行推选官员"，除了可以选出两名"税务总管"，令其负责征收包税，还可以任命 4 名其他官员，让他们负责审理国王之诉案件，监督税务总管，看他们是否公平对待穷人和富人。不论是全民选举，还是监督官员，抑或是公平对待镇民，都是贯穿于 1258—1265 年革命的议题，其实北安普敦的镇民早就在享受这 3 项权利了。此外，圣奥尔本斯"城镇社区"要求，修道院的院长应当准许该镇派代表参加议会，表明那里的镇民对此极其渴望。

　　"公平对待每一个人，不论贫富。"在英格兰各地的城镇，贫富差距不断拉大，人们变得焦虑，社会关系更加紧张。城镇的自治权并不是天上掉下来的馅饼，必须有组织地进行筹款，把它们给买下来。此类镇民组织的名称五花八门，法律典籍《格兰维尔》（大约 1189 年）认为，"公社"和"商人行会"名称含意相近，可以互换着使用。实际上，有一些城镇特许状就是向"商人行会"颁发的，而另一些则授予了镇民组成行会的权利。然而，只有这类组织的成员才能享有特许状赋予的权利。从严格意义上讲，也只有这些人才算得上是镇民。镇民地位具有排他性。"无论何人，只要不是行会的成员，就无权在镇子里营生"，亨利二世向牛津镇颁发的特许状做出了这样的规定。劳工、手艺人（在一些城镇，织工也算是手艺人）、妇女是不可能进入镇民组织的。不仅如此，尽管在镇子拥有房屋的户主多半有资格成为镇民，但涉及政府时，由于存在复杂的制衡关系，话语权通常掌握在富有的精英手中——以 13 世纪约克城、泰恩河畔纽卡斯尔镇的精英阶层为对象的研究，佐证了这一点。这种情况会引发冲突也就不足为奇了。13 世纪 60 年代，牛津镇的非精英镇民自称是"中下层镇民社群"，他们指控镇上有 32 名"镇民权贵"霸占着市长之位和 15 人组成的"市政官"顾问委员会。

编年史家威克斯断言，1263 年英格兰城镇基本上都出现过"粗俗团伙"与精英阶层对抗的事件，伦敦方面有确凿的证据。在城镇中，市民及其家属大约仅占全城人口的 1/3，余下 2/3 包括了手艺人、仆人、劳工、贫民。市民阶层还分化出了一小群强势的精英，他们为一己私利着想，掌控着政府。一直以来，伦敦有自己的治安官负责向国王上缴包税。到了亨利一世时期，伦敦市民还争取到了治安官的推举权。12 世纪 90 年代，出现了市长这一职务；1215 年，市民有权选出"适合管理城市的人"，即市长。他们认为，市民大会是代表广大市民利益的集会，应该有选举市长的权力。高级市政官却声称这项权利属于自己，因为"他们就好比伦敦的头脑，市民相当于四肢"。通常，占据上风的会是高级市政官。

伦敦城共有 24 个区，每个区有一位高级市政官担任最高行政、司法官（他负责在区法庭审案）——有可能在公元 1100 年之前就已实施这一区划方法了。高级市政官是终身制，何人能够当选得由各区的重要市民来决定，自然也就出现了精英阶层，即所谓的"伦敦男爵阶层"。1215 年，约翰王承认了"男爵们"选举市长

的权利。1263 年之前，70%的高级市政官来自 16 个有亲属关系的
大家族，其中绝大多数在 12 世纪初就已在伦敦扎根。然而，那里
的精英阶层不是水泼不进的寡头集团，只要有足够的财富，新贵
家族也是可以加入精英行列的，最常见的方法是联姻。阿诺德·菲
茨·西德马在亨利三世在位期间担任过高级市政官，其间编写了一
部伦敦史，而他的外祖父其实来自科隆。

　　与约克城、泰恩河畔纽卡斯尔镇的情况相似，伦敦精英阶层
的财富也来自不动产、商贸，和以黄金加工为代表的奢侈品手工
业。比如说，西德马名下就有一座府邸、数间店面、多栋房屋、数
间出租屋、一处码头，它们都位于万圣海沃夫堂区。13 世纪初，
约克城的市长塞尔比的休（Hugh of Selby）一边向佛兰德斯出口
羊毛，一边从法国进口葡萄酒，将一部分酒进献给了国王。伦敦的
主要商贸活动也是出口羊毛、进口葡萄酒，还要负责为王廷提供葡
萄酒、奢侈品、布匹、珠宝。西德马的妹夫约翰·德·日索尔是伦
敦市长，在 13 世纪 50 年代每年为国王供应价值约 250 镑的葡萄
酒。无论是负责为国王采购葡萄酒的财政官，还是造币厂、交易所
的管理员，都由伦敦市民担任，这就加强了伦敦与英格兰王廷间的
联系。

　　菲茨·西德马的伦敦编年史从多个角度映照出了伦敦精英阶
层的心理状态：既害怕失去特权，又对中下层市民怀有敌意。高级
市政官利用职权保护既得利益，禁止其他阶层结成"帮会"，损害
了包括顾客、劳工在内的其他人的利益。在菲茨·西德马的笔下，
13 世纪 60 年代的起义可谓是"民众的"起义，当时很有可能有大
批没有市民身份的伦敦居民参加了市民集会。"帮会"在起义发起
人的带领下，摆脱了高级市政官的桎梏，利用市民大会通过了各自

所在行业的条例。在这些行业中，鱼贩、鞋匠的地位比较重要。鱼贩去伦敦各个码头，收购渔获（与波罗的海渔民的交易增长迅速）；鞋匠则使用从西班牙科尔多瓦进口的皮革制作高级鞋履。鞋匠师傅有自己的作坊，手下可能有 8 名学徒。尽管 1274 年各行业"帮会"在革命期间争取到的特许状遭到废除，但是就算精英阶层想尽办法，也无法一直压制他们的成长。到了 13 世纪末，有一些鱼贩当选了高级市政官。

伦敦城、约克城、泰恩河畔纽卡斯尔镇的精英阶层具有典型性，他们在乡村和城镇都有地产。他们或他们的祖辈多半来自乡村。1300 年前后，在统治纽卡斯尔的精英中，有一个是当地乡绅家族的幼子，另一位是另一个乡绅家族的后代，叫彼得·格雷珀（Peter Graper）。格雷珀之所以能够东山再起，是因为他在镇上有些成就。在这一时期的前后，约克城、卡斯尔镇的市民领袖陆续得到了国王的封赏，有了骑士身份。相似的世界观和生活方式将城镇精英与乡村精英联结在一起。正因为如此，城镇才能与乡村进行政治合作。1215 年，伦敦市长跻身于《大宪章》25 位男爵之列。当然，后来骑士与镇民也加入了议会。

*　　*　　*

13 世纪 60 年代，乡绅阶层扮演了重要的政治角色，领导他们的骑士阶层更是举足轻重，哪怕与伦敦的管理者们相比也毫不逊色。骑士阶层在军队中作战，在地方上担任郡督，还能作为郡代表出席王国议会。13 世纪初，英格兰的法庭、大法官法庭有了文字记录，让后世首次得以查找骑士阶层的履历，从而发现他们的地位不容小觑。自1190年起春风得意了几十年的威廉·菲茨·埃利斯就是个很好的例子。他名下最重要的领地是牛津郡以南的庞大的瓦特佩里庄园。他也是白金汉郡奥克利的领主，在牛津郡、威尔特郡境内拥有多处地产。如果他的年收入在50镑上下，那么这个数字低于当时英格兰几百名男爵收入的中位数115镑——这个中位数来自一项样本研究；与13世纪英格兰的十几位伯爵的收入比起来就更是相形见绌了，有几名伯爵的年收入甚至高达数千镑。如果我们的估算正确的话，那么他的收入远高于骑士阶层的最低水平。政府自13世纪20年代起就规定，骑士的年收入每年只能有15—20镑，远远低于他的50镑。所以说，菲茨·埃利斯是一位有实力的骑士领主。他还是一名勇武的骑兵，1210年曾跟随约翰王的军队前往爱尔兰。作战能力可算是骑士维护阶层士气的必要条件，过去如此，13世纪仍旧如此。然而，地方执法权、行政权对骑士阶层的重要性绝不亚于作战能力。菲茨·埃利斯参与过牛津郡郡法庭的庭审，与该郡的其他骑士一起负责判案。此外，他还作为陪审员参与了普通法案件的审理，作为国王的特派员，处理过地方政务。例如，1225年，在大议事会以向全国征税为代价，说服国王颁布终版《大宪章》之后，菲茨·埃利斯获得任命在牛津郡评估并征得了大量税款。《大宪章》的确与他的个人利益息息相关。1215年，他根据规定，以约翰王"未经审判，无视司法公正，就没收了领地"为由，夺回了奥克利庄园。是否握有领主权，对菲茨·埃利斯的政治生涯非常重要。杜伊利家族是牛津郡最强势的男爵家族，曾经是菲茨·埃利斯家族中心领地瓦特佩里庄园的领主，若没有意外，两家的封建关系必定十分强有力。然而，12世纪80年代达成的一个和解协议将另一个封臣（从此掌控瓦特佩里庄园的就是该家族）放到了杜伊利家族和菲茨·埃利斯家族之间，从而削弱了两个家族原先的联系纽带。况且，杜伊利家族最后一位继承人亨利·杜伊利（Henry d'Oilly；约 1180—1232）是个庸碌之辈。这样一来，菲茨·埃利斯似乎可以不受任何封建宗主的管束，按照自己的意愿行事了。杜伊利家族的封臣纷纷改换门庭到杜伊利家族的竞争对手——黑丁顿的托马斯·巴西特（Thomas Basset of Headington），他在 13 世纪初担任牛津郡郡督。

因此，对菲茨·埃利斯这样的骑士而言，权势的大小是由财产的多寡、军事实力、在地方政府的任期这三大因素决定的，每个因素所起到的作用不等。骑士既有可能独立于大封建主，也有可能从属于大封建主，尽封建义务得到荫庇。有许多骑士家族在历经了数代之后仍然能够继续传承家族的权势。威廉·菲茨·埃利斯去世后过了 100 年，后代罗贝尔·菲茨·埃利斯（Robert fitz Ellis）仍旧是瓦特佩里、奥克利的领主。他通过婚姻扩大了家族领地；率兵参加了英格兰对苏格兰的战争；在罗杰·德·莫蒂默、休·德斯潘瑟两位大权贵的手下做过事；得到过国王的任命，成为牛津郡的郡督、没收吏；死后在瓦特佩里教堂立了一座骑士像，负责的雕塑家正是在威斯敏斯特教堂为康沃尔伯爵雕过墓像的那位。罗贝尔去世时，菲茨·埃利斯家族已有了属于自家的纹章，可以向世人显示家族的荣耀，纹章上的 6 朵百合花饰象征着家族祖先的显赫身世 [1]。

菲茨·埃利斯家族不断壮大，主要是因为家族的核心地产代代

---

[1]　埃利斯家族的祖先是随"征服者"威廉入侵英格兰的诺曼人，据传是早期法国国王的后代，所以与法国国王一样，使用百合花饰作为家族的纹章图案。

相传。家族结构及处理财产的方式是社会运转的基础所在。前文介
绍过，诺曼征服加速了英格兰家族从氏族部落到世系家族的转变，
规模上则由大家族转变为了注重传统的小家庭，这样一来，家族的
祖产便不会因家长的去世而被分割，而是会遵循长子继承制代代传
承。可以肯定，在12—13世纪，有大量英格兰家族的主要地产就
是这样传承的，由此产生了世系家族的观念。这种观念通过以下方
式得到强化：家族成员选择相同的名字，或像菲茨·埃利斯家族那
样采用源自某位祖先的姓氏，或将地名作为姓氏（通常会选用家
族主要地产的名字）。13世纪，在牛津郡南部，有一块叫瑞科特的
领地（在大哈斯利村），父子两代的领主都叫"瑞科特的富尔克"。
1295年11月16日，富尔克二世的妻子生下一个男婴，他大喜过
望之余，不忘将一副上好的手套赠给了管家，紧接着派信使向邻里
传达了这个好消息——家族血脉得以延续。

　　长子继承制并不意味着长子的弟弟、姊妹会一无所有。休·托
马斯（Hugh Thomas）[1]对安茹王朝时期约克郡的乡绅做过研究，了
解到该郡惯用一种折中长子继承制，保证长子在继承家族地产的同
时，会给另几个儿子留出一部分地产，女儿则会得到一些嫁妆。当
时的习俗、法律都规定了父亲去世后财产应当按照长子继承制归长
子所有，也就是说这种折中方案在父亲还在世的时候就已经安排妥
当。父亲赠予另几个儿女的地产通常是自己收购的土地，也可能是
家族祖产，赠予土地的数量取决于家族财富的多寡。例如，在小乡
绅家族，长子以外的男性子嗣每人只能分得20—24公顷的土地，

---

[1]　休·托马斯是迈阿密大学的历史学教授，主要研究欧洲及英格兰的
中世纪历史。

获得这部分地产后，他们的家境大概只能和条件还算不错的自由民家庭相当。像菲茨·埃利斯家族这样的家族会表现得更慷慨。威廉·菲茨·埃利斯的一个女儿得到了近百公顷的田产，他的子孙分别得到了威尔特郡的科顿庄园、牛津郡的提丁顿庄园，此后自立门户，成为菲茨·埃利斯家族的两条分支。

　　就财产的传承而言，英格兰的家族结构似乎变成了一种"核心家庭"。双亲会将遗产留给子女，不会再考虑其他亲属。同样，约翰王在换人质时明确表示只要儿子，而非其他亲属。尽管如此，亲属的作用仍然比较重要，万一家长没能生出儿子，遗产就有可能被旁系血亲继承。因此，当时有很多人研究谱系，知道其中的利害关系；当时的英格兰人普遍认为，旁系亲属有可能会在关键时刻提供帮助。正因为如此，与原告、被告有血缘关系的人才不能进入陪审团，1100 年《加冕宪章》才会承诺，父亲去世后子女若是还未成年，所得的遗产就得由寡母监管，或者由"其他的亲属"保管。再来看一看社会上层。斯蒂芬国王在位时，上层社会的博蒙家族的亲兄弟、内兄内弟、堂表亲戚组成了一个重要的政治派系。亨利二世时期，格兰维尔家族的亲兄弟、堂表亲戚、姻亲在政府部门都有职务。雷纳夫·格兰维尔、于贝尔·德·伯格等权臣，自然也想方设法地提拔自己的亲属，而这些亲眷也巴望着自己的靠山平步青云。用 J. C. 霍尔特的话来说，这样的政治环境可以让亲戚们形成"互惠互利的共同体"。

　　家庭单位无论形式如何，都不一定具有凝聚力。在 1215—1217 年、1263—1267 年爆发的两次内战中，父子有时会加入对立阵营，就像亨利二世和他儿子们冲突的翻版，而引爆 1173—1174 年内战的正是王室内讧。不仅如此，英格兰的继承法在一个关键问题上引发了争议，这一定程度上是因为该问题触及了王权（冠）在统治家族内部的归属。1199 年，理查国王去世后没有留下子嗣，而他哥哥布列塔尼的若弗鲁瓦之子亚瑟在 1186 年去世，约翰成了国王。在这种情况下，如果兄长还没继承过王位就去世了，那么是应该让兄长之子亚瑟，还是应该让弟弟约翰优先继位呢？约翰越过亚瑟继承王位，并没有消除症结，反倒平添了口实。无论是在曼德维尔家族、赛家族之间，还是在珀西家族、布劳斯家族、昆西家族的内部，都存在这类继承权争议，而决定争议如何发展的常常是政治而不是法律。即便是在核心家庭内部，子女都期待从遗产中分得一杯羹，也可能产生分歧，让儿子、女儿、女婿之间发生龃龉。一般来说，亲属关系越近，越有可能有共同的利益。这可能促成合作，也可能带来冲突。

1295 年，瑞科特的富尔克三世降生后，邻里乡亲前来庆贺，反映出了英格兰各地把邻里关系看得很重。喜报寄送的范围就是瑞科特方圆 16 公里内的村庄，如沙宾顿、查尔格罗夫、尤韦尔姆。富尔克二世的管家、文书、侍从全是那些村子的村民。此外，富尔克从这几个村庄的其他乡绅家族那里物色到了未婚妻，为女儿找到了未婚婿。这在当时是一个典型的例子。前面讲到的地方关系纽带有时还会上升到政治层面——这样就解释了 13 世纪 60 年代叛军为何经常会形成小型区域反抗联盟。

从上述情况可以看出，12、13 世纪英格兰的家族结构比较稳定，邻里关系起着重要作用。在这两百年间，英格兰社会确实也发生了一些显著的变化。像历史学家口中的"乡绅阶层"，如菲茨·埃利斯家族和瑞科特家族，不仅是郡内一处或多处土地的领主，还经常参与地方事务。大乡绅是盎格鲁－撒克逊末期英格兰的乡绅阶层，到了 13 世纪初，该阶层成员变成了各郡的骑士。之后，骑士身份有了巨大的变化，派生出骑士、士绅、绅士三大群体，为中世纪晚期形成的乡绅阶层奠定了基础。与此同时，在参与诉讼审理、管理地方政务方面，乡绅阶层的重要性与日俱增；权贵阶层形成的上层权力框架也不似以往，给乡绅阶层开创了施展才能的空间。

13 世纪，英格兰骑士数量大减，是中世纪晚期乡绅阶层形成的主要因素。根据凯瑟琳·福克纳（Kathryn Faulkner）统计，13 世纪初英格兰各郡一共有近 4 500 名骑士，依据是史料记载的以骑士身份出席陪审团，承担其他法律及行政类任务的人数。像牛津郡这类面积中等的郡，骑士人数有可能超过 100 名，林肯郡的骑士人数可能是这里的 3 倍。100 年后，英格兰全国仅剩下了 1 250 名骑士。13 世纪初，骑士阶层内部存在很大的贫富差异，其中比例最大的是名下只有一处庄园，年收入 10—20 镑的人群。在这个群体之上是像埃利斯家族这种更富有的家庭，他们拥有多处庄园，他们之下的骑士阶层只拥有非常小的庄园，或者不足以形成庄园的几块土地，其中一些人很可能是诺曼征服之后获得少量土地封赏的常备军的后代。总而言之，在 13 世纪的历史进程中，骑士身份的范围逐渐缩小为特指类似埃利斯家族的上层骑士家族。在接下来的数个世纪中，放弃了骑士身份的中下层家族的后代、继承人开始使用与实际地位相称的头衔，其中家族实力较强的一部分人被称为士绅，较弱的则成为绅士。

考虑到 13 世纪的政治环境，骑士人数的骤减可算是一件大事，因为这使得骑士升格为精英，扮演起乡绅领袖的角色，令乡绅阶层的整体影响力得到了提升。13 世纪前 50 年，骑士阶层人数貌似下降得很快。其间，陪审员、特派员、地方官这类职位空缺越来越多，（按照国王的说法）需要由骑士阶层的成员来填补，摸清谁才是地方上真正的骑士就显得很紧迫。13世纪初，在将骑士的身份当作通行证，作为陪审团成员参与审判的人当中，有不少乍一看像那么回事。然而，渐渐地，仅仅以貌取人行不通了。在这之后，想要获得骑士的身份，就必须参加正式的骑士受封仪式，拿到象征骑士身份的长剑，并将其佩于腰间。那些授予荣誉的人，无论是国王还是大领主，都不允许任何人随意进入他们长期以来认为极为尊崇的等级。在他们看来，想要成为骑士，必须拥有符合要求的作战装备（受封为骑士又叫"投军从戎"），手下还要有符合条件的随从。所以毫不奇怪，只有符合13世纪初的旧骑士界定标准的上层群体，才能担得起这个头衔。即便是一些有财力的人也拒绝接受这份荣誉，想要逃避随之而来的军事义务和行政责任。

还有一种重要的假说认为当时英格兰的社会、经济出现危机，构成了骑士阶层人数骤减的因素；有人认为，后代也会深受这场危机的严重影响。这些人债台高筑，无奈只得向修道院、国王的大臣出售领地，有的甚至散尽了家族领地。假说进一步指出，正是由于前述困难，各郡才会在1258—1259年普遍受到压力而推行地方改革，大量的骑士才会加入孟福尔的阵营。就拿斯蒂芬·德·谢德维（Stephen de Chenduit）来说吧，他是牛津郡库克瑟姆、白金汉郡境内切丁顿、伊布斯通三地的领主。1255年，他总共欠了犹太人伯克姆斯特德的亚伯拉罕（Abraham of Berkhampstead）55镑。内战爆发后，谢德维背离封建宗主康沃尔的理查德，加入了孟福尔的阵营，后者免除了他对犹太人的债务。谢德维虽说在伊夫舍姆战役中死里逃生，却由于参加过叛乱而不得不缴纳罚金，财务状况进一步恶化，只得向国王的首席大法官墨顿的沃尔特（Walter of Merton）出售领地，沃尔特用这些地资助了自己在牛津大学新成立的学院。根据假设，骑士阶层遭遇危机的一个原因是，维持骑士地位的成本越来越高。正因为如此，1233 年，惠奇福德的尼古拉斯（Nicholas of Whichford）称自己是因为付不起"骑士费用"才去举债的。斯蒂芬·谢德维很可能在康沃尔的理查德华而不实的社交圈子里大肆挥霍。另一个原因是 13 世纪初的通货膨胀。有人认为，中小土地主对抗通货膨胀的能力远远比不上大领主。换言之，他们既无法像大领主那样增加庄园土地的地租，也不能收回佃户的地以形成大片私有田地，从而在粮价不断上涨的市场中通过抛售来抵消通胀影响。

毋庸置疑，在 13 世纪，像谢德维这样家道中落的骑士大有人在。他们是否具有典型性却不清楚。一项以 13 世纪 60 年代英格兰中部地区参加叛乱的骑士为对象的研究，并未发现其普遍存在债务问题。还有几项研究是以代表牛津郡、白金汉郡、沃里克郡参加议会的骑士为调查对象的，结果指出，如果 13 世纪初某个骑士家族至少有一处规模尚可的庄园，那么（如果有男性继承人存活下来）其大部分地产能保持完整，有时还能扩大一些。陷入困境的骑士家族（如惠奇福德家族）通常能表现出非凡的韧性和耐力。1200 年前后，就连菲茨·埃利斯家族也因为花销太大而长吁短叹，但他们是需要钱来应付诉讼，而且他们通过诉讼大大增加了财产。说到底，维护骑士身份的成本很少压垮这个阶层，绝大部分人只要放弃骑士身份就行了。就算与 12 世纪相比，13 世纪英格兰的经济形势令人悲哀，骑士领主也可以（像瑞科特家族那样）提高租金，或者像谢德维的父亲在库克瑟姆所做的那样，扩大庄园私有地的面积。

许多骑士领主名下的这类地产很大，完全符合当时农牧业专家亨利的沃尔特的界定标准①。与此同时，律师、行政官员要么与传统骑士家族联姻，要么从家业衰败的家族手里收购地产，为骑士阶层输送新鲜血液。简而言之，在讨论13世纪乡绅阶层的政治影响力时，不应只看到其表现较弱，而应考虑其具有潜在的经济实力。

13世纪初，当乡绅阶层内部开始分层时，也在以另一种方式发生转变，即在法律事务、地方政务方面的参与度越来越高。当然，士绅阶层总会参与其中。在克努特国王时期，当出席赫里福德郡郡法庭的大乡绅做出重要判决之前，法庭会有人呼喊"不要辱没了大乡绅的名声"。13世纪做出类似判决的骑士们若听闻这样的呼喊，不会无动于衷。然而，现在除了在郡法庭上的角色之外，他们还要在履行普通法程序所必需的陪审团中任职，成为旧郡督职位唯一的来源；还要接受王室政府的任命，担任验尸官、没收吏、治安官、估税员、收税员、敕令案件法官、提审法官等官职。此外，普通法以全新的体系令乡绅阶层能够在王室法庭上捍卫自己的权益——从12世纪90年代到13世纪20年代，威廉·菲茨·埃利斯和他的母亲在巡回法庭和威斯敏斯特的法官席前参与了超过15起的单独诉讼。乡绅阶层的生活格局整体上发生了改变。

一般来说，在这类政治活动中，总有一小拨骑士会站出来承担主要职责，为此得到了"大人物"（buzaone②）的绰号。他们经常扮演陪审员、特派员、郡法庭出席者的角色。罗布特·达墨瑞

---

① 亨利的沃尔特编写经典著作《农学》的出发点是，指导不愿意将土地出租出去的大中型庄园的领主改进他们管理庄园私有地的方法。

② buzo在拉丁语里有弩箭的意思，所以拉丁语单词buzaone的意思是bigshot，即大人物。

（Robert Damory）、拉尔夫·菲茨·罗布特（Ralph fitz Robert）、芬米尔的吉尔伯特（Gilbert of Finmere）、瑞科特的富尔克一世（Fulk I of Rycote）、罗什姆的理查德·福利奥特（Richard Foliot of Rousham）都在 13 世纪初与威廉·菲茨·埃利斯在牛津郡共事过。虽然他们都与郡内的近邻保持着联系，但在很大程度上用当时人的话来说就是"郡社区"的一员。当然，社区也可能是一盘散沙。1222 年，以威廉·菲茨·埃利斯为首的几个人想要在牛津郡的郡法庭上做出有争议的判决，"郡内几乎所有的骑士"因不愿受到牵连，群起反对。尽管如此，由于各郡有自己的地方官员、议会议员，不管是有关如何管理郡事务，还是有关选派何人代表郡出席议会，都会令全郡父老从本郡的角度出发，关心大家共同面对的问题；事实上，各郡议员明确代表着"郡社区"。各郡的议员、验尸官都是由郡法庭选举产生的；郡法庭每月或每 6 周开庭一次，召集乡绅及大贵族的财产管理人（两者往往是同一拨人），由他们做出判决。郡法庭有权审理小额债务案、小额财产侵占案，后来因为令状数量有所增加，法庭就有了更大的审理权，可以接其他类型的诉讼。在郡法庭的带动下，各郡居民的诉求汇聚成了王国纲领。总的来说，乡绅阶层希望由他们来推选地方官员，以保证由"自己人"组建意气相投的政府。13 世纪初，萨默塞特郡的骑士理查德·雷维尔（Richard Revel）谈起"本地人、本土绅士"时，就是拿这些人与不属于这个群体的郡督做比较。国王让乡绅阶层挑选地方官员，一定程度上就是因其需求做出让步。早在约翰王时期，英格兰就有好几个郡购买过由"确实在郡内居住的本郡人"担任郡督的权利。到了 1258 年改革派政府掌权时，得到任命的郡督几乎都满足这个条件。这种压力还迫使 1215 年的《大宪章》做出规定：国王的法官去各郡审理民事法律敕令案时，必须与郡法庭选出的 4 名骑士分享审理权，这一规定反映出骑士阶层有志气，了解专业知识，而且自信。

总的来说，到了中世纪后期，乡绅阶层算是实现了政治抱负，基本上占住了各郡地方官职，至于他们在何种程度上实现了历史学家 A. B. 怀特（A. B. White）口中的"国王的领导下自治"，则要看大封建领主在当地权势的强弱了。纵观中世纪，一些地区会因权贵家族之兴衰、权贵领地边界之变化而时大时小。在这些地区，权贵阶层的控制力较弱，乡绅阶层可以自己做出政治决策，有时可以维护好地方秩序，有时会引发动乱。话虽如此，在某段时期、某些地区，大领主却能一手遮天。与家族纽带、邻里关系类似，封建宗主的权势通常会对当地社会产生决定性的影响。像乡绅阶层那样，封建制度也经历了不少重要的转变，影响到了封建权力的行使方式，用历史学家的话来说就是，从"封建制度"转向了"混种封建制度"。

前面我们提到过在诺曼征服之后进入英格兰的那种封建制度架构。诺曼封建制度的核心是男爵（主要直属封臣的称谓）与下属封臣的关系。封建宗主与臣属建立主从关系的方式是举行效忠仪式，封臣以效忠封建宗主为代价获得领地，成为宗主的"臣属"。作为对获得土地的回报，各个封臣应向宗主提供一些骑士，或支付一些金钱以免除骑士义务。封建宗主还可以利用历史学家所说的"封建继承附属特权"获利，既可以在封臣继承领地时要求他支付一定量的货币（"罚金"或"认可金"），又可以在继承人尚未成年时获取封建领地上的收入，还可以控制封臣的遗孀以及（作为被监护人的）继承人的婚配权。最后，封臣还有义务出席封建宗主的大领主法庭，参与各类案件的审理，包括由封建领地归属权、执行封建义务等引发的争议。因此，男爵名下的实体领地包括土地及自留庄园（其直属领地），现代历史学结合当时的史料，将这类实体领地描述为"封邑""男爵领""大领主领地"（由此又衍生出"大领主法庭"）。地产会传给男爵的继承人，在某种程度上好比一个永生的生命体。

英格兰封建制度架构在 1166 年前如此稳固，却在 1166 年之后迅速瓦解，这个现象在史学界引发了诸多争论。这并不奇怪，因为从一开始，男爵阶层就以不同的方式运用手中的权利，招致了各种后果。男爵有可能将封建权利看作有效的手段，也有可能将其看作赚钱的工具。他们可能会保留对某些封臣的管辖权，对另一些则不然；既有可能将封臣看成是独立的个体，又有可能将其看成是大领主领地的一部分。无论是在历史渊源上，还是在组织结构方面，男爵名下的封邑表现出了很大的差异。在研究封邑时，我们不应当将它们看作是整齐划一的"金字塔"，而是应当参照坎伯兰境内沃斯特湖边的山峦——连绵起伏，有些地方坚实，有些地方侧面松动，碎石滚进湖里。就封臣人数而言，有些封邑只有几名封臣，有些则比较多。从封邑中分封出去的领地、直属领地所占的比例也是千差万别。12 世纪，英格兰男爵封邑有 150—200 处，而男爵领的界定方式却模棱两可，直到 1215 年《大宪章》规定新男爵继承"男爵领"时应当付 100 镑的认可金时，才有了比较清晰的判断标准。

大封邑内封臣的实力、地位也是千差万别。就拿费勒斯家族的塔特伯里封邑来说。它包括了雪利家族、巴科皮伊家族等大约 10 个封臣家族，他们几乎都来自诺曼底，是在诺曼征服后不久获得这些领地的，通常每家会同时获封多处地产，每一处的面积都很可观。12世纪初，他们中有些人有可能会被封建宗主称为"我的男爵"，但这种称呼多半反映的是对其重要性而非确切地位的大体认可。除了主要封臣，封邑上还有规模更大、分类更复杂的次级封臣，有些人的封地较小，有些则算得上是实力居中的乡绅。1166年，费勒斯家族的封邑上就应当有45位封臣，按照要求他们应当向封建宗主提供79名骑士。其中，雪利家族是最大的封臣，应当提供9名骑士，领地面积较小的封臣只需要提供1名骑士。费勒斯封邑的下属领地分散在了英格兰的14个郡，位于莱斯特郡西部、斯塔福德郡北部、德比郡的领地能够连成一片，形成一座中心封邑，由矗立在达夫河边崖上的塔特伯里城堡守护，如今虽然只有残垣断壁，依旧傲视着德比郡南部平原。

正如我们所见，起初，封邑既不是独立的区划单位，也不是男爵阶层唯一的权力基础。诺曼征服尚未尘埃落定，男爵就想方设法从国王手中获得司法特权（如私有百户区、私有小封邑），一边还在觊觎郡督的位子，要么亲自上任，要么安排自己人上任。到了亨利二世时期，伯爵爵位多半变得有名无实，但依旧可以作为在地方上立威的工具。斯蒂芬国王在位期间，费勒斯家族有诺丁汉伯爵、德比伯爵这两种爵位（后者在1199年获得），其管家有一段时间还同时在这两个郡当过郡督。此外，该家族先后获得过德比郡境内两个小封邑的领主权，分别是亨利一世时期得到的威克斯沃思封邑，以及在约翰王时期最终获得的阿普尔特里封邑，它们的到来增强了家族在地方上的权势。

尽管有种种限制，我们却不能否认，无论是在诺曼国王治下，还是在安茹王朝时期，封建制度架构仍旧是男爵权势的重要组成部分。就算退一步，男爵们还是可以利用封建继承附属特权，来获得从属关系无法提供的其他一系列特权。然而，封建制度不仅仅是宗主的摇钱树。效忠仪式庄严肃穆，意义非同小可。按照《格兰维尔》的说法，这种仪式应当在封建宗主、臣属之间建立起"相互信任的关系"：一方面，臣属应当遵守封建义务，另一方面宗主应当保护遵守义务的臣属，避免他们的领地遭到侵害。封臣应效忠领主，领主应庇护封臣，这种观念是 12—13 世纪社会不可或缺的一部分。当时，有两大因素推动了上述观念的应用：其一，男爵封邑通常与塔特伯里封邑差不多，中心领地能够连成一片，形成中心封邑，而封建制度充分发挥效能的前提之一，就是紧密的邻里关系；其二，封臣的大部分领地位于所属封邑的境内，他们在别的封邑中的领地面积非常小。亨利一世在位期间，一份法律文书《亨利一世法典》(*The Leges Henrici Primi*) 提到过，封臣应该向掌控他大部分封地的"主要宗主"效忠。12 世纪的许多下属封臣很清楚自己应当向谁效忠。

12 世纪，封建宗主与下属封臣的关系密切，相关证据不少。无论是萨里伯爵威廉·德·瓦伦三世（1148 年去世），还是格洛斯特伯爵罗伯特（1147 年去世），在颁布特许状时，都与各自的封臣一起做过见证人。自 12 世纪上半叶起，男爵阶层通常会让封臣在领地内担任管家等职务。封建宗主与下属封臣还经常资助同一座修道院，这不仅巩固了双方的关系，还有助于封邑变成真正意义上的社群。罗贝尔·德·费勒斯伯爵（1101 年继承爵位，1139 年去世）颁布特许状，向达利修道院捐赠土地时，重点提到了"特别向封邑内所有的男爵、臣属发出"。达利修道院与塔特伯里修道院都是由费勒斯家族建立的，作为大领主领地上的修道院，还得到了一些下属封臣的资助。吉尔伯特·菲茨·理查德（1090年继承爵位，1117年去世）在克莱尔建修道院时，号召封臣解囊相助，得到了积极的响应。关于大领主法庭职权的存世资料有限，但亨利一世明确要求，大领主法庭应当处理同一封建宗主的下属封臣间发生的土地纠纷。需要注意的是，在1066年后的一个世纪，大领主法庭的作用不可低估，国王法庭的审案能力不可高看——12世纪60年代，促使争议方就雪利家族祖产的分配问题达成协议的并不是亨利二世的法庭，而是费勒斯伯爵的大领主法庭。

如果说亨利二世在法律程序方面的新动作削弱了男爵阶层的权势，那么自亨利二世起，国王逐渐开始用免役税替代封建军事义务的做法就产生了相反的效果，因为男爵必须控制住他们的封臣，才能收到免役税，结果无疑是增强了大领主的行政权力。从多个角度来看，13世纪初英格兰的封建特征较为突出。《大宪章》对封建宗主进行了约束，避免其利用封建继承附属特权横征暴敛，同时明确了封臣对宗主尽封建义务和效忠是理所应当的。1215—1217年英格兰内战期间，尽管威廉·菲茨·埃利斯这类不受宗主管治的骑士领主很多，但还是有一批封臣愿意追随男爵，要么加入他们的叛乱阵营，要么同德比伯爵威廉·德·费勒斯这样的男爵一道支持约翰王。从13世纪初的几项协议可以看出，封臣非常重视自己作为社群成员的荣誉——在伍斯特郡，博尚家族的继承人还没成年就继承了封邑，全体下属封臣向约翰王付了1 333镑（2 000马克），得到了对封建宗主及其直属领地的监护权。

直到13世纪，我们仍然能够分辨出英格兰社会的封建属性。1235年，英格兰的直属封臣奉国王之命向下属封臣收取免役税，得了不少好处。封建宗主还像之前那样，一方面利用封建认可金、婚配权、监护权等手段获利，一方面竭尽所能防止（像瓦特佩里庄园那样）出现"中间"封臣，保证真正获得封地的封臣能够履行封建义务。另外，这些宗主还坚持要求封臣出席他们的私设法庭（所以，改革派政权才会在 1259 年立法）。罗贝尔·德·费勒斯伯爵在 1266 年因叛乱失去了所有的领地，成了费勒斯家族的最后一位伯爵，此前他颁布各类特许状时还让手下的封臣做见证，其中不少人佩戴的纹章是参考费勒斯家族的纹章设计出来的。叛变失败后，费勒斯家族的骑士封臣理查德·德·弗农（Richard de Vernon）为自己在 1263—1266 年的行为辩解时，将责任推给了封建制度："战时，我支持的是封建宗主德比伯爵（罗贝尔·德·费勒斯），毕竟我立下了效忠誓言，获得了他的封地。"

然而，到了这个时候，这种封建效忠的思想越来越脱离现实。事实上，弗农似乎早已背离费勒斯伯爵，投向了孟福尔家族。虽然从细节上难以看出，但是与 1215—1217 年内战相比，1263—1267 年的战事褪去了不少封建色彩。尽管仍然有男爵仰仗着封建继承附属特权，但是能够行使此类权利盘剥广大封臣的封建宗主人数正在不断减少。类似社群的封邑（如费勒斯家族的封邑）很有可能已是凤毛麟角。之所以会有如此转变，一定程度上是因为封邑很容易被破坏或摧毁。封建宗主若是犯了叛国罪，封邑就会被国王没收，整个地或者分成几部分分给新的宗主，女性继承人出嫁也有可能会让封邑成为其他家族的领地。如果有多个女性继承人，封邑就会分到多个家族，这样就不能完整地留存下去了。1166 年，英格兰共有 189 处男爵封邑，其中不下 54 处在 1086 年之后至少被女性继承人继承过一次。费勒斯家族确实很幸运，直到 1266 年家族领地被没收为止，一直是由男性继承人代代传承的。除了出身于名门望族的男爵，英格兰也会有一些新贵——通常是国王的臣仆（如威廉·布鲁尔），一步步地聚积起广阔的领地，其中包括直属庄园，以及分封给各臣属的封地，但他们根本不是男爵。新贵领地的数量不断增加，完整的封邑不断减少，这时如果还在认为男爵阶层的直属封臣是英格兰仅有的一类大权贵，就是以偏概全了。按照1215年版《大宪章》的规定，只有男爵阶层才能收到议会召集令（向他们个人发出），但国王在13世纪渐渐开始向所有有钱有权的臣民发令，无论其是否拥有男爵身份。

即便封邑保持完整，也有一些因素可以帮助下属封臣摆脱令人不快的或效率低下的封建宗主的控制。诺曼封建制度建立后不久，封邑中封地面积较大的封臣似乎获得了世袭继承权。在面积较小的封地上，封建宗主仍然可以一定程度上干涉继承问题（至少在克莱尔封邑上，封建宗主是有权这样做的）。到了12世纪，封地较小的封臣也陆续得到了世袭继承权。亨利二世推出的新法律程序强化了这一趋势，也削弱了男爵靠没收领地惩戒下属封臣的权力。封臣还可以利用其他手段摆脱宗主的控制。当时有许多封建宗主像亨利·杜伊利那样碌碌无为，避免不了"中间"封臣的出现。《亨利一世法典》考虑到，不管是封臣的封地距离男爵的中心领地太远，还是他们在封邑之外还有其他封地，都会出现麻烦。前文提过，只有个别封臣才会受上述情况的影响，不能尽力向自己的宗主效忠，但这部分人往往财力最为雄厚。大领主法庭本身当然不是独立的司法机构。亨利一世时期，几乎可以肯定的是，由于司法不公，案件会转交至郡法庭，甚至可能由国王亲自审理。亨利二世在位期间，即使不存在司法不公的情况，案件也可以转移，因为新的普通法法律程序开启了一系列途径，让下属封臣得以直接在王室法庭提起诉讼。同样，安茹王朝的国王一方面推行这一法律程序，规定陪审团应当由下属封臣组成，一方面设立了一系列的新地方官职，让下属封臣有机会就职。

随着封建制度式微，英格兰在 12—13 世纪出现了各种新型的权贵权力模式，即历史学家口中的混种封建制度。彼得·科斯（Peter Coss）认为，之所以会出现这种制度，是因为国王绕过了封建宗主，与下属封臣建立了主从关系，从而威胁到了旧有的权力模式。国王与下属封臣建立主从关系并不算新鲜事，如前文介绍的那样，在安茹王朝治下，两者日益亲近，混种封建制度恰恰是这一变化的连锁反应。这种制度有三大特征，彼此相互作用：其一，封建宗主根据服务情况留下自己喜欢的人，无论他们是不是下属封臣。1178 年，国王已在《国库对话》中阐明，他有权雇用任何人为他服务，无论这些人的宗主是谁。这样看来，这个特征无疑是对国王立场的必然反应。想要避免落在后面，封建宗主就得如法炮制。总之，封建宗主急着要找到干练的臣下，下属封臣想要归顺心仪的封建宗主，使得封邑制受到了上、下两股力量的夹击，渐渐出现了裂痕。有雄心的封建宗主不愿让愚钝之人做自己的封臣；反之，有志向的封臣也不愿服侍无所作为的宗主。到了 12 世纪下半叶，与宗主不再有终身主从关系的扈从开始出现——如大卫·克劳奇（David Crouch）的研究指出，切普斯托及彭布罗克伯爵威廉·马歇尔（1190 年获得爵位，1219 年去世）共有 18 位贴身骑士，其中有 12 位与马歇尔没有终身主从关系。混种封建制度的第二大特征是，大封建领主想尽办法去留住被国王任命为地方官员的人，借此消除国王的任命带来的潜在威胁。13 世纪 20 年代，沃里克伯爵似乎按照这样的思路打造了追随者队伍。过去，大领主会绞尽脑汁地争取对郡督职位的控制权。混种封建制出现后，他们将触手伸向了更多的官职。在编织这种地方控制网络的过程中，13世纪英格兰地方政府的结构变化帮助了权贵阶层，可以说让国王在各郡的影响力有所下降。13世纪60年代，各地有居民抱怨说，郡督、执达吏是权贵的走狗，国王任命的法官是他们的"爪牙"，反映出这些官吏可以每年获得一定的赏钱（"薪水"）。

　　讲到薪水，我们就来谈一谈混种封建制度的第三个特征，即用金钱（不是土地）来换取服务。K. B. 麦克法兰（K. B. McFarlane）[①]在提及这种制度时也是这么说的。事实上，在经过诺曼征服之后大力度的土地分封之后，可供分封的土地越来越少。1166年的大调查显示，绝大多数封臣是在1135年前得到封地的，在那之后，封地面积通常也比较小。显然，大封建主对分封土地的态度越来越谨慎。威廉·马歇尔的绝大多数追随者似乎没有得到土地，而只是得到官职等其他类型的赏赐。这些随众还有可能分到钱币这类"薪水"。可封之地也许僧多粥少，但由于货币供给不断扩大，现金充裕。斯科特·沃（Scott Waugh）的研究指出，13世纪大封建领主越来越习惯将发"薪水"当作赏赐方式。起初获得金钱赏赐的是法律顾问、地产管理人，后来骑士也加入进来。他们其实是在模仿国王。一直以来，英格兰的国王都习惯出钱雇佣士兵加入他的军队。到了13世纪，国王开始经常使用货币"薪水"来奖赏亲卫骑士以及法官等高级官员。1270年，爱德华王子出价2.25万马克，与18位英格兰大领主签订合约，要求他们派出225名骑士

---

① 　K. B. 麦克法兰（1903—1966）是20世纪最具影响力的英格兰中世纪历史学家之一，最主要的贡献是增进了史学界对混种封建制度的理解。

参加十字军东征——从这件事上可以看出，用钱换服务的做法在当时的英格兰已经比较常见。这意味着大封建领主也可以出钱雇用追随自己的人。

12—13 世纪，封建制度衰退、混种封建制度的确立是大势所趋，虽然进程时快时慢，地域上参差不齐。大封建领主在面对这样重大的变革时，当然会尽量保住手中的权势，然而混种封建制度在结构上更具流动性、多样性，令乡绅阶层变得更加独立。这毕竟是政府的观点。《大宪章》规定，能决定是否征税的只有男爵及其他一些地位较低的直属封臣。上述封建群体确实在 1225 年、1232 年、1237 年三次批准了国王的征税要求。自 13 世纪 60 年代起，国王迫于形势压力开始召集骑士，让他们代表所在的郡批准征税要求。这无疑反映出当时的人对社会的看法发生了巨大变化。1215 年，男爵阶层依然能够代表英格兰王国，从特定的角度看，英格兰依旧可以看作是由一块块封邑组成的封建王国，每一处封邑有一批身份可以界定的骑士封臣，每位封臣都要向男爵效忠。50 年后，情况似乎已全然不同，骑士阶层和郡内绅士必须对自己负责。骑士阶层获得代表权出席议会，是 13 世纪社会变革中最生动的画卷。

* * *

在庄园领主之下、农民阶层之上，是人数众多的自由民。据粗略估算，自由民名下的土地有 16—40 公顷。历史学家对这个群体的研究较少，但它对地方社会的运转非常重要。自由民有两处来源，一处是农民阶层中的富农，一处是乡绅阶层中的小乡绅，这是小乡绅家族长子以外的子嗣分得地产的结果。他们中一些人是诺曼士兵的后代，手中的地产是祖辈在诺曼征服之后获得的小块地皮，还有一些人是盎格鲁－撒克逊时期英格兰人的后裔，父辈曾作为百户区陪审团的成员，为《末日审判书》的编写提供证据。自由民作为地产所有者，对维持百户区的运转至关重要，事实上，他们不可避免地形成了利益共同体。百户区法庭每3周开庭一次，出庭的自由民需要审理小额债务案、次要治安案件，负责预审重罪案件，还要在巡回法庭到达郡里之后将预审结果呈送给国王的法官。巡回法庭审案时，自由民会与庄园的领主组成百户区陪审团，负责向法官提供证据。他们的人数通常超过庄园领主。1263年，巡回法庭去了萨里，陪审团中有70%的陪审员后来还出席了其他巡回法庭。自由民与他人对簿公堂，一般是为了争夺百户区的地产。所以说，自由民是有一些法律经验的，相互间的关系较近，比较关心地方事务，在农民阶层与乡绅阶层之间搭起了桥梁。如果说英格兰王国存在一个全国利益共同体，那么自由民阶层可以说是这一共同体的主要缔造者。

相较于自由民阶层，史学界对农民阶层研究得更深，但由于庄园法庭卷档发现得较晚，绝大多数以农民阶层为对象的研究其起始时间为本书所述的历史时期的末期。在农民阶层中，由父母、子女组成的小家庭是最基本的社会组成单位。假设农民阶层的生命预期短于其他社会阶层，那么相应地，相较于较高的社会阶层，三世同堂的农民家庭就会比较少见。兹维·拉齐（Zvi Razi）以什罗普郡境内的黑尔斯欧文庄园为对象所做的研究表明，当地20岁的佃户预计还能再活25—28年。鉴于当时的农民一般是在20岁左右成婚，他们不太可能活到孙辈出生的时候。另一方面，有相当一部分父母活得足够久，在世时是能够将田产传给子嗣的。虽说父母极少会就赠养问题与子女达成正式的协议，但子女的确有义务照顾父母。

　　各地区的遗产继承习俗不尽相同。在英格兰南部、东部，尤其是在肯特、东安格利亚，"人人有份"这种继承方式最为常见。父母去世后，遗产会均分给儿子们。在其他地区，更经常出现的情形是，遗产继承人要么只是大儿子（长子继承制），要么只是小儿子（幼子继承制）。无论是人人有份，还是"单脉"相传，只有在没生下儿子时，才会轮到女儿继承。然而，即便是在实施后一种制度的地区，核心家庭也会认为有极大的义务供养没有继承权的子女，会给他们一些财产让他们能够成家。有时候，没有继承权的子女会分到宅子里的一间房，或者院子里一座放有"生活必需品"的棚屋——霍顿库姆威顿（亨廷登郡境内）的一对夫妻就是这样分配遗产的。更为普遍的情况是，父母双方都会留出一部分田产给不能继承遗产的子女，以帮助他们建立独立的家庭。如果能够买到这样的一块土地当然更好，但是在必要的情况下，父母会将一部分祖产拿出来购买小块田产，让没有继承权的儿子、女儿成家立业，令村庄的土地市场热闹起来。各地的经济状况则决定了，没有继承权的子女在多大程度上会创建在乡村生活中扮演重要角色的大家族。在北安普敦郡，布里格斯托克村森林资源较多，缓解了土地压力，所以（朱迪斯·本内特的研究指出）以婚姻关系为基础的家庭独立性和自主性更强。黑尔斯欧文庄园的情况则完全不同。那里人多地少，家庭的宅院、田产有可能是和无继承权子女的村舍、小块地产连在一起的，这样形成的大家族就像是一个有机整体。当然，就像社会地位更高的家庭那样，农民家庭之间也会因土地分配发生争斗，但是合作的必要性也大得多——毫不夸张地说，农民家庭能否合作事关重大。

　　农民阶层内部分成两类。一类是拥有的土地不到1公顷的底层小农户，另一类是拥有12公顷的大家庭。有个别人（通常是包括村地方长官在内的各类村官）会在村庄市场上买地，积累起了比较多的田产。这些土地会被分割，然后赠给年幼的子女，有个别家庭（如德比郡的奈夫顿家族）经过好几代人的努力，最终跻身骑士阶层。13世纪，经济局势一度不太乐观，最大的受害者是贫农们。以黑尔斯欧文庄园为例，在13世纪70年代到1348年间，农民阶层中经济状况中等及以上的家庭基本上能保持家族地产的完整性，而小家庭中只有35%做到了这一点，另外65%很有可能已经将田产出售给了富裕的近邻。

　　对各个庄园来说，农民阶层境况的好坏很大程度上取决于庄园领主对农民的剥削程度；如果庄园里的农民是隶户（非自由民），也取决于庄园领主主张封建权利时的态度是否强硬，这是一个有待讨论的话题。即便是人数过半的非自由民，也与王室政府有着直接关系，因此是更广阔的王国中的极大组成部分。首先，国王依靠治下的臣民保卫王国，为此特地制定了《武备条例》（Assize of Arms），它规定了臣民应当根据各自的财力准备武器，而没有把他们的社会地位作为划分标准，还强调所有四肢健全的臣民都应带上长弓、箭矢。可以说，农民是一个按照政府法令武装起来的阶层。在维护王国和平的过程中，农民阶层没有被国王忽视——重罪都是由国王来管的，哪怕是身份卑贱的贫农犯了罪也不能不管。当时设有"十户区"，是英格兰最基本的法律实施单位，由10名农夫组成，他们相互间提供安全保障。男性年满12岁就要加入十户区，宣誓向国王效忠。有一些封建主合法或非法地得到了每年检查一次农民有无擅自离开十户区的权力（"十户联保审查"）。若没有封建主插手，"审查"就会由郡督在百户区法庭上执行。如果十户区未能将违法者抓住，那么所有成员都要接受国王法官的处罚。如果出现尸体被发现后不能证明是英格兰人的情况，周边村庄就必须向国王缴纳"连坐"罚金——证明死者是不是英格兰人，其实就是证明他是不是农民。不仅如此，验尸官到案发现场问话时，距离最近的村庄的村官、村民都要到场。1217 年《大宪章》、1259 年的"威斯敏斯特条例"曾先后做出减轻农民负担的规定，前者对郡督在"审查"时进行勒索的行为做了限制，后者则废除了村民在有人意外死亡后缴纳罚金的规定。两者还规定了，法官不得以村民在被问话时没到齐为由，让村庄缴纳罚金。贵族的理想主义和自私自利共同促成了这些改革。然而，农民也有足够的能力为自己的权益申诉。

庄园法庭上满是农民因耕种不当或没有收割庄稼而被罚款的记录。在小奥格本村（威尔特郡境内），全村村民因为没有为领主的绵羊洗澡 ① 而被罚款。反抗中也可能充斥着暴力。1242 年，布兰普顿村的佃户将领主的执达吏赶回了亨廷登，还"挥舞着斧头、棍棒"，夺回了自己的牲口，领主却揪不出肇事者，因为当时"几乎全村的村民"都参与了进来。此外，农民在公堂上控诉领主无端增加佃户负担的情况数不胜数。如果提起诉讼的是非自由民，即便因土地使用权、地租等与领主起了冲突，也无权要求国王的法庭主持公道。如果农民说自己是司法管辖区的领民，或者是"古老直属"庄园（古时掌握在国王手中的庄园）里的特权阶级，那么国王的法庭就会受理诉讼。后一种情况下，农民大概是想象出了一个传奇时代，那时的人直接臣服于国王，每个人都能要求国王的法庭为自己

---

① 为绵羊洗澡能够提高羊毛的产量。

伸张正义。由于遇上官司的领主声称发起诉讼的农民不过是一介佃户，因此决定判决结果的关键点就成了地位问题。当时，有这么一起诉讼案：米尔斯阿什比村（北安普敦郡境内）的村民在1249年先是在普通法法庭上发起诉讼，后又上诉至御前法庭（在1258年，牛津议会、温切斯特议会这两届具有革命意义的议会召开期间），后来还接受了改革政权的政法官休·比戈德、休·德斯潘瑟的审判，最终在1261年胜诉。

　　带领阿什比村发起诉讼的是当地的富农，每家田产有差不多12公顷。他们打官司"既是为了自己，也是为了全体阿什比农民"。该村的社区是英格兰根据政府的需要而设立的级别最低的社区，具体到阿什比村，政府需要其管理庄园运作。虽然农民在庄园中不得不以领主的利益为纲，但同样能够利用庄园制度维护自身的利益。比如说，他们在庄园法庭上拥有的审判权、罚金裁定权就是维护利益的利器。在布赖特沃尔顿村，佃户们不仅"按照庄园的惯例"做出判决，解决遗产继承引发的复杂问题，还有权推举村地方长官的人选，形成了"布赖特沃尔顿佃户社区"，与封建领主（战役修道院的院长）就公有地的使用问题达成了一致。乡村社会也有等级分化，竞争激烈，但人们能够为了共同利益而合作。此外，农民眼界开阔，也不缺乏政治斗争经验。正因为如此，农民在1258—1267年革命期间扮演好了自己的角色。所以说，1265年皮特林马格纳村（莱斯特郡境内）的村民才会将"村庄社区"看作"英格兰王国社区"的一部分。

* * *

13 世纪 20 年代的典籍《布拉克顿》指出："女人在许多方面不能与男人平起平坐。"其中有一部分原因出自《圣经》，可以追溯到夏娃受到蛇的诱惑，牵连了亚当的故事。（13 世纪中期，牛津大学的托钵修士威尔士的约翰认为）女性其他方面的不足除了饶舌、懒惰外，还有虚荣，尤其是在穿着、装扮上面。12 世纪 80 年代，沃尔特·马普声称，和女人扯上关系只意味着一件事——"麻烦"。这样看来，《以弗所书》第五章第 22、23 节的教诲就很有道理了："你们作妻子的，当顺服自己的丈夫，如同顺服主。因为丈夫是妻子的头，如同基督是教会的头。"女性也需要保护，因为她们很脆弱。博特兰的乌特雷德·史密斯（Ughtred Smith of Botland）头上中了一箭，他把箭头拔出来后才回家，因为"这样我妻子就看不见了，否则她会非常悲伤"。男人是坚强的，女人是软弱的。

实际情况可没那么简单。不是所有女人都软弱。1267 年 5 月，寡妇德西德蕾塔（Desiderata）看见她的朋友威廉·德·斯坦盖特（William de Stangate）走过来，肩上扛着把十字弓，就开玩笑问他是不是奉国王之命在追捕作乱的人。接着，德西德蕾塔说，哪怕是要她对付两三个像他这样的大汉也不在话下，然后就一把揪住了威廉的后颈，腿一弯，把他摔倒在地。在 11—12 世纪的神学作品中，女性的地位也许是在下降的，但还是有许多神职人员没有表现出那些偏见，在与女人打交道时，也不会有歧视的举动。圣安瑟伦与贵妇有书信往来，在信中将她们看作与男性地位平等的个体，尊重她们的能力。他强调，女人既是丈夫的贤妻，又是子女的良师。12 世纪上半叶，在奥德里克·维塔利斯的笔下，贵族女性是丈夫的合作伙伴，并对她们的个性做了区分。奥德里克责备过某些女人的言行举止，但是没有对女性这一整体口诛笔伐。100 多年后，编年史家马修·帕里斯在提到自己认识的贵妇时，也采取了客观公正的态度。

谁也不能否认，以安瑟伦以及后来乔巴姆的托马斯（Thomas of Chobham）为代表，许多神学作家对妻子扮演的角色所做的正面评价，都反映出她们处于从属地位。如果她们能够行使权力，那也是通过丈夫达成的。反之，就像优柔寡断的男人会被说成是"娘娘腔"，若是女人太强势，就会被扣上"男人婆"的帽子。不过，真要是有女子像男人那样果敢，依然会得到大家的赞赏。马修·帕里斯记录了阿伦德尔伯爵夫人在丈夫去世后斥责亨利三世无视法律公正[①]的情景，"虽是女儿身，倒不像一般女人那样忍气吞声"。同样，奥德里克在描写伊莎贝拉·德·孔什（Isabella de Conches）时，也表现出赞赏之情："她慷慨大方、临危不惧、令人愉快……披盔戴甲骑上战马，与骑士不相上下。"确实，参加战斗的女性会被记得并获得广泛尊重。13 世纪中叶，有个霍托特的乡绅家族仍记得其女性祖先迪奥尼西娅（Dionisia）。据他讲述，在斯蒂芬治下的混乱时期，迪奥尼西娅曾策马冲向一名敌军的骑士，一枪将其摞下马背。

所以说，正如朱迪斯·本内特评说的那样，女性的地位有种种不确定性，经常自相矛盾。从多方面来讲，女性是从属于男性的，但她们可以是婚姻中真正的合作伙伴，在婚姻之外也可以拥有自主权，特别是寡居的女性。除了个别情况，对社会各阶层的女性来说，无论是受到的限制，还是可以利用的机会，并没有明

---

① 阿伦德尔伯爵夫人因一块面积相当于 1/4 个骑士俸禄的封地与亨利三世起了冲突，最终要回了被亨利非法夺取的封地。

显的差别。

不管是男人认为女人低人一等，还是认为妻子在婚姻中处于特殊的从属地位，这类思想在许多将女性关在门外的公共生活领域反映了出来，女性在其中受到的限制反过来强化了"男主外，女主内"的思想。女人不能进入陪审团，不能担任法官、郡督、城堡总管等，只有像妮可拉·拉海耶那样继承了家族世袭官职的女人才会成为例外。城镇中的女性可以进入同业公会，却不能指望得到一官半职。村妇不仅不能担任村地方长官、品酒官①，也算不上十户区的一员。女性也极少成为犯罪活动的加害方或受害方，从一个侧面反映出了她们在公共生活中扮演的角色少得可怜。在林肯郡，1202年以及1281—1284年，一共有322人受到杀人罪的起诉，其中只有5.6%的被告人是女性，而且多数还有男性共犯。在286名受害者中，只有13.6%是女性，其中大部分死于家庭暴力。就其他类型的犯罪行为而言，女性最有可能犯偷窃罪、购赃罪，即便是在这类女性犯罪的多发领域，男犯、女犯的人数依旧不成比例——1281—1284年，在341名受到偷窃罪指控的人当中，仅有25人是女性。

此外，女性受到人身伤害后，发起"申诉"（控告）的权利会比男性受到的限制更多。据《格兰维尔》记载，女性只在遭到强奸或目睹丈夫被他人谋杀的情况下提起申诉。在法律操作中，女性还可以就抢劫、受伤、儿子或父亲死亡发起申诉，但到了13世纪，法官越来越不讲情面，拿着法律条文照本宣科。在强奸诉讼中，原告获胜的可能性微乎其微。1202年，林肯郡共审理了27起强奸案，被判有罪的一个也没有。其中有22起没走完起诉流程，要么

---

① 英格兰各地负责保证面包、麦酒、啤酒品质的官员。

是因为原告被迫达成庭外和解，要么是原告不愿当庭描述案情。这样，13世纪女性就强奸犯罪发起的诉讼直线下降，就不令人感到奇怪了。值得一提的是，即便是在今天的英国，被指控实施强奸的男子中10个有9个会被无罪释放。

在财产权利方面，女性特别是已婚妇女是二等公民。无论是按照封建习俗，还是按照普通法的规定，女儿只有在父母没有儿子的情况下才能获得继承权，城镇、庄园的法律和惯例通常会有类似的规定。成婚后，丈夫不仅能够获得妻子的继承权，还能随意处置她的全部嫁妆，即她的原生家庭提供的财产。他无须征得妻子的同意就可以出让她的财产，以及在他去世后妻子将有权获得亡夫的遗产。（根据法律规定，除非在数额上有其他规定，一般来说，亡夫遗产不仅包括结婚时丈夫名下地产的1/3，还包括丈夫婚后获得的地产的1/3。）"从法律上讲，妻子完全被丈夫控制住了。"《格兰维尔》写道。

尽管如此，法律仍然在财产方面鼓励夫妻合作。虽说妻子不能阻止丈夫出让共同财产，但成了遗孀之后，她却能对亡夫先前的出让提出异议。对丈夫来说，征得妻子的同意才是明智之举。12世纪，历代切斯特伯爵的财产赠予多数征得了伯爵夫人的同意。切斯特夫人还征得丈夫的允许，可以任意处理财产，尤其是捐助家族支持的修道院。在许多方面，妻子实际上会与丈夫步调一致。12世纪初，亨廷登镇有对夫妻逼自己的女儿嫁人，女儿被迫无奈，只得隐姓埋名，做了一名女隐士（取名马克耶特的克里斯蒂娜）。在这件事中，施行家暴的竟然是女孩的母亲。再来看男爵阶层。像玛蒂尔达·德·布劳斯与威廉·德·布劳斯、玛蒂尔达·德·莫蒂默与罗杰·德·莫蒂默、埃莉诺·孟福尔与西蒙·德·孟福尔，这些夫妻都被视为政治搭档，其中的女性就是奥德里克、马修称颂的模范妻子。据埃莉诺·孟福尔的府邸卷档记载，1265 年她率领人丁众多的家庭四处辗转，这符合某段时间孟福尔政府在多佛城堡坐镇指挥的需要。1265 年 5 月和 6 月，她曾派人向西蒙和正在围攻佩文西城堡的儿子，还有汉普郡的郡督、沃灵福德和凯尼尔沃思的治安官，以及埃姆斯伯里女修道院的院长、德文伯爵夫人、林肯伯爵夫人送去信件。

妻子还有可能是维持家庭正常运转的中心。玛蒂尔达·德·布劳斯勤俭持家，令威尔士的杰拉尔德称赞不已。《布拉克顿》提过，女子如果"懂得持家之道，能将家务活安排、管理妥当"，她就好比获得了终身职务，成了一名成熟的女人（可以谈婚论嫁）。这段话反映出女性与家务事是紧密联系在一起的。此外，如安瑟伦设想的那样，妻子有可能还要负责教育子女——13 世纪中叶，男爵夫人丹尼丝·蒙特申西辅导子女学习法语，帮助他们掌握这门用于"农牧、生产管理"的语言。通过这种方式，母亲与子女建立起亲密的关系，自然可以对子女将分得多少财产、应当和谁结婚这类决策施加一定的影响。

就农民阶层而言，如果以意外死亡报告为据，我们可以认为，女性多数是在家做家务（或出门打水），男性多数会外出做工。但这可能只是简单地反映出女性从事的家务活之外的劳动没有男性的危险，她们除草、收割、纺织，而不用耕地。学界对许可证罚金的研究显示出一个惊人的事实，即参与啤酒酿造的女性数量巨大。从事酿酒业投入很高，这意味着参与酿酒的妇女通常是已婚妇女（因此被称为"麦芽酒妻子"），她们的丈夫要么是像村地方长官那样的官员，要么是铁匠这类手艺人。在布里格斯托克村、兰托夫特村

（林肯郡境内）这样的村庄，女人主导着啤酒酿造业，其核心是稳定从业的专业人员，其他女性则每年加入或退出。城镇中也经常能见到女酿酒匠。在林肯城，1292—1293 年间的不同时期，有 29—59 名女性从事啤酒酿造，占到从业总人数的 22%—44%。同一时期，城内有女性从事的活计还有裁缝、沿街叫卖、芥末加工、接生、制盐、制腰带、奶酪加工、五金贩卖和客栈经营。

这些女性的婚姻情况大都无从考据，很多应该是有夫之妇，其余的很有可能是大龄未婚女性和寡妇，这里需要讨论一下未婚女性的社会地位。如前所述，女人之所以很少在公共场所露面，部分原因是当时女人被认为在婚后应当服从丈夫。然而，也有些女性如大龄未婚女性和寡妇，她们没有丈夫，自己就是一家之主。她们虽然在公共领域无法获得与男人平等的身份，毕竟关于性别的刻板偏见实在太强了，但是无论好坏，与已婚妇女相比，她们确实有更大的自主权。

在上层社会，名下有地产的大龄未婚女性比下层社会的少得多。在贵族圈子想要找到拥有大块地产的大龄未婚女性，恐怕比登天还难。教会一再强调，婚姻只有在男女双方自愿的前提下才具有效力，然而，由于女孩 12 岁就可以"同意结婚"，所谓的"自愿"水分可想而知。任何有望获得大笔遗产或获赠大笔财产的女性，都可能在十几岁时嫁人，这是由国王、封建宗主或其家族决定的。这样一来，根本不可能出现拥有大量地产，还能在一段时间里享受自主权的大龄单身女性。待在家中的未婚女性也许会被委以重任。在亨廷登，马克耶特的克里斯蒂娜不仅衣着华丽，还保管着父亲的巨额财产。但是，她绝不可能不嫁人就自立门户，除非离家出走。换个角度来讲，女性获得的土地的可能性越低，当地的土地越是充足，那么她们推迟结婚，甚至终身不嫁的可能性就会越大。在这种情况下，一名女子名下哪怕有那么一点地产，她也有可能自立门户。1240 年，萨福克郡举行巡回审判时，一大批看起来年纪不小、仍未出嫁的女性拿起法律武器，利用死去先人占有权令、新近强占侵入令捍卫自己的权利，哪怕作为标的的土地还不到一公顷。在布里格斯托克庄园，同样有证据证明那里住着名下有地的未婚女子——有些时候，她们较早得到了父亲赠予的少量地产，多年以后才谈婚论嫁。在婚前这段时间，她们不仅在庄园法庭上可以对名下的地产全权负责，还有可能靠这些土地生存。这些女子到底能在多大程度上实现自立？如果确实能够自立，又在多大程度上享有自主权呢？一定程度上，答案与她们分得的地产面积直接相关。对某些女子来说，如果得不到家族的帮助，独立就不过是忍饥挨饿、自生自灭罢了。反之，嫁人也许能让生活更有保障。讽刺的是，虽说囊中羞涩的女子更需要依靠丈夫，但经济的制约又恰好是她们寻找夫君的障碍。

无论家境如何，大龄未婚女性都有可能当家管理自己的地产，在法庭上捍卫权益，而一旦结婚，这些权利会顷刻间消失，要等到丧偶之后才可能复得。按照庄园制度的惯例，寡妇除了可以取回对祖产、嫁妆的控制权，还有权获得亡夫遗产。在某些情况下，亡夫遗产的价值相当于丈夫生前名下土地价值的一半。丈夫去世后，妻子为未成年的继承人监管父亲遗产的现象也很常见。鉴于上述原因，许多村庄有多达 10%－15% 的田产由女人打理。所以说，对农妇们来说，遗孀身份能够极大地改变女性的生活，用朱迪斯·本内特的话来说就是，"让逆来顺受的女性能够在公共生活领域扬眉吐气"。在布里格斯托克村，成了寡妇的艾丽斯·阿维丝（Alice Avice）出席庄园法庭的次数比以往更多，总体上看，她在乡村生活中发挥了更充分的作用。

在更高的社会阶层，女性在土地相关的事务方面拥有类似的权利。无论是封建惯例还是普通法条文，都规定了女性在丈夫去世以后可以获得对祖产、嫁妆、亡夫遗产的控制权，1215 年《大宪章》试图确保女性可以毫无困难地拥有这三类财产。普通法法律体系的发展也帮助了寡妇，特别是提供了两种标准诉讼程序。第一种程序允许寡妇收回丈夫在世时所出让的她的嫁妆或应由她继承的亡夫遗产，当时她对这种出让行为"无法反驳"。英格兰各地城镇采用的是类似的法律程序。实际上，在获得亡夫遗产的过程中，绝大多数遗孀不会遇到麻烦，尤其是当继承人是她儿子时（此时，亡夫遗产就成了儿子应当继承的祖产的一部分）。然而，如果丈夫生前出让了亡夫遗产（遇到这种情况，遗孀就要针对受让人发起诉讼），或者他的祖产落入他人之手，抑或是他人得到了祖产的监护权，那么就会出现问题。1263 年，萨里郡举行巡回审判期间，一共有 17 名寡妇就遗产发起诉讼，其中大多数以胜诉告结。

寡妇越是有钱，再嫁的压力就越大，因为第二任丈夫可以获取她名下的全部地产。对直属封臣的遗孀来说，再嫁的压力可能来自国王，对下属封臣的来说，有可能来自封建宗主、男爵。1100 年的《加冕宪章》承诺，不得逼寡妇再嫁，但 12 世纪英格兰国王没有照做，不是逼她们再嫁，就是迫使她们交钱换取单身的权利。1130 年，切斯特伯爵夫人露西向亨利一世缴纳了 333 镑，仅仅换得了 5 年的单身权。自 12 世纪 90 年代起，国王的财政状况越来越差，遗孀被迫再嫁的压力变得尤其大。因此，《大宪章》才会重申《加冕宪章》1100 年的承诺，这一回它真正发挥了作用——约翰王在位 16 年，其间一共有 149 位遗孀为了摆脱再嫁的命运向国王缴纳过罚金，人均 278 马克，而在亨利三世在位的那 56 年里，缴纳这项罚金的寡妇只有 44 人，人均才 87 马克。寡妇在择偶方面也更加自由了，许多人可能急着再嫁出去。"我之所以再婚，是因为我作为一名弱女子，虽然名下有亡夫遗产、父亲的祖产，以及许多其他的权利、财产，却没有能力、见识管理好。"在托钵修士拉尔夫·博金（Ralph Bocking）[①] 看来，这正是女人们惯有的思维方式。1215 年之后，贵族女性丧偶后保持单身的难度大大降低了。不能否认，即便是在 12 世纪，一些贵族女性也能够在丧偶后长期守寡，包括好几位切斯特伯爵夫人。但到了 13 世纪，像这样能够长期保持单身的贵妇就更多了：欧马勒及德文伯爵夫人伊莎贝拉·德·福尔兹（Isabel de Forz，1260—1293）、阿伦德尔伯爵夫人伊莎贝拉（1243—1282）、格洛斯特伯爵夫人玛蒂尔达（1262—1289）、林肯伯爵夫人艾丽斯（1258—1311）、玛蒂尔达·德·莫蒂默（1282—1301）、林肯及彭布罗克伯爵夫人玛格丽特·德·莱西（1245—1266）——而这不过是 13 世纪备受尊敬的贵族遗孀中的一部分。

1215 年的《大宪章》并不是要让男爵的遗孀们都自立门户，而是想要保护男性继承人的权益，避免他们的继父坐享其成。当时也会有一些寡妇能够享受这个身份带来的权利和自由，虽然通常需要征求继承人的意见，她们还是有决断权的，可以出让祖产、嫁妆这类财产，大多数情况下要么是为了捐助修道院，要么是为了给没有继承权的子女留出一部分财物。

---

① 拉尔夫·博金（1270 年去世）是道明会的修士，曾经受阿伦德尔伯爵夫人、坎特伯雷大主教罗贝尔·基尔沃比之托，为奇切斯特主教理查德（死后被罗马教廷封为圣徒）编写传记。

　　路易丝·威尔金森（Louise Wilkinson）对玛格丽特·莱西的一生做了研究，揭示出这个时期的女性从妻子到遗孀的身份转变过程。1221 年，12 岁的玛格丽特与 29 岁的庞蒂弗拉克特领主约翰·德·莱西（John de Lacy）成婚。切斯特及林肯伯爵拉尔夫去世时还没有子女，所以玛格丽特的母亲霍伊西娅（Hawisia），也就是伯爵的妹妹，就成了继承权的有力争夺者。约翰·德·莱西是想通过这次婚姻获得应当由霍伊西娅继承的遗产，不仅包括博灵布罗克封邑，还包括林肯伯爵领。莱西最后得到了林肯伯爵领。1240 年他去世后，玛格丽特改嫁到了彭布罗克伯爵沃尔特·马歇尔家，没几年丈夫就去世了（1245 年）。此后，她通过继承遗产获得博灵布罗克封邑，还以亡夫遗产的形式握有两块伯爵领 1/3 的控制权，一直没有再嫁。1266 年，在她去世时，（按照遗嘱）遗体没有与莱西或马歇尔共墓，而是葬在了 1217 年去世的父亲身边。玛格丽特为莱西生有一子，名叫埃德蒙·德·莱西（Edmund de Lacy，生于 1230 年），埃德蒙娶了王后娘家萨伏依家族的亲戚为妻，玛格丽特与王廷的关系变得密切。她想亲力亲为，增进家族的利益，没有将博灵布罗克封邑交给儿子管理（一些贵族遗孀会这样处理遗产，尽管她们在法律上没有义务这样做），而是将其留在手里，并以儿子将来的利益为纲，积极主动地扩大地产面积。玛格丽特竟带头协商起了孙子亨利与朗吉斯比家族女继承人联姻一事，尽管两个人都还只是孩子，但这次联姻的机会实在太难得。1258 年，埃德蒙早逝，她与儿子的遗孀艾丽斯携手从国王手中购回了家族遗产的监管权。

　　如上文所述，贵族女性的一生是围绕家族政治展开的。作为年轻的新娘，她们是棋子；为人妻之后，或者成为寡妇后，在年龄、性格、环境等因素的共同作用下，她们在影响和制定家族规划上会发挥更重要的作用。她们可以更好地利用当时的惯例，正如她们曾经被这些惯例左右一样。《加冕宪章》赋予了贵族遗孀（包括被迫再婚的丧偶女性）对未成年子女名下地产及人员的监管权。这一承诺当时未被遵守，也没有在 1215 年《大宪章》中得到重申。毕竟，这之前的一个多世纪中，国王已经尝到了监护权的甜头，绝不会吐出送进嘴里的肉，所以遗孀取得监护权的情形只是个例，而且以莱西家族为例，遗孀还得付出一定的代价。尽管如此，《加冕宪章》传达出来的精神仍然意味深长。其表现出的对女性的信赖——相信她们管理遗产的能力以及对家族未来的奉献之心，已是最好的征兆。

为了达到目的，人们会利用一切可用的社会关系，无论男女。女人的交往之中是否有什么不同之处？比如说，埃莉诺·德·孟福尔与埃姆斯伯里女修道院的院长、德文伯爵夫人、林肯伯爵夫人，建立了何种关系？可以肯定，在各自的府邸内，贵妇们身边都围绕着其他女子。1252 年 9 月，玛格丽特·德·莱西待在王廷时，4 位女随从得到了王后赏赐的胸针。城镇中一些有钱的女居民也有类似的表现。在林肯城，有一位市民的遗孀阿维丝·德·克罗斯比在遗嘱中为 20 名女性（是男性受赠者人数的两倍）留有遗赠，里面既有她的仆人，也有她结交的女伴。正是运用了这一手段，女性才能在当时的社会中开辟出一片属于自己的天地。

*　*　*

经过讨论，我们看出，12—13 世纪英格兰的贵族、乡绅阶层都发生了一些重要的转变，在苏格兰也发生了类似的变化。毕竟，它有类似的"封建"领主，其下是骑士身份的封臣，还有由郡督治理的地方政府部门（后来也定名为"郡"）。据沃尔特·鲍尔记载，亚历山大国王到各郡巡视时，郡督会带领"经过遴选的骑士代表"出来迎接。沃尔特是 15 世纪的史家，但是有可能引用了较早时期的史料，他描述的很像英格兰国王。在封建领地内，遗产继承制度与英格兰的相似，小家庭、大家族的运作方式也类似。苏格兰贵族女性的地位也大同小异——如果没有儿子，祖产就由女儿们均分，遗孀则有权获取相当于丈夫总地产 1/3 的亡夫遗产，还能用令状（"三分有一令状"①）发起诉讼。由于缺少相关史料，研究苏格兰社会结构时，我们无法像研究英格兰时那样研究男爵阶层、骑士阶层数以千计的家族，剖析他们的家族史。因此，很难分辨出封建领主与下属封臣的关系是怎样逐步变化的。在一些重要领域，苏格兰的社会架构与英格兰有着明显的差异。在苏格兰，无论是伯爵领，还是各省的大封建领地，都不在郡督辖区之内，并且不受王权专属裁判权、普通法法律体系的管辖，比英格兰的同类领地独立得多。所以说，与领地在边界以南的英格兰大封建领主相比，苏格兰的控制力更强，可以更有效地约束手下的封臣、仆从。即便是在郡督辖区内，苏格兰既没有国王任命的由当地人担任的大量地方官员，也不像英格兰一样有大量普通法诉讼案。因此，在地方治理及法律方面，苏格兰的整体结构很不一样。

13 世纪，科明家族史（艾伦·扬做了研究）提供了宝贵的例证，让我们了解到苏格兰的大家族是如何参与国内政治活动的。这

---

① 原文为 the brieve of terce，其中的 terce 指丈夫去世后，应当留给妻子的那 1/3 的土地，所以译为"三分有一令状"。

个家族的历史阐明了苏格兰特有的一个历史问题，即原有的本土贵族与新晋的盎格鲁－诺曼贵族是否在逐渐融合，相互适应。科明家族来自诺曼底（他们并不是大贵族的后裔），为苏格兰服务，从而获得赏识提拔。1212 年（之后不久），担任福斯河以北政法官的威廉·科明娶了弗格斯伯爵之女玛乔丽（Marjorie），成为巴肯伯爵，令巴肯伯爵领成为首个脱离本土伯爵控制的苏格兰伯爵领。科明家族入主巴肯伯爵领是国王政策的一部分，目的是加强北方与中央的联系，防止那里再次成为叛乱的温床，威胁到王权。为了加强在巴肯的权势，科明在古老的修道院中心迪尔的盖尔语区建立了一座西多会修道院，并将那里当作长眠地。他和他的后代还修建或重建了 5 座环绕伯爵领的城堡，将这些城堡当作行政中心。继承巴德诺赫、洛哈伯两处领地的家族旁支修建的洛欣多布、因弗洛希两处城堡存世至今，表明曾经的科明家族城堡必定宏伟壮观。

迎来科明家族新伯爵的巴肯伯爵领没有与过去一刀两断，还延续着旧制度、旧习俗，早在科明家族得势以前，变化即已发生。弗格斯作为最后一代本土伯爵，效仿了盎格鲁－诺曼男爵的做法，向自己的追随者分封领地——比如，他"像苏格兰王国其他的伯爵、封建主向封臣分封领地那样"，将费德瑞特、阿登卓福特两处封地赐给了乌特雷德之子约翰及其继承人。约翰的后代想要继承领地，必须缴纳"献纳金"，每年还要去埃伦三次，出席封建宗主的法庭。也就是说，他们与英格兰的骑士封臣一样，必须出席封建宗主的私设法庭。没过多久，乌特雷德之子约翰的后代效仿一脉相传的英格兰骑士家族，开始自称"费德瑞特的"。从弗格斯颁布的特许状可以看出，他的随从中间既有本土领主，也有盎格鲁－诺曼血统的骑士。其他苏格兰本土伯爵身边也出现了盎格鲁－诺曼血统的骑士，这些骑士对骑士军事义务、封建土地保有期自然非常熟悉。正因为如此，苏格兰国王"狮子"威廉才会向安格斯伯爵之子吉尔伯特分封世袭领地，作为吉尔伯特履行骑士义务的奖赏，"像其他骑士从寡人手中获得领地那样获得一份荣耀"。苏格兰本土大领主会在大印上刻上自己全副武装、策马扬鞭的形象。为他们的特许状（比如，加洛韦的艾伦颁布的特许状）捉刀代笔的，很有可能是苏格兰或英格兰大法官法庭的文书。

如果说苏格兰的本土贵族有所转变，那么获取了伯爵领的科明也在改变的途中与本土贵族不期而遇。在他的随从中，有好几位曾是弗格斯的臣下，除了乌特雷德之子约翰、克斯帕特里克·麦克米德锡恩（Cospatric Macmedethyn），还有弗格斯的私生子。尽管克斯帕特里克得到了科明分封的"世袭封地"，但以他为代表的本土土地所有者与盎格鲁－诺曼血统的地主是不一样的——比如说，他们日常生活中依旧习惯讲盖尔语。在某种意义上，科明在与本土地主交往的过程中总是有意识地努力表明自己是"苏格兰人"；他给儿子取名"弗格斯"，纪念岳父弗格斯伯爵，也是这个意思。在管理伯爵领期间，科明保留了 brithem（法官）这一古老的凯尔特司法官职，还让妻子承担了重要职务。玛乔丽不仅为科明颁布特许状做见证，还能以自己的名义颁布。有时候，她不以"科明之妻"的身份出面，而是自称"前巴肯伯爵弗格斯之女"，以此来强调独立的地位。正是这种地方层面的合作巩固了 13 世纪普遍存在的苏格兰民族身份认同（第一章讨论过这个话题）。

尽管如此，苏格兰民族身份并没有令贵族阶层失去英格兰的民族身份，科明家族史解释了苏格兰贵族双重民族身份的由来。这一家族给人的第一印象是立足于苏格兰北部，其实这与实际情况不符。1264 年，第二任巴肯伯爵亚历山大与昆西家族的一位女继承人成婚，得到了温切斯特伯爵领的部分土地、加洛韦部分领地的继承权，为家族自 12 世纪以来在泰恩河谷拥有的领地锦上添花。尽管亚历山大不愿意亲自南下，并不意味着他不重视英格兰的领地，表现在他在去世前很久，就已经将英格兰领地中最具价值的部分转让给了长子。这一切只是反映了当时的普遍现象，而 12 世纪的情况截然不同，亨利一世不允许跨境持有地产。到了 13 世纪，拥有跨边境领地的家族经常可见，而通婚又使土地持有情况不断更新。1243 年，普拉德霍的乌姆弗拉维尔家族获得了苏格兰的安格斯伯爵领，安嫩代尔的布鲁斯家族也大幅增加了家族在英格兰领地的面积。有一个故事称，苏格兰未来的国王罗贝尔·布鲁斯就是在埃塞克斯郡的里特尔庄园出生的。据基思·斯特林格（Keith Stringer）计算，1200—1296 年苏格兰一共有 9 处伯爵领，各省大封建领地的领主有半数至少在某一时间点在英格兰境内也有领地。诺森伯兰、坎伯兰一共有 27 处男爵领，同时期其中 14 处的领主在某一时间点在苏格兰境内也有领地。总的来说，1290 年一共有 30 位封建领主和 40 座修道院在英、苏两国拥有较大的地产。

在两国经济融合的助推下，这些联系纽带既促成了和平的政治局面，又反过来得到和平局面的强化，照亮了 13 世纪英格兰和苏格兰的关系。1275 年，地位显赫的盎格鲁－苏格兰男爵约翰·韦西奉亚历山大三世之命，率军对马恩岛发起旨在惩罚当地叛乱的远征；两年后，他又在安格尔西指挥爱德华一世的军队；两次都是师出有名。韦西在阿尼克找到了先祖苏格兰国王马尔科姆 1093 年的战死地，在那里修建了一座医院（他的祖母是"狮子"威廉的私生女）。此外，韦西还在伊夫舍姆与西蒙·德·孟福尔并

肩作战过，在阿尼克留下了一只银质圣物箱，里面放的是孟福尔的
一只脚。韦西的权力基地阿尼克、斯普劳斯顿跨越了英、苏边境
线，令他成了不折不扣的北方领主，他的母亲也继承到了基尔代
尔、卡利恩这两块分别位于爱尔兰、威尔士的领地。此后，韦西前
往加斯科涅，继续为爱德华一世效力，最终客死他乡。他的遗体被
运回英格兰之后安葬在了阿尼克，心脏则与爱德华的卡斯蒂利亚王
后的一起存放在了伦敦的黑衣修士堂。所以说，以韦西为代表的贵
族不仅是名副其实的盎格鲁－苏格兰贵族，还在更宽广的欧洲舞台
上留下了难以磨灭的印记。

* * *

威尔士边境男爵领与苏格兰的伯爵领、各省大封建领地很有
几分相似。男爵领较小、分布紧凑，与苏格兰的大领地一样不受郡
督的管辖，而普通法的令状（如果领内真的有普通法法律程序）则
以男爵领主的名义发放，而且原告必须在男爵的法庭上发起诉讼。
领内封臣必然比英格兰任何地方的封臣受到更为严格的控制。正因
为如此，理查德·德·克莱尔才能对理查德·苏厄德向国王发起的
申诉置若罔闻，夺取他位于格拉摩根的领地。在本土统治者统治的
地区，百镇区、集户区作为区划单位，与英格兰、苏格兰国王控制
区所采用的区划单位大体等同，但社会结构却截然不同。这里的社
会等级划分完全不同于英格兰，而在某种程度上类似于苏格兰，从
上到下分为男爵、骑士、自由民、非自由民几大阶层。威尔士的法
典规定，在统治家族治下的威尔士人要么是自由民，要么是非自由
民。自由民则属于贵族，他们一方面向统治阶层缴纳税捐、地租，

一方面又依靠非自由民提供的劳役、地租生活。自由民名下的土地可以算作家族领地，不仅儿子、孙子们有权继承，而且根据法典，除非经过了全体亲族的许可，否则家族领地不得随意转让他人。威尔士的居民向马格姆修道院捐赠地产时，转让契上经常提到已获亲族同意，印证了这一事实。所以说，威尔士的家庭比英格兰的看着更像大家族。征服威尔士后，爱德华一世允许威尔士人继续采用分配式遗产继承方式，因此，出于法律原因，边境男爵领被分为英格兰人聚居区和威尔士人聚居区。

尽管如此，威尔士的社会变化仍旧步履不停。社会内部一直有降低亲属重要性的诉求，在犯罪的连带责任方面尤其强烈。瑟里的居民"无论高贵低贱"，都请求亨利三世推行"王土法"，革除威尔士法的弊端，避免人们因家族成员犯下谋杀、盗窃、煽动等罪行而受到牵连。此外，一些自由民家族因为继承人数多，地产被分割，导致家庭收入减少；一些非自由民家族用货币地租取代劳役地租，身份得到了提升，使得自由、非自由民间的区别越来越模糊。卢埃林·格鲁菲德要求"贵族"和"泥腿子、非贵族"一道修葺宫殿，可见在他看来，贵族与非贵族在身份上已经没什么区别。可是他的要求在贵族中间引起了抗议，说明贵族认为自己的地位不容亵渎。就像在英格兰一样，偶尔也会出现非自由民白手起家的例子。在梅里奥尼斯，名叫埃林·阿颇罗杰（Heylin ap Roger）的隶农缴纳罚金后，获准离开了故乡塔勒邦特，在1292—1293年成了陶因村家境最好的纳税人[①]。

---

① 塔勒邦特位于锡尔迪金北部，陶因则位于圭内斯南部，两地相距大约38公里。

最引人注目的是婚姻方面的变化，至少在上层社会是这样。长久以来，改革派的教会人士对威尔士的婚俗感到害怕。从法典对婚姻的规定中不难看出，婚姻在威尔士属于世俗法律事务，不由教会监督和主持。存在禁忌关系而结婚的例子很常见。另外，根据威尔士法律，婚姻也可以基于各种理由而终止，从通奸到口臭难挡，不胜枚举。夫妻俩没生育后代也有可能成为正当的离婚事由。法律规定，在分配遗产时私生子与婚生子有同等的继承权，反映出纳妾的习俗在当地十分普遍，以及（用威尔士的杰拉尔德的话来说就是）威尔士男人在女伴证明她们有生育能力后才愿意与她们成婚的现实。

12世纪，欧文·圭内斯、里斯大人都娶了第一代堂表亲，欧文还勇敢面对被贝克特革除教籍的命运。1165年，欧文去世后，争抢圭内斯统治之位的不仅有婚生子，还有私生子。到了世纪之交，遗产继承渐渐地有了转变，部分原因是卢埃林大王想要建立王朝并且保证它能传承下去。1203年，迎娶马恩岛国王千金的卢埃林不敢怠慢，请求教皇许可这桩婚事。[①] 1222年，卢埃林请求教皇确认他"传位给婚生子"的法令，尽管威尔士法律规定私生子拥有与婚生子同等的继承权。与威尔士统治阶层通婚的英格兰贵族越来越多，此类婚姻无疑是由教会主持，是得到教会认可的。13世纪，圭内斯和南波伊斯的统治者都迎娶了英格兰王室之女或贵族女子。卢埃林大王的4个女儿都嫁给了英格兰男爵，其中两人在丧偶后再婚的对象依旧是男爵。

---

① 教皇英诺森三世在1203年4月批准了卢埃林的请求，但之后又在1204年收回了许可。

　　这些变化不可避免地会影响双方都是威尔士人的婚姻。1273年，锡尔迪金的欧文·阿颇梅尔达斯（Owain ap Maredudd of Ceredigion）迎娶了凯督温家族的安加拉德（Angharad），在谈到离异的可能性时，他首先提到了"因为教会"，尽管为了保险起见，他又说了一句"或是其他事件"。威尔士法律典籍本身也处于不断的变化中。其中有段文章对"教会法律"持否定态度，声称私生子与婚生子有同等的法律地位；另一段则承认了卢埃林的裁定令局势有了变化。如此看来，法典本身就存在矛盾之处。还有文章简单地支持教会在婚姻、遗产继承方面的规定。有迹象表明，威尔士女性的地位也在发生改变。按照法律规定，女性可以主动提出"离婚"，但与英格兰和苏格兰的法律相反，同一部法律却规定了女性没有继承权。一个婚姻家庭如果没能生下儿子，将来遗产就会在更大家庭的男性中分配。因此，威尔士既没有女继承人，也不像13世纪的英格兰那样，出现名下有大量领地的贵族遗孀。威尔士女性一般不拥有土地。婚后，娘家还和丈夫都会给她们提供一些财产，不过（除了个别例外）全是动产，无论是成了寡妇，还是离异，女方只能留一部分婚后获得的动产。然而，法典中有一个孤例提到，女人在没有男继承人的情况下可以继承祖产，这显然是受到了英格兰习俗的影响。欧文·阿颇梅尔达斯迎娶安加拉德时，把安胡尼奥格集户区让给了她，等于是为她留出了亡夫遗产。尽管在统治阶层这种安排比较常见，但对其他阶层来说，仅用动产保证妻子、寡妇的生计仍然是惯常做法，这样就从另一个"方向"让威尔士出现了英格兰人聚居区和威尔士人聚居区。

　　遗产继承、嫁娶方面的变化反映出威尔士正在进行全方位的转变，社会、经济、政治等逐渐向英格兰靠拢。次级统治者的特许状在行文、措辞上与英格兰同级权贵签署的转让契约相像，而圭内斯历代统治者的特许状与英格兰国王、伯爵的几近相同。在某种程度上，威尔士也出现了英格兰那种乡绅阶层。1292—1293 年，梅里奥尼斯一共有 70—80 位家境富有的头领（uchelwyr）[1]，他们是地方上的领导人，不仅担任各类官职，每人名下至少还有价值 10 镑的动产，在财富上并不比英格兰的乡绅逊色。头领的身份尚不足以与骑士相比，但考虑到英格兰骑士人数不断下降，地位与头领对应的乡绅阶层算不上正牌骑士。在更高的社会阶层，骑士精神就显得非常重要了。与英格兰的男爵一样，威尔士统治者的印章上也出现了骑在马背上的骑士图案。德赫巴斯国王卡德尔·阿颇格鲁菲德（Cadell ap Gruffudd）1150 年前后刻的大印是目前存世最久的，从那时起威尔士的统治者都会在大印上使用骑士形象。在南部边境男爵领，自 13 世纪中期起，以阿凡家族为代表的一些家族放弃了独立的身份地位，踏入骑士阶层，使用起了纹章，融入了男爵领，参与着领地内部的事务。在克莱尔家族的严格统治下，这样的转变也许是生存的前提条件。然而，在威尔士语经典散文集《马比诺吉昂》（The Mabinogion）中，克雷蒂安·德·特鲁瓦（Chrétien de Troyes）[2] 以亚瑟王为主题创作的传奇以不同的版本反复出现，则反映出本土贵族真心推崇骑士文化。或许并非所有威尔士人都要译本，从 13 世纪末期开始，一些威尔士统治者已经（和英格兰的情况类似）开始用法文写商业信件了。精英阶层的骑士精神也在

---

[1]　uchelwyr 为威尔士语，由威尔士单词 uchel（高高在上的）、gŵr（人）组合而成，所以译为"头领"。

[2]　克雷蒂安·德·特鲁瓦是 12 世纪末的法国吟游诗人，因编写亚瑟王的故事而闻名于世。

政治行为中得到了充分的展现。12 世纪，谋杀、肉刑这类政治斗争的武器逐渐被监禁所取代。自 1216 年起，德赫巴斯的统治家族尽管因内斗而破碎，却没有一个成员被对手杀害或遭受肉刑，而1071—1116 年因家族斗争而被杀害或受酷刑折磨者却不少于 7 人。这个时期，在这个地区，威尔士人像英格兰人一样"文明"。

*　*　*

1265 年 10 月，路易九世的妻子、法国王后玛格丽特致信英格兰国王亨利三世，说她在催促自己的妹妹尽快返回英格兰与夫君团聚，她生怕亨利耐不住寂寞，娶了其他女人。接着，她暗示也许就是格洛斯特伯爵夫人。玛格丽特只是在开玩笑罢了。妹妹普罗旺斯的埃莉诺早在 1236 年就与亨利成了婚，俩人已经相守了近 30 年。埃莉诺要回去与丈夫团聚，是因为孟福尔的改革引爆英格兰的内战后，她不得不去海峡对岸躲避。从这封书信可以看出，亲密的家族关系将英格兰王室和法国王室联结在一起，而且双方有着相同的世界观、价值观，开得起这种"自己人"的玩笑。尽管法国国王在1204 年占领了诺曼底，尽管英格兰人讲法语的方式引人发笑，但共同的文化在不同程度上让不列颠的俗众和教会精英与西欧其他国家、地区紧密相连。1245—1269 年，为纪念主保圣人"忏悔者"爱德华，亨利三世在威斯敏斯特建造了不列颠岛最为雄伟的教堂，它向世人展示着不列颠与法国、意大利的紧密联系。威斯敏斯特大教堂使用了卡昂产的石料，不管是围着庇护所修造的小圣堂，还是南耳堂手拿熏香炉、面带笑容、散发着人文光辉的天使，抑或是令花饰窗格风靡不列颠的尖顶窗，效仿的都是为法国国王举行加冕仪式的兰斯大教堂。大教堂建筑师亨利·德·兰斯（Master Henry de Rheims）就来自兰斯。"忏悔者"爱德华的圣祠、亨利三世的墓、主祭台前绚丽夺目的马赛克地面，用的都是意大利库兹马蒂家族 ①从意大利古建筑上拆下来的彩色斑岩。威斯敏斯特修道院院长理查德·韦尔（Richard Ware）觐见教皇后，让工匠带上铺地面要用的石料前往英格兰。在下一章我们将讨论：教皇不断加强控制，教会组织如雨后春笋般出现，都发挥了重要的作用——不仅消除了不列颠的地域差异，还令其融入了欧洲社会。

---

① 库兹马蒂家族来自罗马，不仅出了许多建筑大师、雕塑大师，还以几何镶嵌式的马赛克闻名于世。

第十四章

教会、宗教、文教、学问

在 1066 年后的两个世纪，教皇的权力与日俱增，使欧洲大陆的面貌发生了深刻变化。神学、教会法领域的新进展阐明、宣扬了教皇的至高权力。教廷建立了新的行政架构，教皇得以全面治理西方天主教会。12 世纪，英格兰、苏格兰、威尔士渐渐融入以教皇为中心的教会世界，这对世俗政治和宗教生活产生了深刻的影响。

13 世纪，圭内斯的统治者上书教皇，请教皇解决公国的继承问题，并控诉爱德华一世的高压统治。苏格兰国王也上书教廷，虽然一直未能获得批准，依旧坚持请求教皇允许自己举行完整的加冕仪式。在英格兰的政治活动中，教皇及教廷使节通常情况下能发挥建设性的作用，引人注目，部分原因是约翰王承认英格兰王国是教皇封地。约翰去世后，（1216—1221 年）两位使节瓜拉、潘道夫获得国王阵营的认可，先后在世俗政治事务中掌握最高权力。瓜拉与摄政威廉·马歇尔一起，分别在 1216 年、1217 年两次加盖印章，发布了新版《大宪章》。马歇尔在 1219 年去世后，潘道夫则发布重要的命令，任命首席政法官于贝尔·德·伯格负责日常政务。亨利三世从没忘记教皇的恩典，在一定程度上致使他盲目遵从教皇，灾难性地卷入西西里事务。之后，英格兰先是发动改革，后又爆发叛乱，其间无论是保王阵营，还是叛乱阵营，都不停地向教廷表明立场，而废止"牛津条例"的教皇诏书发挥核心作用，让亨利三世在 1261 年暂时夺回政权。接下来，1263—1264 年的教廷使节居伊·德·富尔夸即后来的教皇克雷芒四世（Clement IV）愤怒谴责孟福尔政权。接替富尔夸成为教皇使节的奥托布诺，即后来的教皇阿德里安五世（Pope Adrian V），在孟福尔死后为恢复英格兰国内和平倾注智慧、费尽心力。此外，奥托布诺还在英格兰与威尔士的谈判中扮演了主角，于 1267 年将《蒙哥马利条约》公布于众。

教廷插手不列颠的政事，很大程度上是为了回应诉求。教廷的作用在不列颠教会的治理中越来越重要，尤其是在教会司法方面。此处的背景是当时的人承认某些特定类型的控诉不应当由王国审理，而应当由教会管辖。按照英格兰的传统，早在诺曼征服之前，凡是结婚、通奸、遗嘱这类道德和精神层面的案件，都受教会的司法管辖。贝克特与亨利二世的争斗尘埃落定后，犯罪的教会成员也要接受教会的管辖。12 世纪，在财产权方面，教会与国家之间的界限也越来越清晰。世俗法庭得到了受俸神父推荐权，亨利二世则推出了一种名为"最后推荐权"①的敕令法律程序，专门审理推荐权相关争议。此外，凡是教会以支付地租、提供骑士军事服务等世俗服务为代价而获得的土地（教会名下有大量此类土地），其所有权问题引发的争议属于王国的司法管辖范围。如果教会通过"自愿捐赠"获得土地，只需为捐赠者提供精神方面的服务，世俗法庭

---

① "最后推荐权"敕令法律程序的目的是确定上一任堂区神父任命者的身份，以此为依据确定下一任堂区神父任命权的归属问题；原告以被告以非法手段剥夺了任命权为由发起诉讼。

无权插手土地的归属权问题。此外，无论是教会的司法管辖权，还是修道院院长、教区主教的人选问题，世俗法庭都无权干预。

在教会司法管辖的案件中，有相当一部分可以由主教法庭审结，但随着教皇的权威深入人心，最终上呈至罗马教廷的案件越来越多，既有初审案，也有上诉案。重大案件，尤其是涉及主教任命权的，会由教廷审理，如果是常规的案子，教皇则会命“委派法官”在不列颠就地审理。例如，1132 年在兰达夫主教乌尔班上诉教廷后，教皇就任命了这样一位“委派法官”，这是已知的第一个例子。总体看来，12—13 世纪上呈至教廷的案子如洪流一般势不可当，教皇为此任命了大批委派法官，（正如简·塞耶斯指明的）就这样在各教省与罗马间建立起了纽带。许多这类案件发生在教士之间，涉及司法管辖权或财产分配方面的争端。身居高位的俗众遇到婚姻、遗嘱方面的纠纷会救助于教皇，而骑士阶层和普通俗众经常因为土地归属、什一税、堂区司法管辖权等问题出现在委派法官面前。可以说，英格兰各阶层的社会生活很大一部分落入了教廷政府机构的管辖范围。

如果说教皇在主持公道方面发挥作用，正如英格兰的普通法体系得以发展，都是为了响应地方上的需求，那么自 12 世纪末起，教皇通过不列颠教会以及更大范围的欧洲教会，更直接地介入税收和教职推荐这两个领域，就不是出于前述原因了。在维护教廷的征税权，加强对英格兰教会征税的力度方面，教皇与英格兰国王（尤其是在西西里事务上）利益是一致的，能够达成妥协（modus vivendi）。只不过，这样做并不能消除英格兰教会成员的抵触情绪。更让人难以忍受的是，教皇明确表示，在必要或他认为合适的情况下，他有权推荐——实际上是任命担任教职的候选人。在这件事上，教皇必然会与国王们发生冲突，尤其当主教选举出现争议而教皇试图插手时——约翰王在位期间，因坎特伯雷大主教的人选而与教皇对抗，就是一个典型的例子。后来，教皇先后无视苏、英国王的意愿，任命奇姆的约翰为格拉斯哥主教（1259—1268 年在任）、约翰·佩卡姆（John Pecham，1279—1292 年在任）为坎特伯雷大主教。但是，教皇也允许王室推荐的大批候选人担任主教，所以此处还是有回旋的余地。真正对推荐权心存不满的其实是教会的中下层，教皇经常会任用手下的官员和亲属，让他们在堂区教堂服务，在大教堂或其他教会机构中担任圣职。那些被推荐的人通常是吃空饷的，即便真的有人上任，也因为是意大利人而不会说英语。无论是哪种情况，他们都使得庇护人、主教、修道院院长、女修道院院长、世俗领主（领主有堂区教堂职务的任命权）无法任命自己中意的人选。推荐权激起的怨气难免会受到排外情绪的影响。1232 年，约克郡的骑士罗贝尔·特翁（Robert Tweng）率众起事，在英格兰多地袭击了意大利的圣职人员，强夺了他们的财产。1245 年，英格兰代表团在里昂的教廷会议上对教皇推荐权大声控诉。教廷贪腐之风盛行使情况进一步恶化——当时的共识是，想要在教廷办事顺利，就要"多给点油水，而非赞颂上帝"。教廷知道推荐权不得人心，经常限制推荐者的人数，但又不得不支持下属官员，因为教廷需要资金来捍卫自身的独立性，以防成为霍亨斯陶芬王朝及意大利境内其他敌人的傀儡。这些都是教廷乃至教会实现其主要目的的必要条件：治愈或照护灵魂。

坚守职责的教会成员一致认为，想要完成这些任务，就必须推行教会改革。同样，尽管受到批评，但自 11 世纪中期起教廷就一直是教会改革的领军者。为了推进改革，教皇先后在"征服者"

威廉、亨利一世（1125 年）在位期间向英格兰派遣了教廷使节，命他们负责主持改革会议。到了 13 世纪，奥托（1238—1241 年在任）、奥托布诺（1265—1268 年在任）也主持了改革会议，与之前不同的是，不列颠岛此时正处在这两位使节的管辖范围。奥托在苏格兰召开了一次会议，苏格兰教会代表则于 1268 年在伦敦参加了奥托布诺主持召开的改革大会。

对于加强教廷对改革运动的领导力更重要的是，教皇召集全体天主教会代表召开的大型中央会议。教皇一共召开了两次中央会议，分别是 1179 年的第三次拉特兰会议和 1215 年的第四次拉特兰会议，共有 9 位英格兰主教、4 位苏格兰主教、2 位威尔士主教参加了 1215 年的会议。第四次拉特兰会议共出台了 71 条法令，经编纂的法令集译成现代英语后多达 33 页。这一时期，普通教众对精神生活的认知渐渐有了改变，教会拯救教众灵魂的难度由此增加，迫切需要此类立法。

来世的概念作为一个重要因素，促成了法令的颁布。无论是《圣经》，还是圣人见到的异象，都指出了，信徒去世后灵魂不是像寓言《财主和拉撒路》中的财主那样堕入地狱，就是（像拉撒路那样）在天使的引导下投入亚伯拉罕的怀抱，在天堂享受极乐。然而，不管是上天堂，还是下地狱，灵魂都在等待与肉体再度结合，在最后的审判后要么万劫不复，要么得享极乐。那些恶不足以堕入地狱，善不足以升入天堂的凡人又该何去何从呢？1170 年后，巴黎的神学家以圣伯尔纳铎的理论为基础，提出并推广了"炼狱"这样一个介于天堂与地狱之间的概念。灵魂在炼狱受到惩罚，而"洗清罪过"这一说法本身意味着希望。灵魂可以通过炼狱一步步向上移动，甚至有可能逃离并升入天堂。据传，英格兰有一位托钵修士奥韦尔的瓦林（Warin of Orwell）"一步未停地通过了炼狱，走到了耶稣基督的身边"。既然有这种可能性，如何实现就变得很关键了。至少有一种方法可以缩短在炼狱洗罪的时间，那就是在尘世中忏悔、赎罪。

第四次拉特兰会议颁布的法令规定，"所有信众，不论男女"，每年都应当向神父忏悔一次，交代自己犯下的罪孽，然后竭尽所能地完成神父定下的赎罪苦修，这不仅让教会承担起了新的牧灵使命，还可能令俗众的生活发生了不小的变化。1215 年之前，神父在为信众制定苦修的方式时经常像征税那样，要求犯了不同罪孽的信徒以固定的"税率"①赎罪。现在的理想方式则是神父根据每位信徒在忏悔时的具体表现给出不同的苦修方式。"正如医生会将酒和油倒在伤者的伤口上"，神父也"应当勤勉地询问信徒犯下了何种罪孽，为何会犯"。

规定完忏悔、苦修之后，此次的法令接着又提出，每位基督徒每年至少应当在复活节那天"心存虔敬"，接受圣餐礼。从法令着意强调圣餐礼这一点可以看出，变体论的理念在 12 世纪发展起来，用米里·鲁宾（Miri Rubin）的话来说，变体论"令圣餐礼成了重要的仪式"。只要天天望弥撒，任何一位基督徒都可以"每天见证上帝现世"，圣饼被举起时会"变体为耶稣基督的真身"——13 世纪 20 至 30 年代，英格兰教区立法对弥撒做出如此描述。如果信徒真正领了圣餐，那就不只是看到了，还品尝了上帝的肉身。

---

① "税率"制的赎罪制度由爱尔兰的修士创立。按照这种制度，忏悔神父（或修士）会查阅"赎罪规则书"，根据忏悔者的身份、所犯罪孽、重犯次数等，给出相应的赎罪苦修方式。

这种无上的体验不能轻易获得，身负罪孽之人不得参加圣餐礼，这一点和望弥撒有所不同。总之，第四次拉特兰会议的法令为圣餐礼与忏悔建立了直接联系，并且指出，对俗众来说，这两大仪式每年参加一次也许就够了。

这些改变令神父肩负起了巨大的重任：只有他们才能担当告解者，才能展现神迹，将面饼、葡萄酒变为耶稣的圣体、圣血。作为告解者，神父代表教会在最个人的层面与信徒互动。在欧洲信奉天主教的地区，各个堂区、修道院、大教堂每天会举行相同的圣餐礼仪式，神父作为主持圣餐礼的人能在最广泛的层面代表教会。在管理地方神父日常生活方面，不列颠全岛和欧洲大陆采用的架构大同小异，毁誉参半。12 世纪，苏格兰、威尔士紧跟英格兰的脚步，出现了地域边界清晰的主教教区（分别为 10 座和 4 座），每个教区的主教以常规的方式更替。苏格兰没有大主教，各教区的主教直接受教皇的领导。英格兰一共有 14 个教区，其中达勒姆教区、卡莱尔教区（以及苏格兰的加洛韦教区）受约克大主教教区的管辖。坎特伯雷大主教教区不仅管辖着其他所有的英格兰教区，还负责领导威尔士的 4 个教区，分别是南边的兰达夫教区、圣戴维斯教区，北边的班戈教区、圣亚萨教区。1200 年，英格兰各主教教区进一步划分为会吏长辖区、乡村总铎区、堂区等下级区划。威尔士、苏格兰的主教教区有类似的划分法。1300 年，圣安德鲁斯分为 2 个会吏长辖区、7 个总铎区，一共 124 个堂区，是一个非常典型的繁荣教区。

在一定程度上，以上教区架构能够让各级教会官员监控各堂区的宗教生活，令人叹服。然而，这种架构存在着严重缺陷。堂区都是围绕堂区教堂建起来的，修建堂区教堂并向其捐赠土地的通常是当地的封建领主，这样领主自然就可以任命管理堂区教务的教士，即堂区神父。堂区神父的任命权（受俸神父推荐权）就分散到多人手中：国王、男爵、骑士、主教或修道院，也正因为修道院拥有受俸神父推荐权，它们才获得赞助。堂区神父不仅可以从属于堂区教堂的土地（在英格兰被称为"圣职领耕地"）上获得收入，还有权以 1/10 的比例获得堂区土地的农产品（什一税）。苏格兰出现堂区制度真正的原因其实是，大卫国王已下令让各地开缴什一税。光这两项收入就会令堂区神父富得流油，其中许多人年收入至少有 15 镑——要知道，俗众的年收入若是达到 15 镑，就等于是跨进了骑士阶层的收入档。这种情况滋生了长期困扰中世纪教会的弊病：任命那些根本不关心教众灵魂救赎的人为神父。拥有受俸神父推荐权的人通常将其看作财产，用来供养神职人员和亲属，这也解释了为何推荐权争议会落入世俗法庭的管辖范围。很多时候，得到任命的人只获取收入，却很少前往堂区，因吃空饷而引发丑闻。甚至还有些人多次获得任命，从多个堂区捞钱，因"一人多俸"而为人所不齿。此外，许多堂区神父没有用心筹划进铎为神父——他们不打算做神父的工作，也就觉得没必要——而只有地位低于大品的小品①，这同样引发了公愤。还有一种情况是，一旦修道院在接受土地捐赠时获得了受俸神父推荐权，就会"侵吞"堂区教堂，将全部收入据为己有。无论是哪种情况，堂区的事务都会交给堂区神父的副手、代牧或专职教士打理，这些人得到的薪俸少得可怜，受教育水平不高，无法胜任工作。威尔士的杰拉尔德对一些神父冷

---

① 在天主教中，圣品分为大品、小品；大品包括主教、神父、助祭；小品包括襄礼员、驱魔员、诵经员、司门员。

嘲热讽——他们竟然把巴拿巴（Barnabas）^①与巴拉巴（Barabbas）^②混为一谈，甚至搞不清到底谁是犹大（Judas），谁是圣犹大（St Jude）^③！神父收入丰厚还有可能造成另一个趋势，即促使某些神父娶妻生子，令堂区神父变成世袭职位。尽管他们之中不乏人才，但在改革派教会人士看来，这两项都是必须根除的弊端。

上述问题在整个欧洲范围内非常普遍，所以第四次拉特兰会议颁布了一系列的法令，确保担任堂区神父的人选拥有真才实学，居住在辖区，劳有所得，还能够克己自律，全身心地履行灵魂牧者的职责；按照法令的规定，堂区神父不能参与赌博、经常观看哑剧、光顾酒馆，更不能夜不归宿、散布流言蜚语、贪恋酒席。1215年后，英格兰各教区的主教全力贯彻上述法令，取得了 13 世纪英格兰教会的最高成就。由于英格兰主教中有不少是国王的臣仆，乍一看，如此果决的手段的确出人意料。尽管从理论上讲，主教应当由教区大教堂的咏祷司铎团或修士自由选举产生，但在实际操作中，这两类选举团无论是否情愿，通常都要遵照国王的意愿办事。如前文所述，教皇如果干预选举，也会左右选举结果。因此，1215—1272 年，得到任命的 78 位主教中有多达 22 位是国王的官员，他们曾供职于内廷金库、大法官法庭、国库或法院。这些人中其实只有极少数对教会改革漠不关心。得到主教的任命后，许多官员还辞去了国王给予的官职，不禁令人感叹，教会改革的思想已

---

① 巴拿巴是早期的基督徒，对基督教的传播做出了重要的贡献。

② 巴拉巴为《新约全书》中的人物，是一个恶徒，与耶稣一起被罗马人关押。

③ 圣犹大是耶稣的十二门徒之一。

经深入人心，得到了坚定的拥护。因为曾在政府中受到历练，他们在处理教区事务时往往得心应手。他们还能（并不总是）促进教会与国家合作，为教会改革提供先决条件。国王也认识到有必要任命拥有教会背景的主教。1215—1272 年，得到任命的 78 位主教中有8 人做过修士，拥有大学学位的主教则多达 40 位，其中不乏知名学者。拥有学术背景的主教在促进英格兰教会引入欧洲的先进思想方面发挥着尤为重要的作用。理查德·勒普尔（Richard le Poore）、托马斯·坎蒂卢普（Thomas Cantilupe）都曾是巴黎的学者，前者先后担任过索尔兹伯里主教（1217—1228 年在任）、达勒姆主教（1228—1237 年在任），后者则是赫里福德主教（1275—1283 年在任）。达勒姆主教法纳姆的尼古拉斯（Nicholas of Farnham，1241—1249 年在任）曾在博洛尼亚教授医学；考文垂主教亚历山大·斯塔文斯比（Alexander Stavensby，1224—1238 年在任）曾在图卢兹教授神学；温切斯特主教约翰·德·蓬图瓦兹（John de Pontoise，1282—1304 年在任）曾在摩德纳教授民法学。蓬图瓦兹是法国人，由教皇举荐。在 13 世纪，有少数外国人当选为英格兰的教区主教，为教会输送了新鲜的血液，这在一定程度上是因为亨利三世照拂妻子娘家萨伏依家族的亲属。萨伏依的博尼法斯1245—1270 年是坎特伯雷大主教，虽然称不上是学者，却取得了不少成就，他不仅不遗余力地守护着教会的特权，还偿清了前任大主教欠下的债务，并且妥善地达成妥协，平息了大主教教区管辖权争端。在遗嘱中，博尼法斯就自己的埋葬地点做了单独规定，他将葬在何处取决于他会在英格兰、法国还是阿尔卑斯山两侧地区去世。

　　不得不承认，1215 年之后英格兰各教区的主教在推行教会改革时，是在前人的基础上进行的。第四次拉特兰会议要求全面审查担负拯救灵魂重任的人，从根本上讲其实是在强化现有的制度。最晚不超过 12 世纪中叶，英格兰各教区的主教就已开始主张对获得堂区神父任命之人的审核权，这意味着可以否决无任职资格之人。亨利二世时期最优秀的主教，如伦敦主教吉尔伯特·福利奥特、伍斯特主教罗杰、埃克塞特主教巴塞洛缪，都非常负责地寻找称职的神父。同一时期，各教区的主教还规定了，一旦出现修道院占用堂区圣俸的情况，修道院就必须任命"终身"代牧管理堂区教务，并且从堂区圣俸中划拨出合理的固定份额，用于向代牧提供收入，从而创立了"代牧职位"（实施时间同样早于第四次拉特兰会议出台相关法令的时间点）。此外，大主教们还开始召开全教区的宗教会议。1175 年，坎特伯雷大主教理查德开创先例，他同时颁布了一系列改革法令。12 世纪各教区主教召开教区宗教会议的情况已无从考据，但到了 13 世纪，这类会议成了各教区的主要事务，通常每年召开一次。1219 年前后，索尔兹伯里主教理查德·勒普尔召开会议，以第三、第四次拉特兰会议的法令为基础，颁布了一系列改革法令，为其他许多教区的主教广泛借鉴。理查德的法令包含 114 项条款，现代印刷版长达 37 页。主教们远不是简单列出一串"禁止事项"。考文垂与利奇菲尔德教区发布法令的同时，一本关于忏悔与补赎的小册子流传开来，而它只是在这个重要领域为神父们提供帮助的大量文献之一。

林肯教区是英格兰最大的教区，也是主教工作做得最好的，先后出过两位拥有卓越品格的主教。第一位是阿瓦隆的休（1186—1200 年在任），他在去世后封圣；第二位是罗贝尔·格罗斯泰特（1235—1253 年在任），虽未封圣，却也担得起圣徒的称号。两人原本都不被看好。休是勃艮第人，亨利二世在生命的最后阶段非常虔诚，将休从英格兰唯一一座加尔都西会修道院——威特姆修道院拔擢上来。格罗斯泰特是出身低微的英格兰平民，曾在林肯、剑桥的教区学校接受过教育，之后有可能在巴黎学习过。在牛津成为杰出的神学教师之前，他曾是一名身份低微的教区行政管理员。获得主教任命时，俩人都有了点年纪①，却仍将拯救教众的灵魂当作首要任务。他俩劝诫追逐世俗权力的神职人员（如休伯特·沃尔特、威廉·罗利）专注于教会事务。两人也十分尊重女性。他们为堂区神父人选苦苦思索，并否决了他们认为不合适的提名，这激怒了国王。很少有人能有休的勇气——他会抓住理查国王并摇个不停，直到理查转怒为笑。此外，休还启动了林肯大教堂的重建任务②，这项工程在13世纪彻底完成。这座大教堂矗立在林肯平原上方的山脊上，建造它的鲕状石灰岩闪耀着金色光辉。

然而，休比格罗斯泰特更加宽容，而格罗斯泰特比休更有条理。这一方面反映出两人个性迥异，一方面反映出12—13世纪英格兰教会在行政管理和学术方面都取得了发展。格罗斯泰特说："要想身体健康，需要做到三点：食物、睡眠和一个笑话。"可真正会开玩笑的却是休。听到有人说理查一世对黄金的渴望就好似水肿患者对水的饥渴时，休大笑道："好吧，我不会是他要喝的水。"格罗斯泰特因私生子问题与威廉·罗利通信时，时而义愤填膺，时而咄咄逼人，时而巧言善辩，时而引经据典（他文笔极佳，仿佛当面驳斥着对方），完全没有休主教那种宽厚、幽默的风格。作为一

---

① 休成为主教时大约50岁，格罗斯泰特获得任命时已经将近60岁。

② 1185年4月15日，林肯郡发生地震，林肯大教堂损毁严重。

名委派法官，休颇受欢迎，但他不喜欢干预世俗事务，甚至不愿参加关于他自己账目的聆讯。格罗斯泰特却相反，他为林肯伯爵夫人（玛格丽特·德·莱西）制定规则来指导伯爵府的日常管理。他在视察教区时也提出了创新举措。

13世纪，视察主教辖区、教育神职人员、检查他们的工作，渐渐地成为主教的独家利器。格罗斯泰特作为林肯主教视察时，曾有手下进言说他打破了陈规，之前的主教只视察了辖区修道院。实际上，在12世纪乃至更早的时候，像伍斯特主教伍尔夫斯坦（1062—1295年在任）这样恪尽职守的主教就已走出去布道、施坚信礼、出席教堂的献堂典礼。就连兰弗朗克本人也会在自己的辖区之外，视察一下周边神职人员的工作情况。这些视察的正式性和组织方式发生了新的、重要的变化。每到达一处乡村总铎区，格罗斯泰特都会召集区内的神职人员和教众，他负责向神职人员布道，手下的托钵修士负责向教众布道；并且听取忏悔，发出赎罪苦修令。在各个总铎区的领会上，格罗还会颁布法规条例，管理神职人员的日常生活：他们需要熟知并能详细阐述十诫、七宗罪、七大圣事，还须掌握举行告解和苦行赎罪等圣事要具备哪些必要条件。此外，他们还要率领教众祈祷、读经；不分日夜照料病人；教导教众在神父高举圣体时行鞠躬礼；教给男童（没有提到女童）基督教的基础知识。当然，他们还应居住在辖区，领受合适的圣品，不去酒馆、不参与赌博，保持单身且不与"可疑的"女性同居。相比之下，休主教颁布的法令就显得比较敷衍。

若是将格罗斯泰特、休比作两颗明亮的星，也少不了其他高效的林肯主教的衬托。格罗斯泰特的前任韦尔斯的休（Hugh of Wells，1209—1235年在任）在大法官法庭担任过文书，一直恪尽

职守管理着教区事务，他留下的主教登记簿是目前为止同类文件中
存世最久的，其中一部分用于记录教区代牧职位的设立情况，另一
部分用来记录得到任命的堂区神父、代牧。显而易见，此类记录可
以有效地防止出现"一人多俸"。根据登记簿的记载，休拒绝学识
不足的受任命者，或者以对方继续学习为前提接纳他们。后来的林
肯主教奥利弗·萨顿（Oliver Sutton，1280—1299 年在任）虽说是
靠着家族关系登上主教牧座的，却"最为公正、坚定、纯洁"（奥
利弗的书记员如此描述），投入了几乎所有的时间在教区视察。在
包括林肯教区在内的教区中，因为主教会前往各地视察，会吏长承
担起了重要的职责，他亲自检视当地的神职人员，每四周在每个教
区召开一次大会。

上述措施在提升堂区神父的名望，或进一步说在改善教众的
精神福祉方面有多大效果，是无法衡量的。以视察记录、总铎区法
庭的审案记录为据会发现，俗众会因性行为不检点而遭受鞭刑，变
得意志消沉，但这种刑罚只针对社会底层（"骑士当众受罚似乎有
失体面"）。12—13 世纪，神父结婚生子以及世袭堂区神父职位似
乎慢慢淡出了英格兰各堂区，这是一件好事。可以肯定的是，占用
受俸神父职位的修道院设立代牧职位，这方面取得了显著进展。但
是，其他堂区神父雇用的代牧，以及多个堂区人数众多的神职人
员、专职教士，收入来源都无法得到保证。不仅如此，（没有神父
圣品的）神职人员通常还已婚。韦尔斯的休担任主教时，一共审查
了近 2 000 名候选人，结果发现其中绝大多数没有神父的圣品，无
法履行神父的职责，除非他们在获得任命后取得圣品。1292 年，
佩卡姆大主教去世后，在一次对肯特郡部分教区的视察中，19 个
堂区中只有 1 个通过了审查；有 6 名堂区神父是领空饷的（一些代

牧也存在类似问题），还有 4 名堂区神父"把堂区搞得一团糟"。问题的症结在于，所有的立法都承认，只要得到教皇的豁免，堂区神父就可以吃空饷，甚至还能享受一人多俸的待遇。佩卡姆为改善堂区的教务工作呕心沥血，却仍然无法保证所有堂区神父都是有圣品的。堂区教堂的收入应该用来供养那些为教皇、主教、国王、贵族工作，或与他们沾亲带故的教士。这样的观点根深蒂固，无法推翻。格罗斯泰特确实将拯救教众灵魂当作头等大事，因为堂区神父人选的问题，他与国王、教皇和其他主教发生了冲突。

然而，我们在分析问题时不可过分悲观。在得到韦尔斯的休的认可而获得堂区神父任命的人当中，确实有不少是吃空饷的，但在近 2 000 名获得提名的候选人中，仅有 100 人因学识不足没有获得任命。说到底，主教视察记录的根本目的是批评不足，而非表功赞许。文学资料则呈现出一幅截然不同的画面。1125 年前后，在萨默塞特郡的黑泽尔伯里，一位名叫布里克特里克的神父夜以继日地在教堂祈祷、唱赞美诗，他的妻子葛迪达（Godida）则缝制主持宗教仪式时要穿的祭服。神父结婚被禁止后，视察中仍会发现神父的住所内有"可疑的女性"，但其中有一些称得上是像葛迪达那样的贤内助。如果神父的后代不能像之前那样继承父亲的圣俸（布里克特里克与葛迪达的儿子就继承了圣俸），就有可能留在父亲的堂区做专职教士，或者前往其他堂区担任神父。在乔叟的笔下，堂区神父虽然清贫，但学识渊博、乐善好施。他一边传播上帝的福音，一边照料生病的教众，算得上是"思想圣洁、行为高尚"之人。12—13 世纪，英格兰符合乔叟这一描述的堂区神父很有可能不在少数。

英格兰教会内部对帮助不列颠其他地区推进教会改革非常热

情。1214 年，林肯大教堂为苏格兰的马里教区准备了一份惯例习俗摘要。然而，想要清楚地了解苏格兰、威尔士教会改革的进展状况，可比英格兰难得多。当然，苏格兰也不乏积极推动教会改革的主教。大卫·德·伯纳姆曾担任过亚历山大二世的宫务大臣，在被任命为圣安德鲁斯主教（1240—1253 年在任）后，却效仿许多英格兰王室职员，辞去了官职，专心管理起教区事务。在圣安德鲁斯教区，他颁布了一系列法令，像英格兰的那样，不仅要杜绝领空饷的现象，还要确保领取圣俸的堂区神父都拥有圣品、独身禁欲。1242 年，苏格兰召开教区会议，目的是为代牧之职确定固定的收入（每年 10 马克），考虑到苏格兰可能有过半的堂区圣俸被修道院侵吞了，这一措施显得刻不容缓。

按照威尔士法律，遗产可以在多名继承人之间分配，这也导致堂区圣俸在一大群"遗产权利人"手中被分割。可见，教会改革也面临着特有的困难。所以说，13 世纪 90 年代梅里奥尼斯的税收记录反映出当地的教士阶层一贫如洗，也就在情理之中了。圣俸的世袭继承问题也很尖锐。神父要么结了婚，要么有情妇，但这无关紧要，因为法律对婚生子、私生子是一视同仁的。法律还将婚姻看成世俗的契约，夫妻可以轻易地结束婚姻关系。威尔士的教士阶层没有将上述问题看作弊端，反而在 13 世纪编写了法典，将这些违反教会法的条款记录在册，还毫不避讳地表达出由衷的赞许之意。这又何尝不可呢？尽管杰拉尔德对威尔士人的婚俗口诛笔伐，但他也对威尔士人狂热的虔诚赞不绝口。12 世纪，在阿伯里斯特威斯附近的兰巴登福尔，社区教堂就像家族企业，无论是在治学上还是在对拯救教众灵魂的重视程度上，都是值得学习的。然而，威尔士人的态度正在悄然发生改变。前文介绍过，13 世纪威尔士统治阶层的家族想办法让婚姻变得更加"体面"。威尔士各法典的规则也不完全一致，其中一些接受了教会法对教士结婚的禁令。这一时期威尔士主教的生平大都无从考据，但从出身背景可以看出，他们中间肯定有不少坚定的改革支持者，比如圣戴维斯主教托马斯·沃伦西斯（Thomas Wallensis，1248—1255 年在任）。他是一位享有国际声誉的学者，成为主教之前曾在格罗斯泰特手下担任过林肯教区的会吏长。诚然，爱德华一世征服威尔士后，佩卡姆大主教在访问威尔士时仍在为"遗产权利人"瓜分圣俸一事叹息，而且认为威尔士教士们是他见过的最愚昧的人。但是，他对英格兰教会也并非不加以批判。

纵观不列颠全岛，以地方神职人员为对象的教会改革实乃任重道远。然而，如果将目光转向修会、宗教组织，就会感到前景更加光明。谁也不能否认，与西欧其他地方一样，修会组织在 11—13 世纪的蓬勃发展，令不列颠在宗教、社会方面发生了革命性的变化。

1066 年，不列颠全岛只有大约 45 座本笃会修道院，而且无论是沃什湾以北还是塞文河以西，都看不到修道院。威尔士、苏格兰倒是有社区教堂、苦行修士教堂，但这两类组织与本笃会的修道院差异较大，而更接近古老的英格兰大教堂。诺曼征服的直接效果是令英格兰原有的修道院有了活力，又让欧洲大陆的修道院获得了英格兰、威尔士的大量资源。此外，新贵们还加大了在英、威建造修道院的力度，有一些是独门独户的，有一些是欧洲修道院的分支，还有一些（像刘易斯的修道院那样）从属于规模庞大的克吕尼修会。1066—1150 年，不列颠一共出现了 95 座本笃会、克吕尼会修道院，其中有 19 座位于威尔士。这股修道院浪潮席卷了英格兰北部，连苏格兰也（由于王室兴建修道院）受到了一些影响。至少在诺曼征服刚结束时，英格兰、威尔士新建的修道院可算是征服的象征，因为它们坐落在城堡附近，宣示着新贵已经到来。像克莱尔家族在克莱尔建造了一所修道院，之后又搬迁至斯托克附近，离城堡有些距离，这样做的贵族通常是为了强化封建领主与封臣间的社区意识。

诺曼新贵建造修道院绝不只是征服成功后想要感恩上帝，还因为受到了宗教信仰的感召。基督教修士认为，世俗生活充满了罪孽，活在刀光剑影下的骑士更是罪孽深重。救赎的方法就是投身修道院生活。受到上述观点的影响，许多骑士纷纷当起了修士。骑士职业与修士职业之间的相似性使得两者的转变不算太难，正如塞尔比修道院的编年史家所说，新来乍到的成员不过是"卸下了俗世中象征骑士身份的腰带，作为修士在这里继续履行军事义务"。一些骑士年富力强时放弃俗世生活，另一些却一直等到阳寿将尽才走进修道院。骑士们会在子女年幼时命其投身修道院生活①，因此许多修道院与附近的贵族、乡绅家族走得比较近。可以说，当修士是拯救灵魂的一种方式。另一种方式（与第一种不抵触）是建造修道院，或是向那里捐赠土地。无论哪种方式，除了修士会为捐赠者的灵魂祈祷，捐赠行为也相当于是在慷慨地布施。修士出身的主教赫伯特·卢辛格（Herbert Losinga）曾指出，"就像水可以灭火那样，布施可以消除罪孽"。

上述精神需求解释了为何西多会能够取得非凡的成功。1098

---

① 原文为 oblate，指献身修道院生活的人。oblate 与修士、修女不同，没有誓发圣愿，通常都是在俗人员，但同样也发誓遵守所属修会的规则。

年，西多会在勃艮第的西多成立，在克莱尔沃的（圣）伯尔纳铎带领下发展壮大，到了 12 世纪 50 年代已在欧洲拥有超过 300 座修道院。英格兰的第一座西多会修道院于 1128 年在萨里郡建立，紧接着在 12 世纪 30 年代初，约克郡建立了里沃修道院、喷泉修道院。之后，如雨后春笋一般，西多会在不列颠建立了差不多 85 座修道院，其中 19 座原属于 1147 年与西多会合并的萨维尼会。西多会的扩张在英格兰大体持续到 1152 年，在不列颠全岛则持续到 1201 年。此时，西多会有 13 座修道院位于苏格兰，15 座位于威尔士。西多会创立之初即有一种热切的渴望：摒弃包括贪图享乐、物欲横流、礼拜仪式烦琐在内的诸多同时期修道院的弊端，回归本笃会创立之初强调的清心寡欲、不问世事、返璞归真的会规。无论是修会还是托钵修会的历史都显示，与改革旧式修会相比，建立新型修会要简单得多。西多会希望通过条令规则和组织手段来保持修会的纯洁。每座西多会的修道院每年要接受一次其创立团体的检查。西多会的管理机构是修道院院长大会，每年在西多会修道院召开一次。西多会的教堂遵循简朴原则，既没有三拱式拱廊，也没有巧夺天工的雕塑，建院时多半会选择偏远荒凉的地址。西多会驾驭得了蛮荒地带，不借助外力维持运转，是因为它采用了一项独特的制度，每座修道院都有"内部"劳动力，成员是属于修会正式成员的俗众。这批俗众是西多会的庶务修士，其中大部分来自农民阶层，所以西多会具有广泛的社会吸引力。

当然，西多会的修道院仍然可以服务于王朝统治。里沃修道院所在的山谷上方是赫尔姆斯利城堡，城堡主人正是亨利一世的重臣沃尔特·埃斯佩克。西多会成立修道院只需要未经开垦的荒地，有些时候（比如，在斯蒂芬国王在位时的动乱中）甚至会接受捐赠者的所有权有争议的土地，建院成本较低。它在威尔士扮演的角色尤其重要。与本笃会、克吕尼会修道院不同，西多会的修道院不是诺曼征服的副产品。西多会修士的生活方式与威尔士的民族气质相契合，修道院选址的要求也与威尔士的地理环境特点若合符节。威尔士的西多会修道院中，有9座要么是威尔士人建的，要么建在威尔士人统治的地区；有11座得到过本土居民的捐赠，有时捐赠额还十分可观。德赫巴斯的里斯大人全力支持斯特拉塔佛罗里达修道院，南波伊斯的欧文·锡费尔利格（Owain Cyfeiliog）则建立了斯特拉塔玛塞拉修道院。尽管马格姆修道院的建立者是格洛斯特伯爵罗伯特，但向该院捐赠土地的威尔士人人数远远超过了盎格鲁-诺曼人。英格兰人里沃的埃尔勒德（1147—1167年在任）是里沃修道院久负盛名的院长，其门生沃尔特·丹尼尔（Walter Daniel）①编撰的埃尔勒德传记，解释了为何早期的西多会运动令人折服。书中说，冥想时的"埃尔勒德思如泉涌，对圣父、圣子的敬仰之情如滔滔江水，奔涌不息"；祈祷时的他情真意切，"身轻如燕，仿佛轻松一跃便能升入天堂"。尽管埃尔勒德达到如此精神境界，他却没有骄傲自满，反而对落难之人充满了宽容和怜悯。事实上，他将这些美德看作里沃修道院"至高无上的荣耀"。对于人性的弱点，他也洞若观火。难怪在他的领导下，里沃修道院的修士增加到140人，庶务修士及在俗仆从增加到500人。沃尔特·丹尼尔描述道，每逢遇到宗教节日，教堂里都挤满了修士，"好似蜂巢中的蜜蜂"。

12世纪，另一类修道院，即奥斯定会（黑衣律修会）修道院，

---

① 沃尔特·丹尼尔在1150年前后进入里沃修道院，留下了许多著作，其中最著名的就是他为埃尔勒德编写的传记。

开始迅猛扩张。修道院的成员不是修士，而是有圣品的神父，他们可以去外面的世界布道，但遵循希波的圣奥斯定（St Augustine of Hippo）定下的戒律，过着集体生活，舍弃个人财产。接下来，同样是在 12 世纪，出现了受西多会影响的普利孟特瑞修会，其成员更加艰苦朴素。这两个修会获赠的土地通常都带着堂区教堂，修会神父会负责监管堂区教堂，有时参与堂区牧灵工作，不像普通修士一样过着与世隔绝的生活，这也是它们具有吸引力的主要原因。朗斯顿、汤顿等拥有古老区划教堂的教区，以及管理医院的神父，或是为女修道院、大教堂提供服务的神父，通常会由主教组织起来建立奥斯定会修道院。威尔士的社区教堂、苏格兰的苦行修士教堂也会采用同样的组织形式。奥斯定会教团规模通常不大，只需一小块地就可以成立，实力较弱的男爵或骑士也能负担得起，所以很快便普及起来。然而，12 世纪初刚刚登陆英格兰时，奥斯定会之所以能够蓬勃发展，却是因为得到了亨利一世王廷的支持。截至 1135 年，英格兰一共出现了 43 个修道院，其中只有 10 个不属于奥斯定会。亚历山大国王、大卫国王将这场扩张运动带到了苏格兰，在斯昆、圣安德鲁斯建立了奥斯定会。在威尔士本土，黑衣律修会、白衣律修会（普利孟特瑞会）与西多会一样拥有地利、人和的优势——所以卢埃林大王才会在圭内斯建立普利孟特瑞会修道院。1300 年，不列颠全岛的奥斯定会、普利孟特瑞会修道院的总数已经超过了 200 座。

　　13 世纪中期，亨利三世的弟弟康沃尔的理查德在格洛斯特郡的黑尔斯建了一所西多会修道院，大臣约翰·曼塞尔在肯特郡的比尔辛顿建了座奥斯定会修道院。尽管如此，1200 年权贵建修道院、向它们捐赠地产的浪潮已经平息。原有的修道院还能不断地获得地产，但获取方式变成了收购（通常是为了让现有的地产连成一片），而不是虔诚教众的捐赠。一些贵族仍会将修道院当作长眠地，但多半是家族传统使然，并非与修会产生了精神上的共鸣。问题在于，即便是西多会也失去了其在精神指引上的优势。威尔士的杰拉尔德描述了西多会修士如何将修道院周围的荒野开垦成产出利润的农场，通常用来放羊，以及如何建造教堂等各类华美的建筑，并且他们拥有"超乎想象的财富"。许多西多会欠了犹太人很多钱，很可能是大兴土木导致的。像弗内斯修道院这样的大型西多会修道院适宜居住：建在景色优美的山谷中，使用当地产的洋红石料砌起了厨房、食堂、礼堂、宿舍、医务室，院内配有排水系统，用于供应饮用水、排污。在生活舒适度方面，资格较老的本笃会修道院有过之而无不及。芭芭拉·哈维（Barbara Harvey）研究了威斯敏斯特修道院的日常生活，发现中世纪末期那里的修士消耗的能量足以令"体格魁梧，适当运动的"现代人相形见绌。酒精提供的能量占到了每日总能量的19%，远超现代人5%的均值。修士们的大部分精力都用于处理行政事务和管理地产。以贝里圣埃德蒙兹修道院为例，目光如炬的院长萨姆森（1182—1211年在任）对参与修道院管理的修士的赞许远远超过对一丝不苟、声音悦耳的唱诗班成员的欣赏。布拉克隆的乔斯林（Jocelin of Brakelond）是萨姆森的专职教士，为这位院长编写传记，指出院长所做的"最值得称道，足以名留青史"的事情是不仅偿清了修道院的债务，还增加了收入，守护了修道院的特权。

由于修道院得到的捐赠越来越少，引起了巨大关注，可能使另一种不同形式的施舍数额大幅增加：为穷困之人提供救济。基督本人谈到最后的审判时（《马太福音》第25章第31—35节）就已点明，这种善行对于救赎是绝对必要的。得到上帝保佑的不是别人，正是那些为穷人提供衣食，为病患提供护理的人，正如基督所说，这些人在助人的同时，也等于是为自己提供了衣食，保持了自己的健康。正如在举行圣餐礼时，面饼、葡萄酒会变成基督的圣体、圣血那样，穷人同样是基督的化身。这一时期施舍有两种途径：其一，救济那些被救助机构收容、住在"医院"里的穷人（这类医院实际上多半是救济院）；其二，救济"挨家挨户行乞"的"赤贫之人"，把钱币或食物交给他们。当时有一种共识是，并非所有的乞丐都值得同情。比如，比尤利修道院就把救济的对象定为老幼病残（不考虑身强力壮的乞丐）。然而，弱者肯定也包括那些因饥饿而变得虚弱之人，在 13 世纪，这样的人很多。当时，财力雄厚的人运用上面两种手段帮扶穷人的情况很普遍。亨利三世每天会在宫廷里为数百名乞丐提供食物，出行期间凡是路过医院、麻风病收容所，就会慷慨解囊。这样的规模在他参与的活动中是独一无二的。亨利三世时期，成功人士多半会去建医院而不是修道院，而在英格兰遍布着医院网络。有钱人会解囊相助，一定程度上是因为他们想要"收到穷人的祈祷"，尤其是为逝者的灵魂祈祷。遇到过世亲属的周年纪念，亨利三世会为数千名乞丐准备餐食，到了妹妹伊莎贝拉的纪念日，得到施舍的人数量甚至超过了 10 万。博尼法斯大主教在遗嘱中为多所医院提供捐款，而这些医院将为他的灵魂健康祈祷。

在博尼法斯的遗嘱中与捐款同样重要的是，他会向英格兰和欧洲大陆的托钵修会捐款。13 世纪托钵修会在欧洲的扩张是极具意义的宗教现象。托钵修士填补了其他修士留下的精神真空。后文会介绍到，当时欧洲基督徒认为向托钵修士施舍等于是帮助了穷苦之人，这一观点无疑是托钵修会大获成功的关键因素。更为重要的却是，当时社会中俗众受教育程度不断提高，开始将忏悔作为途径，建立更具个人色彩的宗教观念，不再认为只有与尘世隔绝过修道院生活才是获得救赎的唯一方法，转而通过赎罪苦修等多种虔诚行为，在俗世寻求个人的救赎，托钵修士刚好迎合了这一全新的社会需求。我们还将了解到，十字军东征已经洗刷了骑士阶层的大部分耻辱——全副武装，可以看作对神圣召唤的回应。要满足教众新的需求，传教士和堪当告解任务的神父都是必不可少的。所以，第四次拉特兰会议才要求各教区的主教任命合适的人选，在教区内四处奔走，行使"神圣的布道者职责"，并且派人常驻大教堂、修道院附属教堂（通常位于大城镇），负责听取教众的忏悔，规定赎罪苦修的方式，"竭尽所能拯救灵魂"。会议很可能已经为托钵修士们起草了一份职务描述。

令宗教信仰更贴近个人、更注重理智的这个诉求已经在法国、意大利，尤其是在两国的城镇内引发了宗教运动。影响力最大的是瓦勒度运动、谦卑者运动，前者的发起者是法国里昂的商人瓦尔德斯（Waldes），后者在意大利北部的多座城市生根发芽。托钵修会与这些运动有一些共同特征，同时他们极其遵从正统教义，对教皇唯命是从。担任教皇期间，英诺森三世做出的最明智决定是推动托钵修会的发展，令其引导教众的精神诉求，避免教众背离正统教义。他还将修会作为在欧洲大陆打击异端的利器，并防止异端思想登陆不列颠。

圣道明（St Dominic）是一位卡斯蒂利亚出身的神父，创立道明会是为了组织传道者与法国的阿尔比异端对抗。1217年，他调整团会的方针，开始向全世界传教，而他的追随者迅速组织起来，成立了教区级分会，建立了较为周密的选官制度。圣道明创会之前受到"像使徒一样生活"神示的启发，相信神职人员应当像基督及其使徒那样行事。阿西西的圣方济各（St Francis，1181—1226）是布商的儿子，比圣道明更坚定。对他来说，最具启发性的是《马太福音》第 10 章第 7—10 节中基督派使徒传教时所说的那段话：

> 随走随传，说，天国近了……腰袋里，不要带金银铜钱……不要带两件褂子，也不要带鞋和拐杖。因为工人得饮食，是应当的。

可以说，方济各发起的运动以传教布道、艰苦朴素为纲，他为修会定下的规矩也反映出了这一理念：

> 方济各会的修士将是一文不名，在世界上无亲无故的朝圣者……他们应当光明正大，向人乞讨，而不应当畏畏缩缩……这就是贫穷的最高境界，让你们成为我至爱的兄弟，成为天国的继承人、国王。

只不过方济各会的修士应该不是孤身一人闯荡俗世的。像道明会修士一样，他们应该像一家人一样，按照严格的戒律过着集体生活，通常住在城镇建造的修道院里，那里居民多，很适合传教布道。没过多久，方济各会就有了完备的章程，将修会事务管理得滴水不漏。1358 年，方济各会在欧洲的修道院已经达到 1 400 座，道明会的修道院也有 635 座。

道明会于 1221 年来到英格兰，方济各会是 1224 年。鉴于这两所修会的修士都一贫如洗，没有人会怀疑他们的奉献精神。传道的内容绝不过分简单，而且面向普通民众，算是托钵修会的一大特征。修士传教时不是信口开河，而是遵循着巴黎布道的讲稿范本。布道结束后，修士会听取教众的忏悔，据此规定赎罪苦修的方式。道明会的修士们不仅是有圣品的神父（所以他们才能听取忏悔），还学识渊博，这也正是道明会要求的资质。"学习是为了布道，布道又是为了拯救灵魂"，1254—1263年，担任道明会会长的罗马人的洪贝特（Humbert of Romans）如是说。出于相同的原因，方济各会也越来越注重学问，成员中有圣品的神父人数也在增多。牛津的方济各会神学院最初是在格罗斯泰特的领导下成立的，随后渐渐成为牛津大学最著名的学院。

当时，镇民、骑士、学者、修士争先恐后地加入托钵修会。学者亚当·马什"为实现最为崇高的贫穷"进入方济各会，成了一名托钵修士。在英格兰的20年，道明会建了19座城镇修道院，方济各会修道院的数量多达39座；1300年，这两个修会在英格兰的修道院数量增长到51座和55座。在大型修道院中，修士的人数最多时能有40人。建修道院所需的地产、资金通常是由镇民自发筹集的。伦敦市长威廉·乔伊纳（William Joyner）主持修建了方济各会小圣堂，还拿出200镑修建其他类型的建筑。1260年，托钵修会在苏格兰、威尔士的修道院数量分别是9座和5座，方济各会是卢埃林大王亲自引入圭内斯的。托钵修士不仅面向城镇及其镇民，还得到国王、王子、贵族的欢迎，通常以忏悔神父、宗教顾问的身份成为权贵身旁的亲信。方济各会修士达灵顿的约翰是亨利三世的告解神父，亚当·马什则是埃莉诺王后、西蒙·德·孟福尔、埃莉诺·德·孟福尔三人的宗教顾问。更重要的是，托钵修士在各教区主教那里深得人心——训练有素，完全符合第四次拉特兰会议对传教士和忏悔神父提出的要求。

托钵修会的成功难免会引起他人的嫉恨，遭到的某些攻击也并非全无道理。圣奥尔本斯修道院的马修·帕里斯就曾说，托钵修会某些建筑的高度即便是与王宫相比也毫不逊色。托钵修士还能听取忏悔、主持葬礼，让堂区神父失去了两项收入，这激怒了后者。修会内部也暗流涌动，方济各会的内部矛盾尤为激烈，因为它一方面肩负着传教任务，要建造合适的场所，一方面又要秉承方济各会最初的理念——几乎将像基督一样贫困当成终极目标，两者必然会相互抵牾。尽管方济各会一如既往地拒绝拥有个人财产，却以托管的方式获得了好几座宅邸和教堂。方济各运动的一些元老想尽办法保留最初的理念。出席分会会议时，英格兰教区级分会会长诺丁汉的威廉（William of Nottingham）穿着破旧不堪、布料粗劣的修士服席地而坐，声称"我成为托钵修士可不是为了修建高墙的"，他命令什鲁斯伯里的修道院拆除修士宿舍的石墙（为镇民所建），代之以泥墙。然而，威廉还怀着绝望的心情祈求上帝建立新的修会，启发并激励他达到理想的境界。

纵然遇到了许多问题，托钵修会还是深深影响了英格兰人的精神生活。大卫·杜阿弗雷（David d'Avray）指出，在 12 世纪，听学识渊博的传道者布道是一件大事；而到了 13 世纪，这已经成了王廷和城镇生活中稀松平常的一部分。托钵修会令社会结构发生了变化，透过遗嘱能一瞥变化的进程。例如，教士出身的行政人员温德林的威廉（William of Wendling，1270 年去世）[①] 虽然在诺福克的温德林建了座普利孟特瑞会修道院，但在遗嘱中还是为萨德伯里的道明会，雅茅斯、伊普斯威奇的方济各会，以及诺福克、金斯

---

① 其职位为没收吏。

林、邓尼奇、剑桥的这两个修会留下了大量遗赠。卢埃林大王在安格尔西境内的兰法斯建立了方济各会修道院，把它当作妻子琼的长眠地；亨利三世则将女儿比阿特丽斯（Beatrice）安葬在了伦敦方济各会修道院，还将那里选作安放母亲埃莉诺王后心脏的地方。

　　贵族女性一直是有机会投身宗教生活的，办法之一是成为隐居者。在肯特郡，莱斯特伯爵的遗孀洛蕾塔（Loretta）是"哈金顿的隐者"，1211—1265年过着隐居生活，其间利用自己的社会关系帮助过刚进入英格兰的托钵修会。另一种方法是成为修会的成员。1066年，不列颠全岛只有10座女修道院，全都在沃什湾以南地区。1300年，全岛的女修道院已超过150座，其中有不少位于沃什湾以北、蒂斯河以南。苏格兰一共有10座女修道院，全部位于泰河以南；威尔士只有4座。女修道院的男性建立者身份多元，一定程度上是因为女修道院的规模通常很小，即便是实力较弱的男爵，或是骑士阶层的成员，也承担得起建院成本（这一点与律修会修道院很像）。然而，女修道院也不乏身份显赫的建院者——里斯大人在锡尔迪金的拉尼尔建了所女修道院；亨利二世将埃姆斯伯里的女修道院重建为风弗洛修道院的分院，以此来补赎杀害贝克特的部分罪孽。亨利三世的王后普罗旺斯的埃莉诺在那里隐退，死后安葬在了那里。英格兰影响力最大的女性修会组织并不是风弗洛会[①]，而是本土的吉尔伯特会。1131年前后，塞姆普林厄姆的吉尔伯特（Gilbert of Sempringham）在林肯郡的塞姆普林厄姆为一小群修女建造了小型修道院，这里就是吉尔伯特会的前身。1216年，吉尔伯特会一共有19座女修道院，其中2/3位于林肯郡和约克郡，所

---

① 　其总部风弗洛修道院在法国境内，是一座由女院长管理的双修院。

以吉尔伯特本质上还是一个地方修会。许多吉尔伯特会修道院由四类人组成——修女、庶务修女、按西多会规则生活的庶务修士、按奥斯定会规则生活的律修会修士。因为既有修女，又有律修士，吉尔伯特会修道院本质上是"双修道院"。

贵族女性，通常是贵族遗孀，还可以动用祖产、嫁妆为自己建立修道院。12 世纪 30 年代，威廉·德·兰斯勒纳（William de Lancelene）的遗孀伊迪丝在牛津附近的戈斯托建了一所女修道院。大约一百年后，索尔兹伯里女伯爵埃拉（Ela）丧偶后在威尔特郡的莱科克也建了一所。阿伦德尔伯爵夫人伊莎贝拉从 1243 年开始守寡直到 1282 年去世，其间在诺福克郡的马勒姆建立了女修道院。她不仅斥责亨利三世无视法律公正，还与坎特伯雷大主教阿宾顿的埃德蒙、奇切斯特主教理查德·威奇（Richard Wych）心意相通——他俩的传记题献对象都是伊莎贝拉[①]。女修道院建立后，伊迪丝·德·兰斯勒纳、女伯爵埃拉成了各院的院长。史实证明，许多女修道院的院长都是言必行、行必果的统治者。惠韦尔女修道院在索尔兹伯里附近，历代院长重建了毁于斯蒂芬国王统治时期暴力事件的女修道院，从理查一世手中拿到了森林权，到了 13 世纪还想方设法阻止了教皇利用推荐权干预院长的选任。

然而，女修道院的地位一直"逊于"修道院，原因不仅仅是女修道院数量少，财力总的来说也比较弱。关键的区别在于女人当不了神父，因此女修道院必须附属于律修会，由律修士担任神父。与年轻未婚男性相比，年轻未婚女性容易被家庭束缚，加入修会组织要难得多。亨廷登人马克耶特的克里斯蒂娜出身英格兰名门

---

① 伊莎贝拉出资请人为这两位主教编写了生平传记。

望族，深得父亲的信赖，保管着金库的钥匙。可惜，她先是险些被达勒姆主教雷纳夫·弗兰巴德强奸，接着遭到父母逼婚，不得不女扮男装离家出走，与男隐者同居在狭小的居所中，缺衣少食，苦不堪言。最后，她像戈斯托女修道院的创立者（最初也是女隐者）一样，化茧成蝶，成了马克耶特女修道院的院长。克里斯蒂娜的生平让我们看到，她虽然强烈地感受到神圣的召唤，立志"要为上帝保持童贞"，但为了完成使命，她必须行常人所不能行、忍常人所不能忍。在这个过程中，克里斯蒂娜受到了一些男人的迫害，却也得到了几个男人的帮助。一般来说，修道院院长对与自己往来的女人都抱有开明的态度。不过，12世纪由男性主导的修道院对于将修女置于自身庇护之下的安排——无论是修女仅居住在附近，还是正式建立能够收容女性的双修道院——都越来越感到不安。在亨利二世时期，有一所双修道院约克郡的马顿修道院，既有修女，又有奥斯定会的律修士，后来这里的修女去了墨克斯比，成立了专属于自己的女修道院。由于外界的风言风语，吉尔伯特会最终执行了更为严格的男女分离措施。在英格兰刚出现的修会中，西多会对修女的态度尤其冷淡。塞姆普林厄姆的吉尔伯特曾请求该会收编自己创立的修会，得到的答复却是，西多会"无权管理其他修会的宗教生活，尤其是修女的宗教生活"。12世纪成立的多座女修道院采用西多会的生活方式，尽管大部分是非正式地。1213年，各地的西多会修道院开始收编附近的女修道院，到了1228年，进一步建立附属关系的做法被禁止了，既有的联系纽带也逐渐减弱。总的来说，各大修会都巴望着修女们全部消失——从表面上来看的确如此。托钵修会的态度同样冷漠。道明会和方济各会都吸引了大量的女性追随者，本可以大量招募修女，但没有一个修女会获准建立。方济各的信徒亚西西的嘉勒（Clare of Assisi）建立的修女会过着与世隔绝的生活（接受道明会收编的修女也一样）。所以说，托钵修会的修士走出了修道院的围墙，却仍把修女留在墙内。诺丁汉的威廉断言，女人诡计多端、蛇蝎心肠，就算是最虔诚的信徒，也会被她们的巧言令色迷晕。正因为有这样的偏见，女性才会一直受束缚，难以投身宗教生活。

　　这一时期的平信徒偶尔会穿透宗教的形式外壳，一窥内部情形。于贝尔·德·伯格（1243 年去世）白手起家，最终成为首席政法官和肯特伯爵，他没有像一百年前的人那样，修建修道院来感谢上帝的恩典，而是赞助道明会，将自己在伦敦城霍本的宅邸捐赠出来。于贝尔去世后，道明会迁到现在的黑衣修士堂，并将他的遗体运过去重新安葬。1217 年他大败法国舰队后，为了感谢上帝，于贝尔建造了圣玛丽多佛医院，这是当时典型的做法。此外，伯格、威尔士的格罗斯蒙特、萨里的班斯特德（于贝尔在这里去世）是于贝尔的领地，三地的教堂在 13 世纪早期建了精美的圣坛，都是由他出资的。《圣咏经》是于贝尔敬神的依凭——他于 1233 年落难，之后"一直随身携带着这本经文，反复思考着大卫的诗篇，获得心灵的慰藉"。据传，1076 年被"征服者"威廉处决的瓦尔塞奥夫伯爵很小的时候就能将《圣咏经》倒背如流。此时，英格兰男、女俗众在宗教信仰方面最大的变化是越来越多的人有了《圣咏经》，能够读懂里面的经文——后文会详细地谈到不列颠居民的读写能力。

　　1233 年的某一天，于贝尔读着《圣咏经》、祈求圣母玛利亚帮助自己，很快就听到有个声音在对他说："不要怕，圣母会救你的。"这句话不停地在于贝尔的耳旁回荡，直到他被人搭救。将圣母选作主要祈求对象理所当然，因为圣母与基督的关系最为亲密，愿意在基督面前为信众说情，这也成了雕塑、镶嵌玻璃和绘画等艺术作品的主题。当时最常见的绘画表现形式是，圣母在基督面前低头祈祷，基督为她戴上宝冠，勾勒出了"圣母加冕"的场景；之前，有关圣母的艺术品中最常见到的是"圣母的胜利"——她戴着宝冠，端坐在上帝身旁，这幅画面逐渐被"圣母加冕"所替代。当然，也可以向圣徒祈祷，因为圣徒站在上帝的宝座旁。所以，广大基督徒才会看重朝圣的价值，他们认为祈求者离圣徒的遗骸越近，圣徒就越有可能施展力量。朝圣者还可能前往存有圣髑之地。于贝尔·德·伯格、亨利三世经常去诺福克郡的布罗姆霍尔姆修道院，因为那里藏有几块圣十字架碎片。之后，亨利三世举行盛大的仪式，将装有几滴圣血的玻璃瓶交给威斯敏斯特教堂保管，超越了为保管耶稣的荆棘冠而在巴黎修建小圣堂的路易九世。遗骸自然是可以分割的，而圣徒的遗骸可以无限分割。圣物增多助长了私人收藏之风，信徒不必去朝圣就能永远拥有圣物。于贝尔的妻子是苏格兰国王亚历山大二世的姐姐，她藏有很多圣物，其中有件十字架光彩夺目，镀了两层金，嵌有红宝石、绿宝石及一些圣物。林肯主教休收集到的圣物，无论是数量还是质量，都令人称奇。他离开任何圣祠时都会被搜身，因为他总是试图从遗骸上撕下碎片。有一次他从抹大拉的玛丽亚（Mary Magdalene）的臂骨上咬下一块碎片，再偷偷塞给随行的教士，这简直与扒手的勾当无异。亨利三世的藏品同样令人惊叹。他不仅有许多圣徒的遗骸，还有来自耶路撒冷金门、圣墓、各各他山 ①、燃烧过的荆棘 ② 的圣髑。

---

① 罗马人的刑场，是耶稣被钉死在十字架上的地点。

② 《出埃及记》中出现的植物，位于西奈山，虽着火燃烧，却焚而不毁。

炼狱说的提出使得求圣母、圣徒在上帝面前说情的做法变得更加重要，因为他们无疑具有缩短在炼狱中洗罪时间的力量。不仅如此，正如于贝尔的例子所表现的，他们还能干预现世的生活。在本书所在的历史时期，人们普遍相信奇人、奇迹和神迹，几乎所有的编年史家都记录过相关的事例。1215 年，英格兰内战期间，于贝尔在一次远征中率军烧杀抢掠。一天晚上，他梦见钉在十字架上的耶稣对他说："下一次看见我出现在你面前时，切记手下留情。"第二天，于贝尔就遇到了一位肩扛十字架的神父，哀求他不要纵兵掠夺附近的教堂，他当下兑现了梦中的承诺。于贝尔很肯定，自己之所以能够在 1234 年重获国王宠信，正是因为这次虔诚的善举。正如他前段时间在信中对大法官说的，"要是没上帝帮助"，现世的生活恐怕会一事无成，"只有得到上帝的祝福才能有所成就，否则就会一败涂地"。于贝尔对弥撒的态度无从考据，但我们知道它是亨利三世每日宗教事务的重中之重，这位君主的态度与当时英格兰人的普遍观念（"弥撒很重要"）完全一致。亨利三世不像亨利二世那样在望弥撒时处理国务，也不像亨利一世那样恨不得弥撒尽快结束。亨利三世的宫廷记录指出，他每天会按时望两次，遇到宗教节日甚至会望三次。与立法规定必须保存圣体的各教区主教一样，亨利用尽一切手段确保每座教堂永久保存的转变为圣体的面包，能得到体面的安置，为此，他在出巡时将珍贵的杯子赠送给各地教堂。路易九世曾提醒亨利说，听布道与望弥撒一样重要（反映了当时的另一股思潮）。亨利的回答是，与其听自己朋友的事迹，不如（在神父高举圣体时）"亲眼看到他"。

于贝尔和亨利三世都没有加入过十字军，但都宣誓表达过参战的意愿。12—13 世纪，十字军精神对基督徒来说就像无处不在的空气，不可或缺。

　　1095 年，教皇乌尔班二世发动第一次十字军东征，1099 年 7 月 15 日占领了耶路撒冷，在东方建立起十字军王国。在这些王国中，地位最重要、存续最长的要数耶路撒冷王国，圣城沦陷后它依然存续下来，直到 1291 年阿卡沦陷时才灭亡。耶路撒冷王国的存在至关重要，它为十字军提供了军事基地——因为它时刻受到威胁，军事行动不可避免。发起十字军东征是非常严肃的行动，参与者要将"十字架"缝在衣服上，成为"背负十字架的人"（拉丁语是 crucesignatus，英语单词 crusade 即由此演变而来）。无论何时，个人在任何时候都有可能得到教会的许可，成为十字军的一员。所以，西欧总有一批批十字军不断地向东方进发。偶尔，基督教世界会像第一次东征那样出现大规模行动，通常是为了应对圣地危机，那种情况下不仅教皇会公开发布声明，还会有大规模的宣讲动员。

　　第一次东征时，"征服者"威廉的长子诺曼底公爵罗贝尔是领导者之一，但盎格鲁－诺曼权贵的参与度很低。此后，格局发生了变化。1146 年，教廷发动第二次东征，包括伍斯特伯爵默朗的沃尔伦、萨里伯爵威廉·德·瓦伦、威廉·佩弗里尔（William Peverel）在内的大批盎格鲁－诺曼贵族群起响应，其中瓦伦、佩弗里尔二人献出了生命。1185 年，耶路撒冷牧首哀求亨利二世加入十字军，亨利以国内局势不稳为由回绝了他，为此背上了骂名，哪怕向东方的十字军王国提供大笔军费也于事无补。而耶路撒冷于 1187 年陷落后，基督教世界已经无法容忍亨利的态度。当然，1190 年率领安茹帝国军队参加第三次东征的是理查一世，随他出征的则是一群英格兰世俗、教会精英。之后，英格兰内战双方一同参加了 1218—1221 年以夺取港口城市达米埃塔为目标的第五次东征。1240—1241 年，亨利三世的弟弟康沃尔的理查德、妹夫莱斯特伯爵西蒙率领特遣队加入十字军，他本人（1250 年 3 月）在路易九世发动东征后也宣誓要加入，尽管未能成行，难掩真心实意。在这以后，亨利的儿子爱德华王子（未来的爱德华一世）与亨利三世态度相反，把东征摆在国务前边，不顾英格兰王国在孟福尔内战后元气大伤的实情，亲自率骑士大军参加了路易九世 1270 年发起的二次东征 ①，在路易病逝后继续留在圣地作战。

　　若以上文为依据，可能有人会认为，参加十字军的要么是盎格鲁－诺曼权贵，要么是后来的英格兰权贵。事实并非如此。威尔士编年史《布鲁特》的作者非常关注东征，并对威尔士人前往圣地作战做了评价。杰拉尔德最著名的著作 ② 记录了他在 1188 年随坎特伯雷大主教鲍德温前往威尔士，号召教众参加第三次东征的经过。此行他们激励了约 3 000 名威尔士人加入十字军。有证据指出，苏格兰人参加了所有主要的东征行动，包括第一次东征，当时他们更多是因为虔诚而非军事装备为人所称道。之后，邓巴伯爵帕特里克二世参加了路易九世的第七次东征，于 1248 年在马赛去世。参加第八次东征的卡里克伯爵亚当（Adam, earl of Carrick）运气好一些，最终到达了圣地，于 1270 年在阿卡病逝。一直以来，史学家普遍认为，苏格兰能融入西欧的基督教世界，原因之一是他们曾参加过好几次十字军东征。

---

① 即第八次十字军东征。路易九世一共发起了两次东征，前一次是第七次东征。

② 《威尔士行记》（*Journey through Wales*）。

不是只有男爵阶层、精英教士阶层才对十字军东征表现狂热。约克郡的骑士也参加了（第三次）东征，其中一队骑士在拉尔夫·德·蒂伊（Ralph de Tilly）的率领下击退了从阿卡城出击的穆斯林守军，保住了攻城器械。第二次东征期间，来自伦敦、南安普敦、多佛、伊普斯威奇的英格兰十字军战士围攻了位于前往圣地的途中，受到伊斯兰力量攻击的里斯本。据 13 世纪早期的文献记载，在康沃尔、林肯郡两地，宣誓参加十字军却没能履约的人包括制革匠、铁匠、磨坊主、鞋匠、屠夫、挖土工等，另外还有几名女性平民。在林肯郡的 20 个案例中，贫困被认为是无法履行誓言的原因。

显而易见的是，并非每个宣誓的人都去了圣地。实际上，教会也逐渐允许教众交钱来抵偿背信的过失。为何最初的热情可能冷却，这一点容易理解。东征的路途上遍布着艰难险阻，很多人一去不复返，而且经济负担甚重。不过，也有基督徒确实受到宗教精神的驱动。圣城耶路撒冷除了是耶稣的受难地、圣墓的所在地，在 13 世纪还被西方人认为是世界的中心，好似一块磁石，充满吸引力。耶路撒冷在 7 世纪被穆斯林占领后，基督徒仍会前去朝圣。教会责令教众前往圣城赎罪，达成此举被认为是登上了精神世界的巅峰。他们常常将参加十字军称作 peregrinatio（去朝圣）。然而，十字军东征不是普通的朝圣。十字军可不单单是要抵达耶路撒冷，而是要去收复、守卫那座圣城。这对西欧骑士精英充满了吸引力，改变了骑士身份的性质。教会反复强调，攻伐杀戮罪孽深重，而现在骑士们可以投入一场非但无罪，甚至神圣的战斗。他们不需要为杀戮赎罪，还可以通过厮杀洗脱犯过的罪孽，起码能够将功补过，免除以前向教会忏悔时领受的处罚。教会承诺，如果随军出征时死在异乡，罪行可以得到宽恕，死者会直接升入天堂。第一次东征结束后，诺让的吉伯特（Guibert of Nogent）[①]声称，骑士们再也不用将远离尘世、投身修士生活当作唯一的救赎之道，他们可以在军事生涯中获得上帝的恩典。这种信念的背后隐藏着一个关于十字军东征的事实，正是这个事实让十字军的价值在整个欧洲得到认可，那就是十字军东征毋庸置疑是受到"官方认可"的，是由天主教世界至高无上的权威教皇本人发起的。第一次东征的谋划者、发起者就是教皇本人，而之后兴起的十字军活动也得到了他的许可。

所以说，十字军战士希望自己会在来世得到上帝的奖赏。他们还可能赢得现世的荣耀。理查一世在圣地的壮举成了壁画、绘画等艺术作品的主题，装饰着亨利三世的宫殿。亨利三世的导师、骑士菲利普·多布尼（Philip Daubeny）曾三次参加十字军，最后长眠于圣地，马修·帕里斯还为他写了讣文："斯人献身上帝、征伐勇猛，实乃高贵之人。"在十字军战士身上，战争与虔诚并行不悖。

正如西蒙·劳埃德（Simon Lloyd）、克里斯托弗·泰尔曼（Christopher Tyerman）等现代历史学家所强调的，参加十字军虽说是为了表达虔心、赢得声望，但实现过程是在既有的政治、社会架构中进行的。理查一世、亨利三世都宣誓参加东征，但他们这样做是为了与法国卡佩王朝国王竞争。大部分来自英格兰的十字军战士是随行人员——1189 年是国王本人的随从，1270 年是王储的随

[①] 诺让的吉伯特（约 1055—1124）是本笃会的修士、历史学家、神学家，虽然在历史上并不知名，但留下的史料却为现代的历史学家提供了极有价值的研究资料。

从，其他时候则是各大领主的随从。这些随从受到封建主从关系、金钱、邻里关系等联结纽带的影响：1270年，爱德华王子出钱请封建领主派出骑士随自己出征，组建了一支225人的军队。随王子出征的英格兰人地域色彩浓厚，出现了由北方人、东安格利亚、威尔士边境领地居民组成的小团体。家族纽带也起到了团结军队的作用。第五次东征时，英格兰贵族德比伯爵已经成为切斯特伯爵的妹夫；约翰·德·莱西也即将迎娶切斯特伯爵的外甥女，婚约很有可能是双方在东征期间商定的。

十字军东征除了反映出原有的社会、政治架构，反过来也向社会、政治施加了一定的影响。不论是权贵、骑士，还是社会地位更低之人，想要参加十字军就必须筹措足够的军费，导致大量的土地进入地产市场。在社会顶层，罗贝尔公爵为了给第一次东征筹钱，把诺曼底租给了威廉·鲁弗斯，鲁弗斯则转而向英格兰人征税，用税款支付租金。1189年，理查一世急于筹钱，破坏了英格兰政府的稳定，还令苏格兰恢复了独立。13世纪50年代初，亨利三世的东征计划胎死腹中，但之前通过出售大量特许状授权新建市场和集市筹到了钱，并对经济产生了重要影响。有一些英格兰人发誓参军只是为了实现世俗的利益，压根儿不想履行。出现这种情况是因为一旦有人发了誓，教会就会认为他已经是名十字军战士，会让他们享受种种特权，而这在英格兰法律中也获得了认可。举例来说，有人宣誓要参加十字军是为了拖延案件审理或延期还债。在《大宪章》中，约翰王至少获得了3年"十字军缓冲期"，可以暂不处理包括王室森林权问题在内的众多棘手问题。十字军还以另外一种方式对英格兰的政治造成了影响。一直以来，教皇都有权将十字军战士的特权赐予那些承担了同等军事使命的人，例如那些与阿尔比异教徒作战的基督徒，他们后来被称为"阿尔比十字军"。约翰去世后，教廷使节瓜拉用了性质相同的手段，向支持小亨利国王的人许诺，不仅赦免他们的罪孽，还让他们把十字架图案缝在衣服上（"就像他们在与异教徒作战那样"）。当时，在英格兰人心中，十字军已然与正义之战画上了等号，到了 13 世纪 60 年代，西蒙·德·孟福尔效仿率领过阿尔比十字军的父亲，利用十字军的概念鼓舞士气，在与保王派军队交战前率领士兵一起忏悔，命其将十字架图案缝在军服上。

没人能够置身事外，不受十字军的影响。教会发展出职能健全的宣传机构来宣扬十字军东征，例如，杰拉尔德就在 1188 年巡游威尔士。因为圣殿骑士团和医院骑士团的缘故，在某种意义上，十字军在不列颠居民的眼中成了永久的军事存在。这两大骑士团于 12 世纪上半叶成立，圣殿团要守护通往耶路撒冷的道路，而医院团则要救助到达东方圣地的朝圣者。除此之外，两个骑士团作为职业军事组织，还担负着为十字军王国提供军事支援的任务。双方成员遵循着修道院式的戒律：圣殿骑士的戒律受到了西多会的影响，医院骑士的戒律则受到了奥斯定会的影响。上述因素对基督教世界造成了一定的影响，因为两大骑士团均在西欧设有分部，一方面用来管理各方为支持骑士团活动而捐赠的地产，一方面作为招募中心。13 世纪末期，不列颠的骑士团分部已有 84 处，50 处建立于 13 世纪。显然，不列颠居民参加十字军的热情在 13 世纪没有消退。虽然修道院大都位于英格兰，但两大骑士团在苏格兰的地位也不低，大卫国王（1124—1153 年在位）在苏格兰建立了它们的分部，并赋予它们许多特权。大卫的继任者马尔科姆国王赐予医院骑士团特权，确保他们在每座王室自治市都有一块宅地，圣殿骑士团多半也享有相同的特权。在苏格兰，加洛韦的弗格斯（1161年去世）也是医院骑士团重要的赞助者。最终，两个骑士团的地产遍及苏格兰大部分地区，虽然大部分领地很小，还是有一些较大的男爵领。圣殿骑士团建立了国际关系网，扮演起了"银行家"的角色，英格兰的国王、权贵存在圣殿骑士团伦敦分部的财产就可以通过巴黎转化为资金取出，偿还债务。伦敦的圣殿教堂和圣殿骑士团的其他教堂都以耶路撒冷的圣墓教堂为参考，采用了环形设计。在圣墓雄伟的骑士雕像下埋葬着英格兰摄政官威廉·马歇尔和他的两个儿子。12世纪80年代，马歇尔加入十字军前往圣地。这永远昭示着这样一个信念：贵族阶层希望通过参加十字军获得救赎、提升地位。

* * *

前文提到过，于贝尔·德·伯格阅读《圣咏经》获得"慰藉"。人们渴望获得这样的"慰藉"，也希望听懂拉丁语弥撒的内容，成为推动俗众（无论男女）识字率的上升的主要因素。13世纪中叶，英格兰出现过一种名为《时祷书》的新式宗教书籍（本质上就是种祈祷书），发明者可能是牛津的泥金手抄本工匠布拉伊列斯的威廉（William of Brailes），通常面向的是贵族女性。于贝尔的读写能力也让他得以更好地履行国王首席大臣的职责，他不仅能查阅国库卷档，了解债务偿还情况，还能从堆积如山的信件中解读写信人的请求和怨言。1219—1221年这短短三年间，就有六十多封写给首席政法官的信件存世，这还只是沧海一粟。1066年至14世纪初，用来处理各类要务的文件不断增加，推动了"实用读写"的发展。许多英格兰人为了能使用事务性文件而学习读写，英格兰社会由此发生了转变，而这正是迈克尔·克兰切的经典著作《从记忆到文字记录的转变》（*From Memory to Written Record*）的主题。

早在 1066 年之前，可能已经有不少英格兰人掌握了实用读写技能，为读写能力的发展提供了基础。大卫·贝茨（David Bates）指出，以 1090 年前后为起点，名为"亲笔字据"、"约定"的文件越来越常见，被用来记录人们达成的协议。这两类文件通常会用叙事文体，结合上下文细节来解释和确认其记录的协议。这表明当时的英格兰社会正在摸索和制定记录和理解各类交易的方法，读写技能在此过程中得到了长足的发展。

正是在这片沃土的培育下，王室中央政府的文件产出量大大增加。克兰切提过一个中心论点：因为要掌握如此大量产出的文件，俗众被迫掌握了读写技能。诺曼国王发布的令状、特许状也许并没有那么多。亲笔字据和约定这两种文体的形式似乎没有受到它们的影响，而是借鉴了法国及诺曼底的同类文件。就国王的文书数量而言，决定性的转折点很可能是在亨利二世时期（1154—1189 年），伴随普通法法律体系的建立出现的，原因是诉讼当事人要提起诉讼，就必须获得大法官法庭的令状。也是在 1154—1199 年，大法官法庭还改进了以盎格鲁 - 撒克逊时期加盖国玺的令状为模板的特许状、公开令状和保密令状，为它们制定了固定的格式。自 1199 年起，大法官法庭设立起了一系列年度卷档，用来记录各类文件的发布数量（不包括用来发起普通法法律程序的令状）。这些卷档的现代印刷版通常会省略很多内容。即便如此，1199—1307年的卷档仍然多达 46 卷，共计 23 000 余页。1130 年前后，大法官法庭只有大约 4 名文书；到了 14 世纪，则超过了 100 人。大体上，自 13 世纪初起，英格兰的王廷开始用一系列卷档来记录国王寝宫的收支，以及内廷购买食品酒水、管理马厩的支出。自 12 世纪末期起，国王的法庭开始用卷档记录审理过的案件，此后卷档的长度逐年稳定增长。此外，国库使用的包括卷档在内的多种文档规模在逐年增加。

王室所发布文档的形式，及其引发的思维习惯变化，对社会其他部分产生了深远的影响，最能反映影响程度的是臣民间用来记录私人协议的亲笔字据的变化：从 12 世纪 90 年代起，国王的法官开始为这类字据制定更权威的格式，逐渐替代了原有的格式；自那时起，直到 1307 年，政府将大量新式字据留档备案，存世的不下4.2 万份。12 世纪，世俗大封建领主效仿国王，开始使用刻有骑士形象的大印，特许状在版式上也逐渐向国王的靠拢。威尔士、苏格兰、英格兰的贵族阶层中都出现了这种趋势。到了 13 世纪，各大封建领主（不管是世俗的，还是教宗的）开始像国王那样用文档记录宅邸食品、酒水等日常支出，还使用卷筒卷宗（温切斯特主教在13 世纪早期开始使用卷筒卷宗），在法庭留下财政案件审判记录，或以令状的形式向地方官员发号施令——1250 年，格洛斯特伯爵理查德·德·克莱尔像连珠炮似的向克兰伯恩的执达吏连续发布了三份令状。此时，中下层社会也开始将书写能力当作处理日常事务的技能。乡绅阶层的成员记录领地的经营情况，留下了大量的文档，有时甚至会将其汇编成地产契据册。即便是农民阶层的成员，也会以转让地契的方式转让土地使用权。比如说，彼得伯勒修道院编写的记录簿中就收录了 450 多份农民的转让契约。

上述文件与生活息息相关，人人都想要亲自来读上面的内容，不想找文书代读。所以，各阶层的不列颠人都受到激励，努力达到一定的读写水平。这样看来，阅读能力比书写能力更受重视。阅读能力在农民阶层中的普及程度无从考据，但占陪审团成员大多数的自由民、乡绅似乎普遍拥有阅读能力：1297 年，诺福克郡某陪审团的 13 名成员中 10 人显然能够识文断字。阅读能力对乡绅阶层尤其重要，他们或官司缠身，或担任着地方要职，都要能读得懂大量王室令状。当时，几乎所有的文档都是用拉丁文写的，要学习的不仅仅是阅读，还要掌握一门语言。底层社会承担扫盲任务的有可能是堂区神父。贵族家庭有正式的教材，也就是"教我们教士语言的书"（拉丁语教科书），负责教书的无疑是孩子的母亲，或是家庭专职教士。与普通贵族相比，顶层社会成员能够享受到更优秀的教育资源。比如说，西蒙·德·孟福尔就将 4 个儿子托付给了格罗斯泰特主教。后来，西蒙的长子，也就是与他一同战死在伊夫舍姆的亨利，为父亲写的遗嘱笔墨精妙。

尽管于贝尔·德·伯格能阅读拉丁文，但当时没有一个人说他"有学问"。想要被这样形容，必须掌握很多的知识，有在高等教育机构接受系统教育的经历。13 世纪，人们开始将高等教育机构称作"大学"。在这种意义上，亨利三世的亲卫骑士中有一些称得上"有学问"，尽管他们之前作为教士接受过教育，之后才成为骑士。总的来说，当时"有学问"的人几乎都在教士阶层。

在英格兰，即便是没有接受过高等教育的教士，也总有机会进入大法官法庭、国库工作，从而晋升为政府高官。（普通法）律师别无选择，只能在法庭上历练，最后不可能成为教士。对许多有志向的人来说，接受高等教育似乎是实现抱负的必要条件。随着亚里士多德遗失百年的著作重见天日，罗马法研究热情再度高涨，全新教会法出台，以及阿拉伯世界的医学、数学越来越受瞩目，高等

教育自 11 世纪末期开始发生转变。学习基础人文科学时，学生要
读的主要是亚里士多德的作品，以讲座、辩论的形式掌握逻辑、语
法、修辞这三方面的知识，为的是学习如何正确读写，如何分析推
理。以后无论进了哪个部门，从事哪方面的管理工作，这些技能都
会派上用场。这三项技能还为学生在法律、医学、神学等领域进一
步深造做好了准备。随着教会诉讼大幅增加，教会律师成了抢手的
人才。12 世纪 70 年代，战役修道院的院长因为没有送亲戚去学校
学习法律和教皇的教令集而受到谴责，因为他们本可以在诉讼中为
他辩护。不管是想在学术上有所突破，还是想在宗教领域有所建
树，志气高的人都必须沉下心来研习神学。对托钵修士来说，这也
是一种养成职业素养的方式——他们需要基于对《圣经》知识的了
解来取得更好的传教效果。

12 世纪，巴黎、拉昂、列日、博洛尼亚、萨莱诺这几座欧洲
城市都有享誉国际的学术中心。除了贝克特本人，许多卷入贝克特
争端的英格兰教士也有在这些学校中求学的经历。13 世纪，巴黎
学校的导师（教师）自发组成法人团体，将学校称为"大学"，其
他学校的导师很快跟风效仿。12 世纪，英格兰还没有国际大学，
却不乏能够提供优质教育的学校。比如说，大名鼎鼎的格罗斯泰特
主教就曾就读于林肯学校。到了下个世纪，英格兰有两处学术中心
脱颖而出，发展成了英格兰当时仅有的两所大学。

1231 年，亨利三世接连签发了对牛津"大学"、剑桥"大学"
有利的文件。他得知这两所学校有"一群"不受校监、导师约束的
学生，于是就签发文件，规定所有学生必须在"学者型导师"的指
导下学习，否则就会被赶出校门。同时，亨利也表示自己对大批教
士前往这两所学校学习感到欣慰，特别欢迎来自海外的教士（巴黎

局势动荡，部分学生只好来英格兰求学），"这对我们和我们的王国大有裨益，能带来无限荣耀"。为了维持求学热情，亨利命令每所大学"按照各自的惯例"收取固定的宿舍租金①。显而易见的是，在国王看来，无论是哪一所大学，都备受关注，并且被认为对王国的发展发挥了重要作用。牛津、剑桥的章程制度深受巴黎大学的影响。两所学校都是由导师组成的法人团体，亨利三世 1231 年的文件则表明，教师只有加入这个团体，才能获得教学资格。担任团体首席官的是校监，（牛津大学）校监法庭有权惩戒违反校规的学生，而在剑桥大学，惩戒学生更多是导师的职责。

以 1231 年的文件为据，我们会发现，这两所大学的地位难分伯仲。实际情况则是，牛津大学资格更老，地位更高。尽管它不像巴黎大学那样在国际上招募人才，但 13 世纪 60 年代，在马修·帕里斯的笔下，它算是（仅次于巴黎大学的）"第二大教会学校"。可以肯定，13 世纪之前剑桥就有一所学校，但剑桥大学成立始于牛津大学与牛津城当局在 1209 年首次爆发的冲突②。冲突导致大批学者离开牛津，前往剑桥。牛津大学这所学术中心有悠久的历史，可追溯至 12 世纪初，埃唐普的西奥博尔德（Theobald of Étampes）③在牛津传道授业那会儿（包含空档期）。到了 12 世纪 80 年代，杰拉尔德将"各院系的博士及学业精进的学生"当作听众，朗读自己写的有关爱尔兰的新书——至少在他日后的回忆中是这样的。13

---

① 1229—1130 年，大量学生离开巴黎的大学，前往牛津、剑桥求学，导致房租大幅上涨，引发大学师生的不满。

② 1209 年时，因一位在牛津学习人文科学的教士发生意外事故，导致一位牛津城的女性市民死亡。

③ 中世纪时期的神学家。

世纪初，牛津大学设立了法学系、人文科学系、神学系，后两个日后成为牛津大学最引以为傲的学院。1209 年"学者出走"争端告一段落①后，牛津大学有了第一任校监，任职时间是 1214 年或稍晚的年份。

　　牛津大学之所以能兴起，一方面是因为牛津城位于中部地区，这使它成了教会会议的举办地，另一方面则是因为牛津郡有两座大型修道院（奥斯内修道院、圣弗丽德丝维德修道院）经常惹上官司，是教皇委派法官法庭的常客，不时需要律师服务。况且，牛津不是主教牧座的所在地，（与牧座所在地巴黎不同）不会因教会的直接监管而缚手缚脚。即便如此，由于牛津城在林肯教区境内，林肯主教觊觎着牛津大学校监的任命权，双方的矛盾一直以来难以调和。其他一些城镇也有牛津城那种优势，其中北安普敦最具代表性，也有一所重点学校。然而，牛津城有一点独一无二，即它位于泰晤士河河畔，是重要的通信中心。

　　13 世纪 60 年代，牛津、剑桥大学的垄断地位终于得到官方的认可。剑桥有部分学生曾经想要"叛变"，在北安普敦创办大学，还得到了国王的支持②。可是，得知牛津大学学生想要转投这所新学校之后，英格兰王国的教区主教一致抗议道：损害牛津大学的利益就是损害英格兰教会的利益。在教会的施压下，中央政府只得关闭这所学校，将北安普敦的学术地位恢复到原来的水平。显而易见的是，在英格兰人看来，普通学校是无法与大学相比的。不久之后，

---

①　直到 1214 年，教皇下令严惩牛津城当局后，出走的学者才返回牛津。

②　1261 年，剑桥大学与剑桥镇发生激烈冲突，事后数位学者前往北安普敦避难，之后得到亨利三世的许可，开始在该地筹建大学。

牛津大学的导师纷纷宣誓，以后只会在牛津大学、剑桥大学任教，不会再去别的学校。所以说，这两所大学算是垄断了英格兰的高等教育。威尔士和苏格兰都没有受到影响，这一时期，两地还都没有创建大学。在一定程度上，牛津、剑桥大学可谓是不列颠全岛高等教育的源泉。托马斯·沃伦西斯在任巴黎大学教授和圣戴维斯①主教期间，在牛津大学为方济各会的托钵修士授过课。圣安德鲁斯②主教威廉·威沙特毕业于牛津大学；另一位圣安德鲁斯主教，大卫·德·伯纳姆的侄子威廉·德·伯纳姆（William de Bernham）也毕业于那里。牛津大学几所古老的书院中有一所是由盎格鲁－苏格兰权贵约翰·巴利奥尔和妻子德沃尔吉拉（Dervorguilla，加洛韦的艾伦之女）建立的。不过，两大学府主要面向的还是英格兰学生。1355 年，国王颁布的特许状指出，牛津大学培养了"最有学问的人，无论是英格兰王国还是教会，在很多方面都因他们而增光添彩"。

*　*　*

1275 年，爱德华一世任命约翰·德·圣丹尼斯（John de St Denis）为"朕特权的守护者"，负责"按照朕的指令，抄录、登记朕的特权、法律文件及其他文件"。可见，爱德华一世已经清楚地认识到书面记录在维护国王的权威上的重要性。毋庸置疑，爱德华继承王位之后任重道远。

---

① 圣戴维斯是威尔士的教区。

② 圣安德鲁斯是苏格兰的教区。

第十五章

爱德华一世：议会国家

1272 年 11 月，亨利三世去世，爱德华在十字军东征的归途中在西西里歇了歇脚。他没有急着回国，而是去了加斯科涅处理各项事务，1274 年 8 月才回到英格兰。他之所以如此从容，是因为他信任手下的大臣。爱德华命大臣议事会代理国务 ①；从它对大量郡督辖区、王室城堡有控制权这一点可以看出，爱德华最初就打算让它担此重任了。亨利去世后，议事会成员在爱德华文书罗贝尔·伯内尔（Robert Burnell）的带领下，接管了中央政府。即便是将问题上报给爱德华，他们也会顺带提出可行的方案。而有些问题也令人生畏。孟福尔一派仍要缴纳巨款才能赎回自己的领地，西蒙·德·孟福尔则广受尊敬，战死地伊夫舍姆成了朝圣地，人们一直也担心战争卷土重来。1273 年 4 月，爱德华的胞弟埃德蒙占领查特利城堡后，中央政府艰难地夺回了城堡控制权。中央政府还竭力遏制卢埃林与格洛斯特伯爵、赫里福德伯爵不断升级的冲突，而其未能有效实施针对佛兰德斯的羊毛出口禁令，让爱德华成了全欧洲的笑

---

① 亨利三世在位的最后几年健康状况不断恶化，所以爱德华开始在国家的治理中扮演重要角色。

柄（他本人也感到尴尬）。1273 年 1 月，政府突然命令各郡的巡回法庭终止审案，表面上是为了缓解因爱德华利用国王之诉案件横征暴敛产生的民怨，却也反映出了国王的政府在各郡已然丧失民心。最重要的是王室财政薄弱，这是一个长期的问题，而刚结束不久的内战又令其雪上加霜。爱德华需要找到新的收入来源，为此他要与臣民建立全新的君臣关系。爱德华最大的成就是建立了一个以税收为基础的议会制国家，一改自 1066 年起英格兰王权与广大臣民的英格兰民族身份对立的弊病，令王权与臣民达成利益上的一致。这些措施让他获得了足够的实力，得以发动征服威尔士和苏格兰的战争。当然，英格兰内部也有某些群体受难。1290 年，英格兰的犹太人被驱逐出境。而过重的战争压力也转嫁到了农民身上。

1274 年，35 岁的爱德华已是战场和政坛上的老手了，他从父亲的失败和自己早年的苦难中汲取了经验教训。从存世的绘画作品中可以看出，爱德华鼻梁直挺，下巴圆润饱满。1774 年，有人测出爱德华尸骨长达 1.88 米 ①，他确实比同时代的人高出许多。他的个性与高大的体格相匹配。如果说亨利三世是和平的国君，那么爱德华就是好战的君王。他年轻时曾前往法国各地参加过骑士比武，后来率军在伊夫舍姆大败西蒙·德·孟福尔，接着又参加十字军东征。爱德华不仅是运筹帷幄的战略家，还是身先士卒的骑兵（他与亚当·格登的决斗成为传奇），符合臣民对国王尚武精神的期待，而在威尔士和苏格兰的胜利也满足了臣民的期望。爱德华同样看重治国理政的责任，具有强烈的使命感，既维护王权的利益，又能主

---

① 1774 年，伦敦考古协会打开了爱德华的棺椁，发现尸体保存完好，于是就对身高进行了测量。

持司法公正，维护着国内秩序（反观他的父亲，却是个心软、单纯之人），用编年史家特勒韦（Trevet）的话来说就是，"遇到国家大事，（爱德华）能谨慎行事"。1258 年之后，爱德华极力想要摆脱男爵阵营的控制，其间他通过恩赏赢得个别权贵的支持，还认识到想要安抚地方社会，必须推动王国的改革。他为成为国王做好了充分的准备。

爱德华的妻子卡斯蒂利亚的埃莉诺所起到的作用比不上亨利三世的妻子普罗旺斯的埃莉诺。修道院的编年史家对后面这位年长的埃莉诺干政的行为褒贬不一。一些人认为她"阴险狡诈"，劝丈夫废止"牛津条例"；也有一些人认为她是"女中豪杰"，果断召集军队，营救在刘易斯被俘的丈夫。卡斯蒂利亚的埃莉诺却没有机会像这样大显身手了。由于有卡斯蒂利亚王国的亲属，还继承了一笔祖产（1279 年，她在母亲去世后继承了蓬蒂厄伯爵领），她在外交领域作用不小。但与婆婆的不同的是，由于没有卡斯蒂利亚人在英国定居，她未能形成以其家族为中心的利益集团。尽管埃莉诺的孩子中有 6 人长大成人，但是她年纪轻轻就（在 1290 年）撒手人寰，没能通过这些子女施加政治影响。但是，我们不应当就此认为埃莉诺不满意自己的地位，也不能认为她一向温顺，只能替别人求情。大主教佩卡姆曾经说过，她"有颗慈悲心，在为别人说情时，不分男女"。埃莉诺有着温柔、虔诚的一面，她曾反对丈夫让年幼的女儿过早出嫁，还向道明会捐赠了大片土地。然而，到了 1287 年，在为遭到战争指控的康沃尔伯爵求情时，她并没有打怜悯牌，而是有理有据地指出那样的指控毫无根据。佩卡姆曾感叹道，埃莉诺似乎更愿意敦促爱德华从严治国，而不是劝他大发善心。她可谓是宫廷里的一名谋士，爱德华持久的爱（他从未不忠）则让她拥有独特的影响力。除了爱德华出征，埃莉诺即将临盆，夫妻俩极少出现分居两地的情况。

在爱德华的敦促下，埃莉诺着手建立属于自己的大地产，她一方面要像 1154 年之前的王后那样，拥有大量的土地作为权力基地，一方面又不能像她们那样仰赖国王拿地。在这方面，她胜过了婆婆；后者积累了不少地产，却将监护权作为获取土地的主要手段，不能长期保有。卡斯蒂利亚的埃莉诺控制着土地市场，向那些因无法偿还犹太人的债务或有其他困难而出售土地的人下手。埃莉诺去世时，包括利伯恩的威廉（William of Leybourne）在肯特郡的利兹城堡在内，她名下的地产年收入竟已高达 2 600 镑。她注重维护自己在宫廷中的名声，却不在乎臣民对自己的看法。"国王只想要我们的金子；王后只想要我们的宅子"——有这样一首诗辛辣地讽刺了时弊。1290 年，埃莉诺因病去世，爱德华悲痛不已，他以林肯城为起点、威斯敏斯特教堂为终点，命人在灵柩停靠的地点修建十字碑，想要吸引过路人为爱妻的灵魂祷告。埃莉诺安葬于威斯敏斯特教堂，墓穴上的镀金青铜像展示了这位王后往昔的风采。十字碑上面的王后像优雅且威严，昭示着两位埃莉诺王后在 13 世纪以不同的方式实现了英格兰王后权威的复兴。

1274 年 8 月，爱德华刚一回到英格兰，就着手重树王权与威信。他的决心在一个方面有着惊人的体现。内战期间，伦敦是孟福尔一派的权力基地，因此爱德华在 1275—1285 年花了近 2.1 万镑，在伦敦塔的外围扩建了外护墙、护城河、水门等。1285 年，他暂时收回了伦敦的各项特权，然后将城内的政务牢牢握在手中，直到 1298 年才再次授权。如果爱德华没有扭转王国的财政状况，这一切都不可能实现。当时，他的任务十分艰巨。爱德华继位时，每年的财政收入还只是 2.5 万镑上下。虽然这与 1130 年的收入差不多，但在通货膨胀的作用下（尤其是 13 世纪早期剧烈通胀的影响下），实际收入至少下降到了 1130 年的一半或 1/3。同样的一笔收入，可以让亨利一世富甲一方，却只能令爱德华一世入不敷出。想要增收，绝非易事。亨利三世在 13 世纪 40 年代的高收入也无法维持。约翰王倒是取得了较大的成功，不料引发了革命，致使《大宪章》横空出世。而由于土地收入作为一类不易引发争议的收入，在英格兰国王的总收入中所占的比例不断下降，问题变得更加复杂了。1130年，国王的收入中有近 1 万镑是王室直属领地产生的收入。如果直属领地没有减少，到了 13 世纪国王的土地收入就能达到每年 3 万镑，君主仍然富有。实际情况却是，1130 年之后，国王为了恩赏臣下，将大量的土地分封了出去，即便在 13 世纪 40 年代进行充分开发，王室直属领地每年所能提供的土地收入也只有 6 000 镑。一些其他收入来源也显露出枯竭的迹象：1240—1260 年，犹太人在重税的压迫下财力耗竭；随着案件审理量不断增加，巡回法庭审案越来越久，降低了国王依靠审案增收的频次；爱德华尊重教会，不会像他的父亲一样以获取教区收入为目的，令主教的职位长期出缺；最后，由于《大宪章》的制定，国王再也不能在裁判直属封臣的纠纷时捞油水了，还失去了征收大额认可金的权力。更糟糕的是，英格兰国王财力每况愈下的同时，卡佩王朝的收入却在稳步增长。

面对这样的困局，爱德华出台了一系列旨在增加收入的政策，其中一些比其他的更为有效。他认为，父亲统治宽松，因此丧失了大量特权（"许可权"），也失去了与之相关的收入。例如，在地方上，世俗领主和教宗领主都私设了绞刑架，他们禁止麾下的封臣出席百户区法庭，架空了百户区的司法权。1278 年，爱德华采取了行动。停摆多年的巡回审判再次开庭，爱德华借此机会引入了权利开示令状案，要求所有臣民，无论是拥有国王分封的土地的，还是握有国王授予的特权的，一律得出示能够证明自己权利的文件。虽然很难判断出这一措施到底有没有成效，但确实引起了不满。有一则逸闻说，萨里伯爵约翰·德·瓦伦曾将一把生锈的古剑扔到法官面前——1066 年，他的祖先跟随威廉国王征服英格兰，这柄剑是他权利的证明。实力强大的格洛斯特伯爵吉尔伯特·德·克莱尔不得不交出了父亲在世时得到的部分土地和特权，但大部分案件被一拖再拖，直到最后也没个结果。通常，被告能够出示国王的特许状，证明名下的土地确实是国王封赏的，手中的特权确实是国王让渡的，特许状的权利证明效力不会受到怀疑。1290 年，爱德华承认了所有自 1189 年起未曾中断过的特权，哪怕权利人无法出示权利证明文件。1294 年，全国巡回审判又一次中止，爱德华的权利开示令状案件也没了下文。这项措施虽说确立了一定的原则，即特权的享有者必须持有国王认可的书面证明，这有可能防止了特权进一步流失，但基本上没能提高国王的收入，也没能阻止权贵统治体系在各郡的建立——本章将会阐述这一点。

爱德华在维持、增加王室直属领地保有量方面的成效更大。亨利三世后来虽然不再分封王室的直属领地，但会将没收来的土地分封给臣下（分封这类土地时，通常是不计后果的），尤其是来自"诺曼人的领地"。而爱德华除了至亲之人，在领地分封上一毛不拔。他还竭尽所能地从其他途径获得土地，埃莉诺王后的行为就是他布局中的一个策略。亨利三世曾从旁系继承人那儿买断了切斯特伯爵领的继承权。到了爱德华一世时期，无论领地大小，国王向臣下施压以便强行购买土地的策略成了既定方针。1293 年，爱德华敲定了在位期间最划算的一笔领地收购交易，说服垂死的德文女伯爵伊莎贝拉·德·福尔兹以 4 000 镑的低价出售了怀特岛。他还获取了两块伯爵领：（在亨利三世统治的最后几年）他害得德比伯爵罗贝尔·德·费勒斯被处以 5 万镑罚金，被迫放弃德比伯爵领；1302 年，他从膝下无子的诺福克伯爵罗杰·比戈德手中购得了伯爵领的继承权。爱德华将埃莉诺留下的土地划为第二任妻子的亡夫遗产，而德比伯爵领、诺福克伯爵领则分别成了他的弟弟埃德蒙、他与第二任妻子生的儿子的领地。就这样，爱德华保住了国王原有的全部直属领地。

　　爱德华不仅让原有的收入来源展现出新的活力，更重要的是，他还找到了新的收入渠道，包括关税、全国性税收和意大利银行家。早在约翰王时期，中央政府就已试行过关税制度，后来在1266 年再次试征关税，两次试验得失参半。1275 年，爱德华动了真格，与商人（几乎都违反了羊毛出口禁令，所以爱德华以严惩相要挟）谈判之后，促使 4 月议会通过决议，同意以每包 1/3 镑（6先令 8 便士）的税率，对所有出口的羊毛征收关税。羊毛是英格兰的主要出口商品，纺织业发达的佛兰德斯又是绝大部分英格兰羊毛的出口地。由于羊毛价格不断上涨，出口贸易轻而易举就令新的关税制度成了创收方法。自 1275 年实施以来，出口关税就成了英格兰国王永久性的收入来源，不仅每年创收 1 万镑左右，还为爱尔兰额外提供了 1 000 镑。

　　与历代国王相比，爱德华在全国税的征收方面进步明显。全国税针对的是臣民的动产，具体征收方式是，先估算一下每人名下土地的谷物、牲畜产出，再按照一定的百分比，向国王缴纳税款。在教会的土地中，所有以获取地租、骑士军事服务为目的而出租的土地都纳入了缴税范围。只有与教会宗教职能相关的地产，即缴纳什一税的土地、圣职领耕地（也许存在针对此类土地的专门税收制度）以及穷人的动产，才可以免税。全国税最重要的特点是，可以获得巨额收入。它能扭转国王的财政境况。1207 年，约翰王以13% 的税率征税，得到了约 6 万镑。问题是，征收前必须征得议会的同意才行；亨利三世在 1237—1270 年曾多次碰壁，一直没能获得议会的征税许可。爱德华则打破了这一束缚，在规模和规律性上，都令全国税上升到了新的高度。

年份	税率	估税额
1275	15%	82 000 镑
1283	30%	48 000 镑
1290	15%	117 000 镑

　　爱德华时期的征税效率非常高，实收金额与表格中的估税额相差无几。

　　爱德华开辟了新的收入来源。他还通过意大利卢卡市的里卡尔迪银行的金融服务，对收入的管理方式进行了创新。13 世纪，商业活动迅速发展，里卡尔迪银行是随之创立的众多国际银行之一。在英格兰，这家银行不仅是羊毛贸易的主要参与者，还从事借贷业务。亨利三世虽然与它在英格兰分行的负责人卢卡的卢克（Luke of Lucca）有过业务往来，业务额却很少。可是爱德华却长期从那里借款，为他的大部分支出提供资金。内廷金库是跟随国王出巡的财务机构，里卡尔迪银行最主要的任务正是为内廷金库输血，通常会以垫付的方式，支付次数不多，可每一次金额巨大，某些年份甚至提供了全部所需资金。这家银行之所以承担得起如此高额的借款，是因为爱德华不仅将出口关税的管理、收取交由它全权负责，还将相当可观的一部分税收收入交给它管理。此外，里卡尔迪银行获得了英格兰教会近 5 万镑资金的管理权，随时准备为东征划拨军费，也因此避免了没钱可用的窘境。亨利三世时期，内廷金库只能依靠国库及其他分散的源流，与爱德华时期形成了鲜明的对比。在爱德华时期，王室的财政实现了无法想象的稳定和平稳。

　　1294 年，爱德华终止了与里卡尔迪家族的合作，因为他们无法满足爱德华因与法国和威尔士的战争而突然提出的巨额军费的要求。自那时起，内廷金库只能勉强维持日常运转。尽管如此，在 1294 年后爱德华（不久就出兵苏格兰，财政压力进一步上升）的财政体系还是承受住了难以想象的压力；如果说 1307 年内廷金库果真欠有 20 万镑，那就说明该机构在赊账获取资金及军事服务方面是多么成功。1294—1297 年，羊毛的出口关税从每包 1/3 镑上调到 2 英镑，体现出关税制度灵活多变。尽管全国税每次征收额有所下降，爱德华却刷新了征税频次记录，没有让征收效率降低。1294—1307 年，他一共征收了 6 次全国税，筹集到 27 万镑，其中有 191 200 镑是 1294—1297 年这短短 3 年征来的。同时，他还对与教会宗教职能相关的地产征税，收到近 22.46 万镑。所以，爱德华才能在 1294—1298 年承担高达 75 万镑的军费开支。

　　内廷金库的收入也能够反映出爱德华与亨利三世在权势上的差异（内廷金库的收入还只是国王总收入的一小部分）。1234—1258 年，亨利三世金库的年均收入为 1.2 万镑。1274—1293 年，爱德华金库的年均收入为 3.8 万镑，1294—1303 年增长到 7.5 万镑。由于通货膨胀等因素增大了比较的难度，我们很难确定他的财力是否胜过祖父约翰王。关键是，税收在爱德华总收入中所占的比重高得多：根据某项研究的计算，就收入的实际购买力而论，与1199—1216年相比，英格兰国王在1290—1307年的税收收入增长了120%—200%。可以说，爱德华利用了自诺曼征服以来从未有过的方式分得了社会各阶层的财富。

爱德华一世的权力与威势体现在意识形态和政府机构两个方面。他与父亲都很注重展示君权神授的特质，只是方式不同。爱德华望弥撒时同样一丝不苟，出巡时也向圣祠、教堂捐钱捐物，但是不会请乞丐吃饭（会直接给钱）。他对"忏悔者"爱德华不感兴趣，喊停了威斯敏斯特教堂工程，没有让父亲成为"圣亨利"，还与圣路易分庭抗礼（1297年，路易九世获封成为圣徒）。作为一名忠诚的十字军战士——1287年他发誓要再参加一次十字军东征——爱德华无需再证明什么。为了能在第一次十字军东征以及威尔士战争中获得上帝的佑护，爱德华在柴郡的韦尔罗亚尔建了一座大型西多会修道院，与为王后埃莉诺树十字碑一样，都借鉴了卡佩王朝的经验。他还学卡佩王朝的国王，接触了淋巴结核病 ① 病人，每年治疗近千名病患。与他的父亲截然不同，爱德华的王权还表现出尚武的一面。爱德华命人在威斯敏斯特宫寝宫亨利三世时期的"忏悔者"爱德华加冕主题的壁画周围又画了几幅画，展现出《旧约全书》武士国王犹大·马加比（Judas Maccabeus）领兵打仗的场景。受到王权增势的影响，爱德华的律师开始为他主张祖父约翰、父亲亨利未曾想过

---

① 淋巴结核病不仅极少致死，而且随着时间的推移，症状通常还会有所减轻，所以容易造成错觉，让人认为国王的触碰具有治病的功效。因此，国王通常会将触碰患有淋巴结核病的病人作为途径，来展示自己神授的权力。

要染指的权力。他们（以罗马法为依据）提出，"为了公共利益，国王的特权在许多情况下应当凌驾于王国的法律与习俗之上"。

　　爱德华的王权靠的不光是里卡尔迪银行的服务，还依靠了中央政府的传统机构：常驻威斯敏斯特的普通法法院、国库；随国王巡游的大法官法庭、内廷金库。这些机构都离不开书面文件，运行过程中产生了很多文字记录。书面形式的命令更有可能生效；如果法庭审完案件后能够形成官方记录，纠纷就更有可能得到解决；记录对掌握国王各项收入的来源以及把控各类支出也至关重要。这些想法一直影响着英格兰政府的运作，也促使政府对书面文件越来越倚重。从某种程度上说，这些理念在他治下的英格兰得到了全面的应用。甚至有一些国库官员反映说，这些想法几乎得到了过度的应用。

　　后面还会进一步谈到普通法法庭在爱德华一世时期取得的长足进步。爱德华在位的最初几年，国库非但没有发展，反而丧失了一部分职能。国库向来担负两大任务：一是负责收取、储存、（按照命令）支出国王的收入，其中绝大部分钱款是从国王本人那里收来的，管钱的是国王的寝宫或（1216年之后）内廷金库（寝宫与内廷金库差不多）；二是负责每年审计郡督等大小官员及国王的债务人的账目，然后将结果记入国库卷档。国库在执行第一项任务时会遇到一些限制，即郡督和其他债务人经常会接到国王的命令，将钱款直接交给寝宫或内廷金库，这样就绕过了国库——国王越是急等着用现金，就越有可能绕过国库去取钱。亨利三世时期这种情况极其严重，1258年改革派成员及国库官员就考虑出台规定，要求国王的收入先进国库，以此缓解财政乱象。这一观点与爱德华的想法相左。他将大量财务工作交由里卡尔迪银行打理，令国库经手的钱款在国王总收入中的比例下降到历史新低。

尽管如此，国库仍然是国王财政体系的核心。哪怕是收税代理人、国王的债务人将钱款直接上缴内廷金库或里卡尔迪银行，国库也要进行审计，否则国库卷档还是会显示代理人、债务人未偿清的款项。所以说，在爱德华时期，国库的审计职能非但没有受到影响，反而获得了更多职权——国库逐渐担负起了审计国王新增收入的职责，包括关税的账目和动产税的账目。此外，里卡尔迪银行还要向国库报账，连内廷金库总管也开始按规定每年向国库汇报。国库能执行如此繁重的审计任务，得益于官员对文件进行了清理、整合。自 12 世纪出现以来，卷档越来越笨重冗长。1242 年国库卷档（按年份排序，它是目前为止最新的印刷版卷档）的现代印刷版长达440 页，1130 年只有 161 页。卷档增长的一个原因是，向国王缴钱、偿款的人越来越多，另一个原因是，回收无望的债款日积月累，在卷档中占了很大空间。早在 1270 年，国库就进行过一次改革，从卷档中删去了许多这类"坏账"；1284 年，又组织删除了卷档中的无效信息。国库为应对 1290 年之后财政体系挑战做了充分准备。自这年起，审计的执行情况开始变乱，国库再次管理起国王的收入、支出，这在一定程度上是因为里卡尔迪银行的垮台。国库也不再将减少文档数量当作重点：备忘卷档是记录国库事务的文档，1290 年只有 30 张羊皮纸，后来增长了两倍，达到 90 张。在这一时期，中央政府保持着极高的收税效率，很大程度上得益于国库的贡献。

1274 年，爱德华一回到英格兰，就将忠心耿耿的文书罗贝尔·伯内尔任命为大法官。直到 1292 年去世，他一直在担任这项职务，期间除了爱德华出征的情况，大法官法庭总会跟国王一同出巡。这个部门以特许状、公开令状、保密令状的形式，为国王编写权利转让书、声明文件、命令文件等各类文件，并加盖国玺。大法官法庭每年会颁布数千份文件，建立起了包括特许状卷档、公开令状卷档、保密令状卷档、令状支出卷档、罚金卷档在内的卷档体系①，将大部分文件归档备案。1291—1292 年，备忘卷档有 70 张羊皮纸，其中有不少正反面均有紧密的记录。在爱德华刚继位那会，卷档的篇幅就已达到这种水平。1272 年之后，政务处理量真正有所增长的是发起、处理普通法法律程序的保密令状。由于此类令状数量多、格式统一（"理当"令状），从未被收录进卷档中。14 世纪 20 年代（这是可以计算发布量的最早时期），"理当"令状每年的发布量已超 2 万份。由于令状不断增长，大法官法庭在 14 世纪就不再随王庭出巡，而是在威斯敏斯特建了处办公点。

即便在伯内尔担任大法官的那段时间，拥有近百名文书的大法官法庭也基本上从内廷分离了出来。另一方面，内廷金库一直是内廷的核心。尽管国库的地位很高，但内廷金库才是为国王管理财政的中枢，不仅要负责国王大部分收入的收取与支出，战时还得承担繁重的使命。爱德华统治的后期，里卡尔迪银行失去信任之后，官员为了补上资金缺口，开始寻找能直接流进金库的资金来源。大法官法庭从内廷分离出来之后，内廷金库承担起为国王写文件的重任，还作为御印②的保管者，获得了盖印的权力。到了 14 世纪，大法官法庭彻底脱离王庭之后，国王开始频繁使用加盖了御印的文件来表达意愿。爱德华统治时期，以劳斯的威廉（William of

---

① 特许状卷档、公开令状卷档、保密令状卷档分别用来备案颁布的特许状、公开令状、保密令状；支出卷档用来记录发布的所有与支出相关的令状；罚金卷档用来记录臣民缴纳的各类"罚金"。

② 国玺（great seal）是代表王国的正式大印，而御印（privy seal）则是代表君主个人的私人印章，级别低于国玺。

Louth）、沃尔特·兰顿（Walter Langton）为代表，内廷金库的大部分官员是能干的、经验老道的文书，其中有不少后来成了国库的司库和各教区的主教。这不仅增强了王室中央政府的凝聚力，还建立起联结国家与教会的纽带。

内廷还有属于自己的军事机构，由宫内大臣领导，通常有一两名宫内大臣在那里办公。（1285 年前后）大臣手下约有 80 名骑士、近百名士绅、30 名侍卫官，他们都按年领取报酬。1240 年前后，亨利三世身边也有近 70 位领取货币报酬的骑士，但爱德华的内廷军事色彩更鲜明，一定程度上是因为许多亲卫骑士"留在王庭，守护着国王"，正如内廷金库账目记录的那样。以戈杰斯家族、利伯恩家族、西格雷夫家族为代表，许多亲卫骑士来自世代侍君的家族，虽不能像侍奉亨利的父辈那样，获得国王赏赐的封地（仍有机会娶到女继承人，获得未成年继承人监护权），却能因侍奉爱德华国王而光宗耀祖。像过去的亲卫骑士那样，爱德华的骑士立誓要揭发对国王不利的言行，还经常被委派担任城堡总管、调查官、外交官。爱德华则颁布命令，规定他们应当获得与留守王庭的骑士相同的报酬。无论这些骑士出现在哪里，都与国王亲临当地无甚区别。爱德华的方旗骑士（地位较高的骑士才有资格拥有的新头衔）中有不少是国王非常信赖的顾问官，能够像权贵那样收到议会召集令。最重要的是，国王随时可以快速扩充内廷的军事力量，令其成为王室军队的中心；1282—1283 年，爱德华入侵威尔士时，军队中领薪的骑兵中就有多达 1/3 的人来自内廷。

13 世纪 80 年代，内廷每年用于食品、酒水、马饲料的支出为 12 000 镑，有可能比 30 年前多出 4 000—5 000 镑。有大约 570 名内廷成员每年可以收到制服。1285—1286 年内廷支出记录的印刷版长达 250 页左右。外廷则是王庭的外部组织，成员包括御前法庭的法官（审理国王特别关注的案件）、其他各类顾问官，以及国王出巡途中歇脚地的地方权贵。保持与地方上的联系对治国来说很重要，但没有迹象表明，爱德华和他父亲一样，为了各地的政务出巡。如果他出巡得更加频繁，那主要是为了打仗或是狩猎。北安普敦、新福雷斯特两地的狩猎行宫再次成了国王经常逗留的地方。除非情况紧急，爱德华基本上不会离开英格兰南部。他习惯将各地的政务集中到一起处理，如下文所要介绍的，议会渐渐成了他与全体臣民交流的最主要渠道。

爱德华恢复了王权的财力，重树了君威，使自己成为强大而又带有压迫性的统治者。1294 年之后，他竭尽全力为威尔士、苏格兰、佛兰德斯和加斯科涅的战争筹集军费和兵员。1297 年，为了对教会地产征税，爱德华不留情面地没收了英格兰教会的全部土地，浇灭了教会的反抗意图。1294 年后他的统治在许多方面与约翰王 1204 年后的相当——都推动政府为对外战争筹集资金。然而，他们的行为产生了完全不同的政治后果。约翰的暴政催生了《大宪章》，引发了内战，而亨利三世犯的是另一种罪过，因执政不善引爆了革命。爱德华却从未受到过革命的危胁。诚然，他也曾遭遇国内局势动荡，并分别在 1297 年、1300 年更新了《大宪章》，废除了针对羊毛出口征收的附加关税，并且承诺不会在尚未获得臣民同意的时候开始征税。另外，他还接受了对国王"强征"权的限制。"强征"是英格兰国王自古以来就拥有的一项权利，即内廷无须获得臣民的同意就可以购买各类补给，爱德华却把它当成是获取军需物资的手段。上述让步的力度算是很大了，而与 1258 年亨利的妥协相比却不值一提。没有人想要成立一个与国王争权的小议事会，以此夺取中央大权，在地方上推行全面改革。这一定程度上是因为爱德华作为战争领袖具有巨大声望，但也因为与约翰王、亨利三世相比，爱德华的王权有决定性优势——他调解了利益集团的冲突，改革了王国的治理方法，实现了政治上的平衡与稳定。

除了 13 世纪 90 年代的冲突，爱德华一直与教会保持着合作关系。教皇插手坎特伯雷大主教的选举，先后任命教士罗贝尔·基尔沃比（Robert Kilwardby，1273—1278 年在任）和约翰·佩卡姆（1279—1292 年在任）为大主教，令罗贝尔·伯内尔两次错过大主教的牧座，但爱德华接受了这些事实。作为回报，教廷准许廷臣做主教后仍在王室任职，比如，伯内尔当上了巴斯暨韦尔斯教区的主教，而约翰·柯比（John Kirkby）则成了伊利主教。在 1297 年爱德华对教廷的抗议置若罔闻之前，教皇一直默许他对教会宗教地产征税，甚至允许他动用第二次十字军东征的军费。（这也成了里卡尔迪银行倒闭的原因之一。）

爱德华当然可以用专横的方式对待权贵。他曾强迫诺福克伯爵罗杰·比戈德偿还欠款；1290—1291 年，格洛斯特伯爵、赫里福德伯爵无视君令，在威尔士边境为领地归属权大打出手，为此双双进了监牢，格洛斯特伯爵的格拉摩根领地、赫里福德伯爵的布雷肯领地也被没收。爱德华推出的权利开示案件制度小有所成，但相应的令状却对权贵的特权施加了强压，比亨利三世所有的措施更为有效。当然，这只是一方面情况。无论法官怎么说，他一般是不会僭越法律明文规定的。爱德华虽会为了获取地产使一些花招，但从来不会无端没收臣下的领地。总的来说，他接受了 1215 年《大宪章》条款 39 对王权的限制。他还遵守了《大宪章》对封建领主认可金、司法公正、贵族遗孀婚嫁权的规定。爱德华很快就恢复了孟福尔派的部分成员的名誉，包括约翰·德·韦西、约翰·菲茨·约翰、塞格雷夫的尼古拉斯（Nicholas of Seagrave），以及托马斯·坎蒂卢普（他回去后当选为赫里福德主教）。爱德华与几位实力雄厚的男爵关系密切，其中包括林肯伯爵亨利·德·莱西（Henry de Lacy）、萨里伯爵约翰·德·瓦伦（那把生锈的古剑并没有影响君臣关系）、罗杰·德·莫蒂默，并在征服威尔士后赐予了他们大量土地。除了征服得来的土地，爱德华不分封领地。如果说这样使得他无法树立亚瑟王那样的形象（慷慨大方是亚瑟王的美德之一），至少他避免了派系斗争，而这曾困扰着他慷慨的父亲。若说爱德华为人吝赏，那他至少一视同仁。

与历任国王相比，爱德华更积极地争取骑士及以下阶层的支持，这群人有权向议会派出代表，是确保新的税制获得议会批准的关键力量。1258—1267 年，孟福尔派极大地影响了爱德华，让他认识到如何利用调查、巡回法庭、立法和议会来推动王国的改革。他也决定这样做。1274—1275 年，他对侵占国王权利的罪行和地方官员渎职的行为发动了全国性大调查，而后颁布了《第一次威斯敏斯特法令》（Statute of Westminster Ⅰ，1275 年颁布），处理了调查过程中暴露出的弊端，声称法令"以全体臣民的福祉为出发点，为受压迫之人伸张正义"。

为受压迫者伸张正义，中央政府的变革同样重要。亨利三世时期的一个主要问题是，在中止了司法官制度和内维尔主教式的大法官制度之后，各地的臣民无法向中央反映地方上的疾苦。1258年的一个应对措施是恢复司法官制度。爱德华不会重蹈覆辙，他让秉性与内维尔相似的伯内尔主教做了大法官。伯内尔出身于什罗普郡阿克顿伯内尔村（他在这里建了教堂、庄园宅邸）的一个骑士家庭，看重私利，但直到 1292 年去世前，一直以平易近人、不偏不倚的方式管理着大法官法庭，还注重公平公正，一再叮嘱手下的官员不得徇私枉法。爱德华的政府无论是在透明度上，还是在公平性上，都远远胜过亨利三世的政府。

　　然而，一个人的能力是有限的，爱德华就决定让议会听取申冤、请赏等各类请愿，令其承担起从未有过的职能。议会每年至少召开两次会议，直到 1286 年才因为他前往加斯科涅而中断，为定期听取请愿提供了方便。议会在会前会做出声明，要求请愿之人在规定日期前提出申请，开幕后由议会或是议会指派的委员会讨论。请愿制大受欢迎，以致自 1280 年起议会就不得不推出筛选制，以防请愿过多而无法及时处理其他事务。对于爱德华经常挂在嘴边的"臣民们"来说，议会最重要的职能莫过于听取他们的请愿。

　　请愿中对地方官员舞弊的控诉较多，爱德华本人也将解决地方政府欺压民众的问题作为首要目标。为此，他摒弃了父亲在位时的一些不得人心的政策：各郡郡督从未被要求将 1258 年前的包税额作为基点来增加税额；森林法巡回法庭通过开罚单获取的收入从未超过 1246—1251 年的水平；1278 年，他撤换了多数在任的郡督，用邓斯特布尔编年史的话来说就是，"用各郡的骑士取而代之"。从此往后，英格兰各郡的郡督都是本郡的地方骑士。各郡一直以来都想让本郡的头面人物来当郡督（这也是 1258 年改革的特征之一），这一要求就这样实现了。

　　1258—1259 年的改革的另一大特征是中央向各郡派出法官听取申诉，这些申诉可以通过书面"声明"或口头提出。这一申诉程序令某些权贵的官员成了众矢之的，因而不受其欢迎，导致特殊巡回法庭在 1260 年解散。爱德华的立场更为坚定。1278 年，他重启巡回审判，授予法官足够大的权力，使其能够审判所有申诉案件。尽管某些巡回法庭审理的申诉案件很少（原因无从考据），但从这年起，申诉案件还是成了巡回审判的一项专门事务。

许多申诉案的对象是"侵权"行为，这类针对被告的侵权行为发起的诉讼，是在爱德华统治时期才变得重要的。结果，大量新的案件进入国王法庭的管辖范围。侵权专指那些因使用武力侵害了他人权益，从而破坏了治安，但危害程度还不足以成为国王之诉案件的行为。原告只要以侵权为由诉讼，就可以让被告因较轻的罪行（比如撞到了身体、抢走了谷物或牲口）在国王的法庭上应诉。这种诉讼方式后来变成了民法体系中的侵权令状案件。到了14世纪初，威斯敏斯特的普通法法院每年要审理大量的案件，这类法院地位的提升是全面扩大王权司法管辖权限的重要环节，自亨利二世时期便已开始。到了爱德华这一代，扩展速度进一步加快。为此爱德华还出台法规条令，调整了法律程序的技术细则，保留了以新近强占令案件为代表的一些长期备受关注的法律程序，还向另一些法律程序注入了活力，提升了应用价值。1200—1267年，普通法法院总共只审理了50件凭令取回案件（原告要求领回因没有按封建义务提供服务而被封建主没收了的牲口），而1272—1307年，共有1 500件同类案件。13世纪还见证了法律诉讼程序种类的稳步增长——1189年英格兰只有15种诉讼程序；1270年达到了65种；到1307年已超过了100种。

为了应对骤然增长的案件，爱德华一世的法庭在结构上进行了重大调整。自1278年起，巡回审判制不再设休庭期，各轮全国郡县的巡回审判之间没有间隔。对各郡县来说，各轮审判仍会间隔较长一段时间，中央政府经常向地方派遣法官，让他们审理小敕令案件，审判被关押起来的重刑犯。1275 年前后，为了应对议会收到的请愿，中央政府命令法官前往各郡审判（"听审裁判"）特定的案件——通常指的是侵权案件。值得注意的是，上诉（pone）令状、重审（recordari^①）令状可以用来将其他法庭的案件转交至普通法法院审理，这两类令状使用量的增加必然会使普通法法院的审案量大幅提升——很大程度上，这是为了满足当事人的需求。法院记录案情时使用的羊皮纸数量也能反映出审案量急剧增长这一趋势：1200年，法庭仅用了 49 张；1275 年是 352 张；1306 年剧增到了 1 520张——难怪普通法法院在这一年会任用 23 名文书来誊写卷档！

　　爱德华在位期间，在审案量激增、法庭结构改进的同时，法官身份也发生了转变。英格兰的法官有史以来第一次实现了完全职业化。自亨利二世时期以来，英格兰一直有一些大臣在中央和地方审理案件。到了 13 世纪，这群人越来越多地专门处理法律工作。爱德华继位之后，经验老到的职业法官（如拉尔夫·德·亨厄姆和贝里福德的威廉）超过了历任国王在位期间的人数。他还首开先例，规定中央法庭（威斯敏斯特的普通法法院、随国王出巡的御前法庭）的法官都有权领薪水。法官候选人的身份也与以往不同。以前，候补人不是前任法官手下的文书，就是在其他政府部门任职的官员。到了爱德华统治的末期，出现了在中央法庭、普通法法院为委托人辩护的高级律师（相当于现代的"出庭律师"），他们人数极少，是法官候补人选的唯一来源。

　　高级律师的出现反映出了爱德华时期英格兰法律领域的又一大发展，即律师职业日臻成熟。13 世纪 60 年代，一共只有约 10

---

① 　*recordari* 为拉丁语，意为"回忆"，所以译为重审。

位专职律师在法院供职；到了14世纪初则增长到200多人。他们虽然能为委托人处理法务，却没有资格出庭辩护，只有高级律师才可以。渐渐地，律师职业分化成了出庭律师与法务律师两个层级。其中，前者算是行业精英，不仅要熟知与每种令状法律程序对应的诉讼程式，还要掌握与各个案件相关的程序性规则。当然，首先还是因为这个职业为大众所需要。13世纪90年代，普通法法院一共有大约30名高级律师。想要加入他们的行列，就要旁听审案过程，得到训练，积累经验。高级律师垄断了法官候补人选后，就等于限定了法官官职的身份背景，意味着法官只能是俗众（教士是不能在法庭上为人辩护的，也就做不成高级律师了），并且还要有律师的从业经历、在法庭上的经验，而不是从学校毕业的学生。所以，英格兰的法官通常并不了解教会法或罗马法，很大程度上使得英格兰在法律领域具有狭隘性。

因此，在爱德华的统治下，英格兰发展成了一个税收和法制王国。就像有比以往更多的人定期纳税一样，人们也比以往更多地通过国王的法庭参与诉讼。这主要是因为下级法庭的案件移送到了国王法庭这一高级法庭，尤其是郡法庭的大批案件也涌了进来。同时国王法庭自身须要审理的案件数量也在增长，这种增长只能解释为国王法庭维护司法公正的地位得到了认可，臣民乐于利用它来维权。"税收王国"、"法治王国"这两大特性密切相关。爱德华时期的议会之所以会通过征税提案（与亨利三世时期有所不同），是因为国王维护了司法公正，改革了王国弊端。颁布《第一次威斯敏斯特法令》时，出席议会的不仅有骑士，还有镇民，所以法令是"与英格兰全境的公社商讨，获得同意"后得出的结果。因此，编年史家威克斯才会说，这一改革令"臣民们全心全意地爱戴国王"。

　　《第一威斯敏斯特次法令》是爱德华在位期间的第一部伟大法令。紧随其后的是《犹太人法令》（Statute of Jewry，1275年）、《格洛斯特法令》（Statute of Gloucester，1278年）、《永久占有权法令》（Statute of Mortmain，1279年）、《阿克顿伯内尔法令》（Statute of Acton Burnell，1283年）、《第二次威斯敏斯特法令》（Statute of Westminster Ⅱ，1285年）、《商人法令》（Statute of Merchants，1285年）、《温切斯特法令》（Statute of Winchester，1285年）、《权利开示法令》（Statute of Quo Warranto，1290年）和《禁止封地法令》（Statute of Quia Emptores，1290年）。亨利三世在1234年之后虽然也试图通过立法来改革王国，但爱德华的改革持续的时间更长，更细致，涵盖范围也更广。光是将《第二次威斯敏斯特法令》转印成现代版就得有30页，而且还得紧密排版。尽管并不是所有的法令都有立竿见影的效果，但爱德华的政府但凡发现了问题，一定会去寻找解决方案。这些法令涉及各种问题：普通法法律体系的运作、治安的维持、商人的债权、转手分地给大封建领主所造成的麻烦。总体而言，改革在利益团体间建立起了利益平衡，满足了"英格兰全境公社"的利益诉求。这些法令也证明了王室官员对时局的把控能力、思考能力，以及爱德华本人的政治意识和责任感。

　　在爱德华的立法涉及的领域中，对法律与秩序的维护似乎是最薄弱的环节，但这正是国王与臣民合作最为密切的领域。在1285年的《温切斯特法令》中，爱德华抱怨说抢劫案、杀人案时有发生，各地的陪审团只要发现罪犯是本地居民，就不会发起控诉。他等于是承认了中央政府未能履行维护治安这一基本职责。然而，那时的英格兰执法体系架构也十分老旧。封建主虽说可以在庄园法庭、私有百户区法庭上审理轻罪案，有时还能对小偷处以绞刑，但自盎格鲁－撒克逊时代开始，重罪案只能由王权专属裁判权管辖。在一个人们习惯随身携带刀具的社会里，暴力事件经常发生。13世纪70年代，即便是在伯克郡这座小郡，每年也有20起凶案。死者中有些是被家暴的对象，有些则是被"真正的罪犯"杀害——这类罪犯通常会组成团伙，除了行凶杀人，还盗窃、抢劫；他们大都来自社会底层，多数情况下会欺压同阶层的人。13世纪巡回法庭卷档为爱德华认为罪案在不断增加的观点提供了一些根据。卷档还指出，执法机构经常无法将罪犯捉拿归案，或是无法对其定罪，这与当今英国的司法体系可谓是同病相怜。1263年，巡回法庭在萨里郡开展审判时（以下数据并不是特例），在232个受到重罪指控（包括杀人罪）的嫌疑人中，有105人出庭受审，其中73人被判无罪，32人因罪名成立被处以绞刑。在这232人中有125人畏罪潜逃，成为法外之徒，他们加入了"陌生人"、"身份不明的恶徒"的行列，罪行越来越多。（据1281—1284年林肯郡法庭的记录，在全郡的盗窃案中有35%是"陌生人"犯下的罪行。）

　　爱德华想要利用《温切斯特法令》应对上述问题，他一方面强化已经付诸实施的赔偿制度，加大对被抢劫者的赔偿力度，一方面设立"日夜守卫"制，任命守夜人和治安官负责各村、各百户区的治安。由于爱德华没有长期任命这类执行员，所以到了1300年他承认法令失败就不足为奇了。以萨瑟克为例，那里的守夜人去酒吧喝酒，过后就直接回家睡觉了。不过，也有积极的一面。巡回法庭到达各百户区之后，那里的陪审员起码会向法官汇报法外之徒的信息，指出他们来自哪些十户区（为了确保农民能够遵守法纪建立的基础行政单位，以十人为一组）。十户区制有助于预防犯罪，因为一旦说出匪徒所在的区，他们以后很难再融入社区。如果被告人在应诉后被判无罪，多半是因为案发地的社区已经事先就审判结果达成了一致，令法庭的审理过程成了邻里化解矛盾的方法。所以说，建立司法体系的是国王，主持司法公正的却是社区成员，这样安排也许更好。执法机构的运转将社会各阶层联系到了一起：农民作为十户区的成员相互监督；自由民承担百户区陪审员的职责；乡绅阶层的成员是郡督、验尸官的人选；国王的大臣作为巡回法庭的法官，前往各郡审案。国王本人则坐镇议会，掌控着这个系统的整体运转。

议会酷似一座维系爱德华王国的大讲坛。议会的核心群体是御前议事会成员，包括法官和国库的官员。之所以会定期开会，其中一个原因是，御前议事会的规模不断壮大，需要让各部门互通有无。许多世俗、教会的权贵都是御前议事会的成员。被召集到议会的标准，通常不再是"是否拥有男爵的身份"，而是看实际的财力、地位，在男爵领不断分化、政坛新秀地位不断提升的双重压力下，封建男爵这个社会阶层越来越没有实质意义。虽说议会贵族在 14 世纪才正式出现，但早在爱德华一世在位时期就已萌芽。这时，下议院也登上了历史的舞台。

直到 1272 年，亨利三世（无论他是不是西蒙·德·孟福尔的傀儡）还是会偶尔召集骑士、镇民出席议会。爱德华一世提高了邀请这两类代表的频次，这样做的部分原因是这些代表可以成为支持国王的政治力量，还能向各地传达国王的旨意。1273 年 1 月，爱德华的大臣召集骑士、镇民出席议会，他们向新国王效忠，并对停止巡回审判的决定大加赞赏。1275 年 4 月，各地代表在会后回到了家乡，传达《威斯敏斯特法令》顺利颁布的好消息。1283 年，代表齐聚什鲁斯伯里，见证了爱德华征服威尔士的功绩，伦敦市民把威尔士亲王戴维兹的首级抱了回去，挂在伦敦塔上示众。还有一大因素促使爱德华召集各地代表出席议会，这个原因也确保了他们在议会中的地位：代表们若不同意，国王就无法征税。1275年、1282年、1290年讨论征税议案时，爱德华别无选择，只能邀请各地的代表参会。尽管早期召开的议会中绝大多数是只有权贵参加的旧式议会，可一旦国王开始定期征税，势必会做出改变。到了13世纪90年代，英格兰先后与法国、威尔士、苏格兰开战时，确实发生了改变——1294—1297年的8次议会中有4次出现了从各地前来的代表。1297年7月，爱德华宣称"包括伯爵、男爵、骑士在内，全体臣民"已经同意征税提案。问题在于只有一部分权贵收到召集令，而骑士及镇民都被排除在外了。赫里福德伯爵、诺福克伯爵走进国库办公室，指责国王号称得到全体臣民的允许纯属一派胡言。爱德华被迫做出妥协，于同年晚些时候颁布"确认宪章效力法案"，宣布只有在获得"全体臣民的一致同意后"方可征税。

此时，各地代表出席议会几乎已成一种惯例。1300—1307年，爱德华一共召集了9次议会，其中有2次批准了征税提案，而代表过来参会的次数有7次。爱德华的议会中也出现了越来越多的中下级教士（大教堂的总铎、大教堂附属修道院的院长、会吏长、堂区神父的代表），与骑士、镇民一样，也是希望经教士的同意对宗教地产开征税款。爱德华的议会有骑士74人（每郡派2位骑士），镇民80人（每镇派2位镇民，每次得令的城镇不尽相同），中下级教士代表不少于148人。由于之后教士们开始单独召开"教士会议"讨论纳税，所以爱德华的议会显得更具代表性，更能代表全体臣民的利益。按照《大宪章》最初的设想，国王征得男爵等直属封臣服务的"一致同意"就可以征税，所以，从《大宪章》问世以来，议会制的确实现了跳跃式的发展。14 世纪早期，英格兰一本名为"如何召集议会"的小册子声称，在所有事务上，"不管是得到议会批准的，还是需要讨论的，抑或是遭到否决的"，各郡的骑士代表都比最高贵的伯爵更有话语权。小册子还说，权贵阶层只会为一己私利出头，所以骑士、镇民才是"英格兰利益共同体"的真正代表。议会制国家当然需要一种新的议会制君主。在这一方面，爱德华表现出很强的适应能力——不值得大惊小怪，他在 1259 年就和青年骑士共同体打交道了，对方当时对他提出了抗议。1290 年，他抑制住心头的怒火，将会期延长了数周，其间做出妥协，安抚了骑士代表、各大权贵，最后让议会批准了自己在位期间金额最大的一项征税提案。

12 世纪末至 13 世纪初，英格兰人团结起来与王权对抗，培养了社群意识，并形成了民族身份认同。爱德华统治的头 20 年的成就是，弥合了因臣民与王权对抗而使王国出现的裂缝。前文提到，爱德华的改革"令全体臣民全心全意地爱戴国王"。他善用恩赏，消除了臣民的疑虑，使其不再认为国王以牺牲本国臣民的利益为代价来奖励异乡来的亲属、近臣。顾问官亲信格朗松的奥托（Otto of Grandson）是萨伏依人，他没有引起人们的任何不满。爱德华的舅舅威廉·德·瓦朗斯在亨利三世时期一度呼风唤雨，现在倒是成了循规蹈矩之人。1261 年，马赛厄斯·贝齐尔还是格洛斯特郡乡绅口中的外地人；到了爱德华时期，他的后代也成了道地的乡绅。亨利三世曾因提拔外乡人被指责说是想抹除英格兰人的名声；而到了 1295 年，爱德华则警告英格兰人务必提防法国人入侵，他们的目的是废除"英语"。1307 年，爱德华去世后举国哀悼，从这一点可以看出，他没有因 1294 年后加征税金而令名望损毁。自诺曼征服以来，还没有哪一位国王受到如此赞扬。当时，有一首民谣描绘了爱德华临终的场景：

> "教士们、骑士们、男爵们，"爱德华说道，
> "你们一定要遵守在我面前立下的誓言——
> 永远忠于英格兰。"

最后，爱德华令国王从王国的死对头变成了王国的领导者。

爱德华一世受臣民歌颂是理所当然的，但是在部分平民及犹太人听来却显得刺耳。国王作为领导者，肯定会将农民阶层视作王国的一部分。如上所述，这个阶层是执法系统的组成部分，他们也是改革的受益者——改革扼制了地方官滥用权力，降低了诉讼维权的难度。和过去一样，有很多诉讼案的控辩双方都是自由民，争议的焦点是面积很小的地产，国王的司法体系很有可能在处理此类案件时效率很高。正是因为很相信国王的法庭能够秉公办事，农民社群才将封建宗主告上法庭，有时甚至凑钱请律师打官司。农民还有可能成为普通法的间接受益者，因为它催生出了归档备案制，还促使庄园法庭采用了类似的制度，这些都会降低农民维权的难度。

尽管如此，当爱德华说"不管是农奴，还是自由民，基督都会给予我们同等的奖励"时，他指的是来世同等的冥福，不是现世的恩赏。爱德华一世的立法没有改变农奴的地位，这群非自由民仍无法通过国王的法庭维护权益。

> 除了世代为奴，农奴难道还能有妄想得到自由权利的资格吗？
> 农奴就是农奴，他们天生就与自由不沾边。
> 难道法律典籍、国王法庭的判决不是这样说的吗？

1276 年，斯托顿村的佃户没能证明自己是拥有自由权利的司法管辖区自由民，莱斯特修道院的修士为此吟诗庆贺。在爱德华统治的后期，战争的重负令农民阶层成了最大的受害者。他们挑起为王室军队提供粮食的担子，因为只要有人利用国王的强征权强买粮草，被迫出售的就多半是农民。他们还要参加国王的军队。自古以来，英格兰臣民就有拿起武器维持国内安定、抵御外敌的义务。像1264 年那样要求各地村庄集结力量，防备外敌入侵是一回事，但是像 13 世纪 90 年代那样派农民去威尔士、苏格兰、加斯科涅作战（由新设立的"武备专员"负责组织农民出征），就是另一回事了。集结之后，爱德华通常会支付军饷，但无论是招兵还是买军械，开销都是由英格兰各地村庄承担的。1295 年，诺福克郡的劳恩迪奇百户区奉命派出 187 名士兵前往加斯科涅，为此自行承担了52 镑。比军饷和兵役更糟糕的是税收负担——税金更高（1294 年，劳恩迪奇缴税高达 242 镑），又遍及全国。（赋税和兵役负担最重的是离战场最近的郡县。）尽管英格兰的农民普遍家境贫寒，无法缴税，但必须缴税的农民仍有不少。爱德华的赋税令农民承受了比其他阶层更沉重的压力，这是因为农民的社会资源少的可怜，无法向收税员行贿。13 世纪 90 年代，牛津大学墨顿学院招待王庭的估税员，以此降低了名下库克瑟姆庄园的估税额。有段文章讽刺道，不管是资产达 40 镑的富人，还是"拖家带口"、"快要揭不开锅"的穷人，都要缴 12 便士的税。13 世纪 60 年代，肯特郡的韦斯特勒姆村有一位农民尼古拉斯·弗朗西斯库斯当着执达吏的面骂他们应该被绞死，"你们这帮家伙但凡有机会捞油水，是不会公平对待我们的"——这句话简直就是罗宾汉说出来的。爱德华一世时期，许多臣民就算不会说国王的坏话，多半也会对收税员恶语相向。

　　当然，欺压英格兰人的可不只是国王的官员。在整个爱德华统治时期，各地的农民社群要么使用暴力，要么诉诸法律，从未停止过与封建领主的对抗。底层社会还出现了大批违法犯罪的恶徒，人数多有可能是受到人口过剩因素的影响，巡回审判的卷档动不动就会写"身份不明的恶徒"、"无家可归的人"扰乱了地方治安。13世纪60年代，"男爵阵营"掀起的革命大潮令农民欢欣鼓舞；而到了90年代，针对强征权、征税权的抗议就难以分辨是否真的给农民带来了实际利益。13世纪末期，全国农民起义也许近在眼前。《1311年条例》（Ordinances of 1311）①指出，"如今包括强征权在内的重重压迫已令人不堪忍受，居民很有可能会揭竿而起"。一直以来，爱德华和手下的大贵族通过剥削维持着强权统治。

　　农民再怎么苦，在爱德华的统治下至少还算是臣民，犹太人则根本算不上是英格兰人。1290年，爱德华把犹太人驱逐出境，主要是因为，1240—1260年沉重的赋税令他们财力大减，渐渐失去了利用价值。英格兰政府设立了专门记录犹太人债权的"文件箱"，将他们的活动范围限制在有"文件箱"的21座城镇。到了13世纪80年代，犹太人在英格兰的人数从40年代的3000—5000人，下降到不足2 000人。绝大多数城镇的借贷业务仍掌握在几个犹太精英手中（林肯城一共有6位犹太金融大亨，其中3人在伦敦有人脉），只是借贷业务量大幅下降了。13世纪40年代，犹太人的债权总额高达8万镑，到了1290年减少到2万镑。1241—1256年，国王从犹太人那里征到了近73 333镑的税款，而1272—1290年以这种方式仅获得了9 300镑。1278年，国王以修剪货币罪没收

---

①　英格兰的权贵、高级教士用来限制爱德华二世权势的文件。

了犹太人的地产，罚款 1.1 万镑，但这样进一步削弱了犹太社区。

爱德华还想利用"宗教因素"的影响。一直以来，教会中有这样一种思潮（爱德华在 1275 年的《犹太人法令》中也提过这种看法），即认为犹太人是耶稣受难的见证人，应当加以保护。然而，13 世纪教会内部又出现了一种对犹太人怀有敌意的思想，逐渐取代了之前的看法。1274 年，教皇召开里昂会议，通过了最为严苛的反高利贷法。1286 年，教皇何诺四世（Pope Honorius Ⅳ）致信英格兰教会，批评英格兰当局纵容犹太人与基督徒来往的态度，要求将犹太人隔离。实际上，爱德华已朝着这个方向前进了。他规定了犹太人徽章（石板徽章，tabula）的尺寸，以便基督徒避开。另一个解决办法是强迫犹太人皈依基督教：他要求犹太人听托钵修士讲道；扩建了亨利三世时期皈依者犹太人的居所，准备迎接更多改宗为基督徒的犹太人。

然而，越来越多的基督徒认为，犹太人若是执意不肯皈依，就不应当再保护他们，而是要将其赶出去——毕竟，林肯城的惨案仍历历在目，人们认为放任犹太人与基督徒来往太过危险。亨利三世在位时就有不少英格兰城镇驱逐了犹太人（包括孟福尔领地的莱斯特城）。到了 1275 年，爱德华允许母亲驱逐住在亡夫地产上的犹太人。1253 年，（东征尚未归来的）路易九世命令犹太人离开法国，只有犹太商人、工人除外。最重要的是，1287 年，爱德华还在加斯科涅时就预见了英格兰会从那里开始驱逐行动。他没想利用"排犹"中饱私囊，为的只是"宗教"：大病初愈[1] 的他为了感恩上帝，驱逐了加斯科涅的犹太人，还决定再发动一次十字军东征（后来未能成行）。

---

[1]　1287 年年初，爱德华在加斯科涅境内的布朗克福逗留期间患上了重病。

　　这时，欧洲大陆上的另一个先例表明，驱逐犹太人可以让自己获得实实在在的物质利益。1289 年 12 月，曼恩伯爵兼安茹伯爵萨莱诺的查尔斯（Charles of Salerno）驱逐了境内的犹太人，并要求领民缴税以"弥补我遭受的一部分损失"。就在一年前，爱德华帮助被阿拉贡王国俘虏的查尔斯重获自由，他自然明白驱逐犹太人之后能得到哪些好处。查尔斯的行径与英格兰的惯例不谋而合，国王一向将"限制犹太人"当作与议会讨价还价的砝码，以此获得征税许可。1275 年，爱德华获准可以对全国臣民的动产征税，原因之一是他颁布了《犹太人法令》，在全国范围内禁止放高利贷，要求犹太人从事合法的商贸活动。从这个角度看，爱德华利用驱逐犹太人来要求议会通过征税提案，在逻辑上似乎就是必然会走的一步棋。

　　当然，前提是驱逐行动是议会想要的。然而，除了宗教因素，1290 年的议会并没有其他正当的理由将犹太人赶出英格兰。财富开始蒸发后，犹太债权人在人数和身份地位上都大打折扣。世俗及教会的权贵开始从其他渠道借款：1281 年诺福克伯爵欠下的 1 133 镑是里卡尔迪银行的。1275 年法令颁布之后，犹太人中止了高利贷业务，开始靠其他手段生活。1290 年在"文件箱"里的大部分犹太债务中所欠的并不是货币，而是以羊毛为主的多种商品。这或许是犹太人使的障眼法，目的是掩盖债务高利贷的性质。爱德华有时还是会抱怨高利贷问题怎么还没解决。但也可能犹太人当时的确放弃了放贷这种营生，开始从事商品贸易，记录上的债务其实是犹太人为购买羊毛、谷物预付的款，后面会把它们卖出去赚差价。而且，13 世纪 60 年代林肯出现的反犹情绪并不具有代表性。1286 年，赫里福德城有大批基督徒还参加了犹太人的婚礼，他们一起看表演、比赛、听诗，惹得赫里福德主教火冒三丈。

　　就算这些转变削弱了英格兰人对犹太人的敌意，这种敌意肯定没有完全消除。犹太人无法逃避他们的历史。爱德华在 1275 年的法令中宣称，"过去，犹太人靠放贷盘剥，让不少忠于国王的人失去了祖传的土地"。"新债务人"身份大不如前，却不意味着以前的债务已经一笔勾销，权贵阶层的债务人还是要还清那些欠款。到了 1264—1265 年，在孟福尔政权出台政策来缓解基督徒的债务压力时，有不少权贵成为受益者。1269—1270 年的立法规定，犹太人不得将债权出售给基督徒，但只要国王开具许可令，债权还是能够转手的。因此，王后和廷臣就决定要收购犹太债权，迫使债务人卖地偿债。而 1275 年的法令规定，犹太人可以继续追讨未偿清的债款，甚至能将没收土地作为追债的条件。1290 年，绝大多数权贵要么已偿清债款，要么通过其他途径免除了债务，但是过去被逼得走投无路的经历仍然会让他们厌恶犹太人。对骑士阶层来说，犹太人问题就不单纯是难解的旧怨，而是必须面对的现实。据林肯城的记录，1290 年 185 名背负犹太债务的居民中，有 24 人（债务占债务总额的 25%）即便不是骑士，也是骑士家族的家庭成员。另据赫里福德城的记录，有不少骑士是犹太人阿龙·勒·布伦德（Aaron le Blund）的债务人。就算上述债务中有一部分的确是因为在商贸往来中接受了犹太人预付的货款产生的，但还有一部分是犹太人放出的高利贷。所以 1290 年，在议会骑士代表看来，驱逐犹太人能够带来眼前利益，立刻减轻骑士阶层的经济负担。

＊　　＊　　＊

　　爱德华的驱逐行动一方面反映出他的残忍无情，一方面又反映出他愿意向臣民妥协。犹太人是待宰的羔羊，爱德华为了换取征税许可，将他们抬上议会当祭品。犹太人是英格兰全体臣民共识的受害者，这种共识正是王国体制坚硬的基石。就普通法的普及程度而言，这一体制对社会控制的深度、广度达到了前所未有的高度，之前从来不会有这么多人到国王法官面前，利用国王设立的法律程序解决争端。那时没有人强迫他们这么做。可以说，普通法基本上是为了应对自下而上的诉求而发展起来的。

由于缺乏与历任国王进行比较的办法，从国王获取的财力、物力来看，很难判断爱德华的权势是否达到了一个新的高度。当然，爱德华时代比以往具有更多的政府记录，以及更复杂的官僚体系，但并不是说他就能够从国内获取更多的资源。1230 年的国库卷档的篇幅就已是 1130 年的两倍，上面的人名、地名数量相当于 1130 年的 3 倍，但记录的收入却比百年前要少。爱德华对动产征税，每次锱铢必较，估算每位臣民名下谷物、牲畜的价值，然后记下估算额，记录长达 25 000 页（按照现代排版来算），而诺曼征服前贡金所产生的税收记录仅相当于动产税记录的 1‰，且这种动产税到底有没有在税收收入上胜过盎格鲁－撒克逊时期的贡金也是有争议的。事实上，一个将对大量臣民的财产征税当作财政收入手段的国家，比单纯依靠王室领地及贡金来增收的国家，需要更复杂的官僚体系和较完备的记录制度。

因此，以议会税收为基础的国家体制，及其复杂的官僚体系和较完备的记录制度，相当大程度上都是王权土地收入减少的结果。它也是王权在其他一些领域衰退的产物。我们无法准确地衡量其造成的影响，但是《大宪章》扮演了分水岭的作用，英格兰政府随后发生了质变，国王想凭个人意愿欺压臣民就不再容易，尤其是在攫取臣民钱财方面。1215《大宪章》提出，国王只有得到"全体臣民的同意"方能征收全国税，为英格兰指明了前进的方向。

爱德华国家体制的出现与地方权力结构的变化也不无关联，在那个领域，权力平衡的变化对王权造成了不利的影响。诚然，国王在12—13世纪没有让权贵阶层利用手中的城堡、封邑、特权、地方官职称霸一方。尽管国王任由权贵侵占土地，让大量百户区变成私有百户区（1279年，628个百户区中超过一半由权贵掌控），但国王将重罪的审判权、处罚权握在掌心，让伯爵成了荣誉头衔，还避免了郡督沦落成世袭爵位。国王设立普通法体系，通过一桩又一桩的案件与自由民直接建立关系，还建立起税收制度，以全体臣民为纳税人。不过，13世纪地方上还是有了些变化，削弱了国王在那里的"影响力"。首先，1236年以后，"廷臣出身的郡督"渐渐消失了，国王再也不能依赖这些与自己关系密切且拥有足够财力、物力、影响力的郡督，在各郡与权贵对抗，从而失去了在地方上贯彻意志的有效途径。其次，全国巡回审判制度终结。1294年，英法战争爆发以后，爱德华中止了巡回审判，此后这一惯例再也没能恢复。巡回审判需要审理包括国王之诉案件、民事案件、申诉案件、权利开示令状案件在内的诸多案件，周期越拖越长。早在1240年，巡回法庭在萨福克的逗留时间就长达4周，到1286年竟延长了一倍。巡回法庭的审理可纳入提审法官、敕令案件法官、听审法官这类专职法官的管辖范围，没收吏则可以调查涉及国王权利的案件。14世纪初设立的"重罪"[①]法官职位，负责审理治安案件。

---

① 重罪法官的管辖范围包括杀人、盗窃、纵火、强奸、故意伤害、敲诈勒索、暴力侵占。

然而，到了 1330 年，就连国王的法官也开始怀念 13 世纪的巡回审判，它守护了和平，对所有人一视同仁。即便被委任的是职业法官，上述目标单一的（职业）专案法官也不能像巡回法庭的法官那样对各郡的政府、居民进行全面监管。据估算，1240 年，巡回法庭到达萨福克时，郡内百户区的罪犯、诉讼当事人、律师、地方官员、敕令案件和国王之诉案件陪审团成员，都来到巡回法官面前参与了审理，人数超过 5 000 人。

司法领域的这些变化是一个总体过程的一部分。在这个过程中，乡绅当上了地方政府官员，垄断了旧有的郡督职位，占据着王室中央政府新设立的官职，还担任了专案法官，承担起巡回法庭的审判职务。14 世纪，英格兰出现了治安法官这一职位，负责审判罪案和处罚罪犯。这并不意味着接了国王指令的乡绅阶层成了各郡的统治者。就算在某些地区乡绅阶层的确控制了郡内政务，但在另一些地区权贵仍在想方设法维护自己在地方上的控制权，将在当地为官的乡绅纳入麾下，用金钱贿赂乡绅。他们发现乡绅比廷臣出身的郡督、巡回法庭的法官更容易控制。换言之，尽管国王与乡绅建立起了君臣关系，威胁到了权贵的利益，但权贵也在与此斗争。因此，国王虽然在地方上压制了一类权贵权势，却在另一类权贵权势面前败下阵来，这后一种（新型）权贵权势正是某些历史学家常说的"混种封建制度"。在 14 世纪的议会上，在地方斗争中处于下风的代表（人数越来越多）指责权贵阶层腐化了整个政府的运作。这个时期不是国王权势过盛，而是王权式微。局势的发展像是在兜圈子，让人感觉回到了 1215 年。

上述新型地方权力架构与以税收为基础的议会国家相得益彰。《大宪章》限制了国王获取大权贵财富的能力，他就不必任命廷臣郡督在地方上与权贵抗衡，命他们按时缴款了。相反，为了获取议会的征税许可，国王不得不尽量安抚地方社会，达到这个目的的有效途径是允许乡绅在各郡担任地方官员。这一策略算不上创新之举。早在 1100 年，亨利一世继位时就在《加冕宪章》中对下属封臣做过类似的让步。英格兰政治共同体远不只有区区几百名世俗及教会男爵。与那时相比，不同的是税收成了国王获取收入最主要的途径，出席议会的骑士、镇民才能决定国王能否获得许可。14 世纪，国王必须面对上述因素共同营造出的新政治环境。若是能够解决这个问题，他们就会像爱德华一世那样获得充足的税收收入。在爱德华时期，为这一变革买单的是不列颠岛上其他的国家及地区。

爱德华的政治生涯在另一个方面也成了不列颠史的分水岭，首先受到冲击的是威尔士和苏格兰。此时，爱德华的统治已使得不列颠的政治斗争愈加残暴。当初，诺曼征服把骑士精神带到了不列颠，那里的贵族不会在战斗中被杀，也不会因政治犯罪被处以极刑，而这一精神也在走向终结。伊夫舍姆战役中，30 余名孟福尔派的骑士被杀。就在开战之前，爱德华刚刚组建了一支敢死队，发誓要将孟福尔置于死地。由于没有"借处决消灭贵族政敌"的先例，所以只能在战场上除掉孟福尔。而后，在爱德华统治时期，贵族政治犯也会遭到处决。诚然，被爱德华处死的不是威尔士人，就是苏格兰人，但他们都是身份显赫的大贵族：自立为威尔士亲王的戴维兹、阿瑟尔伯爵就分别在 1283 年、1306 年被杀。奥斯内修道院的编年史家详细记述了戴维兹的受刑过程，描述了被马拖着游街、绞刑、斩首、开膛破肚、分尸等行刑仪式，他声称"过去，像这样的暴行简直闻所未闻"。爱德华二世上台后，贵族阶层也卷进了这场腥风血雨之中，并为此后直至中世纪末期的政治斗争设定了一个模式。士兵在战场上杀敌时会高喊"杀贵族，饶了平民"，与1106—1264年的战争完全相反。

上述变化无需用新的理论来支持。就违背效忠誓言来说，叛国罪算是一项古老的罪行，定罪对象包括了所有为实现政治目的发动的叛乱。叛国者论罪当诛的观点也有相当长的历史。在诺曼底王朝、安茹王朝治下，国王没有将死刑当作处罚手段，主要是因为在当时的盎格鲁－诺曼政治架构下，死刑并不符合国王的利益。由于贵族阶层横跨英格兰和诺曼底，领土又与法国其他地区有接壤，一旦在英格兰将政敌处决，就很有可能让海峡以南发生叛乱。1204年丢掉诺曼底之后，英格兰失去了贯彻骑士精神的基本政治前提，但这种特赦仍在继续。毕竟，长期以来，那种既不处决贵族政敌，又不在战场上残杀贵族的惯例已经形成良性循环，贵族成员不愿去打破。1215年，攻陷罗切斯特城堡之后，约翰王打算处死城堡的守军，不料遭到己方士兵的阻止，他们担心被俘后也会变成刀下鬼。然而，骑士精神失去基础支持之后，每爆发一次政治危机，依靠惯例维持的良性循环就会遭到一些冲击，终于在伊夫舍姆战役中露出了裂痕。随后，贵族政治斗争顺势进入另一个循环——一个恶性的、更持久的、针锋相对的杀戮循环。最终，英格兰的贵族处死了爱德华二世的宠臣康沃尔伯爵皮尔斯·加韦斯顿，导致爱德华随即以"为加韦斯顿复仇"为由大开杀戒。持续近两个世纪的骑士时代落下帷幕，取而代之的是长达数个世纪的血腥时代。

失去诺曼底之后，英格兰的政治斗争更加封闭和激烈。这也意味着爱德华能够投入更多的精力在不列颠岛扩张自己的权势。

第十六章

威尔士与苏格兰：征服与共存

　　1272 年，爱德华登上王位时，英格兰是不列颠王国中最少"征战"的。1266 年，苏格兰王亚历山大与挪威王签订《珀斯条约》，从后者手中夺走了马恩岛、西部群岛。1267 年，圭内斯的卢埃林·阿颇格鲁菲德与亨利三世签订《蒙哥马利条约》，获得了要求威尔士统治者（诸侯）效忠的权利，还得到了英王的承认，成为了威尔士亲王。此时，经历内战的英格兰，国王的权力一直在下降。爱德华改变了一切。他在英格兰重树君威，这给了他重塑不列颠政治格局的实力。继位后仅过了 5 年他就肢解了卢埃林的威尔士公国。到 1284 年，他基本上将威尔士诸侯赶尽杀绝。没有被盎格鲁－撒克逊人和诺曼人征服的威尔士人最终屈服于爱德华一世。

　　我们不能因卢埃林遭到不幸就否定他这些年取得的成就。1274 年，权力如日中天的卢埃林去了刚建成不久的多尔弗温城堡（位于蒙哥马利以西不远的战略要地，俯瞰着塞文河河谷）视察，给周边带来了不小的轰动。有人通过卢埃林的信件揣测此举的目的：难道他想东进至克兰森林①，在那里再建一座城堡？难道他召集

---

① 位于英格兰境内。

了英格兰的权贵来觐见？"威尔士各地的执达吏"派人给他运送补给，那多尔弗温也有可供三周的物资。由此可见，卢埃林称得上是一位名震四海的亲王。

若想讲清楚13世纪圭内斯是靠着怎样的权力架构称霸威尔士的，那我们最好将卢埃林大王卢埃林·阿卜约沃思（1240年去世）、戴维兹（1246年去世）、卢埃林·阿颇格鲁菲德这三大诸侯放在一起讨论。即便他们在地位上逊于苏格兰国王、英格兰国王，但其身份却要比不列颠其他居民高贵得多——只有他们才有亲王的头衔，能够戴上宝冠展示亲王的"显贵"地位。戴维兹得到亨利三世的认可，成为北威尔士亲王，阿颇格鲁菲德有可能一当上亲王就命人打造了一顶更华丽的宝冠。宝冠是用纯金制做的，具有象征意义，可以在他死后当作贡品摆在威斯敏斯特教堂内的"忏悔者"爱德华圣祠前。阿伯弗劳在安格尔西岛的西南端，自古以来是圭内斯诸侯王朝的权力基地，之后该地建了一座大殿，据说是座"王宫"。"王宫"大厅的穹顶是用圆石雕凸饰装点的，每个凸饰上雕有头戴宝冠的亲王像，以确保人们牢记这些统治者的身份地位。

威尔士的法典（无论是否在圭内斯编写）开篇都会专门介绍国王及王庭。它列出的官职及对应的权利与义务很难确定与实际情况有多大的差异。但其他来源的证据足以证明，圭内斯王庭不仅具有与王国地位相称的威仪，还效仿了英格兰、苏格兰，设立了一些相同的要职。王庭的宫内大臣（distain）既是首席大臣，又是亲王的首席顾问官，甚至很有可能是亲王麾下军队的统帅（后面会进一步论述）。宫内大臣还承担着御前"法官"的职务，在亲王面前审理案件，而威尔士法典中提到的旧官职"宫廷法官"退居场外。随着公国的扩张，宫内大臣担负的职责越来越多，有时还被称为"威尔士大法官"。可以肯定，13 世纪早期，圭内斯王庭建立了文书办公点，有时还会用大法官或副大法官的头衔称呼那里的首席官。这个官员由"内廷神父担任"，他给特许状、令状盖上大印后还要代亲王收取费用。特许状无论是在行文风格上还是在外观上，都与不列颠岛两大王国发布的很像，其中亲王的头衔、谦称"寡人"的口吻则与威尔士的其他统治者区别开来。办公文书还得代写行政令（无一存世）和外交信函。亲王与外国统治者书信往来频繁：卢埃林·阿颇格鲁菲德呈送给爱德华一世的外交函就有 20 多封存世。

宫务大臣要为亲王管理款项的收取、入账、支出。王庭（像苏格兰王庭那样）没有将国库设为固定机构。若是参考多尔弗温城堡总管的经历，王庭当时一定派遣了一名亲王文书和数位官员前往各地听取账目汇报，并将其记录下来。圭内斯政府能否有效运转，依赖于 13 世纪从六大廷臣家族选拔出来的一小部分精英。例如，埃德尼菲德·弗奇（Ednyfed Fychan）先后担任过约沃思、戴维兹的宫内大臣，儿子们后来也成了圭内斯王庭的大臣。根据传闻，13世纪王庭的规模一直在扩大。贝辛韦克修道院院长坦言道，卢埃林·阿卜约沃思、戴维兹亲王率随从外出打猎途经修道院时，他只需要为 300 人准备食宿；而当阿颇格鲁菲德路过那里时，就得为500 人做安排。此外，卢埃林·阿颇格鲁菲德每年还会向内廷中的140 人发放制服，而买单的只会是臣民自己。就制服这件事而言，卢埃林与英格兰国王如出一辙。而如果拿到制服的确实是 140 人，那么与 80 年代得到制服的 570 名内廷成员相比，圭内斯亲王的内廷在规模上是比不过爱德华一世的。

13 世纪，亲王们都想增强自己在圭内斯的权威。他们一再强调，自由民若要转让土地，比如想向修道院捐赠土地，就必须获得他们的同意。他们还坚称，若有人死前没立遗嘱，那死后所有的财产就应当归亲王（而不是他的直接封建宗主）所有。这两个观点得到了威尔士法律典籍的支持。卢埃林·阿颇格鲁菲德不但收取献纳金，还主张对未成年继承人的监护权。在解决争议的方法上，亲王也有效地扩大了自己的权势。在圭内斯解决争议的基本方法是社区共同做出一致的决定。因土地的归属权发生的争议，应当由当地"守法"的男性居民来做出判决，常用的方法是仲裁，且不一定在法庭上进行。这一时期，起关键作用的是法官兼法学家群体，即ynad①，他们在做决定和促成和解方面功不可没。然而，这种基于社区的法律体系渐渐融入定期开庭的集户区法庭、百镇区法庭所组成的系统，而这两类法庭由亲王本人，（若他无法到场）或是亲王派来的执达吏主持。尽管圭内斯与英、苏不同，没有标准的普通法诉讼程序，但亲王及其代理人会负责审理日益增多的民事案件。他们的地位与亨利一世任命的巡回法庭法官的最为相近，主持审理，还要根据各地的规则让地方法庭的出席者承担判决、确定具体程序的任务。

意义更大的是，圭内斯亲王开始主张对盗窃案、杀人案的审判权，在维护法律与秩序方面发挥了更重要的作用。法典中的表述以及实际操作中的证据，都表明威尔士的诸侯已将罚款作为惩罚窃贼和杀人犯的手段，并借罚没犯人的财产获利。如果没有将罚款作为手段，那他们或许直接处决罪犯。所有这些不仅侵蚀了以圣亚萨主教为代表的封建宗主权利，还触动了惯例习俗，即杀人事件要么

---

① ynad 为威尔士语，意为法官。

会引发血亲复仇①，要么由加害方赔偿（在威尔士，这两种方式都叫gallanas②），不用统治者介入其中。圭内斯的亲王效仿了英格兰国王和苏格兰国王，逐步建立起对重罪的垄断裁判权和处罚权。

对圭内斯的亲王来说，主持公道虽然有利可图，但他们的主要收入来源仍是土地，既包括亲王自己的土地及佃农，也包括各家族及教会名下的自由地所提供的多类地租（包括为王庭提供食宿）。其中有一小部分在圭内斯境外（南波伊斯的瓦伊河与塞文河之间的区域、比尔斯及布雷肯境内的区域），而绝大部分仍来自圭内斯，尤以斯诺登的牛和安格尔西、利恩的谷物最为重要。随着商业的发展、货币供给量的增长，货币收入的比例也在上升，这一定程度上是由于一部分实物地租被货币地租取代了。根据估测，13 世纪 70年代每年会有价值 400 镑左右的实物地租转为货币地租。圭内斯的亲王还对每头牛征收 3 便士的税。1211 年，圭内斯的诸侯按照条约向英格兰王上缴的贡品都是牲口；1267—1271 年，按照《蒙哥马利条约》的规定，卢埃林至少向英格兰国王支付了 9 166 镑，甚至有可能达到 1.25 万镑。1267 年后，卢埃林的权势达到顶峰时，除了每年有可能从圭内斯获得 4 000 镑左右，还有可能从境外的领地增收。他很有可能在财力上丝毫不亚于当时实力最强的边境男爵——格洛斯特伯爵吉尔伯特·德·克莱尔。

13 世纪，圭内斯的权势重心是强大的军事实力。某些时候，圭内斯的军队的确令人闻风丧胆，从侧面反映出诺曼人进入不列颠

---

① 指被害一方的家族攻击加害一方的家族，双方冤冤相报，陷入恶性循环，有时持续时间会长达数个世代。

② 威尔士语，意为加害方支付给受害方的赔偿。

以后，威尔士统治者的力量变化。威尔士军队的核心一直是泰利亲
卫队，这是一支誓死效忠诸侯的军事力量。卢埃林·阿颇格鲁菲德
也有一支类似的亲卫队，只是队员骑着高头大马、"身着闪闪发亮
的铠甲"（马修·帕里斯的原话），且不再将掠取战利品作为收入
手段，而是依靠土地或者货币报酬。1215年后，"泰利"就没出现
在历史记录中，显然是因为这一称呼与在某种程度上相当于英格兰
国王和苏格兰国王的亲卫骑士团的团体不再合适。亲卫队的骑兵个
个要配备精良的甲胄，肯定会带来不小的开支。卢埃林有实力组建
一支规模较大的骑兵队。1263年，他以亲卫骑兵为中心，以威尔
士大部分地区派出的骑兵为辅佑，组成了一支包括少量轻骑兵和约
180名重骑兵的军队——这个数字是当时一位英格兰骑士在信中估
测的。圭内斯的亲王还能召集人员众多的步兵团，除了按照法典规
定的义务，要求自由民每年随统帅出征"国外"六周，还很有可能
支付货币代价，让雇佣兵加入步兵团。据史料记载，1209年，卢
埃林大王随约翰王北征苏格兰时，麾下步兵有1 600人之多。1263
年，那位英格兰骑士在信中提到卢埃林·阿颇格鲁菲德的步兵有1
万多人。哪怕有些夸张，我们也应当相信他至少有数千名步兵。

　　圭内斯诸侯的权力也依赖于他们在13世纪新建的多座巨石城
堡。除了多尔弗温城堡，其余的都在圭内斯境内。选址既不靠近现
有的大殿，也不依附原有的权力中心，时不时还会搭个养牛场为城
堡提供给养，显然建城堡是为了扼守各地的战略要冲。埃罗伊城堡
紧邻迪河河口，能够监视从东北方沿陆路进入圭内斯的要道。卡斯
特伊贝尔城堡位于梅里奥尼斯，守卫着西南边境的中心。多尔巴丹
城堡、多尔威泽兰城堡守护着斯诺登尼亚的核心腹地，后者位于耸
立的山石上，四四方方的主楼俯瞰从北方的康威南下至克里基厄斯

的咽喉，另一座城堡位于克里基厄斯。建这些城堡虽说是为了加固圭内斯防御外敌的天然屏障，但它们无法抵御大军的围攻，所以这也许不是最主要的目的。更重要的是展示统治王朝的权势，增强其在圭内斯的控制力。

　　亲王在境内巡视对维护权威至关重要。他们既可以住在刚建好的城堡里，也可以住在位于各集户区中心的传统大殿中——在安格尔西、圭内斯康威河以西地区，集户区是主要的行政区划单位。至少有 21 处大殿遗址已被发现，许多附近建有城寨堡垒，有一些堡垒是威尔士诸侯建造的，有一些是诺曼人在占领圭内斯时搭造的。在安格尔西的儒索尔，大殿在另一方面让人印象深刻：经考古挖掘发现，这里的大殿除了有建成于 13 世纪 40 年代前后的大厅、寝宫，还有一片高墙围着的禁区。如前文所述，在阿伯弗劳，亲王还有一座"王宫"。

　　卢埃林·阿颇格鲁菲德将新建的城堡和修葺过的大殿当作落脚点，以便四处巡游管理圭内斯内务。他还以威尔士亲王的身份树立更广泛的权威。不过，卢埃林仍有严峻的问题需要解决。为了能按《蒙哥马利条约》向英格兰上缴贡金，卢埃林将经济压力转嫁给了臣民，引起了民怨。虽然亲王死后臣民便上书爱德华，但这次上书有可能是为了讨好爱德华，只是诉状过于详实，不容忽视。依照臣民的说法，卢埃林冒犯了两位圭内斯主教——班戈主教阿尼安（Anian of Bangor）和圣亚萨主教阿尼安（Anian of St Asaph），在某种程度上因为他在争抢盗窃、杀人罪的司法管辖权。卢埃林也得罪了不少自由民头领，他们好比卢埃林维护统治所依赖的圭内斯"贵族"。同样严重的是，卢埃林与某些重臣家族的矛盾不断激化，可能是因为他可用来恩赏的土地所剩无几。1276—1277 年，埃德

尼菲德·弗奇的孙子——里斯·阿颇格鲁菲德及弟弟班戈修道院的
院长双双背叛了卢埃林。而最大威胁是圭内斯统治王朝内部出现分
裂，最终在 1274 年造成了严重危机——圭内斯险些发生宫廷政变，
目的是让卢埃林的弟弟戴维兹成为新一任亲王。

威尔士公国制造的麻烦也令卢埃林应接不暇。按照《蒙哥马
利条约》，卢埃林获得了其他威尔士诸侯的效忠，取代英格兰国王
成为了他们的封建宗主。他需要让新的关系成为现实。他不要这些
人上贡，也不会直接干预领地上的事，但是会要他们按照封建义务
提供军事服务。卢埃林认为，诸侯们分封土地必须先得到自己的批
准，就算不能决定他们名下领地继承人的人选，继承人也应当得到
自己的认可。锡尔迪金和北波伊斯的诸侯，在敲定继承问题、分配
领地时都征求了卢埃林的意见，这是他的权威的最显著体现。威尔
士"男爵"也受卢埃林法庭的司法管辖。如若违反他的意志，领地
就会被没收。

威尔士并非人人都心甘情愿地接受这样的规定。《蒙哥马利条
约》的签订并没消除 1267 年之前即已无法回避的冲突。按照条约
规定，梅尔达斯·阿颇里斯已得到豁免，不需要承认卢埃林的地
位，可以继续将亨利国王奉作宗主。尽管威尔士人共享法律、语
言、历史，而要将威尔士整合成一个由圭内斯领衔的公国，卢埃林
面对的困难就绝不亚于祖父卢埃林大王。宫廷诗人利加德·格尔
(Llygad Gŵr) 一面赞颂卢埃林是"威尔士真正的国王"，在他治下
威尔士成了南北统一的王国，一面又指出这些全是靠圭内斯的强权
治理而实现的。卢埃林认为，"将他人的领土强行纳入自己的势力
范围"是理所当然的，这是本性使然。卢埃林的统治也是建立在恐
吓与威压之上的。威尔士的编年史将其他诸侯写成是地位低一级的

男爵，而以"尊敬的"、"高贵的"、"最著名的、最诚实的"敬称卢埃林。那些破坏"统一"的人，都是"不忠"、"不顺从"、"犯上作乱"之徒，必须改过自新，获得他的"饶恕"。而效忠是以扣押人质，以及审判、罚款、没收领地、监禁等方式来保证的。难怪格鲁菲德·阿颇格温文温在与卢埃林协谈时极力保护自己的利益，生怕被扣上莫须有的罪名，受到太严厉的惩罚。卢埃林高压政策的对象可不只是格鲁菲德这样的劲敌，对瓦伊河、塞文河之间的地区，以及南方的布雷肯，卢埃林均采取了相似的手段。威尔士人也可能同意英格兰的诗人将卢埃林描述为"吃人不吐骨头的暴君"。

卢埃林一开始克服了上述困难。1270 年 10 月，他挫败吉尔伯特·克莱尔侵犯公国南方边境的企图，将其在格拉摩根境内卡菲利建的一座城堡捣毁。1274 年，弟弟戴维兹与南波伊斯的格鲁菲德·阿颇格温文温密谋推翻卢埃林的统治，失败后格鲁菲德的领地遭到没收，他还下跪乞求宽恕。同年晚些时候，在格鲁菲德（与戴维兹一起）逃往英格兰之后，卢埃林占领了南波伊斯，令其成为自己的直属领地，展示了他的权威。事实上，令卢埃林的公国分崩离析的不是内部的困难，而是外敌的进攻。

《蒙哥马利条约》的争议不断发酵，最终引爆了 1277 年的战争。条约规定，卢埃林有权要求"威尔士的本土男爵"向自己效忠，却没有说明哪些威尔士诸侯属于这一群体。没过多久，这个漏洞就引发了争议。卢埃林认为格拉摩根北部的本土"男爵"应当向公国效忠，而吉尔伯特·德·克莱尔认为他们应当对自己的边境领地效忠。条约虽然规定了卢埃林可以保留其在布雷肯地区的领地，但汉弗莱·德·博洪仍然掌握着那里部分区域的控制权，而且经常侵犯卢埃林的领地——至少亲王是这样以为的。卢埃林认为，既然边境男爵、英王不愿遵守条约，那么自己也就不用再遵守了。1271 年圣诞节过后，他没有按规定向国王支付 2 000 镑的年贡。就这样，争执升级了。1274 年，政变失败的戴维兹、格鲁菲德得到了爱德华的庇护。因此，即便是爱德华（在 1275 年 8 月）屈尊前往切斯特接受他觐见，卢埃林也拒绝向他致敬。同年，卢埃林通过代理人迎娶了内战中阵亡的西蒙·德·孟福尔的女儿埃莉诺。但 1276 年年初，埃莉诺在前往威尔士的途中被爱德华掳走。此后，卢埃林多次违抗效忠命令，爱德华在 1276 年 11 月终于决定将卢埃林称作"叛逆之徒，和平的巨大威胁"，向其宣战。

卢埃林将局势的利害关系捋得明明白白——在他本人看来是这样。像他在 1275 年 9 月给教皇的信中所写的，英格兰国王的目的是撕毁《蒙哥马利条约》。这一点也不奇怪，因为条约规定，爱德华不得控制"四百镇区"，不能要求威尔士诸侯效忠。既然如此，妥协让步又有何意义，不如趁实力尚存时放手一搏。这样做似乎也不完全是鲁莽之举。他还清楚地记得 40 年代遭遇的重重灾难，但从那之后，他就一路高歌猛进。1257 年、1263 年卢埃林击败了国王的军队；1274 年，他根除了圭内斯境内的反对势力。就连吉尔伯特也不敢小瞧这位亲王——1270 年，卡菲利城堡被卢埃林摧毁后，吉尔伯特马上又建了一座。卢埃林希望通过摆出强硬的姿态让爱德华知难而退。即便不能，自己未必会一败涂地。

结果，卢埃林几乎不战而降。爱德华的策略本没有新颖之处，但它的实施范围和执行效率都上了一个台阶。卢埃林在威尔士失去了民心，还陷入财务困境，与 13 世纪五六十年代相比，实力大打折扣。没过多久，卢埃林的公国内部就出现了溃败的迹象。爱德华从三个方向进军。他命令北路军以切斯特为基地，并将戴维兹任命为指挥官，为其他两路军打掩护，而格温文温趁机夺回了南波伊斯。北波伊斯的统治者很快便俯首称臣。罗杰·德·莫蒂默率领的中路军仅用一周就（在 1277 年 4 月）占领了多尔弗温城堡，头领海韦尔·阿颇迈里格（Hywel ap Meurig，他儿子被卢埃林掳为人质）则率领 2 700 名布雷肯、拉德诺士兵加入爱德华的部队。在南方，爱德华以卡马森的王室基地为支点，里斯·阿颇梅尔达斯（Rhys ap Maredudd）于 4 月加入己方，梅尔达斯的父亲正是 1267 年因条约逃过一劫，不用向卢效忠的梅尔达斯·阿颇里斯。梅尔达斯归顺爱德华不久，他在伊斯特德特维区的对头里斯·温多德（Rhys Wyndod）也归顺了。接下来，锡尔迪金南部的统治者也纷纷倒戈。

在这种情况下，卢埃林无法阻止爱德华的南军占领阿伯里斯特威斯，控制锡尔迪金北部地区。卢埃林在圭内斯众叛亲离，两位主教和手下的精英大臣都陆续投敌。7 月 15 日，爱德华率军抵达切斯特。8 月底，士兵人数达到新高，有 15 640 名步兵，其中约 9 000 人是威尔士人。爱德华命 1 800 名樵夫劈树开路，直扑迪加努伊，还召集舰队断了卢埃林的后路。1257 年，亨利三世提出想要派舰队占领安格尔西，后来未能实施。这一次，爱德华派出了 26 艘海船、8 艘小艇组成的舰队，命 726 名水手驾船。2 000 名步兵乘船占领安格尔之后，劳工被送到岛上收割农田。至此，圭内斯已被逼到饥荒的边缘。

卢埃林走投无路，只得请降。1277 年 11 月，他将"四百镇区"割让给英格兰王室，令圭内斯的西界又一次东退，回到了康威河沿岸。作为回报，卢埃林收回了安格尔西，但每年要向爱德华上贡 333 镑，直到偿清 1267 年条约规定的金额为止。如果卢埃林没有儿女，那等他去世后安格尔西就会成为国王的直属领地。卢埃林保留了威尔士亲王的头衔，公国的领土却已所剩无几。他失去了圭内斯之外的其他领土，包括瓦伊河与塞文河之间的地区，以及比尔斯与布雷肯之间的地区。除了个别无足轻重的诸侯，威尔士诸侯又开始向英格兰国王效忠。至此，威尔士公国已经名存实亡。

如果卢埃林真的以为自己能够与爱德华持久对抗，那就大错特错了。他有没有可能也错判了自己所面临的威胁？即便在1277年，爱德华也没想击垮卢埃林，吞并圭内斯，否则他只要继续战争就能如愿了。实际上，他非但没像计划的那样，将康威河以西的圭内斯的一部分作为直属领地，把另一部分分封给戴维兹，而是在四百镇区划出了一部分直属领地作为戴维兹的封地，从而在圭内斯其余的领土上帮卢埃林稳定了局面。新的条约将《蒙哥马利条约》规定的每年2 000镑下调到了333镑，同样起到了稳定圭内斯局势的作用。爱德华最初是不是想限制威尔士公国的版图，这个我们不能确定。1270年，他以3 333镑的价格向卢埃林出售了要求梅尔达斯·阿颇里斯效忠的权利，为的是筹措十字军东征的军费，这也充分说明了他优先考虑的事项。几年后，爱德华不吝纡尊降贵（他自己这样认为），亲自去切斯特等着卢埃林过来效忠。就算爱德华先是为戴维兹、格鲁菲德·阿颇格温文温提供庇护，后又扣押了埃莉诺·德·孟福尔，也不过是报复卢埃林不效忠，也不按条约规定付贡金的行为。爱德华既没有说卢埃林无权处置戴维兹和格鲁菲德，也没有准许两人希望自己主持公道的要求。照此我们很难相信，他会为了破坏《蒙哥马利条约》发动战争。

然而，如果从短期来看，卢埃林是错的；那么从长期来看，他是不是完全正确呢？卢埃林曾经声称，"尽管我承认您的宗主地位，但我的公国的权利是独立于您治下王国的权利的"。爱德华则认为，卢埃林"在国中是地位最显赫的权贵"，"应当在英格兰的法庭上依法办事，维护自身权利"——这两个观点难道没有不可调和的矛盾吗？如果卢埃林真的向爱德华宣誓效忠，那么爱德华制定的法律、派出的官员是不是马上会将威尔士公国置于死地呢？就像之后英格兰的法律、官员令忠于爱德华的里斯·阿颇梅尔达斯忍无可忍那样，令他在 1287 年因无法忍受卡马森的执达吏而举兵造反。与里斯相比，卢埃林的处境显得很特别——按照《蒙哥马利条约》，他获得了大片疆土，足以令执达吏远离圭内斯的腹地。所以说，1277 年的战争与执达吏的所作所为没有关联。尽管在布雷肯、格拉摩根北部，卢埃林与赫里福德伯爵、格洛斯特伯爵就土地的所有权、封建臣属的归属权争得不停，但这两个边境地区位于公国的南部，不会威胁卢埃林的核心利益。说到底，按照《蒙哥马利条约》，爱德华派去的官员挑战卢埃林的机会非常有限。尤其是"四百镇区"，1255 年和 1282 年的叛乱都是由英格兰官员的残暴统治引发的。

综上所述，我们不难得出这样的结论：几乎任何战略都比卢埃林的要好。他选的其实是一条自取灭亡的快车道，而其他战略有可能会令公国较慢灭亡，加上当时公国也刚露出衰亡的端倪，局势还有足够的回旋余地。13 世纪 70 年代的威尔士需要的是像卢埃林大王，或者较早时期的里斯大人这样能屈能伸的统治者，他们能够选择恰当的时机妥协，令自己在不失颜面的情况下做出让步。然而，对威尔士亲王卢埃林来说，这并不容易。对 1267 年的卢埃林来说，他也许应当照着 1218 年的《伍斯特条约》来采取策略，将已占领的土地收入囊中，并选择较为松散的权力架构统治诸侯，从而减轻《蒙哥马利条约》造成的经济压力。威尔士法律典籍在序言中描述了统一的威尔士公国，将"老好人"海韦尔建立在共识基础上的统治理念奉为典范，提供了更好的引领威尔士前进的方式。卢埃林则对上述观点嗤之以鼻。卢埃林大王曾"将要求诸侯效忠作为权力基础，以圭内斯为中心建立公国"。但考虑到威尔士其他诸侯有着强烈的自治倾向，根本不可能在协商、达成共识的基础上建立公国。13世纪60年代，英格兰王权突然崩塌，这是建立公国的大好时机。这样一个公国有可能会令诸侯都成为受益者。就算他们不得不承认圭内斯的主导地位，公国也至少能保护他们免受英格兰官僚更糟糕的支配。真正不幸的是，尽管卢埃林的强制统治对他的目标来说是必要的，但却不利于人们了解。

　　1277年的事件对卢埃林来说是场灾难，但在13世纪40年代他就面临过类似的窘境，而他当时将英格兰国王击退了。1211年之后，他的祖父也在逆境中浴火重生过。然而，这一次卢埃林却没能翻盘。1282年，他再次与英格兰王交战，赔上了性命。他算不上是叛乱的发起人，但很快就加入了叛军阵营。1277年后，这位桀骜不驯的亲王在鸡毛蒜皮的小事上一次次地被英格兰人羞辱：切斯特的执达吏没收了他的马、蜂蜜，阿伯里斯特威斯的执达吏则囚禁了他的猎人。1279年，他状告格鲁菲德·阿颇格温文温，想要夺回南波伊斯的阿维斯里百镇区。1277年的条约不仅规定威尔士人可以发起此类诉讼，还规定案件应当按照存有争议的土地所在"地区的惯例习俗"审判。卢埃林声称，阿维斯里位于威尔士，应当以那里的法律为依据，而作为争议土地实际占有者的格鲁菲德则用尽一切手段来拖延案件的进度，提出应当以英格兰的普通法为依据进行审理。包括这个争议在内的诸多因素令案件年复一年，久拖不决，以致到了 1282 年，卢埃林告知爱德华自己"已经陷入绝望"，他"已经不太在意土地的收益，更担心自己因此受到羞辱"。尽管如此，卢埃林仍在苦苦支撑着威尔士公国，逆境中的表现同样令人钦佩。他按照 1277 年的条约缴纳贡金，并在与爱德华的来往信件中保持恭敬的态度，自称是"忠诚的臣仆"。

爱德华也相应地给了些回报，这就像 1277 年双方的和解一样，表明爱德华并不想一再削弱卢埃林的权势。1278 年，卢埃林终于和埃莉诺·德·孟福尔成了婚。这位新娘子是英格兰国王的表妹，身份超过以往威尔士诸侯的妻子，算是与亲王门当户对，甚至令卢埃林大王的妻子琼相形见绌——琼只是约翰王的私生女。这次婚姻是对爱德华的顺从而不是挑战。婚礼由爱德华主持，安排在"忏悔者"爱德华的瞻礼日当天，举办地是伍斯特大教堂。卢埃林成了国王的姻亲，很有可能为他带来实际的利益。埃莉诺也在婚后不久写信给爱德华为卢埃林求情。卢埃林确实是在一步步重树威势，不仅再次获得让布雷肯诸侯效忠的权利，还重建了与德赫巴斯诸侯的关系。令人吃惊的是，他在 1281 年 10 月竟然与宿敌罗杰·德·莫蒂默达成了和解协议。下一场战争的挑起人不是卢埃林，而是他的胞弟戴维兹！

此时，戴维兹还是个失意之士。在 1277 年的战争中，他加入爱德华一方与兄长作战，满心以为爱德华会遵守承诺，将安格尔西、斯诺登尼亚的部分地区赏给自己。谁也不知道，所谓的承诺是否只是戴维兹一厢情愿的想法，可以肯定的是，戴维兹在战后除了有霍普领地的领主权，还有四百镇区的部分领地，早在 1263 年他就得到过爱德华的封赏，获得的就是四百镇区这片领地。不巧的是，戴维兹因霍普领地惹上了官司，在切斯特的柴郡郡法庭上就领地的归属权问题，遭到边境男爵威廉·德·维纳布尔斯（William de Venables）的起诉。他出庭时高声说，霍普领地就在威尔士境内，法庭应当依据威尔士的法律审理。当时，有不少威尔士人在英格兰官僚的高压统治下有气没处撒，戴维兹的抗议不算是个例。爱德华在里兹兰建了座城堡，用来增强对四百镇区威尔士人的威慑，还将该地区划入切斯特政法官的行政管辖范围。1281年11月，雷金纳德·德·格雷（Reginald de Grey）刚当上切斯特政法官就解除了威尔士人格龙恩·阿颇海利恩（Gronw ap Heilyn）的官职，还放出狠话说，只要威尔士人胆敢抱怨英格兰的统治，就会被关押起来，有可能会掉脑袋。雷金纳德的言行令戴维兹生怕自己会被投入大牢，而这很有可能是起义的导火索。

　　1282年3月22日，也就是棕枝主日当天，戴维兹突然率兵攻打哈登城堡，俘获了城堡指挥官、欺压威尔士人的克利福德的罗杰，杀死了大批守军。戴维兹没有将密谋起义一事告知兄长，而是将北波伊斯、德赫巴斯的诸侯选作同谋者。起兵当天，北波伊斯的统治者（格鲁菲德·马洛的两个儿子卢埃林、格鲁菲德）率兵攻打奥斯沃斯特里。1277年，两人曾加入爱德华的阵营，后因奥斯沃斯特里、惠特彻奇两地的治安官横征暴敛（像威尔士其他多位诸侯一样）而忿忿不平。在南方，威尔士人同样怒气难平。1277年，已归顺爱德华的南方统治阶层（除了里斯·阿颇梅尔达斯）大失所望，认为没能得到与功劳相符的报偿。里斯·温多德没能收复德赫巴斯的权力中心迪内弗城堡，还被迫在国王的法官面前，按照普通法的规定为自己辩护，而不是前往卡马森，依据威尔士的法律维护权益。梅尔达斯·阿颇欧文的儿子得到了爱德华归还锡尔迪金北部各集户区的承诺，但战后只保住了该地区南部的集户区，他还埋怨国王派往卡迪根的法官剥夺了其设立法庭的权利。这几位南方统治者伙同 1277 年被爱德华驱逐出锡尔迪金北部的里斯·尤恩科（Rhys Ieuanc），于 3 月 24 日，也就是哈登、奥斯沃斯特里遇袭的两天后，率兵突袭了爱德华在阿伯里斯特威斯新建的城堡。

卢埃林只犹豫了很短的时间。若是袖手旁观，他是有可能保住圭内斯仅剩的几块领土的，但代价是看着戴维兹成为真正的威尔士亲王。毕竟，与 1277 年相比，1282 年这场战争有着完全不同的政治意义。前者在一定程度上是威尔士人对卢埃林的反抗，而后者是一场反对英格兰统治的争取独立的战争，威尔士诸侯中只有里斯·阿颇梅尔达斯、格鲁菲德·阿颇格温文温仍在支持英格兰国王。至少当佩卡姆大主教开始居中调停时，威尔士的诸侯确实像这样描述战争目标，又因为他们列举的暴政多如牛毛、论调义正辞严，所以不能简单地以为这只是个别统治者为了发泄不满打出的幌子。事实上，诉冤情的还有"四百镇区"及北波伊斯各集户区的"居民"。

英格兰压迫的核心似乎是其对威尔士法律造成的威胁。卢埃林本人、戴维兹、里斯·温多德及其兄弟、梅尔达斯·阿颇欧文的儿子们，都因英格兰的法律取代威尔士而不满。然而，在这件事情上，威尔士的统治阶层要么是曲解了爱德华的意图，要么就是别有用心。在 1277 年的条约中，爱德华实际上已同意发生在威尔士境内的纠纷按照威尔士的法律解决。诚然，他后来又提出了限制条件，原因是按照加冕誓言中的承诺，他应当革除陋习并守护先王留下的传统。在与卢埃林就阿维斯里的归属权对簿公堂时，格鲁菲德·阿颇格温文温断章取义地指出（就他本人而言）爱德华是想要废止威尔士的法律，但遭到了审案法官的驳斥。实际上，爱德华在卢埃林、格鲁菲德两人间左右为难，他不愿做出裁定，盼望这件事能够不了了之。同样不可否认的是，一些威尔士人也开始染指自己王国的法律，甚至弃之不用，他们更愿意让宣过誓的陪审团，而不是 ynad 及 iudex[①] 这类通晓威尔士法律的法官兼法学家来裁决土地纠纷。格龙恩·阿颇海利恩（被雷金纳德·德·格雷免职之前）之所以会在"四百镇区"得人心，主要原因是他允许陪审团代威尔士本土法官审理土地纠纷案。

"真理比法律更有价值"，威尔士谚语如是说。有人可能会补充说，"胜利也是如此。"无论是威尔士的诸侯还是边境男爵，关心的其实是哪一种法律能让自己胜诉。问题的本质就在这里：威尔士人似乎一直是失败者，而不是胜利者，而且他们输的不只是官司，整个民族快要成为爱德华官吏苛政的受害者。引爆 13 世纪 50 年代战争导火索的是若弗鲁瓦·德·兰利（Geoffrey de Langley）的横征暴敛，1282 年的战争起因与之相似，被人们戏称为雷金纳德·德·格雷之战。1277 年之前，卢埃林曾将英格兰的官吏拒之门外，而现在一批批英格兰官吏涌进了威尔士。王室官员不仅坐镇里兹兰，还进入"四百镇区"，以及比尔斯和阿伯里斯特威斯。卡迪根、卡马森两地的官员则变本加厉。这不是没有原因的：直到 1277 年，威尔士的诸侯还在奉卢埃林为封建宗主，接受他的法庭管辖；而在他失势后，他们效忠于爱德华，开始听命于国王的法庭。直到推翻卢埃林的公国、迎来爱德华的国家机器时，威尔士的统治阶层才意识到"刚跳出油锅，又跌进了火坑"，但为时已晚。虽说可以跋山涉水前往伦敦，在国王面前诉

---

① iudex 为拉丁语，意为"法官"。

苦，但最好的结果也不过是几句敷衍的宽慰和无尽的等待。正如卢埃林对佩卡姆所说：

> 国王派来的法官、执达吏无视公序良俗、司法公正，令全体威尔士人都遭到了欺压、践踏和掠夺，成了奴隶。就算是撒拉逊人、犹太人，处境也不会如此悲惨……我们频频向国王诉苦，却得不到回应。更糟的是，这些法官、执达吏个个残忍、冷酷，等他们豪夺一轮之后，国王又会派新的官员过来，开始新一轮的搜刮，令威尔士人生不如死。

与法律程序上的计较相比，以上述论调为基础守护威尔士法律的尊严，显得更具说服力。按照威尔士法律的描述，威尔士人是个独立的民族。他们向佩卡姆传达了这样的信息，"让威尔士的法律像其他民族的一样，不容许随意更改"。否定威尔士的法律，就相当于否定威尔士人存在的意义，全体威尔士人必须抗争到底。正如戴维兹所说："终日行军打仗固然艰辛，但对一个笃信基督教、一心只想维护权益的民族来说，这些苦楚与亡国之痛相比不值一提。"

1282 年，威尔士人看清了双方的实力差距。在接受佩卡姆调停时，他们主动承认与土地肥沃的英格兰相比，威尔士只是一个贫瘠的国家。只不过与 1277 年相比，此时的威尔士人更加团结，而像威尔士人这样一个历史可追溯至特洛伊战役的民族，会招致灭亡的噩运吗？威尔士民族得以延续下去，但威尔士统治王朝却没有。它面临着新的威胁：爱德华下定决心要将其铲除，他也有能力调动充足的资源实现这一点。1282 年的战争一开始就被认为是一场征服战。

爱德华像1277年那样采用了三军并进的策略，但没有取得决定性的胜利。6月，南路军的一些军队在特依瓦河河谷遭到伏击，彭布罗克领主威廉·德·瓦朗斯的长子战死。8月和9月间，瓦朗斯占领了阿伯里斯特威斯，但没能保住战果。北部战场的形势对爱德华更为关键。雷金纳德·德·格雷占领了戴维兹的霍普城堡，并派2 600名弓箭手驻守，消除了威尔士一方在哈登继续活动的可能性。爱德华率大军从切斯特推进到里兹兰（7月8日—8月27日，他将其作为军事基地），派了1 000名弓箭手驻扎于刚建成的城堡。前文提到，卢埃林麾下有上百骑兵、数千步兵，军力可谓是相当可观，而爱德华除了有一支领军饷的军队（由约800名骑兵、8 600名步兵组成），还有一支不领军饷的骑兵团，这是由英格兰男爵提供的。兵力充足的爱德华在舰队的帮助下是能够完成（像1277年那样）关键军事行动的（占领安格尔西）。这一次，他没打算把这座岛屿当作谈判的筹码，而是准备让它成为通向征服之路的桥梁。他命200名木匠日夜赶工，将船只首尾连接到一起，在9月底建起一座通往圭内斯的浮桥，让斯诺登尼亚门户大开。佩卡姆大主教在11月居中调停，只是让爱德华亮出了底牌：他能开出的最优渥的条件是以赐予卢埃林英格兰伯爵领、资助戴维兹东征为代价，要求两人彻底撤出威尔士。

11月6日，当占领安格尔西岛的英军指挥官卢克·德·塔尼（Luke de Tany）及其他16名骑士慌乱中从浮桥上跳海逃生时，威尔士人可能认为，没有必要再考虑爱德华开出的条件。卢埃林乘胜追击，前往自己南方的旧领地与英军交战。12月11日，在厄丰河河谷靠近比尔斯的地方，卢埃林的军队被英格兰人击溃，"圭内斯的强兵猛将无一生还"。他在林间小道上遭到围堵，被拿着长枪的披甲战士弗兰克顿的斯蒂芬（Stephen of Frankton）捅死。他的脑袋被割了下来，送到爱德华面前。爱德华命人给首级戴上常春藤王冠^①，挂到伦敦塔上示众。对这样一位叱咤风云的威尔士王者来说，这样的结局真是可悲可叹。

卢埃林之死并没有结束战争。不久，戴维兹就获得了他觊觎已久的威尔士亲王的头衔。爱德华不顾冬季的严寒，决定继续战斗下去。1283 年 1 月，威廉·德·瓦朗斯再次占领阿伯里斯特威斯，镇压了锡尔迪金的抵抗力量。同月，爱德华召集了一支由不下 400 名骑兵、5 000 名步兵组成的大军，从里兹兰出发，很快就占领了斯诺登尼亚腹地的亲王王廷所在地多尔威泽兰城堡。戴维兹逃往梅里奥尼斯的卡斯特伊贝尔城堡，看到了手握长矛的士兵雕像，讽刺地守护着他日渐衰落的国家。他不能留下来，因为威廉·德·瓦朗斯的从南路挺进，3 000 余步兵围攻卡斯特伊贝尔。戴维兹逃回到斯诺登尼亚。5 月底，戴维兹在仅剩的多尔巴丹城堡上朝理政。此时，奉爱德华之命进入斯诺登尼亚的步兵已达 7 000 之众，戴维兹不得不再次逃走。他在 6 月 21 日被他的威尔士同胞抓获，并被转交给了英格兰一方。

赢得战争后，爱德华希望能够维持长期的和平。除了忠于他的南波伊斯的格鲁菲德·阿颇格温文温、伊斯特德特维的里斯·阿颇梅尔达斯，爱德华将主要的威尔士诸侯都打垮了（之后，里斯因为在 1287 年发动叛乱失去了领地）。他不遗余力地宣传戴维兹是"叛

---

① 一则古老的威尔士预言认为，有朝一日，会有一个威尔士人在伦敦加冕，成为全不列颠的国王。

逆一族的余孽"。1283 年 10 月，戴维兹在什鲁斯伯里被处决，行刑包括游街、绞刑、开膛破肚、分尸等环节，他的首级也被挂到了伦敦塔上。在此之前，埃莉诺·德·孟福尔（在 1282 年 6 月）死于难产，女婴被送往塞姆普林厄姆的女修道院，在那里度过一生。至此，爱德华算是铲除了圭内斯统治王朝的嫡传血脉。除了个别例外，北波伊斯诸侯也失去了领地。德赫巴斯的统治者命运与之相似：里斯·温多德、梅尔达斯·阿卜欧文的儿子们、里斯·尤恩科（一直待在戴维兹身边）成了阶下囚，临死前也没能重见天日。他们不得不写信乞求得到几件御寒的衣裳，或者索要每天几便士的生活费。

　　扫除了本土王朝之后，爱德华开始着手治理威尔士。他给予了一些奖赏。在北方，萨里伯爵约翰·德·瓦伦得到了北波伊斯的罗姆菲尔德、亚尔（与瓦伦的祖先在 1066 年后得到的封赏相比，不值一提），"四百镇区"的绝大部分土地被雷金纳德·德·格雷和林肯伯爵瓜分。在南方，约翰·吉法德（John Giffard）获得了比坎百镇区境内曾属于里斯·温多德的土地。但爱德华将绝大部分威尔士土地据为己有。1284 年，他颁布《威尔士法令》，规定了适用于这块新的王室领地的法律和政府架构，无论是威逼的语调还是内容的准确度，都令人叹服。威尔士"现已并入英格兰，成了王权的一部分"。此后，威尔士的行政区划将遵循英格兰的模式。康威河以西的圭内斯、安格尔西、卡那封、梅里奥尼斯变成了郡，由职能与英格兰郡督、验尸官等同的官员管理，境内的集户区则成为与百户区相似的区划。这些官员的汇报对象不是国王及设在伦敦的国库，而是一位名为"斯诺登政法官"的省级行政长官，以及设在卡那封的金库。康威河以东地区采用了相同的政府架构，将分封后余下的王室直属领地（包括特吉因格尔，以及附属里兹兰的土地）划为弗林特郡郡督的管辖范围，而这位郡督要向切斯特的政法官和金库汇报。在南方（自 40 年代起，英格兰的行政管理模式开始在此发展），卡迪根"郡"、卡马森"郡"也开始设立郡督、验尸官，到了 1287 年，里斯·阿颇梅尔达斯的领地被爱德华没收，令这两郡的官员辖区大面积扩张。两"郡"的地方官员要向西威尔士政法官，以及卡马森的金库汇报。

这种殖民式的行政管理制度，与加斯科涅、爱尔兰两地的政府一样拥有较高的自治性。采用这样的策略是想让地方官长在辖区拥有足够的权势，能够镇压当地居民。为此，爱德华让地方官员长期任职。引爆 1282 年叛乱的雷金纳德从 1281 年开始担任切斯特、斯诺登政法官，在 1299 年卸任，而 1287 年将里斯·阿颇梅尔达斯逼得造反的罗伯特·泰比托特（Robert Tibetot）自 1281 年开始担任西威尔士政法官，在 1298 年卸任。

除了任命地方官，爱德华还建了好几座城堡。在圭内斯，城堡极大地巩固了英格兰的统治：1277 年战争结束后，爱德华在弗林特、里兹兰建了城堡；1282—1283 年战争过后，他在康威、卡那封、哈勒赫建了城堡；镇压 1295 年叛乱之后，又在安格尔西岛的博马里斯建了城堡。爱德华从萨伏依请来了建筑大师圣乔治的詹姆斯（Master James of St George），命其对圭内斯城堡工事负责。无论是在特征上还是在设计上，詹姆斯的城堡很难说有新颖之处——比如说，康威城堡与路易九世在昂热修建的城堡惊人地相似。不过，一步步地设计出这 6 座城堡仍需要很高的智慧；它们有一些相似的特征，却因为所在地区环境不同，显得风采各异，而且每一座都比较坚固。爱德华的贡献也同样重要。他吸取了迪加努伊、迪瑟斯这两座山顶堡垒粮草短缺的教训，做出傍海修建

堡垒这一关键性决策。他还为工事提供了一定的人力、物力。为
了给康威城堡提供场地，他将位于康威的西多会修道院（埋葬卢
埃林大王的地点）迁到了康威河河谷上游 13 公里处。为了让里
兹兰能够获得海路补给，他命人挖了一条 3 000—5 000 米长的运
河。这 6 座城堡建造迅速，大部分在 5 年内就完成了基本建筑。
在夏季可能都有来自英格兰各地的上千名劳工、数百名石匠在这
些城堡中工作。1277—1304 年，为了建造城堡，爱德华一共花了
近 8 万镑，相当于亨利三世重建威斯敏斯特教堂时的两倍。纵观
中世纪史，无论是在协调资源方面，还是在建筑规模方面，这都
是最令人印象深刻的城堡建造工程。

就占地面积而言，圭内斯这些城堡不能与 13 世纪扩建后的伦
敦塔相比。它们好比是袖珍战列舰，虽然规模不大，应战能力却不
可小觑。这种力量来自三个方面：其一，城墙上塔楼林立，每座塔
楼都很坚固（康威城堡有 8 座塔楼，每座有厚达 3 米多的护墙）；
其二，注重细节，能够置来犯之敌于死地（卡那封城堡的箭孔视野
清晰，可以同时射击从三个方向过来的敌兵）；其三，城堡周围规
划有新的城镇，形成英格兰人聚居区，可以为城堡提供支持。此
外，这些城堡的建造风格也展现出了霸气。康威城堡的内院就有四
座塔楼，每座塔楼上都有座瞭望台；卡那封城堡的护墙上有彩色石
头装饰，模仿的是君士坦丁堡的狄厄德西城墙，以此彰显卡那封号
称可以追溯至罗马时期的悠久历史。13 世纪 80 年代末，在卢埃林
位于安格尔西岛儒索尔的木结构厅堂，可以眺望到梅奈海峡南岸高
耸的卡那封。儒索尔大厅令人印象深刻，而与城堡相比，反映出威
尔士公国与英格兰王国悬殊的差距。

1283 年之后，威尔士只爆发了两次针对英格兰统治的起义，

这反映了城堡的震慑作用，以及英格兰政府拥有足够的后备力量。里斯·阿颇梅尔达斯在 1282—1283 年的战争中曾效忠于爱德华，却没有得到迪内弗堡，后来被迫按照英格兰的法律前往卡马森郡法庭为自己辩护。1287 年，里斯起兵谋反，很快就遭到了摄政政府的镇压（爱德华当时去了加斯科涅）。他在 1292 年被捕并被处决。1294—1295 年的叛乱造成的威胁更大。尽管爱德华根除了圭内斯王朝的嫡传血脉，却忽略了一个来自梅里奥尼斯的旁系血脉的末裔——生活在安格尔西岛，名下领地面积很小的马多格·阿颇卢埃林（Madog ap Llywelyn）。1294 年，马多格自称是威尔士亲王，利用人们对新城镇特权、郡督的横征暴敛，以及企图对全体威尔士人征税（这是英格兰当局第一次向全体威尔士人征税）的不满，发动了一场叛乱。在战争的头一年，爱德华就从威斯敏斯特获得 54 500 镑军费，并用这笔钱组织了一支规模超过了以往入侵威尔士的步兵部队，人数最多时有近 31 000 名领军饷的士兵。爱德华在康威基地度过寒冬之后，以威尔士人控制区为目标，率大军四处作战，镇压了叛乱。最后，他在安格尔西岛上建了博马里斯堡，在爱德华的威尔士城堡中，这一座算是结构最为对称的。

爱德华的征服之战是残酷的，但它也有另一面——人们表现出了建立友好关系的意愿，这也解释了战争为何取得胜利。1284 年夏，佩卡姆前往威尔士巡视时率先提出了这一观点。佩卡姆此行的目的是为了重树坎特伯雷对威尔士教会的权威，因此态度上是居高临下的。他声称威尔士人应当将子女送往英格兰接受教育，但他也因当地的教堂被战火烧毁而感到震惊，并说服爱德华拨出不下 1 730 镑援助金，修缮了上百座教堂。在佩卡姆的敦促下，教会提出英格兰民族和威尔士民族应当重归于好；人们都应当认识到"耶稣为了拯救万民不惜流血牺牲"，"来自不同民族的基督徒都是一家人"。在制定解决威尔士问题的方针时，爱德华本人也表现出了和解的意愿。《威尔士法令》指出，今后刑事案件的处理应当遵循英格兰的法律，不仅废除了花钱补偿受害者家属的制度，还规定了重罪是触犯国法的恶行。这也正是圭内斯的诸侯一直努力实现的目标。《威尔士法令》声称，威尔士人提出应当由"品行端正、知法懂法的本地居民"调查土地所有权争议真相；前文已证实，威尔士人开始将陪审团作为解决争议的组织，所以这部法令很有可能所言非虚。为了平衡以上改变造成的影响，《威尔士法令》保留了威尔士关于动产归属权纠纷的法律，威尔士人可以继续遵循"古已有之"的习俗，让男继承人参与遗产的分配。爱德华对威尔士法律进行了认真审视，做出了建设性的贡献，将废除、修改和保留结合了起来。他也并未一直对威尔士人采取铁腕政策——镇压1294年的叛乱之后，他派人调查了威尔士人叛乱的起因。

　　里斯·阿颇梅尔达斯的命运不具有广泛的代表性，选择与英格兰王权和解的许多威尔士诸侯没有像他那样不得善终。里斯的问题在于，他还与手下的本土臣民有矛盾，所以他们帮英格兰政府镇压了1287年的叛乱。许多比里斯实力弱的诸侯后来都保住了自己的领地。在里斯统治区北方的锡尔迪金，卢埃林·阿卜欧文·阿颇梅尔达斯（Llywelyn ab Owain ap Maredudd）除了保住了伊斯科伊德集户区，还可以将格温伊恩尼斯集户区内的一半土地继续留作领地。在北波伊斯，欧文·布罗金廷（Owain Brogyntyn）的后代保住了伊迪厄尼恩集户区、丁马利集户区，对领地的统治没有受到王权的影响。格鲁菲德·马洛的后代尽管参加了1282年的叛乱，但还是保住了辛莱斯集户区，之后出现的欧文·格兰·道尔

(Owain Glyn Dŵr) ① 正是这个家族的后裔。此外，南波伊斯的格鲁菲德·格温文温在 12 世纪 80 年代不仅与英格兰贵族通婚（他自己和莱斯特兰奇家族的女贵族成了婚，儿子娶了考斯的科比特家族的女贵族），还成了什罗普郡郡督的"挚友"；他还与国王的首席大臣罗贝尔·伯内尔保持联系，不再有 1274 年政变失败后在卢埃林面前表现出来的那副可怜相。14 世纪初，尽管格鲁菲德·阿颇·格温文温的后代没能生下男继承人，南波伊斯却存续了下来，引用 16 世纪的一则记录来说就是，"在威尔士边境领地中，南波伊斯是最有王室风采、面积最大、物产最丰富的一片领地"。当然，南波伊斯之所以能够幸存，是因为它不再是一个威尔士诸侯国，而是边境男爵领。格鲁菲德不但不得不与王室政府派来的官员斗法，还要对付一帮虎视眈眈的边境男爵。他有过几次胜绩，经常也会处于下风（在法庭上输给过罗杰·德·莫蒂默）。正是这样的斗争令同时代的威尔士统治者无法忍受。格温文温的想法是可以理解的，在一个圭内斯称王称霸的公国，"威尔士本土男爵"（《蒙哥马利条约》对其他威尔士诸侯的描述）是没有机会建立起自己的威尔士诸侯国的。

威尔士被征服之后，真正受益的是当地的头领，即地位低于旧有统治家族的地方头面人物，也是对里斯·阿颇梅尔达斯对伊斯特德特维的统治，以及卢埃林对圭内斯及以南地区的统治不满的人。如今，这群人开始为英格兰统治者执行任务，不少头领早就有

---

① 欧文·格兰·道尔（约 1359—约 1415）是最后一个以威尔士亲王自居的本土威尔士人，在 1400—1415 年发动了旨在推翻英格兰统治的叛乱，但以失败告终。

过被英格兰政府委任为行政官员的经历。征服之初，郡督、城堡总管是英格兰人，各集户区的执达吏是威尔士人。渐渐地，威尔士人开始担任要职。戈伦韦·戈克（Goronwy Goch）是里斯·阿颇梅尔达斯任命的德赖斯林治安官，在 1287 年的叛乱中与里斯作过战，后来成了莫尔百镇区的王室总管。格鲁菲德·卢伊德（Gruffudd Llwyd）是卢埃林大王的宫内大臣埃德尼菲德·弗奇的后代，他在 1283 年开始为英格兰王室效力，服务了 50 年，不仅是管理卡那封、安格尔西、梅里奥尼斯的郡督，还被封为骑士。彭布罗克伯爵威廉·马歇尔二世（1231 年去世）说过，最好"重用威尔士本土臣民"来控制威尔士人，可是到了 13 世纪 50—70 年代，这句话早已被抛诸脑后，并引发了灾难性的后果。征服威尔士之后，马歇尔的思想终究占了上风。当然，这种想法也不过是想更有效地统治威尔士罢了。

对爱德华来说，征服威尔士并不需要新的出师之名。约翰王与亨利三世一再强调，圭内斯的诸侯一旦做出背信弃义的事，国王就有权力没收圭内斯（哪怕诸侯没有后代，它还是会被充公）。也就是说，圭内斯的诸侯发誓要效忠国王，承认国王的封建宗主地位。1277 年之后，其他威尔士诸侯也陆续成了国王的封建臣属，所以爱德华才会在 1284 年的《威尔士法令》中宣称，"依据封建宗主的权利"，国王可以支配威尔士的土地。既然威尔士诸侯基本上都参加了 1282 年的叛乱，那国王就有权力没收威尔士的土地。道理就是这么简单。

实情真的是这样吗？此时的英格兰国王已下定决心，要将上述理念付诸实践。爱德华清楚自己的决策会造成什么后果，并积极推动局势朝那个方向发展。所以说，他征服威尔士绝不是偶然。在这方面，爱德华与父亲有很大的不同。13 世纪 40 年代，亨利三世本有"权利"令圭内斯成为国王的直属领地，却令其幸存下来。这种对比不仅体现在两位国王的性格差异上，还体现在两个时期威尔士人的挑衅程度不同。1282 年，威尔士人突袭了哈登堡，屠杀了守军，以此向爱德华宣战。叛军首领正是得到过爱德华庇护，获得大量封赏，被他视为亲信的戴维兹！爱德华于 11 月宣布，与其像先王那样被威尔士人搅得不得安宁，不如"将（威尔士人这颗）毒瘤切除"。征服的意图和原因都清楚地表达了出来。

有征服意图是一回事，有能力实施就是另一回事了。爱德华自信有这个实力。这里一个关键因素是，他不会轻易受欧洲局势干扰。1204 年，法国国王占领诺曼底，摧毁了安茹帝国，但安茹王朝过了很长时间才接受这个现实。签订《巴黎条约》后，英格兰才具备了征服威尔士的条件。在 1259 年的第一次威尔士战争中，亨利三世终于接受了失去大陆的事实，这也使得第二次威尔士战争成为可能，因为它开启了英格兰在之后 1/4 个世纪中与卡佩王朝统治的法国的和平。1279 年，爱德华前往亚眠解决执行《巴黎条约》产生的争议，并取得了阿热奈的控制权。尽管 13 世纪 30 年代卡佩王朝从中作梗，没有让亨利三世（通过婚姻）获取蓬蒂厄伯爵领的控制权，这一次爱德华却轻松地继承了这块伯爵领（蓬蒂厄伯爵领是他妻子卡斯蒂利亚的埃莉诺留下的遗产）。他决心要维护和加强在加斯科涅的权威，所以才会在 1272—1274 年、1286—1289 年亲临那里。在外交上，爱德华也扮演了重要的角色，为了让萨莱诺的查尔斯重获自由，他不惜以付出无尽的麻烦为代价。然而，这一系列外部影响并没有改变上述新出现的要素。直到 1294 年，爱德华与卡佩王朝都还在和平相处。1174 年，一位威尔士预言家预言亨利二世对威尔士的入侵会被法国国王围攻鲁昂所打断。到了1282年，这样的情况不可能再发生了。同样，卢埃林也不可能像他祖父那样，在1212年与卡佩王朝结盟，或在1165年与欧文·圭内斯结盟。杰拉尔德断言，想要征服威尔士，就必须投入"至少一年的时间，专攻其事"。这也是爱德华所能做到的。

国王的能力还体现在另一个领域。在他的领导下的军事改革促进了对威尔士的征服：其一，采用了一些激进的战略战术，既包括一些旧策略，比如占领安格尔西，以及率领大军在威尔士四处征伐（13世纪40年代，尼古拉斯·莫利斯就用过这一招），又包括新式战术，比如搭起浮桥和整个冬天坚持战斗；其二，爱德华斥重金建造城堡，在规模、速度、持续时间上达到了新的高度。军队规模和招募方式倒是没多大变化。首先，没有增招太多骑兵。如果在1282—1283年的战争中，爱德华麾下有1000名骑兵，那么这并不比1210年随约翰王前往爱尔兰的800骑兵多很多。其次，爱德华像之前的国王那样，通过三个渠道征招士兵：亲卫骑士力量（1282—1283年，人数占到骑兵总数的1/3），英格兰男爵按照"封建义务"派出骑兵，以及靠军饷吸引雇佣骑士。早在1210年，约翰王就开始以发放"借款"为名向手下的骑士支付军饷。诺曼王朝和安茹王朝都有雇佣佛兰德斯佣兵、布拉班特佣兵这一传统。爱德华在步兵规模上有了突破——1294年，进入威尔士的各路英格兰步兵总数达到3.1万人。这些步兵由王室支付军饷，相当一部分人还是以"武备专员"的身份（1282年，武备专员由亲卫骑士担任）被招募。接着，他们会奉命前往指定的郡，将城镇、村庄作为征兵点，让地方社区召集士兵、提供装备，在士兵到达集结点之前为其提供给养。人多势众不一定意味着作战能力强，况且爱德华也不能长时间维护大量兵力，但 1294 年的英军规模很有可能超过了以往在威尔士作战的军队。

爱德华的军力背后是强大的财力支持，用以建造城堡和支付军饷。他对英格兰的改革给他提供了充足的资金。1276—1279 年，里卡尔迪银行在内廷金库的储备金增加了两倍，几乎承担了第一次威尔士战争的军费开支。1282—1284 年，包括建城堡的初期成本在内，爱德华一共为第二次威尔士战争花了 12 万镑。如果这是征服必须付出的代价，亨利三世是无力承受的。在这 12 万英镑（里卡尔迪为爱德华提供了大部分）中，有 2.3 万镑来自议会在 1275 年批准的新关税，还有 3.75 万镑是 1283 年 1 月骑士、镇民代表批准爱德华征收的税款。难怪后来爱德华召集这些代表前往什鲁斯伯里，观看戴维兹受刑。因此，爱德华打造的国家机器与征服威尔士是紧密相连的。国家机器的功用不仅体现在财力支持方面，还体现在维持国内稳定方面。1212 年威尔士爆发叛乱时，约翰的国库储备着 13 万镑的巨款。他没有将这笔钱拿来平息叛乱，而是打算用来反攻欧洲大陆。另外，他还要防备企图弑君的男爵阵营（卢埃林大王是密谋的主要参与者）。在 1277 年或 1282 年，这样的事情都不可能发生。

*   *   *

作为国王，爱德华对待爱尔兰的策略与对待威尔士的大相径庭。他虽然想从爱尔兰捞金，却没有扩大直属领地的面积。所以，殖民爱尔兰的英格兰领主和爱尔兰诸侯，都没有受到王权扩张的威胁。爱德华也没想要消灭本土统治者，以此征服爱尔兰。他甚至都没亲自前往那里（与亨利三世一样）。他的不干预政策和英格兰整体平稳的局势，令爱尔兰诸侯与殖民领主两大阵营的斗争不受外界的影响，还为各大阵营的内斗创造了条件——伯格家族一直以来与杰拉德家族斗得不可开交，直到 1298 年才算达成和解。诚然，早在 1254 年爱德华就成了爱尔兰领主，但从那时起，当地局势就开始恶化。13 世纪 60 年代，英格兰爆发革命，爱德华不得不将阿尔斯特出让给沃尔特·德·伯格，此时爱尔兰各直属领地产生的收入也降得厉害。1271 年，都柏林的金库年入只有 2 000 镑上下，仅相当于 20 年前的一半。爱德华继位后的头 10 年中，爱尔兰地方长官渐渐恢复了为王权增收的能力，到了 13 世纪 80 年代金库年入回升到 5 000—6 000 镑。最后，爱尔兰一共为爱德华提供了约 3 万镑在威尔士建城堡的资金，相当于总耗资的 35%。因此，英格兰对爱尔兰的统治与征服威尔士有着紧密的关系。

＊　　＊　　＊

13 世纪 70、80 年代，爱德华与苏格兰国王保持着融洽的关系。1275 年，马恩岛的居民发动叛乱，爱德华没有趁人之危，而是帮亚历山大镇压了叛乱。诚然，1278 年，在亚历山大为了自己在英格兰的领地向英格兰国王效忠时，爱德华保留了对苏格兰王国的封建宗主权。亨利三世在 1251 年也保留过这种权力，只是后来被他忘得一干二净。爱德华的态度比父亲更强硬，命人记录自己采取的一系列外交措施，却漏掉了亚历山大不卑不亢的回应："只有上帝才有权要求我为苏格兰王国效忠。"爱德华此举是他决定要维护王室权力的必然结果，但并不意味着他会为此采取侵略性的举措。在某种程度上，两位国王不过是在走过场，双方没想一直抓着封建从属问题不放，破坏靠家族纽带建立起来的友好关系。

亚历山大的王后玛格丽特是爱德华国王的妹妹，1275 年（去世）之前生有两儿一女。1284 年 1 月，这三个后代也都去世了。亚历山大在给爱德华写信时说："你对我们的恩惠举不胜举，就在我的儿子，也就是你的外甥英年早逝，令我悲痛万分时，你又一再抚慰我说，虽然失去了苏格兰的至亲，只要上帝允许，你我就仍情同手足，为此我感到无比欣慰。"亚历山大还意味深长地说，咱们两个王朝还是能维持亲属关系的，可行的方法是促成我小外孙女、苏格兰王位继承人（挪威国王的女儿）与您儿子（爱德华二世）的婚事。然而，如果亚历山大能再生一个儿子，显然会更好。为此，亚历山大在 1285 年 10 月迎娶德勒伯爵之女约兰达（Yolanda）。1286 年 3 月的一个晚上，他为了与妻子见上一面，冒着狂风暴雨从爱丁堡出发，北渡福斯湾，下船后与护卫队走散。次日，有人在海边发现了他的尸体，死因是从马背上摔了下来，折断了脖子。

亚历山大向西扩大了领地，并维持着国内稳定，算得上是一位伟大的国王。他在这两方面有突出的表现，主要是因为在其治下王权的财力得以大幅提升，而一个关键领域对财力的提升做出了贡献。1275 年，亚历山大效仿爱德华开始对羊毛出口征收关税，令王国的年入增加了约 2 000 镑。收入的增长点似乎不止关税这一项。在位期间，苏格兰的货币供给量一度迅猛增长，主要是因为亚历山大在 1250 年又开始铸币，以英格兰 3 年前发行的便士为样版，在国内发行了新式的"长臂十字架便士"。除了城镇直接上缴的货币，王室的收入来源（其中有一部分仍以实物地租的形式缴纳）主要是直属领地的地租。监护权产生的收入时有时无，也算是一种财源。亚历山大一直将法夫伯爵领（年入 500 镑）握在手中，在 1270—1284 年让它为即将继承王位的长子提供收入。1293 年，苏格兰各郡督辖区的总收入为 8 100 镑，这里不包括关税等产生的收入，因此亚历山大的年入肯定远超 1 万镑。在不列颠岛，圭内斯的亲王即便是在最有钱的时候，年入也仅相当于苏格兰国王的 1/3，而在英格兰国王征收全国税之前，年入也只是亚历山大的 3 倍而已。

管理财账的是国王的内廷，职能相当于爱德华一世的内廷金库。除了遵照命令拨款，郡督要将收入上缴宫务大臣。包括宫务大臣、财政大臣在内的众内廷官员会去各地审计郡督提交的账目。苏格兰王庭没有独立的金库，尽管审计委员会有时被冠以这个名字。审计委员会存世的账本只剩下 17 世纪的简略版，上面记录的是 13 世纪 60—80 年代的账目，单凭这就可以看出，其态度比较积极，要么调查郡督，看他们应不应该支付特定的款项，要么下令扣押财产，回收逾期账款。这些账目证明了苏格兰当时已有了以记录为基础、以公文为执行指令，组织结构近乎完整的王权。

存世的宫务大臣账目记录年份难以考据，唯一确定年份的是 1264 年那本，可以让我们一瞥苏格兰王庭在马匹、丝绸、香料、葡萄酒、礼品、信使、仆人的赏钱、骑士的军饷、王后的日常花销和国王的赌债上的支出。其中，食品酒水的花销为 2 220 镑，另有 590 镑应当是还给"国民"的钱，这表明苏格兰国王有强征（强行购买）的权力。如果这 2 220 镑是一年的支出，那就与亨利三世在 13 世纪 20 年代末的支出差不多，而爱德华一世在 13 世纪 80 年代的支出是其的五到六倍。宫务大臣每年会收到 5 300 镑，相当于爱德华即位之初内廷金库年收入的 1/3，当然，内廷金库的收入后期有大幅增长。1292 年前后，有一份书面记录对苏格兰政府做了描述，列举了包括宫务大臣、治安大臣、典礼官、施赈官，以及负责食品、粮草、衣橱、厨房的文书在内，各类内廷官员的职责。从中可以看出，苏格兰财政大臣像英格兰的那样终日被各类事务缠身，所以记录上提到他们也会签发格式固定的"理当"令状。财政大臣也许不会一直跟随国王巡游，而国王有可能用加盖御印的令状向其发布命令。

　　亚历山大的意外死亡结束了苏格兰王权长达 3 个世纪的成功。一开始，苏格兰王国的核心腹地仅包括南起福斯湾北至马里的地区，以及苏格兰高地的中部地区。苏格兰国王绝大部分的直属领地位于那里，以大乡绅辖区为基本区划单位，而后合并成了面积更大的郡督辖区。直到 12 世纪，大乡绅辖区有时仍被看作区划单位，又因为马里地区出现了分裂，苏格兰有时甚至会采用比大乡绅辖区更小的区划单位。苏格兰国王取得的最大成就是以面积有限的核心腹地为基地，不断向外扩张。10 世纪，他们对洛锡安地区建立了控制权，之后直到 1217 年，他们一直想要占领索尔韦湾及特威德河以南的领地，可惜都无功而返。而向北、向西进军都富有成效，他们在北进的过程中收复了马里，设立了克罗默、丁沃尔郡督辖区，西进时设立了拉纳克、邓弗里斯、威格敦、艾尔、邓巴顿这 5 个辖区，之后（在 1293 年）还设立了阿盖尔、西部群岛辖区。根据 13 世纪 60 年代到 80 年代的财政记录，苏格兰在福斯河以南一共设立了 12 个辖区，在福斯河及金卡丁之间设有 7 个，在阿伯丁、克罗默蒂、丁沃尔三地之间设有 8 个，尽管最后一组辖区产生的收入可以忽略不计。苏格兰国王先是在 12 世纪在上述郡督辖区取得了对国王之诉案件（包括重罪案件）的控制权，后又在 13 世纪推行了与英格兰类似的普通法法律程序。亚历山大在位期间曾在洛锡安、福斯河以北地区、加罗韦（1258 年史料中有记载）三地设有政法官，他们每年可能要两次巡视各自的司法管辖区，审理、裁决那里的案件。在苏格兰，造币厂虽然发展滞后，但其分部的增多也反映出王国向外扩张的趋势。1195—1250 年，苏格兰通用货币为短臂十字架便士，承担王国造币任务的是设在贝里克、罗克斯堡、爱丁堡、珀斯的造币厂。长臂便士开始流通之后，北方的因弗内斯，西部的邓弗里斯、艾尔、拉纳克、格拉斯哥、伦弗鲁也建起了造币厂。在整个 12 世纪和 13 世纪，苏格兰出现了大量的城镇，它们需要国王授予特权，但也为国王提供了现金收入。它们是扩张和巩固王权的有力工具。

除了控制郡督辖区，苏格兰国王通过控制凯斯内斯主教教区，还提升了对北方边陲的凯斯内斯伯爵领的控制。实际上，在苏格兰教会建立起教区行政架构之后，国王可以利用教区圣职的任命权，让亲信前往各地担任要职。而想要加强有分离倾向的外围地区与中心区域的联系，最有效的方法依旧是将外围省份的封地封赏给关系密切的亲信，这些人大多是盎格鲁－诺曼贵族。在西部，布鲁斯家族成了安嫩代尔的领主，莫维尔得到了坎宁安，斯图尔特先是得到了凯尔、斯特拉斯格雷夫，后又入主比特岛、考尔、阿伦岛、纳普代尔。在北方，国王执行了同样的策略，将萨瑟兰赐给默里家族，科明家族得到了巴德诺赫、洛哈伯。1286 年，在 13 块传统上由苏格兰人控制的伯爵领中，有 5 块的领主已经换成盎格鲁－诺曼血统的贵族。对苏格兰来说，盎格鲁－诺曼家族地位的提升对王国"欧洲化"至关重要，但这一过程也造成了紧张局势，引发了一系列动乱，其中要数麦克威廉家族、麦克赫思家族领导的影响最大。叛乱（包括在加罗韦、马恩岛等新占领区的叛乱）被残酷镇压，但是刚结束扩张的王国就像是竣工不久的大厦，想要维持稳定，不能只靠镇压，还必须寻找和解的途径。本土贵族仍然控制着 13 处伯爵领中的 8 处，阿盖尔的统治者也还是苏格兰贵族。他们吸收了外来新晋贵族的大部分文化，而后者也开始尊重当地的历史、传统。苏格兰王国的基本架构与边境以南的英格兰既有差异，也有不少相同点，这也起到了增进国王与贵族关系的作用。在英格兰，大贵族通常能够成为国王的众顾问官，但到了 13 世纪，无论是在中央还是地方，大贵族通常很少担任正式官员。在苏格兰，大贵族既可以当上顾问官，还能担任要职。亚历山大·科明就是亚历山大三世任命的政法官，马尔伯爵则官拜宫务大臣。苏格兰的贵族还能成为郡督的人选。即便有些贵族没能得到一官半职，也能够独善其身。苏格兰可以分为两个圈层，一层是由郡督、政法官管辖的地区，一层是由伯爵领、外围省份领地组成的地区，两层在权力架构上差异明显。尽管王权专属裁判权制、普通法法律体系在伯爵领及外围领地的推行情况无从考据，但这两类领地的领主拥有较大的自主权。苏格兰的伯爵及外围领主的地位与英格兰的威尔士边境的男爵相似，只是双方所在的领地面积悬殊。在 1360 年的高夫地图（Gough Map）① 上，苏格兰并没有被划为以郡为单位的行政区，而是被划成一块块伯爵领，因此，詹姆斯·坎贝尔（James Campbell）指出，这展现出了苏格兰贵族日渐强大的权势。

即便是在王国的核心腹地，苏格兰贵族的压力也比英格兰的

---

① 该地图的绘制者已经无从考据，其得名高夫的原因是，1809 年时，向牛津大学博德利图书馆捐赠地图的人名叫理查德·高夫。

小。贵族私设法庭很有可能还占据着主导地位，普通法在苏格兰的普及程度要低得多。王室收入的压力也小得多，因为大部分收入来自王室直属领地的地租。英格兰的国库卷档列出了臣民欠下的一堆债务，而从存世的史料上看，苏格兰的财政记录没有这一特征。与爱德华相比，亚历山大设立的关税造成的负担较轻，他也没有在苏格兰征收全国税（就不用让代表给出征税许可了），所以无需定期召集代表参加议事会。尽管如此，亚历山大的王权依然有广泛的民众基础。1296 年，1 500—2 000 名苏格兰人向爱德华宣誓效忠①，其中绝大多数是社会中层的世袭土地保有者，他们很可能是使用新普通法法律程序的人。另外，与英格兰一样，人们也需要国王主持公道。

　　所有这些使得苏格兰国王的政治地位表现出与圭内斯诸侯和英格兰国王明显不同的特点。亚历山大去世后，臣民没有像圭内斯臣民指摘卢埃林那样，罗列出国王的种种暴政。苏格兰也没有出现本土版《大宪章》和"牛津条例"那类文件，或是学爱德华那样推行改革。这里的国家机器在某些方面虽然与英格兰国家机器相似，但在另一些方面更像 12 世纪卡佩王朝治下的法国——那里收税很"容易"，不受国内抗议的困扰。苏格兰王室在臣民构筑民族身份的过程中起到了关键作用。如果说让威尔士人团结一心的是威尔士方言，众多诸侯是民族团结的障碍，那么苏格兰的情况刚好相反——增进民族团结的是国王，妨碍民族融合的是各地区不同的方言。一

①　1296 年 4 月，爱德华在邓巴之战中击败了苏格兰军队，迫使苏格兰国王约翰·巴利奥尔退位，之后派遣英格兰官员前往苏格兰各地，要求苏格兰人向自己效忠。

开始将苏格兰统合为王国的就是王权。克服重重困难，实现了统一的苏格兰，是"王权一致性"的最高例证。正因为国王以"苏格兰人的国王"自居，不同民族的臣民才会把自己当作苏格兰人。在王权扩张的过程中，狭义的"苏格兰"就淡出了历史舞台，取而代之的是广义的"苏格兰"，即位于索尔韦湾、特威德河以北的那片土地，与现代苏格兰的差不多。亚历山大去世后不久，苏格兰人民就写了首挽歌，体现了他的声望和在苏格兰的地位：

> 我们的亚历山大王去世后
> 苏格兰就失去了一位亲民、依法治国的好国王
> 我们再也不能享受麦酒、面包
> 没有了葡萄酒、蜡烛，以及寻欢作乐的心情
> 手中的金子变成了铅块。

苏格兰监国大印上刻有一段文字："圣安德鲁，全体苏格兰同胞的领袖。"它反映出苏格兰人对民族身份的认同，抒发了失去塑造民族身份的伟大领袖之后，茫然无助的焦虑感。

* * *

历史的时钟停在哪里？1272 年，英格兰还是不列颠最不愿意向外扩张的王国。12 年过去，爱德华已经把威尔士拿下，到了 13 世纪 90 年代基本上征服了苏格兰。1290 年 9 月，亚历山大三世的外孙女"挪威公主"夭折，与英格兰王位继承人成婚的计划化为泡影。爱德华坚持要求苏格兰承认他的封建宗主地位，然后答应作为

仲裁者，调解王位继承人之间的矛盾，并从"狮子"威廉的弟弟亨廷登伯爵大卫（1219年去世）几个女儿的后代中选出下一任国王。尽管自1189年理查一世放弃对苏格兰的封建宗主权后，就没有一位苏格兰国王再承认过，但爱德华还是在约翰·巴利奥尔成为苏格兰国王并向英格兰效忠，随后在1294年要求苏格兰出兵帮英格兰攻打法国，同时还审理起苏格兰的上诉案件，以此来加强自己的宗主地位。这些措施遭到抵抗后，爱德华在1296年入侵苏格兰，迫使巴利奥尔退位，令苏格兰沦为英格兰王权的附属"土地"，终结了有400多年历史的苏格兰王权。这与1283—1284年没收威尔士统治阶层领地的决定差不多。虽然他在苏格兰也要镇压叛乱、巩固战果，却没有像在威尔士那样修建城堡，而是派出了规模庞大的军队。1297年，为了准备福尔柯克之战，爱德华集结了2.57万名步兵和至少3 000名骑兵，这无疑是自1066年以来英格兰规模最大的一支军队，而且直到17世纪的军队出现之前，鲜有人能更胜一筹。1294—1297年，可观的财政收入让爱德华能够在法国和不列颠双线作战，即便不能像1277—1284年那样集中兵力抗敌，也算是能够应对自如。爱德华也遏制了在英格兰由此引发的政治抗议。而征服苏格兰与征服威尔士类似，都与爱德华时代国家的稳定密切相关。1305年，爱德华颁布了《苏格兰治理条例》，与1284年的《威尔士法令》有许多相近之处。他一方面在英格兰召集议会，听取威尔士、苏格兰、爱尔兰的民怨，一方面命令卡那封、贝里克、都柏林的金库向中央金库报账，用罗宾·弗雷姆（Robin Frame）的话来说就是，不列颠群岛似乎"被中央政府不可抗拒的组织力量所控制"。当然，历史并非一直如此。1306年，罗贝尔·布鲁斯在斯昆加冕，成为苏格兰国王，开始领导苏格兰人应对英格兰的统治。

威尔士屈服而苏格兰幸存并不奇怪，因为历代苏格兰国王建起了能够调和各阶层利益的强大国家，而威尔士统治阶层却没有。就地理位置而言，苏格兰只有一个方向与英格兰接壤，没有出现本土统治者管控地区与边境男爵领犬牙交错的地形，海岸线也更广阔。而且征服苏格兰进入议事日程时，爱德华一世时期已经到了最后十几年，此时他不仅要与法国作战，还要应对威尔士的叛乱。要是苏格兰问题提前几年爆发，或者继承王位的不是英格兰史上最无能的国王爱德华二世（1307—1327 年在位），那么苏格兰很有可能被英格兰吞并。说到底，考虑到国力悬殊，1066 年后英格兰国王只要集中力量，还是有不少机会征服威尔士和苏格兰的。

当然，这不是说英格兰征服威尔士和苏格兰是不可避免的。英格兰的国力并非一直强盛。在斯蒂芬治下的英格兰最后以崩塌告终，在 1212—1272 年，王国大部分时间既没有明确的战略方向，又没有充足的资源，国力孱弱。英格兰国王也没有将"不列颠"看作一个整体，而将威尔士各大家族以及苏格兰的国王统一起来。在爱德华征伐得胜之后，越来越多的英格兰人表示愿意建立统一的不列颠王国，其中彼得·兰托夫特（Peter Langtoft，他是奥斯定会布里德灵顿修道院的律修士）说了以下这段话：

> 至此，不列颠岛民有了共同的君主
> 奥尔巴尼（苏格兰）已并入王土
> 宣称爱德华是当之无愧的领主
> 康沃尔、威尔士成了爱德华的掌中物
> 就连爱尔兰也唯命是从

　　各王国的国王、王子被赶下了台

　　唯独爱德华国王君临天下。

　　这样的颂歌似乎由来已久。威尔士的杰拉尔德也曾称赞过亨利二世"以一己之力在一个君主政体下统治了不列颠全岛"。但实际上，亨利二世与外祖父亨利一世一样，都想让不列颠的其他统治者承认其的宗主地位，而没有将其视作统一大业的障碍予以铲除。一开始，爱德华的目标也与此相同。他认为不列颠应当分成由许多独立的"诸侯"统领的王国，而他们都应效忠于英格兰国王。1301年，爱德华致信教皇，指出早在布鲁特斯的子孙头一次划分阿尔比恩的时候，就注定了英格兰国王有资格成为苏格兰国王的封建宗主，以及这种关系是如何维持的。对爱德华来说，苏格兰沦为英格兰的附属"土地"，并不是实现了所谓的兰托夫特式愿景，而是因为苏格兰国王违背了向封建宗主效忠的誓言。爱德华当初没收威尔士统治阶层的土地也是这个原因。从这个角度来看，不列颠的统一是由处在从属地位的统治者对封建宗主的不忠行为造成的。

　　英格兰国王早就意识到没收其他统治者土地的可能性（亨利一世就没收过威尔士诸侯的土地），却极少创造有利于没收的条件。实际上，他们在处理与威尔士、苏格兰的关系时，施加的压力通常似有若无，并非步步紧逼。威尔士诸侯、苏格兰国王本身的行为确实是促成这一局势的原因之一，但更重要的是，英格兰国王在别处的事务有更高的优先级。亨利一世和亨利二世都因受制于海峡以南的局势，屡次错失了入侵威尔士的机会。即便在1204年之后，收复安茹帝国位于欧洲大陆的失地，以及坚守那里残存下来的疆土，仍然是需要优先考虑的问题，这样的局势至少持续到了13世纪40

年代。考虑到在价值和声望上，诺曼底、安茹、加斯科涅的重要性都远超威尔士、爱尔兰，甚至苏格兰，这也就不足为奇了。

1066 年之后，诺曼人占领了不少威尔士的土地，推动这一进程的是边境男爵而不是国王。即便在男爵疲于扩张之时，国王也极少表示愿意征服威尔士。对英格兰国王来说，边境男爵和威尔士的诸侯都可能既是盟友又是敌人，具体得由局势来定。亨利一世之所以放任格鲁菲德·阿颇卡南积聚势力，部分原因是他想制衡切斯特伯爵，没成想为圭内斯的复兴奠定了基础。同样，亨利二世将里斯大人任命为南威尔士的代理人，也是因为他想要专心处理爱尔兰问题。后来，亨利三世在 1216—1240 年等于承认了卢埃林大王是威尔士的霸主。在接下来的十年里，亨利错失了征服圭内斯的黄金机会。到了 1267 年，亨利三世和他的儿子竟然放弃了"要求威尔士诸侯效忠"的权利。3 年后，爱德华为了筹措军费，将在威尔士重树权威的计划搁到一旁，出售了要求梅尔达斯·阿颇里斯效忠的权利，帮威尔士亲王卢埃林巩固了权势。英格兰王室一直对自己的利益寸步不让。无论是北方的"四百镇区"，还是南方的彭布罗克、卡迪根、卡马森，其归属权在边境男爵、威尔士统治者，以及国王之间流转，尽由外部政治环境决定。

英格兰对苏格兰封建臣属地位的看法没有定准。威廉一世曾迫使马尔科姆国王"俯首称臣"，而鲁夫斯及亨利一世在位时，苏格兰国王能登上王位全凭英格兰的支持，理应听从后者的号令。从那以后，英格兰王权在苏格兰渐渐丧失了封建宗主地位（很可能是因为斯蒂芬国王的统治令王权被削弱），直到 1174 年亨利二世才重新确立了宗主地位，取得了苏格兰境内几座城堡的控制权。但是，从他开始相信威廉国王并无二心，于是决定归还重要的爱丁堡这一点可以看出，他认为控制苏格兰城堡只是为了防止其入侵英格兰，而不是作为进一步推进的基地。继任者理查一世将筹措十字军东征的军费看得比维护对苏格兰的统治还重要，并通过牺牲后者来实现前者。尽管理查一世后面的国王口头上没有放弃宗主权，但实际上却承认了苏格兰是个独立的王国。因此，自 1217 年起，双方关系变得和睦起来。在亚历山大三世执政期间，亨利三世没有主张之前的宗主权。爱德华一世的态度虽说比较强硬，1278 年在正式文件中记下了英格兰国王主张宗主权的权利，却没有采取实质行动。1290 年，他签订《伯厄姆条约》(Treaty of Birgham)，定下长子与挪威公主的婚事，并承诺苏格兰仍然可以维持"独立自主，不需承认他人的宗主地位"。后来，因为苏格兰王室的直系血脉自挪威公主夭亡后断绝，他才重提宗主权。英格兰的国王此时也没有采取行动增强在爱尔兰的权势。1210 年，约翰王渡海远征之后，他们没有再踏足过爱尔兰。他们认为，爱尔兰不过是为王权增收、恩赏臣下的后援罢了。

因此，这一切为苏格兰国王和威尔士诸侯留出了空间，让他们可以施展扩张的战略。1272 年的不列颠局势并非昙花一现，而是可能经常出现的情况。实际上，在 13 世纪，苏格兰国王就已将占领马恩岛、西部群岛作为战略目标，而圭内斯亲王则要令威尔士其他诸侯承认其霸主地位。而与他们相比，英格兰国王的计划就没那么明确了。

虽说爱德华消灭了威尔士的统治阶层，又吞并了苏格兰王国，但这不能算是英格兰王权加强对不列颠岛封建宗主地位的结果，也没有想过要将不列颠统一。这个说法本身没什么问题，但是为了避免以偏概全，我们还需要另一种说法来加以平衡：如果英国的霸权确实是在这样的情况下出现的，那么在本书谈及的历史时期越晚，这种霸权的要求就可能越高，侵扰性也就越强。书面记录的运用、普通法法律体系的建立、职业司法部门的出现，使得英格兰王室政府越来越注重细节，步调更加一致，涵盖的内容也丰富起来。此时，那些与英政府打交道的威尔士人和苏格兰人，不可避免地会受到影响。早在"征服者"威廉登陆不列颠时起，威尔士和苏格兰的统治者就时不时地向英王效忠，承认自己统管的土地是他们赐予的封地，随时可能被没收。但无论是亨利二世在 1174 年与苏格兰国王签订的条约，还是约翰王向威尔士诸侯颁布的特许状，均用书面语定义了双方的封建主从关系，使得这种关系更加紧密。虽然亨利一世是威尔士诸侯的封建宗主，但在这个时期，双方的关系既没有在案件的审理中得到体现，也没有记入法律文件备案。到了下个世纪，威尔士敕令案件卷档记录了 1277—1284 年由英格兰法官审理的威尔士案件，现代版长达 350 页。1277 年，爱德华设立了专门的卷档，简略地记录了与威尔士事务相关的令状，到了 1282 年仍达到 100 页（按照现代版）。对 1292 年之后的苏格兰来说，最大的威胁似乎是英格兰的法律体系、官僚制度。"狮子"威廉觉得亨利二世的君主统治令人烦恼，尤其是出席亨利的法庭、被迫让出苏格兰城堡，以及允许英格兰插手加洛韦事务，但他还是委曲求全。一百年后，在苏格兰人看来，以上诉案件的审理权为首，爱德华对他们干涉过多，也因此更加难以忍受。

当然，更糟糕的是威尔士和苏格兰统治者同样的自命不凡。卢埃林·阿颇格鲁菲德建立一系列规则，对其他统治者严加管制。他被威尔士亲王这一尊位冲昏了头，一度忘乎所以。苏格兰国王则以英格兰为范本，建立了小型国家机器，还想得到教皇的许可，举行加冕仪式。封建从属对宗主权的忍耐力不断下降，加上宗主对从属提出了更严厉的要求，增加了从属反抗的可能性，事实也确实如此。对爱德华这样一位穷兵极武的国王来说，一旦遇到反抗，总是将没收领地（甚至征服）奉为解决麻烦的唯一途径。失去诺曼底后，国王只能局限于英格兰，这样反倒令其可以举全国之力执行征服计划，而爱德华建立的以税收为基础的国家机器则为实施计划奠定了物质基础。

因此，在13世纪的政治大局中，宗主权即意味着完全的支配，支配会引发反抗，反抗的结果就是被征服。当时的情况真的有这么简单吗？不管是在苏格兰还是在威尔士，虽然具体方法不同，但本土统治者还是有可能避免被英格兰的法律体系、官僚制度压服的。就威尔士而言，如果卢埃林遵守1267年的协议，他和其他诸侯就不会像1277年之后那样，必须忍受英格兰的大加干涉。再来看苏格兰，13世纪90年代的事件就像是晴天霹雳。此前英格兰、苏格兰已久无战事，卡莱尔城堡年久失修，边境两侧的住宅没有架设防御工事，通用货币在两国流通。所以，令这两个王国合二为一的不太可能是武力征服，更有可能是联姻。如果直系血脉断绝的不是苏格兰王室，而是英格兰王室，那么亚历山大三世的儿子（他妈妈是亨利三世的女儿）就很有可能登上英格兰的王位，在爱德华一世去世后统治英格兰、苏格兰，而不是等到1603年伊丽莎白去世后才出现这一情形。

在本书讨论的历史时期，不列颠居民的民族身份、经济状况发生了转变，到了13世纪末，当英格兰人、威尔士人、苏格兰人因政治因素渐行渐远时，其民族融合反而达到了新的高度。如果融合在很大程度上是围绕英格兰展开的，是一个向西欧学习的过程，那么政治霸权就没有理由随之而来。实际上出现了这样一种结果，即英格兰人不再认为威尔士人、苏格兰人是低等的野蛮种族。而无论是民族身份的重塑还是国家权力的发展，都没有破坏三国贵族跨越政治边界相互往来的关系网，三方的联系反而更加明显。亨利一世曾以一臣不能事二主为由，禁止英格兰贵族在边界以北的苏格兰拥有领地。而到了 13 世纪，由于两国国王交好，贵族阶层在边境两侧拥有领地已是普遍现象。对众多盎格鲁－苏格兰领主来说，爱德华的侵苏战争有违常理，无异于飞来的横祸。威尔士贵族玛蒂尔达·朗吉斯比（Matilda Longespee）的父亲和丈夫都是边境男爵，她本人还是卢埃林的表姐——两人分别是卢埃林大王的外孙女、孙子。一听说卢埃林去世，玛蒂尔达马上请求佩卡姆大主教出面赦免他的罪孽。这种悲悯之情闪耀着人性的光辉，超越民族、阶层、性别，令人对未来充满希望。

谱系图

1 英格兰的统治者：英格兰血脉
（英格兰国王用黑体字表示）

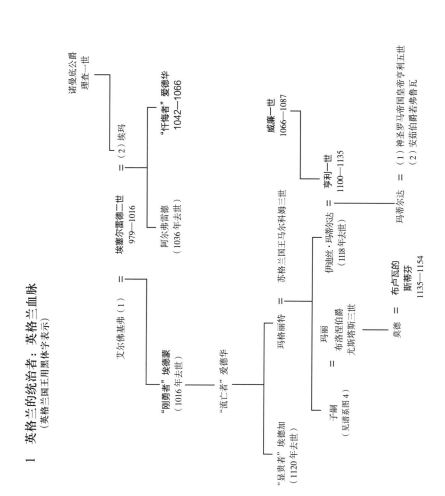

2 英格兰的统治者：诺曼血脉

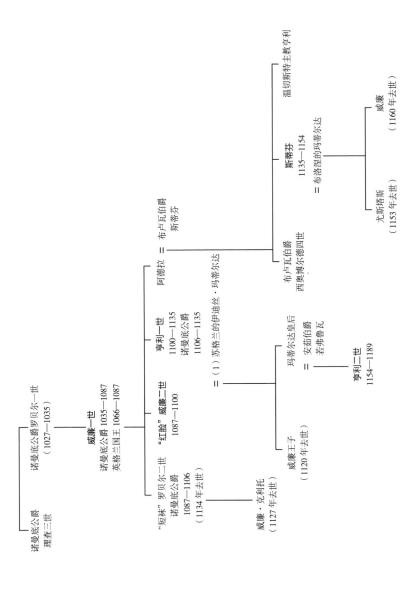

诺曼底公爵
理查二世

诺曼底公爵罗贝尔一世
（1027—1035）

威廉一世
诺曼底公爵 1035—1087
英格兰国王 1066—1087

"短袜"罗贝尔二世
诺曼底公爵
1087—1106
（1134 年去世）

威廉·克利托
（1127 年去世）

"红脸"威廉二世
1087—1100

威廉王子
（1120 年去世）

亨利一世
1100—1135
诺曼底公爵
1106—1135

＝（1）苏格兰的伊迪丝·玛蒂尔达

玛蒂尔达皇后
＝ 安茹伯爵
苦弗鲁瓦

亨利二世
1154—1189

阿德拉
＝ 布卢瓦伯爵
斯蒂芬

布卢瓦伯爵
西奥博尔德四世

斯蒂芬
1135—1154
＝布洛涅的玛蒂尔达

温切斯特主教亨利

尤斯塔斯
（1153 年去世）

威廉
（1160 年去世）

3 英格兰的统治者：安茹血脉

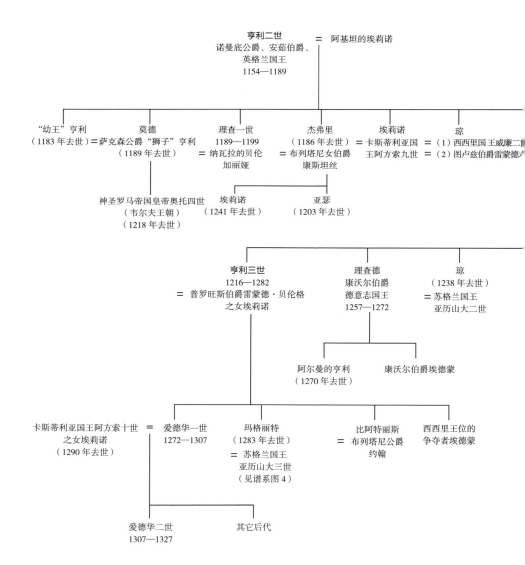

亨利二世
诺曼底公爵、安茹伯爵、
英格兰国王
1154—1189
= 阿基坦的埃莉诺

"幼王"亨利
（1183 年去世）

莫德
（1189 年去世）
= 萨克森公爵"狮子"亨利

理查一世
1189—1199
= 纳瓦拉的贝伦加丽娅

杰弗里
（1186 年去世）
= 布列塔尼女伯爵
康斯坦丝

埃莉诺
= 卡斯蒂利亚国
王阿方索九世

琼
=（1）西西里国王威廉二世
=（2）图卢兹伯爵雷蒙德六世

神圣罗马帝国皇帝奥托四世
（韦尔夫王朝）
（1218 年去世）

埃莉诺
（1241 年去世）

亚瑟
（1203 年去世）

亨利三世
1216—1282
= 普罗旺斯伯爵雷蒙德·贝伦格
之女埃莉诺

理查德
康沃尔伯爵
德意志国王
1257—1272

琼
（1238 年去世）
= 苏格兰国王
亚历山大二世

阿尔曼的亨利
（1270 年去世）

康沃尔伯爵埃德蒙

卡斯蒂利亚国王阿方索十世
之女埃莉诺
（1290 年去世）
=

爱德华一世
1272—1307

玛格丽特
（1283 年去世）
= 苏格兰国王
亚历山大三世
（见谱系图 4）

比阿特丽斯
= 布列塔尼公爵
约翰

西西里王位的
争夺者埃德蒙

爱德华二世
1307—1327

其它后代

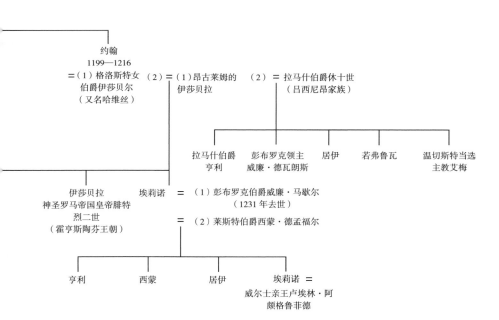

4 苏格兰的统治者
（苏格兰国王用黑体字表示）

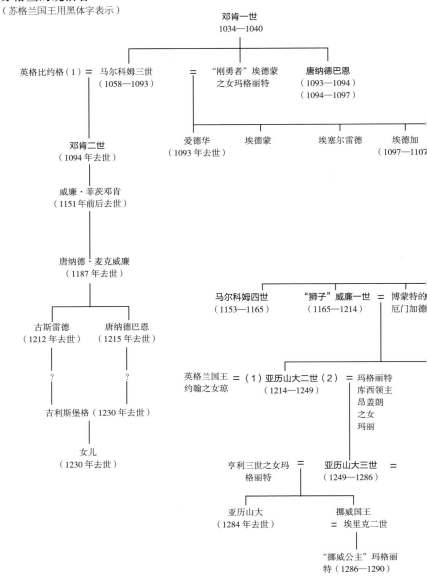

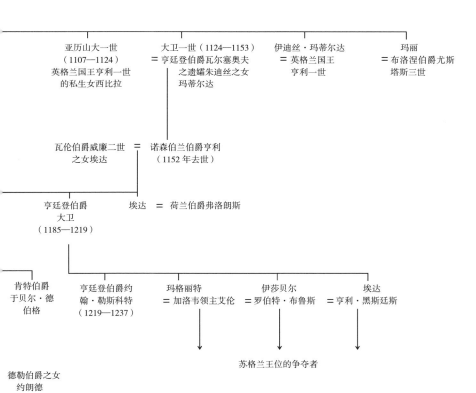

亚历山大一世
（1107—1124）
英格兰国王亨利一世
的私生女西比拉

大卫一世（1124—1153）
＝亨廷登伯爵瓦尔塞奥夫
之遗孀朱迪丝之女
玛蒂尔达

伊迪丝·玛蒂尔达
＝英格兰国王
亨利一世

玛丽
＝布洛涅伯爵尤斯
塔斯三世

瓦伦伯爵威廉二世
之女埃达　＝　诺森伯兰伯爵亨利
（1152年去世）

亨廷登伯爵
大卫
（1185—1219）

埃达　＝　荷兰伯爵弗洛朗斯

肯特伯爵
于贝尔·德
伯格

亨廷登伯爵约
翰·勒斯科特
（1219—1237）

玛格丽特
＝加洛韦领主艾伦

伊莎贝尔
＝罗伯特·布鲁斯

埃达
＝亨利·黑斯廷斯

德勒伯爵之女
约朗德

苏格兰王位的争夺者

5 圭内斯的统治王朝

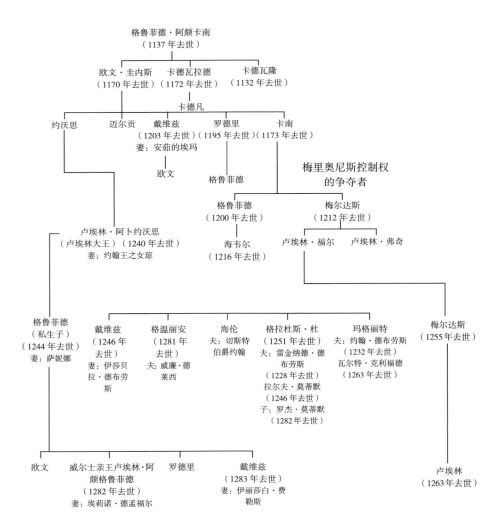

6 德赫巴思的统治王朝

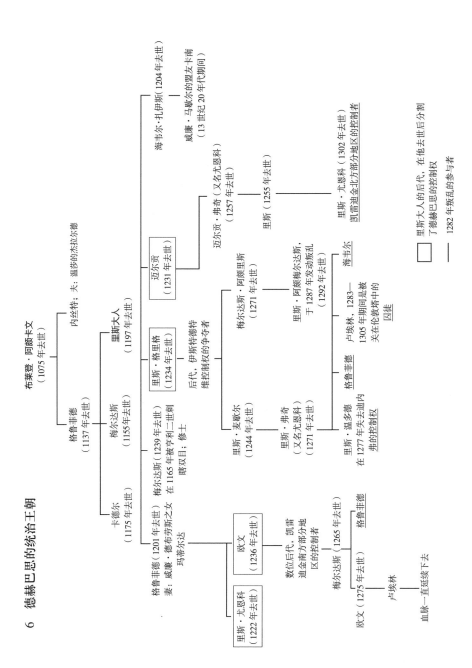

布莱蒂·阿颇卡文
（1075 年去世）

内丝特；夫：温莎的杰拉尔德

格鲁菲德
（1137 年去世）

卡德尔
（1175 年去世）

里斯大人
（1197 年去世）

梅尔达斯
（1155 年去世）

格鲁菲德（1201 年去世）梅尔达斯（1239 年去世）
妻：威廉·德布劳斯之女 在 1165 年被亨利二世刺瞎双目；修士
玛蒂尔达

里斯·尤恩科
（1222 年去世）

欧文
（1236 年去世）

数位后代，凯雷迪金南方部分地区的控制者

梅尔达斯（1265 年去世）格鲁菲德

欧文（1275 年去世）
卢埃林
血脉一直延续下去

里斯·格里格
（1234 年去世）
后代，伊斯特德特维控制权的争夺者

迈尔贡
（1231 年去世）

里斯·麦歇尔
（1244 年去世）

里斯·弗奇
（又名尤恩科）
（1271 年去世）

梅尔达斯·阿颇里斯
（1271 年去世）

里斯·温多德
在 1277 年失去迪内弗的控制权

里斯·阿颇梅尔达斯，
于 1287 年发动叛乱
（1292 年去世）

卢埃林，1283—1305 年期间是被关在伦敦塔中的囚徒

海韦尔·扎伊斯（1204 年去世）

威廉·马歇尔的盟友卡南
（13 世纪 20 年代期间）

迈尔贡·弗奇（又名尤恩科）
（1257 年去世）

里斯（1255 年去世）

里斯·尤恩科（1302 年去世）
凯雷迪金北方部分地区的控制者

海韦尔
格鲁菲德

里斯·大人的后代，在他去世后分割
丁德赫巴思去世后的控制权
1282 年叛乱的参与者

7 波伊斯的统治王朝

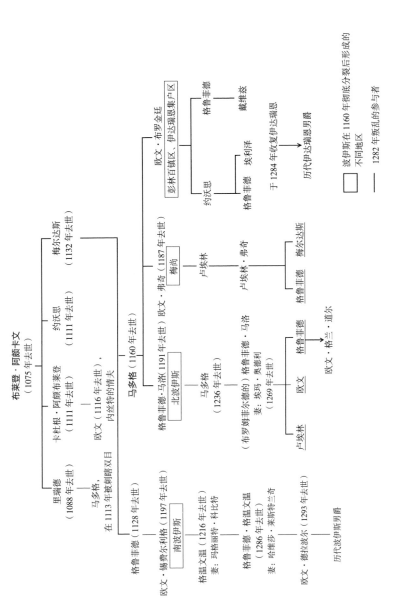

布莱登·阿颇卡文
（1075 年去世）

里瑞德
（1088 年去世）

卡杜根·阿颇布莱登
（1111 年去世）

约沃思
（1111 年去世）

梅尔达斯
（1132 年去世）

欧文（1116 年去世），
内丝特的情夫

马多格，
在 1113 年被剌瞎双目

格鲁菲德（1128 年去世）

欧文·锡费尔利格（1197 年去世）

南波伊斯

格温文温（1216 年去世）
妻：玛格丽特·科比特

格鲁菲德·格温文温
（1286 年去世）
妻：哈维莎·莱斯特兰奇

欧文·德拉波尔（1293 去世）

历代波伊斯男爵

马多格（1160 年去世）

格鲁菲德·马洛（1191 年去世）

北波伊斯

马多格
（1236 年去世）

（布罗姆菲尔的）格鲁菲德·马洛
妻：埃玛·奥德利
（1269 年去世）

卢埃林

欧文

格鲁菲德

欧文·格兰·道尔

欧文·弗奇·弗·弗奇（1187 年去世）

梅尚

卢埃林

卢埃林·弗奇

格鲁菲德

梅尔达斯

欧文·布罗金廷
伊达端恩集户区
彭林百镇区

约沃思

格鲁菲德

埃利泽

格鲁菲德

戴维兹

于 1284 年收复伊达端恩

历代伊达端恩男爵

□ 波伊斯在 1160 年彻底分裂后形成的
不同地区

— 1282 年叛乱的参与者

参考文献

BIBLIOGRAPHY

除非有特殊说明，否则下列所有出版物的出版地点皆为伦敦。

主要一手史料

在本书使用的一手史料中，绝大多数都可以分作两大类。第一类除了包括英格兰国王、苏格兰国王、威尔士统治阶层颁布的文件，还涵盖了一些与法律、政府相关的其它文献资料。第二类为当时之人留下的文字记录，其中既有将本书叙述的历史时期当作记录对象的文献，又有以该时期期间特定历史人物为叙事对象的著作，具体包括：历史、编年史、人物传记、圣徒的生平。此外，史料中还存在第三类、第四类文献，分别为神职人员、教会机构留下的记录，以及在俗之人留下的文字。尽管上述文献的著者十有八九都是英格兰人，但我们也应当认识到，哪怕编写之人是英格兰人，文献也依旧可以成为我们了解发生在威尔士、苏格兰两地历史事件的窗口。M. T. 克兰切所著《从记忆到文字记录的转变：1066—1307 年的英格兰》（*From Memory to Written Record. England 1066–1307*；第二版；1993 年在牛津出版）介绍了本书所述历史时期内文字记录迅速普及的情况，对本书的论述具有启示性意义。英格兰国王留下的绝大部分文字记录都来自两大主要来源，要么是政府的调查记录，要么就是大法官法庭、国库、各类审案法庭颁布的文件。安东尼娅·格兰斯登（Antonia Gransden）所著《550 年前后—1307 年前后英格兰的历史文献》（*Historical Writing in England c. 550 to c. 1307*，

1974年出版）对英格兰这一时期的历史文献进行了详尽的描述，是笔者编写本书不可或缺的工具。在安东尼娅讨论的文献中，绝大部分文献的拉丁文原文已经在19世纪的下半叶出版，收录在《卷档系列》（*Rolls Series*）中。20世纪40年代起，附有学术性介绍文字及英语译文的现代版本《卷档系列》开始面世，其中首先出现的版本为纳尔逊的《中世纪文献》（*Medieval Texts*）系列，而后继者则为仍未结束出版的《牛津中世纪文献》（*Oxford Medieval Texts*）系列——对从事历史研究的学者来说，这一系列是不折不扣的无价之宝。《英格兰历史文献第二卷：1042—1189》（*English Historical Documents II 1042–1189*；由D. C. Douglas、G. W. Greenaway编辑；第二版；1981年出版）、《英格兰历史文献第三卷：1189—1327》（*English Historical Documents III 1189–1327*；由H. Rothwell编辑；1975年出版）以英语译文的形式，收录了种类繁多的一次文献。在下文中，《英格兰历史文献》将统一简称为EHD。

　　无论是讨论英格兰的流传至今的历史纪录，还是研究英格兰王室中央政府颁布的文献，我们都可以按照历史的发展阶段，将本书叙述的时期分为三大时间段，即1066—1154年、1154—1199年、13世纪。

1066—1154

　　1199年之前，无论是特许状、令状，还是其它种类的文件，大法官法庭都不会留下颁布记录。许多档案资料库都保留有此类文件，保存形式要么是原始文档，要么就是原始文档的抄本，而《盎格鲁－诺曼国王书简集：威廉一世大事记（1166—1087）》（*Regesta Regum Anglo-Normannorum: The Acta of William I 1066–1087*；由D. Bates编辑；1998年在牛津出版）、《盎格鲁－诺曼国王书简集（1066—1154）》（*Regesta Regum Anglo-Normannorum 1066–1154*；共四卷；由H. W. C. Davis、C. Johnson、H. A. Cronne、R. H. C. Davis编辑；1913—1969年在牛津出版）则对这些文献进行了汇总收录。前述《书简集》具有极高的学术价值，对研究这一时期历史的学者来说，是不可或缺的核心工具。EHD第二卷的第19号文件收录了亨利一世《加冕宪章》的英语译文。

国库卷档的目的是，在对臣民应当向国王缴纳的款项进行年度审计之后，记录审计的结果；目前为止存世时间最长的国库卷档为1129/30 财年的卷档：*The Pipe Roll of 31 Henry I*［HMSO（英国王室出版局）；1929 年出版］——此版本为英国记录委员会在 1833 年出版的版本的摹本版。《国库对话》（*Dialogus de Scaccario*，由 C. Johnson、F. E. L. Carter、D. Greenway 编译；1983 年在牛津出版）收录了于1135 年之后不久制定的"王室内廷制度"的译文。如果想要具体了解《国库对话》，就请查阅 1154—1189 年部分的文献介绍。

这一时期的王庭没有留下任何官方记录，原因不是当时的王庭根本就没有保存记录的制度，就是所有记录都未能存世；与王庭的情况不同，许多早期法律案件的记录都存留了下来，其最主要的来源为编年史，而《威廉一世至理查一世期间英格兰的法律案件》（*English Lawsuits from William I to Richard I*；共二卷；由 R. C. Van Caenegem 编译）；《塞尔登协会年刊》第 106、107 卷［*Selden Society, 106–7 (1990–1991)*］则汇总收录了所有相关的记录。《亨利一世法典》（*Leges Henrici Prim*i；由 L. J. Downer 编译；1972 年在牛津出版）成书于亨利一世统治时期，是一部关于法律程序的重要著作。

企鹅出版集团已经出版了《末日审判书》的全文：《末日审判书：全译本》（*Domesday Book: A Complete Translation*；由 A. Williams、G. H. Martin 编辑；2002 年出版）。

有两位史家从诺曼人的角度记录了诺曼征服的历史，留下了珍贵的史料，他们分别是瑞米耶日的威廉（他在 1000 年前后出生，是瑞米耶日修道院的修士）、征服者威廉的随行教士普瓦捷的威廉；目前，已经有出版社出版了这两部史书：《瑞米耶日的威廉、奥德里克·维塔利斯、托里尼的罗伯特的诺曼底公爵行为录》（*The Gesta Normannorum Ducum of William of Jumièges, Orderic Vitalis and Robert of Torigni*；共二卷；由 E. M. C. Van Houts 编译；1992—1995 年在牛津出版）、《普瓦捷的威廉的诺曼底公爵行为录》（*The Gesta Guillelmi of William of Potier*s；由 R. H. C. Davis、M. Chibnall 编译；1998 年在牛津出版）。《巴约挂毯》（*The*

Bayeux Tapestry；由 D. M. Wilson 编辑；1985 年出版）再现了巴约挂毯的全貌。盎格鲁－撒克逊编年史从英格兰人的角度记录了诺曼征服的历史，目前存世的一共有两个版本，分别为由英格兰北方的编年史家编写的版本、由彼得伯勒修道院编写的版本，其中后者不仅记录了诺曼征服的历史，而且直到 1154 年，都是具有极高参考意义的重要史料。EHD 第二卷、《盎格鲁－撒克逊编年史》(*The Anglo-Saxon Chronicle*；由 D. Whitelock 编辑；1961 年出版）收录了以上两个版本的译文。此外，伍斯特修道院的修士伍斯特的约翰在编写编年史时使用了另一个版本的盎格鲁－撒克逊编年史，该版本编年史记录的截止时间是 1130 年，而约翰的编年史的截止时间则为 1140 年：《伍斯特的约翰的编年史》（第三卷；1067—1140）(*The Chronicle of John of Worcester,* iii；由 P. McGurk 编译；1998 年在牛津出版）。

　　奥德里克·维塔利斯的著作记录的历史以诺曼征服之前的时期为起点，一直持续到 12 世纪 40 年代，几乎囊括了 1066—1154 年期间的全部历史。1175 年，奥德里克出生在什罗普郡境内，母亲是英格兰人，而父亲则是诺曼人。10 岁时，奥德里克前往诺曼底，进入圣埃夫鲁修道院，在 1114—1141 年期间编写了《教会史》(*Ecclesiastical History*)。《教会史》洋洋万言，虽然经常偏离主题，而且收录了大量的道听途说，但却仍然形象生动，是后世之人了解诺曼精英阶层不可多得的窗口。《教会史》的现代翻译版本为《奥德里克·维塔利斯的教会史》(*The Ecclesiastical History of Orderic Vitalis*；共六卷；由 M. Chibnall 编译；1969—1990 年在牛津出版）；大家还可以参阅玛乔丽·奇布诺尔（Marjorie Chibnall）所著《奥德里克·维塔利斯的世界》(*The World of Orderic Vitalis*；1984 年在牛津出版）。此外，马姆斯伯里的威廉的著作也是研究这一时期历史的重要史料。威廉是马姆斯伯里修道院的修士，在 12 世纪 20 年代期间开始编写史书，无论是就见地而言，还是就对历史的了解能力而论，在所有中世纪时期的史家中首屈一指。已经有出版社出版了其著作的现代翻译版本，分别为《盎格鲁国王行为录：英格兰国王的历史》(*Gesta Regum Anglorum: The History of the English Kings*；共二卷；由 R. A. B. Mynors、R. M. Thomson、

M. Winterbottom 编译；1998—1999 年在牛津出版)、《当代历史》(记录了史蒂芬国王在位前半段时期的历史；*The Historia Novella*；由 E. King、K. R. Potter 编译；1998 年在牛津出版)。此外，大家还可以阅读罗德尼·汤姆森 (Rodney Thomson) 所著《马姆斯伯里的威廉》(*William of Malmesbury*；1987 年在伍德布里奇出版)。与威廉一样，亨廷登的会吏长亨利不仅也是英格兰、诺曼混血儿，而且作为历史学家，同样也能力出众。亨利编写的英格兰历史起点即便不是 1123 年，也是之后不久的年份，其第一版记录的终止时间为 1129 年，之后又陆续更新，直到最后一个版本将终止时间定在了 1154 年。其史书的现代翻译版本名为《亨廷登的会吏长亨利：盎格鲁人历史，即英格兰人的历史》(*Henry, Archdeacon of Huntingdon, Historia Anglorum The History of the English People*；由 D. Greenway 编译；1996 年在牛津出版)。作为安塞尔姆大主教的忠仆，坎特伯雷的修士爱德玛与安塞尔姆朝夕相处，留下的记录绘声绘色，为后世提供了不可多得的研究资料：《爱德玛所著圣安塞尔姆的一生》(*The Life of St Anselm by Eadmer*；由 R. W. Southern 编译；1962 年出版)、《爱德玛的英格兰近期历史事件》(*Eadmer's History of Recent Events in England*；由 G. Bosanquet 翻译；1964 年出版)。受爱德玛的影响，约克的吟唱者休也编写历史，记录了瑟斯坦大主教的一生，为后世提供了同样珍贵的历史资料：《吟唱者休：约克教会史 (1066—1127)》(*Hugh the Chanter: The History of the Church of York 1066–1127*；由 C. Johnson、M. Brett、C. N. L. Brooke、M. Winterbottom 编译；1990 年在牛津出版)。《阿宾顿教会史》(第二卷) (*History of the Church of Abingdon*, 2；记录 1066 年之后的历史；由 J. Hudson 编译；2002 年在牛津出版) 业已翻译出版，为学界研究这部重要的修道院历史提供了方便。

记录斯蒂芬国王统治时期历史事件的编年史中，《斯蒂芬国王行为录》(*Gesta Stephani*；由 K. R. Potter、R. H. C. Davis 编译；1976 年在牛津出版) 的地位最为重要，其编写者有可能是在 1136—1166 年期间担任巴斯主教的刘易斯的罗伯特 (Robert of Lewes)。纽堡的威廉在晚些时候也记录了斯蒂芬统治时期的历史，其现代翻译版本为《纽堡的威廉：英格兰史事》（第一卷）（*William of Newburgh: The History of English Affairs,* Book Ⅰ；由 P. G. Walsh、M. J. Kennedy 编辑；1988 年在沃明斯特出版）。《英格兰编年史家编写的苏格兰编年史（500—1286）》（*Scottish Annals from English Chroniclers 500–1286*；由 A. O. Anderson 编辑；1991 年在斯坦福德出版）收录了赫克瑟姆修道院的编年史、里沃的埃尔勒德对圣旗之战记录的译文，具有极高的学术价值。杰尔姆·伯特伦神父（Fr Jerome Bertram）将埃尔勒德所著《圣徒"忏悔者"爱德华的一生》（*Life of St Edward the Confessor*；1997 年在吉尔福德出版）翻译成了英文。《沃尔特·丹尼尔所著里沃的埃尔勒的一生》（*The Life of Ailred of Rievaulx by Walter Daniel*；由 F. M. Powicke 编译；1950 年出版）很好地反映了早期西多会运动的精神内涵。此外，《马克耶特的克里斯蒂娜——12 世纪时期一位隐士的一生》（*The Life of Christina of Markyate: A Twelfth Century Recluse*；由 C. H. Talbot 编译；牛津；1987 年出版）同样也是一部极有价值的人物传记（在 1155—1166 年期间成书）。令人感到遗憾的是，到目前为止，《福特修道院院长约翰所著黑泽尔伯里的沃尔夫里奇的一生》［*The Life of Wulfric of Haselbury by John Abbot of Ford*；由 Dom M. Bell 编辑；萨默塞特档案协会会刊第 47 卷（1933 年出版）］仍然没有英语译本。

刘易斯·索普（Lewis Thorpe）已将蒙茅斯的杰弗里所著《不列颠诸王史》（*The History of the Kings of Britain*）翻译成英文，如有兴趣，就请阅读企鹅经典系列在 1966 年出版的版本。《以盖马尔·杰弗里先生的翻译为据编写的英格兰人的历史》（*Lestorie des Engles solum la Translacion Maistre Geffrei Gaimar*；共二卷；由 T. D. Hardy、C. T. Martin 编辑；《卷档系列》；1888—1889 年出版）的第二卷收录了英语翻译版的盖马尔著作。

1154—1199

在亨利二世统治时期大法官法庭颁布的特许状、令状中有不少文件存世至今；J. C. 霍尔特、N. C. 文森特已经完成了对这部分文件的编辑工作，文件集很快就要出版问世，必将令学界对亨利二世统治时期的研究取得长足的进步。此外，尼古拉斯·文森特正在准备"理查一世大事记"新版本的出版工作。另外，《理查一世巡游录》（*The Itinerary of Richard I*；由 L. Landon 编辑；卷档协会；new series ⅹⅲ（1935））对这一时期历史的研究也能起到一定的指导作用。

自 1155 年起，存世至今的国库卷档开始能够以年份的顺序，形成连续的文档；卷档协会出版了 1154—1199 年期间的所有国库卷档。1177—1179 年间，理查德·菲茨奈杰尔以描述国库的运作原理为目的，编写了一份十分了得的说明文档；该文档目前出版的现代翻译版本为《国库对话》。

直至 12 世纪 90 年代中期，英格兰的王室法庭都没有留下任何存世至今的官方记录，所以相关领域的研究仍然必须以范·卡内基姆（Van Caenegem）所著《威廉一世至理查一世期间的英格兰法律案件》为据。在亨利二世统治的末期，以首席政法官雷纳夫·格兰维尔为首的英格兰法律界编写了《英格兰法律、习俗之论述——通称格兰维尔》（*The Treatise on the Laws and Customs of England commonly called Glanvill*；由 G. D. G. Hall 编辑；1965 年出版），详尽地分析了早期普通法体系的运作原理。

EHD 的第二卷不仅收录了亨利二世颁布的敕令，还收录了郡督大审及 1166 年的骑士军事服务大调查的部分结果。

一些成就非凡的历史学家留下了不朽的著作，绘声绘色，描述了发生在这一历史时期的事件。豪登的罗杰是一位王室教士，除了在王庭供职，还经常被委以重任，前往各地为国王完成特别使命，所以他作为史家，既能够以内部人员的独特视角描述发生在王庭中的各类事件，还消息灵通，能够将发生在苏格兰境内的事件娓娓道来；如想了解豪登的著作，就请阅读大卫·科纳（David Corner）在《历史研究学院学报》（第 56 期）［*Bulletin of the Institute of Historical Research*, 56（1983）］上发表的文章。与豪登一样，布雷肯会吏长威尔士的杰拉尔德同样也是一位王室教士，但与谨言慎行、平实低调的豪登不同，杰拉尔德心急口快、负才傲物，所以二人文风迥然相异。此外，作为一个同时拥有威尔士血统、盎格鲁－诺曼血统的混血儿，杰拉尔德还自怜自艾，将出身当作人生的一大困扰。12 世纪 90 年代末，奥斯定会的律修士纽堡的威廉也编写了一部编年史，其文风既充满了人心的光辉，又不失明智审慎的分析，自成一派，与豪登、杰拉尔德二人完全不同。圣保罗大教堂的总铎迪斯的拉尔夫同样也是一位地位十分重要的史家，他将亨利二世视作治世的贤君，佩服得五体投地。目前，想要拜读迪斯的史书，就只能阅读原始的《卷档系列》版本；兰纳克出版社（Llanerch Press）最近（1996 年）重印了 19 世纪期间 H. T. 赖利（H. T. Riley）、J. 史蒂文森［J. Stevenson；收录在史蒂文森的著作《英格兰的教会史家》（*Church Historians of England*）中］翻译的豪登及杰拉尔德的译本。《威尔士的杰拉尔德自传》（*The Autobiography of Giraldus Cambrensis*；由 H. E. Butler 编译；1937 年出版）绘声写影，记录了威尔士的杰拉尔德的一生；此外，大家还可以阅读罗伯特·巴特利特（Robert Bartlett）的著作《威尔士的杰拉尔德：1146—1223》（*Gerald of Wales 1146–1223*；1982 年在牛津出版）。后文将继续介绍杰拉尔德描述威尔士、爱尔兰的著作。《范托斯姆的乔丹的编年史》（*Jordan of Fantosme's Chronicle*；由 R. C. Johnston 编译；1981 年在牛津出版）记录了 1173—1174 年期间的内战，既具有不可或缺的研究价值，又扣人心弦，令人难以释卷。温切斯特的一位修士编写了《迪韦齐斯的理查德的编年史》（*The Chronicle of Richard of Devizes*；由 J. T. Appleby 编译；1963 年出版），为后世史家研究理查国王的统治留下了珍贵的史料；此外，科吉舍尔的拉尔夫的著作、威廉·马歇尔的传记同样也是用来研究理查国王的珍贵史料，所以将会在下文中得到详细的介绍。

　　贝克特与亨利二世间的矛盾令古时的史家文思泉涌，创作了大量介绍这位大主教的传记类著作，目前均已被《托马斯·贝克特传记集》（*The Lives of Thomas Becket*；由 M. Staunton 编译；2001 年在曼彻斯特出版）收录。EHD 第二卷中的第三部分（C）不仅记录了贝克特争议的来龙去脉，还收录了《克拉伦登法典》。《战役修道院编年史》（*The Chronicle of Battle Abbey*；由 E. Searle 编译；1980 年在牛津出版)、《布雷克隆德的乔斯林的编年史——圣埃德蒙修道院院长萨姆森行为录》(*The Chronicle of Jocelin of Brakelond concerning the Acts of Samson abbot of the Monastery of St Edmund*;由 H. E. Butler 编译;1949 年出版)让后世了解到,为了维护自身权利、保护名下财产,英格兰的修道院据理力争,寸步不让。乔斯林的著作活灵活现,还原了萨姆森院长的做所做为,已经成为公认的经典著作。上述编年史全都能作为窗口,让后世之人一瞥安茹王朝国王指点江山的王者风范。林肯主教阿瓦隆的休(1186—1200 年在任)的传记《林肯的圣休的一生》(*The Life of St Hugh of Lincoln*;由 D. L. Douie、H. Farmer 编译;1962 年出版)由其随行教士恩舍姆的亚当(Adam of Eynsham)编写,同样也是帮助后世了解安茹王朝国王重要史料;这部传记气势恢宏,既展现了休主教仁慈的品质,又凸显了他作为伟人的一面,没有丝毫矫揉造作,令人心服口服。如想全面了解 12 世纪时期的历史学家,就请阅读南希·帕特纳(Nancy Partner)所著《严肃娱乐:12 世纪期间英格兰的历史著作》(*Serious Entertainments: The Writing of History in Twelfth-Century England*;1977 年在芝加哥出版)。

13 世纪

自 12 世纪末时起,英格兰中央政府产生的文字记录出现了爆炸式的增长,为后世的史家提供了大量的研究资料,令史学研究发生革命性的变化。自 1199 年起,大法官法庭开始设立一系列的卷档,用来记录每年颁布的文件,所以史学家再也不用像撞大运一样,指望自己能够得到侥幸存世的原版或誊写版文件。大法官法庭的卷档分为特许状卷档、公开令状卷档、保密令状卷档、令状支出卷档、罚金卷档,由国家档案局负责保管;自 19 世纪 20、30 年代起,记录委员会便开始出版 13 世纪时期产生的卷档,到了之后的 90 年代,出版工作由王室出版局接手,到目前为止,几乎所有的卷档都已经以或完整版,或附带日期的一览表的形式出版问世。《爱德华一世时期王室特许状见证人列表》(*The Royal Charter Witness Lists of Edward I*;由 R. Huscroft 编辑)、《亨利三世时期王室特许状见证人列表》[*Charter Witness Lists of Henry III*；共二卷；由 M. Morris 编辑；列表与索引协会（List and Index Society），文件序列号 279、291、292（2000、2002 年出版）〕的出版弥补了国家档案局一览表式版本的不足。见证人列表为后世史家提供了关键的证据，可以判断出哪些权贵经常出入王庭，伴随国王左右。此外，罗宾·斯塔德（Robin Studd）所著《爱德华王子巡游录》与上述文献相关，也已由列表与索引协会出版（文件序列号 284；2000 年出版）。

国王的法庭存世时间最早的审理记录可以追溯至 12 世纪 90 年代中期，但需要注意的是，法庭开始保留记录的时间很有可能要稍早于90 年代中期。《国王法庭卷档》（*Curia Regis Rolls*；共 18 卷；1922—1999 年出版）保留了截止至 1245 年的两类卷档，分别为设立于威斯敏斯特的中央法庭（"普通法法院"）的卷档，以及随国王四处巡游的法庭（日后所谓的"御前法庭"）的卷档。在前往全国各地审案的法官留下的记录（"巡回法庭卷档"）中，存世时间最早的那部分可以追溯至 12 世纪 90 年代；塞尔登协会、各地的记录协会都出版了此类记录，可参阅大卫·克鲁克（David Crook）所著《巡回法庭记录集》（*Records of the General Eyre*；1982 年出版）。此外，各地的记录协会还出版了大量协议诉讼的文书附尾。《布拉克顿：英格兰的法律与习俗》（*Bracton de Legibus et Consuetudinibus Angliae*；共四卷；由 G. E. Woodbine、S. E. Thorne 编辑；1968—1977 年在马萨诸塞州的剑桥市出版）是一部介绍英格兰法律程序的伟大著作，在 13 世纪 20 到 30 年代期间成书，编写者为法官威廉·罗利的下属。存世时间最长的英格兰法律判例汇编可以追溯至 13 世纪 60 年代，目前正由保罗·布兰德（Paul Brand）负责编辑，完成后将由塞尔登协会出版。《森林法案件选编集》[*Select Pleas of the Forest*；由 G. J. Turner 编辑；《塞尔登协会年刊》（第 13 卷）〕收录了森林法法庭卷档的部分内容。

卷档协会出版了截止至 1222 年的国库卷档。此外，该协会还出版了一部分国库编写的备忘卷档、收支卷档。犹太人历史学会出版了国库犹太人署所有存世至今的案件卷档。以 1245 年之后的相关法律文件为代表，大部分 13 世纪期间的财政记录文件还有待出版。

存世时间最久的内廷记录可以追溯至约翰王统治的时期。到了约翰之子亨利三世统治时期，内廷记录的存世量仍然相对有限，无法形成在时间上具有连续性的记录；自亨利之子爱德华继位时起，内廷记录的存世量大幅增加，变得十分充足。《内廷金库及国王内廷记录集：1285—1289》（*Records of the Wardrobe and Household 1285-1289*；共二卷；由 B. F. Byerly、C. R. Byerly 编辑；HMSO；1977、1986 年出版）收集整理了部分内廷记录。

《各类调查结果一览》（第一卷）（*Calendar Inquisitions Miscellaneous,* 1；1916 年出版）、《事后调查结果一览》（*Calendars of Inquisition Post Mortem*）、《百户区调查卷档》（*Rotuli Hundredorum*；共二卷；1812、1818 年出版）收录了各类政府调查的调查结果。《百户区调查卷档》的第二卷收录了 1279 年时《百户区案卷》大调查的调查结果；如想了解相关内容，还可查阅《1279—1280 年期间沃里克郡的百户区案卷：斯通利百户区、凯恩顿百户区》（*The Warwickshire Hundred Rolls of 1279–80: Stoneleigh and Kineton Hundreds*；由 T. John 编辑；1992 年在牛津出版）。《封邑全书》（*The Book of Fees*；共三卷；1920—1931 年出版）收录了包括土地调查结果在内的各类史料，是重要的证据，对确定 13 世纪期间土地的归属权意义十分重大。

EHD 第三卷收录了本时期所有重要的法律文件，不仅包括各种版本的《大宪章》《森林宪章》、1244 年的"纸面宪法"、1258—1259 年期间颁布的"牛津条例"和"威斯敏斯特条例"、1297 及 1300 年时国王做出的让步，还包括爱德华一世颁布的所有主要法令。G. O. 塞尔斯（G. O. Sayles）所著《中世纪时英格兰议会的职能》（*The Functions of the Medieval Parliament of England*；1988 年出版）提供了大量早期议会文献资料的译文。

尽管与之前相比，到了 1199 年之后，官方记录文件的存世量大幅增加，但自该年起，史学著作的质量却走上了下坡路。此外，到目前为止，只有极少几部 13 世纪时期史家的著作得以以现代出版物的形式面世。1200 年前后，豪登的罗杰、纽堡的威廉、迪斯的拉尔夫都已封笔。自约翰王即位时起，直至亨利二世亲政之前，质量最高的编年史为科吉舍尔的拉尔夫编写的编年史，以及所谓的"巴恩韦尔"编年史——后者得名"巴恩韦尔"的原因是，其唯一存世的版本由剑桥郡境内的巴恩韦尔修道院保管。此二部历史均已收录进入《卷档系列》，其中后者收录在《考文垂的沃尔特的历史文集》（*Memoriale Walteri de Coventria*；共二卷；由 W. Stubbs 编辑；《卷档系列》；1872—1873 年出版）的第二卷中。威廉·马歇尔是亨利三世的摄政官，其生平传记由马歇尔家族在 13 世纪 20 年代期间出资编写，以细腻入微、生动传神的笔触描写了安茹帝国时期的政治斗争、骑士精神，就文学成就而论，可以看作是世俗版本的"圣休的一生"。马歇尔的传记共分为三卷，其中《威廉·马歇尔的历史》（*History of William Marshal*；由 A. J. Holden、D. Crouch 编辑，S. Gregory 翻译；盎格鲁－诺曼文献协会；2002 年出版）是最先出版的一卷，涵盖范围为自马歇尔出生时起，至 1194 年为止的时间段。EHD 第三卷的第 3 号文件收录了传记的最后一部分内容，涵盖的时间范围为自 1216 年起，至 1219 年为止。

13 世纪期间，圣奥尔本斯修道院出了两位著名的编年史家，分别是文多弗的罗杰、马修·帕里斯。在文多弗的编年史中，自 1202 年起，直到 1235 年时，编年史结束为止的时间段，都是文多弗原创的内容。该编年史的编写工作很有可能开始于 13 世纪 20 年代，所以说，编年史中接近尾声的部分具有最高的学术价值。J. A. 贾尔斯（J. A. Giles）翻译了文多弗的编年史，译本名为《文多弗的罗杰的史海拾花》（*Roger of Wendover's Flowers of History*；共二卷；1849—1850 年出版）；兰纳克出版社分别在 1993 年、1996 年再版了这两卷译本。帕里斯的《世界大事记》成书时间恰逢英格兰历史的多事之秋。《世界大事记》记录了自 1235 年起，至 1259 年帕里斯去世时为止的历史，囊括了亨利三世亲政时期的全部历史，除了是一部重要的英格兰历史，对威尔士、苏格兰的历史来说，也是极其重要的史料来源。与文多弗一样，帕里斯也十分厌恶国王的异乡人宠臣、大臣；此外，作为一名史家，无论是在见地方面，还是就对历史的了解能力而论，帕里斯都无法与马姆斯伯里的威廉相提并论。尽管有上述不足之处，但我们也必须承认，帕里斯不仅人脉广泛，还对各类主题来者不拒，留下的史料盈千累万，而更为重要的则是，在通常情况下，他都能对历史事件进行相对准确的记录，基本上不会出现大错特错的情况。不仅如此，帕里斯还是一位具有极高造诣的艺术家。目前，《世界大事记》的唯一英语译本是 J. A. 贾尔斯（J. A. Giles）的译著《马修·帕里斯的英格兰历史》（*Matthew Paris's English History*；共三卷；1852—1854 年出版）。如想进一步了解帕里斯，可阅读理查德·沃恩（Richard Vaughan）所著《马修·帕里斯》（*Matthew Paris*；1958 年在剑桥出版）、苏珊娜·刘易斯所著《世界大事记中马修·帕里斯的艺术作品》（*The Art of Matthew Paris in the Chronica Majora*；1987 年在伯克利、洛杉矶出版）。

《方济各会的到来：埃克尔斯顿的托马斯》（*The Coming of the Franciscans: Thomas of Ecclesto*；由 L.P.Sherley-Price 翻译；1964 年出版）收录了埃克尔斯顿的托马斯对托钵修会早期发展史的描述。马修·帕里斯、拉尔夫·博金分别为坎特伯雷大主教阿宾顿的埃德蒙、奇切斯特主教威奇的理查德编写了传记，但无论是在描写的细致程度上，还是就洞察能力而言，这两部传记都不能与"圣休的一生"相提并论。这两部传记均已出版，分别名为《马修·帕里斯所著圣埃德蒙的一生》（*The Life of St Edmund by Matthew Paris*；由 C. H. Lawrence 编译；斯特劳德；1996 年出版）、《奇切斯特的圣理查德：其人生平事迹》［*St Richard of Chichester: The Sources of his Life*；由 D. Jones 编辑；萨塞克斯记录协会；第 79 卷（1993 年出版）］。

邓斯特布尔编年史，以及阿诺德·菲茨西德马所著 13 世纪 60 年代时期的伦敦编年史、彼得·兰托夫特所著 13 世纪 90 年代时期的伦敦编年史，均以译文的形式被 EHD 第三卷收录。《贝里圣埃德蒙编年史》（*The Chronicle of Bury St Edmunds*；由 A. Gransden 编译；1964 年出版）主要讲述爱德华一世统治时期的历史。爱德华在位时期，英格兰最有见地的史家是托马斯·威克斯；威克斯曾经服侍康沃尔的理查德，在进入奥斯内修道院颐养天年后开始编写编年史。《牛津中世纪文献》系列也许很快就会出版最新版本的威克斯编年史。

13 世纪期间，涉及政治的歌曲、小册子数量不断增多，所以它们的史料价值也水涨船高；由 P. R. 科斯（P. R. Coss）撰写新序言的《约翰王至爱德华二世统治时期的英格兰政治歌曲》(*Political Songs of England from the Reign of John to Edward II*；由 T. Wright 编译；1996 年在剑桥出版）收录了许多此类歌曲、小册子。目前，《刘易斯之歌》（同样也被 EHD 第三卷收录）公认的标准版本是《刘易斯之歌》(*The Song of Lewes*；由 C. L. Kingsford 编译；1890 年在牛津出版)。《男爵运动文献集：1258—1267》(*Documents of the Baronial Movement 1258–1267*；由 R. F. Treharne、I. J. Sanders 编译）不仅收录了主要的法律文件，还列举了 13 世纪 70 年代期间时，两大对立阵营各自对对方的主要不满之处。

　　苏格兰与英格兰不同，其王室中央政府没有建立完备的国家纪录体系。无论是就文件的颁布量而论，还是在记录的统一归档管理方面，苏格兰的大法官法庭都无法与英格兰的大法官法庭相比。致力于收录苏格兰大法官法庭文件的项目已经取得了一定的成果，目前已经出版了《大卫一世国王的特许状……》(*The Charters of King David I* 1124–53…；1999 年在伍德布里奇出版)、《苏格兰国王书简集：1153—1214》(*Regesta Regum Scottorum:* 1153–1214；共二卷；1960、1971 年在爱丁堡出版)（均由 G. W. S. Barrow 编辑)。如想了解早期的史料，可查阅《公元 1153 年之前的早期苏格兰特许状》(*Early Scottish Charters prior to AD 1153*；由 A. C. Lawrie 编辑；1905 年在格拉斯哥出版)。13 世纪下半叶，苏格兰出现了王室财政记录、收入估算记录、内廷描述文献，其中一部分由《苏格兰国库卷档》(*The Exchequer Rolls of Scotland*；由 J. Stuart、G. Burnett 编辑；1878 年在爱丁堡出版）收录，而另一部分则汇总为"苏格兰国王的内廷及其它零散史料"('*The Scottish king's household and other fragments*'；由 M. Bateson 编辑)，被《苏格兰历史学会杂集》（第二卷）(*Miscellany of the Scottish Historical Society*, ii；1904 年在爱丁堡出版）收录。赫克托·L. 麦奎因所著《中世纪时期苏格兰的普通法与封建社会》(*Common Law and Feudal Society in Medieval Scotland*；1993 年在爱丁堡出版）解开了因早期苏格兰法律纷繁错杂的证据而产生的历史难题。

纵观本书讲述的历史时期，阿盖尔、加洛韦、西部群岛、马恩岛在大部分时间内都或多或少，独立于苏格兰王国之外，由独立的统治者统治。尽管这些统治者颁布的文件基本上都已无据可查，但基思·斯特林格（Keith Stringer）还是汇集了与大约 65 份文件相关的证据，其中绝大多数都是 1140 年前后至 1230 年期间由加洛韦的统治者颁布的特许状，撰写了名为"领主行为录：加洛韦的统治者至 1234 年为止的文献记录"（'Acts of Lordship: The records of the lords of Galloway to 1234'）的论文，收录在《自由与权威：1050 前后—1650 年前后的苏格兰——献给格兰特·G. 辛普森的纪念文集》（Freedom and Authority: Scotland c. 1050–c.1650. Essays presented to Grant G. Simpson；由 T. Brotherstone、D. Ditchburn 编辑；2000 年在东林顿出版）。

《苏格兰相关文献一览：1108—1272》（Calendar of Documents relating to Scotland 1108–1272；共二卷；由 J. Bain 编辑；1881、1994 年出版）以附带日期的一览表的形式，总结了英格兰政府文献中与苏格兰相关的文献（不一定完全没有差错）。《盎格鲁－苏格兰关系：1174—1328》（Anglo-Scottish Relations 1174–1328；由 E. L. G. Stones 编辑；1965 年在牛津出版）是一部具有极高学术价值的文集。

《苏格兰历史的早期史料：500—1286》（Early Sources for Scottish History 500–1286；共二卷；由 A. O. Anderson 编译；1922 年出版在爱丁堡出版；1990 年在斯坦福德出版）收录了为数不多的编年史及其他类型的叙事型史料，其中玛格丽特王后的传记（很有可能是杜尔哥的著作）、挪威萨迦、马恩岛的编年史、梅尔罗斯编年史的学术价值尤其重要。A. A. M. 邓肯发表了关于梅尔罗斯编年史的研究论文，收录在《500—1297 年期间苏格兰的国王、教士与编年史：献给玛乔丽·O. 安德森的纪念文集》（Kings, Clerics and Chronicles in Scotland 500–1297: Essays in Honour of Marjorie O. Anderson；由 S. Taylor 编辑；2000 年在都柏林出版）。《英格兰编年史家编写的苏格兰编年史：500—1186》是一部经常被学界使用的文集。福尔登的约翰（John of Fordun）在 14 世纪期间编写的编年史收录了一些独有的早期史料，其英语译本为

《福尔登的约翰的苏格兰国家编年史》（*John of Fordun's Chronicle of the Scottish Nation*；共二卷；由 W. F. Skene 编辑；1993 年在兰纳克出版）。沃尔特·鲍尔在 15 世纪期间编写的编年史也具有类似的历史价值，其现代版本为《沃尔特·鲍尔所著苏格兰编年史》（*Scotichronicon by Walter Bower*；由 D.E.R. Watt 担任总编辑；1995、1994、1990 年在爱丁堡、阿伯丁出版），其中尤以第 3—6 卷最具史料价值。

　　《威尔士统治者行为录：1120—1283》（*The Acts of the Welsh Rulers, 1120–1283*；由 H. Pryce，C. Insley 辅助编辑；即将出版，出版地点为加的夫）出版之后，定将为威尔士历史的研究开辟一片全新的天地。如想了解威尔士法典，可参阅《海韦尔·达达的法律：中世纪威尔士的法律文献》（*The Law of Hywel Dda: Law Texts from Medieval Wales*；由 D. Jenkins 编译；1986 年在兰达西尔出版）。

　　《布鲁特》是记录本书所述历史时期的威尔士编年史，书名与不列颠一样，也取自传说中不列颠王国的缔造者布鲁特斯；该书在古时共有两个版本，目前均由堪称典范的现代版本：《Brut Y Tywysogyon，即诸亲王编年史：佩尼阿斯手稿第 20 卷版》（*Brut Y Tywysogyon or The Chronicle of the Princes Peniarth MS.20 Version*；由 T. Jones 编译；1952 年在加的夫出版）、《Brut Y Tywysogyon，即诸亲王编年史：哈吉斯特红皮书版》（*Brut Y Tywysogyon or The Chronicle of the Princes, Red Book of Hengest Version*；由 T. Jones 编译；1955 年在加的夫出版）。上述两个古代版本均使用威尔士语创作，使用的史料依据为一部成书于 13 世纪末，由斯特拉塔佛罗里达的西多会修道院的修士编写的拉丁文编年史，而这部拉丁文编年史的编写依据则为一系列其它的早期编年史，分别是：圣戴维斯的编年史（截止时间为 1100 年前后）、编写地点为阿伯里斯特威斯附近的兰巴登福尔的编年史（截止时间为 1175 年，对亨利一世统治时期的历史记录得尤其详细）、斯特拉塔佛罗里达修道院的编年史（截止至《布鲁特》开始编写的时期）。尽管此部拉丁文编年史的原稿已经遗失，但我们仍然可以在《威尔士编年史》（*Annales Cambriae*；由 J. Williams ab Ithel 编辑；《卷档系列》；1860 年出版）、《威尔士的编年史》（*Chronica de Wallia*；由 T. Jones 编辑；

1946 年在加的夫出版）中阅读到一部分原文。格鲁菲德·阿颇卡南的生平是一部非同凡响的传记，其成书地点为圭内斯，成书时间为自卡南在 1137 年去世时起，至 12 世纪 60 年代这一时期中的某一段时间；该传记的现代翻译版本为《一位中世纪的威尔士亲王：格鲁菲德·阿颇卡南的一生》（*A Mediaeval Prince of Wales: The Life of Gruffudd ap Cynan*；由 D. S. Evans 编译；由兰纳克出版社在 1990 年出版）。内莉斯·安·琼斯（Nerys Ann Jones）以这部传记为主题撰写了一篇论文，收录在《格鲁菲德·阿颇卡南：一部合编传记》（*Gruffudd ap Cynan: A Collaborative Biography*；由 K. L. Maund 编辑；1996 年在伍德布里奇出版）中。威尔士的杰拉尔德的著作具有极高的学术价值，对本书所述时期内的威尔士历史的研究来说，是不可或缺的史料，而在杰拉尔德的所有著作中，史料价值最高则当属 "威尔士巡游记"（*'Journey through Wales'*；巡游的目的是在威尔士宣扬十字军东征）、"威尔士风物志"（*'Description of Wales'*）；刘易斯·索普已经翻译了这两部著作，译本已经被企鹅经典系列收录（1978 年出版）。《马比诺吉昂》（*The Mabinogion*；由 J. Gantz 编译）收录了威尔士的骑士传奇故事，在 13 世纪期间形成文字版本，同样也被企鹅经典系列收录。

　　以下皆为对 13 世纪时期威尔士历史的研究具有重要学术意义的史料：《威尔士古代书信一览》（*Calendar of Ancient Correspondence concerning Wales*；由 J. G. Edwards 编辑；1935 年在加的夫出版）是一部书信集，收录了英格兰的官员、权贵及威尔士统治阶层存世至今的书信，收信人十有八九都是英格兰的中央政府，而信件的原件则都保存在国家档案局；《威尔士令状集》（*Littere Wallie*；由 J. G. Edwards 编辑；1940 年在加的夫出版）收集了威尔士统治阶层及统治阶层的臣属颁布的各类令状，在 13 世纪末期由英格兰中央政府编辑成册；《威尔士敕令卷档：1277—1284》（*The Welsh Assize Roll, 1277–1284*；由 J. Conway Davies 编辑；1940 年在加的夫出版）；《大法官法庭各类卷档一览：1277—1326》（*Calendar of Various Chancery Rolls 1277–1326*；1912 年出版）不仅收录了爱德华在 1277 年之后颁布的所有与威尔士相关的令状，还记录了他对威尔士的法律进行调查的情况；

《约翰·佩卡姆书信集》（*Registrum Epistolarum Johannis Peckham*；共三卷；由 C. T. Martin 编辑；《卷档系列》；1882—1884 年出版）的第二卷第 435—492 页收录了威尔士人向佩卡姆陈诉冤情的书信；利诺斯·B. 史密斯（Llinos B. Smith）在《凯尔特研究学会学报》（第 31 期）［*Bulletin of the Board of Celtic Studies*, 31（1984）］上发表的论文"圭内斯全体臣民对卢埃林·阿颇格鲁菲德的控诉"（'*The* gravamina *of the community of Gwynedd against Llywelyn ap Gruffyd*'）；《梅里奥尼斯俗众财产调查卷档：1292—1293》（*The Merioneth Lay Subsidy Roll 1292–3*；由 K. Williams-Jones 编辑；1976 年在加的夫出版）。EHD 第三卷的第 55 号文件收录了英语翻译版的 1284 年《威尔士法令》。

《进军爱尔兰：威尔士的杰拉尔德所著爱尔兰征服史》（*Expugnatio Hibernica. The Conquest of Ireland by Giraldus Cambrensis*；由 A. B. Scott、F. X. Martin 编译；1978 年在都柏林出版）、《德莫特与伯爵之歌》（*The Song of Dermot and the Earl*；由 G. H. Orpen 编译；1892 年在牛津出版）均成书于英格兰人入侵爱尔兰的时期。《爱尔兰相关文献一览：1171—1251》（*Calendar of Documents relating to Ireland 1171–1251*；由 H. S. Sweetman 编辑；1875 年出版）收录了英格兰政府文件中所有与爱尔兰相关的文件。

神职人员及教会机构留下的记录可以分成多个种类。《会议、宗教会议文件及与英格兰教会相关的其它文献：1066—1204（第一卷下册）》（*Councils and Synods with other Documents relating to the English Church: I part II 1066–1204*；由 D. Whitelock, M. Brett、C. N. L. Brooke 编辑；1981 年在牛津出版）、《会议、宗教会议文件及与英格兰教会相关的其它文献：1205—1313》（*Councils and Synods and other Documents relating to the English Church 1205–1313*；共二卷；由 F. M. Powicke、C. R. Cheney 编辑；1964 年在牛津出版）收录了宗教会议颁布的法律（但均未提供英语译文）。英国国家学术院正在稳步推进"英格兰各教区大事记"系列的出版工作；该系列收录了包括特许状在内，英格兰各教区主教产生的各类文件。如想了解威尔士教会的类似文件，可参阅《关于威尔士各教区的大事记及相关文件：1066—1272》

(*Episcopal Acts and Cognate Documents relating to Welsh Dioceses 1066–1272*；共二卷；由 J. C. Davies 编辑；威尔士教会历史学会；1946—1948 年出版)。13 世纪时，各教区的主教开始编写主教登记簿；坎特伯雷及约克学会已经出版了许多登记簿，出版过程通常都会得到各地记录协会的协助。存世时间最长的登记簿为林肯主教韦尔斯的休（1209—1235 年在任）的登记簿，其现代印刷版本为《韦尔斯的休的登记簿》(*Rotuli Hugonis de Welle*s；共三卷；由 W. P. Phillimore、F. N. Davis 编辑；1907—1909 年出版)。如有兴趣，还可参阅《英格兰及威尔士各教区主教登记簿指南书》(*Guide to Bishops' Registers of England and Wales*；由 D. M. Smith 编辑；1981 年出版)。目前，吉尔伯特·福利奥特、罗伯特·格罗斯泰特、亚当·马什三人的书信集都只有拉丁文的版本；兰弗朗克大主教的书信集已经出版了英语译本，请参阅《坎特伯雷大主教兰弗朗克书信集》(*The Letters of Lanfranc Archbishop of Canterbury*；由 H. Clover、M. Gibson 编辑；1979 年在牛津出版)。安·达根（Anne Duggan）编译了贝克特在担任坎特伯雷大主教期间的来往信件，译本的名称是《坎特伯雷大主教托马斯·贝克特书信集》(*The Correspondence of Thomas Becket Archbishop of Canterbury*；共二卷；2000 年在牛津出版)。《教皇登记簿中与大不列颠及爱尔兰相关的条目一览：1198—1304》(*Calendar of entries in the Papal Registers relating to Great Britain and Ireland 1198–1304*；由 W. H. Bliss 编辑；1893 年出版) 对了解教皇在不列颠事务中起到的作用具有核心意义；如有兴趣，还可参阅《依诺增爵三世与英格兰相关的书信选集：1198—1216》(*Selected Letters of Pope Innocent III concerning England 1198–1216*；由 C. R. Cheney、W. H. Semple 编译；1953 年出版)。EHD 第三卷收录了第四次拉特朗会议颁布的法案、圣方济各制定的戒律（nos. 136–7)。

大量向宗教机构捐献地产的特许状要么以原稿的形式存世，要么被地产契据册收录，同样也存留了下来；可参阅 G. R. C. 戴维斯（G. R. C. Davis）所著《中世纪时期大不列颠的地产契据册：精简目录》(*Medieval Cartularies of Great Britain: A Short Catalogue*；1958

年出版）。此外，各地的记录协会也出版了大量同类的特许状、地产
契据册。此外，13 世纪还产生了越来越多的其它史料，尤以记录教
会机构如何运营地产的调查记录、账目卷档最具史料价值。自 13 世
纪初时起，记录温切斯特主教名下地产账目情况的年度卷档就存世完
整，所以是历史学家经常使用的史料。如有兴趣，可参阅《温切斯特
教区卷档：1210—1211》（*The Pipe Roll of the Bishopric of Winchester
1210–11*；由 N. R. Holt 编辑；1964 年在曼彻斯特出版）。

　　在本书讨论的历史时期内，大量俗众签发的特许状也存世至今，
其中有不少都是保存在教会地产契据册中的誊写版。某些权贵家族签
发的特许状得到了编辑整理，已经出版问世，例如《莫布雷封邑特许
状集：1107—1191》（*Charters of the Honour of Mowbray 1107–1191*；
由 D. Greenway 编辑；1972 年在牛津出版）。《约克郡的早期特许状》
（*Early Yorkshire Charters*；共 12 卷；由 W. Farrer、C. T. Clay 编辑；
爱丁堡及约克郡考古学会；1915—1965 年出版）收录了大量特许状，
就对英格兰北部地方社会的研究而言，是最为重要的历史文献。13 世
纪期间，一些贵族及乡绅家族开始设立家族地产契据册（同样也被
《中世纪时期大不列颠的地产契据册》收录），用来记录特许状、地产
调查结果、地租收取情况；《北安普敦郡杂录》［*A Northamptonshire
Miscellan*y；由 E. King 编辑；北安普敦郡记录协会；第 32 卷（1983
年出版）］收录的"霍托特家族地产契据册"就属于早期的乡绅家族地
产契据册。《中世纪时期英格兰的家庭账目》（*Household Accounts from
Medieval England*；共二卷；由 C. M. Woolgar 编辑；1992 年在牛津出
版）中收录的部分内容也属于 13 世纪期间的史料。

　　马克·贝利（Mark Bailey）所著《英格兰的庄园：1200—1500》
（*The English Manor 1200–1500*；2002 年在曼彻斯特出版）不仅提供了
包括地产调查记录、账目卷档、法庭记录在内，各类庄园文件的译文，
还进行了相关的讨论，具有很高的学术意义。

　　有大量与犹太人金融业务相关的特许状存世至今；《不列颠博物馆
收藏的犹太收据及犹太特许状》（*Starrs and Jewish Charters preserved
in the British Museum*；共三卷；由 I. Abrahams、H. Stokes、H. Loewe

编辑；1930—1932 年出版）收录了许多犹太特许状，具有重要的学术价值。

《英格兰的罗马式艺术：1066—1200》(*English Romanesque Art 1066–1200*；大不列颠艺术委员会；1984 年出版)、《骑士时代：金雀花王朝时期英格兰的艺术作品（1200—1400）》(*Age of Chivalry: Art in Plantagenet England 1200–1400*；由 J. Alexander、P. Binski 编辑；英国皇家美术院；1987 年出版）均为艺术展的展品目录，可以让读者充分了解本书所述历史时期的艺术、建筑、手工艺品（包括钱币）。

延伸阅读

前言已经提到，笔者总结了本书使用的所有二次文献，各位读者只需前往伦敦国王学院历史系的网站 www.kcl.ac.uk/history，便可在我的名下找到这些二次文献。如想要了解近年来与本书相关的历史研究领域取得的丰硕学术成果，就请翻阅以下三份期刊：《盎格鲁－诺曼研究会年刊》(*Anglo-Norman Studies*；该期刊的目的是记录盎格鲁－诺曼战役修道院研究会年会的内容，于 1978 年，研究会在战役修道院召开第一次会议时创刊）；《哈斯金斯学会年刊》(*Haskins Society Journal*；1989年创刊）；《13 世纪时期的英格兰双年刊》(*Thirteenth Century England*；该期刊的目的是记录“13 世纪时期的英格兰研究会”年会的内容，于1985 年创刊；年会最初的召开地点为泰恩河畔纽卡斯尔，之后改为达勒姆）。

下文为笔者以帮助各位读者进行延伸阅读为目的所给出的建议，包含的绝大部分内容都是近期的出版物，侧重点为介绍相关图书，而不是学术论文。

概论性著作

20 世纪 80、90 年代时，三部具有开创性意义的著作让学界认识到对英格兰、威尔士、苏格兰、爱尔兰的历史进行比较研究的重要性，打破了传统上只关注一个国家或地区，导致研究缺乏全面性的弊端，从而开辟出不列颠历史这一全新的研究领域。这三部著作分别是：《不列颠岛：比较、反差与联系（1100—1500）》（*The British Isles. Comparisons, Contrasts and Connections 1100–1500*；由 R. R. Davies 编辑；1988 年在爱丁堡出版）；罗宾·弗雷姆（Robin Frame）所著《不列颠岛的政治发展：1100—1400》（*The Political Development of the British Isles 1100–1400*；1990 年出版）；R. R. 戴维斯（R. R. Davies）所著《支配与征服：爱尔兰、苏格兰、威尔士的历史（1100—1300）》（*Domination and Conquest. The Experience of Ireland, Scotland and Wales 1100–1300*；1990 年在剑桥出版）。《支配与征服》出版之后，戴维斯又编写了《英格兰第一帝国》（*The First English Empire*；2000 年在牛津出版）。7 位顶尖学者为《牛津新编不列颠岛史：12、13 世纪》（*The New Oxford History of the British Isles: The Twelfth and Thirteenth Centuries*；由 B. F. Harvey 编辑；2001 年在牛津出版）撰写不同的章节时，便使用了这种比较研究的方法。

在所有描述这一历史时期的著作中，M. T. 克兰切（M. T. Clanchy）所著《英格兰及其统治者：1066—1272》（*England and its Rulers 1066–1272*；1983 年出版；1998 年的第二版添加了关于爱德华一世的结语）也许是最为引人入胜的一部。罗伯特·巴特利特（Robert Bartlett）所著《诺曼及安茹王朝统治下的英格兰：1075—1225》（*England under the Norman and Angevin Kings 1075–1225*；2000 年在牛津出版）虽然涵盖的时间较短，但却涉猎广泛。在介绍英格兰法律体系发展史的著作中，约翰·赫德森（John Hudson）所著《英格兰普通法法律体系的形成：诺曼征服至"大宪章"期间英格兰的法律与社会》（*The Formation of the English Common Law: Law and Society in England from the Norman Conquest to Magna Carta*；1996 年出版）最为优秀。W. L. 沃伦（W. L. Warren）所著《诺曼及安茹王朝对英格兰的统治：1086—1272》（*The Governance of Norman and Angevin England 1086–1272*；1987 年出版）不仅条理清晰，还提出了大量的新看法、新理论。马修·斯特里克兰（Matthew Strickland）极具独创性的《战争与骑士精神：英格兰人和诺曼人的作战方式及对战争的看法：1066—1217》(*War and Chivalry. The Conduct and Perception of War in England and Normandy 1066–1217*；1996 年在剑桥出版)、斯蒂芬・莫里洛（Stephen Morillo）所著《诺曼及安茹王朝统治时期的战争：1066—1135》(*Warfare under the Norman and Angevin Kings 1066–1135*；1994 年在伍德布里奇出版)、迈克尔・普雷斯特维奇（Michael Prestwich）面面俱到的《中世纪时期的军队与战争：论英格兰》(*Armies and Warfare in the Middle Ages: The English Experience*；1996 年在纽黑文出版) 都是描述中世纪时期战争的优秀著作。

　　A. A. M. 邓肯（A. A. M. Duncan）所著《苏格兰：王国的形成》(*Scotland: The Making of the Kingdom*；1975 年在爱丁堡出版) 至今仍然是不可或缺的参考文献。G. W. S. 巴罗（G. W. S. Barrow）所著《王权与统一：苏格兰（1000—1306）》(*Kingship and Unity: Scotland 1000–1306*；1981 年出版) 短小精悍，是不可多得的论述性著作。A. D. M. 巴雷尔所著（A. D. M. Barrell)《中世纪的苏格兰》(*Medieval Scotland*；2000 年在剑桥出版) 出版时间较晚，涵盖了更长的历史时期。赫克托·L. 麦奎因（Hector L. MacQueen）所著《中世纪时期苏格兰的普通法与封建社会》是在其研究领域内具有核心意义的著作。R. 安德鲁·麦克唐纳（R. Andrew McDonald）所著《西部群岛王国：苏格兰的西海岸线：1100 年前后—1336 年》(T*he Kingdom of the Isles: Scotland's Western Seaboard c. 1100–1336*；1997 年在东林顿出版)、理查德·奥拉姆（Richard Oram）所著《加洛韦领地》(*The Lordship of Galloway*；2000 年在爱丁堡出版) 是研究地方历史的重要著作。此外，各位读者还可阅读约翰·罗伯茨（John Roberts）的综合评述类著作《失落的王国：凯尔特苏格兰与中世纪》(*Lost Kingdoms: Celtic Scotland and the Middle Ages*；1997 年在爱丁堡出版)。巴罗（Barrow）在《苏格兰人的王国：11 至 13 世纪期间的政府、教会、社会》(*The Kingdom of the Scots: Government, Church and Society from the Eleventh to the Fourteenth Century*；1973 年出版) 中汇总了自己曾经单独发表的研究结果。最近出版的论文集收录了大量关于苏格兰历

史的研究结果，其中最具学术价值的包括：《关于中世纪时期苏格兰贵族阶层的论文集》(*Essays on the Nobility of Medieval Scotland*；由 K. J. Stringer 编辑；1985 年在爱丁堡出版)；《中世纪的苏格兰：王权、领主、社区——献给 G. W. S. 巴罗的纪念文集》(*Medieval Scotland, Crown, Lordship and Community: Essays Presented to G. W. S. Barrow*；由 A.Grant、K. J. Stringer 编辑；1993 年在爱丁堡出版)；《阿尔巴：中世纪时期的凯尔特苏格兰》(*Alba: Celtic Scotland in the Middle Ages*；由 E. J. Cowan、R. A. McDonald 编辑；2000 年在东林顿出版)。《截止至 1707 年的苏格兰历史地图集》(*Atlas of Scottish History to 1707*；由 P. G. P. McNeill、H. L. MacQueen 编辑；1996 年在爱丁堡出版) 收录了许多与本书所述历史时期相关的地图。

约翰·爱德华·劳埃德 (John Edward Lloyd) 所著《从混沌初开时起到爱德华征服时为止的威尔士历史》(*A History of Wales from the Earliest Times to the Edwardian Conquest*；共二卷；1911 年出版) 对威尔士历史的叙述十分精彩。R. R. 戴维斯 (R. R. Davies) 所著《征服、共存与改变：1063—1415 年的威尔士》(*Conquest, Coexistence and Change: Wales 1063–1415*；1987 年出版) 不仅内容更为全面，而且无论是就文学性而言，还是就历史研究价值来讲，都是一部杰作。[在精装版之后出版的平装版使用了不同的书名：《征服时代》(*The Age of Conquest*)]。A. D. 卡尔 (A. D. Carr) 所著《中世纪的威尔士》(*Medieval Wales*；1995 年出版) 不仅简洁明了，而且第一章还对历史编纂学进行了十分实用的介绍。一些论文集收录了不同学者对威尔士、苏格兰历史进行研究所取得的最新研究成果，例如《威尔士的景致与定居情况》(*Landscape and Settlement in Medieval Wales*；由 N. Edwards 编辑；1997 年在牛津出版)、《威尔士国王及其王庭》(*The Welsh King and his Court*；由 T. M. Charles-Edwards、M. E. Owen、P. Russell 编辑；2000 年在加的夫出版)。《从古时到现代的威尔士历史地图集》(*An Historical Atlas of Wales from Early to Modern Times*；第二版；1959 年出版) 收录了详细的地图。

A. J. 奥特韦－鲁思文 (A. J. Otway-Ruthven) 所著《中世纪爱尔

兰史》(*A History of Medieval Ireland*；第二版；1980 年出版)、《新编爱尔兰史（第二卷）：中世纪的爱尔兰（1169—1534）》(*A New History of Ireland*, vol. 2: *Medieval Ireland 1169–1534*；由 A. Cosgrove 编辑；1987 年在牛津出版) 是公认的讲述爱尔兰中世纪历史的经典著作。肖恩·达菲（Sean Duffy）所著《中世纪时期的爱尔兰》(*Ireland in the Middle Ages*；1997 年出版) 短小精悍，对历史的论述极具洞察力。《900—1300 年的不列颠与爱尔兰：海岛居民对中世纪时期欧洲剧变的反应》(*Britain and Ireland 900–1300: Insular Responses to Medieval European Change*；由 B. Smith 编辑；1999 年在剑桥出版)、罗宾·弗雷姆（Robin Frame）所著《1170—1450 年的爱尔兰与不列颠：论文集》(*Ireland and Britain 1170–1450: Collected Essays*；1998 年出版) 收录了许多关于本书所述历史时期的论文。

与经济相关的概述性著作请见第二章的文献介绍；与教会相关的著作请见第十四章的介绍。

第一章　不列颠的居民

R. R. 戴维斯（R. R. Davies）及约翰·吉林厄姆（John Gillingham）对本书所述历史时期内的民族身份问题进行了具有开创性意义的研究。在担任英国皇家历史学会主席期间，戴维斯以"1100—1400 年期间不列颠及爱尔兰的居民"为主题进行了多次演讲，讲稿被《英国皇家历史学会学报》（第六部第 4—7 卷）[Transactions of the *Royal Historical Society,* sixth series, 4–7（1994—7）] 收录。吉林厄姆以英格兰人的民族身份为议题的论文讨论的主题包括："英格兰帝国主义的起源"、蒙茅斯的杰弗里、亨廷登的亨利、盖马尔、豪登的罗杰；上述论文均被吉林厄姆的论文集《12 世纪的英格兰人：帝国主义、民族身份、政治观念》(*The English in the Twelfth Century. Imperialism, National Identity and Political Values*；2000 年在伍德布里奇出版) 收录。如想从更为宏观的角度了解民族身份问题，可阅读阿德里安·黑斯廷斯（Adrian Hastings）所著《民族身份的建立：种族、宗教与民族主义》（*The Construction of Nationhood: Ethnicity, Religion and Nationalism*；1997年在剑桥出版）、苏珊·雷诺兹（Susan Reynolds）所著《西欧的王国与社区：900—1300》（*Kingdoms and Communities in Western Europe 900–1300*；1984年在牛津出版）。萨拉·富特（Sarah Foot）的论文"盎格鲁同族人的诞生"（*'The making of Angelcynn'*）将诺曼征服之前的英格兰民族身份作为主题进行了讨论，如有兴趣，可在《英国皇家历史学会学报》中查阅该文。就苏格兰人民族身份的变迁而言，多维特·布龙（Dauvit Broun）的研究工作具有核心意义。布龙的代表性论文为"如何定义独立战争之前的苏格兰与苏格兰人"（*'Defining Scotland and the Scots before the Wars of Independence'*）；可在论文集《形象与身份：历史上苏格兰民族的塑造与再塑》（*Image and Identity: The Making and Remaking of Scotland through the Ages*；由 D. Broun、R. J. Finlay、M. Lynch 编辑；1998年在爱丁堡出版）。此外，还建议大家阅读布龙所著《苏格兰王国的爱尔兰民族特质》（*The Irish Identity of the Kingdom of the Scots*；1999年在伍德布里奇出版）。布鲁斯·韦伯斯特（Bruce Webster）所著《中世纪的苏格兰：民族身份的塑造》对各种形式的民族身份进行了讨论。

第二章　不列颠的经济

克里斯托弗·戴尔（Christopher Dyer）所著《中世纪的谋生之路：850—1520年的不列颠居民》（*Making a Living in the Middle Ages: The People of Britain 850–1520*；2002年在纽黑文、伦敦出版）不仅是一部全新的重要学术著作，还是为数不多的几部将不列颠的经济看做一个整体的著作。J. L. 博尔顿（J. L. Bolton）所著《中世纪时期英格兰的经济：1150—1500》（*The Medieval English Economy 1150–1500*；第二版；1985年出版）是目前为止以英格兰中世纪时期的经济为主题，论述最为全面的著作。J. Z. 蒂托（J. Z. Titow）所著《英格兰的乡村社会：1200—1350》（*English Rural Society 1200–1350*；1969年出版）形象生动，既介绍了农民阶层的生活水平，又分析了该阶层的人口数量。B. M. S. 坎贝尔（B. M. S. Campbell）所著《英格兰的领主式农业：1250—1450》(*English Seigniorial Agriculture 1250–1450*; 2000年在剑桥出版）囊括了农民生活水平、人口数量方面最新的研究进展。约翰·莫尔（John Moore）对《末日审判书》时期的人口数量进行了缜密的估算，其研究结果被《盎格鲁－诺曼研究会年刊》（第 19 期）收录。克里斯托弗·戴尔（Christopher Dyer）所著《中世纪末期的生活水平：1200—1520 年期间英格兰的社会变迁》(*Standards of Living in the Later Middle Ages. Social Change in England 1200–1520*; 1989年出版）实至名归，的确是一部经典著作。

如想了解城镇及商业的发展，可阅读苏珊·雷诺兹（Susan Reynolds）所著《英格兰中世纪城镇历史介绍》(*An Introduction to the History of English Medieval Towns*; 1977 年在牛津出版）、爱德华·米勒（Edward Miller）及约翰·哈彻（John Hatcher）所著《中世纪时期英格兰的城镇、商业、手工业：1086—1348》(*Medieval England. Towns, Commerce and Crafts 1086–1348*; 1995 年出版）——此书是米勒、哈彻二人早些时候出版的著作《乡村社会与经济变革：1086—1348》(*Rural Society and Economic Change 1086–1348*; 1978 年出版）的姊妹篇。R. H. 布里内尔（R. H. Britnell）所著《英格兰社会的商业化：1000—1500》(*The Commercialisation of English Society 1000–1500*; 1993 年在剑桥出版），以及《商业化的经济：1086—1300 年的英格兰》(*A Commercialising Economy. England 1086–1300*; 由 R. H. Britnell、B. M. S. Campbell 编辑；1995 年在曼彻斯特出版）均为具有重要学术意义的著作，其中后一部著作中有两个章节，分别收录了罗伯特·斯泰西（Robert Stacey）关于犹太人借贷业务的论文，以及尼古拉斯·梅休（Nicholas Mayhew）对英格兰货币供给和国内生产总值的估测。保罗·拉蒂默在 2001 年的《过去与现在》(*Past and Present*) 发表了极具学术价值的新文章，讨论了 13 世纪初时英格兰的通货膨胀问题。

罗莎蒙德·费丝（Rosamond Faith）所著《英格兰的农民阶层与

封建领地的发展》（*The English Peasantry and the Growth of Lordship*；1997 年出版）、保罗·许亚姆斯（Paul Hyams）所著《中世纪时期英格兰的国王、封建主、农民：12、13 世纪时期农奴制度的普通法》（*King, Lords and Peasants in Medieval England: The Common Law of Villeinage in the Twelfth and Thirteenth Centuries*；1980 年在牛津出版）是两部十分重要的著作，其中后者切中要害，分析了非自由民法律权益受限的来龙去脉。如想了解奴隶制度，可阅读大卫·佩尔特雷特（David Pelteret）所著《中世纪早期英格兰的奴隶制度》（*Slavery in Early Mediaeval England*；1995 年在伍德布里奇）。有大量著作将单独的庄园、地产作为研究对象，包括爱德华·米勒（Edward Miller）所著《伊利修道院与伊利教区》（*The Abbey and Bishopric of Ely*；1951 年在剑桥出版）、P. D. A. 哈维所著《中世纪时期一座牛津郡境内的村庄：库克瑟姆（1240—1400）》（*A Medieval Oxfordshire Village: Cuxham 1240 to 1400*；1965 年在牛津出版）、埃德蒙·金（Edmund King）所著《彼得伯勒修道院：1086—1310》（*Peterborough Abbey 1086–1310*；1973 年在剑桥出版）。《剑桥不列颠城市史（第一卷）：600—1340》（*The Cambridge Urban History of Britain* I：*600–1340*；由 D. M. Palliser 编辑；2000 年在剑桥出版）的不同章节由不同的学者编写，是一部具有重要学术价值的著作，其中有一章专门讲述了伦敦的历史，由德里克·基恩（Derek Keene）编写。

如想了解苏格兰、威尔士的经济情况，可阅读邓肯所著《苏格兰：王国的形成》（*Scotland: the Making of the Kingdom*）、戴维斯所著《征服与共存：1063—1415 年的威尔士》（*Conquest and Coexistence: Wales 1063–1415*）中的相关章节。《中世纪时期苏格兰的货币：1100—1600》（*Coinage in Medieval Scotland 1100–1600*；由 D. M. Metcalf 编辑；《不列颠考古学学报》（第 45 期）［*British Archaeological Reports,* 45（1977）］是该领域中最重要的著作。《中世纪时期的苏格兰城镇》（*The Scottish Medieval Town*；由 M. Lynch、M. Spearman、G. Stell 编辑；1988 年在爱丁堡出版）收录了一些相关领域的研究论文。《英格兰与威尔士的农业史（第二卷）：1042—1350》

(*The Agrarian History of England and Wales II: 1042–1350*；由 H. E. Hallam 编辑；1988 年在剑桥出版）介绍了威尔士的农村经济。《威尔士的景致与定居情况》收录了许多最新的研究成果，包括斯蒂芬·里彭（Stephen Rippon）以格温特低地为主题编写的章节，以及乔纳森·基索克（Jonathan Kissock）以彭布罗克郡境内的村庄为主题编写的章节。

罗伯特·巴特利特（Robert Bartlett）所著《欧洲的诞生：征服、殖民与文化变迁（950—1350）》(*The Making of Europe: Conquest, Colonization and Cultural Change 950–1350*；1993 年出版），总揽全局，介绍了不列颠所处的欧洲大环境的发展变化。

第三章　诺曼人征服英格兰

诺曼征服对英格兰产生了何种影响一直以来都是学界的争议焦点，一些历史学家强调在征服之后，英格兰的历史仍然沿着盎格鲁－撒克逊时期的轨迹继续发展，而另一些历史学家则认为，征服终结了盎格鲁－撒克逊时期，为英格兰历史的全新篇章拉开了帷幕。玛乔丽·奇布诺尔（Marjorie Chibnall）所著《诺曼征服的争议》(*The Debate on the Norman Conquest*；1999 年在曼彻斯特出版）对古往今来这一议题引发的所有争议进行了讨论。就概论性著作而言，D. J. A. 马修（D. J. A. Matthew）所著《诺曼征服》(*The Norman Conquest*；1966 年出版）、R. 艾伦·布朗（R. Allen Brown）所著《诺曼人与诺曼征服》(*Normans and the Norman Conquest*；1969 年出版）仍然极具学术价值；布朗的著作开门见山，重申了认为封建制度是因为诺曼征服才进入英格兰的观点。大卫·贝茨（David Bates）所著《"征服者"威廉》(*William the Conqueror*；1989 年出版）是一部简明的传记，作为了解诺曼征服时期的入门读物，是不错的选择。不久之后，贝茨以"征服者"威廉为主题编写的更为全面的著作也将出版，与广大读者见面。

如想了解诺曼底的情况，可阅读大卫·贝茨所著《1066 年之前的诺曼底》(*Normandy before 1066*；1982 年出版）。詹姆斯·坎贝

尔（James Campbell）在论文中阐述了认为到了盎格鲁－撒克逊时
代末期时，盎格鲁－诺曼国家到达了"巅峰国力"的观点；所有相
关论文皆已收录进入坎贝尔的论文集《盎格鲁－撒克逊历史论文集》
（*Essays in Anglo-Saxon History*；1986年出版）、《盎格鲁－撒克逊国
家》（*The Anglo-Saxon State*；2000年出版）。帕特里克·沃莫尔德
（Patrick Wormald）的论文以中世纪欧洲的法律史作为切入点，证明
了在法律领域，认为盎格鲁－诺曼国家到达"巅峰国力"的观点也同
样有理有据，具有很高的学术价值；如有意了解，可查阅沃莫尔德的
论文集《中世纪早期的西欧法律文化：文本、图像、实践经验中的法
律》（*Legal Culture in the Early Medieval West; Law as Text, Image and
Experience*；1999年出版），尤其应当着重阅读该书的第四部分。

如想了解关于黑斯廷斯战役最新的学术研究成果，包括认为与
之前的设想相比，交战双方的军队规模要大得多的观点，就请阅读
肯·劳森的著作《黑斯廷斯战役》（*The Battle of Hastings*；2002年在
斯特劳德出版）。《盎格鲁－诺曼城堡》（*Anglo-Norman Castles*；由R.
Liddiard编辑；2002年在伍德布里奇出版）收录了一系列的研究论文，
比如理查德·伊尔斯（Richard Eales）的论文"诺曼英格兰的王权与
城堡"（'*Royal power and castles in Norman England*'）。如想了解诺曼
征服前后英格兰贵族的情况，可阅读彼得·克拉克（Peter Clarke）所
著《"忏悔者"爱德华统治时期的英格兰贵族》（*The English Nobility
under Edward the Confessor*；1994年在牛津出版）、罗宾·弗莱明
（Robin Fleming）所著《诺曼人征服英格兰时期的国王与领主》（*King
and Lords in Conquest England*；1991年在剑桥出版）、安·威廉斯
（Ann Williams）所著《英格兰人与诺曼征服》（*The English and the
Norman Conquest*；1995年在伍德布里奇出版）——威廉斯的著作全
面记录了1066年之后英格兰贵族及乡绅阶层命运的起伏。如想了解
英格兰北方的情况，可阅读W. E. 卡佩勒所著（W. E. Kapelle）《诺
曼征服与北方：英格兰北方及其变迁》（*The Norman Conquest and the
North: The Region and its Transformation*；1979年出版）、保罗·多尔
顿（Paul Dalton）所著《征服、动乱与领主权：1066—1154年的约克

郡》(*Conquest, Anarchy and Lordship: Yorkshire 1066–1154*；1994 年在剑桥出版)。关于这一时期的两篇重要论文分别为 C. P. 刘易斯(C. P. Lewis)在《哈斯金斯学会年刊》(第五期)上发表的"末日审判陪审员"、J. J. N. 帕尔默(J. J. N. Palmer)在《盎格鲁－诺曼研究会年刊》(第 22 期)。与封建制度的权力结构相关的阅读资料请见第十三章的文献介绍。

如想了解英格兰人的家庭,可将 J. C. 霍尔特(J. C. Holt)所著《殖民地英格兰:1066—1215》(*Colonial England 1066–1215*；1997 年出版)的第九章作为入门的阅读材料。就王后的作用,以及女性的社会地位而言,波林·斯塔福德(Pauline Stafford)的研究工作具有极高的学术意义；如有兴趣,可阅读斯塔福德的著作《埃玛王后与伊迪王后》(*Queen Emma and Queen Edith*；1997 年在牛津出版),以及她在《英国皇家历史学会学报》(第 6 部第 4 卷)上发表的论文"女性与诺曼征服"('*Women and the Norman Conquest*')。如想更为全面地了解王后的作用,可阅读论文集《中世纪的王后》(*Medieval Queenship*；1994 年在斯特劳德出版)收录的论文。

玛格丽特·吉布森所著《贝克的兰弗朗克》(*Lanfranc of Bec*；1978 年在牛津出版)是一部文笔优美的研究著作。埃玛·考尼(Emma Cownie)所著《盎格鲁－诺曼时期英格兰的宗教捐助:1066—1135》(*Religious Patronage in Anglo-Norman England 1066–1135*；1998 年在伍德布里奇出版)阐明了俗众对教会机构捐助的变化情况。

《末日审判论文集》(Domesday Studies；由 J. C. Holt 编辑；1987 年在伍德布里奇出版)收录了数位学者的研究成果。大卫·罗夫(David Roffe)所著《末日审判:末日调查与末日审判书》(*Domesday: The Inquest and the Book*；2000 年在牛津出版)提出了许多具有挑战性的新理念。

第四章　威尔士、苏格兰与诺曼人

如想了解威尔士北部及格鲁菲德·阿颇卡南,可阅读《格鲁菲德·阿颇卡南：传记集》(*Gruffudd ap Cynan. A Collaborative Biography*；由 K. L. Maund 编辑；1996 年在伍德布里奇出版)。《威尔士国王及其王庭》(*The Welsh King and his Court*；由 Charles-Edwards、Owen、Russell 编辑) 收录了 A. D. 卡尔 (A. D. Carr) 编写的关于"图鲁亲卫队及亲卫队长"('Teulu and Penteulu') 的章节，对了解威尔士的军事机构很有帮助。如想了解诺曼人在威尔士的定居情况，以及边境男爵领地的形成过程，可阅读 C. P. 刘易斯 (C. P. Lewis) 在《盎格鲁－诺曼研究会年刊》(第 7 期) 上发表的关于赫里福德郡的文章，还可阅读弗雷德里克·祖佩 (Frederick Suppe) 所著《威尔士边境领地的军事机构：什罗普郡 (1066—1300)》(*Military Institutions on the Welsh Marches: Shropshire 1066–1300*；1994 年在伍德布里奇出版)。《格拉摩根地方历史学会学报 (第 29 期)》[*Morgannwg*, 29 (1985)] 收录了大卫·克劳奇 (David Crouch) 的论文"格拉摩根王权的凋亡：1067—1158"('*The slow death of kingship in Glamorgan 1067–1158*')，可以让各位读者了解到威尔士人与诺曼人间令人称奇的和解过程。

亚历山大·格兰特 (Alexander Grant) 对早期苏格兰国家的结构进行了研究，其成果在该领域具有核心意义；《中世纪国家机器：献给詹姆斯·坎贝尔的纪念文集》(*The Medieval State. Essays Presented to James Campbell*；由 J. R. Maddicott、D. M. Palliser 编辑；2000 年出版) 中的一个章节即为格兰特所作。亚历克斯·伍尔夫的论文"10—11 世纪期间的'马里问题'与阿尔巴王权"(*The "Moray Question" and the kingship of Alba in the Tenth and Eleventh Centuries*') 具有极高的学术价值，收录在《苏格兰历史评论》(第 79 期) [*Scottish Historical Review*, 79 (2000)] 中。《阿尔巴：凯尔特苏格兰》(*Alba: Celtic Scotland*；由 Cowan、McDonald 编辑) 收录了格兰特所著关于罗斯的章节；与笔者相比，就苏格兰王权对马里，甚至对位于马里西北方的罗斯的控制力而言，格兰特做出了更为积极的评价。亨利·萨默森 (Henry Summerson) 所著《中世纪的卡莱尔：11 世纪末至 16 世纪中叶的卡莱尔城与英苏边境》收录于《坎伯兰与威斯特摩兰考古学会增刊》（第 25 期）［*Medieval Carlisle: The City and the Borders from the Late Eleventh to the Mid-Sixteenth Century*；共二卷；*Cumberland and Westmorland Archaeological Society, extra series, 25（1993）*］，是介绍本时期卡莱尔历史的权威著作。《英格兰与她的邻居（1066—1453）：献给皮埃尔·查普莱的论文集》（*England and her Neighbours, 1066–1453: Essays in Honour of Pierre Chaplais*；由 M. Jones、M. Vale 编辑；1989 年出版）收录了朱迪斯·格林（Judith Green）的论文，该文对 1066—1171 年间英格兰与苏格兰的关系进行了全面的分析。

第五章　不列颠与盎格鲁－诺曼王国

J. C. 霍尔特（J. C. Holt）发表的论文"中世纪早期英格兰的政治与财产所有权"（'*Politics and property in early medieval England*'）分析了盎格鲁－诺曼王国的政治结构；霍尔特所著《殖民地英格兰：1066—1215》（*Colonial England 1066–1215*；1997 年出版）的第八章即为这篇论文的原文。《英格兰历史评论》（第 104 期）［*English Historical Review*, 104（1989）］收录了大卫·贝茨（David Bates）的论文"1066 年之后的诺曼底与英格兰"（'*Normandy and England after 1066*'）；在这篇论文中，贝茨批判了约翰·勒帕图尔（John le Patourel）在其著作《诺曼帝国》（*The Norman Empire*；1976 年在牛津出版）中提出的认为英格兰王国与诺曼底公爵领地形成了单一政治共同体的观点。斯特里克兰（Strickland）所著《战争与骑士精神》（*War and Chivalry*）、吉林厄姆所著《12 世纪的英格兰人》（*The English in the Twelfth Century*）讨论了"骑士精神"进入英格兰的过程。朱迪斯·格林（Judith Green）所著《诺曼英格兰的贵族阶层》（*The Aristocracy of Norman England*；1997 年在剑桥出版），以及早些时候出版，同样由格林编写的《亨利一世统治时期的英格兰政府》（*The Government of England under Henry* Ⅰ；1986 年在剑桥出版）是介绍本时期历史的关键性著作；此外，马丁·布雷特所著《亨利一世统治时期的英格兰教会》(*The English Church under Henry I*；1986年在剑桥出版) 同样也具有重要的学术价值。J. O. 普雷斯特维奇 (J. O. Prestwich) 所著 "盎格鲁－诺曼国家的战争与财政"(*'War and finance in the Anglo-Norman state'*) 被《盎格鲁－诺曼战争》(*Anglo-Norman Warfare*；由 Strickland 编辑；1954 年第一次出版) 收录，是一篇影响深远的论文。弗兰克·巴洛 (Frank Barlow) 所著《威廉·鲁弗斯》(*William Rufus*；1983 年出版) 是一部妙趣横生的传记类著作。C. W. 霍利斯特 (C. W. Hollister) 所著传记《亨利一世》(*Henry I*；2001 年出版) 在霍利斯特去世之后出版，总结了这位伟大的美国学者多年来研究亨利一世统治时期所取得的成果。如想了解玛蒂尔达王后，可阅读洛伊丝·哈尼卡特 (Lois Huneycutt) 的论文 "何为完美的公主：玛蒂尔达王后在位期间 (1100—1118) 问世的《圣玛格丽特生平传记》"[*'The idea of a perfect princess: the Life of St Margaret in the reign of Matilda (1100–1118)'*]；该文收录在《盎格鲁－诺曼研究会年刊》(第 12 期) 中。R. W. 萨瑟恩所著《圣安塞尔姆及其传记》(St Anselm and his Biographer；1963 年出版)、《圣安塞尔姆：史景的肖像》(*Saint Anselm: A Portrait in a Landscape*；1990 年在剑桥出版) 是两部广受赞誉的著作。此外，各位读者还可以阅读萨莉·沃恩 (Sally Vaughn) 所著《贝克的安塞尔姆与默朗的罗伯特：鸽子一般的纯洁与毒蛇一般的狡诈》(*Anselm of Bec and Robert of Meulan: The Innocence of the Dove and the Wisdom of the Serpent*；1987 年在伯克利及洛杉矶出版)、唐纳德·尼科尔 (Donald Nicholl) 所著《约克大主教瑟斯坦：1114—1140》(*Thurstan Archbishop of York 1114–1140*；1964 年在约克出版)。朱迪斯·格林 (Judith Green) 在《苏格兰历史评论》(第 75 期) 收录的文章中讨论了亨利一世与大卫国王间的关系。

第六章　重塑不列颠

　　一直以来，斯蒂芬国王继位之后为何会遇到种种困难都是引发历史学家争论的热点问题；具体来说，争议的焦点是困难在多大程度上是由亨利一世在选定继承人的过程中造成的遗留问题引起的，又在多大程度上是由斯蒂芬国王本身的品质、自己犯下的错误造成的。另一大广受争议的热点问题是，当时的英格兰到底在多大程度上陷入了无政府状态。讨论这一时期历史的优秀著作包括：R. H. C. 戴维斯（R. H. C. Davis）所著《斯蒂芬国王》（*King Stephen*；第三版；1990 年出版）；H. A. 克朗（H. A. Cronne）所著《斯蒂芬的统治：英格兰的大动乱（1135—1154）》（*The Reign of Stephen: Anarchy in England 1135–1154*；1970 年出版）；基思·J. 斯特林格（Keith J.Stringer）所著《斯蒂芬的统治：12 世纪期间英格兰的王权、战争、政府》（*The Reign of Stephen. Kingship, Warfare and Government in Twelfth-Century England*；1993 年出版）；大卫·克劳奇（David Crouch）所著《斯蒂芬国王的统治：1135—1154》（*The Reign of King Stephen, 1135–54*；2000 年出版）；唐纳德·马修（Donald Matthew）所著《斯蒂芬国王》（*King Stephen*；2002 年出版）。此外，各位读者还可阅读克劳奇所著《博蒙的双胞胎》（*The Beaumont Twins*；1986 年在剑桥出版）。《斯蒂芬国王统治时期的大动乱》（*The Anarchy of King Stephen's Reign*；由 E. King 编辑；1994 年在牛津出版）收录了多位顶尖学者发表的论文，其中包括一篇马克·布莱克本（Mark Blackburn）所作关于货币的论文。玛乔丽·奇布诺尔（Marjorie Chibnall）所著《玛蒂尔达女皇：皇后、太后、英格兰女王》（*The Empress Matilda: Queen Consort, Queen Mother and Lady of the English*；1991 年在牛津出版）是得到公认的关于玛蒂尔达女皇的权威传记。

关于大卫国王的重要学术著作包括：G. W. S. 巴罗（G. W. S. Barrow）的讲稿《苏格兰国王大卫一世（1124—1153）：新旧平衡》[*David I of Scotland (1124–1153): The Balance of Old and New*；1984 年在雷丁出版]；《1100—1700 年期间英格兰北部的政府、宗教、社会》（*Government, Religion and Society in Northern England 1000–1700*；由 J. C. Appleby、P. Dalton 编辑；1997 年在斯特劳德出版）中斯特林格编写的章节；理查德·D. 奥拉姆（Richard D. Oram）在《北苏格兰》（第 19 期）[*Northern Scotland, 19 (1999)*] 上发表

的（关于大卫及马里的）论文。G. W. S. 巴罗（G. W. S. Barrow）所著《苏格兰历史中的盎格鲁 – 诺曼时代》（*The Anglo-Norman Era in Scottish History*；1980 年在牛津出版）讨论了苏格兰的盎格鲁 – 诺曼新贵族阶层。保罗·多尔顿（Paul Dalton）所著《征服、动乱与领主权：1066—1154 年的约克郡》（*Conquest, Anarchy and Lordship: Yorkshire 1066–1154*）中有一章内容讨论了苏格兰人对英格兰北部造成的影响。如想了解这一时期威尔士的情况，可阅读论文集《斯蒂芬国王统治时期的大动乱》（*The Anarchy of King Stephen's Reign*；由 King 编辑）中收录的大卫·克劳奇（David Crouch）的论文。

第七章　亨利二世与不列颠、爱尔兰

W. L. 沃伦所著《亨利二世》（*Henry II*；1973 年出版）气势恢宏，是一部质量极高的人物传记。《狮心王理查：历史与传奇》（*Richard Coeur de Lion in History and Myth*；由 J. L. Nelson 编辑；1992 年出版）中简·马丁代尔（Jane Martindale）编写的章节细致入微，全面介绍了阿基坦的埃莉诺的思想与政策。约翰·吉林厄姆（John Gillingham）所著《安茹帝国》（*The Angevin Empire*；第二版；2001 年出版）是目前为止关于安茹帝国最优秀的介绍类著作。埃米莉·阿姆特（Emilie Amt）所著《亨利二世继承英格兰王位：王室中央政府的复兴（1147—1159）》（*The Accession of Henry II in England: Royal Government Restored 1149–1159*；1993 年出版）是讨论亨利如何重树国王权威的主要著作；此外，大家还可阅读格雷姆·J. 怀特所著《复兴与改革：在内战中浴火重生的英格兰》（*Restoration and Reform 1153–1165: Recovery from Civil War in England*；2001 年在剑桥出版）。

赫德森（Hudson）所著《英格兰普通法的形成》介绍了亨利统治时期法律领域发生的变化，是迄今为止该领域最能发人深省的著作。保罗·布兰德所著《普通法的诞生》（*Making of the Common Law*；1992 年出版）汇聚了许多重要的研究成果，尤以第四章、第九章最具学术价值，其中第九章对 S. F. C. 米尔索姆（S. F. C. Milsom）在《英格兰封建制度的法律框架》(*The Legal Framework of English Feudalism*; 1976 年在剑桥出版) 中提出的理论进行了具有指导意义的评价。汤姆·基夫 (Tom Keefe) 在《阿尔比恩》(第 13 期) [*Albion*, 13 (1981)] 上发表的论文揭示了在经济方面, 亨利二世对英格兰的伯爵造成的压力十分有限。

弗兰克·巴洛 (Frank Barlow) 所著《托马斯·贝克特》(*Thomas Becket*; 1986 年出版) 是迄今为止最为全面的贝克特传记。与巴洛的著作相比, 大卫·诺尔斯 (David Knowles) 所著《托马斯·贝克特》(*Thomas Becket*; 1970 年出版) 对贝克特做出了更高的评价。如想了解其它的英格兰主教, 可阅读诺尔斯 (Knowles) 所著《托马斯·贝克特的教会同僚》(*The Episcopal Colleagues of Thomas Becket*; 1951 年出版)。查尔斯·达根 (Charles Duggan) 的著作《中世纪英格兰教会法: 贝克特争议与教令集》(*Canon Law in Medieval England: The Becket Dispute and Decretal Collections*; 1982 年出版) 汇总了达根发表的论文。如想了解贝克特的政敌, 可阅读阿德里安·莫里 (Adrian Morey) 及 C. N. L. 布鲁克 (C. N. L. Brooke) 所著《吉尔伯特·福利奥特及其书信往来》(*Gilbert Foliot and his Letters*; 1965 年在剑桥出版)。贝丽尔·斯莫利 (Beryl Smalley) 所著《贝克特争议与欧洲的学校》(*The Becket Conflict and the Schools*; 1973 年在牛津出版) 才气横溢, 是了解贝克特争议欧洲大背景的必读著作。

玛丽·特蕾泽·弗拉纳根 (Marie Therese Flanagan) 所著《爱尔兰社会、盎格鲁诺曼定居者、安茹王权》(*Irish Society, Anglo-Norman Settlers, Angevin Kingship*; 1989 年在牛津出版) 全面记录了英格兰人进入爱尔兰的过程。布伦丹·史密斯 (Brendan Smith) 所著《中世纪时期爱尔兰的殖民与征服: 劳斯境内的英格兰人 (1170—1330)》(*Colonisation and Conquest in Medieval Ireland: The English in Louth, 1170–1330*) 同样也具有很高的学术价值。《中世纪时期爱尔兰的殖民地与边境: 献给 J. F. 莱登的纪念文集》(*Colony and Frontier in Medieval Ireland: Essays Presented to J. F. Lydon*; 由 T. B. Barry、R. Frame、K. Simms 编辑; 1993 年出版) 收录了肖恩·达菲 (Sean

Duffy）的一篇论文，该文描述了约翰·德库西在坎布里亚的人脉关系。

　　G. W. S. 巴罗（G. W. S. Barrow）为《苏格兰国王书简集》（第一卷、第二卷）编写了详细的介绍，全面涵盖了马尔科姆国王、狮子威廉国王的统治时期。如想了解索默莱德及苏格兰西部的情况，可阅读安德鲁·麦克唐纳（Andrew McDonald）所著《西部群岛王国：苏格兰的西海岸线》。关于加洛韦的论文包括：基思·斯特林格（Keith Stringer）所著 "修道院制度改革与凯尔特苏格兰：约 1140—1240 年的加洛韦"（*'Reform Monasticism and Celtic Scotland: Galloway c. 1140–c. 1240'*），此文被论文集《阿尔巴：凯尔特苏格兰》（*Alba: Celtic Scotland*；由 Cowan、McDonald 编辑）收录；以及理查德·D. 奥拉姆（Richard D. Oram）发表在期刊《苏格兰历史评论》（第 72 期）上的论文 "家族事业？12、13 世纪期间加洛韦的殖民与定居"（*'A family business? Colonisation and settlement in twelfth and thirteenth—century Galloway'*）。此外，奥拉姆（Oram）所著《加洛韦领地》（The Lordship of Galloway；2000 年在爱丁堡出版）介绍全面、分析深刻，笔者至今仍为未能早日拜读该作而颇感懊恼，强烈建议各位读者阅读。如想了解凯斯内斯、萨瑟兰、罗斯的情况，可阅读《关于中世纪时期苏格兰贵族阶层的论文集》（*Essays on the Nobility of Medieval Scotland*；由 K.Stringer 编辑）中由芭芭拉·克劳福德（Barbara Crawford）编写的章节，以及《阿尔巴：凯尔特苏格兰》（*Alba: Celtic Scotland*）中由亚历山大·格兰特（Alexander Grant）编写的章节。

　　休·普赖斯在《威尔士历史评论》（第 19 期）［*Welsh History Review*, 19（1998）］上发表的 "欧文·圭内斯与路易七世：首位威尔士亲王开展的威尔士对法外交"（*'Owain Gwynedd and Louis VII: the Franco—Welsh diplomacy of the first Prince of Wales'*）是一篇关于欧文·圭内斯的重要论文。如想了解亨利在位末期时里斯大人的政策，可阅读吉林厄姆（Gillingham）的著作《12 世纪的英格兰人》（*The English in the Twelfth Century*）中名为 "亨利二世、理查一世与里斯大人"（*'Henry II, Richard I and the Lord Rhys'*）的章节。

第八章　"狮心王"理查与狮子威廉

在最近的 20 年中，约翰·吉林厄姆（John Gillingham）令学界对理查一世政治生涯的认识发生了翻天覆地的变化，而他之所以能取得如此重大的突破，在一定程度上是因为他将理查看做一位英明的君主，指出他既要顾及英格兰，又要保卫安茹帝国欧洲大陆的疆土。他编写的《理查一世》（*Richard I*；1999 年出版）是一部引人入胜的传记。拉尔夫·特纳（Ralph Turner）、理查德·海泽（Richard Heiser）所著《狮心王理查的统治》（*The Reign of Richard Lionheart*；2000 年出版）是另一部近期出版的重要著作。如想了解犹太人的情况，可阅读 H. G. 理查森（H. G. Richardson）所著《安茹王朝国王统治下的英格兰犹太人》（*The English Jewry under Angevin Kings*；1960 年出版）、R. B. 多布森（R. B. Dobson）所著《中世纪时期约克的犹太人与 1190 年 3 月的大屠杀》（*The Jews of Medieval York and the Massacre of March 1190*；1974 年在约克出版）。C. R. 切尼（C. R. Cheney）所著《休伯特·沃尔特》（*Hubert Walter*；1967 年出版）简洁明了，是一部极具学术价值的传记。

第七章延伸阅读中介绍的与狮子威廉相关的文献仍可继续作为各位读者了解这位国王的依据。麦奎因（MacQueen）所著《中世纪时期苏格兰的普通法与封建社会》是介绍苏格兰法律体系早期变化的重要著作。

第九章　约翰王的统治

想要深入了解这一时期的历史，就必须阅读 J. C. 霍尔特（J. C. Holt）的以下著作：《北方人：对约翰王统治的研究》（*The Northerners: A Study in the Reign of King John*；1961 年在牛津出版）、《大宪章》（*Magna Carta*；第二版；1992 年在剑桥出版）、《大宪章与中世纪的政府》（*Magna Carta and Medieval Government*；此书为霍尔特的论文集；1985 年出版）。W. L. 沃伦（W. L. Warren）所著《约

翰王》（*King John*；1961 年出版）历久弥新，至今仍在销售，学术价值不减当年；此外，拉尔夫·特纳（Ralph Turner）所著《约翰王》（*King John*；1994 年出版）也是一本值得一读的传记。论文集《约翰王：全新的解读》（*King John: New Interpretations*；由 S. D. Church 编辑；1999 年在伍德布里奇出版）收录了许多学者的论文，包括 V. D. 莫斯（V. D. Moss）关于诺曼底财政收入的论文，以及丹尼尔·鲍尔（Daniel Power）关于诺曼底贵族阶层的论文（对解释约翰王丢掉诺曼底的原因十分重要）。《中世纪时期的英格兰与诺曼底》（*England and Normandy in the Middle Ages*；由 D. Bate、A. Curry 编辑；1994 年在伍德布里奇出版）中大卫·克劳奇（David Crouch）所写的章节讨论了英格兰与诺曼底联系减弱的情况。尼克·巴勒特（Nick Barratt）在《英格兰历史评论》（第 111 期）发布的论文首开先例，揭示了约翰王从英格兰获取的收入量。J. E. A. 乔利夫（J. E. A. Jolliffe）所著《安茹王权》（*Angevin Kingship*；第二版；1963 年出版）揭露了安茹王朝国王独断专行的一面。如想了解国王的重要权力基础之一，可阅读 S. D. 丘奇（S. D. Church）拨云见日的著作《约翰王的亲卫骑士》（*The Household Knights of King John*；1999 年在剑桥出版）。如想了解宗教心理与宗教仪式，可阅读《朝圣：英格兰人的经历》（*Pilgrimage: The English Experience*；由 C. Morris、P. Roberts 编辑；2001 年在剑桥出版）中由尼古拉斯·文森特（Nicholas Vincent）编写的章节"安茹王朝诸王的朝圣之旅（1154—1272）"（'*The pilgrimages of the Angevin kings 1154–1272*'）。大卫·克劳奇（David Crouch）所著《威廉·马歇尔：安茹帝国时期的宫廷、生涯与骑士精神（1147—1219）》（*William Marshal: Court, Career and Chivalry in the Angevin Empire 1147–1219*；1990 年出版）、尼古拉斯·文森特（Nicholas Vincent）所著《彼得·德斯罗什：英格兰政坛的异乡人（1205—1238）》（*Peter des Roches: An Alien in English Politics 1205–1238*；1996 年在剑桥出版）均是不可多得的佳作，分别介绍了约翰统治时期的两位主要政治人物。拉尔夫·特纳（Ralph Turner）所著《平步青云：在安茹王朝统治下的英格兰飞黄腾达的行政官员》（*Men Raised from the Dust:*

Administrative Service and Upward Mobility in Angevin England；1988
年在费城出版）介绍了包括杰弗里·菲茨彼得在内的多位重臣，是
一部颇有学术价值的著作。《约翰王：全新的解读》（*King John: New
Interpretations*）收录了肖恩·达菲（Sean Duffy）、A. A. M. 邓肯（A.
A. M. Duncan）、艾弗·罗兰兹（Ifor Rowlands）这三位学者分别以
爱尔兰、苏格兰、威尔士为主题撰写的论文。此外，推荐大家阅读
布罗克·霍尔登（Brock Holden）在《阿尔比恩》（第 33 期）上发表
的论文 "约翰王、布劳斯家族与凯尔特边境"。J. W. 鲍德温（J. W.
Baldwin）所著《导师、王子、商人：吟唱者彼得及其社交圈的社会
观》（*Masters, Princes and Merchants: The Social Views of Peter the
Chanter and his Circle*；共二卷；1970 年在普林斯顿出版）对斯蒂
芬·兰顿的思想进行了讨论。

第十章　亨利三世少年时期的统治、卢埃林大王、亚历山大二世

　　D. A. 卡彭特（D. A. Carpenter）所著《亨利三世年少时期的统
治》详细介绍了自亨利即位时起，直到 13 世纪 20 年代中期的历史。
文森特（Vincent）所著《彼得·德斯罗什》（Peter des Roches）全面
记录了 1232—1234 年间动荡的政局。D. J. A. 马修（D. J. A. Matthew）
所著《13 世纪时的英格兰人与欧洲国际社会》（*The English and the
Community of Europe in the Thirteenth Century*；1997 年在雷丁出版）
描述了英格兰人的排外思想，为现代的读者敲响了警钟。《亨利三世
统治时期的英格兰与欧洲》（*England and Europe in the Reign of Henry
III*；由 Björn K. Weiler、Ifor Rowlands 编辑；2002 年在奥尔德肖特
出版）收录了与本章及之后两章相关的章节，包括一个由罗宾·斯塔
德（Robin Studd）编写的关于加斯科涅的章节。罗宾·弗雷姆（Robin
Frame）所著《1170—1450 年的爱尔兰与不列颠：论文集》（*Ireland
and Britain 1170–1450: Collected Essays*；1998 年出版）探究了英格
兰与爱尔兰间的联系。戴维斯（Davies）所著《征服、共存与改变》
（*Conquest, Coexistence and Change*）形象生动地记录了卢埃林大王

的事迹。如想了解威尔士各国王后的情况，尤其是琼的情况，可阅读
收录于《威尔士国王及其王庭》（*The Welsh King and his Court*；由
Charles-Edwards、Owen、Russell 编辑）中罗宾·C. 斯泰西的论文"宫
廷法则中的国王、王后、太子"（*'King, Queen and* Edling *in the laws
of court'*）。如想了解威尔士统治者头衔的变化，可阅读收录于《中世
纪国家机器》（*The Medieval State*；由 Maddicott、Palliser 编辑）中查
尔斯·英斯利的论文"从威尔士国王到威尔士亲王：13 世纪期间威尔
士的特许状与国家机器的形成"（*'From Rex Wallie to Princeps Wallie:
charters and state formation in thirteenth-century Wales'*）。

　　《亚历山大二世统治时期的苏格兰》（*Scotland in the Reign of
Alexander II*；由 R. D. Oram 编辑；即将出版）中收录了基思·斯特
林格（Keith Stringer）所著，以亚历山大二世在英格兰 1215—1217
年内战中的角色为主题的章节。《中世纪的苏格兰：王权、领主、社
区》（*Medieval Scotland: Crown, Lordship and Community*；由 Grant、
Stringer 编辑）收录了名为"13 世纪时期苏格兰的中央与地方：罗兰
之子艾伦——加洛韦领主、苏格兰治安大臣"，其作者同样也是斯特林
格（Stringer）。奥拉姆（Oram）所著《加洛韦领地》（*The Lordship of
Galloway*）不仅全面记录了艾伦的政治生涯，还描述了他去世后局势
的发展。麦奎因（MacQueen）所著《中世纪时期苏格兰的普通法与封
建社会》是介绍苏格兰法律体系变化的核心著作。如想了解科明家族
的情况，可阅读艾伦·扬（Alan Young）的权威著作《罗伯特·布鲁
斯的死敌：科明家族（1212—1314）》（*Robert the Bruce's Rivals: The
Comyns, 1212–1314*；1997 年在东林顿出版）。

第十一章　亨利三世亲政时期的不列颠

　　在现代史家编写的介绍亨利三世亲政时期历史事件的著作中，J.
R. 麦蒂考特（J. R. Maddicott）所著《西蒙·德孟福尔》（*Simon de
Montfort*；1994 年出版）最值得一读；此外，笔者所著《亨利三世的
统治》（*Reign of Henry III*；1994 年出版）中收录的论文涵盖了多种主

题，其中包括一篇介绍议会的论文，而该论文则列出了与议会相关的其它研究论文。罗伯特·C. 斯泰西（Robert C. Stacey）所著《1216—1245 年间亨利三世统治下的政治政策与财政状况》（*Politics Policy and Finance under Henry III 1216–1245*；1987 年在牛津出版）是一部具有开创意义的著作；此外，斯泰西在《历史研究》（第 61 期）上发表的关于犹太人的重要论文也极富创新性。玛格丽特·豪厄尔（Margaret Howell）所著《普罗旺斯的埃莉诺：13 世纪时期英格兰的王后》（*Eleanor of Provence: Queenship in Thirteenth-Century England*；1998 年出版）不仅首开先例，让学界认识到埃莉诺王后在亨利三世统治时期起到的重要作用，更是一部有助于大家在总体上了解 13 世纪期间王后地位关键性著作。如想了解威斯敏斯特教堂，可阅读保罗·宾斯基（Paul Binski）所著《威斯敏斯特教堂与金雀花王朝：王权与权力的外在表现》（*Westminster Abbey and the Plantagenets: Kingship and the Representation of Power*；1995 年出版）。休·里奇韦（Huw Ridgeway）发表了一系列的论文，不仅重新诠释了亨利三世建立的对外关系在英格兰国家政策中起到的作用，还揭示了在 1258 年的危机中，为何对各大阵营来说，控制住爱德华王子都是当务之急。例如，收录在《13 世纪时期的英格兰双年刊》（第 1 期）中的论文 "爱德华王子与'牛津条例（1258）'" [*'The Lord Edward and the Provisions of Oxford (1258)'*]；又如，收录在《英格兰历史评论》（第 103 期）中的论文 "外国宠臣与亨利三世的恩赏问题"（*'Foreign favourites and Henry III's problems of patronage'*）。比约恩·韦勒在《历史研究》（第 74 期）上发表的论文为亨利三世插手西西里的行为进行了辩护。安德鲁·赫尔希（Andrew Hershey）在《英格兰历史评论》（第 113 期）上发表的论文 "司法公正与官僚体系：英格兰国王的令状与'1258'"（*'Justice and bureaucracy: the English royal writ and "1258"'*）讨论了英格兰臣民在获取令状时遇到的困难。大卫·克鲁克（David Crook）在《13 世纪时期的英格兰双年刊》（第 2 期）上发表论文，列举了与罗宾汉相关的早期证据。

推荐大家阅读 J. 贝弗利·史密斯的著作《威尔士亲王卢埃林·阿

颇格鲁菲德》（*Llywelyn ap Gruffudd, Prince of Wales*；1998年在加的夫出版），了解威尔士这一时期波澜壮阔的历史。如想了解亚历山大三世年少时期的统治，可阅读D. E. R. 瓦特（D. E. R. Watt）在《英国皇家历史学会学报》（第5部第21卷）上发表的论文。

第十二章　十磨九难的亨利三世、
大获全胜的亚历山大三世、威尔士亲王卢埃林

　　如想了解英格兰的情况，那么最为重要的著作就是麦蒂考特（Maddicott）的《西蒙·德孟福尔》（*Simon de Montfort*），而豪厄尔（Howell）的《普罗旺斯的埃莉诺》则能够继续帮助大家了解英格兰王后的重要作用。如想了解男爵战争之后英格兰国内的和解过程，就必须阅读C. H. 诺尔斯（C. H. Knowles）在《英国皇家历史学会学报》（第5部第32卷）上发表的论文。罗宾·弗雷姆（Robin Frame）的著作《英格兰与爱尔兰：论文集》（*England and Ireland: Collected Essays*）中收录了一篇题为"爱尔兰与男爵战争"的论文（*'Ireland and the Barons' Wars'*）。贝弗利·史密斯（Beverley Smith）所著传记详细介绍了卢埃林·阿颇格鲁菲德的发家史。《亚历山大三世统治时期的苏格兰：1249—1286》（*Scotland in the Reign of Alexander III 1249–1286*；由N. H. Reid编辑；1990年在爱丁堡出版）是了解亚历山大三世的必读著作，其中收录了一个由爱德华·考恩（Edward Cowan）编写的章节，名为"日落西山的挪威与旭日东升的苏格兰：哈康四世与亚历山大三世"（*'Norwegian sunset – Scottish dawn: Hakon IV and Alexander III'*）。麦克唐纳（McDonald）所著《西部群岛王国：苏格兰的西海岸线》（*The Kingdom of the Isles: Scotland's Western Seaboard*）记录了麦克索利家族对苏格兰王国态度转变的情况。

第十三章　社会结构

　　格温·A. 威廉斯（Gwyn A. Williams）所著《中世纪的伦敦：从商

业中心到首都的转变》(*Medieval London: From Commune to Capital*;1963 年出版）介绍了 13 世纪时期伦敦的政治生活，不仅绘声绘色，而且在学术上还十分严谨。彼得·科斯（Peter Coss）所著《中世纪时期英格兰的骑士阶层》(*The Knight in Medieval England*；1993 年在斯特劳德出版）不仅介绍了骑士的精神气质，还讨论了骑士阶层不断变化的阶级本质，是目前为止该领域最为优秀的介绍类著作。凯瑟琳·福克纳在《英格兰历史评论》（第 111 期）上发表的论文"13 世纪早期英格兰骑士阶层的变革"（'*The transformation of knighthood in early thirteenth-century England*'）揭示了 13 世纪早期时英格兰骑士阶层的人数。介绍乡绅阶层的著作包括科斯（Coss）所著《领主与地方社会：英格兰社会研究（1180 年前后—1280 年前后）》(*A Study of English Society c.1180–c.1280*；1991 年在剑桥出版），以及休·M. 托马斯（Hugh M. Thomas）所著《封臣、女继承人、十字军战士、恶棍：安茹王朝时期约克郡的乡绅阶层（1154—1216）》(*Vassals, Heiresses, Crusaders and Thugs: The Gentry of Angevin Yorkshire 1154–1216*；1993 年在费城出版）。如想了解郡法庭，可阅读罗伯特·帕尔默（Robert Palmer）所著《中世纪时期英格兰的郡法庭（1150—1350）》(*The County Courts of Medieval England 1150–1350*；1982 年在普林斯顿出版）。如想了解英格兰人的家庭状况，可阅读 J. C. 霍尔特的著作《殖民地英格兰》中的第九至第十三章。

朱迪斯·格林（Judith Green）所著《诺曼英格兰的贵族阶层》(*The Aristocracy of Norman England*）是公认的权威著作。约翰·赫德森（John Hudson）所著《盎格鲁－诺曼时期英格兰的土地、法律、领主权》(*Land, Law and Lordship in Anglo-Norman England*；1994 年在牛津出版）同样也有助于各位读者了解本书所述历史时期早期的事件。弗兰克·斯滕顿爵士（Sir Frank Stenton）所著《英格兰封建制度的前一百年：1066—1166》(*The First Century of English Feudalism 1066–1166*；第二版；1961 年在牛津出版）是一部经典著作，介绍了诺曼征服之后诺曼人在英格兰建立的用来支撑权贵权势的封建架构。然而，值得注意的是，学界最新的研究成果开始质疑斯滕顿提出的理论，认为大封建主的领地并不像之前认为的那样，是有能力进行自治的有机整体。如想了解此类观点，可阅读保罗·多尔顿所著《征服、动乱与领主权：1066—1154 年的约克郡》（*Conquest, Anarchy and Lordship: Yorkshire 1066–1154*）的第七章，以及大卫·克劳奇（David Crouch）在《英国皇家历史学会学报》（第 6 部第 5 卷）上发表的论文"从斯滕顿到麦克法兰：12、13 世纪时期不同的社会模型"（'*From Stenton to McFarlane: models of society of the twelfth and thirteenth centuries*'）。克劳奇（Crouch）的论文将封建制度向混种封建制度转变的过程交代得一清二楚；此外，科斯、克劳奇、本书作者本人也在《过去与现在》（*Past and Present*）的 1989、1991、2000 年刊上对封建制度的转变进行了讨论。此外，还推荐大家阅读斯科特·L. 沃（Scott L. Waugh）在《英格兰历史评论》（第 101 期）上发表的重要论文"从臣属到合约：13 世纪期间英格兰的封建主与从属者"（'*Tenure to contract: lordship and clientage in thirteenth-century England*'）。对单独的封邑、贵族进行研究的著作推荐大家阅读：理查德·莫蒂默（Richard Mortimer）在《盎格鲁－诺曼研究会年刊》（第 3、第 8 期）上发表的关于克莱尔封邑的论文；约翰·亨特（John Hunt）的著作《领地与景观：对达德利封邑的文件及考古学研究（1066—1322）》（*Lordship and Landscape: A Documentary and Archaeological study of the Honour of Dudley 1066–1322*；1997 年在牛津出版）；克劳奇（Crouch）所著《博蒙的双胞胎》、《威廉·马歇尔》（William Marshal）；K. J. 斯特林格（K. J. Stringer）所著《亨廷登伯爵大卫（1152—1219）》（*Earl David of Huntingdon 1152–1219*；1985 年在爱丁堡出版）。

本书作者的著作《亨利三世的统治》（*Reign of Henry III*）中有一个章节介绍了农民阶层在政治中起到的作用。如想了解庄园法庭及相关的法庭记录，可阅读《中世纪社会与庄园法庭》（*Medieval Society and the Manor Court*；由 Z. Razi、R. M. Smith 编辑；1996 年在牛津出版）。R. H. 希尔顿（R. H. Hilton）所著《中世纪社会：13 世纪末期的西米德兰兹》（*A Medieval Society: The West Midlands at the End of the Thirteenth Century*；1996 年）从宏观的角度讨论了农民阶层及村庄社

区问题。

彼得·科斯（Peter Coss）所著《中世纪时期英格兰的女贵族（1000—1500）》（*The Lady in Medieval England 1000–1500*；1998 年在斯特劳德出版）是值得一读的介绍性著作。珍妮弗·沃德（Jennifer Ward）所著《贵族及乡绅阶层的英格兰女性：1066—1500》（*Women of the English Nobility and Gentry 1066–1500*；1995 年在曼彻斯特出版）提供了各类原始文件的译文。丽贝卡·里德在《13 世纪时期的英格兰双年刊》（第 7 期）上发表的论文讨论了马修·帕里斯对女性的看法。如想了解农民阶层女性的情况，可阅读朱迪丝·本内特（Judith Bennett）所著《中世纪时期英格兰的乡村女性：黑死病爆发之前布里格斯托克村的性别与家庭》（*Women in the Medieval English Countryside: Gender and Household in Brigstock before the Plague*；1987 年在牛津出版）。路易丝·威尔金森（Louise Wilkinson）在《历史研究》（第 73 期）上发表的文章对玛格丽特·德莱西进行了研究。斯科特·L. 沃（Scott L. Waugh）所著《英格兰的封建领地：国王的监护权及婚配权在英格兰社会及政治中的作用（1217—1327）》（*The Lordship of England: Royal Wardships and Marriages in English Society and Politics 1217–1327*；1988 年在普林斯顿出版）不仅揭示了 1215 年之后贵族遗孀身份地位的变化情况，还介绍了贵族阶层的婚姻策略，以及国王利用监护权实现自身利益的方法。

介绍苏格兰贵族阶层的重要著作包括：《关于中世纪时期苏格兰贵族阶层的论文集》（*Essays on the Nobility of Medieval Scotland*；由 Stringer 编辑）；麦奎因（MacQueen）所著《中世纪时期苏格兰的普通法与封建社会》；扬（Young）所著《罗伯特·布鲁斯的死敌：科明家族》（*Robert the Bruce's Rivals: The Comyns*）；麦克唐纳（McDonald）所著《西部群岛王国》；奥拉姆（Oram）所著《加洛韦领地》（*The Lordship of Galloway*）——该著作的第七章讨论了加洛韦与苏格兰的"文化融合"问题。如想了解约翰·德韦西，可阅读斯特林格（Stringer）的论文"中世纪时期不列颠及爱尔兰的贵族及民族身份：1120 年前后—1314 年的德韦西家族"；该文收录在《900—1300 年的

不列颠与爱尔兰》（*Britain and Ireland 900–1300*；由 Smith 编辑）中。斯特林格（Stringer）的研究工作对学界了解英格兰北方的跨边界贵族阶层具有核心意义，例如其论文"13 世纪时期英格兰的民族身份：北方边陲边境地区的社会"（'*Identities in thirteenth-century England: frontier society in the far north*'）就是一篇十分重要的论文——该文被《西方历史中的社会及政治身份》（*Social and Political Identities in Western History*；由 C. Bjørn、A. Grant、K. J. Stringer 编辑；1994 年在哥本哈根出版）收录。

T. 皮尔斯·琼斯所著《中世纪时期威尔士的社会》（*Medieval Welsh Society*；1972 年在加的夫出版）收录了一些极具学术价值的论文，其中一篇讨论了圭内斯国内货币地租逐渐取代实物地租的过程。《梅里奥尼斯俗众财产调查卷档：1292—1293》（*The Merioneth Lay Subsidy Roll 1292–3*；由 K. Williams-Jones 编辑）的引文包含一个介绍社会结构的章节。休·普赖斯所著《中世纪时期威尔士的本土法律与教会》（*Native Law and the Church in Medieval Wales*；1993 年在牛津出版）将婚姻与遗产继承问题当作主题之一，进行了讨论。

如想了解在不同程度上逐渐融合了整个不列颠岛的共同文化，可阅读大卫·克劳奇（David Crouch）所著《不列颠贵族阶层群像（1100—1300）》（*The Image of the Aristocracy in Britain 1100–1300*；1992 年出版）。该书秉持了克劳奇一贯以来激情洋溢的文风，是迄今为止唯一一部将不列颠的贵族看做是一个整体的著作。马尔科姆·韦尔（Malcolm Vale）所著《安茹帝国的遗产与百年战争（1250—1340）》（*The Angevin Legacy and the Hundred Years War 1250–1340*；1990 年在牛津出版）详细阐述了不列颠与法国间剪不断，理还乱的关系。

第十四章　教会、宗教、文教、学问

如想了解英格兰教会与教廷的关系，可阅读《中世纪时期的英格兰教会与教廷》（*The English Church and the Papacy in the Middle Ages*；由 C. H. Lawrence 编辑；1965 年出版）收录的论文，以及

简·塞耶斯（*Jane Sayers*）的两部著作《坎特伯雷教省的教廷委派法官（1198—1254）》(*Papal Judges Delegate in the Province of Canterbury 1198–1254*；1971 年在牛津出版)、《何诺三世担任教皇期间的教廷与英格兰（1216—1227）》(*Papal Government and England during the Pontificate of Honorius III 1216–1227*；1983 年在剑桥出版)。如想了解与弥撒有关的内容，可阅读米里·鲁宾（*Miri Rubin*）所著《耶稣的圣体：中世纪晚期文化中的圣餐》(*Corpus Christi. The Eucharist in Late Medieval Culture*；1991 年在剑桥出版)。

如想全面了解本书所述历史时期内英格兰教会的历史，可阅读以下著作：弗兰克·巴洛（Frank Barlow）所著《英格兰教会：1000—1066》(*The English Church 1000–1066*；第二版；1979 年出版)、《英格兰教会：1066—1154》(*The English Church 1066–1154*；1979 年出版)；C. R. 切尼（C. R. Cheney）所著《从贝克特到兰顿：英格兰的教政（1170—1213）》(*From Becket to Langton: English Church Government 1170–1213*；1956 年在曼彻斯特出版)；J. R. H. 穆尔曼（J. R. H. Moorman）所著《13 世纪期间英格兰的教会生活》(*Church Life in England in the Thirteenth Century*；1945 年在剑桥出版)。如想了解教会为贯彻第四次拉特朗会议的法令所采取的措施，可阅读 M. 吉布斯（M. Gibbs）、J. 兰（J. Lang）所著《主教与改革：1215—1272》(*Bishops and Reform 1215–1272*；1934 年在牛津出版)。玛格丽特·豪厄尔（Margaret Howell）所著《中世纪时期英格兰的圣俸获取权》(*Regalian Right in Medieval England*；1962 年出版) 是介绍国王利用空缺圣职获取利益问题的权威著作。

单独介绍主教的专著包括：埃玛·梅森（Emma Mason）所著《伍斯特的圣伍尔夫斯坦（约 1008—1095）》(*St Wulfstan of Worcester c. 1008–1095*；1990 年在牛津出版)；玛丽·G. 切尼所著《伍斯特主教罗杰（1164—1179）》(*Roger Bishop of Worcester 1164–79*；1980 年在牛津出版)；C. H. 劳伦斯（C. H. Lawrence）所著《阿宾顿的圣埃德蒙》(*St Edmund of Abingdon*；1960 年在牛津出版)；D. L. 杜伊（D. L. Douie）所著《佩卡姆大主教》(*Archbishop Pecham*；1952 年在牛津出

版）；R. W. 萨瑟恩所著《罗伯特·格罗斯泰特：在中世纪的欧洲展露光芒的英格兰思想家》（*Robert Grosseteste: The Growth of an English Mind in Medieval Europe*；第二版；1992 年在牛津出版）。

休·普赖斯所著《中世纪时期威尔士的本土法律与教会》深入浅出，是了解威尔士教会这一复杂问题的不二之选；此外，各位读者还可阅读普赖斯的论文"威尔士的教会与社会（1150—1250）：爱尔兰的视角"（*'Church and society in Wales, 1150–1250: an Irish perspective'*）——此文被论文集《不列颠岛：1100—1150》收录（*The British Isles 1100–1500*；由 Davies 编辑）。杰弗里·巴罗（Geoffrey Barrow）在其著作《苏格兰人的王国》中谈到了苏格兰的教会。如想了解亚历山大三世统治时期的苏格兰教会，可阅读《亚历山大三世统治时期的苏格兰：1249—1286》（*Scotland in the Reign of Alexander III*；由 Reid 编辑）中由马里内尔·阿什（Marinell Ash）编写的章节。

大卫·诺尔斯（David Knowles）所著《英格兰的修道会：940—1216》（*The Monastic Order in England 940–1216*；第二版；1963 年在剑桥出版）、《英格兰的宗教组织》（第一卷）（*The Religious Orders in England,* Ⅰ；1948 年在剑桥出版）不仅讲述了英格兰的情况，还介绍了威尔士的状况，笔调闲庭信步，至今也仍旧是人文科学的经典。珍妮特·伯顿（Janet Burto）所著《不列颠的修道会与宗教组织：1100—1300》（*Monastic and Religious Orders in Britain 1100–1300*）不仅对本书的帮助极大，还是为数不多的几部将不列颠全岛作为切入点的著作。此外，该书还收录了十分精确的地图。芭芭拉·哈维（Barbara Harvey）所著《英格兰人的生生死死（1100—1540）：修道院生活》（*Living and Dying in England 1100–1540: The Monastic Experience*；1993 年在牛津出版）以威斯敏斯特教堂作为最主要的资料来源，是一部代表了作者最高学术水平的著作。此外，如想了解威斯敏斯特教堂，还可阅读埃玛·梅森（Emma Mason）所著《威斯敏斯特教堂及其教众 1050 年前后—1216 年前后》（*Westminster Abbey and its People c. 1050–c.1216*；1996 年在伍德布里奇出版）。如想了解托钵修士，可阅读 C. H. 劳伦斯（C. H. Lawrence）所著《托钵修士：早期托钵修

会运动对西欧社会造成的影响》(*The Friars: The Impact of the Early Mendicant Movement on Western Society*；1994 年出版)、D. L. 达夫雷 (D. L. d'Avray) 所著《托钵修士的讲道：1300 年之前从巴黎传出的布道辞》(*The Preaching of the Friars: Sermons diffused from Paris before 1300*；1985 年在牛津出版)。

如想了解修女的状况，可将萨莉・P. 汤普森 (Sally P. Thompson) 所著《修女：诺曼征服之后英格兰修女院的建立》(*Women Religious: The Founding of English Nunneries after the Norman Conquest*：1991 年在牛津出版) 作为切入点。在本书中，受篇幅所限，笔者介绍塞姆普林厄姆的吉尔伯特时一笔带过，完全无法再现布赖恩・戈尔丁 (Brian Golding) 的大作《塞姆普林厄姆的吉尔伯特与吉尔伯特会》(*Gilbert of Sempringham and the Gilbertine Order*；1995 年在牛津出版)。

克里斯托弗在《盎格鲁－诺曼研究会年刊》(第 2 期) 上发表的论文讨论了盎格鲁－诺曼贵族阶层的宗教信仰。尼古拉斯・文森特 (Nicholas Vincent) 所著《圣血：亨利三世与威斯敏斯特的圣血圣物》 (*The Holy Blood. King Henry III and the Westminster Blood Relic*；2001 年在剑桥出版) 是一部引人入胜的学术著作，有助于各位读者在总体上了解圣物。如想了解朝圣，可阅读黛安娜・韦布 (Diana Webb) 所著《在中世纪的英格兰朝圣》(*Pilgrimage in Medieval England*；2000 年出版)；如想了解布施，可阅读萨莉・狄克逊・史密斯 (Sally Dixon Smith) 在《不列颠考古学会会刊》[*Journal of the British Archaeological Association* (1999)] 上发表的论文"亨利三世的大殿：布施的表象与实质"('*The image and reality of alms—giving in the great halls of Henry III*')。如想了解英格兰与十字军东征的关系，主要推荐大家阅读西蒙・劳埃德 (Simon Lloyd) 所著《英格兰社会与十字军东征：1216—1307》 (*English Society and the Crusade 1216–1307*；1987 年在牛津出版)、克里斯托弗・泰尔曼 (Christopher Tyerman) 所著《英格兰与十字军东征：1095—1588》(1988 年在芝加哥出版)。

如想了解文字记录增多及实用读写能力的发展状况，那么 M. T. 克兰切 (M. T. Clanchy) 所著《从记忆到文字记录的转变：1066—1307 年

的英格兰》(*From Memory to Written Record: England 1066–1307*；第二版；1993 年在牛津出版）就是各位读者的必读之书。此外，大家还可以阅读大卫·贝茨（David Bates）名为《在斯滕顿的第一个世纪中重整过去、应对当前》(*Reordering the Past and Negotiating the Present in Stenton's First Century*；1999 年在雷丁出版）的讲稿。如想了解牛津大学的情况，可阅读《牛津大学史（第一卷）：早期学校》(*The History of the University of Oxford* Ⅰ *: The Early Schools*；1984 年在牛津出版）。

第十五章　爱德华一世：议会国家

　　迈克尔·普雷斯特维奇所著传记《爱德华一世》(*Edward* Ⅰ；1988 年出版）兼具权威性、严谨性，对爱德华统治时期进行了全面的讨论。J. C. 帕森斯（J. C. Parsons）所著《卡斯蒂利亚的埃莉诺：13 世纪时期英格兰的王后与社会》(*Eleanor of Castile: Queen and Society in Thirteenth-Century England*；1994 年出版）是一部重要的学术著作，可帮助大家在总体上了解中世纪时期王后所扮演的角色。如想要了解爱德华在英格兰推行的各项改革措施，那么 J. R. 麦蒂考特（J. R. Maddicott）在《13 世纪时期的英格兰双年刊》（第 1 期）上发表的论文《爱德华一世与男爵改革的经验教训：1258—1280 年的地方政府》('*Edward* Ⅰ *and the lessons of baronial reform: local government 1258–1280*'）就是必读著作。R. W. 卡珀（R. W. Kaeuper）所著《国王的银行家：卢卡的里卡尔迪银行与爱德华一世》(*Bankers to the Crown: The Riccardi of Lucca and Edward* Ⅰ；1973 年在普林斯顿出版）抽丝剥茧，分析了该银行复杂的运营模式。如想了解司法领域取得的进展，可阅读保罗·布兰德兼具创新性、权威性的著作《英格兰法律职业的诞生》(*The Origins of the English Legal Profession*；1992 年在牛津出版），以及布兰德的著作《普通法的诞生》）的第七章。亨利·萨默森（Henry Summerson）在《美国法律史期刊》（第 23 期）[*American Journal of Legal History,* 23（1979）] 上发表的论文"13 世纪时期英格兰执法机关的结构"('*The structure of law enforcement in*

thirteenth-century England'）将执法机关的结构交代得一清二楚；此外，还推荐大家阅读萨默森在《法律史期刊》（第 13 期）上发表的关于《温切斯特法令》的论文。如想了解议会的发展过程，可阅读《中世纪时期英格兰的议会》（*The English Parliament in the Middle Ages*；由 R. G. Davies、J. H. Denton 编辑；1981 年在曼彻斯特出版）中由 J. R. 麦蒂考特（J. R. Maddicott）、J. H. 登顿（J. H. Denton）编写的章节。保罗·宾斯基（Paul Binski）所著《威斯敏斯特的绘厅》（*The Painted Chamber at Westminster*；1986 年出版）讲述了在装修威斯敏斯特宫的过程中，爱德华国王扮演了什么样的角色。罗伯特·斯泰西（Robert Stacey）在《13 世纪时期的英格兰双年刊》（第 6 期）上发表的论文"议会辩论与英格兰对犹太人的驱逐"（*'Parliamentary negotiation and the expulsion of the Jews from England'*）介绍了导致犹太人遭到驱逐的直接原因，是一篇具有重要学术价值的论文；此外，罗宾·芒迪尔（Robin Mundill）所著《英格兰的犹太人解决方案：实验与驱逐（1262—1290）》（*England's Jewish Solution: Experiment and Expulsion 1262–1290*；1998 年在剑桥出版）不仅全面介绍了犹太人在遭到驱逐之前最后几十年的经历，还提出犹太人正逐渐完成从贷款人到贸易商的转型。J. R. 麦蒂考特（J. R. Maddicott）在《过去与现在》增刊［*Past and Present supplement* (1975)］的形式发表的著作《英格兰的农民阶层与王权的苛求》描述了为何爱德华中央政府的统治尤其令农民阶层民不聊生。

第十六章　威尔士与苏格兰：征服与共存

贝弗利·史密斯（Beverley Smith）所著《威尔士亲王卢埃林·阿颇格鲁菲德》（*Llywelyn ap Gruffudd Prince of Wales*）已经成为了公认的权威著作。戈伦韦·爱德华兹爵士（Sir Goronwy Edwards）在为《威尔士令状集》（Littere Wallie）编写的引文中对卢埃林的政策进行了批评，在学界很有影响力。大卫·斯蒂芬森所著《圭内斯的治理》（*Governance of Gwynedd*；1984 年在加的夫出版）对圭内斯的治理问题进行了全面的论述。如想了解威尔士亲王在司法领域权力扩张的趋势，可阅读普赖斯所著《中世纪时期威尔士的本土法律与教会》。《威尔士的景致与定居情况》收录了大卫·朗利（David Longley）、尼尔·约翰斯通（Neil Johnstone）介绍圭内斯王庭的论著。R. R. 戴维斯（R. R. Davies）的著作《征服与共存》（Conquest and Co-existence）引人入胜，完美地再现了这一时期的历史。

　　诺尔曼·里德（Norman Reid）编辑的论文集仍然是了解亚历山大统治时期历史的重要工具。《苏格兰历史地图集》中收录了由基思·斯特林格（Keith Stringer）、赫克托·麦奎因（Hector MacQueen）绘制的地图，对苏格兰王国疆域的扩张进行了图解。如想了解苏格兰人的民族身份，可阅读《欧洲历史中的国家、民族主义、爱国主义》（Nations, Nationalism and Patriotism in the European Past；由 C. Bjørn, A. Grant、K. J. Stringer 编辑；1994 年在哥本哈根出版）中由亚历山大·格兰特（Alexander Grant）编写的章节"中世纪期间苏格兰民族意识的方方面面"，以及格兰特在《苏格兰历史评论》（第 72 期）上发表的论文《致中世纪时期苏格兰的历史根基》（'To the medieval foundations'）。G. W. S. 巴罗（G. W. S. Barrow）所著《罗伯特·布鲁斯与苏格兰王国共同体》（Robert Bruce and the Community of the Realm of Scotland；第三版；1988 年在爱丁堡出版）至今仍然是讨论苏格兰独立战争的权威著作。如想了解与本章结尾部分历史相关的论述性著作，可阅读 R. R. 戴维斯（R. R. Davies）所著《支配与征服：爱尔兰、苏格兰、威尔士的历史（1100—1300）》，以及论文集《联合王国：不列颠历史的诞生》（Uniting the Kingdom: The Making of British History；由 A. Grant、K. J. Stringer 编辑；1995 年出版）中由基思·斯特林格（Keith Stringer）编写的第六章"苏格兰的建立：13 世纪的视角"（'Scottish foundations: thirteenth-century perspectives'）。